现代物流技术与设备

主　编：刘　源　杨　茉
副主编：卢红奇

中国财经出版传媒集团
中国财政经济出版社

图书在版编目（CIP）数据

现代物流技术与设备 / 刘源，杨茉主编．-- 北京：中国财政经济出版社，2020.9（2024.8重印）

ISBN 978-7-5095-9943-3

Ⅰ.①现… Ⅱ.①刘… ②杨… Ⅲ.①物流技术 ②物流企业－设备 Ⅳ.①F253.9

中国版本图书馆 CIP 数据核字（2020）第 141341 号

责任编辑：彭 波　　责任印制：史大鹏

封面设计：卜建辰　　责任校对：徐艳丽

中国财政经济出版社 出版

URL：http：//www.cfeph.cn

E-mail：cfeph @ cfemg.cn

社址：北京市海淀区阜成路甲 28 号　邮政编码：100142

营销中心电话：010-88191537

北京密兴印刷有限公司印装　各地新华书店经销

787×1092 毫米　16 开　27.25 印张　670 000 字

2020 年 9 月第 1 版　2024 年 8 月北京第 2 次印刷

定价：62.00 元

ISBN 978-7-5095-9943-3

（图书出现印装问题，本社负责调换）

本社质量投诉电话：010-88190744

打击盗版举报热线：010-88191661　QQ：2242791300

前　言

现代物流的发展离不开先进的物流技术与设备。在整个物流系统运行过程中，物流技术与物流设备作为基础性支撑要素，在降低物流成本、提高物流效率和服务质量等方面发挥着十分重要的作用。物流技术与设备是物流系统现代化水平的重要标志。随着现代物流业的蓬勃发展，信息技术、自动控制技术和系统集成技术等在现代物流体系中不断深入应用，现代物流技术与设备开始迈入自动化、集成化、智能化、无人化、柔性化的崭新阶段。2009 年我们编写的《现代物流技术与装备》一书已不能满足教学及实务需要，为此，我们在广泛征求高校等各方使用意见基础上，组织物流业界、理论界、高校教师等力量组成编写组新编了本书。

物流技术与物流设备两者密不可分。随着物流技术的不断发展，物流设备品种数量迅速增加，技术性能也日趋现代化、智能化。本书力求物流技术知识和物流设备知识并重，系统阐述了运输技术与设备、仓储技术与设备、集装单元化技术与设备、装卸搬运技术与设备、分拣和配送技术与设备、包装技术与设备、物流信息技术与设备、流通加工技术与设备以及物流专项技术与设备等内容，对其中涉及的物流技术与设备的结构原理、工作方法、性能参数、设备选型与配置等重要知识进行论述，以期提高物流从业者物流技术与设备研发、设计、运营管理等方面的专业知识水平和能力。

本书的编写以产业界和物流教育界专家学者对高级应用型专业物流人才知识结构的共识为指引，充分考虑了当前专业课教学学时普遍较少的现实情况，确定了既要保证理论的完整性，又要突出实用性；既要立足于已广泛普及、应用成熟的物流技术、设备，又要吸纳新近研发，体现未来发展方向的物流技术、设备；既要兼顾同其它专业课程的联系，又要保证课程间的合理分工，避免内容过多地重复和交叉的编写宗旨，并尽可能的做到实用、精炼。

在内容上，本书具有系统性、新颖性、实用性等特点。一方面，围绕物流系统功能要素，全面阐述相关的物流技术与设备，如运输技术与设备、仓储技术与设备等。另一方面，结合物流业的发展，详细介绍冷链物流、快递物流、智慧物流等专项物流所涉及的物流技术与设备。此外，结合物流技术与设备的知识特点，本书采取图文并茂形式，对物流技术理论知识与物流设备的基本结构、工作原理等内容进行表述，力求深入浅出、浅显易懂，形象地展示其蕴含的知识，使读者能对物流技术综合运用和物流设备合理选择、配置及规范化管理有较深切的认识。本书可作为普通高等院校物流管理与工程类专业及相关专业教学用书，也可供物流从业人员培训及学习使用。

本书由郑州航空工业管理学院刘源教授和杨茉讲师担任主编、卢红奇博士担任副主编，李庆民副教授、谢本凯博士、刘海斌副教授、付赟博士等参与编写。

本书编写过程中参阅了国内外同行专家学者大量的文献、资料、图书和有关教材，在此谨向原作者表示诚挚的感谢！

中国财政经济出版社、河南省物流学会、河南省物流采购联合会、河南省物流协会、河南省普通高等学校物流管理与工程类专业教学指导委员会、郑州航空工业管理学院等对本书的编写给予了大力的支持，在此深表谢意。

由于编者水平有限，编写中难免存在疏漏和不足，诚恳希望专家学者和读者批评指正，以利再版更正完善。

编者

2020 年 7 月于郑州航空工业管理学院

目　录

第一章　绪　　论

国民经济是由不同的产业系统和企业组成的，由于政治、经济、资源、技术甚至文化传统等众多因素的影响，这些企业分布在不同的地域，形成了极其复杂的供应和被供应的关系，因此必须首先保证货畅其流然后才有国民经济的正常运行。所以说，物流是国民经济的“动脉”，是社会生产过程不断进行的前提条件，是地尽其利、物尽其用、货畅其流的物质基础，进而是决定商品生产规模和产业结构变化的积极因素，是提高微观经济效益和宏观经济效益的重要源泉。

第一节　物流、物流技术和物流作业

物流是一门相对年轻的学科，无论是在理论、实践还是技术、组织和运营上都仍然处于研究、探索的阶段，物流的概念、基本理论的每一次演变都是人们对物流本质属性认识的一次升华。

一、物流

（一）物流概念形成

物流是指物品从供应地向接收地的实物流动的过程。物流的实践活动是与人类的生产、生活活动始终联系在一起的。

物流思想的起源可以追溯到20世纪初。1901年，格罗威尔在美国政府的《工业委员会关于农场产品配送的报告》中，第一次论述了对农产品配送成本产生影响的各种因素，此为人们系统地观察、认识物流的开端；1915年阿奇·肖在《市场流通中的若干问题》一书中提到了“物流”一词，指出“物流是与创造需求不同的一个问题”，这是物流一词的第一次出现；1918年，英国联合利华公司的利费哈姆勋爵成立了“即时送货股份有限公司”，公司的宗旨是在全国范围内把商品及时送到批发商零售商以及用户的手中，这是有关物流活动的最早文献记载。但是，直到20世纪30年代，人们才将物流活动真正上升到理论高度加以研究和分析。

1929年著名营销专家弗莱得·E. 克拉克（Fred E. Clark）在他所著的《市场营销的原则》一书中，将市场营销定义为商品所有权转移所发生的各种活动，包含物流在内的各种活动，从而将物流纳入日常经营行为的研究范畴之中。因此涉及包括物资运输、储存等业务的实物供应（Physical Supply）这一名词在一些有关市场营销的教材书中反复出现。应当说明，这一时期物流的一些客观规律虽然开始受到重视，但它仍被视为流通的附属机能。1935年，美国销售学会最早对物流进行了定义：“物流（Physical Distribution）是包含于销售之中的物质资料和服务从生产地点到消费地点流通过程中，伴随的种种经济活动。”

上述历史被物流界普遍认为是物流概念的形成阶段，也有人认为是物流的萌芽阶段。那时人们从有利于商品销售的愿望出发，探讨如何进行“物资的配给”和怎样加强对“物质分布过程”的合理化管理，其核心部分正如日本学者羽田升史所说：“物流被看成是市场的延伸。”

在第二次世界大战期间，美国根据军事上的需要，在军火和军需品的战时供应中，开创了后勤管理（Logistics Management）这一概念，并对军火的运输、补给、调配等实物运动进行全面管理，此举对战争的胜利起到了保障作用。第二次世界大战后，后勤学逐步形成了单独的学科体系，并不断发展为“后勤工程”（Logistics Engineering）、“后勤分配”（Logistics Of Distribution）等后勤管理诸领域。

美国的韦勃斯特在1963年把后勤定义为“军事装备物资、设施与人员的获取、供给和运输”。1970年，美国空军在一份技术报告中对后勤学下的定义是：后勤学即“计划和从事部队的输送、补给和维修的科学”。日本将引进的后勤学译为“兵站学”，并将其含义表述为“除了军需资料的订购、生产计划、采买、库存管理、配给、输送、通用外，还包括规格化、品质管理等军事作战行动所必需的资材管理”。后勤管理的理念和方法，后被引入工业部门和商业部门，被人们称为“工业后勤”和“商业后勤”。其定义中包括下列一些业务活动：原材料的流通、产品分配、运输、购买与库存控制、储存、用户服务等。美国学者鲍沃索克斯在1974年出版的*Logistics Management*一书中，将后勤管理定义为“以卖主为起点将原材料、零部件与制成品在各个企业间有策略地加以流转，最后达到用户，其间所需要的一切活动的管理过程”。他所著的另外两本书，即*Business Logistics Management*（1973）和*Business Logistics*（1973）被广泛译为《商业后勤》。人们注意到，这时后勤一词已经不仅仅是军事上的含义，它已被等同或接近于物流（Physical Distribution）。1981年在美国出版的《后勤工程与管理》（*Logistics Engineering and Management*）一书是用于大学生和研究生课堂教学的教科书，书中引用了美国工程师学会（The Society of Logistics Engineer，SOLE）对后勤学的定义，即“对于保障的目标、计划及其设计和实施的各项要求，以及资源的供应和保持等有关的管理、工程与技术业务的艺术与科学。”

20世纪50年代中叶，日本在经济恢复中十分重视学习西方科学技术。1955年，日本生产本部（另一种说法是“能率协会”）向美国派出了“流通技术考察团”，考察报告用“物の流通”描述实物流通，后简称物流。

军事后勤为军队和军事服务，工业后勤为制造业的生产和经营服务，商业后勤为商业经营和客户服务，所以说物流的核心是服务。因此美国物流管理协会1984年将物流重新定义为：“为了符合顾客的要求，将原材料、半成品、完成品以及相关的信息从发生地向消费地流动的过程，以及为保管能有效、低成本地进行而从事的计划实施和控制行为。”为此，物流也完成了从Physical Distrbution向Logistics的转变。

（二）物流概念引入国内

物流概念传入国内的途径有两条：一条是在20世纪70年代末从日本直接引入“物流”这一术语和基本理念，但当时并没有引起足够的重视；另一条是1981年国家计委在大连举办的理论学习班，邀请的美国专家开设系列讲座全面介绍美国的企业管理理论和方法，其中之一是

“市场学”。当时国门初开，国内对来自资本主义国家的理论还有高度的戒心，学习班所发资料均不公开，但学员返回单位汇报传达后引起了企业界和理论界的高度关注。随着改革开放的不断进行，市场营销理论蜂拥而入，一时洛阳纸贵，成为显学。在传入的所有市场营销教科书中，都毫无例外地涉及 Physical distribution，中文直译为实体分配或实物流通，这也是当初日文“物の流通”的来源，至此物流的概念才得以迅速普及。2001 年，我国《物流术语》国家标准颁布，物流的概念以国家标准的形式得以确立，该标准于 2006 年修订，其中物流的定义是：物品从供应地向接收地的实体流动过程。根据实际需要，将运输、储存、装卸、搬运、包装、流通加工、配送、信息处理等基本功能实施有机结合（GB/T18354—2006）。

事实上，物流概念传入我国之前，物流的具体活动运输、保管、包装、装卸、流通加工也是客观存在的，其中最主要的是存储和运输。因此我国当时的储运业的功能类似于国外的物流业，但两者并不完全相同，主要差别在于：首先，物流比储运所包含的内容更广泛，包括运输、保管、配送、包装、装卸流通加工及相关信息活动，而储运仅指储存和运输两个环节，虽然其中也涉及包装、装卸、搬运流通加工等，但这些活动并不包含在储运概念之中；其次，物流强调诸活动的系统化，从而实现整个物流过程的最优化，储运概念则不涉及存储与运输之外其他活动的系统优化问题。

二、物流技术

（一）物流技术的概念

国家标准《物流术语》（GB/T18354—2006）对物流技术的定义是：物流活动中所采用的自然科学与社会科学方面的理论、方法，以及设施、设备、装置与工艺的总称。

（二）物流技术的内涵

技术是一个很抽象的术语，在各个不同的学科领域，人们对技术内涵的理解大同小异，既可以指物质，如机器、设备或用具，也可以包含更广的架构，如系统、组织方法和技巧。具体到一个特定的领域如人们常说的工业生产技术就涉及各种加工设备包括金属切削设备、冲压设备、焊接设备、涂装设备等，也涉及各种系统如生产指挥调度系统、质量控制系统、生产服务系统等以及生产组织方法。在实际生产过程中，技术的概念还可能是以上各种要素的任意组合，例如，流水生产技术就是一个复杂的技术形态，既是具体设备如生产设备、输送设备，也可以是具体设备的应用，更是一种生产组织形式。然而，从技术的实现过程看，任何实用技术的主体总是相应的技术装备，也可以说，装备是技术的物质基础，技术的构成及形态是由装备决定的。但是我们也必须看到，技术都是集成的，不是单一设备可决定的，是各种设备的联合运用。物流技术也是如此，是由一系列技术装备及其合理应用所构成，例如，仅有集装箱而没有集装箱运输车辆、装卸设备和码头站场设施，集装箱运输如何实现？因此，本书的编写基本思想是以现有的物流技术形态为基础，研究其构成和常用的物流技术设备。

（三）物流技术的属性

从另一个角度看，技术是知识进化的主体，随科学、经济、社会的发展而发展，反过来又促进社会的发展。例如，电脑等新技术已成为促进科学、技术、人类社会发展的重要力量。因此，技术是包含科学及政治、经济、历史等社会因素并与之一起作用的复杂的多元素复合体。物流技术也是如此，例如，我国的物流体系就因长期实行计划经济而与传统的市场经济体有明显的不同，具体如货物流向、基础设施分布、运作体制等。

三、物流作业

国家标准术语将物流作业定义为“实现物流功能时所进行的具体操作活动。”这一定义似乎有些不够“具体”，令人很难确切把握究竟哪些具体活动属于物流作业。不过该标准中有一组术语被冠以共同的类目名称“物流作业术语”又弥补了这一不足，若仔细研究此类目下的各个术语，不难发现，这组术语所定义的物流操作几乎都与货物或物质资料实体的空间“运动”有关，仅有“物品储备”“库存”“经常库存”“安全库存”“前置期”“库存周期”“订货处理周期”等八条术语与运动无直接关系。另外，从物流的实际运作过程看，业界习惯上所谓的“物流作业”大多隐含着“劳动者借助劳动手段以实现货物实体的运动”的含义，而一般将物品储备、库存、库存管理等称为“物流业务”。因此，可以狭义地认为，物流作业是为实现货物实体空间位移、包装形式及定量的改变而进行的具体操作活动。物流作业一般可分为以下几类。

（一）包装作业

包装作业指将产品装入包装容器的操作。包装作业的内容很多，包括产品的出厂包装，生产过程中在制品、半成品的包装以及在物流过程中换装、分装、再包装等作业。

产品的出厂包装按其功能又可分为商业包装与工业包装，工业包装纯属物流的范畴。它是为了便于物资的运输、保管，提高装卸效率、装载率而进行的。商业包装是把商品分装成方便顾客购买和易于消费的商品单位，其目的是向消费者显示出商品的内容，属于销售学研究的内容。包装与物流的其他职能有着密切的关系，对于推动物流合理化有着重要作用。

（二）装卸作业

装卸作业包括物资在运输、保管、包装、流通加工等物流作业中进行衔接的各种机械或人工装卸作业。在全部物流作业中只有装卸作业伴随物流作业的始终。运输和保管作业的两端作业是离不开装卸的，其内容包括物品的装上卸下、移送、拣选、分类等。对装卸作业的管理包括选择适当的装卸方式、合理配置和使用装卸机具、减少装卸事故和损失等内容。

（三）运输作业

运输作业的目的是实现物品进行空间的移动。物流部门依靠运输克服生产地与需要地之间的空间距离，创造商品的空间效用。运输是物流的核心，以至于在许多场合，把它作为整个物流的代名词。运输包括供应和销售中用车、船、飞机等方式的输送，生产中管道、传送带等方式的输送。运输管理的基本要求是选择技术经济效果最好的输送方式及联运方式，合理地确定输送路线，以实现运输的安全、迅速、准时、价廉的要求。

（四）储存作业

储存也称为保管，是为了克服生产和消费在时间上的距离而形成的，物品通过保管产生了商品的时间效用，并使物品的使用价值下降到最小的程度。保管的管理要求包括合理确定仓库的库存量，建立各种物资的保管制度，确定保管流程，改进保管设施和保管技术等。保管作业也是物流的核心，与运输作业具有同等重要的地位。相应的，储存作业也称为保管作业，是指在仓库中借助各种工具和设备，完成物品的堆码、保管、保养、维护等的具体操作。

（五）配送作业

配送作业是指按用户的订货要求，在物流据点进行分货、配货的具体操作，与将配好的货物送交收货人的物流作业。配送作业由配送中心为始点，而配送中心本身具备储存的功能。分货和配货工作是为满足用户要求而进行的，因而必要的情况下要对货物进行流通加工。配送的最终实现离不开运输，这也是人们把面向城市内和区域范围内的运输称为"配送"的原因。

第二节　物流作业系统与物流机械设备

现代物流是当今最有影响的新学科之一，是物流技术、信息技术和管理学科、经济学科相结合的综合学科。随着全球经济一体化进程的加快和科学技术的突飞猛进，现代物流作为现代经济的重要组成部分和工业化进程中最为经济合理的综合服务模式，为实现高效、快捷、准确、安全的优质物流服务，正在发展成能覆盖全球任何角落的基于企业动态联盟的集成化网络体系。物流系统的组织方式和管理技术，被越来越多的专家、学者和企业家认为是企业在降低物质消耗，提高劳动生产率以外的"第三利润源泉"，是企业寻求成本优势和差别化优势的新视角，是企业发展的新战略。对物流系统的战略性规划、战略性投资和战略性技术开发是促进企业向现代化发展的重要途径之一。因此，以系统的观点、系统工程的方法解决物流问题就成了业内外有识之士共同关注的热点问题。运用系统的观点和方法对物流进行分析、研究，对于正确把握物流机械设备在物流系统中的地位与作用，充分合理利用物流机械设备，实现物流的空间效益、时间效益、一定加工附加性效益，以及实现物流各环节的合理衔接，提高企业竞争能力，并取得最佳的经济效益，有着非常重要的意义。

一、物流作业系统及其要素

"系统"一词来源于古希腊语"System"，有"共同"和"给以位置"的含义。一般认为，物流系统是由若干个可以相互区别、相互联系而又相互作用的要素组成，处于一定的物流环境之中，为达到物流活动整体目的而存在的有机集合体。物流系统是由不可分割的多种要素组成，共同发挥作用实现其功能和目标，同时，物流系统是一个动态系统，随着环境的变化，系统内的要素及系统的运行也经常发生变化，人们必须对物流系统的各组成部分经常不断地修改、完善，并要求物流系统具有足够的灵活性与可改变性。

（一）物流系统的功能要素

物流作业系统的功能要素是物流作业系统所具有的基本能力，这些基本能力相互有效地组合、协调和紧密衔接，形成了物流的总体能力，从而有利于合理、有效地实现物流作业系统的总目的。物流作业系统的功能要素一般包括：运输、储存保管、包装、装卸搬运、流通加工、配送等过程重的具体操作。要实现物流作业系统的功能，必须有相应的基础条件为保证。

（二）物流作业系统的条件要素

物流作业系统的建立和运行，需要有大量的硬件和软件支撑要素，这些要素对实现物流作业系统的功能必不可少，有利于提高物流作业系统的效率和效益。

1. 操作者。

操作者是物流作业系统的核心要素，是物流作业系统的主体。物流作业过程的每一个环节都是由操作者借助作业手段完成的，因此，操作者是保证物流得以顺利进行和提高物流管理作业效率的最关键因素。积极引导，采取灵活有效的教育和培训形式，提高操作者的素质，运用合理激励手段，加强考核，发挥操作者的主动性、积极性和创造性，形成强有力的凝聚力，是建立一个高效、合理化的物流作业系统并使其有效运转的根本保证。

2. 作业设备和工具。

作业设备和工具指物流作业过程中必须借助的技术设备或工具，是物流作业系统的物质技术基础。每一个物流作业系统都要运用特定物流技术设备和工具，用于完成不同的物流作业。物流技术与设备是实现物流功能的手段和技术保证。

3. 作业对象。

作业对象是物流作业系统中的基础要素，是物流操作的对象，从生产企业角度看，作业对象常指的是物料。它是生产企业在生产领域中流转的一切材料，包括原材料、零部件、燃料、半成品、成品、其他辅助材料、工具以及生产过程中必然产生的边角料、余料和各种废弃物；从物流企业角度看，作业对象包括物资、商品、货物，包括各种各样的生产资料和生活资料商品。作业对象的移动和形态改变是物流作业的直接目的。

每一物流作业系统都是经过专门设计的，服务于特定物流环境和规定的作业对象，以便迅速、准确、便捷地把货物移送到规定位置、场所，满足生产和用户的需要。

但是必须注意到，在物流作业系统中，作业对象往往是系统构成、设备应用的决定性因素，例如，危险品货物物流作业系统不仅需要专用的作业设备和工具，也需要操作者具有专业化的技能。事实上，每一个物流作业系统都可能因作业对象的特殊属性而必须满足某些特殊的要求。

二、物流机械设备在物流系统中的地位和作用

现代物流系统是一个网络化的综合服务系统。在该系统中，物流机械设备是重要的物质要素，担负着物流作业的各项任务，对实现物流系统的正常运行起着非常重要的技术保证作用。

（一）物流机械设备是物流系统的物质技术基础

物流机械设备是物流劳动工具，每一物流系统都配有不同的物流机械设备，用于完成不同的物流作业。没有物流机械设备的运用，物流作业就不可能高效地实现。因此，物流机械设备是现代物流运作的技术基础，是提供优质服务的保证，是实现物流现代化的一种必要条件，是强化物流系统能力的物质技术基础，在物流系统中具有不可替代的基础性作用。

（二）物流机械设备是物流系统中的重要资产

现代物流机械设备是技术密集型、资本密集型、劳动密集型的商品，一般来说，其造价昂贵。建设一个现代化的物流系统所需的物流机械设备购置成本相当可观。同时，购置物流机械设备之后，为了维持设备的正常运转、发挥设备效能，在设备使用过程中还需要连续不断地投入大量的资金。一旦物流机械设备发生故障，就会造成物流系统的瘫痪，造成物流效益损失。因此，科学配置物流机械设备，优化设备效能，充分发挥设备投资效益，使物流系统中设备这一“大头”充分发挥作用，对物流系统良性运行关系重大。

（三）物流机械设备影响物流活动的每一环节

在整个物流过程中，商品或物料从生产者到消费者要经过包装、运输、装卸搬运、储存、流通加工、配送等作业环节，而且还伴随着附加的辅助作业。这些作业的高效完成，需要不同的物流机械设备。如果用人力去完成这些工作，势必耗时、耗力，甚至不可能完成这些工作。因此，物流机械设备在物流系统中处于十分重要的地位，影响着物流活动的每一环节。

（四）物流机械设备是反映物流技术水平的重要标志

积极开发、推广和采用物流技术是推进科学进步，加快物流现代化的重要手段，也是提高物流效率的根本途径。实践证明，先进的物流技术和物流管理是提高物流能力、推动现代物流迅速发展的两个车轮，两者缺一不可。而作为物流技术的重要组成部分的物流机械设备，是物流技术的核心。很多先进物流技术的应用都是通过物流机械设备来实现的。因此，物流机械设备普及程度的高低，直接反映着一个国家现代化程度和物流技术水平的高低，决定着物流作业能力和作业规模。

三、物流系统的规划和设计对物流机械设备的基本要求

在物流系统建设中，物流机械设备不是越多越好，越先进越好，必须根据物流系统目标、综合考虑各种因素来科学合理地配置和选择物流机械设备。一般来说，物流系统设计中对物流机械设备提出了以下要求。

（一）合理采用物流机械设备

1. 合理采用物流机械系统。

在进行物流系统设计时，应从系统的角度把物流机械设备看作物流系统的子系统，根据物流系统的设计目标，综合考虑各种因素，选择不同的物流机械设备子系统。从物流作业装备在物流作业过程中应用的演化情况看，大致经过了四个阶段：半机械化系统、机械化系统、半自动化系统和全自动化系统。

（1）半机械化系统。指在物流系统中以各种机械设备部分替代人力的各种操作来完成物流作业的机械系统。一般情况下，对于作业量不是很大，小件货物占大多数而重大货物较少、人力操作基本可以完成的物流系统中可采用这种形式。

（2）机械化系统。指在物流系统中以各种机械设备替代人力的各种操作来完成物流作业的机械系统。一般情况下，对于作业量很大，特别是重大货物，启动频繁、重复、节拍

短促而有规律的作业，适宜采用机械化系统。

(3) 半自动化系统。指在物流系统中主要物流作业实现自动化，辅助作业仍采用机械化或人力来完成的机械系统。一般情况下，作业量较大、作业频繁的场合，可考虑采用半自动化系统。

(4) 自动化系统。指在物流系统中所有物流作业多由自动化设备完成且各作业环节相互连成一体，实现自动控制的机械系统。一般情况下，对于要求作业效率高、精度高或影响工人的健康、有危险的作业场合，适宜采用自动化系统。

2. 合理选用物流机械设备。

每一类设备都有其基本功能，在使用设备时，要使其基本功能得到有效的发挥，并不断扩大其使用范围。因此，要对物流机械设备进行科学规划，认真研究分析设备需求种类、配置状况、技术状态，制订切实可行的配置方案，并进行科学合理选择。

3. 配套使用物流机械设备在物流系统中，不仅要注意物流设备单机的选择，更重要的是整个系统各环节的衔接和物流机械设备的合理匹配。要保证各种物流机械设备在性能、能力等方面相互配套，物流机械设备自动化处理与人工操作合理匹配。

(二) 保证快速、及时、准确、经济运送货物

无论是生产企业内部物流，还是生产企业外部物流，都要求物品的流动快，搬运装卸快，包装储存周转快，运输快，同时，要求根据生产需要及时送达，并确保物流机械设备可靠、安全以及运行的经济性。因此，需要合理配置物流设备，广泛应用现代化物流设备，并保证物流机械设备处于良好状态，充分发挥其功能，消耗费用最低。

(三) 尽量选用标准化器具和设备

在物流系统中，尽量采用标准化物流技术及其装备、器具，可以降低设备和器具的购置和管理费用，提高物流作业的机械化水平，改善劳动条件，减轻劳动强度，提高物流效率和物流经济效益。

(四) 具有较强适应性

在物流系统中，所采用的物流机械设备应能适应各种不同物流环境、物流任务和实际应用的需求，应满足使用方便、符合人体工程学原理等要求。

(五) 充分利用空间

利用有效的空间，进行物流作业。如架空布置的悬挂输送机、梁式起重机、高层货架等；使用托盘和集装箱进行堆垛，向空中发展，这样可减少占地面积，提高土地利用率，充分利用空间。

(六) 减少人力搬运

从我国物流业的现实来看，企业规模小、基础差、底子薄、装备水平低是很多企业的共同特点，很多企业的物流作业还是以人力作业为主，尤其是装卸搬运作业。但要注意尽量减少体力搬运，减少人员步行距离，减少弯腰的搬运作业。

第三节 我国物流设备的发展现状和趋势

货物的实体流通古已有之，但在改革开放以前，我国的国民经济发展水平、货物流通量都处于较低的水平。据统计，1978 年全国货运量只有 24.8946 亿吨，与 2017 年全国货运量的 479 亿吨相比，仅为 5.2%。当时由于国家执行严格的计划经济政策，无论是生产资料或是生活资料分配、流通都受到严格的控制，并由国家设立的专业流通企业实施完成。例如，生活资料由百货文具公司、纺织服装公司、五金交电公司等企业负责实施，生产资料由金属材料公司、机电公司、燃化公司、煤建公司、木材公司等负责。事实上这些企业都是自上而下的封闭系统，货物的流通也是在这些封闭系统中封闭运行的，因此严格地说，当时的“物流”，如果称得上物流，都是“企业物流”。在物资极度匮乏的时代，企业的经营重点必然以“保障供给”为首要任务。同时，由于国力有限，有限的制造资源几乎全部用于发展基础装备，专业物流装备除部分燃油运输用槽罐车辆和极少的大宗散货港口装卸设备外几乎是空白。物流作业除长大笨重货物借助其他行业业已成熟运用的工业装备如起重机装卸外，全部由人力借助简单工具完成。因此我国物流设备的真正发展始于改革开放后经济的高速发展和随之而来的物流大发展。

一、我国物流设备发展

我国物流技术设备的生产、研发大致经历了以下几个阶段。

（一）小范围研发试制阶段（20 世纪 60 年代初期至 1978 年）

计划经济时期，我国工业生产系统没有安排专用物流设备的生产和研发的部门或机构，可用于物流作业的大型机械生产和研发隶属于有关的工业系统，包括机械、冶金、交通、建工等工业系统，以通用机械系统组织研发和生产。在有生产能力的工业企业，物流作业所用的简易机械或工具多作为技术改造或技术措施项目自制，但是通用性较差，很少能用于其他企业。尽管如此，一些研究机构和企业做出了积极的努力和尝试：1963 年原一机部北京起重机械研究所设计并试制成功国内第一台桥式堆垛起重机；1974 年原纺织工业部郑州纺织机械城建成国内第一座立体仓库，用以存放冲压模具。该仓库由一台起升量 300 千克的单柱堆垛机和环形多层货架组成，人工操作。虽然很简陋，但效果十分突出，有很强的示范作用。

（二）大面积研发试制起步阶段（1978~1990 年）

经过几十年的发展，至改革开放之初，我国的科学技术、研发能力、基础材料都有了一定的发展，为物流设备的研发和生产奠定了一定的技术和物质基础。伴随着改革开放，国外先进的经验大量传入国内，物流的理念就是这一时期引进国内并引起各方面的关注，物流设备的研发真正起步。

叉车是物流机械领域最重要的机种之一。我国叉车工业起步于 20 世纪 50 年代末，当时主要仿制苏联产品。70 年代后期和 80 年代中期，机械工业系统先后组织了 2 次联合设计，之后各叉车生产厂纷纷引进国外先进技术、消化吸收和国产化，如北京叉车总厂引进日本三菱 1~5 吨内燃平衡重式叉车技术，大连叉车总厂引进日本三菱10~40吨内燃平衡重式叉车和集装箱叉车技术，天津叉车总厂引进保加利亚巴尔干车辆公司1.25~6.3吨内燃叉车技术，杭州叉车总厂引进西德O&K公司静压传动叉车、越野叉车和电动叉车技术，合肥叉车总厂、宝鸡叉车公司引进日本TcM株式会社1~10吨叉车技术，湖南叉车公司引进英国普勒班机械公司内燃防爆装置技术，形成了产品档次的多层次格局，叉车生产业已成为一个全新的机械生产门类。

此期间物流综合技术也获得重大进展，标志性成果是第一座真正意义上的计算机控制的自动化立体仓库在北京汽车厂建成，储存高度15米的建成。该仓库北京起重机械研究所1973年开始设计，1980年投入运营。

在此期间取得重要成果并投入运营的还包括：第一台无轨堆垛机、第一台AGV。

（三）快速发展阶段（1990~2000年）

改革开放后，随着国家政策的放宽，部分企业迅速发展，生产力大幅度提高并积累了雄厚的资金，传统的物流技术和操作方式方法已经严重阻碍了企业的进一步发展，因此引进现代物流技术，提高物流运作效率成为可能。此期间最重要的进展是云南玉溪卷烟厂投资兴建的自动化物流系统。该物流系统包括：辅料自动化立体仓库、成品自动化立体仓库、自动化输送机系统和自动引导车系统，由玉溪卷烟厂投资1 516万美元从韩国三星公司全套引进，昆明船舶设备集团公司负责技术协调及设备的安装工作。该系统由两个基本相同的自动化物流系统构成，分别安装在玉溪卷烟厂关索坝工程的生产一部和二部，共有22 528个货格和52张AGV；于1993年通过验收并正式交付使用，是当时国内最先进的自动化物流系统。该系统的成功建成和应用，起到了非常重要的示范作用。昆明船舶设备集团公司也从中积累了一定的经验，成为国内最早涉足自动化仓储系统设计建设的大型国有企业。紧随其后，青岛卷烟厂成品自动化物流系统筹建，拟建项目包括自动化堆码入库系统、成品自动化仓库拆码发货系统和高架自动化立体仓库系统。其中关键设备巷道堆垛机、自动码垛机等由日本村田机械公司进口，其余设备包括输送机、货架、自动拆码机电控及计算机管理系统等由昆明船舶设备集团公司自行研究设计和制造。高架仓库共有3 216个货格，货架和巷道堆垛机高达24米，而且该高架仓库由于工艺的需要必须建在相对地面标高为65米的楼面上，这在国际、国内尚属首例，因而是个难度和风险都很大的项目。整个项目于1997年年底交付使用。以这两个项目为标志，我国烟草行业自动化物流系统建设项目全面铺开。

此期间其他重要成果还包括国内第一台LGV、第一台垂直货柜、第一座组合式货架立体库、第一座航空货运立体库相继诞生。

（四）全面发展阶段（2000~2012年）

物流装备技术在各行各业普及应用加速。标志性的成果是代表物流技术集大成的自动化配送中心出现在我国的经济生活中并快速普及。所谓自动化配送中心其实质是自动化存取系统即自动化仓库和自动化输送技术的联合应用，因此配送中心出现的意义并不在于配送中心本身，而在于其所依赖的自动化输送技术的发展。事实上，我国输送技术的发展远早于立体仓库。输送机1990年在我国已有应用，但范围很小：托盘输送机用于立体仓库、箱式输送机则主要用于邮政领域，技术水平较低。机场应用的输送机主要采用进口机型。1991~2000年，PLC系统、总线技术的应用显著促进了我国自动输送系统技术水平的提高。同时期AGV

新产品新技术得到发展，并开始应用于市场。2001～2008年，输送机技术水平跃上了新的台阶。高速输送机、AGV等均已经实现国产化。其应用已拓展到各个行业，尤其是烟草、零售、医药、图书、服装等领域发展迅猛。此后，国产穿梭车、高速滑靴式分拣机、交叉带分拣机等相继研发成功，我国的配送中心从技术上看已基本达到国际同期水平。

（五）提高阶段（2012年至今）

此期间由电子商务引导的快递物流的爆发式增长最为令人瞩目的：随着计算机和网络技术的快速普及和发展，国内电子商务迅速崛起。数据显示，2010年我国电子商务交易额仅为4.5万亿元，至2016年增长至22.97亿元，年均复合增长率达31.22%。其中，B2B市场交易规模16.7万亿元，网络零售市场交易规模5.3万亿元。

2017上半年中国电子商务交易额为13.35万亿元，同比增长27.1%。其中，B2B市场交易额9.8万亿元，网络零售市场交易额3.1万亿元。

电商的快速发展带来了巨大的物流运输和配送需求：全国快递服务企业包裹量2011年近37亿件，2014突破百亿件，2018年高达490亿件，按2016年年末中国13.8亿人口计算，人均快递量达35件。

表1－1　全国快递服务企业包裹数量和增长率（2011～2018年）

年　份	2011	2012	2013	2014	2015	2016	2017	2018
包裹量（亿件）	37	57	92	140	207	313	401	490
增长率（%）		54	79	52	49	51	28	22

规模如此之巨的业务总量，催生出物流快递行业强烈的升级愿望，巨量的业务所产生的收益奠定了快递企业设备技术升级雄厚资金实力。再者，国际上即使是发达国家这样的市场规模也是从未遇见，没有成熟的解决方案可供援引。在这几方面的因素共同作用下，我国物流装备研发制造进入了一个全新的阶段：从引进、模仿、跟随转变为领跑。

这一时期的主要特征是以智能制造为代表的先进技术、工艺的普及应用为物流装备研发生产提供了新的技术平台，各种物流装备，尤其是大规模物流分拨中心所需装备均能自主生产和集成应用，这一时期的重要成果有：

1. 京东“亚洲一号”建成。京东“亚洲一号”是现代物流技术和装备应用的集大成者，可将所经营的所有商品集中存储在同一物流中心的仓库内，减少跨区作业，降低成本；快速完成商品的拆零拣选，合并属于同一订单的商品；自动化设备进行订单快速分拣，确保分拣效率和准确性。

京东“亚洲一号”是一个综合技术系统，涉及目前所有的高端装备和现代技术，包括货到人系统，用于对纸箱、周转箱等容器进行自动化存取、搬运并可实现货物到人的拣选技术；AS/RS自动化立体仓库系统，高密度存储形式，能够充分利用存储空间；交叉带分拣机系统，可高速自动化分拣中、小件型的包裹，配合全自动供包形式，最大化降低人员投入，提高分拣效率；AGV系统：AGV（自动引导小车）替代了人工搬运重物和重复常规的物料搬运工作，能够和机器人、自动化立体仓库等联合作业；阁楼货架系统，可充分利用空间的钢结构多层货架系统，员工在巷道内拣货。“亚洲一号”的最高采用四层阁楼货架，增加可用拣选面积，同时最大化利用了存储空间；输送系统，“亚洲一号”各物流中心内使用了大量的输送线以减少货物搬运量，减轻人员的劳动强度，提升自动化水平。

2.“小黄人”AGV。“小黄人”AGV是浙江立镖机器人有限公司研发的，具有原创性、高可靠性和低成本的、用于快递分拣的新型分拣设备。分拣是快递物流最烦琐、工作量最大的环节。与传统的半自动化皮带机和交叉带自动分拣系统相比，“小黄人”采用了并联而非串联方式。工作时所有机器人都接受主信息系统的统一调度，但同时任何单台机器人出现故障都不会影响到其余机器人的正常工作，可以实现24小时不间断分拣。“小黄人”AGV占地面积小，以快递分拣中心为例，同等分拣业务量情况下，占地面积不到其他方式的1/2；分拣效率高，每小时可以完成18 000件快件分拣，可减少70%人工；节能、精准、高效，提升工作效率；维护成本低，可以大大降低物流成本；智能快递分拣机器人搭配少量人工操作员，能实现扫码、称重、分拣功能“三合一”，能够识别快递面单信息，以最优路线投递；会自动充电，不影响分拣效率前提下，充电5分钟，奔跑4小时；应用门槛低，50台“小黄人”即形成有效作业规模。

此外，无人仓、密集存储、货到人拣选、高速分拣、分拣等新型物流技术设备不断涌现也是本阶段的重要进展。

二、我国物流设备研发和应用现状

综上所述，经过几十年的努力，目前我国物流领域的装备化水平已大大提高，部分领域已达到国际领先水平，尽管还有某些门类国内尚不能生产，如干线大型货运飞机仍需进口补充。从应用层面上看，通过自主研发生产和引进补充，国内物流装备水平能满足现代物流运作的要求。具体地，国内物流装备的应用已经实现了以下目标。

（一）已实现干线物流设备大型化和高速化

大型化指设备的容量、作业能力越来越大。高速化指设备的作业速率、作业速度或者运行速度不断加快。大型化和高速化是提高物流效率的技术保障，也是物质基础，没有设备的大型化和高速化，物流效率的提高是不现实的。改革开放以来社会经济快速发展，我国已经形成大生产、大流通的格局，低速小型设备已经不能满足物流发展的需要。

为了满足运输需要，提高物流规模效用，大型运输设备不断出现，以道路运输车辆为例，2001年，国内半挂牵引车主力车型的最大动力只有180马力，2002年上升到240马力，2003年为280马力，而到了2009年已经达到了300～400马力。2010年普遍延伸到450～500马力，排气量要在13升以上。目前，国产半挂牵引车的发动机功率已经和美国水平相当，最大牵引量已达200吨。2018年国内生产重型卡车、半挂牵引车111.2万辆，约为世界总产销量的四分之一，目前我国干线公路运输已经真正实现了大型化和高速化。

为了满足起重作业的需要，我国已能生产起重量达600吨的履带起重机；最大的桥式起重机起重量为1 200吨，堆垛起重机最大运行速度达240米/分。

目前世界上最大的油轮载重量达到56.3万吨，矿石船达到30万吨左右，集装箱船为6970TEU。我国自主研发、自主建造的最大油轮是广州广船国际股份有限公司为招商局能源运输股份有限公司建造的“凯桂”号，载重量达到32万吨，2014年11月5日在广州建成，并开始处女航。目前世界上最大的集装箱船是“中远海运宇宙”号，该船系国产具有完全自主知识产权的超大型集装箱船，最大载箱量为21 237标准箱，船长400米、型宽58.6米、型深30.7米；江苏扬子鑫福造船有限公司建造的40万吨超大型矿砂船“鑫福39”轮是世界最大的散货船之一。该船长361.9米，型宽65米，型深30.4米，设计吃水23米，入级英国劳氏船级社（LR）和中国船级社（CCS），各项技术性能世界领先，2018年4月首航。

管道是运输大宗货物物流最有效的方式，目前国内油气管道运输建设总长度已超过10万千米，近年新建管道以1 000毫米以上的管径为主，最大1 420毫米，与国际同步，压力达到10～12兆帕，也达到国际先进水平。

（二）已实现中末端物流设备实用化、轻型化、微型化

物流是贯穿社会经济各个层面和各类企业的基本活动，因此社会对物流装备的需求不是千篇一律的，而是多层次、差异化的。除专用场合外，大量的物流机械设备用于通用的场合使用，工作并不是很繁重。这类设备可适当简化结构，降低自重，节约造价，同时也可降低设备的运行成本。从应用层面上看，我国的物流装备研发和生产已经能满足全方位的需求。

以起重装卸作业为例，不同企业起重装卸作业内容具有极大的差异，专用散货场和其他专用堆场的所用起重设备作业时可能每时每刻都处于满负荷和三班连续运行的状态，而通用货场的起重机则可能经常处于非满负荷、时间断续的状态，有的甚至处于偶尔使用的状态，为满足诸如此类的需求，我国生产部门已能生产连续超重型、超重型、重型、中型、轻型起重机，满足了不同企业、不同作业场合的需要。

叉车也是如此，即使是同一吨位的叉车，业已形成不同起升高度、不同动力配伍和不同的作业速度的机型系列，足以满足各类企业选用。

近年来在物流作业中大行其道的AGV更是如此，载重量从千克级、百千克级、吨级、十吨级、百吨级，最大可达200吨。2018年，经七年攻关，湖南驰众机器人有限公司研制出一款“200吨级重载AGV”，其最大载重达200吨，成为目前国内最大载重物流机器人。该机长8米、宽6米、高1.2米，拥有4个驱动单元8个轮组。自重近30吨，设计最大载重达200吨，运行速度25米/秒，行驶精度控制在30毫米内，能在坡度低于5%、槽宽小于30毫米的地面“来去自如”。

运输车辆也与此类似，近年来我国车辆生产已彻底改变了“缺重少轻”生产格局，目前已能生产不同类型的轻、微运输车辆和专用车辆，如微型冷藏车。我国农用简易运输车辆的发展即使在国际上也可谓独树一帜，价格低廉、功能适用，对农村地区实现运输机械化起到了不可估量的作用。

（三）已实现物流设备通用化和专用化相结合的供应格局

物流是社会经济发展的产物，必然随着社会经济的发展而呈现多样化的特征。多样化的特征反映了对物流机械设备需求的多样化，从而使物流机械设备具有多种多样的品种且不断更新。物流活动的系统性、一致性，运输与配送快速、机动，要求一些设备向专门化方向发展，而另一些设备向通用化、标准化方向发展。

通俗地说，通用物流设备是指可用于多种货物、多种作业类型的物流设备，而专用设备是指可用于某类特定货物、特定作业种类的物流设备，有的设备甚至仅仅为某类货物的某一物流工艺而设计。因此，专用设备通常都具有很高的生产率，但应用范围非常有限，而通用设备恰

恰相反，一般都可用于多种作业场合，但作业效率没有专用设备高，有些设备甚至低很多。最后，专用设备之所以“专”，有时也出于安全、卫生、环境保护的目的，无论是从设计要求、材料选用、制造难度精度均非通用设备造价可类比，故而造价较高，在一定程度上抬高了应用门槛，限制了其推广，使一些理应使用的企业，因财力等不得不同而求其次。但是从目前物流设备供给侧看，我国物流设备各机型机种都有专用机型供应，可供各类企业选用。

轮胎式集装箱门式起重机（场桥）是大型专业化集装箱堆场的专用机械，装卸标准集装箱。它适用于各类集装箱堆场，如港口、车站等，但不能用于一般的货物堆场；而通用门式起重机可用于普通堆场，但用于集装箱作业则需要大量的人工辅助作业，效率很低。

专用汽车，包括箱式、罐式、自卸式、仓式、格栅式、桁架式等，可用于运输不同性质、状态和要求的货物，例如，液态、气态和散装粉状或颗粒状固态等货物；牲畜、家禽和鲜鱼等动物；要求保温、保鲜、冷冻冷藏的货物；剧毒、易燃和易爆的危险品等，但不适合运输普通货物。

（四）已能提供高配套化和成套化设备

成套设备是指为完成特定的生产任务及功能所必需的整套技术装备，是由一系列功能相互协调衔接单体设备和控制调度设备有机组合而成，如成套冶金设备、成套电站设备、成套机加设备等。由此概念可以看出，成套设备并不是由单体设备简单集合：第一，组成成套设备的单体设备必须具有成套性，即此类设备做设计制造之初就已经兼顾了和有关设备在功能方面的配合，可以在使用中相互衔接完成同一生产任务不同作业环节的不同操作；第二，此类设备在设计之初还兼顾了和有关设备的参数的配合衔接，以便保持在作业中可以保证各个作业环节作业能力的均衡，尤其是组成生产线的设备这一特性尤为重要。因此设备的成套性也可以表述为相关设备、器具之间的数量、各种技术指标和参数的吻合程度。

多年的发展，尤其是近年来的快速发展，我国物流设备基本都可以成套供应，并已经大量应用于日常物流作业中。

但是从实际应用看，成套设备因应用条件不同在具体组成形态和单体设备数量上都有极其重大的差别，即使是完成类似的作业，之所以如此是因为成套设备的应用取决于应用企业的实际作业条件和企业的资金实力，如工艺的细化程度等。这一特征在物流领域表现得尤其明显。因此是否采用成套设备，如何采用成套设备，一般有三种模式：单机配套、机组配套和项目配套。

1. 单机配套。指一台机器中各种随机工具、附件、部件配备成套。这对价值较高的多功能性设备极为重要。例如叉车，普通叉车仅对托盘化货物作业有效，而对非托盘化货物其效能就不能充分的发挥，因此生产企业借鉴或引进国外技术开发了大量可供叉车选用的属具如软包夹持器、直角加持器、旋转加持器、滑片推拉器等共计有七十余种，可供不同叉车应用企业选用，从而使叉车可应用于各类型企业的各种货物搬运装卸。

起重机的单机配套目前也很成熟，其配套属具包括各型吸盘、抓斗、集装箱吊具等。

2. 机组配套。指一套机器的主机、辅机、控制设备以及其他设备相互配套。这对联动设备显得格外重要。对中小物流企业而言，由于作业量或者资金的限制，不适合或不能实现更大范围的设备配套可实现机组配套。如输送设备和给料设备、给料设备给料、集料设备、排料设备组成机组，实现某一作业环节的机械化或者自动化。这种配套方式特别适合传统物流企业的技术改造。

3. 项目配套。通常是指对一个新建项目所需的各种机器设备配套成龙，如工艺设备、动力设备和其他辅助生产设备的配套。从目前国内物流设备的供应情况看，实现项目配套已经具备完全的条件，代表性的大型成套设备如自动化港口成套设备、散货堆场成套设备、自动化立体仓库成套设备，中小型的如分拣成套设备等都可自主生产并以广泛应用，部分产品已成为世界主要提供商。例如，前面提到的京东"亚洲一号"综合技术系统所采用的全部是国产设备。

需要读者注意的是，这种配套方式也适合传统物流企业的技术改造或者物流设施。我国的物流企业大多数目前还处于规模小、底子薄状态，一步实现机械化、自动化显然力不从心，但是从前面的分析可以看出，采用分步走，先做到单机配套、再实现机组配套、最后达到全流程机械化进而实现自动化是比较理想的途径。

（五）部分行业已率先实现全物流作业的机械化、自动化和智能化

狭义地说，机械化是指在物流过程中直接运用电力或其他动力来驱动或操纵机械设备以代替人力完成作业的工作模式。虽借助机械设备但仍以人力而完成作业的，可定性为"半机械化"；而自动化无须人工介入就可以完成物流作业的工作模式；智能化是自动化的高级阶段。就物流作业而言，自动化通常是固定的作业环节、固定的作业方式、稳定的工作条件实现的固定的工作循环，也就是说，自动化只能实现特定的工作，而当作业对象、工作条件发生变化时就会受阻。而智能化是可对工作对象、工作环境和条件具有自行识别和自主调整并自动适应的无人工介入的工作模式。

提高劳动生产率、降低劳动强度是人类生产所追求的永恒主题。就物流领域而言，所谓提高劳动生产率就是在消耗同样多的人力的前提下完成更多的作业量。与生产领域相比，提高物流作业的劳动生产率具有更为实际的意义，因为物流仅是"第三利润源泉"长期被忽视，其装备化程度较低，大量的作业靠人工完成，尽管近年来我国的物流装备化水平已经发生了翻天覆地的变化。提高劳动生产率，最直接的途径是利用机械设备代替人工，实现机械化作业，尤其利用无人工参与或很少人工参与的自动化作业，人类在各个生产领域取得生产率的提高都证明了这一点。但是由于作业环境、货物的差异性，物流作业的机械化和自动化一直是困扰科学家的困难领域之一，近年来得益于计算机技术和机械技术的发展，物流自动化取得了前所未有的进步。

总的看来，实现物流机械化和自动化进而智能化作业，可以有以下优点：

大量节省人力，改善劳动条件，尤其是某些极端条件下的物流作业，大大提高了劳动生产率和作业效率，降低了工伤事故和职业病的发生概率，如散装水泥物流系统。

实现物流作业流程化、工艺化。由于人工参与度降低，甚至完全不需要人工参与，消除了人工作业的随意性和不稳定性，有效地提高了货物的安全性和降低差错率，如智能仓储系统。

实现大批量连续作业，满足了现代化大生产、大流通的要求，如大宗散货堆场自动化作业系统。

最终，有效降低企业生产成本，这是所有的自动化作业技术极其重要的出发点和归宿。

目前，我国长大笨重和大宗货物的物流作业完全实现了机械化，并在快递、医药、卷烟、图书等行业大面积实现自动化分拣和封包配送，收到了良好的效果。

三、未来发展趋势

综上所述，经过长期的积累和近年来跨越式的发展，我国的物流设备研发、生产已进入了一个全新的阶段，部分领域已与国际同步，个别领域已处于领跑地位，所有机种、机型都能自主生产，完全可以满足各类物流企业和物流作业的需要。但是也必须看到，我国物流设备生产行业的起步较晚、起点较低，进入门槛较低，导致参与企业中小企业居多，研发能力和生产条件尚不满足现代物流设备生产的需要，产品质量良莠不齐，档次不高。由此可以判断，今后我国物流设备行业的发展可能沿着如下的轨迹发展。

（一）满足用户需求，稳定产品质量

所谓产业，从本质上看它无非是一些生产相同产品或者关联产品的企业集合，物流设备行业也是如此。任何一个产业都必然遵循产生、发展到衰退的过程，即生命周期。产业的寿命周期分为四个阶段：形成期、成长期或者快速扩张期、成熟期、衰退期。

一个产业是否萌芽的主要标志有两个：一是有无一种全新的产品的出现，而这种产品又具有广阔的发展前景和庞大的市场潜力；二是有无独立从事此种产品生产的厂家出现。只有当两个条件同时具备才意味着一种新兴产业正在萌芽和初步形成。

产业在萌芽期的主要特点是产品很单一：生产厂家很少、销路有限；生产成本高，产量低、收益少；对原有产业在资源、管理等方面有很大的依附关系，没有形成独立的生产体系；产品知名度不高，用户很陌生；产品自身还处于改进和完善之中，一般来说，每一个产业都有一个萌生的过程，即萌芽过程，新生产业最初总是寄生于相关的旧产业的“母体”之中，例如，物流设备行业最初就生存于机械制造业之中。在寄生的岁月中，新产业从旧产业中吸取技术、劳动力、资金、原料、固定资产等，进而逐渐使自己发育成长，而后，与母体分离，成为一个独立的个体。

产业周期的另一个阶段是产业成长期即产业扩张阶段，新产业从不完善、不成熟逐渐走向成熟。产业形成初期，生产规模和产量不大，产品品种和门类不全，生产的独立性差和对原有产业的依赖性较强，许多重要的零部件都不能自己生产甚至没有独立的原料供应来源。随着市场认识的普及和规模的扩大，大批投资涌入和大批企业转产加入，从而使该产业的规模迅速膨胀，在量上呈加速增长趋势。从本周期的中期开始，竞争加剧，优胜劣汰出现，部分企业甚至是产业的创始企业也可能由于种种原因被淘汰。同时一个产业是否进入成长期，其主要标志是有无能够相互协作、相互补充、配套生产的厂家群体出现；而成长期是否结束的主要标志则是该产业的骨干企业建成与否，即主要产品、主要零部件和主要附件是否实现集约化生产。

根据产业经济学的理论，不难看出我国物流设备行业已进入成长期，甚至已经进入成长期的后段。物流设备的生产已不是“有没有”的问题，而是转向“好不好”的问题。因此可以推断，在今后一段时间提高产品质量和可靠性，改善产品的能耗和效率，是我国物流设备行业最可能的发展趋势。虽然我国的物流设备行业能够提供几乎全部所需的设备，但是质量不高、可靠性低、能源效率低的问题一直存在。例如，有人曾说，就是一辆简单到不能再简单的托盘搬运车，即使看不见听声音也知道是国产的。例如包装喷码，国产设备的自动调焦都不是很理想，以至于所喷字符、条码模糊发虚等。一些系统化设备匹

配性较差，故障频出等。这也就是很多企业不愿意采用国产设备转而采用价格高昂的进口设备或者合资企业的产品的原因。例如叉车，国产叉车故障率高，油液渗漏，驾驶感差一直为用户诟病。再如，半挂拖车，国产拖车虽然已占有市场的绝大部分份额，但是一些运距长、运量大、运输任务频繁的企业仍然倾向于使用价格昂贵的进口拖车，如沃尔沃、奔驰等，虽然使用进口品牌的价格很高，但经济效益更好。物流机器人和其他自动化设备领域这一现象更为明显。当然这与很多用户对于国产设备的信任程度较低且存有一定偏见有关，但是进口产品更高的稳定性有目共睹，可以节约大量的维修成本和停机损失也是普遍存在的事实。要改变这一现状，只能通过全行业的努力，尽快提高产品质量、能源效率、人机功效，才能赢得用户的信任和促进行业的良性发展。

（二）以实际需求为导向，新型设备不断出现

以实际需求为导向，是指企业的产品研发必须始终从市场需求出发，了解市场的真正需求，才能保证所开发的产品能“为人所用”。美国全国工业会议分析若干新产品开发失败案例，发现除技术、成本、质量等问题外，最主要原因是研究开发与市场脱节，占比63%，而其中一半又是由于市场分析不当所致。

2018 年，我国货运量合计达到 506.15 亿吨，前面也曾提及我国 2018 年的快递包裹总量达 490 亿件，如此巨大的物流量是世界上任何国家都无可企及的。因此，套用国外的规划、流程和作业装备，已不足以化解国内物流作业的所有“瓶颈”，尤其是我国的城市化进程尚在进行中，城市化水平还比较低，大量的人口还生活在农村地区和小城镇，幅员辽阔，物流终端分散是相较于物流发达国家的重要特征。因此，如何立足于国内物流的现实，创造性地研发适合我国物流网络结构特征和作业特征的新型设备，是今后一段时间物流装备行业必须面对的现实，也是提高物流装备行业提高研发水平和经济效益的必由之路。

最近出现的称重型托盘搬运车就是非常有意义的创新。众所周知，称重计量严重地割裂了物流作业连续性，增加了作业时间和搬运次数，而且需要大量的人工辅助，影响了生产率，在一些基层物流门店更是如此：店面狭小，货物品种繁杂，大型机械无法使用，甚至陷入人少了不行、人多了也不行的尴尬局面。称重型托盘搬运车的出现使这种局面大为改观，它既可用以搬运托盘化货物，也可以用以搬运人力所不能及的笨重货物，还可以在搬运的同时完成货物的称重计量。称重型托盘搬运车还可以作为磅秤用，并具有打印小票和累加、计算运价货款的功能，真正做到了一机多能、一机多用。相信在将来类似的新机型、机种将会不断出现，以满足不同层次企业的需求。

（三）推进标准化生产

我国物流机械设备研发和生产的另一个必然的趋势是尽快实现标准化生产。由于缺乏货物运输及其物流作业设备的统一规范，严重阻碍了货物运输和物流作业过程标准化运作，阻碍了物流及运输企业效益的提高，也是我国物流成本居高不下的重要影响因素。

首先，从国外的经验看，我国最为急需也最有可能或者必然发生的物流技术标准化是包装规格标准化。例如，美国、欧盟、澳大利亚等国家和地区都已确立了统一的标准包装容器标准规格，大大提高了物流系统效率，并促进了集装箱拼箱业务的发展。日本构建了物流模数体系运输容器标准尺寸、托盘标准尺寸系列等规范，且十分重视包装尺寸标准化

的问题，极大地提高了整个运输系统效率。由于我国产品包装是由生产企业自行设计的，产品包装规格混乱。另外，企业设计包装重点考虑的是保护内部货物、节约包装材料、降低包装成本，很少考虑运包装规格与运载工具关联度，导致了运载车辆、集装箱体积利用率较低，而且增加了装车、装箱的难度。

其次，托盘的标准化和系列化。托盘作为物流集装单元化的基础工具，其规格直接影响其装载效率。目前，由于没有建立统一的托盘标准和现有的标准与国际不接轨，我国托盘规格混乱，使用的托盘规格有几十种之多，很难形成整齐划一的集装单元，导致各种运输工具的装载率、装卸设备的荷载率、仓储设施空间利用率都较低。由于托盘规格混乱、通用性很差，很难和集装箱、运载工具、仓库、货架等协调配套也导致货物流转中多次倒换托盘，严重降低了运作效率。

最后，当包装规格和托盘规格统一后，车辆、货架的尺寸规格统一也就迎刃而解了。

在物流配套件及周边设备领域，更要重视产品的标准化，这将有助于在我们国家形成一个高效的物流体系。例如，应用广泛的托盘，托盘和货架、托盘和运输车辆的配合，都体现出空间利用最大化的课题。汽车尾板与各类运输车辆的配合使用，多品种的叉车与叉车属具的配合等都需要设备有统一的标准。

在整个物流业蓬勃发展的背景下，物流配套件及周边设备的市场还会越来越大。在认识到与发达国家的差距的同时，更要从我国物流业发展的现状出发，设备制造商摒弃盲目跟风的做法，根据市场实际需求踏实做好产品，物流企业在设备采购和配置上以提高物流作业效率、节约社会成本为前提。在各相关产业的共同努力下，我国物流配套件及周边设备市场一定会走上健康发展的道路。

第四节　本学科的研究对象

随着生产、流通和物流规模的扩大以及人力成本的不断提高，现代化生产和物流对物流机械设备的要求越来越高，物流过程的装备化程度和合理应用已成为影响物流系统运营效率的关键因素。因此，如何合理选用物流技术装备构建高效的物流作业系统、合理的日常调度和正确应用物流技术装备是决定物流效率的基础条件，也是高素质物流人才必需的知识构成和技能。由于物流作业对象的复杂性和不确定性，物流设备的通用性，使物流技术设备的选用明显不同于其他技术装备，这是由物流作业的特殊性所决定的。例如，装卸、搬运是所有的物流作业过程必然的组成部分，但即使是同一种的货物，可用于装卸搬运的设备并不局限于特定的机种或者机型，然而其作业效率大相径庭，道理是很浅显的：每一种设备只能在理想作业条件下对特定的作业对象才能发挥最佳效能。从另一个角度看，企业的货物种类繁多，但是企业的财力有限，不可能也没有必要万事俱备将所有设备配置齐全，这就是说，企业必须在有限财力的条件下，有所舍弃有所兼顾地合理选用设备，才能构建一个经济合理的作业系统。这是学习本学科重要意义所在。

一、物流设备

物流技术设备的种类很多，根据其功能，大致可分为以下几大类。

（一）包装设备

指完成全部或部分包装过程的物流设备。包装过程包括充填、裹包、封口等主要包装工序，以及与其相关的前后工序，如清洗、干燥、杀菌、堆垛、拆卸、打印、贴标、计量等辅助工序。

目前使用的包装设备多数属自动化或半自动化机型，部分机型还可与生产线相衔接，组成生产、包装一体化生产线，提高了生产的连续性和生产率。

（二）集装单元化器具

指用于商品、物料以集装单元化的形式进行储存、运输、装卸搬运作业的器材和器具。它是实现物流集装单元化基本物质条件，主要有集装箱、托盘、滑板和其他集装单元化器具。运用集装化设备与器具能把杂散货物组合成有一定重量或容积单位的整体，并使货物的外形定型化，便于实现装卸、运输的机械化和自动化，实现高效率作业和提高运输设备的装载效率，并有利于组织联运、加速货物周转，实现“门到门”运输。

（三）装卸搬运设备

指用来搬移、升降、装卸和短距离输送货物或物料的机械。它是物流系统中使用频度最大、使用数量最多的一类机械设备，是物流技术装备最重要的组成部分。装卸搬运机械是实现装卸搬运作业机械化的物质技术基础，是提高生产率、降低劳动强度、保证作业安全的重要技术条件。

（四）运输机械设备

指用于较长距离转运货物的设备。所谓“较长距离”实际上并无严格的界限，但一般是跨企业的货物转运。根据运输方式不同，运输机械设备可分为公路运输车辆、铁道运输车辆、货船、空运设备、管道运输设备等。

（五）仓储机械设备

指仓库进行生产和辅助生产作业以及保证仓库及作业安全所必需的各种机械设备的总称。其是仓库进行保管、保养维护、搬运装卸、堆垛拆垛、计量、安全消防等各项作业的劳动手段。仓储机械设备按其用途还可分为：储存设备、计量设备、商品保管和保养维护设备、安全和消防设备等。

（六）流通加工机械设备

物品从生产地到使用地的过程中，根据需要施加包装、分割计量、分拣、刷标志、拴标签、组装等简单作业的称为流通加工。流通加工是流通中的一种特殊形式，是弥补生产过程加工程度的不足，更有效地满足用户多样化的需要，更好地衔接产需、促进销售的一种高效、辅助性的加工活动。

综上所述，凡可用于流通加工的设备均可称为流通加工设备。但需要注意的是，常用于流通加工的设备大多都不是专用的，而是在其他生产领域广泛应用的通用设备。

（七）配送设备

指用于配送中心，完成配送功能的机械设备。配送中心一般具有集散和接收、储存、分货、理货、配货、客户信息的接收、处理、传递功能，因此配送中心采用的设备种类很多，甚至涉及上述所有设备，因而所谓的配送设备并非具体的设备门类，从这种意义上说，可以将配送设备局限于仅用于配送中心的某些特定设备，其典型代表有拆包、分拣、裹包等机械设备。

如前所述，经过几十年的发展，物流机械设备的所有机种、机型均能自主生产，有充分的选择空间，同样，每一种设备只能在理想作业条件下对特定的作业对象才能发挥最佳效能。因此，要选择合理的、符合企业应用条件的设备并构成相对完善的作业机械设备系统，是学习本学科的重要目的，所以物流机械设备各机型、机种的性能，作业特点是本学科的研究对象。

二、物料

要正确运用现代物流装备，除了了解其用途和工作性能之外，必须确定和确认物料对象的形态特征，以及一批或一次作业的物料数量或其数量的大小规模，实际上此即所谓的物流装备作业对象的特征，是构成作业条件的主要内容。由于物料的批量和相关的企业、储存场所有关，也相对地反映了设备的工作场合及作业环境状况，所以正确认识和区分物料对物流机械设备的合理应用是很有意义的。

（一）物料分类

物流技术作业中所论及物料，可按几何形态特征进行以下的分类。

1. 大件物料。

也称长大笨重件。一般是指单件或者数量很少的大型物料，通常是机械或电工产品，其外形通常不规则，但装箱后可成规则外形也归入此类。此类物料除批量化的汽车类产品外通常批量不大。

2. 成件物料。

简称件料。是指成件的中小型物料，具有一定的数量规模，通常外形比较规则。该类物料的具体形式很多，如包装成袋、箱、盒、罐、瓶装的各种固态、液态物料，以及未经包装的机械、电器零部件等，已成形的工业产品毛坯（料）、在制品、成品等。也有可能是其他几何形态。

3. 板状物料。

简称板料。指面积与厚度比值很大的物料，如供应的钢板、铜板、铝板、覆铜板、胶木板、胶合板等。归入此类的物料仅限单张，如果成叠包装则归入成件物料。

4. 薄片状物料。

简称薄片料。指面积较小且厚度相对较薄的物料，如印刷电路板、墙面瓷片等。

5. 管柱状物料。

指长度与直径比值很大的物料。此类物料种类很多，通常是金属或非金属材料，如钢、铜、铝、尼龙、塑料管、棒等以及其他型材。

6. 线带状物料。

特指细长、易弯的、具有一定挠性的物料，通常成卷供应，所以也称带料、卷料或卷带料，如成卷供应的带钢、电缆、绳索、塑胶管等，此概念也包括单根的该类物料。

7. 散状物料。

简称散料。一般是指堆积在一起的大量未经包装的块状、粒状、粉状物料。

（1）粉状物料。简称粉料。指最大线长度大于 63 微米小于 1 毫米的物料，如未经包装的面粉、水泥、粉煤灰等。最大线长度小于 63 微米称微分，常见于磨料。

（2）散粒状物料。简称散粒料。线长度大于 1 毫米的物料，如塑料颗粒料、粮食谷物、矿石、矿砂、合成树脂粒料、化肥、砂糖等。

（3）块状物料。简称块料。线长度较大的散状物料，但尺寸没有明确的规定，习惯上分为大块状物料和小块状物料，通常外形不规则，如块煤、焦炭、矿石、合金炉料等。

8. 无定形的生物植物类物料。动、植物产品。该类物料包括有形但没有固定外形的植物及农产品、水产品，如花草、蔬菜等茎叶植物、农作物秸秆、块状的蔬菜、瓜果，鱼、肉制品等。

（二）物料的数量规模

物料的数量规模是指一批物料的总量或一次作业的物料数量，可分为：

1. 大批大量。

大批大量是指物料的总量很大甚至巨大，如铁矿石、煤炭、原油、谷物等，多以该批物料的重量来计量，可达百吨以上；大批大量如果指成件物料数量可达到数万件以上。

2. 中等批量。

中等批量是物料的总量不大，可达数十吨至百吨，或者数量在数百至万件范围。

3. 小批量。

小批量是指物料的数量相对较少，通常数吨至数十吨，件数十至数百件范围。

4. 单件。

单件，顾名思义就是一件，数量很少虽不是一件但因作业方式相近也归入此类。具体划分必须结合物料的体积重量而定，通常所谓的单件都是体积很大或巨大，重量很重或超重的单件物品，一般是大型设备，如工业锅炉、电站设备、大型化工设备等。

另外，物料的物理状态、化学性能也对设备的应用有直接的影响。物理状态是指物料在常温下的固、液、气态和运输、储存中的该物理状态。化学性能是指物料可能发生的化学反应、易燃爆性、腐蚀性等。这些也是我们应该了解的。

总之，物料形状不同、批量不同、理化特性不同，所需用的作业设备、作业方式、工艺流程必然不同，这是我们必须了解的。

三、物流设备的工作场合

物流设备的工作场合及作业环境状况是指其作业地点的现场状况，其包括：作业在室外还是室内，物流设备作业时所需的移动或运动空间（也称作业空间）；室外工作的自然环境条件，道路条件都对物流设备的效能发挥和安全作业有直接的影响，如室内作业对设备的排放、噪音、震动等有很高的要求，尤其是储存有化学危险品的库房内部，而露天作业的要求就要相对低一些；其次库内空间狭小、通道狭窄、视野不畅，对设备的操纵性能和空间占位的要求要高于室外等。这些内容也是本学科的研究对象。

第二章　运输技术与设备

运输是物流的核心和基础，也是社会经济赖以存在和发展的基础，是实现流通的主要物质手段。发达的运输可以促进资源开发，缩小城乡差别，促进“规模经济”和社会分工，扩大市场空间。运输不仅是国民经济和工农业生产的重要环节，也是国防、社会活动等的重要保障，同时也是实现与世界各国政治、文化交流及友好往来的重要桥梁。

按照运输工具和运输设备的不同，运输主要分为公路运输、铁路运输、水路运输、航空运输和管道运输等五种方式。为了提高运输效率，现代社会，又出现了多式联运和集装箱运输等新兴运输方式。因此，本章系统地介绍五种运输方式和运输设备及它们的主要作用、特点、性能、适用领域，也将简要介绍各种运输技术的作业组织方式，描述多式联运和集装箱运输的方法、特点及其技术实务。

第一节　公路运输

公路运输是指使用公路设施、设备运送物品的一种方式，其概念有广义和狭义之分。广义的公路运输是指货物（或旅客）借助一定的交通工具（人力车、畜力车、拖拉机和汽车等）沿着公路（一般土路、有路面铺装的道路和高速公路）的某个方向做有目的的移动的过程；狭义的公路运输是指汽车运输，即用汽车在公路上载运货物或旅客的运输方式。

物流活动中的公路运输一般指的就是汽车运输。由于公路运输具有“门到门”的直达运输的优势，它是车站、港口、机场集散货物的重要手段。公路运输的最大优势是路网密度高，覆盖面大，既可以从事长距离的干线运输，也可以深入山区及偏僻的农村进行货物末端运输。2018 年，我国公路总里程为 484. 65 万千米，其中高速公路里程为 14. 26 万千米，公路货物运输量为 395. 69 亿吨，约占我国货运量的 78. 2%，已成为我国最重要运输方式。

一、公路运输的技术经济特点

公路运输主要承担短途运输和无铁路可通的长途货物的运输任务。同时公路运输与铁路、水路运输联运，可以形成以公路运输为主体的货物运输网络。公路纵横交叉，四通八达，汽车车型众多，机动灵活，简捷方便，可以实现各类货物的运输。公路运输换装环节少，运输速度较快；适宜于近距离、中小批量的货物运输，运输费用相对较低，这是其最明显的优势。在短途货物集散转运上，它比铁路运输、空运等有较大的灵活性，尤其在实现直达“门到门”运输中，它的优势更为显著。虽然其他运输方式各具优势，但最终都要依靠公路来完成运输任务，如车站、码头、机场的货物集散。另外，由于运输时间和路线安排灵活，公路运输也是公路运输区别于其他运输方式的重要特点。

公路运输的不足之处在于汽车载重量较小，不适宜装载大件、重件的物品，长途汽车运输成本较高、能耗大、环境污染严重（如噪声、废气等）。公路运输的单位运输成本费用比水运和铁路运输要高，并且超过一定的运输距离之后，运费会明显增加。另外，在车辆运输的过程中由于货物受到的震动较大，极易造成货损。同时由于长途汽车驾驶员长时间过度疲劳驾驶，往往也存在着较大的安全隐患。

公路运输按汽车所有权属性，可分为：营业性汽车运输，主要目的是为他人服务；自备汽车运输，主要目的是为自己服务。按运输货物的性质，公路运输还可分为普通货物汽车运输和特殊货物汽车运输。

汽车运输的技术经济特点表现为以下几点。

（一）机动灵活，可实现“门到门”运输

由于汽车运输机动灵活，对道路条件要求不高、适应性强，不仅是其他运输方式的接运工具，还可以进行直达运输，减少了中间环节。

（二）原始投资少，资金周转快

汽车车辆购置费较低，回收期短，资金周转快。

（三）承载货物多样，自由度大

汽车能够承载的货物形式比较多样，如形状不规则的、重量较大的设备等，同时也能够根据货物的特征合理选择方式，如单车运输或者拖挂运输等。

（四）适合承担中短距离运输，长途运输成本较高

由于汽车机动灵活，直达性好，从事中短距离运输有明显优势。但由于汽车单位载重量较小，长途运输成本较高。公路运输的经济半径一般在200千米以内。

（五）环境污染较高，安全性较差

汽车排放的废气、行驶过程中产生的噪声等对环境影响较大。另外，在各种运输方式中，汽车运输事故率最高。

二、公路运输的经济技术指标

（一）公路构成

公路是一种线型工程构筑物，主要由路基、路面、涵洞、隧道等基本构造物和其他辅助构造物及设施组成。

1. 路基。

路基是公路的基本部分，是路面的基础，并与路面共同承受车辆荷载，同时抵御地表各种自然因素的危害。用混凝土或其他材料由人工堆积起来的路基称为路堤，原有地面经开挖而形成的路基称为路堑，为适应山坡地形而修筑的路基称为山坡路基。

路基宽度与公路横向的路幅宽度相同，而路幅宽度为中间的路面宽度与两侧的路肩宽度之和。高速公路的路基宽度一般为21.5～26.0米，为了满足车辆和行人的通行要求，公路路基必须坚固和稳定。因此，在公路选线时应考虑路基的坚固；合理地设计路基的形状和尺寸；施工时应注意分层填筑、压实；特别是要处理好路基排水问题，如修建边沟、排水沟和截水沟等，在山区有时还需加建急流槽、消力池，在某些平原地区还需设置隔水层、渗沟、盲沟等以防止地下水对路基的侵蚀。

2. 路面。

路面是在路基上用坚硬材料铺筑供汽车行驶的层状结构物，直接承受车辆的行驶作用力。路面一般分为面层、基层、垫层和土基。

按面层材料的不同，路面可分为沥青路面、水泥混凝土路面、块料路面和粒料路面；按技术条件及面层类型不同，路面又分为高级、次高级、中级和低级路面（见表2－1）。公路路面在整个道路造价中占主要部分，尤其是高等级路面占有更高的比例。因此，合理地选用和设计路面能显著地降低公路的造价。路面的选用一般应根据公路性质、任务、交通量及充分利用当地材料和结合施工条件等因素确定。为了保证车辆一定的行驶速度和安全等，公路路面要具有一定的强度、平整度和必要的粗糙度。

表2－1　路面面层类型一览表

路面等级	面层类型	路面等级	面层类型
高级路面	（1）沥青混凝土 （2）水泥混凝土 （3）厂拌黑色碎石 （4）整齐石块或条石	中级路面	（1）碎、砾石 （2）碎砖、姜石 （3）不整齐石块 （4）其他粒料
次高级路面	（1）沥青贯入式碎、砾石 （2）路拌沥青级配石 （3）沥青表面处置 （4）半整齐石块	低级路面	（1）粒料加固土 （2）以各种当地材料加固或改善土

3. 桥隧与涵洞。

当公路跨越河流、沟谷，或与铁路、其他公路立体交叉时，需要修建桥梁或桥涵；当线路翻越山岭时，则需修筑隧道。按照有关技术规定，凡单孔跨径小于5米或多孔跨径之和小于8米的称为桥涵，大于这一规定值则称为桥梁。桥梁有梁式桥、拱桥、吊桥和斜拉桥等多种类型。公路的隧道一般设置在公路线型的平坡和直线部分，也可设在不设超高的大半径平曲线上。隧道内纵坡度应小于3%、大于0.3%（短于100米的隧道不受此限），以利于隧道排水和行车安全。较长的公路隧道，还需照明、通风、消防及报警及其他应急设施。

（二）公路等级

1. 公路的技术分级。

公路是连接各城市、城市和乡村、乡村和厂矿等地区的道路。根据交通量、公路使用性质等，依据我国公路工程技术标准规定（JTG B01—2014），公路可分为高速、一级、二级、三级和四级公路五个等级。各级公路所适应的交通量和在交通网中的意义如表2－2所示。

表 2-2 公路等级

公路等级	在交通网中的意义	年平均日设计交通量
高速公路	专供汽车分方向、分车道行驶，全部控制出入的多车道公路。具有特别重要的政治、经济意义	15 000 辆以上
一级公路	供汽车分方向、分车道行驶，可根据需要控制出入的多车道公路。连接重要的政治、经济中心	15 000 辆以上
二级公路	供汽车行驶的双车道公路，连接政治、经济中心或较大工矿区等地的干线公路，或运输任务繁忙的城郊公路	5 000～15 000 辆
三级公路	供汽车、非汽车交通混合行驶的双车道公路，沟通县及县以上城市的一般干线公路	2 000～6 000 辆
四级公路	供汽车、非汽车交通混合行驶的双车道或单车道公路，沟通县、乡、村的支线公路	双车道 2 000 辆以下 单车道 400 辆以下

2. 公路的行政分级。

根据《中华人民共和国公路管理条例实施细则》相关规定：“公路分为国家干线公路（以下简称国道），省、自治区、直辖市干线公路（以下简称省道），县公路（以下简称县道），乡公路（以下简称乡道）以及专用公路五个行政等级”。在公路管理中，实行“统一领导、分级管理”的原则。

国道是指具有全国性政治、经济意义的主要干线公路，包括重要的国际公路，国防公路，联结首都与各省、自治区首府和直辖市的公路，联结各大经济中心、港站枢纽、商品生产基地和战略要地的公路。目前，我国国道可以划分为四类，国道编号都是由三位数字组成。第一类是以北京为中心向全国各地延伸的国道，这类国道是以数字 1 开头，后面的两位数字为国道的序号，如 107 国道为北京到深圳的干线公路，此类国道共有 12 条。第二类国道是不通过北京，而是由北向南延伸的高等级公路主干线，此类国道以数字 2 开头，如 211 国道为宁夏银川到广西河池的主干线公路，此类国道共有 47 条。第三类国道为由东向西延伸的公路主干线，此类国道以数字 3 开头，如 312 国道为上海到新疆维吾尔自治区伊利自治州霍尔果斯，此类国道共有 60 条。第四类为联络线国道，编号以数字 5 开头，如 508 国道为内蒙古赤峰到河北曹妃甸，此类国道共有 81 条。

省道是指具有全省（自治区、直辖市）政治、经济意义，联结省内中心城市和主要经济区的公路，以及不属于国道的省际间的重要公路。

县道是指具有全县（旗、县级市）政治、经济意义，联结县城和县内主要乡（镇）、主要商品生产和集散地的公路，以及不属于国道、省道的县际间的公路。

乡道是指主要为乡（镇）内部经济、文化、行政服务的公路，以及不属于县道以上公路的乡与乡之间及乡与外部联络的公路。

专用公路是指专供或主要供厂矿、林区、油田、农场、旅游区、军事要地等与外部联络的公路。

（三）公路站场及其附属设施

1. 公路站场。

公路站场是公路运输办理货运业务、仓储保管、车辆保养修理及为用户提供相关服务的场所，是汽车运输企业的生产与技术基地，一般包括货运站、停车场（库）、保修场（站）、加油站及食宿站等。场站的设计布局应符合现代化的工艺和建筑要求，使投资获得最好的经济效益。

（1）货运站。公路运输货运站有时也称汽车站或汽车场，其主要功能包括货物的组织与承运、货物的交付、装卸、保管，以及运输车辆的停放、保修等。公路货运站又可分为汽车零担站、零担中转站、集装箱货运中转站等。零担货运站一般是按照年工作量（即零担货物吞吐量）划分等级的，年货物吞吐量在6万吨以上的为一级站；在2万~6万吨的为二级站；在2万吨以下的为三级站。零担货运站一般主要配备零担站房、仓库、货棚、装卸车场、集装箱堆场、停车、维修车间、洗车台及材料库等生产辅助设施。集装箱货运中转站应配备拆装库、高站台、拆装箱作业区、业务（商务及调度）用房、装卸机械与车辆。

（2）停车场（库）。停车场（库）的主要功能是停放与保管运输车辆。现代化的大型停车场还具有车辆维修、加油等功能。从建筑性质来看，可以分为暖式车库、冷式车库、车棚和露天停车场等。目前我国露天停车场采用较为普遍，尤其是专业运输广泛采用。

停车场内的平面布置要方便运输车辆的进出和进行各类维护作业，多层车库或地下车库还需设有斜道或升降机等，以方便车辆出入。

2. 公路枢纽。

公路与公路或铁路相交的地方成为交叉口。它是道路系统中的重要组成部分，是道路交通的咽喉，各种车辆和行人都要在交叉口处汇集。公路干道交叉口最为复杂，往往成为客货集散及交通重新组织的枢纽，具有运输组织管理、中转换乘与换装、装卸存储、多式联运、信息流通和生产生活辅助服务等功能。

（1）公路与公路的交叉。根据各相交通路在交叉口的标高情况，可分为平面交叉和立体交叉两大类。

公路与公路平面交叉是指两条道路在同一高度（空间）上相互交叉的形式。平面交叉口的形式取决于道路网的规划，交叉口用地及周围建筑的情况，以及交通量、交通性质和交通组织。常见的类型有简单交叉口、扩展路口式交叉口及环形交叉口。

简单交叉口行驶的车辆不受任何限制，各自按照交通规则行驶。适用于交通量小、车速低的次要道路或地方道路相连接的交叉口，如图2－1所示。

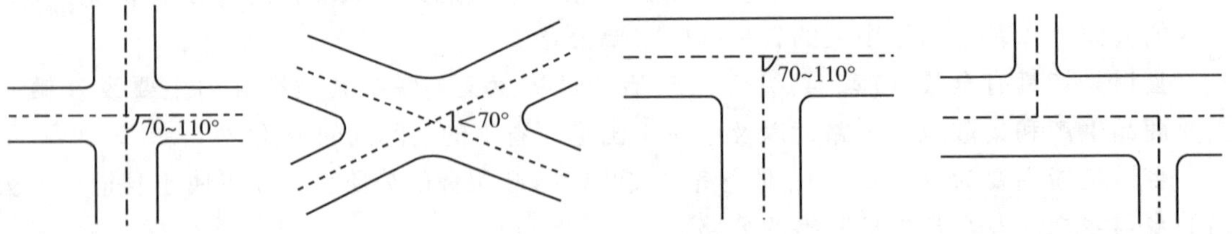

(a) 十字交叉　(b) X形交叉　(c) T形交叉　(d) 错位交叉

图2－1　不同公路交叉口示意图

扩展路口式交叉口主要是在交叉口的通行能力不能满足交通量需要时，采用增设行驶车道和变速车道以适应车辆临时停靠和变速行驶时用。

公路与公路的立体交叉是两条道路在不同高度（空间）上相互交叉的形式。采用立体交叉是保证车辆迅速、安全、不间断地通过交叉口的有效措施。一般在一级公路与其他各级公路相交时，或其他各级公路通过交叉口的交通量超过1 000 辆/小时以上时，以及地形和环境适宜时采用立体交叉。

（2）公路主枢纽。公路主枢纽分客运主枢纽和货运主枢纽两大系统。公路货运主枢纽是具有运输组织管理、中转换装、装卸储运、多式联运、信息交换和生产生活辅助服务等基本功能的公路运输新型的物流服务系统，是交通部提出的公路主骨架、水运主通道、港站主枢纽和支持保障系统，即“三主一支持”的长远规划设想的重要组成部分。

公路主枢纽的建设是包括硬件、软件和运输过程管理的系统工程，主要包括站场生产服务系统、通信、信息系统、生产生活辅助服务系统和组织管理系统等项内容。合理的组织管理和宏观调控、迅速的信息流通，是公路主枢纽良好运行的重要保障。

根据《国家公路运输枢纽布局规划》，我国现有国家公路运输枢纽179个，其中12个为组合枢纽。国家公路运输枢纽覆盖了所有直辖市、省会城市和计划单列市及地级城市137个，覆盖城市占全国地级以上城市总数的60%，覆盖总人口占全国总人口的60%；覆盖城市的地区生产总值约占国内生产总值的85%以上，覆盖了100%的沿海主要港口和93%的内河主要港口，全部的大中型枢纽机场、所有特等火车站和铁路集装箱中心，能够充分发挥公路运输的集疏作用，进一步提高了我国综合交通运输的整体效率。

三、公路运输设备

（一）汽车的定义与分类

汽车是具有独立的动力装置，能自行驱动而不依赖轨道运行的陆上运输工具，是公路运输装备的核心。

按照用途不同，汽车可分为以下三类。

1. 载客汽车。

载客汽车又分轿车、微型轿车、微型客车、轻型客车、中型客车、大型客车以及特大型客车（如铰接客车、双层客车）等。

2. 载货汽车。

载货汽车按最大总质量分为微型货车（最大总质量不超过1.8吨）、轻型货车（最大总质量为1.8～6.0吨）、中型货车（最大总质量为6.0～14.0吨）、重型货车（最大总质量在14吨以上）等。

3. 专用汽车。

专用汽车是指装有专用设备，具备专用功能、用于承担专门运输任务或专项作业以及其他专项用途的汽车。根据专用汽车的生产和使用情况，按照服务对象不同，我国的专用汽车分为十大类，即商业服务类、环保卫生类、建设作业类、农牧副渔类、石油地质类、机场作业类、医药卫生类、公安消防类、林业运输类和普通专用类；按基本结构不同，专用汽车又可分为专用自卸汽车、厢式车、罐式车、集装箱式车、挂车、作业车六大类。

目前，我国对于汽车产品型号的规定主要有两种。

（1）普通汽车产品型号的构成。

普通汽车型号由5部分组成，如图2－2所示。

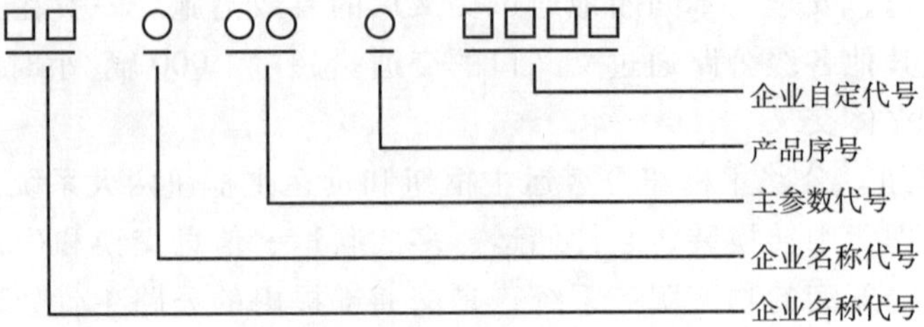

图 2－2 普通汽车产品型号

第一部分为企业名称代号，通常由企业名称头两个字母表示。

第二部分为车辆类别代号，如表 2－3 所示。

表 2－3 汽车车辆类别代号

车辆类别代号	车辆种类	车辆类别代号	车辆种类	车辆类别代号	车辆种类
1	载货汽车	4	牵引汽车	7	轿车
2	越野汽车	5	专用汽车	9	半挂车及专用半挂车
3	自卸汽车	6	客车		

第三部分为主参数代号，其中货车、越野汽车、自卸汽车、牵引汽车及半挂车用车辆满载总质量（吨）表示，当总质量超过 100 吨时，允许用 3 位数参数代号表示；客车以车辆长度（米）表示，当小于 10 米时，应精确到小数点后 1 位，并以其值的 10 倍数表示；轿车用发动机排量（L）表示，精确到小数点后 1 位，并以其值的 10 倍数表示。

第四部分为产品序号，由企业自定的产品顺序号。

第五部分为企业自定代号，表示同一种汽车因结构稍有变化而需要区别者（如单排改为双排座驾驶室，汽油机改为柴油机）。

（2）专用汽车产品的型号。

专用汽车型号由 8 部分组成，如图 2－3 所示。从图中可以看出，专用汽车产品的型号与普通汽车产品型号相比，增加了结构特征代号、用途特征代号、配置区分代号三部分。

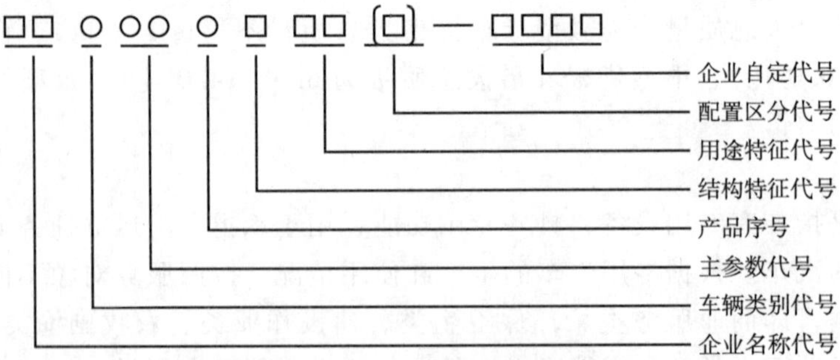

图 2－3 专用汽车产品型号

结构特征代号利用字母表示汽车结构特征，如 X 表示厢式汽车。

专用汽车产品用途特征代号如表 2－4 所示。

表 2-4　　常用厢式汽车用途特征代号

序号	术语	汉字缩写	汉语拼音	用途特征代号
1	殡仪车	殡仪	Bin Yi	BY
2	防疫车	防疫	Fang Yi	FY
3	工程车	工程	Gong Cheng	GC
4	警备车	警备	Jing Bei	JB
5	检测车	检测	Jian Ce	JC
6	监测车	监测	Jian Ce	JE
7	救护车	救护	Jiu Hu	JH
8	计量车	计量	Ji Liang	JL
9	检修车	检修	Jian Xiu	JX
10	勘察车	勘察	Kan Cha	KC
11	囚车	囚车	Qiu Che	QC
12	手术车	手术	Shou Shu	SS
13	计划生育车	生育	Sheng Yu	SY
14	宣传车	宣传	Xuan Chuan	XC
15	厢式运输车	厢运	Xiang Yun	XY
16	运钞车	运钞	Yun Chao	YC
17	邮政车	邮政	You Zheng	YZ
18	指挥车	指挥	Zhi Hui	ZH
19	眼镜配送车	眼配	Yan Pei	YP
20	保温车	保温	Bao Wen	BW
21	冷藏车	冷藏	Leng Chang	LC

专用汽车配置区分代号是对于配置有特殊需求的车辆，可用一位汉语拼音字母表示。如此位为“J”时，表示监护型救护车，用以与普通型救护车相区别。

（二）汽车的性能和特点

汽车的主要性能包括动力性、燃油经济性、制动性、操纵稳定性、行驶平稳性、通过性、最小转弯半径等。选用汽车作为物流运输装备时应对以下主要参数加以了解。

1. 容载量。载客车辆包括座位数和可站立乘客数，载货车辆以最大的载货质量表示。

2. 比功率。发动机额定功率（千瓦）/厂定最大总质量（吨）。

3. 最高车速。在额定载荷状态下，当水平路面上、变速器最高、节气门全开时，车辆稳定行驶的最高速度。

4. 燃油消耗量。在额定载荷状态下，单位行驶距离消耗的燃油量（L/100 千米）。

5. 制动距离。在额定载荷状态下，以一定车速行驶时，实施紧急制动，从踩制动踏板开始到完全停车为止测得的车辆行驶的距离。

除上述主要性能和参数外，汽车的质量参数和几何参数与公路等级以及所通过的桥梁承载能力密切相关。

（三）常用车型

通过以上分析可知，采用汽车运输可以提高运输生产效率、降低运输成本、减少中间环节和劳动消耗，缩短装卸货物时间，进而实现最佳经济效益。但从运输意义上讲，在很多情况下，普通载货汽车往往既不能满足“量”的要求，也不能满足“质”的要求，因为种类繁多的货物在性质和物理状态方面相差很大，有些物品在运输过程中需要冷藏或者保温才能防止发生腐烂和变质，而有些货物易燃、易爆、易腐蚀或者有毒，因此必须使用专用汽车才能更加有效地发挥汽车运输的经济效益和专用功能。

物流专用运输汽车中最常见的运输装备是汽车列车。汽车列车由牵引车与挂车组合而成。牵引车也称拖车，一般不能装载货物，专门用来拖挂或牵引挂车，如图 2－4 所示。

图 2－4　牵引车

挂车是指由汽车牵引，本身没有自带动力以及驱动装置，用于运载人员和货物的车辆，必须和牵引车组合才能行驶。

牵引车可分为全挂牵引汽车和半挂牵引汽车两种。全挂式牵引汽车的车架较短，只能和全挂车一起使用，半挂牵引车与半挂车一起使用，并且其底盘要承受半挂车的部分重量。挂车不带有行走动力装置，在货物抵达目的地之后就可以与牵引车脱离，单独滞留在装卸场所装卸货物，而牵引车则可以换上其他挂车继续投入运输工作，从而加快了牵引车的周转速度，提高了牵引车的利用率。

汽车列车主要分为全挂汽车列车、半挂汽车列车、双挂汽车列车和特种汽车列车等。汽车列车的运输效率较高，每百吨公里的燃油消耗一般会比单车低 40%，因此，总的运输成本也低于单车。

全挂汽车列车由一辆载货牵引车用牵引杆连接一辆或者一辆以上的全挂车组合而成，如图 2－5a 所示。

汽车列车中发展最为迅速的是半挂汽车列车，它是由半挂牵引车和半挂车通过牵引联结装置连接而成的。半挂汽车列车的牵引车上备有牵引座，半挂车上装有牵引销，半挂车通过牵引销与牵引车上的牵引座连接，并承受半挂车的部分载荷，如图 2－5b 所示。半挂汽车列车始于 20 世纪初，由于所采用专用联结装置具有良好的牵引性能和缩短了汽车列车的总长，行驶稳定性好，并且无普通挂车行驶时牵引钩与环的撞击、振荡现象，这就降低了行驶时的噪声，从而使联结装置更加可靠、耐损。因此，它特别适宜于“区段运输”

"甩挂运输"和"滚装运输"等方式。

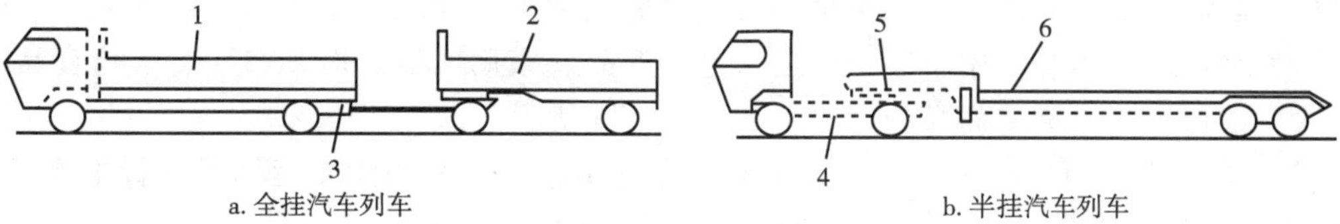

a. 全挂汽车列车　　b. 半挂汽车列车

1. 货车；2. 全挂车；3. 牵引钩；4. 牵引车；5. 牵引座牵引销；6. 半挂车

图 2－5　汽车列车的不同组合形式

1. 半挂牵引车。

半挂牵引车是用来牵引半挂车的汽车，其结构与普通载货汽车的区别是车架较短且无货厢，并装有鞍式牵引座。它通过鞍式牵引座承受半挂车的部分货物质量，并且锁住牵引锁，以带动半挂车行驶。

2. 半挂车。

半挂车主要由车架和车轴组成，车轴的数量和配置取决于载重量，轴数越多，可载重量就越大。按照结构形式的不同，半挂车主要有以下几种类型。

(1) 平板式半挂车。其载货平台是一平直面，且高于车轮，适于运输钢材、木材及大型设备等，如图 2－6a 所示。

(2) 阶梯式半挂车。其车架呈阶梯形结构，主载货平台平面位置较低，车架前端高于主载货平面的载货平台为第二载货平台，适合运输对重心高度有一定要求的大型设备、钢材等，如图 2－6b 所示。

(3) 凹梁式半挂车。其载货平台呈凹形，具有最低的承载平面，凹形货台平面离地高度一般根据用户要求确定，适合低重心要求以及超高货物的运输，如图 2－6c 所示。

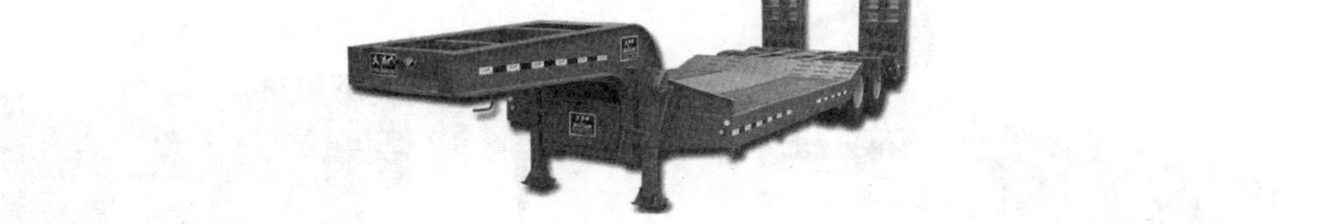

a. 平板式半挂车　　b. 阶梯式半挂车

c. 凹梁式半挂车

图 2－6　三种不同结构的半挂车

按照用途的不同，半挂车又可分为以下几种。

(1) 厢式半挂车。此半挂车车身由普通金属、复合材料或帘布等材料制造的全封闭厢体构成，并设有便于装卸作业的门，具有防尘、防雨、防盗、清洁卫生等特点，同时封闭式车厢可使货物免受风吹、日晒等，能够防止货物散失、丢失，安全性高。而且小型厢式载货汽车一般带有后开门等，方便货物的装卸搬运，真正实现货物的“门到门”运输。根据货物的运输要求，厢式半挂车又可分为普通厢式货车、厢式保温车、厢式冷藏车、厢式邮政车和厢式运钞车等，用于零担快运、电子产品、家用电器、服装布匹、医药食品、生鲜冷饮、银行运输、贵重商品的运输，如图 2 –7a 所示。

（2）集装箱专用半挂车。此半挂车货台为骨架结构，专门用于运输国际标准为 6.096 米和 12.192 米集装箱，如图 2 –7b 所示。

（3）罐式半挂车。此半挂车车身由罐体构成，可运输各类粉粒物料、液体等，既可节省包装，又可提高卸料速度，载货后剩余率低，如图 2 –7c 所示。

（4）栏板式半挂车。其载货平台四周通过栏板保护，既可运输大型设备，又可运输散件货物，如图 2 –7d 所示。

（5）车辆运输半挂车。此半挂车专门用于运输轿车、面包车、吉普车、小型货车等车辆，如图 2 –7e 所示。

（6）自卸式半挂车。此半挂车上设有液压举升装置，适用于各种物料的自卸运输，如图 2 –7f 所示。

a. 厢式半挂车　b. 集装箱专用半挂车

c. 罐式半挂车　d. 栏板式半挂车

e. 车辆运输半挂车　f. 自卸式半挂车

图 2 –7　几种不同用途的半挂车

随着物流行业对货物装卸效率的要求越来越高，货运车辆也在结构和性能方面不断发展变化。如城市配送领域，能够适应各类型站台设施，从而进行快速装卸货作业的运输车辆已成为物流企业的刚需。因此，安装于货车和各种车辆尾部的一种以车载蓄电池为动力的液压起重装卸设备——车用起重尾板逐渐在国内普及，安装了起重尾板的运输车也成为公路货运领域的常用设备之一。2019 年 12 月，国家市场监督管理总局、中国国家标准化管理委员会正式发布实施了《车用起重尾板安装与使用技术要求》（GB/T 37706—2019）。该文件规定了车用起重尾板的加装技术要求、使用要求以及检验要求，为国内尾板加装合法化提供一个重要依据，更在运输车辆起重尾板应用方面给予政策性支持。

车用尾板操作简便，只需要通过操纵按钮控制其举升与下降，就可轻松实现货物在地面、站台与车厢之间的转移。从功能作用及结构上区分，车用起重尾板有悬臂式尾板、折叠式尾板、垂直式尾板等。悬臂式尾板支撑装置是固定在车体后下部的，整体式承载平台做上下运动或围绕支撑点（轴）转动，收起后承载平台紧贴后门外侧或是构成车厢后门一部分。这种尾板用途广泛，适应性强，可应用于多种装卸货物场景，是目前市面上最常见的尾板类型。折叠式尾板可收藏在车厢尾部底端，不影响车厢门的开关，可实现车辆与货台、冷库的无缝对接，广泛应用在冷链物流和专线物流领域。垂直式尾板具有一组垂向安装的轨道，支撑装置固定在车体后下部，承载平台水平展开后，沿安装在车厢后部的垂直轨道上下运动，收起后承载平台紧靠车厢后门外侧或是构成车厢后门一部分的尾板。因其垂直升降的作业模式，可实现车辆车厢之间的货物直接转运，这在很大程度上节省了大型货车的分装时间，符合城际配送对装卸货物快速性、多频率性的要求。

悬臂式尾板运输车（左）　折叠式尾板运输车（中）　垂直式尾板运输车（右）

图 2－8　带起重尾板的运输车辆

四、运输车辆的选择

（一）车辆适用性能选择

汽车的适用性能是评价和选择汽车的主要标准，是正确适用车辆的重要依据。评价车辆性能的指标有很多，如动力性、燃料经济性、行驶安全性、使用方便性、操纵稳定性、舒适性等。

（二）汽车的质量参数选择

1. 整车装备质量，是指汽车完全装备好的质量，包括发动机、底盘等以及车辆正常行驶所需要的辅助设备的质量，包括燃料、随车工具等。

2. 厂定最大总质量，是指汽车满载时的总质量。

3. 最大装载质量，最大总质量和整车装备质量之差。

4. 最大轴载质量，汽车单独所承载的最大总质量。

其中装载质量是至关重要的指标，车辆装载时决不允许超过车辆的额定最大装载质量。

五、公路运输技术作业组织

（一）公路货物运输组织方法

1. 双班或多班运输。

双班运输是指在一昼夜内车辆工作两个班次的货运形式；多班运输是指在一昼夜内车辆工作两个以上班次的货运形式。采用双班或多班运输的目的是增加车辆的工作时间，从而提高车辆生产率，降低运输成本。一般情况下，双班运输车辆生产率比单班运输可提高60% ~70%。

2. 定时、定点运输。

定时运输指车辆按运行计划中所拟订的行车时刻表进行工作；定点运输指按发货点相对固定车队，专门完成固定货运任务的运输组织形式。定点运输适用于装卸地点都比较固定集中的货运任务，也适用于装货地点集中而卸货地点分散的固定性货运任务。

3. 零担货物集中运输。

托运人一次托运货物的数量不足 3 吨的为零担货物。零担货物具有运量零星、批数较多、流向分散、品类繁杂等特点，其货物运输组织工作较为复杂。可以采取定线路、定时间、定班次、定人员的运输形式将货物集中起来运输。

4. 拖挂运输。

利用牵引车和挂车组成的汽车列车进行运营的一种运输形式。其有定挂运输和甩挂运输两种形式。定挂运输是指牵引车与挂车不分离，一直作为一个整体进行运输活动；甩挂运输是指载货汽车或牵引车不固定挂车，而是按照一定的运输计划更换挂车运行的形式。甩挂运输有一端甩挂、两端甩挂、区段牵引等形式。

5. 直达联运。

以车站、港口和物资供需单位为中心，按照运输的全过程，把产、供、销部门的各种运输工具组成“一条龙”运输，一直把货物从生产地运到消费地。

（二）公路运输业务办理

1. 汽车货物运输托运。

（1）同一托运人的货物必须是一张运单托运，对拼装分卸的货物应将每一拼装或分卸情况在运单记事栏内注明。

（2）危险货物与普通货物以及性质相互抵触的货物不能同车运输，也不能共用同一张运单。

（3）托运人要求自行装卸的货物，经承运人确认后，在运单内注明。

（4）托运货物的名称、性质、件数、质量、体积、包装方式等，应与运单记载的内容相符。

（5）按照国家有关部门规定需办理准运或审批、检验等手续的货物，托运人托运时应将准运证或审批文件提交承运人，并随货同行。托运人委托承运人向收货人代递有关文件时，应在运单中注明文件名称和份数。

(6) 托运的货物中，不得夹带危险货物、贵重货物、鲜活货物和其他易腐货物、易污染货物、货币、有价证券以及政府禁止或限制运输的货物等。

(7) 托运货物的包装，应当按照承托双方约定的方式包装。对包装方式没有约定或者约定不明确的，可以协议补充；不能达成补充协议的，按照通用的方式包装；没有通用方式的，应在足以保证运输、搬运装卸作业安全和货物完好的原则下进行包装；依法应当执行特殊包装标准的，按照规定执行。

(8) 托运人应根据货物性质和运输要求，按照国家规定，正确使用运输标志和包装储运图示标志。

(9) 托运特种货物，托运人应按以下要求，在运单中注明运输条件和特约事项：托运需冷藏保温的货物，托运人应提出货物的冷藏温度和在一定时间内的保持温度要求；托运鲜活货物，应提供最长运输期限及途中管理、照料事宜的说明书。货物允许的最长运输期限应大于汽车运输能够达到的期限；托运危险货物，按交通部《汽车危险货物运输规则》办理；托运采用集装箱运输的货物，按交通部《集装箱汽车运输规则》办理；托运大型特型笨重物件，应提供货物性质、重量、外廓尺寸及对运输要求的说明书；承运前承托双方应先查看货物和运输现场条件，需排障时由托运人负责或委托承运人办理；运输方案商定后办理运输手续。

(10) 需派人押运的货物，托运人在办理货物托运手续时，应在运单上注明押运人员姓名及必要的情况。

2. 汽车货物运输变更、取消应办理的手续。

在承运人未将货物交付收货人之前，托运人可以要求承运人中止运输、返还货物、变更到达地或者将货物交付给其他收货人，但应当赔偿承运人因此受到的损失。

凡发生下列情况之一者，允许变更和解除：

(1) 由于不可抗力使运输合同无法履行。

(2) 由于合同当事人一方的原因，在合同约定的期限内确实无法履行运输合同。

(3) 合同当事人违约，使合同的履行成为不可能或不必要。

(4) 经合同当事人双方协商同意解除或变更，但承运人提出解除运输合同的，应退还已收的运费。

3. 汽车货物运输中货物交接的手续。

(1) 货物运达承托双方约定的地点后，收货人应凭有效单证提（收）货物，若无故拒提（收）货物，应赔偿承运人因此造成的损失。

(2) 货物交付时，承运人与收货人应当做好交接工作，发现货损货差，由承运人与收货人共同编制货运事故记录，交接双方在货运事故记录上，签字确认。

(3) 货物交接时，若承托双方对货物的重量和内容有质疑，均可提出查验与复磅，查验和复磅的费用由责任方负担。

(4) 货物运达目的地后，收货人应当及时提（收）货物，收货人逾期提（收）货物的，应当向承运人支付保管费等费用。

(5) 承运人未按约定的期限将货物运达，应负违约责任；因承运人责任将货物错送或错交，应将货物无偿运到指定的地点，交给指定的收货人。

4. 因汽车货物运输事故要求赔偿的手续。

承运人未遵守承托双方商定的运输条件或特约事项，由此造成托运人的损失，应负赔偿责任。

货物在承运责任期间和站、场存放期间内，发生毁损或灭失，承运人、站场经营人应负赔偿责任。但有下列情况之一者，承运人、站场经营人举证后可不负赔偿责任：

（1）不可抗力。

（2）货物本身的自然性质变化或者合理损耗。

（3）包装内在缺陷，造成货物受损。

（4）包装体外表面完好而内包装货物毁损或丢失。

（5）托运人违反国家有关法令，致使货物被有关部门查扣、弃置或作其他处理。

（6）押运人员责任造成的货物毁损或丢失。

（7）托运人或收货人过错造成的货物毁损或丢失。

第二节 铁路运输

铁路运输是在铁路上以车辆编组，组成列车载运货物的一种方式。铁路运输作为陆路运输的主要方式，已经发展了一百余年，在物流和综合运输体系中具有十分重要的地位，也是现代重要的货物运输方式之一。

一、铁路运输的技术经济特点

铁路运输是我国国民经济的大动脉，是我国货物运输的主要方式之一。同时，铁路运输与水路干线运输、各种短途运输衔接，就可以形成以铁路运输为主要方式的运输网络。

铁路运输的最大特点是适于长距离的大宗货物的集中运输，并且以集中整列为最佳，整车运输次之。其优点是运量大、速度快、可靠性高、准确性和连续性强、远距离规模运输费用低，以及一般不受气候因素的影响等。但是，铁路运输也有其局限性，主要是线路和场站固定的限制，不够灵活机动，所以如果销售地点或使用单位不在铁路沿线，就需要再转运，不但会增加运输费用和时间，而且还会增加损耗。同时，因铁路运输受运行时刻、配车、编列或中途编组等因素的影响，不能适应客户的紧急需要。另外，近距离运输，其运输费用也较高。因此，铁路运输一般用来整车装运大宗散装产品，如长途运输煤、矿物和农林产品等。

铁路货物运输，按照货物的数量、性质、形状、运输条件可分为整列运输、整车运输、集装箱运输、混装运输（零担货物运输）和行李货物运输等，类别不同收费标准也不同。一般来说，整列整车运输收费标准较低，零担货运收费则较高。因此，生产商可将发往相同目的地的货物合并配载运输，以利用铁路运输整车费用低的优势。

铁路运输的技术经济特点表现为以下几点。

（一）适应性强

以现代技术作依托，可以在任何地方修建铁路，能实现全年全天候不断运营，受地理、气候条件影响小。铁路运输具有较高的连续性和可靠性，适合长、短途各类货物的双向运输。

（二）运输能力大

铁路能承担大量的货物运输，一列火车能装 2 000 ~ 3 500 吨货物，重载列车可装 20 000 多吨货物，是大宗货物通用的运输方式。铁路运输能力取决于列车载运吨数和昼夜线路通过的列车对数。复线铁路每昼夜通过的货物列车可达数百对，运输能力大。

（三）安全程度高

随着先进技术在铁路运输中的应用，铁路运输的安全程度越来越高，在各种现代化运输方式中，按所完成的货物吨公里数计算的事故率最低。

（四）运行速度快

火车运行时速可达 100 ~ 160 千米，高速铁路运行时速可达 210 ~ 260 千米。但铁路在货物运送过程中需进行列车会让、解编等技术性作业，占用一定时间。

（五）运输成本较低

铁路运输成本较低，据统计资料显示，铁路运输单位成本是汽车运输成本的 1/10 ~ 1/17，是民航成本的 1/97 ~ 1/267。

（六）能耗小

铁路机车车辆单位功率所能牵引的重量约比汽车高 10 倍，从而单位能耗少；同时，铁路运输可以采用电力牵引，在节能方面占有优势。

（七）环境污染程度小

铁路对环境和生态平衡的影响程度小，其排放废气对环境污染是汽车的 1/30。

（八）投资成本高

线路、站场建设和技术设备需要投入大量人力、物力、财力，建设周期较长。

二、铁路运输的主要技术设施

铁路运输的各种技术设施是组织运输生产的物质基础，分为固定设备和活动设备。固定设备主要包括线路、车站、通信信号设备、检修设备、给水设备以及电气化铁路的供电设备等；活动设备主要包括机车、客车、货车等。

铁路运输的特点是采用轨道运行方式，列车必须在铁路线路上行驶。车站既是铁路办理运输的基地，也是铁路系统的一个基层生产单位。铁路线路和车站以及其上的信号设备共同构成了运输系统的基础设施。

铁路线路是由路基、桥隧建筑物（包括桥梁、涵洞、隧道等）和轨道（包括钢轨、轨枕、联结零件、道床、防爬设备和道岔等）组成的一个整体工程结构。

（一）铁路线路等级

在建造一条铁路之前，必须进行深入细致的调查研究和勘测工作，并从若干可供比较的方案中选择一个最优方案来进行设计，并选定铁路线路的等级、走向和技术标准等。

铁路（线路）等级是铁路的基本标准。设计铁路时，首先要确定铁路等级。铁路的技术标准和装备类型都要根据铁路等级去选定。

我国《铁路线路设计规范》（TB10098—2017）明确确定，铁路等级应根据其在路网中的作用、性质、设计速度和客货运量确定，一般分为高速铁路、城际铁路、客货共线铁路、重载铁路。其中客货共线铁路的年客货运量为重车方向的货运量与由客车对数折算的货运量之和，1 对/d 旅客列车按 1.0Mt 年货运量折算。客货共运铁路分为Ⅰ级、Ⅱ级、Ⅲ级、Ⅳ级，具体的条件如表 2－5 所示。

表 2－5　铁路等级一览表

等级	铁路在路网中的意义	设计时速 km/h
Ⅰ级铁路	在路网中起骨干作用的铁路，或近期年客货运量大于或等于 20Mt	200、160、120
Ⅱ级铁路	在路网中起联络、辅助作用的铁路，或近期年客货运量小于 20Mt 且大于或等于 10Mt	120、100、80
Ⅲ级铁路	为某一地区或企业服务的铁路，近期年客货运量小于 10Mt 且大于或等于 5Mt	
Ⅳ级铁路	为某一地区或企业服务的铁路，近期年客货运量小于 5Mt	

（二）铁路车站设施

1. 车站概述。

车站是铁路运输的基层生产单位。在车站上，除了办理客货运输的各项作业外，还要办理与列车运行有关的各项作业，如列车的接发、会让与越行，车列的解体与编组，机车的换挂与整备，车辆的检查与修理等。车站不仅是铁路内部各项作业的汇合点，也是提高铁路运输效率和运输安全的保证设施。

2. 车站的分类。

目前，我国的铁路上有大小车站几千个，根据它们所担负的任务量和在国家政治、经济上的地位，分为特等、一、二、三、四、五等六个等级。车站按技术作业性质的不同可分为中间站、区段站和编组站。编组站和区段站总称为技术站，但两者在车流性质、作业内容和设备布置上均有明显区别。车站按业务性质又分为货运站、客运站和客货运站。

3. 中间站。

中间站是为提高铁路区段的通过能力、保证行车安全和为沿线城乡及工农业生产服务而设的车站。其主要任务是办理列车会让、越行和客货运业务。

中间站的主要作业内容包括：

（1）行李、包裹的承运、保管、装卸与交付。

（2）货物的承运、保管、装卸与交付。

（3）接发列车作业（包括接车、发车和放行通过列车）。

（4）摘挂列车的车辆摘挂作业，以及向货物线、专用线取送车辆的调车作业。

中间站的有关物流设备应根据作业性质和工作量大小而定，主要包括如下内容：

（1）行包房。

（2）货运设备，包括货物仓库、货物站台和货运室、装卸机具等。

（3）站内线路，包括到发线、牵出线和货物线等，它们分别用于接发列车、进行调车和货物的装卸作业。

（4）信号及通信设备。

此外，某些中间站还设有机车整备设备和列车检查设备等。

4. 区段站。

区段站多设在中等城市和铁路网上牵引区段的分解处。其主要任务是为邻接的铁路区段供应及整备机车，办理无改编货物列车的中转作业，编组区段列车和摘挂列车，并办理一定数量的列车解编作业及客货运输业务。区段站的作业和设备尽管在数量和规模上都不是最大的，但作业和设备的种类却是比较齐全的。

区段站的主要作业内容包括：

（1）行李、包裹的承运、保管、装卸与交付，作业量大于中间站。

（2）货物的承运、保管、装卸与交付，作业量大于中间站。

（3）与货物列车有关的运转作业，主要办理无改编中转列车的接发和有关作业，对区段列车和沿零摘挂列车，要进行解体和编组作业，同时还办理向货场、企业专用线取送作业车等，某些区段站还担当少量的始发直达列车的编组任务。

（4）机车业务，主要是换挂机车和乘务组，对机车进行整备、修理和检查等。

（5）车辆业务，办理列车的技术检查和车辆的检修任务。在少数设有车辆段的区段站上，还办理车辆的段修业务。

由上述可知，区段站所办理的作业，无论是从数量上或是种类上，都比中间站繁多。而在办理的解、编及中转列车中，又以无改编中转列车所占的比重为大。

区段站的有关物流设备包括：

（1）货运设备、货场及其有关设备，包括装卸线、货物站台、仓库及装卸机械等。

（2）运转设备，包括列车到发线、调车线、牵出线（有时设简易驼峰）、机车走行线。

（3）机务设备，包括机务段或机务折返段。在机务段所在的区段站上，如采用循环运转制时，在到发场应设有机车整备设备，采用长交路轮乘制时可设置机车运行段或换乘点。

（4）车辆设备，包括车辆段、列车检修所和站修所等。

（5）信号及通信设备。

5. 编组站。

编组站是铁路网上办理货物列车解体和编组作业，并设有比较完善调车设备的车站，有列车工厂之称。编组站通常设在几条主要干线的汇合处，也可以设在有大量装卸作业地点的大城市、港口或大工矿企业附近。其主要任务是解编各类货物列车，组织和取送本地区车流，供应列车动力、整备检修机车，货车的日常技术保养等四项。编组站主要办理各类货物列车的解编作业，且多数是直达列车和直通列车，改编作业往往占全站作业量的

60% 以上，有的高达 90% 。

编组站和区段站同属技术站。从技术作业上看，编组站和区段站都要办理列车的接发、解编、机车的供应或换挂、列车的技术检查及车辆的检修等。但区段站主要是办理中转列车作业，解体和编组的列车数量少，而且大多是区段列车或摘挂列车。而编组站的主要作业是大量办理列车的解体和编组，而且其中多数是直达列车和直通列车。

编组站的设备，从种类上看，一般与区段站一样，也有旅客和货物运转、客货运输业务及机务、车辆等设备。但位于大城市郊区的编组站，可能不设客、货运输设备；在货物运转设备方面，调车场和调车设备的规模和能力比区段站大得多。

6. 货运站。

凡专为办理各种货物装卸作业及货物联运换装作业而设置的车站均称为货运站。货运站多设在大城市与工业区，以及河海港湾与不同轨距铁路的衔接地点。

货运站办理的主要作业有运转作业和货运作业。有的货运站还办理机车整备作业、车辆洗刷消毒作业、冷藏车的加冰作业与客运作业。

（1）运转作业。货运站的运转作业是为货运作业服务的，主要办理小运转列车的到发、解体和编组，按货物装卸地点选分与取送车辆，在货物作业地点配置车辆。

（2）货运作业。货运站的货运作业可以分为货物的发送作业、途中作业和到达作业。主要内容包括货物的受理、承运、保管和交付，货物的装卸与换装作业，零担货物和集装箱的中转作业，以及运费核算和办理票据手续等。

货运站一般按其办理的货物种类与服务对象，可分为综合性货运站和专业性货运站。

综合性货运站内设有较大的货场，办理各种不同种类的整车、零担和集装箱货物的发送、到达作业及专用线作业。

专业性货运站办理一定种类货物的装卸作业或联运货物的换装作业，如大宗货物装车站、危险货物专用站、港口站及换装站等。

7. 货场。

铁路货场是办理货物承运、装卸、保管和交付作业的场所，也是铁路与地方短途运输相衔接的地方。

铁路货场按办理的货物种类可分为综合性货场和专业性货场；按办理的货运量可分为大型货场、中型货场和小型货场；按办理的货运作业可分为整车货场、零担货场、集装箱货场和兼办整车、零担与集装箱作业的货场；按线路配置图形又可分为尽头式货场、通过式货场和混合式货场。尽头式货场适用于大、中型综合性货场采用。通过式货场适用于中间站和货运量大、有条件组织整列装卸作业的专业性货场。混合式货场的货物装卸线一部分为尽头式，另一部分为通过式，兼有尽头式和通过式货场的特点。

根据货运站办理的货物种类及货运量的大小，货场应设置下列技术设备：

（1）货场配线，包括货物装卸线、选分线、存车线、牵出线、轨道衡线等。

（2）场库设备，包括货物仓库、雨棚、站台、堆放场和集装箱作业场等。

（3）装卸机械设备，包括各种类型的起重、搬运机械和充电、检修设备等。

（4）办理易腐货物运输的货场，设有加冰所及制冰、储冰设备和加冰、加盐设备。

（5）办理危险货物运输的货场，设有货车洗刷、消毒设备及污水处理设备。

（6）装卸牲畜较多的货场，应设有牲畜装卸及饮水设备。

三、铁路运输设备

铁路运输设备是指通过铁路轨道运行的各种机车与车辆。铁路运输设备以铁路轨道进行导向，车辆通过自身带凸缘的钢轮沿铁轨内侧行驶。在运行过程中，轨道起着支承车辆和导向的作用，而驾驶员的作用仅是控制车辆的行驶速度。铁路运输装备广泛地应用于城市之间的中长途客货运输、城市内和市郊的公共交通。按其应用类型不同，可分为轻轨交通列车、快速轨道交通列车、市郊铁路列车、铁路客货运输列车、高速铁路列车、磁悬浮铁路列车等几种。

（一）铁路机车

铁路机车是铁路运输的基本动力装置。由于铁路车辆大多不具备动力装置，列车的运行和车辆在车站内有目的的移动均需机车牵引或推送。根据原动力不同，铁路机车分为蒸汽机车、内燃机车及电力机车。

1. 蒸汽机车。

蒸汽机车是以蒸汽为原动力，通过蒸汽机把燃料的热能转变成机械能，来牵引列车的一种机车。蒸汽机车结构比较简单，造价也相对低廉。随着科学技术的发展和不可再生资源的日益减少，在现代铁路运输中，用蒸汽机车来进行牵引已经逐渐被其他新型牵引机车如（内燃机车和电力机车）所取代。

2. 内燃机车。

内燃机车是以内燃机为原动力的机车。与蒸汽机车相比，内燃机车的热交换效率很高，一般可以达到20% ~30%。而且内燃机车的独立性也很强，整备时间比蒸汽机车短，启动快、通过能力大；内燃机车在一次加足燃料后，持续工作时间长，运行路线长，特别适合于在缺水或水质不良的地区运行，并可实现多机联挂牵引。此外，内燃机车单位功率重量轻、乘务员工作环境相对较好。其缺点是机车构造复杂，制造、维修和运营费用都较大，对环境也有较大污染。

3. 电力机车。

电力机车是从铁路沿线的接触网获取电能并以此作为牵引动力的机车，所以电力机车是非自带能源的机车。该类启动快、速度高、善于爬坡；可以作为大功率机车使用，而且运输能力大，运营费用低，当利用水力发电时，更为经济；由于电力机车不用水，不污染空气，运行中噪声也较小，因而乘务员的工作环境好，便于多机牵引。但电气化铁路需要建设一套完整的供电系统，其基建投资要比采用蒸汽机车或内燃机车大得多。

（二）铁路车辆

铁路车辆是指自身不具动力，连接成车列后由机车牵引运行的铁道运输装备。铁路车辆由车体、车底架、走行部、车钩缓冲装置和制动装置五个基本部分组成。走行部采用转向架结构，能相对于车底架自由转动，并缩短了车辆的固定轴距，使车辆顺利通过曲线，从而提高车速和载重量。由于车轮踏面为锥形，故能在轨道上以蛇形方式运行，以使踏面磨损均匀并能在通过曲线型道路时使外侧车轮以较大半径滚动，进而减少轮轨间的滑动。但如果转向架设计不当，则车轮“蛇行”状态将加剧，而使整个系统失稳。因此，任何车辆均应保证其失稳临界速度大于运行速度。但为加大临界速度，往往会造成弹簧悬架过硬，进而使动态响应，导致运行平稳性下降，这时，旅客在乘坐时就会感到不舒适。所以同时保证车辆的运行稳定性和运行平稳性，是车辆设计中主要矛盾之一。

铁路车辆包括客车和货车两大类。货车是指以运输货物为主要目的的铁道车辆。在特殊情况下，个别货车也用来运送旅客或兵员。有些铁道车辆并不直接参加货物运输，而是用于铁路线路施工、桥梁架设及轨道平衡检测等，但这些车辆也归入货车类。

根据运输货物的类型，货车可分为通用货车和专用货车两大类。其中，通用货车包括棚车、敞车和平车，能够装运多种货物；专用货车只能装运某些种类的货物，包括罐车、冷藏车、矿石车、长大货物车、毒品车、家畜车、水泥车、粮食车等。

1. 棚车

这种货车具有车顶、侧墙、端墙，并设有窗和滑门，它主要承运粮食、食品、日用工业品以及怕晒、怕湿的货物和贵重物品等，必要时还可运送人员和家畜，如图 2 – 8a 所示。

2. 敞车

敞车即没有车顶，但有平整地板和固定侧墙的货车。它主要装运煤炭、矿石、砂、木材、钢材等不怕日晒及雨淋的货物；货物上覆盖防水篷布可代替棚车，如图 2 – 8b 所示。

3. 平车

平车没有侧墙、端墙和车顶，但有的具有可以放倒的侧板和端板，总体讲为单纯的底架承载结构，可装运大型建筑材料、压延钢材、汽车、拖拉机及军用装备，低边平车还可转运矿石、煤炭等货物如图 2 – 9c 所示。

a. 棚车

b. 敞车

c. 平车

图 2 – 9　通用货车

4. 罐车

罐车是专门用于装运液体、液化气或粉状货物的车辆，外形为一个卧放的圆筒体。从结构上看，罐车可分为有底架和无底架两种结构。罐车按运载货物的类型分为轻油罐车、黏油罐车、沥青罐车、液化气罐车、酸碱罐车、水泥罐车等。轻油罐车主要装运汽油、柴油、煤油和其他不需要加热的轻质油料及化工产品；黏油罐车用于装运原油、重质润滑油、燃料油等需要加热卸车的油料；沥青罐车用于装运液态沥青；液化气罐车用于装运常温下加热液化的石油烃类，如丙烯、正丁烷、异丁烯、丁烯及其混合物；水泥罐车主要运输散装水泥、石英砂等粉状货物，如图 2 – 10a 所示。

5. 保温车

保温车又称冷藏车，外形结构类似棚车，也是整体承载结构，车体设有隔热层，加装有冷冻设备以控制温度，用于装运新鲜易腐货物。保温车具有车体隔热、气密性好的特点。在温热季节能通过车内的冷却装置保持比外界气温低的温度；在寒冷季节，还可用来不制冷保温运送或用电热器加温运送，使车内保持比外界气温高的温度，如图 2－10b 所示。

6. 漏斗车

漏斗车车体的下部设有一个或多个漏斗形卸货口用来卸货。漏斗车可分为无盖漏斗车和有盖漏斗车两类，其主要特点是：卸货方便，打开漏斗口的挡板，货物靠重力自行卸下。漏斗车主要用于装运煤、石渣、粮食、石灰石等散粒货物，如图 2－10c 所示。

a. 罐车　　b. 保温车　　c. 漏斗车

图 2－10　几种专用货车

7. 长大货物车

用于运装大型或重型货物，如电力、冶金、化工、重型机械等行业的发电机定子、变压器、轧钢机牌坊、核电站压力壳等。长大货物车一般采用多轴转向架或多重底结构，以便运输重型货物，如图 2－11 所示。

图 2－11　长大货物车

8. 其他货车

除了上述几种货车外，还有附挂于货物列车头尾搭载随车人员的守车、可在铁路和公路上行驶作业的公铁两用车、专门进行木材运输的木材专用车，以及球团矿车、钢水车、铸锭车、鱼苗车、检衡车、电站列车、工程宿营车、除雪车、架桥车、辅轨机车辆等。

三、铁路运输技术

（一）铁路运输方式

1. 整车运输。

托运人向铁路托运一批货物的重量、体积或形状需要以一辆及其以上货车运输的货物，应按整车运输的方式向铁路（承运人）办理托运手续。一般情况下，下列货物应办理整车运输：需要冷藏、保温或加温运输的货物；规定按整车办理的危险货物；易于污染其他货物的污秽品（如未经消毒处理或未使用密封不漏包装的牲骨、湿毛皮、粪便、炭黑等）；不易计算件数的货物，如蜜蜂；未装容器的活动物（铁路局规定按零担运输的办法者除外）；一批货物重量超过 2 吨，体积超过 3 立方米时或长度超过 9 米的货物（经始发站确认不致影响中转站和到站装卸车作业的货物除外）。

2. 零担运输。

托运人向铁路托运一批货物的重量、体积或形状不需要以一辆及其以上货车运输的货物，可按零担运输方式向铁路（承运人）办理托运手续，即托运货物可与其他托运货物共放一个车厢。

3. 集装箱运输。

利用集装箱运输货物是一种既方便又灵活的运输方式，它能发挥铁路运输量大、速度快的特点，也可以进行机械装卸，在与其他运输方式联运或中途中转时，不需进行倒载，可直接从一种运输工具换到另一种运输工具上。

（二）铁路运输业务办理

铁路运输作业涉及许多方面，在主要介绍以下几个方面。

1. 铁路托运程序。

铁路运输部门根据托运人的需要完成向货车上装货、卸货、收集、发送等工作，称为铁路托运。大体包含以下内容：

（1）托运人将需要铁路运输的货物交给铁路。

（2）发货人与铁路运输人签订运输合同，办理运输手续。

（3）经铁路运输的物品，按照货主的要求，办理向铁路运输起点站集中和终点站分发的业务活动。

（4）在铁路运输从开始到完成的全过程中，完成各项装卸活动的组织和实施。

（5）完成与上述活动相关的一切附带工作，如发放领取货物凭证、签订运输保险合同、部分物资的包装分类等。

（6）铁路托运过程中严格执行有关规章制度。

2. 铁路货物运输承运货物的手续。

（1）受理和验货。车站接受托运人提交的货物运单时，应进行审查，看是否符合铁路运输条件，并审查应随同提交的证明文件是否齐备和有效；合格者制定搬入车站或装车日期，零担运输还应注明运输号码。货物按期搬入时还应对照运单检查货物的名称和件数是否与运单记载相符，状态是否良好，包装和标记是否齐全。

（2）确定货物质量。铁路运输货物按件数和质量承运，但散堆装货物或一批数量多且货物价值不高的成件货物，按整车运输时，只按重量承运，不计件数。整车货物和使用集装箱运输的货物，由承运人确定重量；零担货物除标准重量、标记重量或有过秤清单，以及件重超过车站最大称量的货物以外，由承运人确定重量并核收过秤费。由托运人确定的整车或零担货物重量，承运人应进行抽查。

（3）对托运人采取保价、非保价、保险运输的规定。托运人根据自愿，可以办理保价运输也可以办理货物运输保险，还可以既不办理保价运输也不办理货物运输保险，承运人不得以任何方式强迫办理保价运输或货物运输保险。

（4）铁路应承担的赔偿责任。铁路应对承运的货物、包裹、行李自接受承运时起到交付时止发生的丢失、缺少、变质、污染或者损坏，承担赔偿责任。

（5）托运人托运超限货物时应提供的资料。托运超限货物时除按一般手续办理外，还应提供以下资料。

①托运超限货物说明书、货物外形的三维图示，并须以“+”号标明货物重心位置。

②自轮运转的超限货物，应有自重、轴数、轴距、固定轴距、长度、转向架中心销间距离、制动机形式以及限制条件。

③必要时应附有计划装载、加固计算根据的图样和说明。托运超长、超限或超重货物时应向发货站提供：

a. 货物外形尺寸图。

b. 应以“+”号标明货物重心位置及其有关尺寸。

c. 货物支重面的长度和宽度。

d. 计划装载、加固方案。

第三节　水路运输

水路运输是指使用船舶及其他航运工具在江、河、湖、海、运河上载运货物的运输方式。水陆运输适合运距长、运量大、时间要求不严格的大宗货物。

一、水路运输的技术经济特点

水路运输又称为船舶运输，它是利用船舶运载工具在水路上的运输，简称为水运。水运在我国运输业中也占有重要的地位。

水路运输的特点是载重量大、运费低、能耗小、航道投资省，不占用耕地面积，能够以最低的单位运输成本提供最大的货运量。因此对于运输体积大、价值低、不易腐烂的大宗货物或散装货物，如沙、煤、粮食、矿产、石油等，采取专用的船舶运输，是一种极为经济合理的运输方式，可以取得很好的技术经济效果。

但是，水路运输的连续性差，速度慢、时间长，装卸搬运费用较高，而且航运和装卸作业受到水域、码头、港口、船期等条件的限制以及季节、气候等自然条件的制约，这些都是水路运输的不利方面。

从水运业务来讲，它可分为定期水路运输和不定期水路运输两类；按船舶航行的路线划分，可以分为利用海洋的海上运输，又称远洋运输，利用河川、湖泊等内陆水域的运输，即内河运输。

其中海上运输的经营方式主要有班轮运输和租船运输两大类。班轮运输是指船舶在固定的航线上和港口间按事先公布的船期表航行，从事运输业务并按事先公布的费率收取运费的一种运输经营方式。其特点如下：

（1）具有固定航线、固定港口、固定船期和相对固定的费率的“四定”特点。

（2）运价内已包括装卸费用，货物由承运人负责配载装卸。

（3）承托双方的权利义务和责任豁免以签发的提单条款为依据。

班轮运输比较适合于一般杂货和小额贸易的货物运输。因为按照惯例，如果班轮有航班和舱位，则不论数量多少，还是需要直达或转船，班轮运输公司一般都愿意承运。由于班轮运输的“四定”特点，采用这一方式还能为买卖双方洽谈贸易提供便利。此外，班轮运输还具有方便供货方、手续简便、能提供较好的运输质量的优点，一般来讲，为了保证船期、提高竞争力，班轮船舶的设备较全，都有自己的专用码头、仓库和装卸设备，并有一套专门的管理制度，因此货运质量较有保证。班轮承运人通常采取在码头交接货物，并负责货物的转口工作，从而为供货方提供了极大的方便。

租船运输是指没有预定的船期表、航线、港口，船舶按租船人和船东双方签订的租船合同规定的条款行事的一种运输经营方式。租船运输一般用来整船装运货价较低的大宗货物，如谷物、石油、化肥、木材、水泥等。租船运输在海上运输中占有重要地位。据统计，国际海上运输总量中，租船运输约占4/5。租船运输无固定航线、固定的装卸港口和船期，双方的权利义务是由双方协商并以租船合同的形式加以确定。租船运输受社会和市场供求关系的制约，一般是船多货少时运价低；反之则高。由于租船一般是整船装运，运量大，因而单位运输成本较低。与班轮相比，由于其运价是竞争价格（班轮是垄断价格），故租船运价较班轮低，对于低值大宗货物的运输，采用租船较为有利。此外，只要是船舶能安全出入的港口，租船都可进行直达运输。

水路运输的技术经济特点如下：

（1）运输能力大。

海上运输通过能力比较大，海洋运输中超巨型油轮的载重量达55万吨，矿石船载重量达35万吨，集装箱船已达7万吨。内河运输中美国最大的顶推船队运载能力超过5万~6万吨，我国大型顶推船队的运载能力也达3万吨，相当于铁路列车的10倍。

（2）投资少，运输成本低。

水上运输利用天然航道，投资少，内河虽然有时需疏浚河道，但比修筑铁路费用小得多，主要投资是在港口建设上。但由于其载重量大、运距里程长，故单位成本较低。

（3）航速较低。

由于水流阻力较高，因而航速较低，一般船只的行驶速度只能达到40千米/小时。

（4）受气候影响较严重。

海洋运输受气候影响较大，一年中中断运输时间较长，运输连续性较差。

二、港口的技术经济特点

港口是海上运输和内陆运输之间的重要联系枢纽。船舶的装卸、修理、货物的集散都要在港口进行。港口在现代物流中具有十分重要的战略地位，随着社会经济的发展，港口是国际物流与国内物流的交汇点，在国际贸易中占据着重要地位。据统计，目前跨国货运中90%左右的份额均通过海运完成。而且随着时代的发展，港口越发具有综合物流中心的功能，朝着物流服务中心、商务中心、信息和通信中心、现代产业中心和后援服务中心发展，为现代物流的发展提供了重要支撑。对于港口的分类，按国家政策可分为国内港、国际港、自由港；按使用目的分为存储港、转运港、经过港；按港口位置分为海湾港、河口港、内河港。

港口的生产效率由港口的通过能力来衡量。港口的通过能力是指在一定的时期内港口能够装船、卸船的货物数量，也就是港口的吞吐量。为便于实现港口集疏运功能，还需要相应的设施设备，如港区公路、港口道路、港口铁路专用线和码头铁路线等配套设施。

三、航道

航道是指以组织水运为目的的所规定或设置的船舶航行通道。随着船舶运行密度和纵横水运网的形成，现代水上航道不仅仅是天然航道，还包括人工运河等。虽然航道有多种多样，但为了保证船舶航行的安全，航道必须具备一定的航行条件。

（一）足够的航道深度

航道深度是指全航道中所具有的最小通航保证深度，取决于航道上关键性的区段和浅滩上的水深。航道深度是选用船舶吃水量和载重量的重要因素。

（二）足够的航道宽度

航道宽度视航道等级而定。通常情况下，我国普通航道宽度为双线航道，如果航道繁忙，也可考虑三线航道。

（三）适宜的航道转弯半径

航道转弯半径是指航道中心线上的最小曲率半径。一般航道的转弯半径不小于船舶长度的4~5倍。若受自然条件限制，航道转弯半径最低不得小于船舶长度的3倍，而且在航行过程中要特别谨慎，防止事故发生。

（四）合理的航道许可流速

航道许可流速是指航线上的最大流速。航道流速与船舶航行速度的关系如下：

下水时：

航速 = 船舶静水速度 + 流速

上水时：

航速 = 船舶静水速度 − 流速

（五）符合规定的水上外廓

水上外廓是指保证船舶通过时，水面以上部分所需要的高度和宽度，其尺寸按航道的等级确定。

四、水路运输设备

水路运输设备是指在江、河、湖、海上进行客货运输的各种船舶。全球水路运输量占总运输量的70%。与其他几种运输装备相比，水路运输装备具有占地少、通航能力大、运量大、运输成本低等优势，因此，在整个运输体系中，它主要承担大批量货物特别是集装箱的运输、原料和半成品等散货（如建材、石油、煤炭、矿石、粮食）的运输，同时也是国际贸易运输的主要工具。当然，水路运输装备也存在航速较低、受自然条件影响较大等缺点。

运输船舶主要分客船、货船、客货船及其他特种船舶。专运旅客的船舶称为客船，专门用于运送货物的船舶称为货船，而客货兼运的称为客货船。除了上述各种船舶外，还有渡船、工程船和工作船等几种船舶。渡船是指往返于内河、水库、海峡、岛屿与陆地之间或岛屿之间从事短途渡运旅客、货物与车辆的船舶。渡船分为普通渡船与车辆渡船。车辆渡船分为汽车渡船与火车渡船。渡船一般要求甲板宽敞，稳性好，操纵灵活，旅客及车辆上下方便。有些渡船首尾均有推进器与舵，以便两头都可以靠、离。

货船是运送货物的船舶统称，一般不载旅客，若附载旅客，不能超过 12 人。因为根据《国际海上生命安全公约》规定，凡载客 12 人以上的船舶均须按客船规范要求来建造与配置设备及人员。根据所运输货物的种类不同，货船可分为以下几种。

1. 干货船。

干货船又称杂货船，是以装运各种包装、桶装以及成箱、成捆等零批件货为主要业务的货船。杂货船具有 2 ~3 层全通甲板，根据船的大小设有 3 ~6 个货舱，每个货舱的甲板上有舱口及吊杆或吊车以装卸货物，底部常采用双层底结构以保证船舶的安全。其机舱大多在船的中后与尾部，以将船中部方整的船体设置为货舱，有利于装货、理货和清舱。干货船又分为普通型杂货船与多用途杂货船，其中，多用途杂货船既可装杂货，又可装散货、集装箱甚至滚装货，以提高揽货能力与装卸效率，提高船舶运营经济性。

2. 散货船。

散货船指专门运载粉末状、颗粒状、块状等非包装类大宗货物（如谷物、矿砂、煤炭及水泥等）的运输船舶。散货船运货量大、运价低，在目前各类船舶的总吨位数量排名中占据第二位，约为 1.5 亿吨。普通散货船一般为单甲板、尾机型，货舱截面呈八角形，舱室的分隔要求不高，一般不设装卸货设备。根据散货船的功能分为：（1）专用散货船，即专门用于某种货物运输的散货船，如运煤船、散粮船、矿砂船、散装水泥船等；（2）兼用散货船，即在装运散货的同时，还能装运其他特定货物，如车辆散货船、矿—散—油兼用船等；（3）特种散装船，包括大舱口散货船（舱口宽度达船宽的 70%，装有起货设备）、自卸散货船（通过所装载的自卸系统实现卸货自动化）和浅吃水肥大型船等。

用于粮食、煤、矿石等大宗散货的船舶通常分为以下几个级别：

（1）总载重量为 10 万吨以上的散装货船成称为望角型船。

（2）总载重量为 6 万吨级的散装货船通常称为巴拿马型，船长不大于 245 米，船宽不大于 32.2 米，最大容许吃水为 12.04 米，是巴拿马运河所允许通过的最大船型。

（3）总载重量为 3.5 万 ~4 万吨级的散装货船称为轻便型散货船。

（4）总载重量为 2 万 ~2.7 万吨级的称为小型散货船。

3. 液货船。

液货船主要是专门用于运输液态货物的船舶，如油船、液体化学品船和液化气船等。由于液体散货的理化性质差别很大，因此运送不同液货的船舶，其构造与特性均有很大差别。

（1）油轮。油轮是专门用于载运散装石油及成品油的液货船，一般分为原油船和成品油船两种。

（2）液化气船。将气体冷却压缩成为液体，旨在大大减小它的体积后装载在船内运输，这种专用船即称为液化气船。液化气船分为液化石油气船（LPG）、液化天然气船（LNG）和液化化学气船（LCG）。

（3）液体化学品船。液体化学品船是专门载运各种液体化学品，如醚、苯、醇、酸等的液货船。由于液体化学品一般都具有易燃、易挥发、腐蚀性强等特征，有的还有剧毒，因而对船舶的防火、防爆、防毒、防泄漏、防腐等方面有较高的要求，除双层底外，货舱区均为双层壳结构，货舱有通气系统和温度控制系统，并且根据需要还设有惰性气体保护系统。货舱区与机舱、住舱及淡水舱之间均由隔离舱分隔开来。根据所运载货物的危害性，液体化学品船分为Ⅰ、Ⅲ、Ⅲ级。Ⅰ级船专用于运输危险性最大的化学品，要求船舶的双重舷侧所形成的边舱宽度不小于1/5船宽；Ⅱ级船专用于运输危险性略小的化学品，边舱宽度小于Ⅰ级船；Ⅲ级船用于运输危险性更小的化学品，其构造与油船相似。一般化学品船舱室小而数量多，并安装有水泵及管道系统和灵活的装卸设备。

4. 集装箱船。

集装箱船是装运规格标准统一的集装箱的货船，根据国际标准化组织（ISO）公布的统一规格，集装箱通常都使用20ft和40ft两种（1ft＝0.3048米），长、宽、高分别为8ft×8ft×20ft和8ft×8ft×40ft，20ft集装箱被定为统一标准箱（TEU）。集装箱船的特点是外形瘦长、航速较高，为减少风浪影响，通常采用球鼻首船型；船口宽大，以便于对集装箱装卸，上甲板平直，货舱内部和甲板上均可积载集装箱。集装箱船按载箱数多少（按标准箱TEU计算）分为第一代、第二代、第三代等，载箱数大致分别为1000TEU、2000TEU及3000TEU，现已发展到第五代、第六代集装箱船，载箱数为6000TEU以上。集装箱船具有装卸效率高、经济效益好等优点，因而得到迅速发展。集装箱船可分为以下三种：

（1）部分集装箱船，仅以船的中央部位作为集装箱的专用舱位，其他舱位仍装普通杂货。

（2）可变换集装箱船，其货舱内装载集装箱的结构为可拆卸的，因此其可装运集装箱，必要时也可装运普通杂货。

（3）全集装箱船，专门运送集装箱的船舶。其货舱内有格栅式的货架，同时配有专门的设施来装卸集装箱，可以堆放多层集装箱。

5. 冷藏船。

冷藏船是专门运输易腐货物（如鱼、肉、水果、蔬菜等）的船舶。它通过特有的制冷和隔热系统，将货物保持在一定低温条件下，以使货物送到目的地时仍能保持一定的新鲜程度。冷藏船舱口尺寸较小，设有多层甲板，间舱高度较小，船壳多漆成白色，以防日晒的热气辐射。除航行动力及装卸主副机外，还装有冷冻机、送风机、抽风机等。它利用二氧化碳或氨、氟等冷媒剂制造冷气，经管道送入货舱四壁的蛇形管内，或经通风口用送风机打入，使舱内温度降低并保持规定温度，同时用抽风机使舱内保持空气新鲜。根据不同货种，冷藏舱的温度可在15～25℃进行调整。冷藏船的吨位较小，航速较高。

6. 滚装船。

滚装船主要用于装运载货车辆。载货车辆通过设在船尾部或船首部、船舷部的跳板进出船舶，因此船舶及码头均无须采用装卸设备。滚装船具有多层甲板，主甲板下通常是纵通的无横舱壁的甲板间舱，甲板间舱高度较大，适用于装车；首尾设有跳板，供车辆上下船用；船内有斜坡道或升降机，便于车辆在多层甲板间舱行驶；主甲板以下两舷多设双层船壳；机舱位于尾部，多采用封闭式；从侧面看，水上部分很高，没有舷窗。滚装船装卸速度高，可达普通货船的10倍，宜于装载特大、特重、特长货物，便于实现“门到门”运输。

7. 驳船、推船与拖船。

驳船常指靠拖船或推船带动且为单甲板的平底船，是内河运输货物的主要工具。驳船上层建筑简单，一般无装卸货设备，有的驳船自己有动力装置，称为乓驳；驳船往往用于转驳那些由于吃水等原因不便进港靠泊的大型货船的货物，或组成驳船队运输货物。推船是用以顶推驳船或驳船队的机动船，有强大的功率和良好的操纵性能。拖船是专门用于拖曳其他船舶、船队、木排或浮动建筑物的工具，是一种多用途的工作船，与推船一样具有强大的功率和较高的操纵性。

8. 载驳船。

载驳船又称子母船，是用一大型机动母船运载一大批同型驳船的船。驳船内能装各种货物或标准尺寸的集装箱。母船到锚地时，驳船队从母船卸到水中，由拖船或推船将其带走，母船则再装载另一批驳船后即可开航。

9. 多用途船。

多用途船即可以装运杂件货、散货、集装箱、重大件货和滚装货的船舶。大多数多用途船设置两层甲板，机舱在尾部，其型宽比普通货船大，型深以装运集装箱所需层数确定。多用途船适宜在不定期航线及班轮航线运输非适箱货和部分集装箱，发展前途很好。

五、船舶的选择依据

对于船舶的选择，主要从以下性能方面进行判断：

1. 船舶的浮性。浮性是指船在各种装载情况下能浮于水中并保持一定的首尾吃水和干舷的能力。船舶的浮性关系到船舶航行的安全和装载能力。

2. 稳性。稳性是指船舶受到外力作用离开平衡位置而倾斜，当外力消失后，船体能够恢复到原平衡位置的能力。稳性是与船舶安全密切相关的一项重要指标，为使船舶具有良好的稳性，可采取相关措施降低船舶的重心、减小上层建筑受风面积等。

3. 船舶的抗沉性。抗沉性是指船体水下部分发生故障时，船舶淹水后仍能浮于水面而不沉、不倾覆的能力。船舶主体的水密分舱的合理性、船舶的稳性好坏都是影响抗沉性的重要因素。

4. 快速性。快速性是表征船在静水中直线航行速度与其所需主机功率之间关系的性能。是船舶的一项重要技术指标，对船舶营运影响较大。船舶的快速性涉及船舶阻力和船舶推进两个方面。

5. 耐波性。耐波性是指船舶在风浪中遭受由于外力干扰所产生的各种振荡运动，仍能保持足够的稳定和船体结构强度，并能保持一定的航行速度。

6. 船舶的操纵性。操纵性是指船舶能够按照驾驶者的操纵保持或改变航速、航向或位置的性能，主要包括航向稳定性和回转性，是保证船舶航行保持最短航程、靠离码头灵活方便和避让及时的重要环节。

7. 经济性。船舶的经济性是指船舶投资效益的大小。其是促进新船型的开发研究、改善航运经营管理等的重要因素。

六、水路运输业务要点

（一）水路货物运输起运港承运货物验收的手续

起运港在运输货物时必须按照核准的运单验收货物，把好验收关。其手续包括以下几项。

1. 货名、件数、包装、发货符号必须与运单相符；按件承运的货物要当场点收清楚；对不符合要求的应由托运人订正、整理，更换后验收。

2. 要详细检查货物包装状况，充分考虑运输和中转换装要求，对包装不符合标准要求的，应由发货人整修合格后再验收。

3. 对发货人交运的货物及质量进行抽查，发现匿报货名或夹带危险品、违禁品的应拒收，重量不符的应订正，并按规定核收运费。

（二）因水路货物运输事故要求赔偿的手续

根据《水路货物运输管理规则》《水路货物运输合同实施细则》和《水路货物运输规则》的规定执行。

第四节　航空运输

航空运输是使用飞机及其他航空器运送人员、货物、邮件的一种运输方式，具有快速、机动等特点，是远程旅客和国际贸易中贵重物品、精密仪器运输等重要方式。

一、航空运输的技术经济特点

航空运输的技术经济特点如下。

（一）速度快

与其他运输方式相比，航空运输速度快是最明显的特征。现代喷气式运输机时速一半在900千米左右，是火车的5～10倍，是轮船的20～25倍，运输距离越长，节省的时间越多，快速的特点也越显著。

（二）灵活性高

航空运输不受地形限制，只要有机场，有航空设施保证就能开辟航线，可以将地面上任何两个地方连接起来，可以定期或不定期飞行，尤其是对灾区的救援、物资供应等更能发挥航空运输的优点。

（三）安全性高

航空运输平稳、安全，货物在运输过程中受到的震动、撞击等均小于其他运输方式。

（四）周期短、投资小

航空运输建设主要包括飞机、机场和其他辅助保证设施，一般来说，修建机场比修建铁路、公路周期短，投资回收快。

（五）运载量小，成本高

由于航空运输的承载量小，运载成本和运价比地面运输较高，因此在各种运输方式中物流量所占比例最小。由于飞行受一定的气候条件限制，影响其准时性，因此它适于鲜活、易腐货物和高价值货物的运输。

随着社会经济的发展，航空运输在现代社会的政治、经济生活中占据着重要地位，发挥着不可低估的作用。在经济发展过程中，航空运输所起到的作用如下。

1. 航空运输是交通运输体系的一个重要组成部分。航空运输是长距离运输的主要工具，能够和其他交通运输方式分工协作、相辅相成，共同满足社会对运输的各种要求。

2. 航空运输促进了全球经济、文化的交流。航空运输还能够带动一批相关产业的发展，使国际间的经济、文化、科技交流更加频繁，有利于国家或地区间的相互协作、共同发展。

3. 航空运输带动了飞机制造及相关产业和技术的发展。航空运输的发展促进了飞机制造业的发展，飞机制造业是现代工业的集大成者，因此也间接推动了材料工业、机械加工技术和装备的发展。航空运输也带动了通信、导航、监视等设备与技术不断更新、发展、完善。

二、航空线与航空港

（一）航空线

飞机飞行的路线称为航空交通线，简称航线。航线是经过批准开辟的连接两个或几个地点，进行定期或不定期飞行，并且对外经营的航空交通线。

航线不仅确定了飞机飞行的具体方向、起讫与经停点，而且还根据空中交通管制的需要，规定了宽度和飞行高度，以维护空中交通秩序，保证飞行安全。

1. 航线的分类。

按照飞机飞行的起讫点，航线可分为国际航线、国内航线和地区航线三大类。

（1）国际航线。国际航线是指运输的始发地、经停地或目的地之一不再同一国领土主权行政管辖范围内的航线，如“北京—纽约”航线。

（2）国内航线。国内航线是指运输的始发地、经停地和目的地都在一领土主权行政管辖范围内的航线。

根据航线通达城市及航线的繁忙程度，国内航线又可分为干线、支线和地方航线三类。

①干线：干线一般指大中型城市之间的航线，此类航线客货运量大、航班密度高，如“北京—南京”航线。

②支线：支线是相对于干线而言的概念，通常是指短距离、中小城市之间的非主干航线，使用的飞机一般是座位数在150座以下的中小型客机，如“上海—黄山”航线。

③地方航线：主要指一省（地区）之内的短程航线，如“丽江—西双版纳”航线。

（3）地区航线。世界上有些地区，虽然一国政府对其拥有领土主权，但是由于历史原因，国家的中央政府对于这些地区目前还没能够行使行政管辖权，与这些地区通航的航线通常称为地区航线。如中国内地与香港、澳门等地区之间的航线。

2. 航线的基本结构。

航线主要有以下三种基本结构类型：

（1）城市对结构。城市对结构的航线为直达航线，在始发机场和目的地机场之间往返直飞，中间没有经停点。这是航线网络中最基本的单元结构。这类航线的优点是操作简单、便于运力调配、运行成本相对较低；缺点是不能有效组织和利用航路资源。其适用于客货流量较大的机场之间，结构如图 2－12 所示。

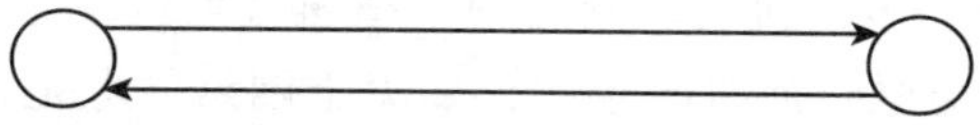

图 2－12 城市对结构

（2）城市串结构。城市串结构是在城市对结构的基础上发展来的，主要指飞机从始发地机场到目的地机场之间有经停点。采用这类航线结构的主要原因是通过中途机场补充载运业务，以弥补直飞航线的客货运量不足，也称为“甩辫子航线”。这类航线的优点在于经停补充客货源能提高飞机载运率和客座率，节省运力、降低航班成本；缺点是增加飞机起飞—降落次数，易造成航班延误，影响运力调配。其结构如图 2－13 所示。

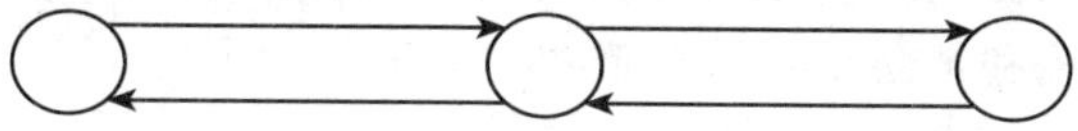

图 2－13 城市串结构

（3）中枢辐射型航线结构。中枢辐射型航线结构以中心机场或门户机场（hub）为中转枢纽，一些支线或干线与中心机场形成辐射航线（spoke），为中心机场输送和疏散旅客或货物，实现支线或短程航线与远程航线的衔接。其结构如图 2－14 所示。

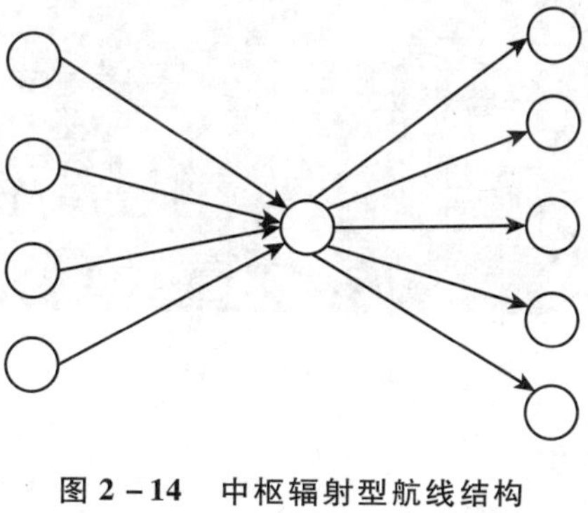

图 2－14 中枢辐射型航线结构

在中枢辐射型航线结构中，中转机场可以为旅客提供更多目的地选择，也为航空公司提供更多的航线服务。例如，在 M 个始发地机场与 N 个目的地机场之间开通通航航班，需要 M×N 条航线，而如果采用中枢辐射型航线结构，则只要 M＋N 条航线。显然，中枢辐射型航线结构可以减少直飞航线，降低航空运输企业成本。当然，由于中转机场的引入，导致飞行时间增加。因此，此类网络适合于远程旅客通过枢纽机场进行中转。

3. 枢纽航线网络。

枢纽航线网络是以中枢辐射型航线结构为基础的。枢纽航线网络结构与枢纽机场的区域地位、基地航空公司规模及其经营战略是密切相关的。根据网络中枢纽节点的数量，枢纽航线网络可以主要分为两种类型：单枢纽航线网络和多枢纽航线网络。

（1）单枢纽航线网络。单枢纽航线网络中只有一个枢纽网络中所有其他节点都通过唯一的枢纽节点发生联系，单枢纽航线网络一般在网络规模不大、服务范围较小情况下采用。这种结构中，只要以基地航空公司为主体提供区域性中转航班服务，基地航空公司在该地区的航空运输市场中具有一定的区域性优势地位。

（2）多枢纽航线网络。多枢纽航线网络中，枢纽节点数量超过一个。多枢纽航线网络可以较好地平衡服务机种与枢纽拥挤的矛盾，多见于网络服务范围广、网络节点规模大的服务网络。目前，许多大型航空公司都采用多枢纽航线网络。

（二）航空港

航空港又称机场，是航空线的枢纽，供执行客货运业务和保养维修飞机、起飞、降落之用。国际民航组织（International Civil Aviation Organization，ICAO）将机场定义为：供航空器起飞、降落和地面活动而划定的一块区域或水域，包括域内的各种建筑物和设备装置，主要由飞行区、旅客航站区、货运区、机务维修设施、供油设施、空中交通管制设施、安全保卫设施、救援和消防设施、行政办公区、生活区、后勤保障设施、地面交通设施及机场空域等组成，如图 2-15 所示。

图 2-15 机场

1. 功能。

机场的主要功能有以下几个方面：

（1）机场要能保证飞机安全、及时起飞和降落；

（2）机场要有安全、准时载运旅客和货物的能力，同时对旅客的照顾要有舒适性；

（3）机场要提供飞机维护和补给；

（4）机场要提供方便快捷的地面交通，让旅客、货物顺利抵达市区；

（5）国际机场必须提供出入境管理、通关和检疫等相关业务。

2. 分类。

(1) 按服务对象。按服务对象划分，机场可分为军用机场、民用机场和军民合用机场。

军用机场用于军事目的，有时也部分用于民用航空或军民合用。

民用机场又分为商业运输机场、通用航空机场以及用于科研、生产、教学和运动的机场，如飞机制造厂的试飞机场、飞行学校的训练机场、体育运动的专用机场等。

通用航空机场主要用于通用航空，为专业航空的小型飞机或直升机服务。

(2) 按航线性质。按航线性质划分，机场可分为国际航线机场（国际机场）和国内航线机场。

国际机场有国际航班进出，并设有海关、边防检查、卫生检疫和动植物检疫等政府联检机构。

国内航线机场是仅供国内航班使用的机场。

(3) 按机场在民航运输网络系统中的作用。按机场在民航运输网络系统中的所起的作用划分，机场可分为枢纽机场、干线机场和支线机场。

枢纽机场是国内、国际航线密集的机场。

干线机场是指各直辖市、省会、自治区首府以及一些重要城市或旅游城市的机场。

支线机场一般空运量较少，航线多为本省区内航线或临近省区支线。

3. 主要基础设施。

(1) 跑道，跑道是指用来供航空飞行器起飞或降落的超长区域，跑道的性能和设施决定了飞行区等级。

(2) 滑行道，连接飞行区各个部分的飞机运行道路，以便飞机迅速离开跑道。

(3) 停机坪，供飞机停留及进行各种业务活动的场所。

(4) 机场地面交通，包括出入机场交通和机场内交通。出入机场交通设施包括旅客和货物车辆进出通道、站台及航站楼等，机场内交通设施包括供旅客、接送者、访问者、机场工作人员等公用通道，非公用服务道路及货运交通通道。

(5) 指挥塔或管制塔，为航空器进出港提供指挥。

(6) 助航系统，为辅助安全飞行的设施，如通信、气象等设施。

(7) 输油系统，为航空器补充油料。

(8) 维护修理基地，为航空器归航后及起飞前做例行检查、维护、保养和修理。

(9) 货运设施，主要包括货运仓库、货物集散地及货机坪等。

(10) 其他各种公共设施，包括水、电、通信交通、消防系统等。

4. 等级。

机场等级通常以飞行区等级作为标准。机场飞行区为飞机地面活动及停放提供适应飞机特性要求和保证运行安全的构筑物的统称，包括跑道及升降带、滑行道、停机坪、地面标志、灯光助航设施及排水系统。

飞行区各项构筑物的技术要求与飞机的特性有关，跑道的性能及相应的设施决定了什么等级的飞机可以使用这个机场。国际民航组织（ICAO）规定，飞行区等级代码用飞行区等级指标Ⅰ和等级指标Ⅱ划分基准代号。其中，飞行区等级指标Ⅰ根据使用该飞行区的最大飞机的基准飞行场地长度确定，共分4个等级；飞行区等级指标Ⅱ根据使用该飞行区的最大飞机翼展和主起落架外轮间距确定，共分6个等级，如表2－6所示。

表 2－6　　飞行区等级代码

指标Ⅰ　数字		指标Ⅱ　字母		
数码	飞行场地长度 L（米）	字码	翼展 WS（米）	主起落架外轮间距 T（米）
1	$L<800$	A	$WS<15$	$T<4.5$
2	$800\leqslant L<1\,200$	B	$15\leqslant WS<24$	$4.5\leqslant T<6$
3	$1\,200\leqslant L<1\,800$	C	$24\leqslant WS<36$	$6\leqslant T<9$
4	$L\geqslant 1\,800$	D	$36\leqslant WS<52$	$9\leqslant T<14$
		E	$52\leqslant WS<65$	$9\leqslant T<14$
		F	$65\leqslant WS<80$	$14\leqslant T<16$

飞行区等级代码对应的最大可起降机型如表 2－7 所示，飞行区等级可向下兼容。

表 2－7　　飞行区等级代码匹配的飞机类型

飞行区等级代码	飞机类型
4F	A380 四发远程宽体超大客机
4E	B747，B777，B787，A340，A330 等四发远程宽体客机
4D	B767，A300，A310 等双发中程宽体客机
4C	B737，B727，A320 等双发中程窄体客机
3C	B733，ERJ，ARJ，CRJ 等中短程支线客机

三、航空运输设备

航空运输设备主要指通过空中运行实现客货运输的各种航空器。航空器可分为重于空气的和轻于空气的两类，每一类中又可分为动力驱动和非动力驱动的两种，每种又可分为若干类。例如，气球是轻于空气、不用动力驱动的；汽艇是轻于空气而用动力驱动的；滑翔机是重于空气而不用动力驱动的；飞机是重于空气而用动力驱动的。在各种航空器中，飞机是航空运输的主要运输装备。

航空运输设备与其他运输设备相比，具有速度快、不受地形限制、舒适性好、安全性高等优点，是中长途快速客货运输的重要工具。可适用于运输价值高、承担运费能力强、保鲜要求强、时间价值高的货物，如贵重设备的零部件、高档产品、高档花卉等；为紧急救援、救灾抢险等快速运送的物资；邮政物品；用其他运输装备运输时可能产生的耗时长、不方便等后果的货物运输任务等。航空运输装备与其他运输装备一起，共同完成多式联运。另外，航空运输装备存在着运输成本较高、受气候条件影响较大、不能实现“门到门”运输的缺点。

（一）运输机的分类

按飞机航程距离，运输机可分为远程飞机、中程飞机、近程飞机和短程飞机4类。远程飞机的航程约在8 000千米以上，主要用于洲际飞行。由于航程远，需耗用大量燃料，其机体尺寸和质量都很大，所需跑道也更长。中程飞机的航程在3 000 ~ 5 000千米，适用于在各洲内的主要航线上飞行。近程飞机的航程在3 000千米以下，适用于在国内主要航线上飞行。短程飞机的航程在1 000千米以下，主要用于地方支线和通勤运输飞行。

按发动机及其产生推力类型的不同，运输机可分为活塞式、涡轮螺旋式、涡轮喷气式和涡轮风扇喷气式运输机。活塞式运输机是以汽油发动机为动力，带动螺旋桨旋转以产生推动力的飞机；涡轮螺旋式运输机是以燃气涡轮发动机为动力，带动螺旋桨旋转以产生动力的飞机；涡轮喷气式运输机是由燃气涡轮发动机向后喷射出高速气流以产生推动力的飞机；涡轮风扇喷气式运输机是用涡轮风扇发动机提供飞行动力，涡轮风扇发动机相当于涡桨发动机和涡喷发动机的结合或折中。

按机翼是否固定，运输机可分为定翼机和旋翼机（如直升机）。

（二）运输机的主要系列

目前世界上主要的运输机机型有波音系列（B－）、安系列（An－）、图系列（Tu－）、伊尔系列（Il－）、空中客车系列（A－）以及我国的运系列（Y－）、新舟60、运输直升机系列等。

1. 波音系列（B－）。

波音系列是美国波音公司研制生产的运输机，从波音707到波音777系列。波音707主要型别有707－120、707－220、707－320和707－420等，驾驶舱机组人员4名，载客量219人。波音777是美国波音公司研制的双发宽体客机。

2. 安系列（An－）。

安系列运输机是由乌克兰安东诺夫航空科研技术联合体研制的飞机，包括An－12军用运输机、An－74短距起落运输机、An－24双发涡轮螺桨支线客机、An－26双发涡轮螺桨支线运输机、An－32双发短程运输机、An－124四发远程重型运输机、An－225六发涡轮风扇式重型运输机。

3. 图系列（Tu－）。

图系列（Tu－）飞机是俄罗斯图波列夫设计局研制的系列运输机，包括Tu－114超音速客机、Tu－134支线运输机、Tu－154三发中程客机和Tu－21 M双发中程客机。

4. 伊尔系列（Il－）。

伊尔系列（Il－）飞机是由俄罗斯伊留申设计局研制的运输机，包括Il－114双发涡轮螺桨短程客/货支线运输机、11－18四发涡轮螺桨短程客机、11－62远程客机、11－76四发中远程重型运输机、11－86四发宽机身客机、11－96四发远程宽体客机等。

5. 空中客车系列（A－）。

空中客车是由国际合作欧洲空中客车工业公司研制的系列运输飞机，包括A300双发宽机身客机、A310中程宽机身客机、A318双发中/短程窄机身客机、A319双发中/短程客机、A319/A321双发中/短程客机、A320双发窄机身中/短程客机、A321双发中/短程客机、A330/A340 双过道宽机身客机、A350 四发洲际航程宽体客/货两用运输机以及最新研制生产的 A380 货机，其在远程航线货运成本的降低高达 25%。

6. 运系列（Y－）。

运系列飞机是我国研制的运输机，包括 Y－5、Y－7、Y－8、Y－10、Y－11、Y－12 等。其中，Y－8 是陕西飞机制造公司研制的四发涡轮螺桨中程多用途运输机，又有 Y－8 A（直升机载机）、Y－8 B 民用型）、Y－8 C（全气密型）、Y－8 D（出口型）、Y－8 E（无人机载机）、Y－8 H（民航机）、Y－8F（货运型）和 Y－8X（海上巡逻机）等十七个型号。

7. 其他机型。

除以上机型外，另外一些应用较多的机型主要有：C－133“运输霸王”，是美国空军的四发涡轮螺桨远程军用运输机。C－133 是由道格拉斯飞机公司根据美国当时的“全球战略”而设计的，可为美军向世界各地运载各种重型武器和兵员；C－130“大力士”，是美国洛克希德·马丁公司研制的四发涡桨式多用途战术运输机。这种飞机可以运送或空投人员和物品，经过改型后还可以执行多种任务；C－5“银河”运输机，是美国洛克希德·马丁公司研制的亚音速远程军用运输机；A300－608ST 特种运输机，是由法国宇航公司和戴姆勒·奔驰宇航空中客车公司联合投资成立的特种飞机运输国际公司（SATIC）研制和生产的超大型货运运输机。

（三）运输机的组成

飞机主要由机翼、机身、动力装置、起落装置、操纵系统等组成，如图 2－16 所示。

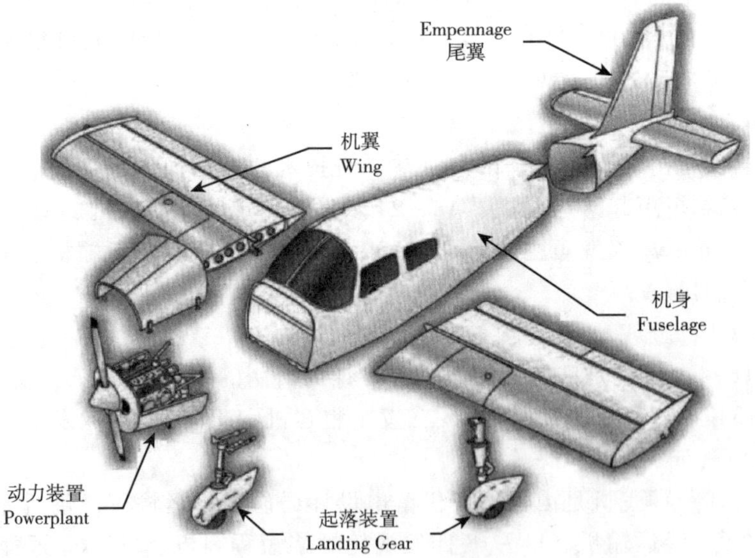

图 2－16 飞机结构

1. 机翼，为飞机飞行提供升力的部件，机翼受力构件包括内部骨架、外部蒙皮及与机身连接的接头。

2. 机身，装载人员、货物和其他物资的部件，连接机翼、尾翼、起落架和其他有关的部件。

3. 动力装置，飞机飞行需要发动机，目前涡轮喷气式发动机包括进气道、压力机、燃烧室、涡轮和尾喷管等组成。

4. 起落装置，飞机起落装置由吸收着陆撞击的能量机构、减振器、机轮和收放机构组成。改善起落性能的装置包括增举装置、起飞加速器、机轮刹车和阻力伞等。

5. 操纵系统，分为主操纵系统和辅助操纵系统，其中主操纵系统对升降舵、方向航等进行操纵，辅助操纵系统对调整片、增举装置和水平安定面等。

（四）运输机的飞行性能

飞机的飞行性能是评价飞机性能优劣的主要指标，也是物流选择航空运输的主要依据，主要包括下列几项：

1. 最大平飞速度，飞机的最大速度是发动机最大功率或最大推力时飞机所获得平飞速度。影响飞机最大平飞速度的主要因素是发动机的推力和飞机的阻力。

2. 巡航速度，巡航速度是指每公里消耗燃油最少情况下的飞行速度，这时飞机的飞行最经济、航程也最远。

3. 爬升率，飞机的爬升率指单位时间内飞机上升的高度，与高度有关，随着飞行高度的增加、空气密度减少，发动机推力降低，因此爬升率减小。

4. 升限，是指飞机上升所能达到的最大高度。

5. 航程及续航时间，航程是指飞机一次加油能够飞越的最大距离，用巡航速度飞行可去的最大航程。续航时间指飞机一次加油，在空中所能持续飞行的时间。

四、航空货运组织形式及其业务要点

（一）航空货运组织形式

按照组织形式划分，航空货物运输有以下几种运输方式。

1. 班机运输。

班机运输是指通过在固定航线上按预定时间定期航行的方式，即有固定始发站、固定经停站和固定目的站的航班所进行的运输。

班机运输固定航线、停靠港、定期飞行，因此国际货物流通多使用班机运输，便于掌握起运和到达时间。此类运输方式通常采用客货混合，舱位有限，大批量货物需要分期分批运输。

2. 包机运输。

包机运输是托运人为一定的目的，包用空运企业的飞机载运货物的一种运输形式。有整包机和部分包机。

（1）整包机：航空承运人按照事先约定的条件和运价，将整架飞机租借给他人。

（2）部分包机：航空公司把一架飞机的舱位分别卖给几家航空货运公司或发货人装载货物，适用于托运不足一架整机，但载货量又较重的货物运输。

3. 集中托运。

集中托运由集中托运者将若干票单独发运、发往同一方向的货物集中起来，作为一票

货物，一同发往同一站点的运输方式，是航空货物运输中开展最为普遍的一种运输方式。

集中托运采用一份航空总运单集中发运到同一目的地站，由集中托运人在目的地指定的代理收货，由分拨代理商统一办理海关手续后，再根据集中托运人签发的航空分运单分别将货物交付给不同收货人。

4. 联合运输。

联合运输也称陆空联运，使用飞机、火车、卡车等运输工具的联合运输方式，简称为TAT（Train Air Truck），仅使用飞机和火车进行运输的联合运输方式，简称为TA（Train Air）。

5. 航空快递。

航空快递是由承运人（航空公司或货代公司或快递公司）组织专门人员，负责把文件、样品、小包裹等快递件以最早的航班或最快的方式运送到收货人手中。

（二）办理航空货物托运手续

1. 托运人托运货物时应向承运人填交货物托运单，并根据国家主管部门规定附随必要的有效证明文件。托运人填写的托运单经承运人接受，并由承运人填发货运单后，航空货物运输合同成立。

2. 托运人对托运的货物，应按国家主管部门规定的包装标准包装；没有统一规定包装标准的，应遵循运输安全的原则，按货物的性质和承载的飞机等条件包装。

3. 托运人必须在托运的货件上标明发站，到站，托运人、收货人的单位、姓名、地址等，按照国家规定标明包装储运指示标记。

4. 国家规定必须保险的货物，托运人在托运时应投保货物运输险。

（三）货物不正常运输的赔偿处理

由于承运人的原因造成货物丢失、短缺、变质、污染、损坏，应按照下列规定赔偿。

1. 货物没有办理声明价值的，承运人按照实际损失的价值进行赔偿，但赔偿最高限额为毛重每公斤人民币20元。已向承运人办理货物申明价值的货物，按声明的价值赔偿；如承运人证明托运人的声明价值高于民用航空规章货物的实际价值时，按实际损失赔偿。超过货物运输合同约定期限运达的货物，承运人应当按照运输合同的约定进行赔偿。

2. 托运人或收货人发现货物有丢失、短缺、变质、污染、损坏或延误到达情况，收货人应当场向承运人提出，承运人应当按照规定填写运输事故记录并由双方签字或盖章。如有索赔要求，收货人或托运人应当于签发事故记录的次日起，按法定时限向承运人或其代理人提出索赔要求。向承运人提出赔偿要求时应当填写货物索赔单，并随附货运单、运输事故记录和能证明货物内容、价格的凭证或其他有效证明。超过法定索赔期限收货人或托运人未提出赔偿要求，则视为自动放弃索赔权利。索赔要求一般在到达站处理。承运人对托运人或收货人提出的赔偿要求，应当在两个月内处理答复。不属于受理索赔的承运人接到索赔要求时，应当及时将索赔要求转交有关的承运人，并通知索赔人。

第五节　管道运输

管道运输就是利用管道装备设施等，通过一定压力差驱动货物（多为液体、气体、粉粒、颗粒）沿着管道流向目的地的一种现代运输方式。管道运输承担着很大比例的能源物资运输，包括原油、成品油、天然气、油田伴生气、煤浆等，其运量巨大。在美国，管道运输的运量接近于汽车运输的运量。我国目前的管道主要是油品管道和气体管道，近年来，管道运输也被进一步研究用于解决散状物料、成件货物、集装物料的运输以及发展容器式管道输送系统。

管道运输与其他运输方式主要区别在于驱动流体的输送工具是静止不动的泵机组、压缩机组和管道。

一、管道运输的特点

（一）运量大

一条输油管线可以源源不断地完成输送任务。根据其管径的大小不同，每年的运输量可达数百万吨到几千万吨，甚至超过亿吨。例如，一条直径为 1 220 毫米的输油管道，年输油量可达 1 亿吨以上，大于铁路运输量。

（二）占地少

运输管道通常埋于地下，其占用的土地很少，运输系统的建设实践证明，运输管道埋藏于地下的部分占管道总长度的 95% 以上，因而对于土地的永久性占用很少，仅分别为公路的 3%，铁路的 10% 左右，在交通运输规划系统中，优先考虑管道运输方案，对于节约土地资源意义重大。

（三）周期短、费用低

国内外交通运输系统建设的大量实践证明，管道运输系统的建设周期与相同运量的铁路建设周期相比，一般来说要短 1/3 以上。我国建设大庆至秦皇岛全长 1 152 千米的输油管道，仅用了 23 个月的时间，而若要建设一条同样运输量的铁路，至少需要 3 年时间。新疆至上海的全长 4 000 千米的天然气运输管道，建设周期不到 2 年。但是如果新建同样运量的铁路专线，建设周期要在 5 年以上，特别是在地形地貌条件和气候条件较差的地区，大规模修建铁路难度将更大，周期将更长。

（四）安全可靠、连续性强

由于石油天然气易燃、易爆、易挥发、易泄露，采用管道运输方式，既安全又可以大大减少挥发和损耗，同时由于泄露导致的对空气、水和土壤污染也可大大减少。也就是说，管道运输能较好地满足运输工程的绿色化要求。此外，由于管道基本埋藏于地下，在其运输过程中受气候条件的影响小，可以确保运输系统长期稳定地进行。

（五）耗能少、成本低、效益好

发达国家采用管道运输石油，每吨千米的能耗不到铁路的1/7。在大量运输时的运输成本与水运接近，因此，在无水运条件时，采用管道运输是一种最为节能的运输方式。管道运输是一种连续工程，运输系统不存在空载行程，因而系统的运输效率高。理论分析和实践经验已证明，管道口径越大，运输距离越远，运输量越大，运输成本也就越低。以运输石油为例，管道运输、水路运输、铁路运输的运输成本之比为1：1：1.7。可见，管道运输的效益是十分好的。

（六）灵活性差

管道运输不如其他运输方式（如汽车运输）灵活，除承运的货物比较单一外，也不能随便扩展管线，实现“门到门”的运输服务。对一般用户来说，管道运输常常要与铁路运输或汽车运输、水路运输配合才能完成全程输送。此外，在运输量明显不足时，运输成本会显著地增大。管道运输的上述特点，使管道运输主要担负单向、定点、量大的流体状货物（如石油、油气、煤浆、某些化学制品原料等）运输。另外，在管道中利用容器包装运送固态货物（如粮食、砂石、邮件等），也具有良好的发展前景。

二、管道运输的意义与作用

目前全球的管道运输承担着很大比例的能源物资运输，包括原油、成品油、天然气、油田伴生气、煤浆等。其完成的运量常常高于人们的想象（如在美国已接近于汽车运输的运量），一般人很少注意到它的地位和作用。近年来，管道运输也被进一步研究用于解决散状物料、成件货物、集装物料的运输，以及发展容器式管道输送系统。管道运输由于具有运量大、运输成本低、易于管理等特点而备受青睐，呈快速发展的趋势。随着科学技术的发展，各国越来越重视管道运输的研究和应用。随着运行管理的自动化，管道运输将会发挥越来越大的作用。管道不仅能在地面上修建，而且可以铺设于河底、海底，或者遇水架桥，不受地形地貌的限制，因此越来越受到各国的高度重视。

三、管道运输的前景

与油料、气体管道运输一样，管道运输在矿业开发中也有广阔前景。为了解决边远山区铁矿和磷矿输出精矿的困难，需要采用管道运输方式。例如，云南省昆钢大红山铁矿位于新平县，年运量100万吨，输送管道全长204千米，由于地形复杂，大部分为崇山峻岭、深沟峡谷，因此，采用管道输送是唯一可行经济合理的运输方案。四川省攀枝花钢铁公司白马铁矿位于凉山彝族自治州，是攀西钢铁二基地的主要铁矿石来源，年运量达560万吨，输送管道全长580千米，采用管道输送同样是唯一可行经济合理的运输方案。总之，管道运输在我国具有广阔的应用前景，是一项异军突起的新兴产业，与其他运输方式并驾齐驱的格局不会改变。

四、管道运输装备

管道既是管道运输的运输工具，又是运输通道，运输工具和通道合为一体。管道按其铺设工程可分为架空管道、地面管道和地下管道，其中地下管道应用最普遍；按其运输方式可分为天然气地下管道、原油地下管道、成品油地下管道和输水地下管道；按其铺设区域可分为陆上和海上管道；按其管径大小可分为51~102毫米、152~422毫米等几十种不同管径的管道；按其材料又可分为玻璃地下管道、不锈钢地下管道、塑料管道和铁制管道等。

（一）油品管道运输装备

不论是输送轻油还是重油，其输油管道系统均由首站输油站、中间输油站、中间加热站、末站输油站以及管道线路等设施组成，其中的主要装备如下。

1. 输油管。输油管分原油管和成品油管两种，它们同时承担着油料输送介质的功能。

2. 油罐。它设置在首站输油站、末站输油站中，用于对发、收的油品进行存储。在首站输油站中，油罐接受油田、海运、炼油厂等地的油品后对其进行临时存储，以等待用泵抽取，输往中下游输油站。在末站输油站中，油罐接受管道来油，以等待用其他运输方式转运。油罐容量的大小要根据转运方式的转运周期、一次运量、运输条件及管道输量等因素综合考虑。输送单一油品的首末站油罐的容量，一般不少于管道3天的最大输量。

3. 泵机组。输油泵和带动它的原动机以及相应的连接装置或变速装置组成泵机组，供给输油所需的压力能，这是泵站的核心装备。泵机组的选择应满足工艺要求，排量、压力、功率及所能输送的液体与预定输送任务必须相适应。输油站若干台机组的总排量应等于或略大于规定的输油量，一般每站的机组数以4台为宜，其中3台工作，1台备用。输油泵类型较多，常采用往复泵和离心泵这两种，但其性能各异。往复泵具有液体流量稳定、与排压无关、启动前无需灌泵等优点，适合输送高浓度液体，但存在运转振动大、结构复杂、易磨损、不便维修、体积大等缺点。离心泵则具有工作振动小、结构简单、便于维修等优点，适合输送大排量、低黏度液体，但存在排压有最高值限制、开泵前泵壳内一定要充满液体等缺点。原动机类型分电动机、柴油机、燃气轮机等几种类型，其中电动机型具有价廉、轻便、体积小、维护方便、工作平稳、便于自动控制、防爆性能好等优点，是驱动输油泵应用最多的原动机，可采用同步或异步电动机。但电动机也存在需配备输配电系统、受供电可靠性影响较大等缺点，因此，在缺乏电源或供电困难的地区，可选用柴油机或燃气轮机来驱动输油泵进行工作。

4. 阀门组。各种阀门的主要功能是对输送路径、压力、流量、平稳性等进行调节和控制。

5. 清管器收发装置。清管是指在输油前清除遗留在管内的机械杂质等堆积物，管内壁上的石蜡、油脂等凝聚物，以及盐类的沉积物等的工作步骤，目的是保证输油管能长期在高输量下安全运转。清管器有刷形、皮碗刮刀形、球形等不同种类。清管器收发装置是通过收发清管器，实现对输油管的清理。在多油品输送中，通常用其发送分隔两种油品的隔离塞（球）。

6. 计量装备。计量装备主要由流量计、过滤器、温度及压力测量仪表、标定装置、通向污油系统的排污管等五部分组成。其中，以流量计和标定装置最为关键。流量计是监视输油管运行的中枢，如根据流量计调整全线的最佳运行状态，校正输油压力和流速，发现原油是否泄漏。而在成品输油管上，计算隔离球的位置，油品的切换、进罐或隔离球的准时投放等操作，都是根据流量计的监视和辅以局部控制仪表的探测来进行的。流量计应根据所输液体的性质（如黏度、温度、透明度等）、流速及流量的变化、计量的要求（如精度、瞬时流量、累计流量）和仪表的安装环境条件等来选择，常用的是各种容积式流量计和涡轮流量计。标定装置有单向回球型标定管装置、U 型管三球式标定装置等几种。

7. 加热装置。在输送含蜡多、黏度大、倾点高的原油时需要通过加热装置进行加热输送。加热装置有加热炉、换热器等。利用加热炉直接加热，简单易行，费用较省，应用较普遍，但热效率只有 70%，且原油在炉管内直接加热会存在结焦的可能，一旦堵塞炉管，引起断流，易造成事故。因此现在多通过换热器加热，它是利用不怕高温、不结焦的中间热载体进行，加热效率可达 80% ~85%，对含水、含盐较多的原油特别适合。虽然投资增加了，但从根本上消除了炉管结垢带来的不安全因素。

8. 辅助装备。为了保证泵机组的正常运行，输油站内还要有一系列辅助装备。柴油机往复泵机组的辅助设备包括柴油供应装备、润滑油供应装备、冷却水装备、压缩空气供应装备、废热利用装备等。电动机离心泵机组的辅助装备包括电动机和离心泵的轴润滑装备、冷却水装备等。

（二）天然气管道运输装备

天然气管道输送的流程是天然气从气田的各井口装置采出后，经由矿场集气网汇集到集气站，再由各集气站输往天然气处理厂进行净化后，送入远距离输气管道，再送往城市和工矿企业的配气站。在配气站经过除尘、调压、计量后，由配气管网送给用户。远距离输气管道由首站输气站、中间输气站和终点储气库组成，输气站起着为天然气加压、气体净化、混合、计量、压力调节和清管器发送等作用。输气管道系统主要有以下装备。

1. 输气管。输气管分为矿场输气管、干线输气管和城市输气管三类。矿场输气管用于将天然气井场采集的气体送往天然气处理厂。干线输气管是远距离供气用的动力系统，大型输气管的管径为 720 毫米、820 毫米、1 020 毫米和 1 420 毫米几种规格，长度有1 000 千米、2 000 千米 和 2 000 千米以上，干线输气管的全部管段与输气站互有联系，个别管段或个别输气站的工况变化将影响全部输气管或整个输气管系统。城市输气管是构成城市配气网的输气管，分为输气干线和配气管线。

2. 压缩机组。压缩机及与之配套的原动机统称为压缩机组。压缩机组是干线输气管道的主要工艺设备，同时也是压气站的核心部分，其功能是提高进入压气站的气体的压力，从而使管道沿线各管段的流量满足相应的任务输量的要求。

压缩机分往复式压缩机和离心式压缩机两种类型。往复式压缩机是利用活塞在汽缸中的往复运动及与协调配合的吸入阀与排除阀的开启与关闭来实现气体压缩。根据汽缸端部的结构，压缩机可分为单作用式与双作用式两种类型；根据所包含的汽缸数量，又有单缸、双缸及多缸之分，多缸压缩机中的多个汽缸可以是并联的，也可以是串联的。往复式压缩机具有出口排量小、压比高、效率高、适应性强、结构复杂、排气不连续等特点。离心式压缩机是利用高速旋转的叶轮使叶轮出口的气流达到很高流速，然后在扩压室将高速气体的动能转化为压气能，从而实现气体压缩。根据气体在同一台压缩机中经历的压缩级数，离心式压缩机分为单级和多级两类。离心式压缩机具有排量大、体积小、运行可靠、噪声小、润滑油用量少、转速高、排气均匀等优点，但也同时存在稳定工作范围窄、运行效率低等缺点。原动机主要包括燃气轮机、燃气发动机、电动机和蒸汽轮机四种类型。燃气轮机和蒸汽轮机的原理都是将气体工质转化为输出功，其中，燃气轮机的工质是其本身的燃烧室所产生的燃气，且效率较低。而蒸汽轮机的工质是外界提供的水蒸汽或其他物质的蒸汽，燃气发动机属于内燃机，其基本原理类似于汽油机，只是燃料改为天然气而已，燃气发动机输出功率受大气气压和气温的影响较大。电动机具有结构紧凑、规格齐全、操作简便、运行平稳一、易于操作、效率高、可靠性强等特点。干线输气管道常采用燃气轮机—离心式压缩机组、燃气发动机—往复式压缩机组两种组合。在实际操作中，大功率机组基本都是燃气轮机—离心式压缩机组，而往复式压缩机组主要适用于中、小流量而压力比较高的场合，如气田集输管网、地下储气库的地面注气系统等。在压气站距离公用电网较近且电价便宜的情况下，可考虑采用电动机作为压缩机的原动机。

3. 燃气计量仪表。燃气的数量可以用它的标准体积、质量或能量值（热值）来度量，据此可将燃气计量方法分为体积流量计量、质量流量计量和能量流量计量三种。根据计量过程的机理，体积流量计分为差压式流量计、容积式流量计和速度式流量计三大类，其中容积式属于直接测量式，而差压式和速度式都属于间接测量式。容积式流量计主要有膜式流量计、隔板式流量计、腰轮流量计、转动叶片流量计和湿式流量计等几种，速度式流量计主要有涡轮流量计、超声波流量计、涡街流量计等几种。燃气能量流量计主要有燃烧热值表和气相色谱仪，前者为直接测量式，后者为间接测量式。利用气相色谱仪可以测定燃气的组成，而根据燃气中各组分的比例及每种组分的发热值就可以计算出燃气的发热值。我国天然气行业和城市燃气行业普遍采用体积流量计，使用最多的气体流量计是标准孔板节流装置差压式流量计和膜式流量计，前者主要用于大流量计量，后者主要用于民用燃气用户，而在新建的输气干线上开始采用超声波流量计。

4. 储气装备。储气装备包括储气罐和地下储气管束。储气罐通常为建在地面上的钢罐，根据储气压力的高低，储气罐分为低压罐和高压罐，而低压罐又分为湿式与干式两种。低压储气罐又叫气柜，其储气压力恒定并接近气压，一般为 1 ~ 4 千帕，最高不超过 6 千帕。气柜的储气空间是可变的，因而可通过储气空间的容积变化改变储气量。高压储气罐的储气压力一般在 0.8 ~ 2 兆帕，其储气空间是固定的，可通过储气压力的变化改变储气量。大型高压储气罐一般为球罐。除了气柜和高压储罐外，还有一种特殊的储存天然气的高压容器——地下储气管束，其储气压力可以达到干线输气压力或更高的水平。一般来说，高压储气罐比气柜经济，地下储气管束比高压储气罐经济，而干线管道末段储气又比地下储气管束经济，因此，近 20 多年来国外很少建造天然气地面储罐（包括气柜）和地下储气管束。

5. 辅助装备。辅助装备通常包括压缩机组的能源装备、汽缸冷却装备、密封油装备、润滑油装备、润滑油冷却装备以及整个压气站的仪表监控装备、通信装备、给排水装备、通风装备、消防装备、放空装备等。

（三）固体物料的浆液管道运输

用管道输送各种固体物质的浆液，目前在世界各国已被公认为经济、可靠的输送方式之一。其基本措施是将待输送的固体物料破碎成粉粒状，与适量的液体配置成可泵送的浆液，在长输送管道中以固液相混合的状态输送到目的地，然后再将固体与液体分离后送给用户。目前浆液管道主要用于输送煤浆、铁矿石、铜矿石、铝矾土和石灰石等矿物，配置浆液的液体大都是水，也有用燃料油配置油煤浆，或用甲醛等其他液体作载体的。

无论哪一种浆液管道，总是包括下述三个截然不同的部分：浆液制备厂、输送管道和浆液的后处理系统（包括颗粒的脱水、干燥和水处理等）。但三者又是密切联系的，在固体物料的来源和特性一定的情况下，浆液制备厂所制备的浆液颗粒的大小和级别，直接影响管道输送的稳定性和摩阻大小。应用浆液的工厂又要根据它的生产需要，对浆液粒度大小提出要求。而制备厂的建设和运行费用的高低，则主要决定于粉碎后的颗粒大小。一般来说，细颗粒的含量多，对管道输送有利，但制备厂的费用就会相应提高，同时颗粒太细，脱水分离也困难。

因此，对于固体管道的设计和运行，必须综合考虑这三部分的内在联系，寻求整个系统的最优化。尽管近十多年来，固体浆液管道的输送技术有了巨大进展，但对于浆液管道的计算方法、整个系统的最优化设计等方面，还没有经过实践检验的、较普遍适用的工艺技术，很多问题还有待于探讨和验证。

第六节　运输方式的选择

一、五种运输方式的比较

结合前述内容可知，在物流过程中常用的运输方式主要有公路运输、铁路运输、航空运输、水路运输和管道运输。在众多运输方式中，如何选择适当的运输方式是物流合理化的重要问题。一般来讲，应从不同物流系统要求的服务水平和允许的物流成本来决定。在不同的情况下，既可以使用一种运输方式，也可以使用联合运输方式。

决定运输方式时，可着重考虑下述五个方面。

（一）货物品种

在选择运输方式时，应根据货物的品种及性质、形状选择合适的运输方式，同时，不同货物对运费的负担能力也需要进行考虑。

（二）运输期限

在物流过程中，运输期限是极为重要的。因此，运输期限必须与交货日期相联系，及时保证客户对物品的需求。选择运输方式时，必须对各种运输工具所需要的运输时间进行分析，可按照其速度编组来安排日程，加上它的两端及中转的作业时间，就可以算出所需的运输时间，从而来保证运输时限。在商品流通过程中，要研究不同运输方式的优缺点，从而进行有计划的运输，根据订单要求按时交货是最基本的要求。

（三）运输成本

运输成本因货物的种类、数量、容积、运输距离的不同而不同。而且，运输工具不同造成的运输成本也会发生变化。因此，在选择运输方式时，必须注意运费与其他物流子系统之间存在协调关系，不能只考虑运输费用来决定运输方式，要由物流全部总成本来决定。

（四）运输距离

由于每种运输方式有其合理的经济运输范围，因此，距离也是选择运输方式的重要依据。单从运输距离看，一般情况下可以依照以下原则：200 公里以内，公路运输较有优势；200 ~ 500 公里的区间，用铁路运输较为合适；500 公里以上，用船舶或航空运输。但随着高速铁路等新兴运输方式的发展，在根据距离选择运输方式时应从多方面综合考虑。

（五）运输批量

对于大批量货物运输时，由于大批量运输成本低，应尽可能使商品集中到最终消费者附近，因此选择合适的运输工具进行运输是降低成本的良策。

对于货物运输而言，选择合理的运输方式对物流效率具有十分重要的意义。因此，在决定运输方式时，必须权衡运输系统要求的运输服务和运输成本，可以从运输费用、运输时间、周转频率、运输能力、货物安全性、时间的准确性、适用性、伸缩性、相关信息等运输方式具有的服务特性做出综合考虑（见表 2 - 8）。

表 2 - 8　不同运输方式特征的一般比较

运输方式	固定成本	变动成本	速度	灵活性	可靠性	能力	合计
公路运输	3	4	2	1	2	3	15
铁路运输	4	2	3	2	3	2	16
水路运输	2	2	4	4	4	1	17
航空运输	1	5	1	3	5	4	19
管道运输	5	1	5	5	1	5	22

将以上每种运输方式的特征值相加可以看出，公路运输的权重最低，说明公路运输的综合特征最好，其次是铁路运输、水路运输、航空运输和管道运输。当然，以上排列顺序是假定在同等的运输条件下每种运输方案都可以采用的情况，如果改变条件，这个排列顺序就可能会发生变化。因此，在确定某种运输方式对于该运输方案是否合适时，就应该综合考虑其他条件，如物品的特性、数量、运输资源可获得性等。移动电话多采用航空运输就是典型例子，因为其重量和体积较小、价值较高，一般发货量不大，而其需要迅速对市场作出反应，采用航空运输是很合适的。

二、多式联运

货物运输自起运地点至到达地点的全程，其中不少的货物运输需要使用几种运输方式（道路、铁路、水路、航空运输等），经过两程以上的接力运输才能完成。在这种情况下，托运人就不得不在中转地点办理领取货物和再一次的办理托运手续。为了简化运输方式的转换，联合运输方式应运而生。联合运输是指联运经营人根据单一的联运合同，将两程或两程以上的货物从指定的发货地点运至交付地点的全程的连续运输。联运经营人可以是运输企业、货运代理、多式联运经营人等。这里的“程”是指货物从发货地点装上某一运输方式的运输工具至第一换装地点换装到同一运输方式的运输工具或不同运输方式的运输工具上为第一程。从第一换装地点至第二换装地点为第二程。依此类推。

联合运输按全程使用的运输方式是否相同分为单一方式联运（简称为单式联运）和多种方式联运（简称为多式联运）。单式联运是指联运经营人组织的同一运输方式不同运输企业的两程或两程以上的全程连续运输，如铁路—铁路联运、公路—公路联运、水路—水路联运。多式联运是指多式联运经营人组织的两种或两种以上运输方式的全程连续运输，如铁路—水路联运、铁路—公路联运、铁路—水路（内河）—公路联运。

（一）多式联运应具备的条件

多式联运是指由两种及其以上的交通工具相互衔接、转运而共同完成的运输过程。根据 1980 年《联合国国际货物多式联运公约》对国际多式联运的定义：国际多式联运是指多式联运经营人按多式联运合同，以至少两种不同的运输方式，将货物从一国境内接管货物的地点运至另一国境内指定交货地点的运输方式。

多式联运是复合运输的一种方式，能够综合利用某一区间中各种不同运输方式的优势，进行不同运输方式的协作，它能使货主按统一的运输规章或制度，使用统一的运输凭证，享受不同运输方式的综合优势。多式联运的最低要求是将两种不同运输方式进行两程的衔接运输。根据以上描述，构成多式联运应具备以下几个条件。

1. 要有一个多式联运合同。明确规定多式联运经营人（承运人）和托运人之间的权利、义务、责任、豁免的合同关系和多式联运的性质。

2. 必须使用一份全程多式联运单据。即证明多式联运经营人已接管货物并负责按照合同条款交付货物所签发的单据。

3. 必须有至少两种不同运输方式的连贯运输。这是确定一票货运是否属于多式联运的重要特征。为了履行单一方式运输合同而进行的该合同所规定的货物接送业务则不应视为多式联运，如航空运输中从仓库到机场的这种陆空组合则不属于多式联运。

4. 必须由一个多式联运经营人对全程的运输负总的责任。这是多式联运的一个重要特征，由多式联运经营人指派分段承运人，实现分段的运输。

5. 必须是全程单一运费费率。多式联运经营人在对货主负全程责任的基础上，制定一个货物发运地址目的地的全程单一费率，并以包干形式以此向货主收取。

（二）多式联运的特点

1. 手续简单。多式联运是由多式联运经营人对托运人签订的一份运输合同，实行运输全程一次托运、一单到底、一次收费、统一理赔、全程负责的运输组织形式，是一种方便托运人和货主的运输组织形式。

2. 便于实现“门到门”运输。多式联运能够发挥各种运输方式的优势，实现货物的“门到门”运输。

3. 运费低廉。多式联运采用一单到底，单一运费率，比分段运输的运费低廉。多式联运必须与集装箱运输结合起来才能真正发挥其优越性。

（三）多式联运的形式

多式联运根据其所涉及的范围分为国内多式联运和国际多式联运。

1. 国内多式联运。国内多式联运的形式主要有水陆联运、水水联运、陆陆联运和陆空联运。

水陆联运指水路与公路或铁路相互连接的运输形式；水水联运是指同一水系不同路线或同一水运路线不同类型船舶之间的接力运输形式，如秦皇岛—上海—汉口，天津—上海—九江—南昌等；陆陆联运指铁路与公路相互连接的运输形式；陆空联运指公路与飞机相互连接的运输形式。

2. 国际多式联运。国际多式联运形式主要有两种形式。

（1）远东—欧洲、亚洲—欧美的海陆空联运。海陆空联运能够综合海运成本低、陆地运输量大和形式灵活多样、航空运输时效快的特点，从而切实发挥多式联运的优点，使货物运输能够贯穿亚欧美大陆，满足企业生产和人民生活需求。

（2）远东—欧洲的多式联运。包括海陆联运和大陆桥运输两种主要形式：

①海陆联运是国际上多式联运的主要组织方式，也是远东—欧洲多式联运的主要组织方式。根据主导企业的不同，其主要分为路桥运输和普通的海陆联运，对于陆地上的运输又分为海铁联运、海公联运和海铁公联运三种。海陆联运能够充分采用海运运输成本低、陆运形式灵活的优势，利用多式联运服务企业提供的服务使传统的分段运输得以整合，充分解决交接效率低下、货物权责不清，同时降低物流成本、提高物流的时效，从而实现物流全过程的有效衔接。

②大陆桥运输是指采用集装箱专用列车或卡车，把横贯大陆的铁路或公路作为中间的“桥梁”，把大陆两边的集装箱海运航线用专用列车或卡车连接起来的一种连贯运输方式。目前，大陆桥主要包括北美大陆桥和西伯利亚大陆桥两种。目前，远东—欧洲的大陆桥运输线路有西伯利亚大陆桥和北美大陆桥。西伯利亚大陆桥运输包括海—铁—铁、海—铁—海、海—铁—公、海—公—空四种形式，它是由俄罗斯的国境运输总公司作为总经营人，签发货物国境许可证和统一的全程联运提单，承担全程联运责任；北美大陆桥运输包括美国大陆桥运输和加拿大大陆桥运输。亚洲—欧美的海空联运线主要有亚洲—欧洲、北美洲、中南美洲、澳洲和非洲等。这种联运形式以海运为主，只是交货区段由空运承担。

（四）多式联运运输组织形式

货物多式联运的全过程就其工作性质的不同，可分为实际运输过程和全程运输组织业务过程两部分。实际运输过程是由参加多式联运的各种运输方式的实际承运人完成的，其运输组织工作属于各方式运输企业内部的技术、业务组织。全程运输组织业务过程是由多式联运全程运输的组织者—多式联运企业或机构（多式联运经营人，MTO）完成的，主要包括全程运输所涉及的所有商务性事务和衔接服务性工作的组织实施，其运输组织方法可以有很多种，但从其组织体制来说，基本上可分为协作式联运和衔接式联运两大类。

1. 协作式多式联运组织方法。协作式多式联运的组织者是在各级政府主管部门协调下，由参加多式联运的各种方式运输企业和中转港站共同组成的联运办公室。货物全程运输计划由该机构制定，这种联运组织下的货物运输过程如图 2 - 17 所示。

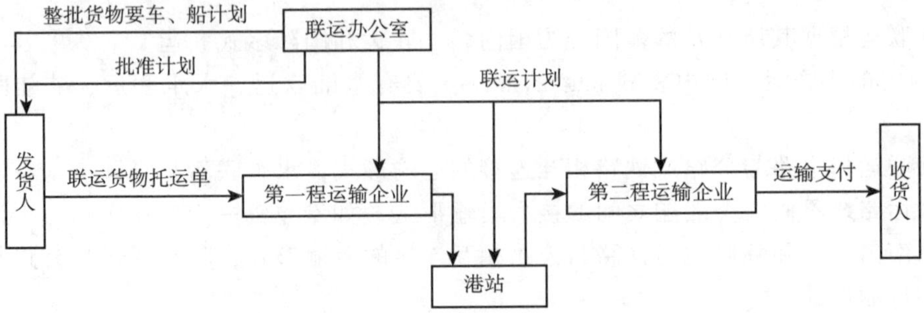

图 2 - 17 协作式多式联运组织模式

在这种模式下，需要多式联运形式运输整批货物的发货人根据运输货物的实际需要，向办公室提出托运申请并按月申报整批货物用车、用船计划，联运办公室根据多式联运线路及各运输企业的实际情况制定该托运人托运货物的运输计划，并把该计划批复给托运人及转发给各运输企业和中转港站。发货人根据计划安排向多式联运第一程的运输企业提出托运申请并填写联运货物托运委托书第一程运输企业接受货物后经双方签字，联运合同即告成立。第一程运输企业组织货物运输至后一区段衔接地，直接将货物交给中转港站，经换装后由后一程运输企业继续运输，直至最终目的地由最后一程运输企业，向收货人直接交付。在前后程运输企业之间和港站与运输企业交接货物时，需填写货物运输交接单和中转交接单（交接与费用结算依据），联运办公室（或第一程企业）负责按全程费率向托运人收取运费，然后按各企业之间商定的比例向各运输企业及港站分配。

在这种组织体制下，全程运输组织是建立在统一计划、统一技术作业标准、统一运行图和统一考核标准基础上的，而且在接受货物运输、中转换装、货物交付等业务中使用的技术装备、衔接条件等也需要在统一协调下同步建设或协商解决，并配套运行以保证全程运输的协同性。

这种多式联运的组织体制也称为“货主直接托运制”，是国内过去和当前多式联运（特别是大宗、稳定的物资运输）中主要采用的体制。

2. 衔接式多式联运组织方法。衔接式多式联运的全程运输组织业务是由多式联运经营人完成的，这种联运组织下的货物运输过程如图 2 - 18 所示。

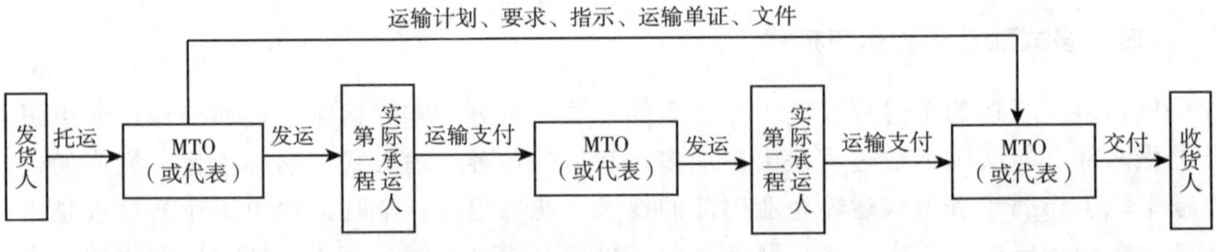

图 2 - 18 衔接式多式联运组织模式

在衔接式多式联运组织下，需要使用多式联运形式运输成批或零星货物的发货人首先向多式联运经营人（MTO）提出托运申请，多式联运经营人根据自己的条件考虑是否接受。如果接受，双方订立货物全程运输的多式联运合同，并在合同指定的地点（可以是发货人的工厂或仓库，也可是指定的货运站中转站、堆场或仓库）办理货物的交接。联运经营人签发多式联运单据。接受托运后，多式联运经营人首先要选择货物的运输路线，划分运输区段（确定中转、换装地点）、选择各区段的实际承运人，确定零星货物集运方案，制订货物全程运输计划并把计划转于发给各中转衔接地点的分支机构或委托的代理人。然后根据计划与第一程、第二程等实际承运人分别订立各区段的货物运输合同。通过这些实际承运人来完成货物全程位移。全程各区段之间的衔接由多式联运经营人（或代表、代理人）采用从前程实际承运人手中接收货物再向后程承运人发运的方式完成，在最终目的地从最后一程实际承运人中接收货物后再向收货人交付货物。在与发货人订立运输合同后，多式联运经营人根据双方协议（协议内容除货物全程运输及衔接外，还包括其他与货物运输相关的服务业务），按全程单一费率收取全程运费和各类服务费、保险费（如需经营人代办的）等费用。多式联运经营人在与各区段实际承运人订立各分运合同时，需要向各实际承运人支付运费及其他必要的费用。在各衔接地点委托代理人完成衔接服务时，也需要向代理人支付委托代理费用。

在这种多式联运组织体制下，承担各区段货物运输的运输企业的业务与传统运输分段运输形式下的业务完全相同，各区段的运输衔接由多式联运经营人负责，这与协作式体制下各区段运输企业还要承担运输衔接工作有很大的区别。这种联运组织体制也称为“运输承包发运制”。

目前，在国际货物多式联运中主要采用这种组织体制。在国内多式联运中采用这种体制的也越来越多。随着我国经济体制的改革，这种组织形式将成为国内多式联运的主要组织体制。

三、集装箱运输

集装箱运输是以集装箱作为运输单位进行货物运输的一种先进的运输方式。其最大优点是以集装箱为单元进行货物的全程运输，可将集装箱从一种运输方式直接换装至另一种运输方式，无须掏箱和重新装箱。

集装箱运输是以集装箱为货物运输单元的现代化运输方式。集装箱运输具有以下优越性。

（一）标准化的运输方式

集装箱运输是一种标准化的运输方式，通过集装箱尺寸标准化、装卸搬运机械标准化、运输工具标准化、运输组织技术的标准化和运输法规的标准化，实现了集装箱运输的全程标准化，有力地推动了集装箱运输的发展。

（二）高效率的运输方式

以集装箱为运输单元进行货物运输，减少了原有单件货物装卸运输的多次重复作业，便于采用机械化作业，减轻劳动强度，大大提高装卸效率。由于装卸效率提高，货物和车船在港站停留时间缩短，使港站的使用率提高，从而扩大了吞吐能力。因此，集装箱运输存在装卸效率高，车、船周转高，货运成本低的优点。

（三）高质量的运输方式

在运输和装卸过程中，与外界接触的是箱子，使货物破损较少。同时，由于集装箱尺寸的标准化及装卸运输效率的提高、集装箱运输法规的完善，使其装卸、通关、检验等速度加快，货物的运达速度有了较大提高。集装箱运输往往采用班轮运输，使其准时性较强。而且，集装箱运输采用承运人一单制服务体系，使其服务内容、服务质量高。

但是，由于集装箱船舶多是大型船舶，其造价高，而且集装箱运输码头、堆场等设施及专用装卸搬运机械造价高，使集装箱运输投资较高。但从其总费用和社会效益来看，集装箱运输仍是一种比较经济的运输方式。

【拓展阅读】

阅读材料 2－1 前进中的大秦铁路

大秦铁路，简称大秦线，是中国华北地区一条连接山西省大同市与河北省秦皇岛市的国铁 I 级货运专线铁路，于 1983 年进行勘察设计、1985 年动工建设、1992 年全线竣工运营，是中国境内首条重载铁路兼煤运通道干线铁路。大秦铁路的建设运营，使中国铁路形成一整套具有自主知识产权的重载运输技术体系，让中国成为世界上少数几个掌握 3 万吨重载技术的国家之一。

大秦铁路采用中国自主研制的 C80 系列和谐型电力机车，通过 Locotrol 列车同步操纵技术与 GSM－R 通信技术有机结合，首次实现网络化机车同步操纵命令无线传输；重载机车采用轻量化兼大功率设计，集自动过分相装置、5T、CTC、微机联锁、ZPW－2000、主体化机车信号、牵引供电、C80 型货车牵引杆、120－1 制动阀、大容量胶泥缓冲器等技术为一体。同时，大秦铁路源头建成 16 个 2 万吨、51 个万吨等共计 178 个装车基地；装车系统每 30 秒可完成一节车厢 80 吨煤炭的装载，1 小时 46 分钟可完成 2 万吨煤炭列车装载；卸车采取不摘钩连续翻卸，3 节车厢一组、10 秒翻转，卸完后 5 秒归位；装船每秒 5.1 米；铁路沿途有 74 个抑尘站，每年装车喷洒抑尘液约 1 600 万吨。

随着国家能源结构调整，大秦铁路在 2019 年完成货物运量 4.3 亿吨，目前仍是我国重要的能源运输通道。大秦铁路仍具有优势：

1. 铁路运距最近。大秦线运输能力为 4.5 亿吨/年；其中，一小部分供给京津冀电厂，85% 左右流向环渤海港口下水。大秦线主要集运站—湖东站，距离秦皇岛柳村南站只有 653 公里，铁路运距近、车皮周转快。近年来，大秦线发挥山西、内蒙古等煤炭产地与秦皇岛等下水港口之间的桥梁纽带作用，增加优质资源调进，加快车皮周转，确保下游用煤需求；在新增运煤通道蒙冀、瓦日线的情况下，大秦铁路运煤优势依然明显，是连接煤炭产地与环渤海港口之间距离最近的运煤大通道，具有较低的综合物流成本。

2. 配套港口运能充足。大秦线主要配套港口——秦皇岛港煤炭运输能力 2 亿吨左右，京唐三港运输能力 1.2 亿吨，以上 3.2 亿吨运能全部用于接卸大秦线煤车。此外，曹妃甸港（国投曹妃甸、曹妃甸煤二期、华能曹妃甸、华电曹妃甸）设计能力达 2.5 亿吨；如果能由一家统一管理，运能将达到 2.8 亿吨。曹妃甸四港除了要接卸 2 亿吨蒙冀线货源以外，还能富余出 5 000 万～8 000 万吨港口运力用于接卸大秦线货源。秦皇岛、唐山两大港口群提供的 3.7 亿～4 亿吨港口运能为大秦铁路的高效运转提供了先决条件。

3. 煤炭腹地资源丰富。目前，大秦线所运煤炭 70% 左右来自晋北，部分来自蒙西、陕北。位于晋北地区的大同、朔州等地优质煤矿，是最好的动力用煤，被称为“世界动力煤细粮”，还被称为“工业精粉”，是国内电力、冶金、化工、建材、水泥等行业的紧俏煤种，不但品质好，而且储量丰富。此外，依靠准东线、大准线等支线，将大秦线延伸至内蒙古西部煤田，伊泰、乌兰、准格尔等煤炭也可由大秦线承运。

4. 调度指挥中心发挥作用。今年以来，国家铁路集团公司、各铁路分公司、配套港口等各方紧密做好车船货的有效衔接，提高列车运行速度，压缩矿站装车时间，提高机车运行效率，挖掘大秦线运输潜力；并采取针对性措施，缩短大秦线货车周转时间，提高运输效率。

大秦线下水煤炭的一半在秦皇岛港下水，在秦皇岛港调度指挥中心，铁路、港口、海事、引航等单位合署办公，在大屏幕前，各方代表通过信息沟通，可以提前预知大秦线线路上的装车、煤种、流向和运行情况。港口方面，提前安排装卸流程，准备好接卸设备，搞好船货有效衔接，加快货物周转，尽可能地发挥大秦线的运输优势。

但是，随着社会经济的发展，大秦铁路也面临诸多挑战，如货源分流的影响、坑口火电厂的增加、特高压电网的建设以及新能源产业持续快速发展，都对大秦铁路维持运力提出了新的挑战。

【复习思考题】

1. 物流运输装备主要分为哪几种？各种交通运输方式的经济技术特点是什么？
2. 公路运输装备可以分为哪几类？分别具有哪些主要用途？
3. 如何选择合适的公路运输车辆？
4. 铁路车站的分类有哪几种？其运输业务如何办理？
5. 航空运输的适用范围是什么？
6. 水路运输装备中常见的船舶主要有哪些？各自的承载对象是什么？
7. 油品管道运输装备主要有哪些装置组成？它们的作用是什么？
8. 在众多的运输方式中，如何选择经济合理运输方式？

第三章　仓储技术与设备

仓储是物流不可缺少的重要环节，传统观点认为，物流过程最主要的就是运输和仓储两种运作方式，运输和仓储用“移动”和“静止”来实现“生产”与“消费”之间的衔接。运输是靠货物的位置移动来实现其价值的功能，仓储是靠改变货物的时间实现其增加价值的功能。现代社会生产和消费迭代的速度加快，各行业普遍对仓储系统的时效性和存储能力提高了要求。而仓储的时效性和存储能力，不仅受仓储管理水平的影响，更多地受制于仓储技术的利用水平和仓储设备配置的合理化程度。

仓库是物流系统的关键性节点，企业的大量物流活动是发生在仓库内的，可以说，仓库作业活动是物流技术设备应用的集大成者，这一现象在流通领域仓库更加突出。因此，在现代化的仓库中，仓储技术设备的种类型号多、数量大、技术更新快，占用的资金比重大。做到仓储技术设备的合理化应用，既要满足仓库作业和管理的需求，又要合理衡量经济投入，还要充分考虑仓库的发展使用和设备寿命的结合，是一项复杂的系统性工作。

本章主要介绍各类型仓库，尤其是自动化立体仓库和密集存储系统的结构组成和应用，仓储技术设备以常见存储设备之一货架介绍为主，其他技术设备如装卸搬运设备等详见本书后续章节。

第一节　概　　述

一、仓储及其作用

仓储是指通过仓库对物资进行储存和保管。一般来说，它指的是从接受储存物资开始，经过储存保管作业，直至把物品完好地发放出去的全部活动过程，其中包括货物的出入库、存储、保养、维护、分拣、配货等。从社会经济发展的角度看，仓储具有多方面的作用。

（一）仓储是保证社会再生产过程顺利进行的必要条件

从社会生产角度看，企业生产需要原材料、零件、配件的准备和供应，这一供应过程离不开仓储活动。尤其是在当前全球制造的背景下，受产品需求量的估计误差、产量的变化、设备故障、天灾、发运延误、天气异常等因素影响，供应的不确定性更加明显。仓储可以应对诸如此类不可预计的计划外风险，保证产品的社会再生产过程顺利进行。

（二）仓储可加快产品流通速度，节约流通费用

仓储通过货物集中储存，将不同制造商的产品整合，实现运输环节的规模化效应，有

效降低流通总费用。反过来，仓储也可以将大批量货物通过分拣、分类等作业手段，实现货物的快速转移，加速流通速度。

（三）仓储可保证产品流通环节中的质量，增加产品附加价值

仓储保证产品质量主要有两个环节：一是在货物入库时进行质量检验，看货物是否符合仓储要求，严禁不合格产品混入库场；二是在货物的储存期间内，要尽量使产品不发生物理以及化学变化，尽量减少库存货物质量损失。此外，仓储环节可以进行商品的整理、包装、质检、分拣、贴标签、再加工等工作。在销售末端环节运营成本越来越高的情况下，尽可能地利用仓库集中作业的低成本和有效性，创造价值。

（四）为企业生产提供方便

仓储过程中的少量加工制造活动，可快速应对客户对产品的特殊要求，并减少企业生产的品种数量。原材料和半成品的堆存与保管提供存货缓冲，使生产活动受到材料来源和顾客需求的限制条件下提高效率，企业能按经济数量更自由的绝对外购或自制策略。

另外，通过原材料库存、在制品库存和成品库存，使企业供应、生产、销售及整个生产过程的各环节分离，每一环节都可以实现最大经济效益，比各项业务彼此依赖时能有更低的成本和获得更满意的经营效果。

关于仓储重要性还可从供应链的角度来进一步认识。过去人们把传统的供应链管理核心锁定在生产和销售两个环节，而物流则是承担物资与信息流通的环节。现如今，在销售和生产已无过多改进可能的现状下，人们越来越多地将目光转向了物流环节，仓储恰恰处于物流环节中的核心。仓储成本作为供应链主要成本之一，管理库存、减少库存、控制库存成本无疑是整个供应链的核心；仓储决定着供应链对应客户服务的响应效率，仓库如果能够不断提升其管理的精确性，响应及时以及提高灵活性，对供应链运行效率提升大有裨益。仓储在供应链当中还有一定的增值作用，现代仓储服务不仅仅是商品的存放那么简单，还能提供组装、打码、退换货、客户服务等增值服务，以此提升客户的满意程度，提高供应链的整体服务水平。

二、仓储技术设备的分类和构成

现代仓储技术与设备是仓储作业的必要条件和技术保证。技术设备的应用水平不仅直接影响企业为物流需求者提供的物流量、物流服务质量以及作业效率，而且影响企业的物流成本、物流速度、安全生产以及物流作业的生产秩序。

仓储领域的技术应用非常广泛，包括密集存储技术、自动化存储技术、输送环节的自动码垛和拆垛技术、装卸搬运技术、分拣技术、货物的验收堆码技术、库房温湿度控制技术、信息处理技术、仓储管理技术、库存控制技术等。

仓储技术通过各类仓储设备实现。仓储设备主要是指现代化仓储系统中除了仓库主体建筑外，进行仓储业务所需的一切设备、工具和用品。仓储活动离不开各类软硬件设备的配置，仓库作业人员借助各种各样的仓储设备，可以合理地组织货物正常在库转运，妥善维护货物的质量，保障人、财、物的安全。

仓储作业中所使用的设备按其用途和特征可以分成装卸搬运设备、存储设施设备、计

量设备等。在仓储设备的具体管理中，要完成仓储任务，企业就应根据存储货物的周转量大小、储备时间的长短、储存货物的种类及有关的存储条件，广泛应用先进仓储技术，合理配置仓储设备，为高效低耗完成仓储作业创造条件。

（一）装卸搬运设备

装卸搬运设备是用于商品的出入库、库内堆码以及翻垛作业的技术装备。这类设备对改进仓储管理、减轻劳动强度、提高收发货效率具有重要作用。

目前，我国仓库中所使用的装卸搬运设备通常用可以分成三类：

1. 装卸堆垛设备。包括叉车、登车桥、桥式起重机、轮胎式起重机、门式起重机、堆垛机、滑车、跳板以及滑板等。

2. 搬运传送设备。包括托盘搬运车、手推车、皮带输送机、电梯等。

3. 成组搬运工具。包括托盘、网络等。

（二）存储设施设备

存储设施设备是用于保护仓储商品质量的设备。主要可归纳为以下几种：

1. 存货用具：包括各种类型的货架。

2. 苫垫用品：起遮挡雨水和隔潮、通风等作用。其包括苫布（油布、塑料布等）、苫席、枕木、石条等。其中苫布、苫席用在露天堆场。

（三）计量设备

计量设备是用于商品进出时的计量、点数，以及货存期间的盘点、检查等，如地磅、轨道秤、电子秤、电子计数器、流量仪、皮带秤、天平仪以及较原始的磅秤、卷尺等。随着仓储管理现代化水平的提高，现代化的自动计量设备将会更多地得到应用。

（四）养护检验设备

养护检验设备是指商品进入仓库验收和在库内保管测试、化验以及防止商品变质、失效的机具、仪器，如温度仪、测潮仪、吸潮器、烘干箱、风幕（设在库门处，以隔内外温差）、空气调节器、商品质量化验仪器等。在养护要求比较高的仓库这类设备使用较多。

（五）通风保暖照明设备

通风保暖照明设备应根据商品保管和仓储作业的需要而设。一般而言，通风保暖设备的作用是保持库内良好的作业条件，但对于某些储存化学危险品的仓库，通风保暖设备的作用远非如此，如控制保管区气象条件，确保货物安全；降低有害气体或者粉尘浓度，保证作业安全和消防安全等。另外，仓库照明也是仓库作业顺利进行不可或缺的重要条件，合理的照明条件可以有效地降低员工操作差错率和提高作业效率。研究表明，过强或过弱的光照会导致员工很快疲劳和情绪的波动，如烦躁、焦虑等，也会影响作业质量。

（六）消防安全设备

消防安全设备是仓库必不可少的设备。它包括报警器、消防车、手动抽水器、水枪、消防水源、砂土箱、消防喷淋、消防云梯等。

（七）劳动防护用品

劳动防护用品主要用于确保仓库职工在作业中的人身安全。

（八）其他用品及工具

仓库根据实际需要选购配备的不属于以上类别的用品、工具，如小型打包机、标号打印机、液体分装机等。此外，现代自动化仓库中还需要配备各种信息通讯设备，如光电信号传感器、手持终端甚至 VR 类可穿戴装备等。

第二节　仓库的功能与类型

仓库是储存和保管物品的建筑物和场所，由储存物品的库房或场地、运输传送基础设施（如吊车、电梯、滑梯等）、出入库房的输送管道以及管理用房等组成。

自从人类社会有剩余产品以来，仓库就普遍存在，《诗经·小雅》有“乃求千斯仓，万斯仓，黍稷稻粱，农夫之庆”句。在我国，最初“仓”和“库”是两个概念，“仓”是指储藏粮食的地方，“库”是指储藏兵器的库房；后来人们将二者合一，凡是储存物品的场所均称为仓库。

旧式仓库强调对在库物品的储存与保管功能，可喻之为“蓄水池”，是一种静态仓储形态。在现代物流中，仓库更多地考虑经营上的收益而不仅为了储存，仓库活动除了对物品的储存、保管外，还包括物品在库期间的装卸搬运、分拣组合、包装打码、流通工等各项增值服务功能，是一种动态仓储，可喻之为“河流”，配送中心就是最好的例证。因此，现代仓库从运输周转、储存方式和建筑设施上都重视通道的合理布置、货物的分布方式和堆积的最大高度，并配置经济有效的机械化、自动化存取设施，以提高储存能力和工作效率。

一、仓库的功能

仓库过去一直被视为储货物的地方，不受重视，当然，也与高科技无缘。在很多企业的现代化进程中，仓库被忽略了。随着物流在企业经营管理中的作用越来越突出，人们对仓库的认识也发生了改变，尤其是在日益激烈的市场竞争环境下，无论是制造企业还是商贸流通、物流企业都开始意识到仓库的重要性。

（一）储存和保管功能

储存和保管时仓库的基本功能，无论何种仓库，必须具有一定的空间用于储存物品。为了提高存储空间的利用率，可能需要配置货架等存储设备，同时要根据储存物品的特性配备相应的保管养护设备，以保持储存物品完好性。例如，储存挥发性溶剂的仓库，必须设有通风设备，以防止空气中挥发性物质含量过高而引起爆炸。贮存精密仪器的仓库，需要防潮、防尘、恒温，因此，应设立恒湿、恒温等设备。

在仓库作业时，还有一个基本要求，就是防止搬运和堆放时碰坏、压坏物品，因此相关装卸搬运设备和器具也是必须配置的，同时还需要不断改进和完善操作技术与方法，使仓库真正起到储存和保管的作用。

（二）调节供需的功能

创造物质的时间效用是物流的两大基本职能之一，物流的这一职能是由物流系统的仓库来完成的。现代化大生产的形式多种多样，从生产和消费的连续过程来看，每种产品都有不同的特点，有些产品的生产是均衡的，而消费是不均衡的，还有一些产品生产是不均衡的，而消费却是均衡不断地进行的。要使生产和消费协调起来，这就需要仓库起到“蓄水池”的调节作用。

（三）调节货物运输能力

各种运输工具的运输能力是不一样的。船舶的运输能力很大，海运船一般是万吨级，内河船舶也有几百吨至几千吨的。火车的运输能力较小，每节车皮能装运 30～60 吨，一列火车的运量最多达几千吨。汽车的运输能力很小，一般每辆车装 2～30 吨。它们之间的运输衔接是很困难的，这种运输能力的差异，也是通过仓库进行调节和衔接的。

（四）流通配送加工的功能

现代仓库的功能已处在由保管型向流通型转变的过程之中，即仓库由贮存、保管货物的中心向流通、销售的中心转变。仓库不仅要有贮存、保管货物的设备，而且还要增加分拣、配套、捆绑、流通加工、信息处理等设置。这样，既扩大了仓库的经营范围，提高了物质的综合利用率，又方便了消费，提高了服务质量。

（五）信息传递功能

伴随着以上功能的改变，导致了仓库对信息传递的要求。在处理仓库活动有关的各项事务时，需要依靠计算机和互联网，通过电子数据交换（EDI）和条形码技术来提高仓储物品信息的传输速度，及时而又准确地了解仓储信息，如仓库利用水平、进出库的频率、仓库的运输情况、顾客的需求以及仓库人员的配置等。

（六）产品生命周期的支持功能

从供应链运作的角度看，现代物流包括产品从生产到消费的整个生产、流通和服务的过程，仓储系统显然需要对这一产品生命周期提供支持。

二、仓库的类型

一个国家、一个地区、一个企业物流系统中需要有各种各样的仓库，它们的结构形态各异，服务范围和对象也有着较大的差别。仓库的分类标准有很多，建筑材料、建筑结构、功能、保管条件等，均可对仓库进行分类，也各有各的必要性和应用场景，企业或部门可以根据自身的条件选择建设或租用不同类型的仓库。

（一）按用途分类

1. 营业仓库。仓库经营人按照相关管理条例取得营业许可，向一般企业提供商业性仓储服务的仓库，这类仓库是一种社会化仓库。主要有：保管杂货的1类仓库；保管小麦、肥料的2类仓库；保管玻璃、瓷砖的3类仓库；保管水泥、缆线的露天仓库；保管危险物品的危险品仓库；温度10℃以下，保管农产品、水产品和冷冻食品的冷藏仓库等八种。近年来国内仓库租赁业务发展迅速，行业分布集中化十分明显，主要集中在零售、快餐、快消品、物流、电子、高科技、汽配行业。

2. 自备仓库。各生产或流通企业，为了本企业物流业务的需要而修建的附属仓库。仓库的建设、物品的管理及进出库业务均属本企业的管理范畴。采用自用仓库的一个重要因素就是固定成本。因为自用仓库的固定成本与仓库的使用无关，所以企业就必须拥有足够的存储量来分摊固定成本，从而使采用自用仓库的平均成本低于采用公共仓库的平均成本。采用自用仓库的另一个原因就是稳定的需求和市场集中度以及企业对安全、冷藏、客户服务等方面的控制能力。

3. 公用仓库。公用仓库是由国家或某个主管部门修建的为社会服务的仓库，如机场、港口、铁路的货场、库房等仓库，属于公用服务的配套设施，为社会物流服务的仓库。随着社会物流流通量的增加，公共仓库正成为一个非常有活力、不断变化的行业。

4. 出口监管仓库。这是经海关批准，在海关监管下存放已按规定领取了出口货物许可证或批件，已对外买断结汇并向海关办完全部出口海关手续的货物的专用仓库。

5. 保税仓库。保税仓库是指经海关批准用于专门存放保税货物的专用仓库。存入保税仓库的货物可暂免进口税款、免领进口许可证或其他批件（能制造化学武器的和易制毒化学品除外），在海关规定的储存期限内复运出境或办理正式进口手续。从保税仓库取出的货物，只有在进入国内消费时才要交关税。保税仓库按照使用对象不同分为公用型保税仓库、自用型保税仓库。公用型保税仓库是由主营仓储业务的中国境内独立企业法人经营，专门向社会提供保税仓储服务；自用型保税仓库是由特定的中国境内独立企业法人经营，仅存储供本企业自用的保税货物。

（二）按仓库的使用领域分类

1. 生产领域仓库。生产领域仓库指处在生产领域里的物资仓库，包括原材料仓库、半成品、在制品仓库，是工业企业的一部分，不是一个独立的经济单位。

2. 流通领域仓库。流通领域仓库包括物流企业中转仓库和商业企业的自用仓库，主要用于商品的保管、分类、中转和配送。如今，从行业化角度来看，流通领域仓库的分类更加细化，大宗商品、日常消费品、冷链、医药、电商、前置仓、大件家居、服装、整车、共享仓等专业化仓库和仓储设施越来越多，以满足多样化社会需求。

流通领域仓储物流力求进货与发货同期化，使库存物资从静态转变为动态，仓库功能也随之改变。本书按照库存物资出入库状态和批量特征，将流通领域仓库粗略分为以下几种仓库类型：

①集货中心。将零星货物集中成批量货物称为“集货”。集货中心可设在生产点数量很多，每个生产点产量有限的地区；只要这一地区某些产品的总产量达到一定水平，就可

以设置这种有“集货”作用的物流据点。

②分货中心。将大批量运到的货物分成批量较小的货物称为“分货”，分货中心是主要从事分货工作的物流据点。企业可以采用大规模包装、集装货散装的方式将货物运到分货中心，然后按企业生产或销售的需要进行分装，利用分货中心可以降低运输费用。

③转运中心。转运中心的主要工作是承担货物在不同运输方式间的转运。转运中心可以进行两种运输方式的转运，也可进行多种运输方式的转运，在名称上有的称为卡车转运中心，有的称为火车转运中心，还有的称为综合转运中心。

④加工中心。加工中心的主要工作是进行流通加工。设置在供应地的加工中心主要进行以物流为主要目的的加工，设置在消费地的加工中心主要进行实现销售、强化服务为主要目的的加工。

⑤配送中心。其是从事配送业务的物流场所。它基本符合下列要求：主要为特定的用户服务；配送功能健全；完善的信息网络；辐射范围小；多品种、小批量出入库作业为主；配送为主，储存为辅。

⑥物流中心。其是从事物流活动的综合性场所。它基本符合下列要求：主要面向社会服务；物流功能健全；完善的信息网络，辐射范围大；少品种、大批量出入库作业为主；存储、吞吐能力强。

⑦需要说明的是，生产加工过程完成经检验合格并包装的产成品已进入待售状态，事实上已进入流通领域，所以我国将生产企业的成品仓库归入流通仓库。

3. 国家储备仓库。

中央和地方物资供销机构所属的仓库，存放国家储备机构所掌握的主要用于调整国家经济计划执行过程中可能出现的重大比例失调或重大变更，以及国家应急需要的某些储备物资，如国家粮食储备库。

（三）按保管货物的特性分类

1. 通用仓库。

指用于存放无特殊保管要求的物品的仓库。市场上大部分库房并不提供温度湿度控制设备，保持基本的通风、避免大量阳光直射，能保证安全不丢失就好。此类仓库能保证常规货物的存储需求，服装鞋帽、电子设备、美妆日化等均可满足，在无特殊要求情况下，大部分货物选择普通常温库即可。

2. 专用仓库。

专门用于存放某一类商品的仓库。由于某类商品的特殊性质，或易于对其他商品产生不良影响，所以要专库存储，以确保该类商品的质量安全。

3. 特种仓库。

特种仓库主要用于存储具有特殊性能、特殊要求和保管条件的商品，如冷藏冷冻品、粮食、花卉蔬果、药品、化工品、危险品、易腐蚀品、石油及药品等。特种仓库的类型有：

①恒温库，常见的恒温库会将温度保持在 8 ~ 15℃，花卉蔬果、医药、电子设备等均有恒温保存的需求。恒温库在建筑构造时面积一般不会太大，外部较常温库多了保温材料的设计，内部采用温控设备调节温度，并设置温度观测点，温度高了就制冷，温度低了就

加热。

②低温仓库，俗称冷库，存储食品、乳制品、肉制品、水产、医药等需要低温保存的商品。因不同货物所需制冷温度不同，冷库还可进一步细分。国内冷库因造价高昂，维护成本、管理难度等限制，储量不能满足需求。

③气调保鲜仓库，内部可控制空气中氧气、二氧化碳、氮气的比例，可以有效保证生鲜花卉等的生命周期等（见图3－1）。

图3－1　粮食筒仓（左）　气调保鲜仓库（右）

（四）按仓库建筑构造分类

1. 单层仓库：单层仓库是最常见的，也是使用最广泛的一种仓库建筑类型，这种仓库只有一层，也就当然的不需要设置楼梯，它的主要特点是：单层仓库设计简单，所需投资较少；由于仓库只有一层，因此在仓库内搬运、装卸货物比较方便；各种附属设备（如通风设备、供水、供电等）的安装、使用和维护都比较方便；由于只有一层，仓库全部的地面承压能力都比较强。

但是，由于不能或无法利用高度空间，此类仓库的储存效率低于立体仓库。当前市场上大量存在此类仓库的原因：一是立体仓建筑成本高，过去大多都是此类仓库；二是相当多的仓库是原有的厂库房改建而来，存量巨大。

2. 多层仓库：多层仓库一般占地面积较小，它一般建在人口稠密、土地使用价格较高的地区，由于是多层结构，因此货物一般是使用垂直输送设备来搬运货物，多层仓库作业需要的垂直运输重物技术已经日趋成熟。

多层仓库可适用于各种不同的使用要求，例如，可以将办公室和库房分处两层，在整个仓库布局方面比较灵活，分层结构将库房和其他部门自然地进行隔离，有利于库房的安全和防火。多层仓库一般建在靠近市区的地方，因为它的占地面积较小，建筑成本可以控制在有效范围内，所以多层仓库一般经常用来储存城市日常用的高附加值的小型商品。使用多层仓库存在的问题在于建筑和使用中的维护费用较大，一般商品的存放成本较高。

3. 立体仓库：立体仓库又被称为高架仓库，它也是一种单层仓库，但同一般的单层仓库的不同在于它利用高层货架来储存货物，而不是简单地将货物堆积在库房地面上，在立体仓库中，由于货架一般比较高，因此货物的存取需要采用与之配套的机械化、自动化设备，一般在存取设备自动化程度较高时也将这样的仓库称为自动化仓库。后面将对立体仓库进行详细介绍。

4. 罐式仓库。罐式仓库的构造特殊，呈球形或柱形，主要是用来储存石油、天然气和液体化工品等。

5. 简易仓库。简易仓库的构造简单、造价低廉，一般是在仓库不足而又不能及时建库的情况下采用的临时代用办法，包括一些固定或活动的简易货棚等。保管条件不如库房，但出入库作业比较方便，适宜存放那些对温湿度要求不高且出入库频繁的物品。

6. 露天堆场：露天堆场是用于在露天堆放货物的场所，一般堆放大宗原材料，或者不怕受潮的货物如钢筋、原木、集装箱等。

（五）按自动化程度分类

1. 传统人工仓库：这类仓库无现代化、自动化设备，即使有也为数很少，分拣、存取诸多环节主要依靠人工作业，是劳动密集型仓库，SKU 品类数量有限，吞吐量有限，规模较小。由于我国各地区、各行业领域物流技术水平发展不平衡，此类仓库在较长一段时间内依然存在。

2. 机械化/自动化仓库：此类仓库引入了机械化程度较高的搬运、分拣与输送设备，配合仓库管理软件，在一定程度上实现了自动化，降低了对人力的依赖，如堆垛机配合叉车等搬运设备的传统自动化立体仓库。机械化/自动化仓库属于资本密集型仓库，吞吐量大。

3. 智能化仓库：智能化仓库是指融入物联网、人工智能、机器人和虚拟化解决方案的仓库，由数据驱动，采用模块化设计，实现货物进出库的验放、存取、分拣、配货、配送、统计、结算等操作全部自动化完成。这类仓库是数据密集型仓库、灵活性强，以适应新的产品组合的变化、快速增长的业务需求，也被称为“无人仓库”。

此外，仓库的分类还可按火灾危险性分为甲、乙、丙、丁、戊类仓库，根据仓库使用的建筑材料的不同，可以将仓库分为：钢筋混凝土仓库、钢质仓库、砖石仓库等。根据仓库所处的地理位置，可以分为码头仓库、内陆仓库等。

第三节 货 架

货架是指用立柱、搁板或横梁等组成的立体储存货物的设施（国家标准《物流术语GB/T18354—2006》），通俗地讲，货架就是存放货物的架子。货架是现代化仓库基础性设备，随着现代工业和物流业的发展，货架的数量和种类、功能不断增多，以保证实现仓储系统机械化、自动化的要求。

一、货架的作用与类型

（一）货架的作用

1. 有利于充分利用仓库空间、提高库容利用率、扩大仓库储存能力。

仓库利用率的高低决定于两个方面：其一是面积利用率，其二是高度利用率。高度利用率的影响因素很多，但货架的应用无疑是最重要的。若无货架可用，那么货物的存取方式只能是堆垛，货物承受堆压或地坪承受堆压的能力是有限的，堆垛高度也必然是有限的。

2. 有利于保证库存货物的质量。

存入货架中的货物，互不挤压，有利于保证货物原有的使用价值，减少货物的损失；在货架的保护下，可有效防止货物遭人员践踏、车辆机械撞击等机械性损伤。

3. 方便货物的存取和收发保养作业。

货架的货位是独立的，因而存放于货架中的货物，存取清点及计量方便；可先进先出，也可以采取根据需要随时采取必要的保养维护措施，有利于提高物资存储质量。

4. 有利于实现货物仓库的机械化及自动化管理。

货物存入货架提高了货物的装卸搬运活性，简化了出入库搬运、存取作业的难度并使货物存取时作业机械的运行轨迹、动作实现了标准化，这些都是实现机械化作业不可或缺的条件，有些新型货架本身就是为了适应仓储系统机械化、自动化作业而诞生的。

（二）货架的类型

货架种类繁多，以满足不同规格尺寸和性质的物品、包装容器、存储单元甚至是存取方式的要求，本书主要介绍几种常见的货架分类方式。

1. 按货架的适用性分类。

按货架是否具有通用性可分为通用货架和专用货架。专用货架一般指用于特定货物存储的货架，也指可用于特定仓库或应用场合的货架。通用货架显然指用于普通货物和一般仓库的货架。

2. 按货架承重量分类。

重型货架：每层货架载重量在500千克以上；中型货架：每层货架（或搁板）载重量150～500千克；轻型货架：每层货架载重量在150千克以下。

3. 按存取方式分类。

货架存取的方式有：人工存取和机械存取。

人工存取即采用人力存取货物的方式，一般隔板式货架、层板式货架采用此存取方式。

机械存储指使用叉车、穿梭车等机械进行存取，如横梁式货架、驶入式货架、穿梭式货架等。

4. 按货架的制作材料分类。

按制作材料货架可分为钢货架、钢筋混凝土货架、钢与钢筋混凝土混合式货架、木制货架、钢木合制货架等。

5. 按货架的封闭程度分类。

按货架的密封程度可分为敞开式货架、半封闭式货架、封闭式货架等。其中封闭式货架虽然可以提供良好的保管条件，但因货物存取不便、制作困难，一般仅用存放小件高值物品或对保管条件有具体要求的物品。

6. 按货架的结构特点分类。

按货架的结构特点可分为层架、层格架、橱架、抽屉架、悬臂架、三角架、栅型架等。

7. 按货架的可动性分类。

按货架的可移动性可分为固定式货架、移动式货架、旋转式货架、组合货架、可调式货架、流动储存货架等。

8. 按货架与建筑物构造关系分类。

按货架与建筑物构造关系可分为：整体结构式货架，货架直接支撑仓库屋顶和围棚；分体结构式，货架与建筑物分为两个独立系统。

9. 按货架高度分类。

按货架的高度可分为：低层货架：高度在5米以下；中层货架：高度在5~15米；高层货架：高度在15米以上。

10. 按制作工艺分类。

货架按制作工艺可分为焊接式货架和组合式货架。焊接式货架多为具有加工能力的企业自制，专业货架生产企业很少采用这种工艺。

组合式货架：目前最常见的工艺方式。组合式货架又可分为横梁式货架、牛腿式货架、搁板式货架、便利式货架、贯通式货架、悬臂式货架、重力式货架等。

二、常见的货架

随着货架的批量使用及大范围工业生产的发展，货架已由最初品种较单一的存储设备，转变为能适应不同物料尺寸、重量乃至存取方式，集力学仿真计算、仓储自动化运行技术、仓储管理信息化于一体的复杂系统。货架的技术和应用更新层出不穷，本书仅选择当前用途较为广泛的几类加以介绍。

（一）托盘货架

托盘货架，又称横梁货架、货位式货架，多数是重型货架，在国内仓储系统中用量最大，也是其他各种类型货架得以发展的基础型货架。

1. 结构与分类。

托盘货架多采用组合装配式钢结构，有耐腐蚀性要求的仓库采用钢筋混凝土结构。

图3-2所示为最普通的托盘货架及其常见存货方法，一个货格存放一个托盘（一个货位），或两个托盘（两个货位）。既可单排布置，也可双排布置，双排布置时两排货架间需要连接固定。根据货架高度可分为普通低、中位托盘货架和高层托盘货架，高层托盘货架多用于自动化立体仓库中，需要配合堆垛机或高架叉车完成拣选作业；普通低位托盘货架（6米以下，3~5层），由于要预留较多的搬运车辆行走通道，故储存密度较低，空间利用率低。根据存取通道宽度还可分为传统式通道、窄道式通道和超窄式通道货架。

其中，平铺在横梁间的隔档或搁板可用来支撑或存放货物，企业视自身需要选配；立柱底撑脚装有叉车防撞装置，背面连接杆用于两排货架背对背之间的连接，以增加整体刚性，且可以通过调节连接杆宽度来满足储存货物大小的需要。存放货物时，托盘与托盘、托盘与货架之间要保留一定间隙，它们之间的尺寸关系如图3-3所示。

其中，A=10厘米，保证货物进出方便的托盘之间最小间隙。

B=10厘米，保证货物进出方便的托盘与货架最小间隙

C=10厘米，保证叉取货物的托盘装载与货架横梁之间的最小间隙。

D是取决于叉车类型的托盘装载单元与货架横梁之同的最小间隙。采用平衡式叉车，

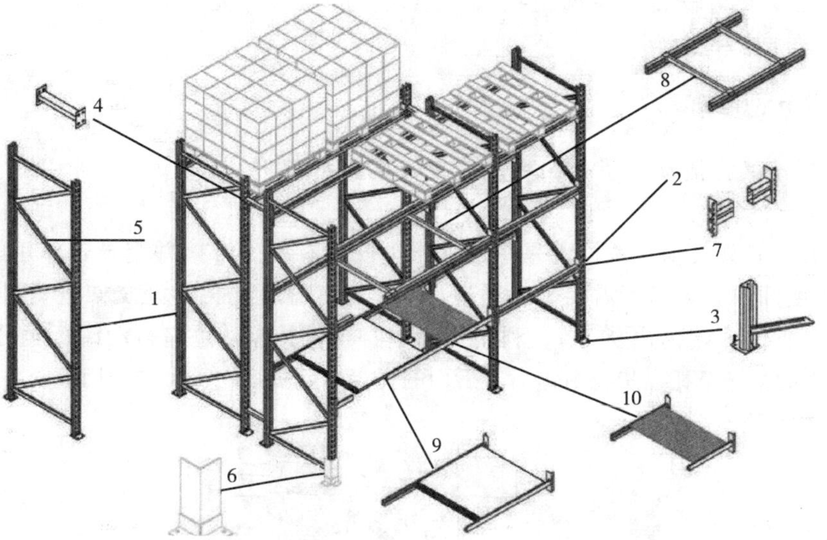

1. 立柱；2. 横梁；3. 地角；4. 背面连接杆；5. 斜拉；6. 护角；7. 抱合横梁；8. 隔档；9. 钢板；10. 木板

图 3－2　托盘式货架及其堆放方法

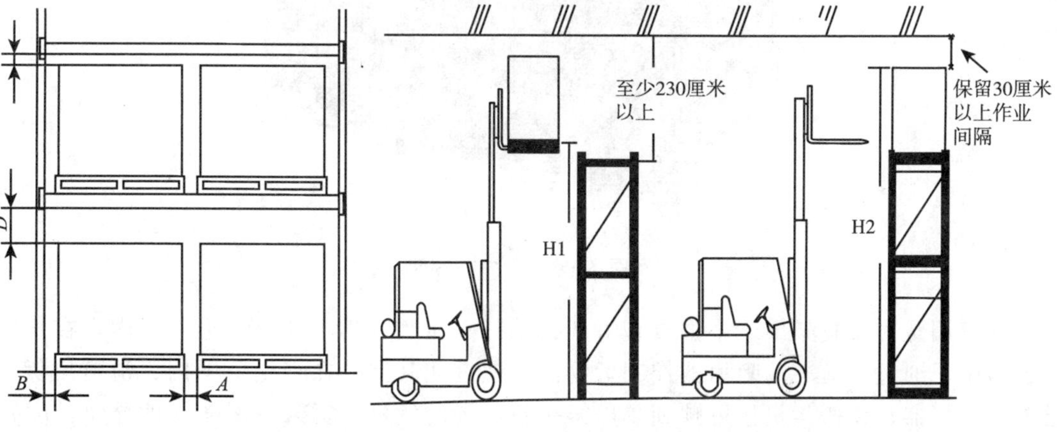

图 3－3　托盘和货架之间的间隙（左）　货架上层横梁与天花板的距离（右）

D＝10 厘米；采用前后移动式叉车，D＝40 厘米（前叉高度 30 厘米再加上 10 厘米的必需间隙）。

采用叉车存取作业是：叉车最大高度将超过货架上层横梁的 200 厘米以上，叉车最大高度与天花板是少有 30 厘米的间隙，为此，要求货架上层横梁与天花板距离为 230 厘米以上。图 3－3 所示为货架上层横梁与天花板的距离。

2. 特点与应用。

每一托盘均能单独存入或移动，出入库不受先后顺序限制，托盘货架广泛应用于各类制造业和物流业仓库，既适合于多品种少批量货物，也可适用于少品种大批量货物。

托盘货架的突出优势是：存取方便，拣取效率高，可任意调整组合，施工简易，经济实惠，出入库不受先后顺序的影响。

高层托盘货架可配置堆垛机，辅以计算机管理和控制作业，实现自动化存取管理，安装精度和施工要求均较高。在选用托盘货架时，应考虑存储单元的尺寸、重量和堆放层数，以便决定立柱和横梁尺寸。

（二）重力式货架

重力式货架又称流动式货架，由托盘货架演变而来。

1. 结构与分类。

结构与托盘货架类似，不同的是每层横梁上安装有减少摩擦并起导轨作用的辊子滑道，轨道呈 3 ~5 度倾斜。叉车不需要驶入通道，只需把托盘货物搬运至货架进货口（以高的一端为进货口，低的一端为出货口），利用货物本身重，托盘从进口自动滑行至另一端的取料口。当出库端的第一个托盘货物取走后，后面的托盘单元货物在重力的作用下向出库端补位。

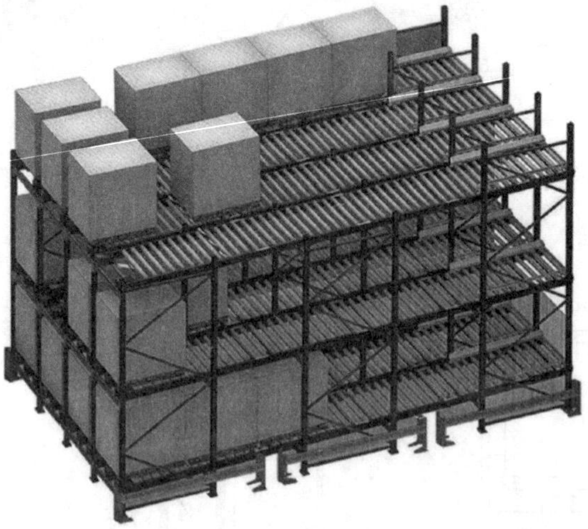

图 3－4　重力式货架

托盘用重力式货架属于中、重型货架，单托盘货物一般在 1 500 千克以内。在货物滑动过程中，通过滑道上的阻尼器控制货物滑行速度使其保持在安全范围内，滑道出货一端设置有分离器，使搬运机械可顺利取出第一板位置的货物。货架总深度（即导轨长度）不宜过大，一般在 6 米以内，否则不可利用的上下“死角”会较大，影响空间利用，且坡道过长，下滑的可控性会较差，下滑的冲力较大，易引起下滑不畅、阻住，托盘货物的倾翻。

2. 特点与应用。

重力式货架固定了出入库的位置，可保证实现先进先出储存原则，密集排列，节约通道面积，托盘用重力式货架比一般托盘货架的储存空间多 50% 左右；此外，借助货物重力位移到出库端，无动力能耗，减少了拣货时的设备移动距离。

重力式货架出库与入库分离，出入库操作是完全分开的，出库的同时可进行入库作业且互不干扰，加快了存取速度并降低货物存取的误差；分通道的存储模式可以实现大批量物品的分类存放，不容易出现分拣混乱的情况，存取效率高，因此适用于少品种、大批量物品的储存，以及对货物时效要求较高的场合，如物流园区的配送中心、转运中心、医药物流中心的拣配操作。配合输送设备完成货物的拣选作业环节，也可用于生产线的物料不间断供应线上。

需要注意的是，重力式货架的制作精度要求较高，制造和安装成本约为普通托盘货架的5倍左右，若滑架、滚动件故障、导轨变形量过大等均可能导致货物不能顺利滑下而造成阻塞，出现此类问题时处理是很困难的。

（三）阁楼式货架

1. 结构与分类。

阁楼式货架是在厂房、仓库面积有限的情况下，利用中型、重型货架或H型钢结构立柱作为主体支撑，加上钢制楼面板搭建中间阁楼，把存储空间设计成双层以上的存货设备。货架和楼面钢板采用全组装式的结构，配有楼梯、扶手、提升机及照明系统等，隔层摆放每平方米载重在200～500千克之间，不适合摆放过重的物料，楼层间距通常为2.2～2.8米，充分考虑工作人员操作便利性。

阁楼式货架既可以是下层货架上层平台的形式（钢平台货架），也可以上下层都是货架的结构，如图3－5所示。下层货架的功能不仅是储存物料，而且是上层承重梁的支撑。货物通常由叉车、液压升降台或货梯送至二楼及以上，再由轻型小车或液压托盘车送至指定位置。用于人工存取货物时，可根据需求设计人走楼梯、货物上货口、升降平台、滑梯、输送线等配套设施。

图3－5　阁楼式货架

2. 特点与应用。

阁楼式货架是组合全拆式结构，可根据实际场地和需要灵活设计，充分利用空间，节约库房面积，且造价低、施工快，适宜存储大批量轻泡或中小件货物，适用于多品种大批量或多品种小批量存取模式。此类货架更适合用于老旧仓库的技术改造，广泛应用于汽车、电子、机械、化工、电商等各个领域。

（四）悬臂式货架

1. 结构与分类。

悬臂式货架（见图3－6）是在立柱上装设横杆悬臂构成，悬臂与立柱采用插接或螺栓连接，底座与立柱间采用螺栓连接。臂架常用金属材料制作，既可以是固定的，也可以是可调的。可调式悬臂采用手摇、电动方式，实现臂架上下移动或伸缩。悬臂式货架可用起重机吊装进行货物存取作业，且不受存取先后顺序和高度层数限制。

图3-6 悬臂式货架 固定悬臂式（左） 伸缩悬臂式（右）

悬臂式货架根据承载能力可分为轻量型、中量型、重量型三种；根据悬臂结构形式可分为单面悬臂式货架和双面悬臂式货架。货物存取由叉车、行车或人工进行。货架高度通常在2.5米以内（如由叉车存取货则可高达6米），重型悬臂货架悬臂长度在1.5米以内，每臂载重通常在1 000千克以内。

2. 特点与应用。

悬臂式货架结构轻巧、载重能力好、空间利用率高，货物的存放状态显而易见，便于管理。存取货物方便，快捷，适用于机械制造行业或建材超市等场合存放长物料、板材、环型物料和不规则的货物。在悬臂上配上配套的托盘隔挡、钢制或木制的搁板后，可实现一架多用，特别适合空间小、高度低的库房。

（五）驶入式货架

驶入式货架又称通廊式货架或贯通式货架、牛腿式货架。

1. 结构与分类。

驶入式货架主要是由立柱、横梁、牛腿、牛腿悬臂梁、地轨、护脚及其他附件组装而成，将牛腿悬臂梁与立柱以连续方式连接起来，顶部横梁用于保证每个立柱体之间的距离；交叉拉杆和货架安全装置保证结构的可靠性、稳定性及安全性，如图3-7所示。

货物沿货架深度方向一个紧接一个存储在牛腿悬臂梁上，叉车作业通道和货品存储空间共用，取消了位于各排货架之间的巷道。

驶入式货架结构的受力方式与其他类别的货架不同，托盘货物及货架自重作用于单、双牛腿悬臂梁上，产生弯曲力矩，传递到立柱上，导致立柱结构的稳定性弱。因此，此类货架不宜过高，通常控制在10米以内，并以4层、3~5列为宜，单托盘货物也不宜过大过重，通常控制在1.5吨以内，托盘尺寸不宜大于1.5米。

驶入式货架按取货方向可分为单向驶入式、双向驶入式。单向驶入式（靠墙区域）货架总深度最好控制在7个托盘深度以内；双向驶入式（以中间区域为分隔可两边存取货）货架区域总深度最好控制在12个托盘深度以内，以提高叉车存取的效率和可靠性。单向驶入式只能先进后出，双向驶入式可实现先进先出或先进后出；存取货物通常配置前移叉

图 3－7　驶入式货架

车或平衡重叉车，由于叉车高举作业时易晃动而撞到货架，会影响稳定性和安全性，也在一定程度上影响货物的周转速度和效率，可配置导向轨道，以提高叉车稳定性和运行速度。

货物存放时，货物顶部与悬臂的间隙 C1≥150 毫米，托盘与立柱的间隙 C≥80 毫米，托盘与悬臂搭载宽度 E＝C＋50 毫米，悬臂长度 L＝C＋E，托盘与托盘之间的间隙 C3≥50 毫米。图 3－8 为驶入式货架尺寸标准。

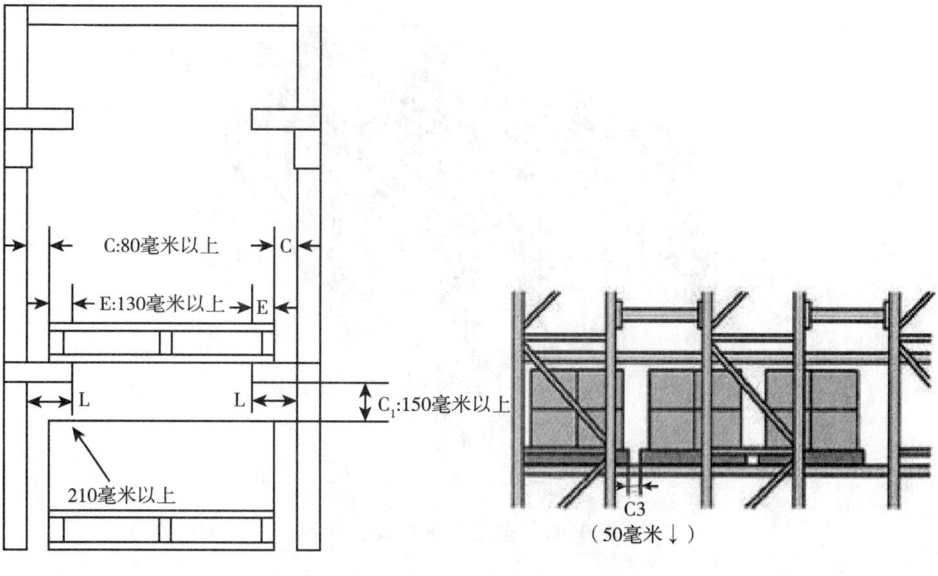

图 3－8　驶入式货架的尺寸标准

2. 特点与应用。

驶入式货架的最大优势是高密度存储能力，场地面积利用率可达 60% 以上，最高可达

90%，且投资成本相对较低。

驶入式货架适合空间成本较高的场所、储存货物品种少、批量大，且有较长保存时间，对拣选时效要求不高的食品、饮料、化工、乳制品、烟草、冷库等行业。

驶入式货架使用过程中要高度重视人员的安全问题，企业要定期做好货架清洁、货架矫正、不超载、定期维护、增加防护设备等工作，确保安全。

（六）旋转式货架

旋转式货架又称为回转式货架，外壳封闭的称为旋转货柜。

1. 结构与分类。

旋转式货架设有电力驱动装置（驱动部分可设于货架上部，也可设于货架底座内）。货架沿着环形轨道运行，通过计算机自动控制。存取货物时，将该批货物所在货位编号输入，通过路径优化计算，货位自动旋转，以最短的时间到达拣货台，完成拣货操作。货架转动速度可达 30 米/分，存取效率很高，在自动化立体仓库和普通平库中均有使用。按货格旋转方式可分为水平旋转式和垂直旋转式。

（1）水平旋转式货架。水平旋转式又分为多层水平旋转式和整体水平旋转式两种。货架高度与长度按照取货频率，以及场地的空间限制进行调整，通常长 5 ~ 30 米，高 2 ~ 8 米。旋转货架越长，每次取货的时间越长，高度超过 2 米，取货者要借助升降台或存取机械辅助拣货。

多层水平旋转货架各层可以独立旋转，每层都有各自的轨道和驱动电机，可正转也可反转，用计算机操作时，可以同时执行多个命令，使各层货物从近到远，有序地到达拣选地点，拣选效率很高，如图 3 - 9 所示。

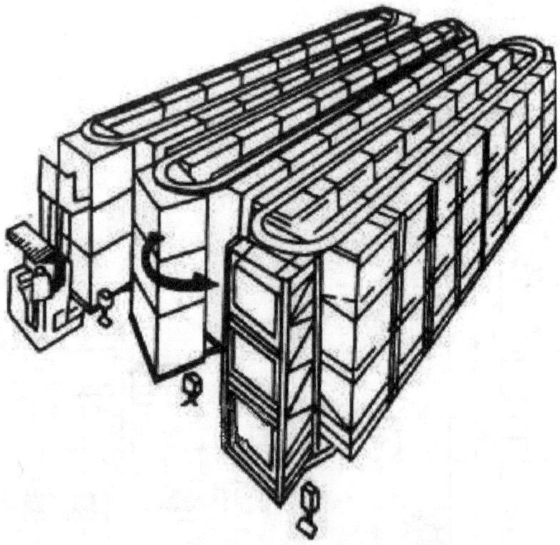

图 3 - 9 多层水平旋转货架

整体水平旋转货架由多排货架连接，每排货架又有多层货格，货架做整体水平式旋转，每旋转一次，便有一排货架达到拣货面，可对这一排进行拣货。这种货架每排可放置同种物品，也可以一排货架不同货格放置互相配套的物品，一次拣选可在一排上将相关的物品拣出。这种货架还可做小型分货式货架，每排不同的货格放置同种货物，旋转到拣选

面后，将货物按各用户分货要求分放到指定货位。整体水平式货架主要是拣选型，也可以看成是拣选分货一体化货架，如图 3 - 10 所示。

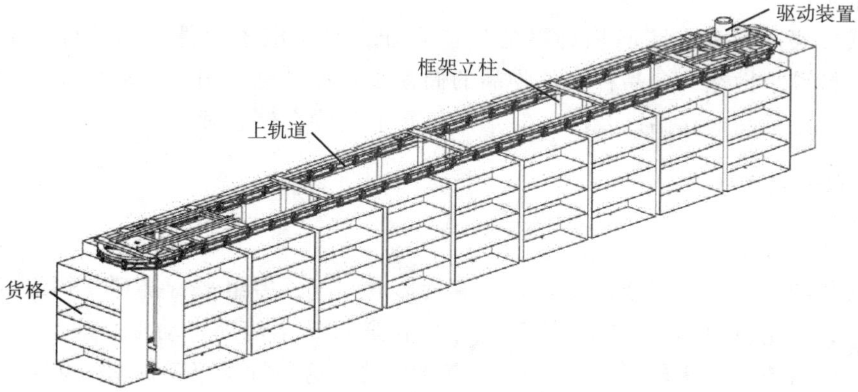

图 3 - 10 整体水平旋转货架

（2）垂直旋转式货架。与水平旋转式货架运行原理相似，垂直旋转式货架整座设备是立体的，且通常采用封闭式设计，对货物保护性甚佳。货架的高度在 2 ~ 6 米，正面宽 2 米左右，单元货位载重 100 ~ 400 千克，回转速度每分钟 5 ~ 10 米，比水平式慢。占地空间小，存放的品种多，最多可达 1 200 种左右。货架货格的小格可以拆除，这样可以灵活地存储各种尺寸的货物。在货架的正面及背面均设置拣选台面，可以方便地安排出入库作业，如图 3 - 11 所示。

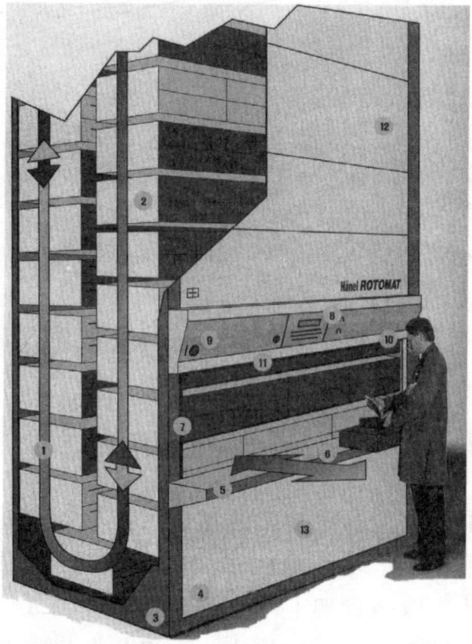

图 3 - 11 垂直旋转货架

2. 特点与应用。

旋转式货架属于“货到人”拣选型货架，操作简单，存货区无需预留拣货通道，面积利用率达 80%，可先进先出。存取作业迅速，配套计算机控制系统可迅速寻找储位和规划移动路径，实现快捷拣货，单台设备可存储管理数千项纸箱、包等小件物品。建造成本相对较高，维护困难。

旋转式货架适合于仓库面积有限的生产企业，对于电子元件、标准件、金属切削刀具、精密机械等小批量、多品种小件物品的储存及管理，也可用于自动化仓库和配送中心多品种、小批量货品的存储以及医药、烟草等行业货物存储管理。

（七）移动式货架

1. 结构与分类。

移动式货架由单排货架或两排货架背靠背形成一组，多组平行排列，每组货架底部安装移动底盘，可附设驱动电机和多个滚轮，电机通过链条传动带动整个底盘及其上货架，沿地面铺设的轨道（或无轨—磁条导引）直线移动。这种货架仅需预留一条通道的作业场地，便于拣货人员、堆垛机或叉车能进入已移开场地进行存取货。

移动式货架种类很多，按驱动方式分为手动移动式货架和电动移动式；按有无运行轨道又分为无轨式和有轨式两种；按货架是否封闭分为敞开式移动货架和封闭式移动货架；根据使用环境，可以分为常温型、冷冻型和防爆型。

手动移动式货架又称移动密集柜，多数属于轻、中型承重货架，这种货架通过手摇旋转手柄使单列或多列货架一起在导轨上行走，每列装有手刹车自动装置，缓冲装置，边列装有锁具，存取安全方便。不易倾斜，有防震功能，如图 3－12 所示。

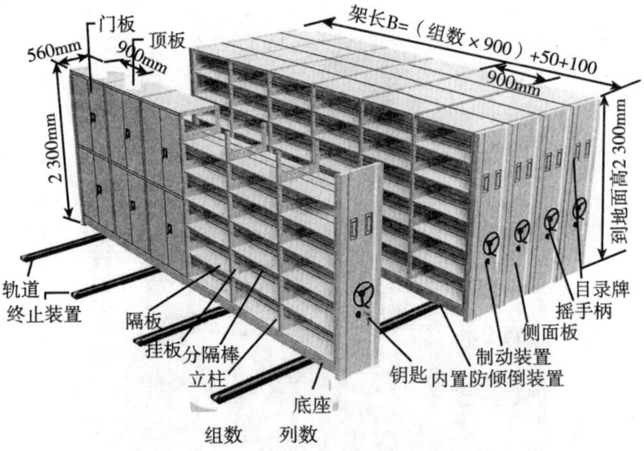

图 3－12 手动移动式货架

电动移动货架一般以中、重型承重货架居多，可在移动底盘上安装托盘货架、托盘货架、悬臂货架等，存放较重货物；驱动电机采用变频调速，可控制驱动和停止时的速度，保证货架从平稳启动和制动，以防货架上的物品抖动、倾斜或倾翻，如图 3－13 所示。

敞开式移动货架的传动机构设于货架底座内，操作盘设于货架端部，外形简洁，操作方便。货架的前后设有安全分线开关，遇障碍货架立即停止。封闭式移动货架不需要存取货物时，各货架移动到一起全部封闭，并可全部锁住。

无轨式移动式货架无须地面施工，不破坏现有地面，施工简单，建设周期短，无须链

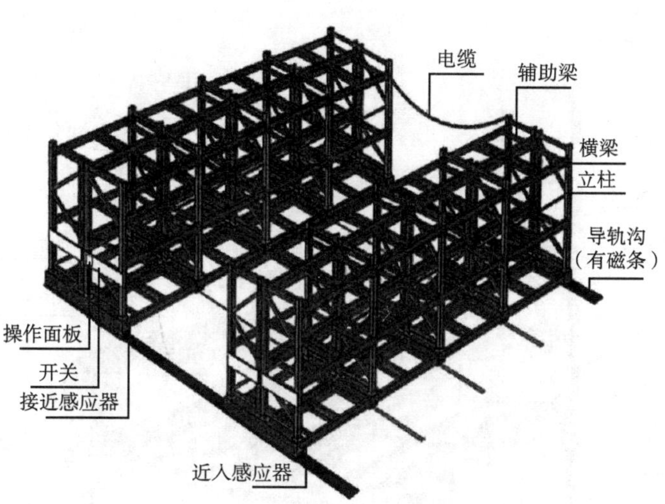

图 3－13 电动势移动货架

条的直接驱动，方便可靠。有轨式移动式货架载重量更大，每列长度可达 30 多米，高度可以做得更高，操作简单。

2. 特点与应用。

移动式货架是高密度存储的货架系统之一，移动方便，存储量大，单位面积存储量是普通托盘货架的 2 倍，用于立体仓库的移动货架高度可达 12 米。无须预留过多通道，仓库利用率高达 80%，空间利用率极高，安全可靠。

移动式货架适用于土地面积有限、库存品种多、出入库频率较低的仓库，或者库存频率较高但可按巷道顺序出入库的仓库。在很多行业都有广泛应用，如工厂、医院、冷库、图书馆、档案馆、配送中心等场地，存取各种原材料、工业成品、模具、药品、食品或图书资料等。封闭式移动密集柜因其安全保密、防尘、防虫、防潮等功能，广泛应用于档案资料、图书资料的管理、文物的保管等领域。

在电动移动式货架系统中，冷冻型可以在零下 30 度的冷库内使用。防爆型可以对涂料、香料粘合剂等具有爆炸的危险性物品进行保管。

（八）流利式货架

流利式货架又称滑移式货架或流动式货架。

1. 结构与分类。

流利式货架是仓储货架中的一款可以实现先进先出的拣选型货架，其设计原理与外观和重力式货架相似，但结构简单得多。流利式货架将滚轮式合金流利条倾斜连接到前后横梁及中间支撑梁上，利用货物自重从高处通道存货，低处通道取货。流利条安装倾斜度取决于货箱的尺寸、重量以及流利架的深度，通常取 5% ~9%，流利条滚轮的承载力为 6 千克/只，当货物较重时，可以在一个滚道安装 3 ~4 根流利条。通常在深度方向上每隔 0.6 米安装一根支撑梁以增加流利条的刚度。当滚道较长时，可用分隔板将滚道隔开。取货端需要安装制动片使货物减速，降低冲击，如图 3－14 所示。

货架高度通常在 2.5 米以内，货物以盒、纸箱包装或置于塑料周转箱内，由小车进行运

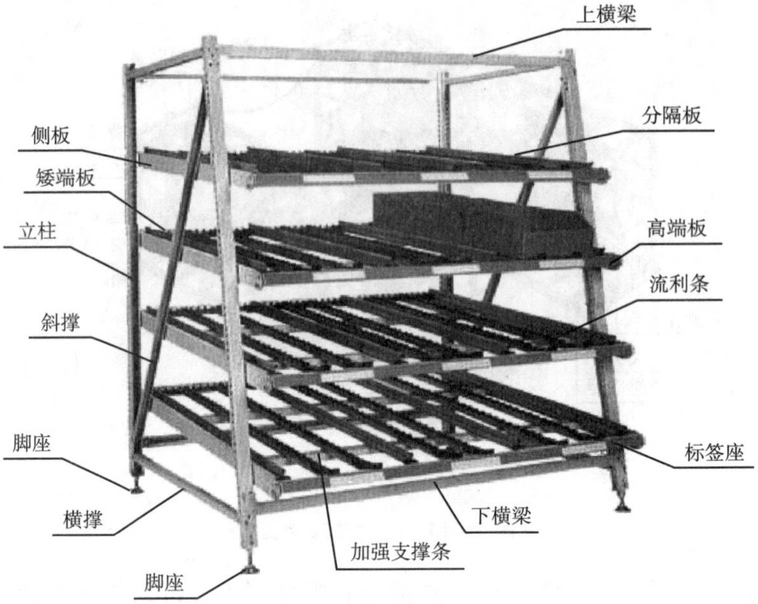

图 3-14 流利式货架

送，可人工存取，先进先出。若配以电子标签，就可以实现货物的信息化管理和快速分拣。

与重力式货架相比，流利式货架结构简单，但承重能力相对小一些，因此存取较重的货物或立体仓库中还是需要选择重力式货架。

常用的流利货架结构有悬伸式（含拣选板结构）和非悬伸式两种。辊筒输送线配合作业场合，一般以悬伸式为主，而对于是否需要配置拣选板，需要看用户的作业模式和产品的品规数量以及拣选量的大小。

流利条可单独购买，所以有技术条件的企业也可以利用现有货架改造，既可节约旧货架的报废损失，又可节约新货架的购置安装成本，一举两得。

2. 特点与应用。

流利式货架结构简单、造价低，安装拆卸方便，施工快；存储密度大，空间利用率高；存取速度快，可以一次补货多次取货，拣选作业劳动强度低，适合大批量货物和短期存放货物的拣选。

流利式货架广泛应用于汽车制造业、电子、化工等行业的生产与装配车间，用于生产线两侧的工序转换；同时也适合商业超市、医药、烟草行业的配送中心等自动化程度高、出货频率较高仓库的出库前的拣选。

（九）压入式货架

压入式货架又称后推式货架或推入式货架。

1. 结构与分类。

压入式货架是由托盘货架演变而成，为增加保管效率而设计的仓储货架形式。主要构件包括立柱、横梁、托盘台车、导轨、安全防护结构部件等，如图 3-15 所示。货架前后梁间以多层托盘台车（或导轨）重叠套接，并跨于双排轨道上。轨道按一定角度（一般 3

度左右）倾斜固定在货架横梁上，运载台车可沿轨道运行。整体结构采用“弹夹”原理，存货时，叉车将到达托盘货物堆放在台车（或导轨）上，同时将原先存放于最外侧的托盘货物往里推，原先的托盘台车依次被推入内部。取货时，当外侧货物取走时，内侧的台车及货物会在重力作用下，自动滑向外侧，代替已出货的货物位置。在未存放货物时，每层小车能够自动下滑，叠加在每个货位的最前端。

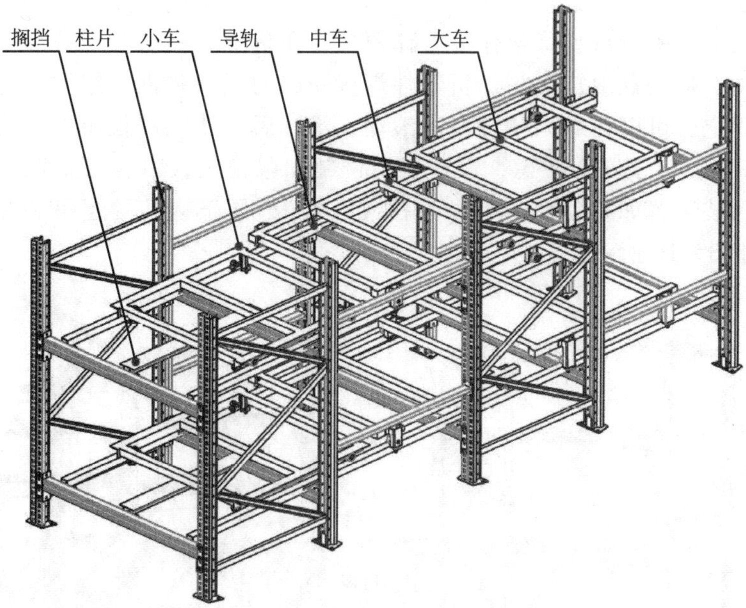

图 3－15 压入式货架结构

压入式货架集中了驶入式货架和重力式货架的优点，存取方式与驶入式货架类似，不同的是叉车不需要进入货架内部，只在货架前方的叉车通道中工作，利用单一通道进行存取，先进后出。

压入式货架深度方向可以设计为多个托盘位置，最大深度在 5 个托盘位（4 层台车叠加配合）。但总深度不宜过深，否则由于托盘小车相互嵌入的缘故而会使空间牺牲较大。单托货物重量一般在 1 500 千克以内，货架高度一般在 6 米以下。

运载台车根据托盘的尺寸焊接成型，四角装置特殊设计的滑轮。要确保四轮在轨道梁上的有效受力及四轮运动的平稳性，运载台车的制造安装精度要求、托盘变形控制量及托盘与运载台车的匹配性、轨道直线度和扭曲度要求等都比常规货架要求高，造价也相对较高。

2. 特点与应用。

压入式货架是高密度存储的货架系统之一，仓库使用率可高达 70%，与重型货架（托盘货架）相比可节约 1/3 空间。存取作业灵活方便，安全性及运转效率都远高于驶入式货架，且对叉车操作要求比后者低，但无法做到货物的先进先出。

此类货架适合少品种大批量货物存放，尤其是规整的、出入库批次大、品种少的单元化货物，非常适用于冷库或存储区域有限但急需增加储位面积的场合如图书、电子行业仓库，也适用于对货物有时间要求但对货物拣选要求不高的场合或用于大型配送中心货物中转区的存储管理，是目前企业进行库房密集化存储改造的优主流选货架形式之一，国内应用已逐渐增多。

（十）抽屉式货架

抽屉式货架又称模具货架或推拉式货架。

1. 结构与分类。

抽屉式货架一般采用重型货架作为整体框架，在货架立柱上分层安装由滑轨、抽屉盘组成的抽屉结构。抽屉盘由矩形管加折弯件焊接而成的框架和钢板组成。每条滑轨由两个轴承前后上下固定，可以在导向槽内自由滚动，承载后依然能用很小的力自如地拉动，抽拉率 50% ~100%。出于安全考虑，设计了定位销和限位销，以保证抽屉盘安全抽出。顶部可配置独立吊装装置如移动葫芦车（手拉或电动），便于物品的起吊和存取，不需要叉车和巷道，如图 3－16 所示。

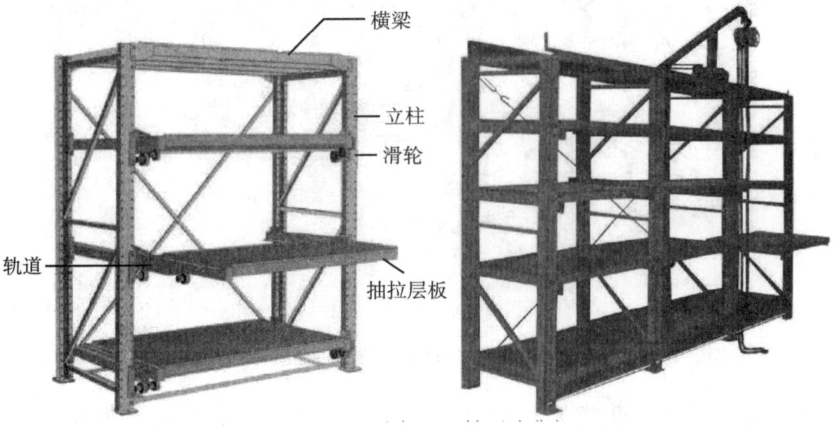

图 3－16 抽屉式货架

抽屉式货架根据承载能力可分为轻量型、重量型两种，轻型抽屉货架单层载重 200 ~800 千克，重型抽屉式货架单层载重 800 ~5 000 千克。按封闭程度可分为开放式和封闭式。

2. 特点与应用。

抽屉式货架采用螺栓连接，由多种组合部件组装而成，结构简单稳定，便于拆卸、运输和安装；存取货时拉出抽屉，平时收回。仅需作业通道无需搬运通道，占地小，节约空间；物品分层分类存放，管理方便、存储量高；单人可完成货架存取操作，操作简单，速度快；承重量大，适用范围广。

抽屉式货架广泛应用于模具等机械加工装备的存放，还可以存放管材、板材、棒材、轴类、缸筒、贵重金属、不规则形状货物、长货物、大件货物、零散件、边角料、机加工件等。封闭式抽屉货架能防尘、防潮、避光，可存放小件物品、贵重物品、刀具、精密仪器、药品等，目前在重工铸造、电子、纺织、医药、医疗、化工、食品等各行各业均有应用。

（十一）穿梭式货架

穿梭式货架也称为穿梭车货架、穿梭式货架系统。

1. 结构与分类。

穿梭式货架在结构与外观上与驶入式货架非常相似，除了将后者牛腿构件上的托盘悬臂换装为穿梭车运行轨道之外，货架结构本身没有特别之处。但穿梭式货架轨道搭配自动化穿梭车的设计模式，实现智能控制与传统存储设备有机结合后，就形成了一个动载状态的设备系统，让货架有了“动力”，如图 3－17 所示。

图 3－17　穿梭车货架系统

需要存货时，穿梭车移动到货架轨道的最前端，叉车将托盘货物放在上面，然后在计算机指令的指挥下，车上的抬板升起，车轮移动走向货架的里面，放在指定的位置上；取货反之。由于自动化的存储模式的存在，存取货变得简单且高效，可精准批量作业。

与驶入式货架相比，穿梭式货架增加了导轨支撑横梁等稳定性构件和防碰撞设计，激光定位系统与报警系统等，再加上人员与叉车无需进入巷道内，最大限度地保证了人员与货架安全。存储系统由于自动化运行，对货架设计制造与安装更为严格，选材、制造和安装精度也更高，造价高于普通货架。

穿梭车货架系统有三种形式：普通叉车＋穿梭车货架系统；子母车货架系统；堆垛机＋穿梭车货架系统。

2. 特点与应用。

由货架、穿梭车以及叉车组成的高密度穿梭式货架存储系统，极大地提高了工作效率和空间利用率，是自动化仓储系统进一步发展的代表。据统计，穿梭式货架系统空间利用率可达 80%～85%。既可以先进先出，也可以先进后出，两种存取方式皆可实现，储存管理方便。

目前，此类货架系统在大宗产品仓库、生产加工业以及保税仓库、电商仓储、冷链仓储系统中被广泛地安装使用；特别适合食品、医药、化工、烟草等少品种大批量、品项相对单一，且对存取方式要求较高的行业；用于冷链仓储系统，可减少人员低温作业时间，提高工作效率和作业安全性。

穿梭式货架前期投入的成本比普通货架的高，但是在后期的使用过程中，穿梭式货架的人员成本远远低于普通货架。从长远利益来看，穿梭式货架更有发展潜力。

三、货架的选型

在各类机械化、自动化仓储设备之中，货架看似简单。然而，要发挥其他仓储设备的作用，实现仓储系统现代化管理，货架却是基础性关键因素之一。货架种类、型号多，在仓库建设资金投入中占比较大、如何设计合理的货架应用方案、保证安全的同时，经济合理地满足货物存取需求，几乎是每个仓库都要面临的问题。

（一）货架选型原则

1. 安全可靠性。

安全性是货架选型的首要原则。货架的安全可靠体现在强度、刚度和稳定性以及长期使用过程中的变形量与定位精度等多方面，这些要求通过货架材料的质量、钢结构设计与建造的合理性来实现。货架制造企业选用材料时，一般比较重视主要结构件如横梁、立柱的使用要求，容易忽视其他结构如连接杆、拉杆的材料质量，这样会导致货架整体强度与稳定性得不到保证，尤其是有抗震要求的货架。钢结构设计中存在诸多不确定性因素，对钢结构的可靠性分析也是货架选型的一部分内容。需要补充的是，货架的后续使用、维护和保养也是影响设备寿命和安全性的重要因素，需要高度重视。

2. 空间利用最大化。

仓库的储存保管空间利用率十分重要，如何降低储存成本，如何充分利用现有的仓库面积，是各仓储系统必须考虑的问题，仓库空间利用率的“最大化”更是土地成本高昂地区仓库成本构成的重中之重。不同类型和结构的货架，能实现的存储率差别较大，充分了解各类型货架的存储效率和面积利用率是货架选型的首要任务之一。

3. 先进性与前瞻性。

随着生产与流通领域新技术、新管理方法的应用，烟草、医药、汽车制造、电商等行业逐渐向自动化、柔性化、敏捷化发展，也对仓储系统提出了自动化与现代化的要求。与此同时，货架系统也出现了许多简单实用的新技术、新设备，这些设备在性能上更适应现代仓储作业的要求。因此，在货架选用时，应有一定的前瞻性，尽量配置符合行业应用发展趋势的新设备，以防过快被淘汰。

4. 经济实用性。

货架的经济实用性体现在两个方面：第一，能满足于所储存物品的品种、规格尺寸和性能的要求；第二，适合配套机械的存取作业，货架选型时，要全面分析仓储系统储存物品的情况和配套机械的配置需求；第三，设备选购时要兼顾成本经济因素，如后期维修保养成本、能耗、配套机具购置成本等，不能一味求新颖、求高技术含量。

（二）货架的选型依据

从关键影响因素角度分析，货架选用时需要提前明确以下五个方面的具体情况。

1. 库房结构。

库房的结构直接影响到仓储货架的安装与使用，选择适合仓库结构特点的货架，不仅可以充分利用库房空间，也会让可能发生的风险降到最低。一般而言，库房的高度决定货架的高度；货架的整体摆放受梁柱的位置和拐角尺寸的制约；货架的承重、设计与安装要与地坪的承重强度、平整度相匹配，另外还须考虑消防设施和照明设施的安装位置问题。这些需要先行规划的问题，有条件的企业可自己进行，否则须由委托货架供应商的专业技术人员辅助完成。

2. 物品特性。

货架是存放货物的，储存物品的外形尺寸、重量、数量、储存单元及存储要求等，直接关系到货架规格和类型的选定。货架的承重能力和货位容积必须与储存货物的重量、体积相匹配，否则可能因过载会带来安全隐患，或者难以充分利用浪费库容。有特殊储存要求的货物则需要采用对应材质和结构的货架，不符合要求会带来后续管理工作的不便，甚至是不可估量的损失。

3. 存取性。

存取性与存储密度是相对的，货物存储密度越低，存取性越好。各类货架的存取性能差异较大，有些货架虽然可以达到较高的存储密度，但存取效率低，或者无法满足先进先出的存取要求。立体自动化仓储系统的存储性与存储密度俱佳，但投资大，运营成本高。因此，在选用货架时必须综合考虑各种因素，权衡利弊。

4. 出入库频率和数量。

出入库量和频率是影响货架存储设备的重要选择之一。不同的货架对货物的存储影响不同，有的货架存储量较大，但只适合低频率的存取作业。能适应自动化存储系统的货架比较容易满足出入库数量和频率的要求，因此，能在货架设备上进行自动识别、拣货、盘点仪器的兼容安装，也是现代化货架设备选用时要考虑在内的。

5. 搬运设备。

一般情况下，仓储货物的存取都需要借助搬运设备来完成，因此选用储存设备必须考虑搬运设备。货架的设计高度、宽度等必须与搬运设备的工作能力匹配；为保证货物、设备与人员安全，可能需要在货架上额外安装防撞、加固、车辆运行导轨等构件。

目前，国内货架高度、强度、结构等方面标准化、系列化、多用途化发展很快，为货架选用带来很大的空间和便利。需要注意的是，与叉车、堆垛机等整机设备不同，货架多数是加工定制现场组装，一半工作量是在厂内完成，另一半要现场完成，对于老旧仓库改造需要长时间停产，这是需要高度重视的问题。

第四节 自动化立体仓库

自动化立体仓库（Automatic Storage & Retrieval System，AS/RS），又称为立体仓库、高层货架仓库、自动存储系统等，一般是指采用几层、十几层乃至几十层的高层货架储存单元货物，通过计算机系统集成仓储管理和仓储设备控制功能，实现无人工参与或少量人工参与、自动完成货物存取作业的仓库。

自动化立体仓库综合利用了现代的机械化、自动化、信息化等高新技术，是仓储技术设备发展最高水平，由于其极高的存储能力和存取效率、土地利用率和信息处理能力等优势，因而广泛应用于各类生产、流通领域。

传统意义上的自动化立体仓库构成包括高层货架、巷道堆垛机、输送机、出/入库工作台、自动控制系统（WCS）和计算机管理系统（WMS），如图 3－18 所示。这类仓库的存储密度、储位数量和空间容量受库房高度决定，存取效率受堆垛机工作能力决定，一旦规划建设完成，很难做出调整和改变，缺乏柔性。随着工业 4.0 和互联网技术应用，制造业、物流业向精益化和智能化方向发展，更具柔性化和适应多场景分拣的自动化仓库需求增多，穿梭车式密集仓储系统、集自动化存储与分拣一体的 Kiva 机器人“无人仓储系统”

等，已陆续在制造业和电子商务物流系统投入使用。这些新型自动化存储系统，采用单机模块化设计，系统柔性和灵活度更适应现代社会经济发展的需求，改变了立体仓库堆垛机独占自动化存储系统的局面。

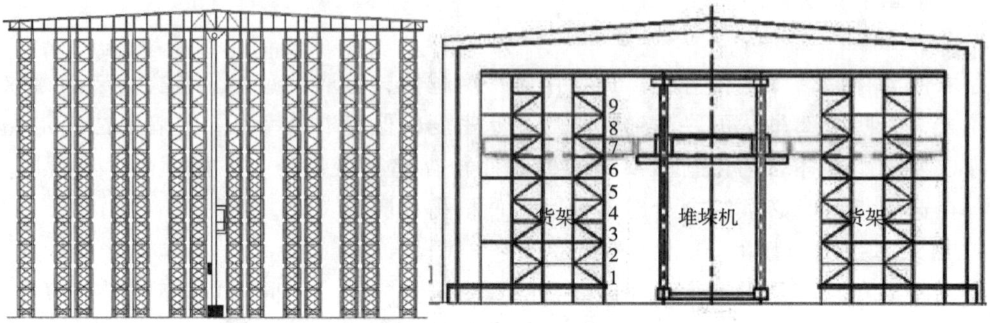

图 3-18 整体式立体仓库（左） 分离式立体仓库（右）

一、自动化立体仓库的产生与发展

1950 年，杜邦公司的工程师巧妙地将桥式起重机的桥架和叉车的门架结合在一起，形成了世界上最早的桥式堆垛机，并将这台堆垛机用于仓库中。这台桥式堆垛机及其所在仓库被认为是世界上最早的立体仓库。随后的几十年间，巷道式堆垛机以及采用了计算机控制技术的自动化立体仓库相继投入使用，并形成了专门的学科。

纵观自动化立体仓库的发展过程，按技术水平大致可以分为四个发展阶段：机械化阶段、自动化阶段、集成化阶段和智能自动化阶段。

（一）机械化技术阶段

20 世纪 50 年代的立体仓库，物料通过各类的输送设备、吊车、堆垛机和升降机来移动和搬运，操作人员通过电器开关按钮来控制机械存取，用限位开关等控制设备的运行。这一时期的立体仓库在需要高强度体力环节采用机器代替人工，满足了仓库对存取速度、精度、高度、重量和搬运的要求。

代表性的案例是 1959 年美国国际纸张公司阿拉巴马州的仓库，该仓库采用了堆垛高度约 8.5 米、通道宽度为 1.2 米的巷道式堆垛起重机，人工操纵，大幅度提高了仓库利用率。这种利用高层货架储存货物、利用巷道堆垛机完成货物的存取的作业方式已经与现在的立体仓库没有本质区别。所以这座仓库的出现一直被认为是立体仓库技术趋于成熟的标志。

（二）自动化技术阶段

1963 年，美国伊里诺斯州第阿费尔特的 Kitchens of saro Lee 公司首先在仓库业务中采用计算机控制，实现了仓库作业的自动化。该仓库高度已达 12.2 米，是当时世界上最高的立体仓库，也开创了建造计算机控制的自动仓库的先河。

此后，随着可编程控制器 PLC、自动存取 AS/RS（Automation Storage and Retrieval System）、自动导向小车 AGV（Automation Guided Vehicles）、条形码阅读器（Bar-Code Scanner）等技术设备在立体仓库的应用，仓储系统实现了控制自动化。

（三）集成化技术阶段

20 世纪 70～80 年代，随着社会发展及计算机技术成熟，生产和销售环节对仓储系统物料的管控提出了与生产、流通各环节协调一致、动态实时的要求。要实现这一点，各环节的计算机之间、机械设备的控制器之间以及设备与计算机系统的数据传递过程要及时有效，管理者可随时查询库存量、订货和到货时间等信息，以便做出更准确的生产与分销策略，仓储设备的集成化系统就此形成。

这一时期，美国道格拉斯飞机制造公司曾建立 CO－ON 仓库管理系统，该公司生产的备件有 30 万种，150 万件样品，分别存放在国内外仓库里，为了及时供应客户的需要，避免零件积压，及时掌握供求情况，管理人员借助于这个系统，能随时了解购销存情况，产品不足时，又可及时通知制造和订购。

（四）智能自动化技术阶段

20 世纪 90 年代，借助机器人技术，出现了第四代智能型立体仓库系统，可实现出入库和仓库信息的全自动处理，而且还可根据生产计划报表分析、制定出所需材料与劳动力，并依据物资的现有库存量提出适当的建议等。目前全世界已有各种类型、各种用途的机器人达百万台，这些机器人装有多种传感器，能识别作业环境，能自主决策，具有人类大脑的部分功能，且动作灵活。随着人工智能技术和机器人技术的飞速发展，预计机器人在仓储领域得到更广泛应用，出现各种智能化仓储设备。

我国立体仓库的设计与建设始于 20 世纪 70 年代，1974 年建成的郑州纺织机械厂冷作车间模具库是国内第一座立体仓库，北京汽车制造厂中间试验库是国内第一座真正意义上的立体仓库，此后，原一机部系统相继建立的多座立体仓库。在这些立体仓库中，有最大高度达 18 米的自动化仓库，也有高度为 10 米左右，具有一定机械化程度的仓库，也有高度仅 4～5 米，基本上采用人工控制的简易立体仓库。

历经 40 余年的发展，国内自动化仓储系统步入快速发展阶段，商务部的《商务物流发展专项规划》中有一个指标就是自动化立体仓库总面积占仓库总面积的比重提高到 40%。据《2013～2017 年中国自动化立体仓库行业投资需求与发展前景分析报告》显示，截至 2012 年年底，我国已建成立体库系统 1 200 余套，遍及制造、机场、医药、烟草、食品、军队、建材、家电、铁路、轨道交通、电力、石油化工、煤炭、纺织、批发、零售、果蔬、服装、图书出版、教育、金融、馆藏等各个行业，自动化立体仓库市场规模为 67 亿元。据不完全统计，至 2015 年，国内已累计建成自动化立体库 2 600 多座，市场规模超过 320 亿元。

近年来，随着物联网、仓储机器人、无人机、云计算、大数据等新技术的应用，我国自动化立体仓库的发展方向已由单一粗放型转向柔性智能型。大到 6 米以上，重 4～10 吨的钢板、钢管等长大件，小到电子元器件的自动化立体仓库，还有专门用作汽车储存的自动化立体仓库均已出现。目前，80% 新建的自动化立体仓库货架高度均超过 20 米，组合式仓储货架已成为高层仓储货架的主导结构。特殊作业环境下的自动化立体仓库向常规化方向发展。2013 年，在河北定州，伊利集团建设投产了我国首个最大的自动化立体冷库，库内温度要求为 －25℃。该库拥有 5 个货架系统（单个巷道货位数为 14 700 个），单伸位与双伸位相结合的高效堆垛机（rapid store）、出/入库系统以及库前托盘输送线。

随着科技的发展，横向上，自动化立体仓库的应用领域将继续向外延伸，如在生产领域，自动化立体仓库与生产企业的工艺流程密切结合，成为生产物流的一个组成部分，柔性加工系统中的自动化仓库就是一个典型的例子。纵向上，自动化立体仓库的智能化水平将进一步提升，多巷道穿梭系统和高速单通道升降系统的发展远超以往任何时候。自主式穿梭车可从每层货架深处的多个存储点拣货，输送到位于通道末端的升降机处，从而在存储容量上节省空间，实现自动化仓储系统的密集型存储。

二、自动化立体仓库的类型

（一）按仓库的建筑形式分类

1. 整体式。

整体式立体仓库也称为库架合一式立体仓库，是指立体仓库的货架除承受货物的荷载外，还作为库房的框架，支撑着屋顶和四面保温墙板，即货架兼作建筑物承重结构。整体式立体仓库的技术关键是货架系统，它的设计依据、制造工艺、安装难度与分离式自动仓库有着较大的区别，库房内部所采用的机械设备系统与分离式相同。

整体式自动化立体仓库无库内建筑立柱，空间利用率更好，同时由于其较好的稳定性、抗震性和风载承受力，仓库高度通常在 15 米以上，适用于大规模配送中心、大型生产企业仓库和铁路、机场、港口等物流转运中心。

2. 分离式。

分离式立体仓库是一种传统的仓库类型，仓库与货物存储设施（如货架）相对独立、完全分离，货架在建筑物内独立安装。仓库高度 15 米以下和地面荷载不大时，采用这种形式比较合适，常见于车间、厂房或旧库房改造等中小型立体仓库（见图 3－19）。

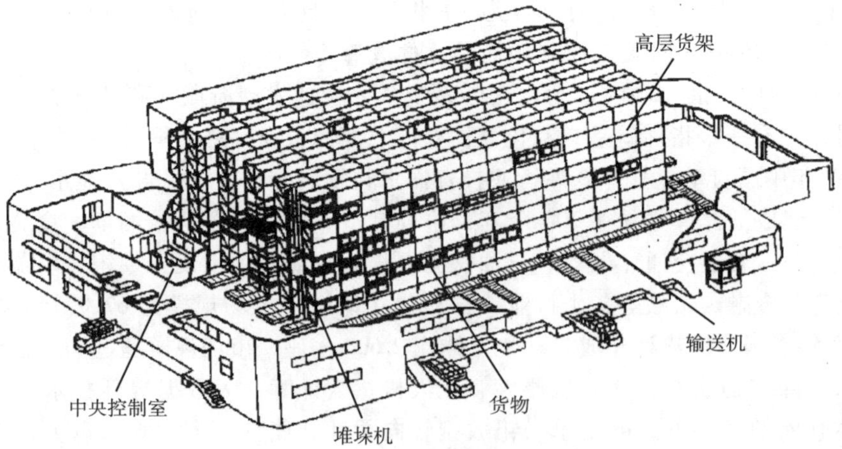

图 3－19　自动化立体仓库结构示意图

（二）按货架构造分类

1. 单元货格式。

每一层货架都是由同一个尺寸的货格组合而成的，开口面向货架通道，便于堆垛机行驶和存取货物。货架以两排为一组，组间留有通道，通道占存储区面积的1/3左右。货物先放在托盘或料箱内，再装入单元货架的货位上，是比较最常见的一类立体仓库形式。

2. 贯通式。

这类仓库货架是根据单元货格式改造而来的，取消了位于各排货架之间的巷道，将货架合并在一起，使同一层、同一列的货物互相贯通，形成能依次存放多货物单元的通道，堆垛机在货架的一侧进行存取操作。贯通式自动化立体仓库由于消除巷道而增加了存储空间。

根据货物单元在通道内的移动方式，贯通式仓库又可细分为重力式自动化立体仓库和穿梭式自动化立体仓库。这两种货架结构原理及适用性与普通平仓基本相同，此处不再赘述。

3. 旋转式。

旋转式自动化立体仓库也称为循环式自动化立体仓库、自动化柜式立体仓库，分为水平旋转式和垂直旋转式。立体仓库中的旋转货架每层由数十个独立的货柜构成，用一台链式输送机将这些货柜串联起来，由电机驱动运行，结构原理与平仓相同。与普通平仓不同的是，高层化的旋转货架存在取货时间长、出入库效率降低的问题，为了满足高速出入库作业需要，在垂直方向安装高速提升机，这样可以同时对各层货物进行提取，提高效率。这类仓库特点是小型化、轻量化、智能化，尤其是封闭性强，有很强的保密性。适合于贵重的电子元件、贵金属、首饰、资料文献、档案材料、音像制品、证券票据等的储存。

垂直旋转式自动化立体仓库货架把水平面内的旋转改为垂直面内的旋转，适用于存放长卷状货物，如地板革、地毯、电缆卷、胶片卷等（见图3-20）。

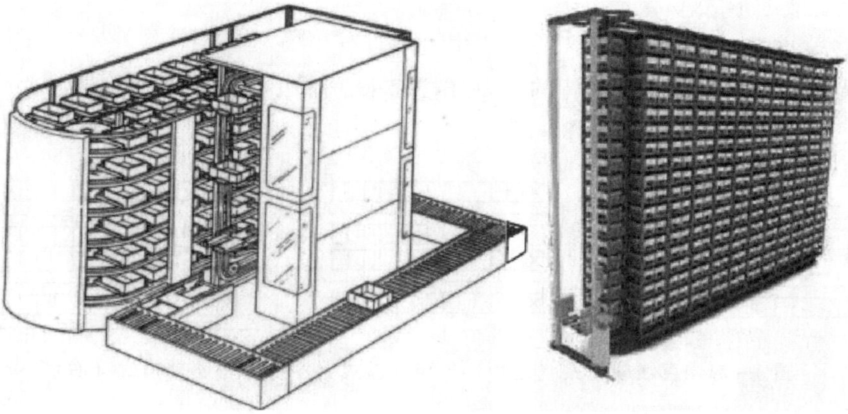

图3-20 旋转式自动化立体仓库

4. 移动货架式。

移动货架式由电动货架组成。货架可以在轨道上行走，由控制装置控制货架的合拢和分离。作业时货架分开，在巷道中可进行作业。不作业时可将货架合拢，只留一条作业巷道，从而节省仓库面积，提高空间的利用率。

（三）按使用环境分

1. 一般自动化立体仓库。

在常温、常湿度自然环境下储存货物，大部分自动化立体仓库属于此类。

2. 低温（冷藏/冷冻）自动化立体仓库。

食品、药品低温存储是对温度要求可能不同，因此低温自动化立体仓库一般会有多个温区，库区温度一般会在 0 ~ -40℃，理货区的温度一般控制在 0 ~ +7℃，除此之外，还有缓冲间，独立除湿间等温区的划分。

3. 高温自动化立体仓库。

高温自动化立体仓库库区工作环境温度 40℃以上，多见于制造企业生产环节，如铸件高温输送冷却系统，实现铸件冷却、除尘、存储、转运一体的生产物流自动化。

4. 防爆自动化立体仓库。

防爆自动化立体仓库主要用于化工行业的危险品储存，为了达到防爆安全标准，这类仓库通常要求采用特殊电器设备，增设防爆装置。

（四）按导轨配置分类

1. 直线轨道式。

堆垛机行走路线完全是直线，在自动化立体仓库的一侧端口实现入库作业，另一侧端口实现出库作业，常与分离式自动化立体仓库配合构建，一般用于大规模存取货从一端到另一端的连续作业情况。

2. U 形导轨式。

堆垛机行走路线是直线和圆弧，出/入库作业都在同一侧端口进行。一般而言，采用 U 形物流线路最实惠，在管理和经济方面都有优点。特别是出/入库场和时间都受到限制时，这是最有效的形式。

3. 横移导轨式

通过横移接轨方式把两条平行的导轨连接起来，可以减少堆垛机数量。这样的设计结构经济性好，可集中管理（见图 3-21）。

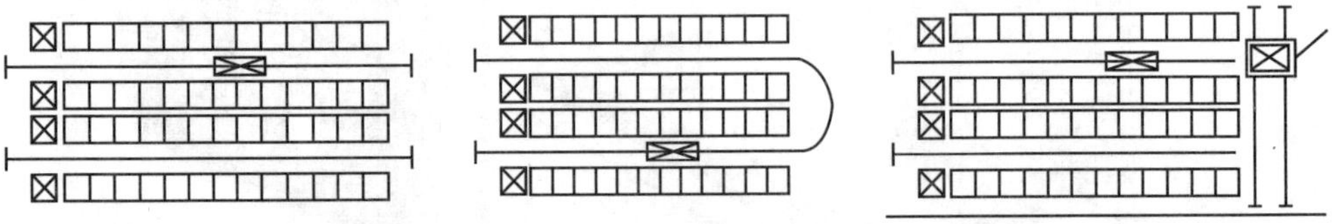

图 3-21 直线轨道式（左） U 形轨道式（中） 横移轨道式（右）

自动化立体仓库还可根据货架高度不同，细分为高层立体仓库（15 米以上）、中层立体仓库（5 ~ 15 米）及低层立体仓库（5 米以下）；按用途分原材料仓库、零部件仓库、工序间仓库、成品仓库、流通仓库等。

三、自动化立体仓库的优劣势

（一）优势

自动化立体仓库相对于普通仓库具有以下优势：

1. 提高空间的利用效率，减少占地面积，降低土地购置费。自动化立体仓库的平面和空间都可以充分利用，单位面积存储量甚至可达普通仓库的数倍。空间利用率的提升，在固定库容量的情况下可以减少仓库占地面积，从而减少基建土地投资成本，节约资源和提升环境保护的力度。

2. 实现自动化作业，降低劳动强度，提高了劳动生产率、货物存储质量和作业效率。自动化立体仓库的出入库作业及货物调度过程中，可准确地实现货物入库、出库、货物盘点、余额显示等，减少差错，降低了人为因素造成的货物损耗，全方位地提高货物的仓储质量。另外，自动化立体仓库相对密封化的管理方式为货物提供了较好的储存与养护条件。随着经济的飞速发展，某些特殊工业环境对货物的存储环境有着特殊的附加要求，如低光、低温、耐热等。自动化巷道堆垛机以及其他自动化设备的使用，满足了特殊存储环境的要求，国内已有自动化冷库投入运营，存储感光器材的自动化仓库可实现低温和完全黑暗，保证存储安全。综合而言，自动化立体仓库系统为最大化地提升生产效率提供了保障。

3. 提升了仓库管理水平，是仓库现代化的标志。在物流成本中，仓储成本所占比重较大，是第三方利润源中不容忽视的环节。自动化立体仓库与传统仓库单一存储职能相比，可对库存货物实行动态管理，使仓库的职能由“静态存储”向“动态存储”转变，并形成了集约化的信息流，是企业物流系统中不可或缺的一部分，为管理决策提供必要的精准化依据。

（二）劣势

然而，自动化立体仓库不可避免地存在一些不足之处。

1. 仓库结构复杂，配套设备多，需要较大的前期投资。与普通仓库相比，自动化立体仓库的前期投入很大，巨大的资金需求不是每一个企业都可以负担得起。土建施工要求高，建设周期很长，货架安装和设备调试也需要大量的时间，除新建仓库外，旧库改造很难，尤其是生产企业的各类仓库立体化改造几乎不可能。

2. 高层货架固定安装，尤其是库架合一的整体式立体仓库，一旦建成其存储能力、运作方式亦即固化，难以改变。其次是可靠性要求很高，控制系统一旦出现故障，可能会导致存储系统瘫痪，收发作业中断。

3. 日常运营费用高昂。立体仓库和自动化仓库的由于配备大量的机械化和自动化设备，日常运行、能源消耗和维护保养需要大量的费用。有报告显示，我国东部地区某物流园区的一座 16 000 托盘货位的自动化立体仓库货位运营成本是普通相同货位的 6 倍。因此，若非特殊需要，如对出库速度有特殊要求等，立体仓库的建设须慎之又慎。

4. 仓库实行自动控制与管理，技术性比较强，对工作人员的专业技术素质要求比较高，必须有一定数量的专业技术人员，或经过专门培训的人员才能胜任。

四、自动化立体仓库的构成

自动化立体仓库是土建、机械、电气等多专业的综合工程，这些专业技术及其设备在立体仓库的设计和施工中既互相交叉，又互相制约。围绕着物流路线可将自动化立体仓库分为货物储存系统、货物存取和传送系统、信息处理与控制系统，与之配套的还有供电、消防报警、称重计量、空调系统等辅助设施。其中，货物存取及传送在自动化仓库中居首要地位。

（一）货物储存系统

1. 货架。

在结构原理甚至是存取特征方面，自动化立体仓库常用货架与普通平仓所用的同类型货架并无太大的区别，但因为立体仓库货架较高，货架的钢结构设计、安装和施工精度要求较高；同时为了与其他自动化设备配合作业，普遍需要配置堆垛机、提升机等升降设备。

目前，国内相关行业对各类货架的设计、生产、安装、验收等基础内容做出了明确的规定，制定统一的标准，保证货架的产品质量与安全性。国内正式实施的货架标准有《工业货架规格尺寸与额定荷载》（GB/T 27924—2011）、《工业货架设计计算》（GB/T 28576—2012）、《仓储货架使用规范》（GBT33454—2016）等，还有多项标准如《立体仓库货架系统设计规范》（立项编号：20140861—T—604）、《库房货架一体化仓库》（立项编号：20100338—T—469）正在推进中。

2. 货箱与托盘。

为便于搬运和输送设备自动化存取，自动化立体仓库的货物存储单元规格尺寸标准相同，也称为单元负载。单元负载的形式多样化，可以是托盘、托板、滑板、专用集装箱托盘、专用盛放架、硬纸板箱等，批量大的洗衣机和电冰箱一类的物品还可利用其自身的包装箱。

以料箱（塑料箱或纸箱）为存储单元的立体仓库，简称料箱式立体仓库，近年来被广泛应用于品类多、周转快，轻储存重周转的物料、配件类仓库。料箱式立体仓库单元负载最大50千克，可采用轻型堆垛机（miniload）进行自动存取作业，也被称为轻型载荷自动化立体仓库系统（miniload AS/RS）。轻型堆垛机（miniload）载荷一般为25～100千克或根据需求设计，行走速度可达200～300米/分，存取效率非常高；且重量轻，噪声小。制造企业的料箱式立体仓库，可通过AGV输送系统与产线无缝对接，其WMS系统与制造企业ERP系统信息交换，实现五金制品等小件原材料或半成品物料的快速储存、拣选、搬运功能，发料、储运、记转账自动化处理，方便管理，优化制造流程、提高生产效率，如图3－22所示。

图3－22 料箱式立体仓库

（二）货物存取与传送系统

该系统承担货物存取和出入库输送的功能，是自动化立体仓库的核心工作部分。按照所承担的具体作业内容分类，可细分为货物存取设备、出入库输送设备和搬运车辆三大类。

1. 货物存取设备。

自动化立体仓库最为常见的货物存取设备是各类型堆垛机，以及最近几年随着密集存储系统发展而来的穿梭车。此外，配合人工拣选作业的高架叉车，也在一些中小型自动化立体库广泛使用。

2. 输送机械设备。

货物输送机械设置于高层货架两端，以各类型输送机为主，有辊式、轮式、带式、滑板式、悬挂式等多种形式。

另外，由于立体仓库自动化程度的提高，在建材、家电、电子、化纤、汽车和食品行业已经大量使用码垛机或码垛机器人，配合输送机完成出入库前的装箱、码垛等工作。

3. 搬运车辆。

自动化立体仓库中的运输车辆主要是配合完成短距离运输任务，主要有叉车、自动导引车及其他地面运输车。智能化技术的兴起，电商仓库出现了 Kiva 搬运机器人的应用尝试。

有些自动化立体仓库使用工业车等设备，与铁路运输、船运、空运相衔接，直接接收各地的货物，或把货物发往各地。这样的设备有工业链式车、室内吊车、平板运输车和专用工业车。

（三）信息处理与控制管理系统

该系统包括一系列信息识别、数据通信、信息检测和控制管理的信息化软硬件设备。

1. 信息识别设备。

信息识别设备是自动化仓库中必不可少的，它完成对货物品名、类别、货号、数量、等级、目的地、生产厂，甚至货位地址的识别。用于自动化立体仓库中的信息识别技术主要有条形码识别技术、二维码识别技术、光学字符技术、磁卡（条）识别技术、RFID 无线射频识别技术、机器视觉图像识别技术。

2. 数据通信设备。

自动化立体仓库各子系统之间、各设备之间要进行大量的信息交换，借助有线或无线网络设备，通过以太网、工业互联网或物联网等计算机网络，实现信息互通。实现信息传递的媒介有电缆、交换机、远红外光、光纤、电磁波设备等。

3. 信息检测设备。

为了实现对自动化仓库中各种作业设备的控制，并保证系统安全可靠地运行，系统必须具有多种检测手段能检测各种物理参数和相应的化学参数，如对货物的外观检测及称重、机械设备及货物运行位置和方向检测、对运行设备状态的检测、对系统参数的检测和对设备故障情况的检测等，各种存取搬运设备本身配置各种检测设备。

4. 控制管理系统。

自动化立体仓库依据不同情况，采取不同的控制方式。有的仓库只采取对存取堆垛机、出入库输送机的单台 PLC（可编程控制器）控制，机与机无联系；有的仓库对各单台机械进行联网控制。更高级的自动化立体仓库的控制系统采用集中控制、分离式控制和分布式控制，即由管理计算机、中央控制计算机和堆垛机、出入库输送等直接控制的可编程序控制器械组成控制系统。中央控制计算机是自动化立体仓库的控制中心，它沟通并协调管理计算机、堆垛机、出入库输送机等的联系；控制和监视整个自动化立体仓库的运行，并根据管理计算机和自动键盘的命令组织流程，以及监视现场设备运行情况和现场设备状态、监视货物流向及收发货显示，与管理计算机、堆垛机和现在设备通信联系，还具有对设备进行故障检测及查询显示功能。

为了操作方便、易于观察设备情况，自动化立体仓库还设置各种显示设备，在操作现场，操作人员可以通过显示设备的指示进行各种搬运、拣选；在中控室或机房，可以通过屏幕或模拟屏的显示，观察现场的操作及设备情况。

（四）土建工程及辅助设施

1. 土建工程。

仓库土建工程应根据库房的规模、仓储系统的功能要求，由建筑设计单位根据国家有关法规、标准和规范的要求进行设计。

2. 消防系统。

依据我国的《建筑设计防火规范》进行设计，并根据所存物品的性质确定消防方案和措施，自动化仓库的消防系统大多采用自动消防系统。

3. 动力及照明装置。

自动化仓库一般只需动力电源即可，总的电容量要根据所有用电设备的负荷，综合考虑来确定。为了使仓库内的管理、操作和维护人员能正常地进行生产活动，必须有一套较好的照明系统，尤其是在外围的工作区和辅助区。同时，自动化仓库的照明系统应有日常照明、维修照明和应急照明三部分组成。对存储感光材料的黑暗库来说，由于不允许储存物品见光，因此照明系统应特殊考虑。

4. 通风及采暖装置。

通风和采暖的要求是根据所存物品的条件提出的。自动化仓库内部的环境温度一般在 -5℃ ~45℃。通风由厂房屋顶及侧面的风机、顶部和侧面的通风窗、中央空调、暖气等措施来实现。对储存散发有害气体物品的仓库要考虑环保要求，对有害气体进行适当处理后再排入室外。

除此之外，给排水设施、避雷接地设施和环境保护设施也是综合建筑系统中要考虑的（见图 3 -23）。

五、堆垛起重机

通常称为堆垛机，是自动化立体仓库中的核心设备，它能够在自动化立体仓库的巷道中升降、往返运行存取货物，实现储存和运输的衔接。

经过几十年的发展，堆垛机已演变出若干类别的机型，但主要构成部分和工作原理是比较相似的。

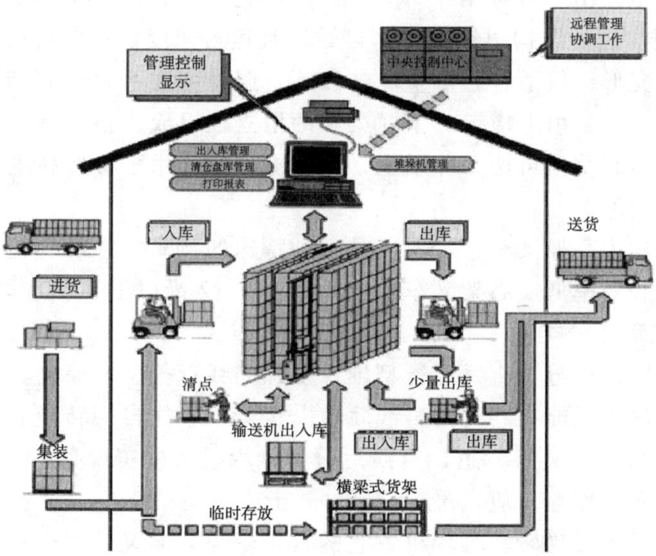

图 3－23　自动化立体仓库硬件控制系统示意图

（一）堆垛机的分类

1. 按有无导轨分类。

按照有无导轨，堆垛机可分为有轨堆垛机和无轨堆垛机。有轨堆垛机是指堆垛机沿着巷道内的轨道运行，行程受约束，须配备出入库设备。有轨巷道堆垛机按支承方式、用途、控制方式、结构、运行轨迹等又可细分为多种类型。如按机架结构形式可分为双立柱有轨巷道堆垛机和单立柱有轨巷道堆垛机，如图 3－24 所示。

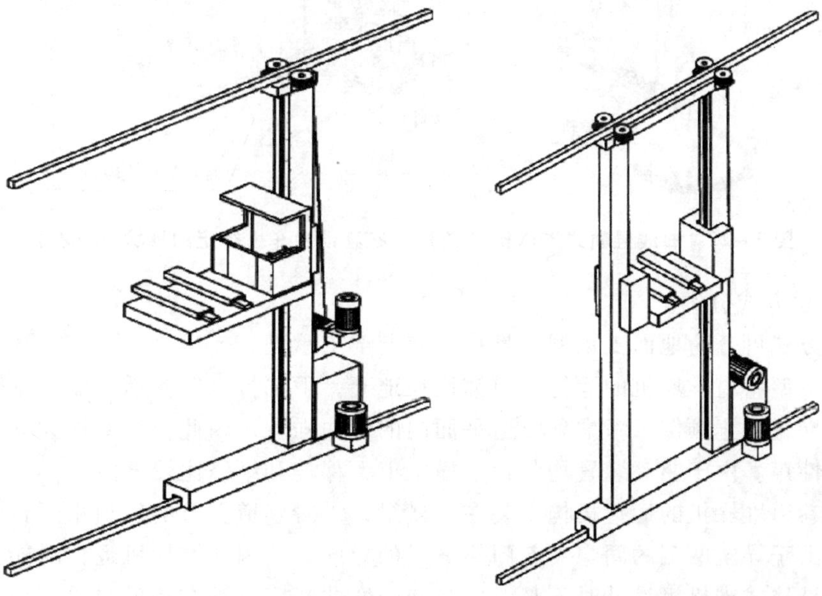

图 3－24　单立柱有轨巷道堆垛机（左）　双立柱有轨巷道堆垛机（右）

单立柱结构简单，由下横梁和一根立柱或者由上、下横梁和一根立柱组成，整体呈“L”型或“H”型。这种结构用钢量少，自重轻且运行速度快；但启动和停车时产生冲击使机架产生较大的变形，仅适合起重量2吨以下，起升高度不大于16米的仓库。

双立柱堆垛机的机架由上横梁、下横梁和两根立柱组成，整体呈方框形。这种结构刚度高并且平稳性好，起重量可达5吨以上，耐冲击，适合用于货架高度大、起升质量大和行走速度快的立体仓库。

无轨堆垛机也称为高架叉车，本质上是一种特殊的叉车。它没有轨道限制，工作范围较大，但作业速度和效率低。高架叉车多用于高度在12米以下、吞吐量较小的立体仓库。

2. 按运行轨迹形式分类。

按运行轨迹不同，可分为直线运行型堆垛机和曲线运行型堆垛机。

直线运行型堆垛机只能在巷道内直线轨道上运行，不能自行转换巷道。只能通过其他输送设备（如移动台车）转换巷道，直线运行型堆垛机可以实现高速运行，能够满足出入库频率较高的立体仓库作业，应用最为广泛。

曲线运行型堆垛机又称转轨堆垛机，它的行走轮与下横梁是通过垂直轴铰接的，能够在环形或其他曲线轨道上运行，不通过其他输送设备便可以从一个巷道自行转移到另一个巷道。曲线运行型堆垛机转弯时不能高速运行，只适用于出入库频率较低的立体仓库（见图3－25）。

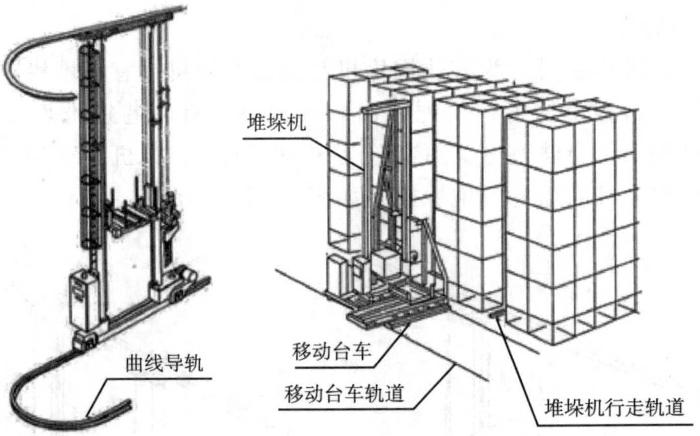

图3－25　曲线导轨式堆垛机（左）　在移动台车上行走的堆垛机（右）

3. 按支承方式分类。

按支承方式可分为地面支承型、悬挂型和上部支承型。

地面支承型巷道堆垛机的运行轨道铺设在地上，下部行走轮支承和驱动堆垛机，堆垛机通过上部导轮防止倾倒。考虑到轨道平面内的弯曲强度，因此，需要加大立柱在行走方向截面的惯性矩。由于驱动装置均装在下横梁上，保养和维修比较方便。

悬挂型巷道堆垛机的运行机构安装在上横梁，沿着巷道上方的轨道来运行。导轨铺设在地面上，由于导轨两侧的间隙夹着门架下部的导向轮，因此堆垛机运行时能避免产生摆动和倾斜。悬挂式堆垛机设计时不必考虑横向的弯曲强度，钢结构的自重可以减轻，加减速时的惯性摆动小，但维修和检查不方便。

2. 按使用场合分类。

堆垛机可分为桥式堆垛起重机和巷道式堆垛起重机。

（二）桥式堆垛机及其结构

桥式堆垛机是桥式起重机与叉车结合物，像起重机一样，具有桥架和回转小车。桥架在仓库上方运行，回转小车在桥架上运行，回转小车悬垂下来固定式或可伸缩式的立柱，立柱上装有货叉或者其他取物装置。它的基本构造主要有大车、小车、回转转台和立柱、取货装置及配套电气设备，如图 3-26 所示。

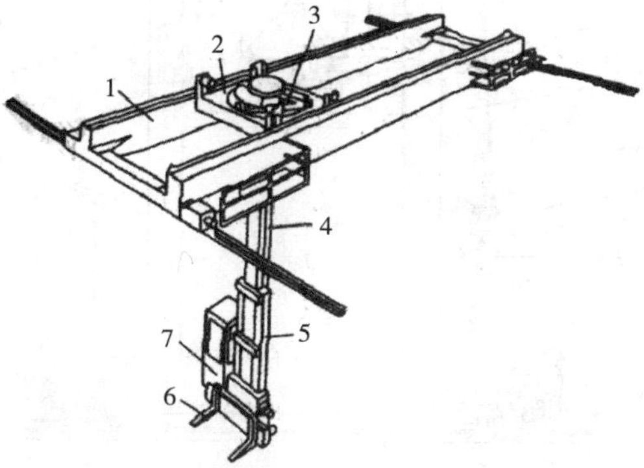

1. 大车；2. 小车；3. 回转转台；4. 立柱固定段；5. 立柱伸缩；6. 货叉；7. 司机室

图 3-26 桥式堆垛机结构示意图

桥式堆垛机的大车运行机构有悬挂式和支承式两种形式，悬挂式多用于 12 米以下，起重量 3 吨以下的堆垛机；支承式运行机构使用广泛，除支承在仓库的吊车梁上运行外，也可支承在货架上运行。

这类堆垛机需要在货架和仓库顶棚之间预留一定的空间，以保证桥架的正常运行。立柱可以回转，保证工作的灵活性，回转小车根据需要可以往复运行，因此桥式堆垛机可以在所有巷道作业。桥式堆垛机由于自重很大，如果运行速度太高惯性很大，启动和制动时产生很大的冲击和振动；其次起升和取货装置的下端无导向机构固定，运行速度太高启动、制动时会产生很大幅度的摆动，所以运行速度较低。另外，桥式堆垛机不适合多机运行，只能采用单机布局，所以只适合储存长大、笨重货物，出入库频率不高的仓库。

（三）巷道式堆垛机及其结构

堆垛机类型不同，其组成也不同，但主体结构是相似的，即都是由机身、起升机构、运行机构、载物台、货叉、电气装置及安全保护设备等部分组成（见图 3-27）。

1. 机架。

机架是整个堆垛机的承重机构，承载堆垛机的自身重量及负载重量，有单立柱和双立柱两种形式，一般由上下横梁和立柱等组成框架。

2. 起升机构。

起升机构是实现载货台垂直提升的动力及传动机构，由电动机、制动器、减速器、卷筒、钢丝绳或者链条、链轮等组成。链条或钢丝绳的一头绕在链轮或卷筒绕上，另一头与

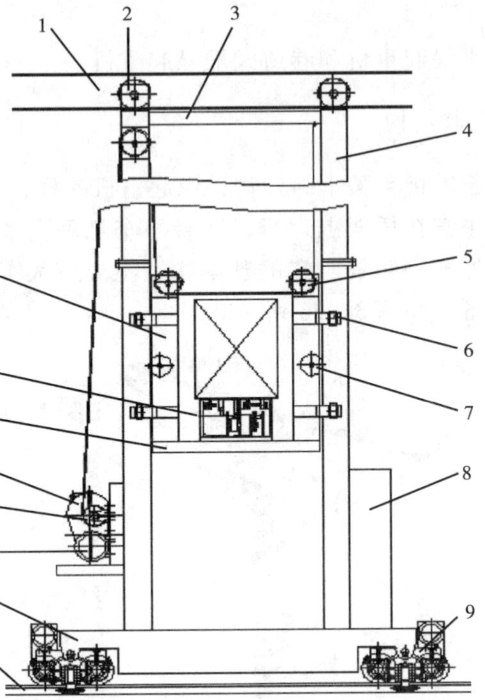

1. 天轨；2. 天轨导向轮；3. 上横梁；4. 立柱；5. 链轮；6. 载货台导向轮；7. 载货台顶轮；8. 机载控制柜；9. 轮系；10. 地轨；11. 下横梁；12. 电机；13. 卷筒；14. 减速器；15. 载货台 16. 货叉；17. 载货台立板

图 3－27　双立柱巷道堆垛机结构

载物台连接在一起，通过电动机控制升降轮带动载物台做垂直方向的起升运动。为了尽量使起升机构尺寸紧凑，常使用带制动器的电机（见图 3－28）。

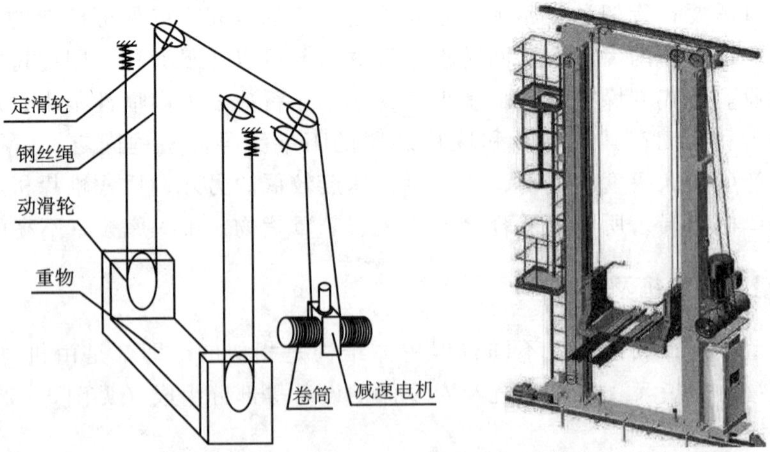

图 3－28　堆垛机起升机构

堆垛机常用的提升方式有三种：链条提升、钢丝绳卷筒提升以及钢丝绳曳引轮提升。链条提升方式比采用卷扬筒式提升过程更平稳，但其成本高，而且噪声大；曳引式提升机构体积小巧而且提升高度不受限制，但是堆垛机要水平行走，所以配重装置势必会晃动产生噪声，而且配重装置需要设到立柱里面沿着立柱内壁上下行走，维修和安装比较麻烦。

起升机构的工作速度一般在 12～30 米/每分钟，最高可达 48 米/每分钟。不管用多大的工作速度，都备有低速挡，主要用于平稳停准和取放货物时的“微升降”作业。在堆垛机的起重、行走和伸叉（叉取货物）三种驱动中，起重消耗的功率最大。

3. 运行机构。

运行机构是驱动堆垛机整体沿巷道水平行走的驱动装置，主要由驱动电机、减速器、主动轮、从动轮、导向轮等部分组成。其工作过程是由电机经过减速器驱动主动轮，带动从动轮驱使堆垛机沿着导轨方向运动，实现货格列方向的定位。下横梁两侧靠近端面位置分别安装有两个导向轮，对堆垛机水平行走起到很好的方向导正作用（图 3－29）。

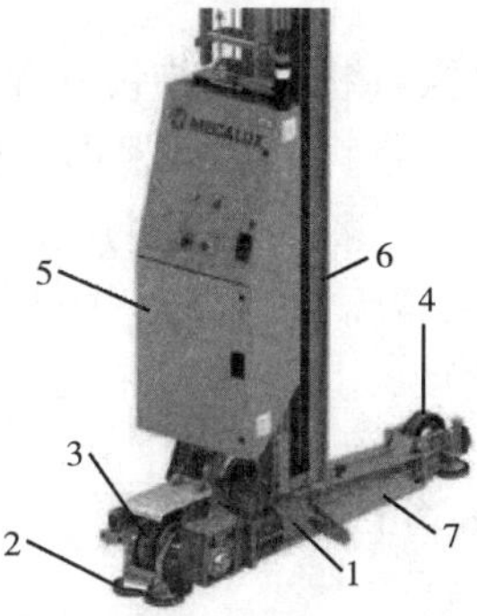

1. 驱动电机；2. 水平运行导轮；3. 主动轮；4. 从动轮；5. 控制柜；6. 立柱；7. 下横梁

图 3－29　堆垛机运行机构

4. 载货台。

载货台是货物的承载单元，通过钢丝绳或链条与起升机构连接，载货台可通过提升支架上的导向轮沿立柱导轨上升和下降。载货台主要由载货台体、导向轮及滑轮组等组成，其上安装有存取货装置、断绳保护装置、认址装置和探测器等部件（见图 3－30）。

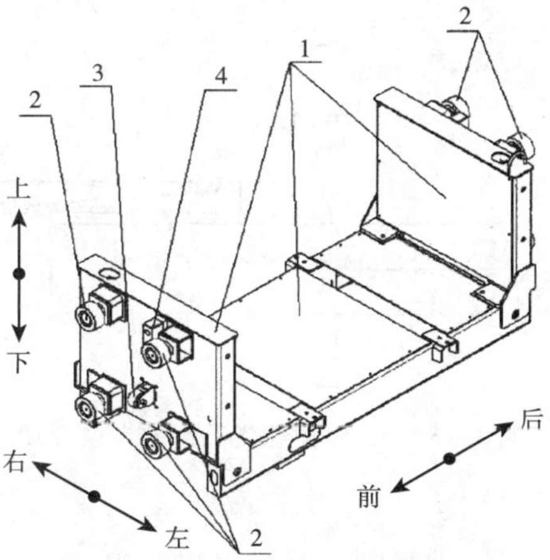

1. 货台结构体；2. 左右限位滚轮；3. 前后限位滚轮；4. 防倾翻卡块

图 3－30　堆垛机载货台结构

图片来源：https：//www. jigao616. com/zhuanlijieshao_18194995. aspx.

存取货装置是堆垛机的特殊工作机构，其结构必须根据货物外形特点设计。最常见的是一副伸缩货叉，也可以是一块可伸缩的取货板，或者别的结构形式如电磁或真空吸盘、旋转抓取装置、机械抓取式存取装置、辊轮输送装置等。

载货台的结构设计主要考虑在满足对货叉和货物的支撑刚度的前提下，尽可能地减轻其重量，按照载货台的承载参数和货物托盘的尺寸，载货台体选用 100mm × 100mm 的方钢，采取焊接的方式制成。在载货台上与立柱导轨接触的三个面上都安装有导向轮，以保证载货台沿着立柱导轨平稳的升降。为了减小载货台在升降过程中同立柱导轨之间的震动和产生的噪音，主要采取以下措施：选用 PPVC 材料制作导向轮；固定导向轮的导轮架做成可调的，在安装时根据现场实际情况，调整导向轮同立柱导轨之间的间隙。

5. 伸缩货叉。

货叉装置是堆垛机存取货物的执行机构，装设在堆垛机载货台上。货叉可以横向伸缩，以便向两侧货格送入（或取出）货物。货叉根据其数量不同，可分为单叉货叉、双叉货叉和多叉货叉。最常见的是前两种，多叉货叉多用于特长货物的堆垛。

货叉一般采用三级直线差动式结构，由上叉、中叉、下叉（固定叉）及起导向作用的滚针轴承等组成，以减少巷道的宽度，且使之具有足够的伸缩行程。货叉的动作包括伸叉、微起升（或微下降）、收叉三个动作，货叉伸出（或收回）动作时，其速度也为双挡变速。货叉伸缩速度一般为 15 米/分以下，高的可达 30 米/分，在超过 10 米/分时需配备慢速挡，在启动和制动时用。

货叉的伸缩传统方式主要有两种：齿轮齿条及链传动。这两种传动方式各有其优缺点，齿轮传动的传动精度较高，定位准确，但是齿轮传动方式的齿条加工困难，装配精度要求很高；而链传动方式虽然精度不高，但加工装配都比较容易（见图 3－31 和图 3－32）。

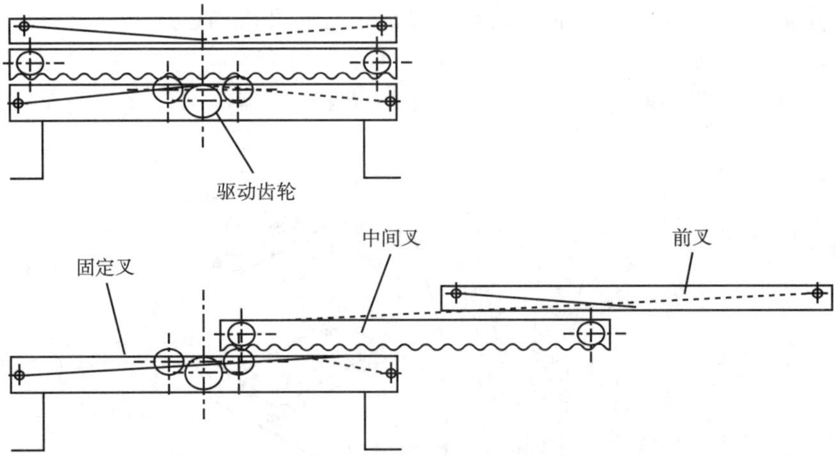

图 3－31 三级伸缩货叉齿轮齿条传动

6. 电气装置。

电气装置是由驱动、控制器、检测、通信及各类开关等组成，一般安装在机架上的控制柜中。堆垛机的控制方式一般是采用 PLC 作为控制器，变频器作为驱动装置，实现堆垛机能够与上位机保持通信、自动认址以及随时进行实时检测提供安全保护措施等功能。

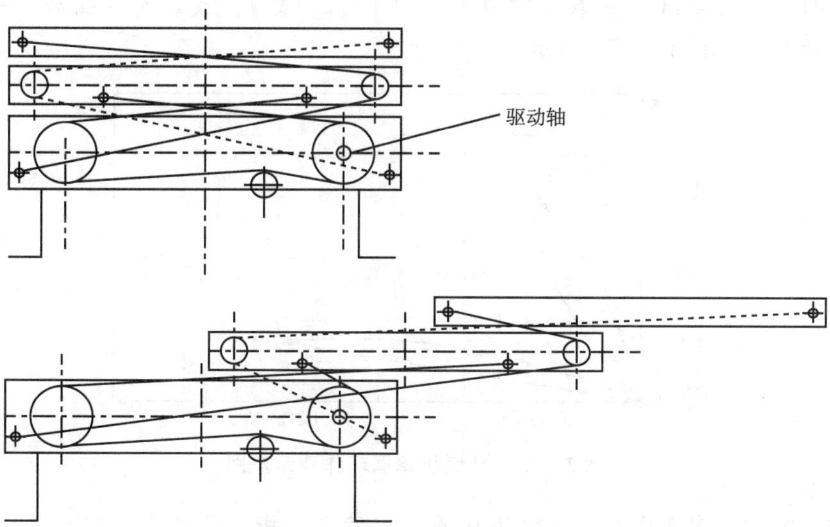

图 3－32　三级伸缩货叉链传动

7. 安全保护装置。

堆垛机时一种起重机械，它要在又高又窄的巷道内高速运行。为了保证人身及设备的安全，堆垛机必须装备有完善的硬件及软件的安全保护装置，并在电气控制上采取一系列连锁和保护措施。除了一般起重机常备的安全保护措施（如各机构的终端限位和缓冲、电机过热和过电流保护、控制电路的零位保护等）外，根据实际需要，还可增设以下几种安全保护装置：

（1）终端限位保护。堆垛机行走时，升降和伸缩的终端都设有限位开关，断电保护。

（2）连锁保护。行走与升降时，货叉伸缩驱动电路切断；相反，货叉伸缩时，行走与升降电路切断。行走与升降运动可同时进行。

（3）货物位置和外形检测。如果货物单元在载货台上位置偏差超过一定限度，或者倒塌失形，检测装置便报警，堆垛机不能继续工作。

（4）正位检测控制。只有当堆垛机在垂直和水平方向停准时，货叉才能伸缩，即货叉运动是条件控制，以认址装置检测到确已停准的信息为货叉运动的必要条件。

（5）载货台断绳保护。当钢丝绳断开时弹簧通过边杆机构凸轮卡在导轨上阻止载货台坠落，正常工作时提杆平衡载荷的重量，弹簧处于压缩状态。

（6）断电保护。载货台升降过程中若断电，则采用机械式制动装置使载货台停止不致坠落。

此外，货叉在货格内做微升降时，要有检测开关限制微升降行程或限制其动作时间，以防止货叉升降过度，损坏货物、机构或货架；堆垛机开动前发出声光警告等。

（四）堆垛机出/入库能力

堆垛机出入库能力指单位时间入库或出库的装载单元数。影响堆垛机出入库能力的主要指标是堆垛机单一作业循环和复合作业循环方式下的作业时间。

单一作业循环是指堆垛机从出/入库工作台即原点运行到目标货格完成存取作业再返

回到原位。即入库（空载）—取货货位 P1—出库（荷载），或入库（荷载）—存货货位 P2—出库（空载），如图 3－33 所示。

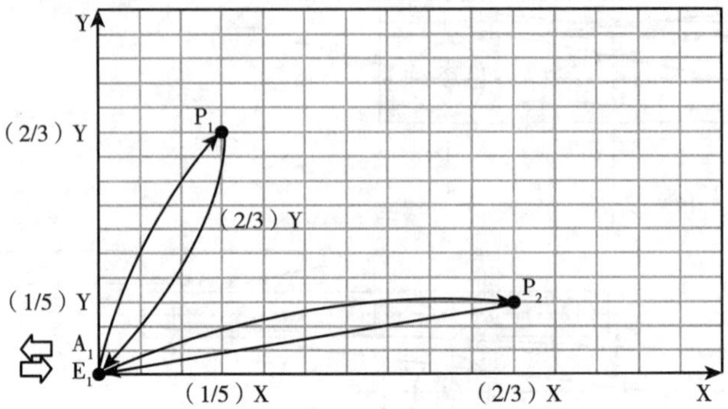

图 3－33 堆垛机单循环作业示意图

复合作业方式是多次作业，堆垛机从原点出发到达指定位置存/取货，之后再到另一位置取/存货，最后返还原点位置（见图 3－34）。即入库（空载）—取货货位 P1—荷载运转—存货货位 P2—出库（空载），或入库（荷载）—存货货位 P1—空载运转—取货货位 P2—出库（荷载）。

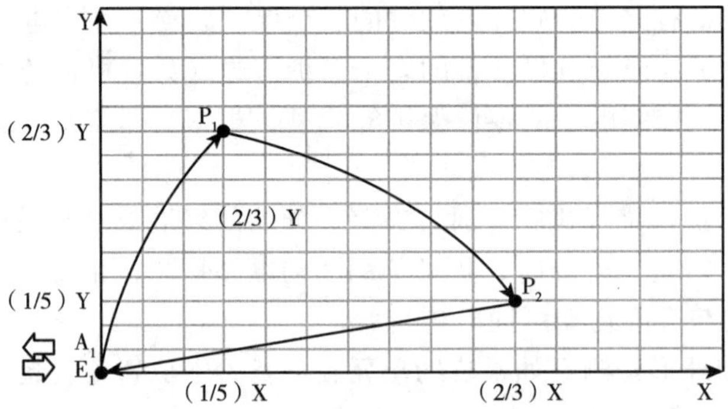

图 3－34 堆垛机复合工作循环

1. 平均单循环时间。

平均单循环时间堆垛机从出入库工作台到达所有的出入库时间总和除以总货位的平均值，计算公式如下：

$$T_s = \frac{\sum_{j=1}^{m}\sum_{k=1}^{n} t_{jk} \times 2}{m \times n} + t_p \times 2 + t_a \qquad (3-1)$$

其中，T_S—平均单循环时间；

j—货架列数 1 ~ m；

k—货架层数 1 ~ n；

t_{jk}—堆垛机单边运行到某货位的时间；

t_p—货叉取货时间，即在出/入库工作台或在货位处货物移动的时间；

t_a—浪费时间。

2. 平均复合循环时间。

$$T_D = \frac{\sum_{j=1}^{m}\sum_{k=1}^{n} t_{jk} \times 2}{m \times n} + t_p \times 4 + t_{pp} + t_a \tag{3-2}$$

其中，j—货架列数，1 ~ m；

k—货架层数，1 ~ n；

t_{jk}—单程移动时间，从该入库站开始到 j 列、k 层单程移动时间；

t_p—叉货时间，在出入库站或货格处，货物移动时间；

t_{pp}—平均货格间移动时间，随机确定入库货格和出库货格，作适当次数货格间移动求得所需时间的平均值；

t_a—停机时间，控制延迟时间等。

3. 基本出/入库能力。

平均单循环时间的基本出入库能力，计算公式如下：

$$N_s = \frac{3\ 600}{T_s} \tag{3-3}$$

其中，N_S—每小时入库或者出库的装载单元数；

T_S—平均单循环时间。

平均复合循环时间的基本出入库工作能力，计算公式如下：

$$P_D = \frac{3\ 600}{T_D} \times 2 \tag{3-4}$$

其中，N_D—每小时入库或者出库的装载单元数；

T_D—平均单循环时间。

堆垛机的启动加速、停止减速和水平行走速度影响着作业周期和工作能力，速度越快作业周期越短，工作能力越强；速度越慢堆垛机的作业周期越长，工作能力越弱。但随之而来的问题是：速度越快堆垛机冲击振动越大，对驱动装置的要求也越高，所以选用堆垛机时不能一味地追求高速度，要根据立体仓库具体情况选择最适合的设备。

第五节　密集仓储系统

密集仓储的原理是在相同的仓库面积中增加其容量，提高存储密度。然而在同等条件下，更高的货物储存密度势必会降低仓库作业效率，为了保证仓储系统的高效率要求，密集仓储系统普遍采用高密度、自动化的仓储方式。换言之，高密度、自动化的仓储方式已成为目前密集仓储系统建设的主要趋势，因而有观点认为，密集仓储系统就是自动化立体仓储系统的一种形式。

一、密集仓储系统及其实现方式

何谓密集存储系统，目前业界和学术界尚未达成统一共识。一般观点认为，密集仓储系统是指利用特殊的存取方式或货架结构，实现货架深度上货物的连续存放，或高度上存储能力的扩张，达到存储密度最大化的仓储系统。

密集式仓储系统的应用主要是根据仓库面积、存放货物种类、存取频率、期限要求等因素，选择不同的货架类型和作业设备，以实现提高存储密度及作业效率的要求。目前，密集存储系统有多种不同的解决方案，可满足不同类型企业的多样化存储需要。

（一）节省拣货通道的方式

节省拣货通道主要通过改变普通货架的结构来实现，最初的密集仓储系统主要是指这类形式。在库房高度、地面承重等限制性条件下，通过对货架的特殊设计，减少物流设备的作业通道来实现增加仓储密度的目的，也称为货架形式密集存储系统。具体包括驶入式货架、压入式货架、重力式货架、流利式货架、移动式货架、旋转货架存储系统等，其原理都是通过减少作业通道，利用机械化或自动化作业等手段，实现库房空间利用率的提升。

这种类型的密集存储系统多采用叉车作为货物存取、输送设备，受设备作业能力限制，货架高度不能过大，以中、底层货架为主。

（二）增加货物储存高度的方式

提高库容量、提高仓库面积利用率的最直接解决办法就是增加货架和库房建筑高度，自动化立体仓库就是这一应用方向的典型代表。无论是高层货架配套高架叉车，高层货架配套堆垛机、输送系统，还是料箱式自动化立体仓库（miniload AS/RS）、双深位式自动化立体仓库，都可以看作是密集存储系统向高度方向发展的一种实现方式。

此类密集存储系统以堆垛机为主要作业设备，可以达到数十米的仓储作业高度，存储系统也可以集成更多信息处理设备，自动化程度和作业效率普遍优于货架形式。

（三）兼具向高度发展和通道节省的方式

这类密集仓储系统的典型代表是多层穿梭车式立体仓库，其核心设备是往返于贯通式货架内的穿梭小车。作业原理是通过在货架深度方向设置穿梭车导轨，存货时堆垛机或提升机或穿梭母车、叉车等设备将货物放在导轨的最前端穿梭车上，穿梭车自动承载托盘在导轨上运行，将其放置于导轨最深的货位；取货时穿梭车会自动将托盘货物放置于导轨最前端，堆垛机或提升机等设备取走即可。可一个巷道配一台穿梭小车，也可多个巷道共用一台穿梭车，其数量由巷道深度、货物总量、出货频率等综合因素来决定。

与前两类密集存储系统有本质区别的是，穿梭车是具备 PLC 控制程序和多个传感器的自动化、智能化电气设备，通过远程控制穿梭车的自动行走，实现货架内存储物品的动态存取和管理。穿梭式立体仓库既拥有贯通式货架的密集特色，同时更高效地实现自动化控制需要；比货架形式的密集仓储系统存储密度更高，还可以可根据实际情况灵活地选择先进先出或先进后出，逐渐成为密集仓储系统的主流。因此在很多场合，人们以穿梭车式立体仓库指代密集仓储系统。

二、穿梭车式密集仓储系统的特点与分类

高密度、自动化存取和高效订单拣选相结合的密集仓储系统在国外已经发展得相对成熟并被广泛应用，穿梭车式密集存储系统最早由瑞典 EAB 公司发明，大福、DEMATIC、

KNAPP、TGW 等国外物流系统集成商都有各自的穿梭车产品。2009 年前后，穿梭车产品由欧洲厂商带入中国，结合国内本土特色逐渐形成一系列由简单到复杂的组合应用。目前，国内企业（如世仓、音飞、东杰智能）陆续自主研发该技术，出现了大量专业穿梭车设备制造商和集成商。

（一）穿梭车式密集存储系统的特点

1. 存储容量明显增加。

穿梭车密集仓储系统作业方式灵活，不局限于巷道进深数，其空间有效利用率在密集存储情况下，储存的容量比平面库提高 3 ~ 5 倍，比托盘式自动立体库（AS/RS）也要提高 30% 以上，能实现单位面积最大的装载密度。

2. 标准化、模块化设计，扩展性和柔性好。

传统应用堆垛机的自动化立体仓库中，堆垛机一旦选定，数量和型号很难再做出调整。而在穿梭车密集仓储系统中，穿梭小车、提升系统和输送系统可以分不同的模块单元进行设计安装，在控制系统不变的情况下，可以很容易地通过增减穿梭车或提升机数量，提高系统出入库效率，扩展性更好，柔性化程度更高。同时缓解仓库投资初期企业的资金压力。

3. 作业方式灵活。

货物的存取可以先进先出和先进后出，存取方式灵活。穿梭小车在单独的通道进行独立作业，即使某一个通道发现突发情况，也不会对整个系统的运作产生影响。

4. 高信息化集成可实现动态管理、全程监控。

通过穿梭小车上的信息化装置，利用相关软件与其他物流设备的集成化控制，可对仓储情况进行自动跟踪和统计，全方位把握存储情况，进行实时准确的管理调节。高度集成的信息化系统，增强了整个物流体系的协作能力，显著提高了企业整体经济效益和生产过程中的应变能力。

5. 噪声低、能耗小，绿色节能。

与堆垛机庞大的钢结构相比，穿梭车作业的有效载荷与设备自重比值较小，大大降低了每个存储单元存取作业的能耗。同时，系统可根据设备使用的繁忙度，让多余的穿梭车“休息”，以减少电力消耗。另外，穿梭车采用无噪声的设计以及紧凑的工艺结构，噪声低、外形美观。

6. 货架结构抗震性差，使用受限。

密集化仓储货架由于其结构特点，需要货架在深度方向连续放置货物，这就决定了货架在垂直深度方向上是不能安装加强结构部件的，即垂直拉杆，因为这会隔断货物存储的连续性，越是深度大的货架，这种结构特点就越明显。货架常规使用时，垂直拉杆的作用体现得不显著；但是当货架受到较大的水平力时，密集化仓储货架的结构薄弱性就会体现出来。因此，在对货架有抗震要求的场合或地震高发区，穿梭车式密集仓储系统就不适合采用。

7. 安装和使用、维护成本高。

在高自动化存储系统内运行，货架和穿梭小车货架的安装精度与造价比一般设备高。另外，在高频率运转工作状态下，出于系统的可靠性和安全性考虑，后期使用过程中需投入的维护和保养工作量大，维护成本也相对较高。

综合来看，穿梭式密集存储系统并不能适用于所有类型的仓储，也不存在取代 AS/RS 系统的可能，而是现有密集存储系统的一种补充形式。

鉴于以上特点，穿梭式密集存储系统适用于品类较单一的物品存储，如食品、饮料、化工、烟草等单品种批量大、物品种类相对少的行业；也适合于特殊存储要求场合如冷库，减少低温作业时间，提高工作效率和工作的安全性；此外，在急需增加库容，但可利用空间有限的旧仓库改造中，穿梭式密集存储系统也是不错的选择。

（二）穿梭车式密集存储系统的分类

在市场需求增加和设备厂商技术升级的双重作用下，穿梭车式密集仓储系统由简单到复杂，已发展出多种类别。其分类方式很多，如按存储单元可分为重型托盘类和轻型料箱类穿梭车仓储系统，按穿梭车运行方向分为双向和四向穿梭车系统等。其中，按穿梭车与其配套的搬运设备类型大致分类以下几类。

1. 穿梭货架式立体仓储系统。

穿梭货架式立体仓库指的是采用穿梭车式货架系统配置叉车等搬运设备构成的半自动化仓库。主要依赖于人工叉车等机械化设备将货物从穿梭小车台面搬上或取下，货物在穿梭式货架内部的存取作业则由双向直线行驶的穿梭车自动进行。这一类型仓库基本不需要改变原仓储区域外作业主流手段和流程，投资成本适中；一台叉车可以操作多个穿梭车，提高存储区域的存储密度与作业效率，叉车数量可灵活增减，扩展性好。

穿梭货架式立体仓库适用于品种少、存储量多的仓储系统，货架高度可根据叉车作业高度确定（见图 3 - 35）。

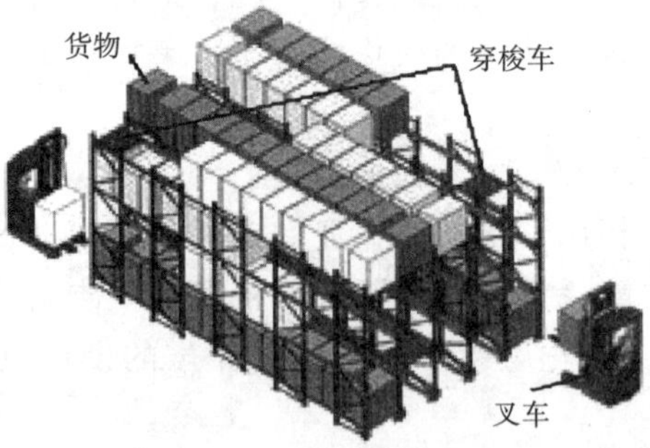

图 3 - 35　普通穿梭车式立体仓库

2. 穿梭车式自动化立体仓库系统。

穿梭车式立体仓库系统即穿梭车货架系统与堆垛机配合使用，由穿梭车在巷道内存取货物，通过增加穿梭式货架巷道的深度，减少堆垛机数量，实现密集仓储功能；再利用堆垛机自动识别穿梭车并分配作业巷道，完成出入库作业，实现全自动出入库和系统管理。

此类仓库是传统自动化立体仓库和穿梭式货架系统结构的结合与延伸，兼具高度自动化和高空间利用率，且依靠巷道式堆垛机可以自由分割穿梭式货架存储区，形成多个作业区域和通道，更好地平衡货物储存与输送的整体效率。穿梭式自动化立体仓库适用于以仓储为主的库房内，货物存储量大，出入库量比较稳定的应用场合（见图 3 - 36）。

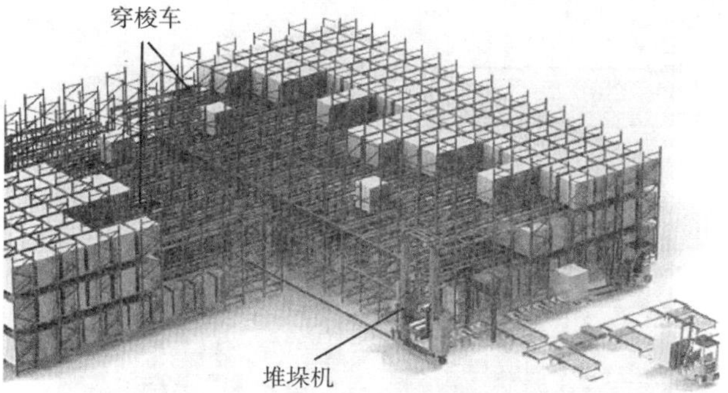

图 3－36　穿梭式自动立体仓库

3. 子母车穿梭式立体仓储系统。

子母车穿梭式立体仓储系统是采用穿梭式货架与穿梭子母车、提升机等设备构成的自动化仓储系统。通过加强穿梭式货架结构体的功能性，母车沿着主通道行驶，将子车放入主通道侧的任意一个巷道里面；同样，巷道里面的任意一个子车存取好货物后可以进入主通道的母车，子车与母车无缝对接，实现同层仓储单元物品的位移作业。提升机则实现穿梭子车或存储物品的换层作业，以实现存储单元在整个存储区域内的三维动态化存储管理（见图 3－37）。

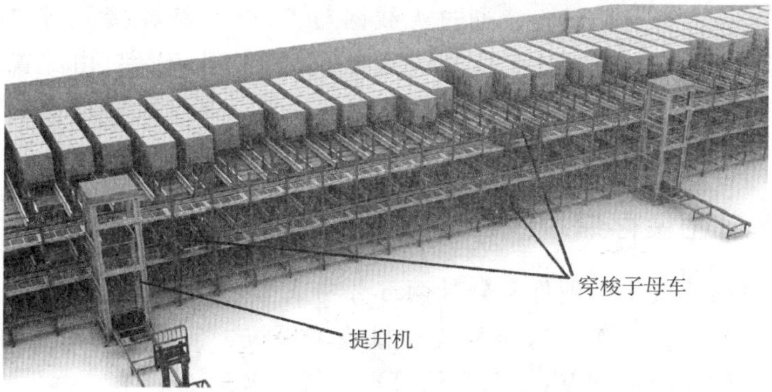

图 3－37　子母车穿梭式立体仓储系统

与前述两种存储系统相比，子母车穿梭式立体仓储更完美地集合了密集储存与自动化作业的优势，还可与生产系统互联；并实现非连续楼层、多区域布局，对仓库建筑格局、楼层高度/承载的安装要求显著降低。该系统主要适用于对存储量有较高要求，同时对系统效率与灵活性有一定要求、出入库量随着企业发展有较大变化的应用场合，能够满足企业根据发展阶段进行设备分期投资的意愿。

4. 四向穿梭式立体仓储系统。

四向穿梭车立体仓储系统也称为多穿车系统，由穿梭式货架与四向穿梭车、提升机等设备构成。四向穿梭车可以在横向和纵向轨道上前后、左右移动，货物的水平移动和存取只需由一台穿梭车即可完成，实现同层任意储位的存储调度与管理。再结合提升机实现穿梭车或存储物品的换层作业，以实现整个存储区域内的三维动态化存储，系统自动化程度大大提高。该系统是穿梭式立体存储系统建设与改造的升级换代，也是智能化穿梭式密集存储的理想物流形态之一（见图 3－38）。

图 3－38　四向穿梭车立体仓储系统

图片来源：http：//news. soo56. com/news/20200204/89733m1_0. html.

四向穿梭车是一台智能化设备，通过无线网与 WMS 系统连接，与提升机配合可以到达存储区任意货位。由于这个特性，应用过程中可按照作业流量自由配置小车数量组成车队，使其既适合低流量、高密度的存储，也适合高流量、高密度存储拣选，从而减少设备投资浪费，适用于对存储量和系统灵活性要求较高的应用场合。

三、穿梭车式密集存储系统的主要设备

穿梭车式密集存储系统由硬件和软件两部分构成。硬件主要包括穿梭式货架系统、各类型穿梭车，以及与穿梭车作业对接的提升机或堆垛机、叉车、输送机械等自动化设备；软件部分主要指仓储控制系统 WCS 和仓储管理系统 WMS。

（一）穿梭车

穿梭车是既能自动完成水平方向的运动又能实现竖直方向顶升功能的轨道导引小车（RGV），它是组成穿梭式密集存储系统的核心设备。由于其较高的自动化和智能化作业水平，也被看作是智能机器人的一种。

穿梭车按存取货物单元类型可以分为重型托盘式穿梭车和轻型料箱式穿梭车，按其行走轨道可分为双向直行式穿梭车、子母穿梭车以及四向式穿梭车（多穿车）车。

1. 双向穿梭车。

双向直行式穿梭车又称为穿梭板，其整体结构包括动力与控制系统两部分。在穿梭车内部，具有水平行走与垂直顶升两种机械结构，在控制系统作用下，动力系统带动相应机械结构运动，完成水平行走以及顶升动作。控制系统是整个穿梭车的核心设计部分，主要包括 PLC 控制器、各类传感器、可通讯电池、无线手持遥控器等设备，如图 3－39 所示。

穿梭车车体外部结构由整体机架、行走轮、导向轮、防撞橡胶条等部件构成，车身由

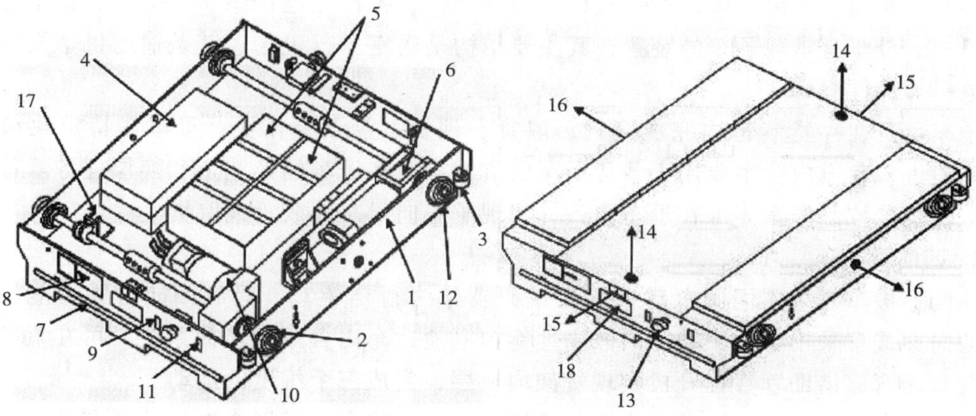

1. 车体；2. 升降轮；3. 导向轮；4. PLC 电子控制器；5. 电池；6. 行走电机；7. 防撞橡胶条；
8. 指示灯；9. 充电插头；10. 升降电机；11. 双联电源开头；12. 行走轮；13. 紧停开关；
14. 上光电；15. 前后光电；16. 左右侧光电；17. 升降定位接近开关；18. 显示板

图 3－39　穿梭车结构

硬度较大、可塑性良好、抗腐蚀的合金板材压制而成，车轮和导向轮均选用聚氨酯胶轮。防撞橡胶条置于车体前端，防止穿梭车和叉车等设备对接时发生撞击，损坏外壳及端面元器件，防滑胶皮位于车身上表面，主要用于叉车叉齿防滑以及托盘底部与穿梭车顶部防滑。穿梭车车体分为 A、B 两面，前面以 A 标记，后面以 B 标记。工作过程中可分别以 A 面或 B 面作为基准面进行作业，当穿梭车完成作业任务时，会自动执行“回原点”作业，即回到 A 面或 B 面的作业轨道端头处，为下一次接送货任务做准备。穿梭车作业时防撞橡胶条碰到轨道上的异常障碍物，也会执行“回原点”操作。

控制系统中的各种光电感器检测单元实时采集与反馈信号给 PLC 控制器；采用数字调频技术的手持遥控器，使用数字脉冲编码技术实现遥控器及遥控接收器间的数据传输，并通过 PLC 与速度控制器之间的模拟量信号传输实现对于电机的速度控制；供电电池组内部的电量检测装置通过模拟量信号传输实时向 PLC 控制器反馈穿梭车的电量信息（见图 3－40）。

图 3－40　双向穿梭车及其手持无线遥控器

2. 子母穿梭车。

子母穿梭车是由穿梭子车和穿梭母车组成的一套穿梭车系统。其中，子车结构原理与双向穿梭车相同，即由车体、行走机构、顶升机构、各种光电传感器、电池、安全防撞组件等组成。母车是承载子车的装置，其主要结构是底座、行走轮、链条输送机、光电传感器、电机等部件组成。

子车负责在存货巷道内完成存货、取货、理货、盘点等作业；母车在特定轨道上行驶，不能进入巷道内，主要用于载货子车的货物接驳和子车的换巷道和换层任务。母车上的光电传感器控制子车停准在母车上，并实现子车向母车的放货或取货。

3. 四向穿梭车。

四向穿梭车是采用伺服电动机配合编码器作为行走驱动、具有四向行驶功能的穿梭车。四向穿梭车采用电力驱动，内嵌高性能锂电池；车内含驱动转向系统，可在货架轨道上直行和转弯，借助垂直提升机实现货架内换层，完成三个维度的运动。

同层内多辆小车四向运动，为避免碰撞，四向穿梭车需借助光电传感器和编码器实现高精度定位，控制系统要求除了智能监控外，还需要具备交通动态管理的逻辑运算和控制功能；且小车数量越多，其控制系统越复杂，系统的逻辑运算工作量会随着小车数量增多呈几何倍数增长（见图 3－41）。

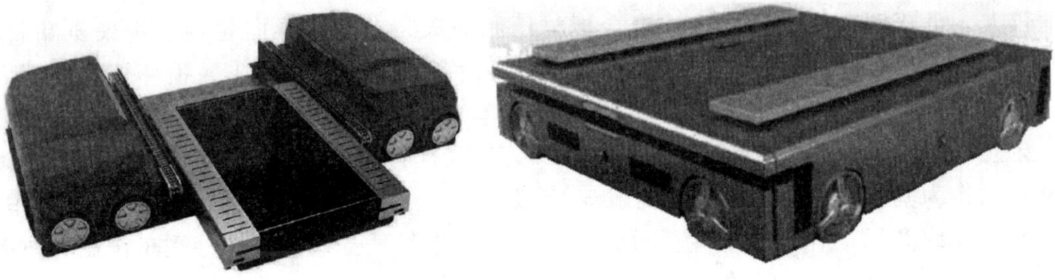

图 3－41 子母穿梭车（左）四向穿梭车（右）

（二）垂直提升机

提升机是完成穿梭式密集仓储系统的货物或穿梭小车在立体空间与平面输送间往返转移的关键设备，也称为垂直输送机或换层提升机。其主要包括金属结构、载货台、驱动装置和电气控制系统。金属结构是提升机主体支撑部件，包括立柱、上横梁和底部固定装置，立柱侧边安装垂直导轨和沿导轨做升降运动载货台。按金属结构的形式，可将提升机分为单立柱、双立柱、四立柱三类，其中，单立柱和双立柱提升机结构紧凑、安装便捷，稳定性不足，适合于轻型、中低高度的密集存储系统；四立柱结构由四根垂直立柱通过顶部框架机构固定，机型较前两者笨重，但稳定性好，运行速度高，适用于重型、存取货频率高的高层密集仓储系统，安装和定位精度要求也更高。

【拓展阅读】

拓展阅读 3－1 东莞首个家具木材“共享仓”落户厚街

在共享经济盛行的背景之下，东莞传统的家具产业如何转型升级，这些年东莞家具业内人士一直努力摸索。2019 年 3 月 28 日下午，第二届中国家具产业互联网创新大会暨众家联共享仓战略发布会在厚街举行。发布会上，由厚街本土企业众家联携手黑龙江绥芬河共同打造的“共享仓”正式签约落户厚街。这是东莞首个家具木材“共享仓”，将形成一个覆盖白松、落叶松、水曲柳全品类俄罗斯木材的平台，有望打通家具企业木材源头采购供应链。

据介绍，“共享仓”是众家联重点打造的专注于木材和板材线上交易、线下产品展示和交付的仓储服务、市场推广与物流配送中心，可提供专业的仓储管理和物流配送服务，集产品展示、物流配送、市场推广、云仓供需信息共享、金融支持与服务等于一体的现代化供应链服务中心。“今年的目标是打响找俄罗斯木材就到众家联共享仓的品牌。”众家联高级副总裁表示，众家联共享仓一方面链接木材源头产地，一方面链接家具产区的生产企业。

值得一提的是，这个共享仓并不依靠“中间利差”获益，而是通过让家具生产商与木材供应商成为“合伙人”的方式实现共赢。具体来说，就是通过企业联合体整合家具企业需求，集中采购原材料降低成本，同时让家具企业的生产经营行为在众家联平台上逐步积累交易数据信息，进而助推家具企业与金融资本实现较好的对接。

众家联将以东莞为起点，在未来的1~2年内，逐步扩展至惠州、深圳、佛山、南康、成都、湖北、江浙等全国各大家具制造产业聚集区，完成木材供给端和需求端线上和线下的无缝对接，为木材源头供应商和买家提供全方位服务。

绥芬河有700多家木业企业，其中不少在俄罗斯有贸易往来和木材加工厂。此次绥芬河与众家联的合作，不仅仅是贸易伙伴关系，而是通过原材料产地入股的方式，让原材料产地与家具产区真正进行战略合作，进而为东莞家具企业提供更具竞争力的原材料价格。

不少厚街家具企业表示，家门口的共享仓源头合作模式能够降低企业选购原材料的时间成本，同时集中采购的方式也能够显著下降采购成本。此外，俄罗斯和北美是两大可持续供应的木材出口地之一。共享仓源头合作模式能够为东莞家具产业保持原材料稳定供应意义重大。全球性的跨境采购，是新型家具产业供应链平台的一大优势。

作为中国首家家具产业互联网平台，众家联仅用了一年多的时间就汇聚了800多家家具厂商，7 000多家家具原材料供应商，累计订单量达70万笔，交易金额高达80亿元。通过平台的信息流、物流、资金流，建立了金融的征信体系，获得了银行共50亿的授信，形成了众家联产业整合和规模推进的新动力，有效推动了传统家具行业的转型升级。预计今年，众家联交易平台将累计交易金额突破150亿元。

拓展阅读3-2　探秘“唯品会”仓库物流分拣系统的高超所在

电商的成功，离不开物流。没有高效率的物流做后盾，再好的电商平台也自然难施展拳脚。据统计，2019年上半年全国社会物流总额为131.1万亿元，同比增长6.9%。物流业总收入为4.6万亿元，同比增长9.5%，增速比一季度提高1.3个百分点，由此可见物流行业增长之迅速。从电商的角度看，被誉为电商黑马的唯品会，在近十年发展中，从创建到成功，除了对正品保障的坚持以及不断创新的理念外，其背后的物流企业品骏快递也是唯品会幕后的功臣之一。

过去，分拣员通常都是扫描编码（货物ID），然后货物再被运送到集散中心，进行二次分拣打包。久而久之，这种分区拣选的方式已经无法满足海量订单。因此，唯品会尝试用流程拣选。

“货到人”拣选系统正成为行业主流，所谓“货到人”拣选系统，简单来说就是在物流中心的拣选作业过程中，由自动化物流系统将货物搬运至固定站点以供拣选，即，货动，人不动。它既大幅度减少了拣选作业人员的行走距离，实现了高于“人到货”模式数倍的拣选效率，大幅度降低了劳动强度，有在存储密度、节省人力等方面拥有突出优势。

图 3-42　货到人 AGV 分拣机器人

在唯品会华南物流中心，过去人工分拣一天的工作量，AGV 只需要半天分拣完成。货到人 AGV 分拣机器人将仓库用工人数减少 2/3，降低企业的人工成本，并且将补货、拣货、打包流程规范化，提高拣货正确率，实现精细化的仓库管理。仓库管理从粗犷的生产组织过渡到科学的管理方式，分拣员也从繁重的手工作业中解放出来。

图 3-43　蜂巢全自动集货缓存系统

电商翘楚唯品会率先引进兰剑物流科技研发的蜂巢全自动集货缓存系统。比较其他电商平台的人工集货、半自动集货缓存系统，这是全自动集货缓存系统在中国电商行业的首次应用。

全自动集货缓存系统是蜂巢系统的重要组成部分，由兰剑物流科技研发实施，在唯品会西南仓配置近 1 万货位、近百台巷道穿梭车，集货效率达到 5 000～6 000 箱/小时。

图 3－44　高密度存储

高密度存储，系统容积率是传统的 10 倍。蜂巢仓储系统采用了高密度的存储方式，最大化利用仓库空间。

由于系统采用全自动机器拣选，蜂巢不会受到人工拣货的限制（比如货架高度、货架间距等），因此整体货架布置非常密集。据兰剑相关负责人介绍，传统仓库一个平方米最多能存储两个周转箱，而蜂巢系统能存储 20 个周转箱，容积率是传统系统的 10 倍。

上述负责人向透露，唯品会华南物流园区的总存量是 900 多万件（主要是服装），而蜂巢所在的 13 号仓库就承载了 100 万件，容量远远高于其他一般仓库。

如今，发展智能仓储在电商、物流业内已经形成了共识，经过这么多年的摸索，唯品会有痛苦有教训更有经验，在唯品会等企业的积极推动下，我国的仓储物流行业将继续由机械化向着自动化、智能化不断升级，以良好的态势实现更加蓬勃的发展。

资料来源：中国化工报中化新网．http：//www. ccin. com. cn/detail/ffb29b45ce228ea2023a81ef39254ac3. 2019－12－26.

【复习思考题】

1. 仓储设备有哪些类型，各类型常见设备有哪些？
2. 仓库的主要功能是什么？
3. 流通领域的仓库主要有哪些类型，各自的特点是什么？
4. 货架的作用有哪些？
5. 压入式货架与驶入式货架在结构和使用特点上有哪些异同？
6. 重力式和货架和流利式货架的结构有哪些异同？其适用场合分别是哪些？
7. 如何进行货架的选型？
8. 密集存储式货架的代表性类型有哪些？其适用特点是什么？
9. 自动化立体仓库的技术发展历程是怎样的？
10. 自动化立体仓库的主要构成部分有哪些
11. 简述堆垛机的常见类型和结构特点。

12. 简述自动化立体仓库的优劣势。
13. 自动立体仓库中的安全保护装置有哪些?
14. 何为密集仓储系统? 其特点是什么?
15. 密集仓储系统有哪些实现方式?
16. 穿梭车式密集仓储系统有哪些特点，其主要结构组成是怎样的?
17. 穿梭车式密集存储系统有哪几种类型，适用场合是哪些?

第四章　集装单元化技术与设备

在日常生产和生活过程中，劳动者常常“因货制宜”地利用一些特制的筐、箱、笼、袋、包等用具，将零散件杂货集中起来，从而更方便地组织储运。这种自发性劳动智慧可以看作是集装单元化的雏形。随着社会生产规模扩大、交通运输能力的提升，大量形态各异的件杂货物长距离的运输成为常态。为了提升大批量、长距离货物的运输质量和效率，“集装化”的劳动智慧被引入物流领域，逐渐形成了更通用、更标准化和系统性的托盘、集装箱等集装单元化技术设备。

实践表明，物流作业过程中利用托盘、集装箱等单元化技术设备将货物集零为整，使原本分离的装卸、搬运、储存和计件各项物流活动顺利衔接起来，物流操作化繁为简，可加快货物流动速度，全面提升大批量、长距离运输乃至物流系统整体运行效率。因此，目前世界各国都在应用或推广以集装单元为基础的运输、装卸和存储等物流活动，集装单元化程度已然成为国家物流发展水平的重要标志。

第一节　概　　述

集装单元化也称为集装化、单元化，我国国家标准《物流术语》（GB/T18354—2006）中将其定义为“用集装器具或采用捆扎方法，把物品组成标准规格的单元货件，以加快装卸、搬运、储存、运输等物流活动”。一般情况下，人们将被集装的货物称为单元货物（unit load），用于集装货物的工具称为集装单元器具。

从包装角度来看，集装是一种按一定单元将杂散物品组合包装的形态，集装单元属于大型包装容器。从运输角度来看，集装所组合的组合体往往又正好是一个装卸运输单位，非常有利于运输和装卸，因而在这个领域把集装单元又看成是一个运输体（货载），称单元组合货载或集装货载。

在现代社会生产与消费的供应链管理体系下，以集装单元化为基础的物流活动，不仅遍及供应链上下游企业，而且包含中转、暂存、配送等多环节的储运、装卸、搬运等多项操作。这就要求用来集中货物的单元器具与普通包装容器或运输工具相比，在以下两个方面有很大区别：一方面，由于流通领域广，这类器具必须具有通用性，有统一的规格尺寸、承重量、内容积以及强度、刚度等结构特征，便于在各类型车辆、仓库内换装、堆存和循环使用；另一方面，由于不同企业的作业方式、作业机具不同，容器本身要具有便于机械化堆码存放、搬上卸下的机构，与物流环节各类型技术设备相匹配，如托盘有叉孔，集装箱有角件吊孔等。

一、集装单元的类型

集装单元器具主要有托盘、集装箱、捆扎、集装袋、笼、网、集装架（夹）等，按其使用范围和形式，可将其分为以下几种类型。

（一）托盘类

托盘是袋装、箱装和桶装等各种包装货物的承载体，在现代物流系统中发挥着重要的作用。托盘集装单元体积小，结构简单且使用灵活、适应性好，可用于物流活动的各个环节，是最常用的也是最基本的集装单元。

（二）集装箱类

集装箱由于较大的体积和承载量，是大批量或大型货物实现集装单元化运输的主要工具。集装箱的结构特征使其能够适应现代机械化、自动化物流作业，箱内货物也大多依靠机械化设备来装卸。集装箱运输是当前集装单元发展的最高阶段，国际贸易中货物的除矿物原油等外远洋运输基本都采用这种形式。

（三）集装袋类

集装袋是用柔性材料制成的、可折叠且可利用起重机、叉车进行装卸作业的集装单元，又称为柔性货运集装袋、吨装袋、太空袋等。集装袋广泛用于食品、粮食、医药、化工、矿产品等粉状、颗粒、块状大宗散货的运输包装。集装袋容量大、重量轻、价格便宜还可折叠回收，在特定场合比托盘或集装箱经济实用。

（四）其他集装单元类

除上述几类外，还有一些特殊场合使用的集装单元，如航空运输领域的集装器具航空集装器、利用绳索、钢丝或打包铁皮将成捆的型钢、木材和成扎的铝锭等组成集装单元，用起重机装卸提高效率等，诸如此类简单实用的器具也已经被企业广泛使用。

二、集装单元化的作用

1. 有利于实现机械化、自动化作业，提高装卸效率。

利用结构规格统一标准的集装器具形成的集装单元，不仅大大提高了单次作业的货物搬运量，更重要的是实现了作业方式如叉取、吊装等机械动作的标准化和简化了作业过程，从而使机械化、自动化作业成为可能，提高了作业效率，降低了劳动强度。同时，还加速了运输工具的周转，缩短了货物送达时间，从整体上提高了运输工具载重和容积利用率。

2. 提高物流质量，保证货物安全。

批量货物组成的集装单元和机械化作业，减少了单件货物的重复多次无效搬运，简化物流过程各个环节间、不同运输方式间的交接手续，既便于清点，也有利于降低货损和货差，提高物流质量。

3. 有利于推动物流设备的标准化，充分利用储存空间。

储存、运输、装卸搬运等各类机械设备均以集装单元为作业对象，为了与之相匹配，这些设备也需要达到相应的标准化水平，才能使物流系统各环节的物流活动顺利衔接。从这个角度来说，集装单元化能够促进物流设备的标准化。另外，集装单元化货物便于堆码和保管，提高库房或货场的空间利用率。

4. 简化货物包装，促进绿色化物流发展。

集装单元器具本身具备一定的货物保护能力，单元内货物可以简化包装，节约包装材料和费用，降低物流成本。单元化器具还可以多次循环利用、节能环保，为绿色化物流发展提供保障。

当然，任何事物都具有两面性，集装单元化也给物流管理带来不利影响：由于货物运输的流向不平衡，集装单元器具的回空返流增加物流运输成本，如集装箱空箱调运；单元器具自身的体积和重量，会占用一部分车辆和库房的容积，增加装卸搬运作业量，从而增加储运费用。因此，推广应用集装单元化，需要综合性考虑物流系统的整体效益，合理制定集装器具的规格标准，并通过合理规划运输线路、制定返程优惠政策等措施尽可能减少空箱返还，同时组织好集装器具的回流、回收。

三、集装单元化的基本原则

实现集装单元化必须遵守下列几个基本原则。

（一）标准化

标准化是指集装器具的尺寸、规格、强度、外形和重量，以及材质、性能、实验方法，装卸搬运加固规则甚至编号、标志、操作规范和管理办法等，都必须遵循同样的标准，以便进行企业之间、地区之间、国家之间货物流通和交换。标准化是集装单元化的核心问题，是集装单元化物流系统形成的起点。

集装单元标准化有两个必须注意的问题，其一，标准之间的一致性，企业标准应与国家标准基本一致，国家标准要向国际标准靠拢；其二，标准之间的协调性，不同环节和领域的标准应互相适应、互相配合。如商品包装的标准必须与托盘的标准协调，才能提高托盘的满载率，而托盘的标准又必须与货架、集装箱和运输车辆的标准相适应。

（二）通用化

通用化，即集装化要与物流全过程的设备与工艺相适应，不同形式的集装技术之间、同一种集装技术的集装器具之间要协调，以便在全社会、全过程的物流运输中畅通无阻。集装器具作为承载工具，它必须尽可能适应不同企业、不同类型货物属性要求，承载货物的范围尽可能覆盖全部物质资源。此外，集装单元化贯彻到物流全过程，各环节设备和工艺要能衔接配合。否则，集装单元化就失去了存在的意义。

（三）系统化

集装单元化不单纯指集装工具，而是包括集装工具在内的成套物流设施、设备、工艺和管理的总和，是一个联系生产与生产、生产与消费的动态系统。集装单元化系统中的每一个问题都必须置于物流系统中来考虑，否则就难以付诸实现或难以获得成效。组成集装单元系统的要素包括货物单元、集装工具、设施设备、管理方法和法律制度，各要素必须有机结合，才能共同推动集装单元化物流活动高效、顺利运行。

集装工具要素是指各种集装箱、托盘、集装袋、网等集装器具及配套辅助性工具，它是集装单元系统的基本要素。辅助性工具主要有：装卸辅助工具，如集装的吊具、索具、叉车以及装卸集装的叉车附件属具等；搬运辅助工具，如在运输设施上移动的托盘移动器等；包装辅助工具，如集装货载的稳固工具、装箱和出箱工具等。

设施设备要素是指各类场站、仓库及各类型集装器具，装卸搬运、运输和储存设备如集装箱吊车、托盘叉车、集装箱船、集装箱列车、托盘货架等。集装单元化管理要素包括托盘、集装箱的周转管理、集装器具循环利用管理等。法律制度要素是集装单元系统的运行环境支撑要素，主要包括各类标准、法律、法规和政策制度。

四、单元化物流

单元化物流是指从发货地将物品整合为规格化、标准化的货物基本单元，并通过基本单元的组合与拆分来完成在供应链各个环节物流作业，保持货物基本单元的状态一直送达最终收货点的物流形态。单元化物流是在集装单元化技术基础上发展起来的的新理念，是集装单元化系统运作的新形态。

从概念上可以看出，单元化物流与集装单元考虑问题角度不同，涉及范围也更广泛。单元化物流关注的是系统的整体效率和管理成本，包括集装单元的形式、应用场合、装卸效率、储存效率、作业的便利性、对生产和流通带来的质量和服务的影响、信息传递和信息处理的一致性、单元回收、实现路线等问题。也就是说，单元化物流更强调单元化技术在物流全系统的集成应用，而不是局部环节的应用；更强调集装单元化对物流系统的全面影响和系统改进，而不是仅仅局限在单元化集装器具本身。单元化物流在物流科学的高度对集装单元系统加以定性，集装单元化对单元化物流顺畅运作提供量身定做的作业体系。两者相辅相成，单元化物流理念的提出与研究的推进，将使集装单元化系统理论与技术的发展具有更为广阔的前景。

单元化物流的集装单元有集装箱、托盘、纸箱和周转箱等，在整个物流过程中，集装单元可以是多级组合形态，如若干纸箱单元组合为托盘单元。单元的形态也并非是固定单一的，可以遵循一定的规则发生改变，如托盘码垛形式的变化。但在一个单元化物流系统中，要求每一个单元是完整的、可识别的和可操作的，集装单元既是货物载体，同时也是信息载体。

单元化物流应用场景广泛，几乎所有的生产和流通环节均可以采用。在生产领域，采用单元化存储不仅可以大幅度提高空间的利用率，还可以通过组合单元快速完成生产工位的配料，单元化物流还是工业 4.0 概念下实现自动化和智能化生产的关键技术。在流通领域，单元化物流不仅可以提升存储效率，还可以在拣选、运输环节快速完成单元货物的装卸和信息传递，大幅度减少对资源（如站台、车辆）的占用，节约人力成本。

在单元化物流系统中，标准化是基础，集装单元化技术是核心。集装单元化技术包括硬技术与软技术构成，硬技术是指集装器具的制造、设计、检测和维修，相关物流设施设备技术；软技术是集装单元化物流活动的组织管理方法、作业流程和工艺、信息管理方法等。单元化技术的应用会带来物流系统中物品的单品设计、制造与包装、储存与搬运、车辆与运输，分拣与配送等一系列变革。

第二节　托　　盘

托盘也称为栈板、卡板，它是与叉车共同发展起来的一种物流设备，两者配套使用形成装卸货机械化作业系统，大大提高了物流作业效率。早期托盘仅用于工厂、车站、码头等场所的装卸货领域，应用过程中进一步发展成为储存设施和运输单元，并作为集装工具，促进了集装单元化和单元化物流的形成与发展。时至今日，托盘被广泛应用于各行各业，在物流系统中发挥着无可估量的作用，与集装箱一起被称为20世纪物流业的关键性创新。

一、托盘概念与特点

我国国家标准《物流术语》对托盘的定义是：用于集装、堆放、搬运和运输的放置作为单元负荷的货物和制品的水平平台装置。《托盘术语》中的定义则是：托盘是一种用来集结、堆存货物以便于装卸和搬运的水平板，其最低高度应能适应托盘搬运车、叉车和其他适用的装卸设备的搬运要求，托盘本身可以设置或配装上部构件。这两个概念都对托盘的用途和功能进行了说明——一种可放置货物的载货平台，后者补充强调了托盘的结构特征——适用于装卸设备。

托盘被称为“移动的地面”“活动的平台”，零散货物一旦集中装上托盘，即处于随时可转运的状态，货物搬运活性大大增加。托盘与装卸设备如叉车等配套使用，还可以形成高效的单元化物流系统。

在集装单元化体系中，托盘与集装箱同为集装系统的两大支柱，利用各自结构特点优势，互相补充，在现代物流系统中发挥重要作用。与集装箱相比，托盘的结构和使用特点如下。

（一）结构简单、灵活方便，应用领域广

托盘构造相对简单，生产制造方便，易于获得，可广泛应用于生产车间、仓库、配送中心甚至超市等场合，适用于公路、铁路、航空等各类型运输系统，是实现物流系统各环节无缝对接的基本工具。在单元化物流系统中，给托盘上加上条码或电子标签（RFID），就可以对货物形态进行追踪，实现物流可视化管理。

（二）自重轻、体积小，劳动消耗小

体积小，占用运输工具和储存空间容积少；自重量轻，用于装卸和运输托盘本身所消耗的劳动较小，无效作业量小。尤其是在作业高度有限，无法使用吊车等大型设备的场合，托盘和叉车组合作业处于无可替代的地位。

（三）返空容易

返空时可折叠或堆码，占用运力很少。而且托盘造价不高，企业之间可循环代用。

（四）装盘固定容易

托盘上的货物可直接码垛装盘，不须像集装箱那样深入箱体内部，装盘后可采用裹包、捆扎、缠绕等技术固定，简捷方便。

（五）对货物保护作用有限，占用仓库储存空间

空托盘的堆放需要占用仓库内存储空间。另外，与集装箱相比，托盘对货物的保护性差，且无法露天存放。

二、托盘的结构和分类

托盘种类繁多，有多种分类方式，如材质、用途、台面、入叉方式和结构等。常见的按结构分类，可将其分为平托盘、柱式托盘、箱式托盘、轮式托盘和特殊结构托盘。

（一）平托盘

平托盘也叫平面托盘，是各种托盘中通用性最高、使用量最大、应用范围最广、使用历史最长的一种。提及托盘的场合，若无特殊说明一般指的是平托盘。

平托盘由两个台面构成，没有上部结构，台面之间加以纵梁或垫块，以及可供叉车货叉出入的叉口。用于承载货物的台面称为承载面，另一面为支撑面。承载面的强度通常高于支撑面，但双面使用型托盘两个台面的结构、强度相同。其各部分结构名称如图 4－1 所示。

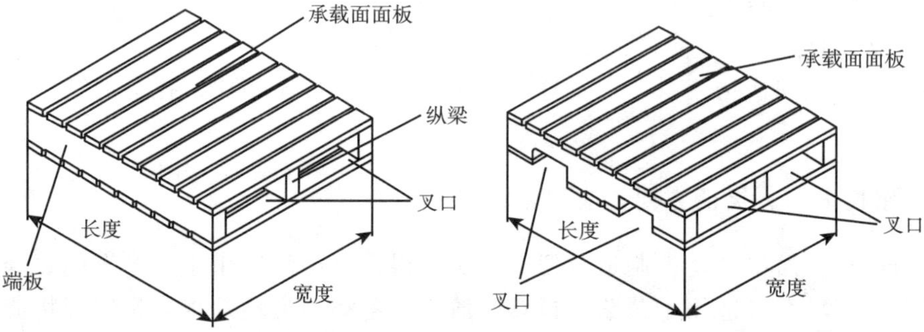

图 4－1　平托盘结构示意图——两向进叉型（左）、四向进叉型（右）

按台面结构平托盘可分单面托盘（只有一面铺板）、双面托盘（上下两面都有铺板）单面使用型（仅有一面承载货物）、双面使用型（上下两面均可承载货物）和翼型。按叉车进叉方式又分为双向进叉型（允许叉车或托盘搬运车的货叉仅从两个相反方向插入的托盘）、四向进叉型（允许叉车或托盘搬运车的货叉从所有四个方向插入的托盘）、局部四向进叉型（允许叉车货叉四向插入而托盘搬运车货叉两向插入的托盘）。台面结构与进叉方式的组合衍生出托盘的不同结构类型，部分结构如图 4－2 所示。

平托盘制作材料可分为木托盘、塑料托盘、金属托盘、纸托盘和复合材料托盘。

1. 木制平托盘。

木制平托盘即以天然木材为原料制造的托盘。木托盘材料来源丰富、制造容易、

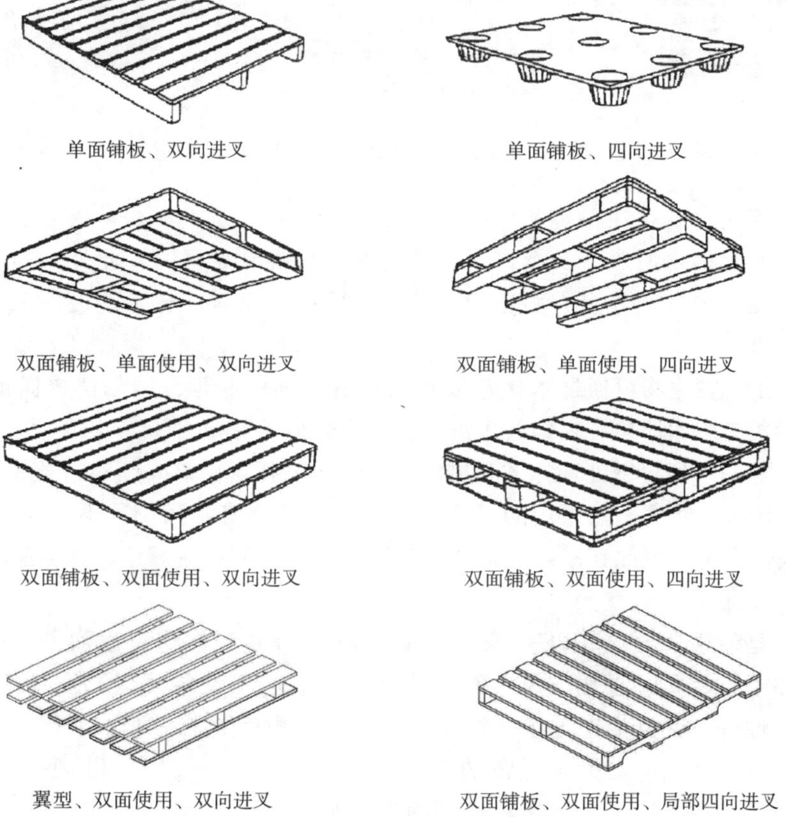

图 4-2 平托盘结构形式

重量轻、便于维修，不易变形，生产组织容易。木托盘可按企业需求灵活制定各种尺寸规格，且造价低廉，因而成为托盘市场占有份额最大的一类，据不完全统计，目前木托盘约占整个托盘市场的 86%，塑料托盘占 11% 左右，其他材质托盘仅占 3% 左右。但木托盘的生产造成森林资源的巨大消耗，从长远来看，其发展会受到资源的制约。

按进叉方式，木托盘又可分为纵梁式托盘（美式托盘）和垫块式托盘（欧式托盘）。纵梁式托盘结构简单、生产便捷、整体牢固性好。缺点是基本为双向进叉，在纵梁开“V”形槽口的情况下可实现四向进叉，但也仅限于非手动托盘车，更适用于自动化程度较高的搬运条件。垫块式托盘可四向进叉，使用方便。缺点是结构复杂，整体牢固性稍差。目前在我国使用较多（见图 4-3 和图 4-4）。

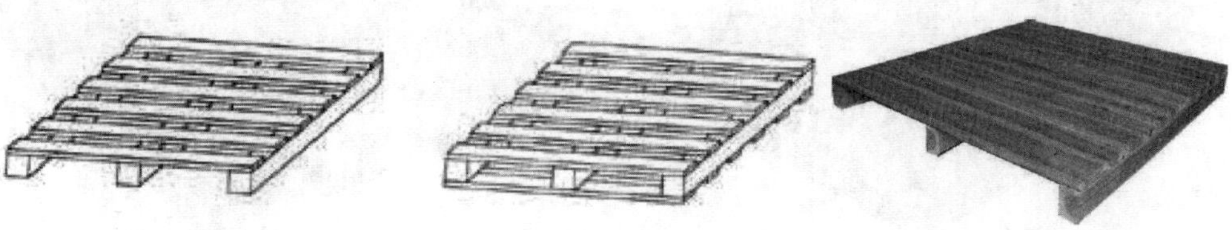

图 4-3 纵梁式木托盘

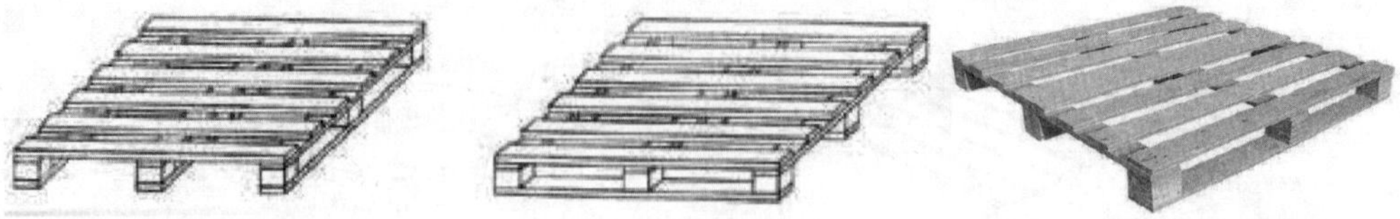

图 4-4　垫块式木托盘

木托盘的使用主要存在卫生和生产稳定性等方面的问题。木材易受潮、发霉、虫蛀而又无法清洗，其表面木屑脱落及螺钉锈蚀的问题也是难以克服的。此外，由于木材是天然材料，其质量受地域气候等多方面影响，即使是同一批原料，在干湿度、风裂等方面也难以达到统一标准。

此外，由于有害生物可通过木质包装材料在各国间的蔓延，国际植物保护公约 2002 年发布了《国际贸易中木质包装材料管理准则》，我国 2005 年出台了《出境货物木包装检疫处理管理办法》等一系列检疫处理标准和措施，要求木制托盘出口时须经过检疫和除害熏蒸处理，通关手续较多。除害熏蒸采用的是溴甲烷和硫酰氟等有毒药物，不仅对货物造成影响，更有可能对人体有害，因此在国际上某些商品不允许用木制托盘装运，如食品、药品等。

2. 塑料平托盘。

塑料托盘是使用聚乙烯（PE）或聚丙烯（PP）等热塑性塑料添加一些改善性能的添加剂，通过注塑、吹塑、吸塑、模压等工艺加工而成的集装单元器具。与木制托盘相比，塑料托盘整体性好，并且洁净卫生，在使用中又具有质轻、无钉刺、耐酸碱、无质变、易清洗等特点。由于使用寿命为木托盘的 3～8 倍，加之废托盘材料可以回收，使单次使用成本低于木托盘。在我国，虽然塑料托盘的生产及使用均滞后于西方发达国家，但发展迅速，正为越来越多的用户所认可。

塑料托盘按外形可分为：（1）双面使用型塑料托盘，指双面均可作为货物承载面的塑料托盘，其双面均为网格型或平板型，承重性能好。但由于其结构设计的原因不能使用手动托盘车，自重较大，人工搬运不方便。（2）单面使用型塑料托盘，指承载面为特定的一面而且不可翻转使用的托盘结构。按承载面可分为平板式和网格式两种，根据其底部的结构不同又可分为川字底型、田字底型和九脚型三类。川字底型结构形式长度方向承载性能较好，使用范围广；田字底型由于其底部为方形框架结构，在堆垛使用时受力均匀，整体稳定性能好；九脚型结构塑料托盘的承重能力普遍较低，但结构形式的设计可满足手动液压托盘车及叉车的四向进叉需要，多为低承重量、低频率周转的情况下使用或一次性发货使用（见图 4-5 和图 4-6）。

图 4-5　双面网格塑料托盘（左）　双面平板塑料托盘（右）

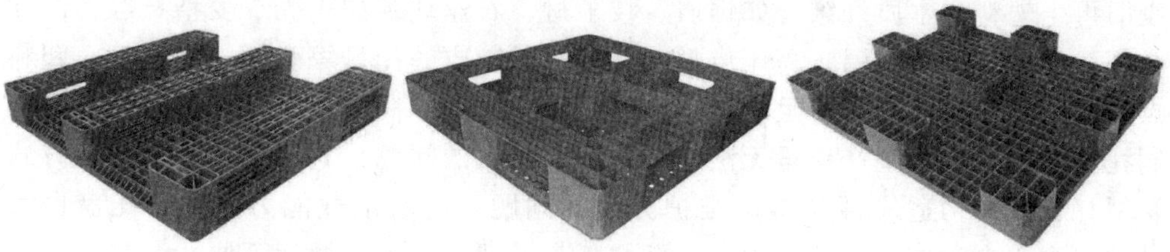

图 4－6　单面网格塑料托盘——川字底型（左）、田字底型（中）、九脚型（右）

据生产工艺的不同，塑料托盘主要有注塑、吹塑两大类。

随着生产工艺和材料的发展进步，还有一些专门为满足特殊的使用要求所定制的塑料托盘，如承载、包装、定位、隔离于一体的吸塑塑料托盘，一次性出口包装使用或承载量较轻的轻型塑料托盘等。

塑料托盘基本为一次成型，其破损后可修复性很低，不可能像木托盘那样可拆卸修理，破损到一定程度后，只能报废；采购时一次性投入较大，一般为木制托盘的 2～5 倍。

3. 金属平托盘。

金属托盘主要是采用钢板、镀锌钢板或铝合金模压焊接制成，有单面、双面使用型等各种型式。金属托盘最大特点是强度高，承载能力在所有托盘中是最强的；加工制造容易，不易损坏和变形，维修工作量较小，可回收再利用不浪费资源。钢制平托盘制成翼形结构，不但可以利用叉车装卸，而且可利用两翼套吊吊具进行吊装作业。

金属托盘的缺点是自重较大，人力搬运较为困难，同时价格昂贵，主要适用于石油、化工等对托盘有特殊要求的领域。目前，金属托盘有向轻量化和箱式方向发展的趋势。

4. 纸托盘。

纸制托盘采用高强度蜂窝纸芯、高强度瓦楞纸与纤维板以及其他非木质材料制成的托盘。在结构设计方面，纸托盘运用科学的力学原理实现其良好的机械性能，以满足常规输送要求。纸托盘具有重量轻、成本低、出口免检、环保可回收等优点，产品规格可按照用户要求定制。但其承重量相对于其他托盘较小，防水防潮性能较差。

纸托盘多为一次性托盘，适用于航空运输的一次性物流作业，在无须熏蒸检疫在进出口贸易方面较有发展空间，也广泛用于电子电器、食品、纺织、五金、陶瓷、家具等行业（见图 4－7）。

图 4－7　瓦楞纸托盘（左）、蜂窝纸托盘（右）

5. 复合材料平托盘。

复合材料托盘常见的有木塑复合托盘、模压托盘等。

木塑复合托盘是将木塑复合型材以螺钉等紧固件组装而成的。木塑复合型材的主要原料为废旧再生塑料和木质纤维，如锯屑、枝丫材，农业纤维如稻壳、麦秸秆等，添加工业用黏合剂，经过挤压机高温、高压成型。这种材料制成的托盘综合了木制托盘、塑料托盘的优点，而基本上摒弃了其不足。其易于成型，高密度、高强度、耐腐蚀、不吸水，避免了木制托盘洁净度差、生产质量无法规范化和寿命短的问题；其板材切割及组装方式又解决了塑料托盘在结构适应性及维修维护方面的问题，同时承载能力比塑料托盘也大大提高。其缺点在于自重较大，约为木制、塑料托盘的两倍，人工搬运不便。

模压托盘是将植物纤维与环保合成树脂混合，经高温高压一次模压成型的托盘产品，其原材料一般为热固性树脂和回收植物纤维如废旧托盘、木废料、木板条、包装箱等。模压托盘整个生产过程是在高温、高压下进行的，杀灭了残留在木材中的任何昆虫和真菌，同时由于所生产的木质产品密度高，可以防止任何其他昆虫的重新繁殖和重新侵入，符合国际组织对出口木材包装制品的需求，不需要进行熏蒸处理即可满足进出口业务需求；模压托盘重量轻、不易变形，强度好，承载能力强；呈凹凸形状的完整面板，改变了实木托盘的镂空条状板面，可叠加堆置，具有实木托盘所没有的功能和优势（见图 4-8）。

图 4-8　木塑托盘　模压托盘

（二）柱式托盘

柱式托盘是在平托盘四个角安装固定式或可卸式的钢制柱子，柱子上端可用横梁连接，形成框架型（见图 4-9）。

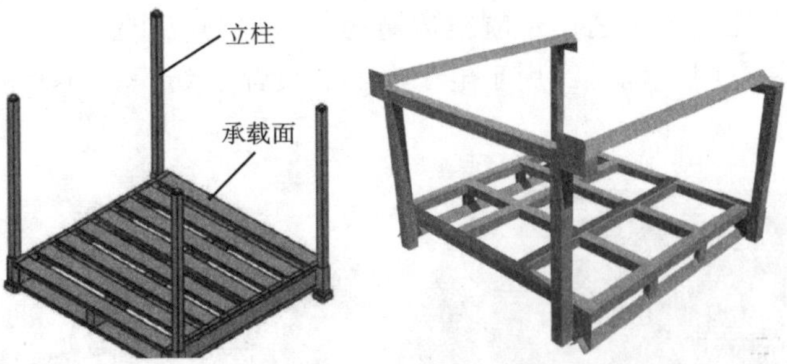

图 4-9　柱式托盘

柱式托盘的主要作用：一是利用立柱支撑重量物，在无货架多层堆码时保护最下层货物不受损害，满载的立柱式托盘堆叠在地面上最多可达 4 层；二是防止托盘上所置货物如桶装货物、棒料、管材等物料在运输、装卸等过程中发生塌垛。柱式托盘还可以作为可移动的货架、货位，不用时叠套存放节约空间。

（三）箱式托盘

箱式托盘是在平托盘四周安装侧板的托盘，侧板可以机械式地连接在托盘上，有利于增强托盘强度；有些箱体上有顶板，有些没有，有顶板的托盘形似小型集装箱，可装载贵重物品或洁净度要求高的货物。箱式托盘按上部侧板的组装方式分为固定式、折叠式和拆装式；按侧板的结构形式分为整板式、栅栏式及网式，栅栏式的箱式托盘也称笼式托盘或仓储笼。按材质还可分为木质、金属、塑料、纸质或多种材料组合的箱式托盘。箱式托盘防护能力强，可防止塌垛和货损；可装载异型不能稳定堆码的货物，用途广泛。

1. 木质箱式托盘。

常用木质箱式托盘有围板箱式托盘、快装箱等。

围板箱式托盘又称为托盘围板，由平托盘及平行于其四个边缘垂直向上的可折叠围板组装而成（见图 4－10）。

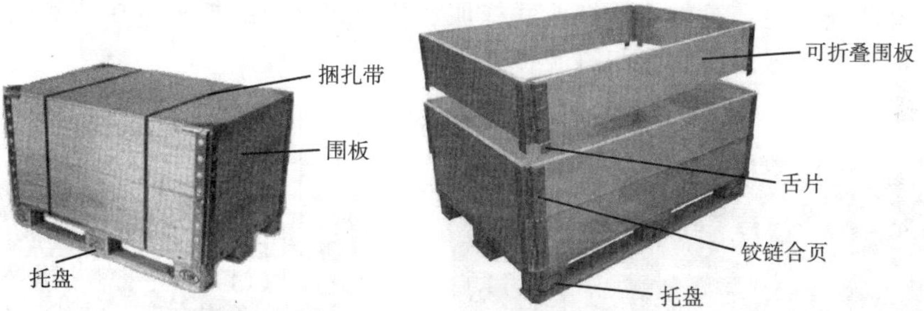

图 4－10　托盘围板

可折叠围板由四块或六块实木板或胶合板组成，每块木板两端通过铰链合页连接起来，围板的层与层之间横向定位，靠铰链弯曲下伸的舌片与下一层围板外侧配合。

托盘围板堆码强度高，对内装货物保护性好，可多层码垛节省空间；围板可重复利用，不用时折叠堆放不过多占用空间。将可折叠围板按不同产品类型、不同的尺寸，可组装出与产品长宽高对应的单元包装，通用性极强。托盘围板既可作为各种各样终端产品的包装，也可用作零部件内部物流的周转箱，应用领域也十分广泛。

快装箱也称为钢边箱，它采用胶合板作为主要结构材料，箱板之间采用钢舌片插入带槽口的镀锌钢边后折弯，固定在平托盘顶铺板或纵梁上，加上顶板，相互连接而成，属于拆装式箱式托盘（见图 4－11）。

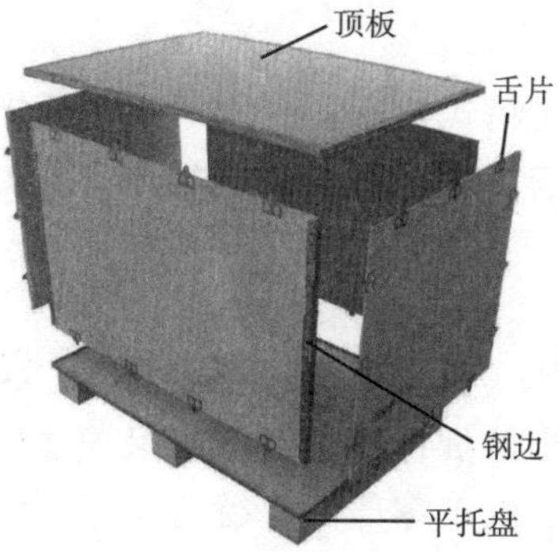

图 4－11　快装箱

快装箱箱板的最小加工尺寸为18厘米，最大可以做到5米，承载能力一般在2吨以下较为合适。根据内装物的重量的不同，快装箱使用不同厚度的胶合板，常见的厚度有6厘米、8厘米、12厘米等规格的材料。

快装箱重量轻、外形美观、便于装卸，适合空运，广泛适用于物流、机械电子、陶瓷建材、五金电器、精密仪器仪表、易损货品及超大尺寸物品等行业产品的运输。且出口免检，通关方便，也常用于出口货物的运输。

快装箱的缺点是重复使用次数有限，舌片通常拆装两三次便断裂或过度变形而使侧板报废。

2. 金属箱式托盘。

常见的金属箱式托盘有仓储笼和钢箱两种，具有承载能力强、可防水防潮、使用寿命长、制造容易、开箱方便、能折叠、可100%回收等优点，金属箱式托盘下部可叉装、顶部可吊装，使用方式灵活。但缺点是重量大、易锈、不保温等。

仓储笼又叫仓库笼，是带有立杆或联杆加强的网式壁板的托盘，在一侧或多侧设有用于装卸货物的铰接的或可拆装的门（见图4－12）。

图4－12 仓储笼

仓储笼是仓储运输中很重要的一类物流容器，它具有以下优点：强度高，装载能力大；存放货物一目了然，易于库存清点；可堆垛码放至四层高，实现立体化存储；堆码时也能开启仓储门，方便取物；不用时还可以折叠存放，节省仓库空间，底部还可安装轮子，在工厂内部周转极其方便，广泛用于仓库、生产车间流水线、物流配送中心等。

仓库笼的缺点是易划伤内装物品，内配瓦楞纸板、塑料中空板或帆布袋，可有效保护容易划伤表面的物品。

钢箱是承载能力最高的金属箱式托盘，由型钢和钢板焊接而成，一侧可由插销控制开启，经久耐用，特别坚固，可按客户要求“量身定制”，操作简便，可折叠，具有非常好的产品保护性。

3. 塑料箱式托盘

塑料箱式托盘重量轻、防水、防压、耐冲击、外表美观，箱体光滑，能在装配、加工、仓储和流通作业中对零散小件货物提供可靠的保护，广泛应用于电子、仪表、农副产品、食品、饮料、医药、服装、汽车零部件等行业。

常见塑料箱式托盘有塑料围板托盘和折叠式塑料散货箱。塑料围板箱式托盘组装方式与铰链式木质托盘围板相同，而且能够用水冲洗，比木质托盘围板更卫生，可应用于汽车零部件、食品和医药等产品的包装。塑料围板可以与塑料托盘匹配，也可以与木质托盘匹配。塑料围板经复用多次损坏后，可以被再生为其他的塑料制品，但其承载能力不如木质托盘围板，不耐高温，价格也较贵（见图 4－13）。

图 4－13　塑料围板托盘（左）、折叠式塑料散货箱式托盘（右）

（四）轮式托盘

轮式托盘的基本结构是在柱式、箱式托盘下部装有小型轮子。这种托盘不但具有一般柱式、箱式托盘的优点，而且搬运移动灵活。因其底部有轮子，既可采用叉车进行机械化作业，还可以借助人力实现短距离移动，如滚上滚下方式的装卸，在车、船内部的位置移动和生产企业工序间的物料搬运等，还可用于超市、商店作为货架陈列。

（五）特种专用托盘

特种专用托盘是将平托盘变形，改装成具有特殊结构，能适应特定类别产品或包装件的托盘。一般是在平托盘上部安装一些框架，以满足集装运输过程中快速化作业的需要。

1. 滑片托盘。

滑片托盘简称滑托盘，是一种在一个或多个边上延伸有翼边的平板，主要作用是替代各类纸、木、塑料托盘放置、搬运货物。滑托盘按材质来分，主要有两类：塑料滑托盘和纸（牛皮纸）滑托盘，塑料滑托盘多用于仓库周转或多次重复使用；纸滑托盘由于强度较低多用于一次性的发货。按推拉翼边来分，有一边滑托盘、两边滑托盘、四边滑托盘。两边的是标准的，一边的常用于发货，四边的常用于仓库周转或多次重复使用。滑托盘不能用普通货叉叉取，需要专用叉车或在普通叉车上加装推拉装置。

图 4－14　滑托盘及推拉装置

与普通托盘相比，滑托盘成本低，仅有托盘的几分之一，比托盘节省95%的空间且无须回空；几乎可以适合任何尺寸的存放空间；重量轻，易于举起和堆叠，装卸货物时，滑托板比托盘节约了60%的时间；结实不易撕裂，在装运冷冻物或在严寒地带使用也有很高的强度，减少对产品的潜在威胁；不会产生由于长期使用托盘而产生的细菌，没有托盘的种种弊端和维护及更换需求。因此，滑托盘可广泛用于多种不同行业、领域中，尤其是海运和物流系统内部货物的循环运输。但是滑托盘形成的集装单元整体装卸必须使用配有推拉器的叉车，由于推拉器造价昂贵应用不普及制约了滑托盘的大面积普及。

2. 平板玻璃集装托盘。

又称平板玻璃集装架，能支撑和固定立放的平板玻璃，在装运时，平板玻璃顺着运输方向放置以保持托盘货载的稳定性。平板玻璃集装托盘有若干种，使用较多的是L型单面装放平板玻璃单面进叉式托盘、A型双面装放平板玻璃、双向进叉托盘、吊叉结合式托盘及框架式双向进叉式托盘若干种（见图4-15）。

图4-15 平板玻璃集装架

3. 油桶专用托盘。

它是专门装运标准油桶的异型平托盘。油桶专用托盘为双面型，两个面皆有稳固油桶的波形表面或侧挡板，油桶卧放于托盘上，由于波形槽或挡板的作用，不会发生滚动位移，同时，还可几层叠垛，解决桶形物难以堆高码放的困难，也方便了储存。

特种专用托盘很多，除了上述类别之外，还有航空专用托盘、冷藏垫板、轮胎专用托盘等，不一而足，本节不做过多阐述。

三、托盘规格尺寸的标准化

作为物流系统最基本的集装单元器具，托盘的规格尺寸在一定范围或地区内必须是统一标准化的，才能实现其承载的产品在不同企业和用户之间顺畅流通。这是因为托盘的规格尺寸涉及集装单元货物尺寸和货物包装单元尺寸，进而关联着车厢、仓库通道及货格尺寸，更大范围内甚至关系到物流的基础设施库房、车站、港口、码头等空间结构和装卸搬运机具的标准尺寸。从某种意义上讲，托盘的标准化不单单是托盘流通和循环使用的前提，也是实现装卸搬运、包装、运输和保管作业机械化、自动化的决定因素，没有托盘规格尺寸的统一和以托盘为基础的相关设施、设备、装置、工具等的系列化标准只能做到局部物流的合理化，难以达到整体物流的合理化。

世界各国、各地区对托盘标准化都很重视，历年来很多国家成立了托盘行业协会，负责协调托盘的运作和管理，甚至建立托盘共用系统，引导更多的企业选用标准托盘，推动托盘标准化和物流标准化进程。

（一）国外托盘尺寸标准

1. ISO 国际标准。

ISO/TC51 托盘标准化技术委员会于 2003 年通过了《物料搬运用平托盘主要尺寸及公差》（ISO 6780：2003）标准，该标准包含 6 种托盘规格尺寸，如表 4－1 所示。

表 4－1　　现行物料撤运用平托盘尺寸 ISO 标准（ISO 6780：2003）

尺寸（公制）	尺寸（英制）
1 219mm×1 016mm	48.00in×40.00in
1 200mm×1 000mm	47.24in×39.37in
1 140mm×1 140mm	44.88in×44.88in
1 067mm× 1 067mm	42.00in×42.00in
1 100mm×1 100mm	43.30in×43.30in
1 200mm×800mm	47.24in×31.50in

2. 美国和加拿大托盘标准。

美国和加拿大在美洲大陆内以 1 219 毫米×1 016 毫米的托盘来构建相互协作体制。该托盘标准规格尺寸也是国际标准化组织的认定的国际标准之一。

3. 欧洲托盘标准。

欧洲托盘标准是由欧洲托盘协会（European Pallet Association）统一制定和监测的。其特点在于，欧洲托盘是根据国际植物保护公约（IPPC）及国际铁路联盟（UIC）规定制定的标准，使欧标托盘可以在世界范围内流通。目前，欧洲标准托盘尺寸主要有两种：1 200 毫米×1 000 毫米和 1 200 毫米×800 毫米，其中采用 1 200 毫米×800 毫米尺寸的较多。

4. 澳大利亚、韩国、日本等国家托盘标准。

澳大利亚是世界上标准化托盘使用比例最高的国家，广泛采用的托盘尺寸是 1 165 毫米×1 165 毫米，受世界贸易市场的影响，该国于 2001 年提出改革方案：放弃原托盘标准，改为 1 200 毫米×1 000 毫米国际标准。日本和韩国采用的是 1 100 毫米×1 100 毫米尺寸标准。

（二）我国托盘尺寸标准

经过多年努力，2007 年，中国国家质量监督检验检疫总局和中国国家标准化管理委员会批准通过《联运通用平托盘主要尺寸及公差》（GB/T 2934—2007），该项国家标准中将我国托盘标准确定为 1 200 厘米×1 000 厘米和 1 100 厘米×1 100 厘米两种规格，且特别注明 1 200 厘米×1 000 厘米为优先推荐标准规格。

托盘尺寸标准为企业组织生产和经营提供了依据，我国标准托盘保有量自国家标准实施以来逐渐增加。据 2013 年托盘专业委员会的全国第三次托盘普查的调查数据显示，目前广泛利用的五大类托盘（木托盘、塑料托盘、纸托盘、金属托盘、复合材料托盘）标准化率在 15%～25%。2018 年，商务部联合 9 部门发布《关于推广标准托盘发展单元化物流的意见》中明确表示2020年标准托盘占全国托盘保有量比例要提高到32%以上，适用领域占比达70%以上。

一般来说，一个国家一种规格托盘的使用率超过50%才是真正的托盘标准化，但我国的现实情况是数十种非标准尺寸托盘使用率总和占比70%以上。究其原因，一方面是历史遗留问题；另一方面是国内企业往往根据产品设计包装、订制托盘，加上考虑包装材料成本，均不太考虑是否与托盘标准规格匹配。非标托盘来源五花八门，规格千差万别，质量难以甄别，阻碍了托盘在企业间的流通和单元化物流的发展。因此，建立和完善科学的托盘标准化体系，引导托盘标准化工作有序、协调的发展，是我国物流业发展的迫切需求。

四、托盘的使用

一般情况下，企业都会有相当数量的托盘在采购、生产或销售等环节流转，它的正确使用不仅关系着各环节物流作业的流畅性，可能还影响着企业生产经营的安全。托盘的使用管理因其流动性强而难度颇大；再加上单体价值不高，员工对其重要性认识不足，导致使用过程中损坏和丢失现象频繁发生，给企业带来经济损失的同时，也影响物流系统运行效率。

托盘的正确使用可以从托盘的选用、堆码装盘、货体紧固、维护管理几个方面进行。

（一）托盘的选用

托盘可由企业自购、与合作单位交换使用和向托盘公司租赁三种来源方式。无论哪种方式，选用托盘时，都要综合考虑其制造材料、规格尺寸、结构类型、性能等。托盘制造材料由使用环境和货物的性质决定，如洁净度要求高、出口货物应尽量选择一次性的塑料托盘或者免熏蒸托盘，货架堆放的托盘应选择刚性强的、不易变形的、动载较大的托盘。

规格尺寸方面应尽量选择标准尺寸托盘，同时也要考虑运输工具和运输装备的规格尺寸、仓库货格的大小、承载货物的 包装规格以及托盘的流向，如去往欧洲的货物选择1 200厘米×800厘米的托盘；去往韩国、日本的货物通常要选择1 100厘米×1 100厘米的托盘。

托盘的结构选择要根据应用场合、配套设备的结构性能要求以及状态（如库型、货架类型、堆码或放置状态）等来确定，如用于运输、搬运、装卸的托盘要选择强度高、动载大的，用于立体仓库货架的托盘尽量选择四向进叉型。

（二）堆码装盘

货物的码垛装盘影响着托盘承载表面面积利用率（一般应不低于80%）和物流过程中的货体稳固性。装盘时首先要考虑货物自身属性和包装强度，如有些货物有上下摆放方向的要求，有些货物码放层数不能过多等；其次托盘的承载能力与尺寸、货物质量和尺寸以及存储方式要求也是重要的影响因素。常见装盘码垛方式有以下4种。

1. 重叠式。

各层码放方式相同，上下对应。这种方式的优点是：工人操作速度快，包装货物的四个角和边重叠垂直，承载能力大。缺点是：各层之间缺少咬合作用，容易发生塌垛。在货物底面积较大的情况下，采用这种方式具有足够的稳定性，如果再配上相应的紧固方式，则不但能保持稳定，还可以保留装卸操作省力的优点。

2. 正反交错式。

同一层相邻的两列货物 90 度垂直码放，层与层之间货物码垛方向旋转 180 度。类似于房屋建筑砌砖的形式，不同层间咬合强度较高，相邻层次之间不重缝，稳定性较高。但操作较麻烦，人工操作速度慢。装体之间不是垂直面相互承受载荷，下部货体容易被压坏，长方形托盘装载袋装货物的情况下采用这种形式。

3. 纵横交错式。

相邻两层货物摆放旋转 90 度，一层横向放置，另一层纵向放置，层次之间交错堆码。每层间有一定的咬合效果，但咬合强度不高。操作相对简单，比较适合自动装盘堆码操作。人工码垛时如果配以托盘转向器，劳动强度与重叠式差不多，但稳定性比重叠式好。

4. 旋转交错式。

同一层相邻的两件货物互为 90 度，相邻两层货物排列方式相同，但旋转 180 度，像两个旋转方向不同的风车。这种方式货物之间互相咬合交叉，货体的稳定性较高，不易塌垛。但码放的难度较大，且中间形成空穴，降低托盘的利用效率。在货物长度与宽度之和与托盘边长相同时可采用，货物长、宽相差较大时，中央部分的无效空间也过大，利用率降低（见图 4－16）。

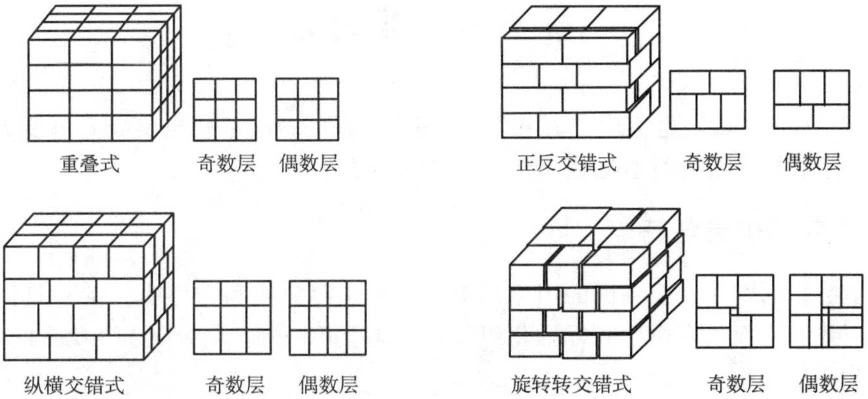

图 4－16　托盘货物码垛方式

（三）货体紧固

托盘承载货物的固定方式主要有捆扎、胶合束缚、拉伸裹包等，不同固定方式可相互配合使用。用绳索、打包带材料对货体进行捆扎可以保证货物稳固，捆扎方式有水平捆扎和垂直捆扎等。

胶合束缚可以用胶条黏合方式，即每两层货物之间贴上双面胶条，防止托盘上货物层间发生滑落；也可以用单面不干胶包装带粘扎货体，胶带全部贴于货物表面，即使部分损坏，也不会散捆，比绳索捆扎更可靠。

拉伸裹包是将热性塑料薄膜置于托盘货体上，然后进行热收缩处理，薄膜收缩后，将托盘货体紧箍成一体，如托盘缠绕裹包机即是用拉伸薄膜作缠绕包装的机器。这种紧固方法，不但起到防塌垛作用，还能防水、防雨。

托盘承载货物进行固定后，仍不能满足运输要求时可根据需要选择防护加固附件。如用网罩、框架包围整个货体，将纸板、泡沫塑料塞货物之间防滑，或增加角支撑、货物盖板等。

（四）维护管理

与任何财产一样，托盘需要正确的维护与修理才能充分地节省成本。正确使用和及时的维护会延长托盘的使用寿命，专业的维修能将许多损坏的托盘恢复到接近新托盘的水平。

托盘的损失主要原因是丢失、叉车操作不当以及人工装卸货时跌落等。因此建立托盘管理体系，制定规范化的设备操作制度、工厂内交通规定以及搬运设备的相关安全规则，并且对操作人员进行必要的培训是保护托盘的首要措施。

日常使用过程中经常检查保养，特别是注意观察托盘铺板的情况，如有松动或缺损需要及时加固与更新；遵循托盘保护方法，如在湿度变化较大的室外环境或冷藏车内使用托盘时，需要进行防水和防腐处理；在托盘纵梁和横板处，涂上橙色或者黄色等能明显引起操作人员注意的颜色等。

第三节　集装箱

集装箱（container）也称为“货箱”“货柜”，是一种能装载包装或无包装货物进行运输，并便于用机械设备进行装卸搬运的一种集装工具。

一、集装箱概念与特点

关于集装箱的定义，在各国的国家标准、各种国际公约和文件中，都有具体规定，其内容不尽一致。下面仅列举国际标准化组织、《国际集装箱安全公约》（CSC）、我国《物流术语》中集装箱的定义。

（一）国际标准化组织（ISO）关于集装箱的定义

国际标准 ISO：830－1981《集装箱术语》中，对集装箱下的定义为：“集装箱是一种运输设备，应满足以下要求：

1. 具有足够的强度，可长期反复使用；
2. 适于一种或多种运输方式的运送，途中转运时箱内货物不需换装；
3. 具有快速装卸和搬运的装置，特别便于从一种运输方式转移到另一种运输方式；
4. 便于货物装满和卸空；
5. 具有 1 立方米及 1 立方米以上的容积。

国际标准组织确定的集装箱这一术语，不包括车辆和一般包装。

（二）《国际集装箱安全公约》关于集装箱的定义

集装箱是指一种运输设备：

1. 具有耐久性，因而其坚固程度足能反复使用；

2. 经专门设计，便于以一种或多种运输方式运输货物而无须中途换装；

3. 为了坚固和（或）便于装卸，设有角件；

4. 四个外底角所围闭的面积应为下列两者之一：至少为 14 平方米（$150ft^2$）；如顶部装有角件，则至少为 7 平方米（$75ft^2$）。

集装箱一词不包括车辆及包装，但集装箱在底盘车上运送时，则底盘车包括在内。

该定义与国际标准化组织的定义有以下不同：

1. 把国际标准化组织定义中的“具有快速装卸和搬运的装置，特别便于从一种运输方式转移到另一种运输方式”一句，改为“为了坚固和（或）便于装卸，设有角件”，从而明确了该“装置”是指角件。

2. 省略了国际标准化组织定义中“便于装满和卸空”一句。

3. 把“具有 1 立方米及 1 立方米以上的容积”改为“四个外底角所围闭的面积至少为 14 平方米；如顶部装有角件，则至少为 7 平方米”。这就把原来规定的集装箱应具有一定的内容积，改为具有一定尺寸的底面积了，无形中打破了集装箱是一种“容器”的概念，从而奠定了后来把平台集装箱也包括在集装箱中的基础。这一变化可说是一个重大的突破。

（三）我国 GB/T 1992—2006《集装箱术语》中对集装箱定义

集装箱是一种供货物运输的设备，应满足以下条件：

1. 具有足够的强度和刚度，可长期反复使用；

2. 适于一种或多种运输方式载运，在途中转运时，箱内货物不需换装；

3. 具有便于快速装卸和搬运的装置，特别是从一种运输方式转移到另一种运输方式；

4. 便于货物的装满和卸空；

5. 具有 1 立方米及其以上的容积；

6. 是一种按照确保安全的要求进行设计，并具有防御无关人员轻易进入的货运工具。

（四）集装箱的特点

与其他集装器具相比，集装箱具有明显的优缺点：

1. 强度高、能长期反复使用，对货物保护防护能力强；

2. 途中转运不用移动箱内货物，可以直接换装，从运输工具上快速装载和卸载；

3. 集装箱规格标准，可以重叠堆放，有利于提高单位地面的储存数量；在车站、码头等待外运，占地也较少；

4. 在几种集装方式中，尤其在散杂货集装方式中，集装箱的内容积较大。

集装箱还具备标准化装备的一系列优点，例如，尺寸、大小、形状有一定规定，便于对装运货物和承运设备作出规划、计划；可统一装卸、运输工具，简化装卸工艺，通用性、互换性强。

除上述优点外，集装箱也有明显的缺点，限制了集装箱在更广的范围中的应用。这些缺点主要包括：

1. 自重大，因而无效运输、无效装卸的比重大，在物流过程中，许多劳动消耗于箱体本身上，增加了货物的运费；

2. 本身造价高，在每次物流中分摊成本较高；

3. 空箱返空有浪费运力。

二、集装箱结构

通用集装箱是一个长方体，由两个侧板、一个底板、一个顶板、一个端壁和一对箱门组成，具体结构如图 4 – 17 所示。

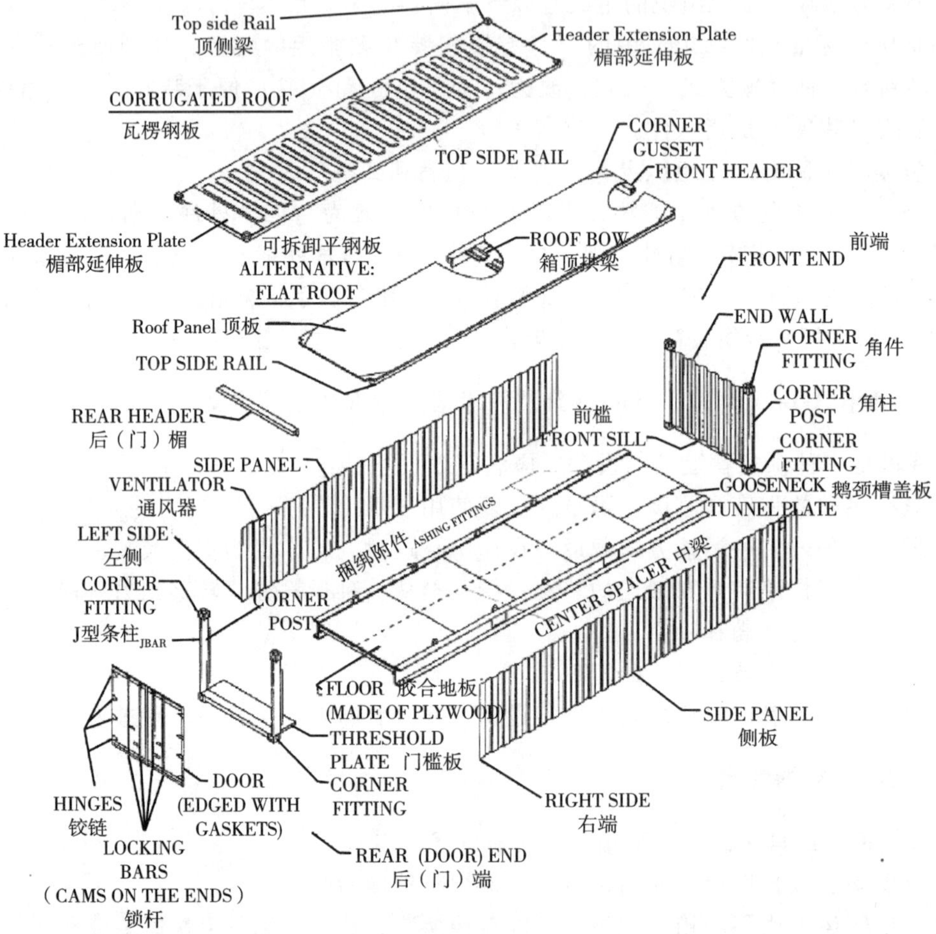

图 4 – 17 集装箱结构

集装箱顶板为带有许多纵向长压筋的钢板，长期处于日晒、雨淋、盐分、污染等恶劣环境下，且常常遭受上方集装箱底架的碰撞，应具有标准规定的强度；顶板可以叠放很多张，且不占用太多空间。集装箱侧板由多层钢板拼焊成一整张，然后分别与顶侧梁、底侧梁，前后角柱焊接，在侧板的里面一般有侧柱，以加强侧板的强度。

集装箱底板是铺在底梁上承托载荷的板。一般由底梁和下端梁支撑，是集装箱的主要承载构件。箱内装货的载荷由底板承载后，通过底梁传导给下侧梁，因此底板必须有足够的强度，底板有很多类型，如木制底板、竹制底板、塑料底板、钢制底板、纤维水泥压力板等。

端壁是在端框架平面内与端框架相连接形成封闭的板壁（不包括端框架在内）。端壁的里面一般设有端柱，以加强端壁的强度。箱门通常为两扇后端开启的门，用铰链安装在角柱上，并用门锁装置进行关闭。

集装箱角件又称为箱角、吊角，主要用在集装箱8角端部，在3个面上有开孔，孔的尺寸与集装箱装卸设备上的旋锁相匹配，用于起吊、搬运、固定、堆码和拴固集装箱。集装箱上部的角件称顶角件，下部的角件称底角件，左右对称。角件尺寸与庞大箱体比较起来微不足道，但它在实际应用中的功能却不容忽视，甚至有人说集装箱本身的精髓在于角件，没有它，将难以进行作业。角件的精髓又在于其上的开孔，没有它也难以稳妥地搬运集装箱。箱体所承受的任何作用力几乎全是通过角件来传递。作为箱体的最外缘，角件还起着保护整个箱体的作用。在ISO 1161标准中还严格规定了它的结构尺寸和定位尺寸，以此为实现集装箱自动化作业提供必要的条件。集装箱门端结构与角件如图4－18所示。

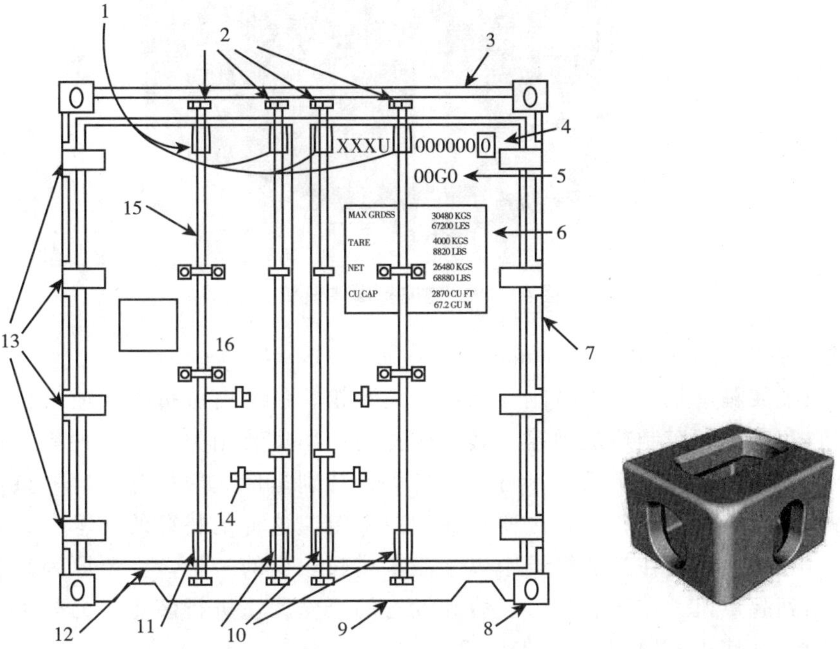

1. 锁杆支架（Locking Bar Bracket）；2. 锁杆凸轮锁头（Locking Bar Cam）；3. 门楣（Door Header）；
4. 箱主代号及顺序号（Owner's prefix and serial number）；5. 尺寸类型代码（Size and Type code）；
6. 重量标志牌（Weight Panel）；7. J型条柱（J－Bar）；8. 角件（Corner Fitting 或 Corner casting）；
9. 门槛（Door sill）；10. 锁杆支架（Locking Bar Bracket）；11. 锁杆支架（Locking Bar Bracket）；
12. 门封条（Door Gasket 或 Door Seal）；13. 铰链（Hinge）；14. 门把托架盖（Door Handle Retainer）；
15. 锁杆（Locking Bar）；16. 门把手（Door Handle）；17. 锁杆夹（Locking Bar Guide）；
18. 综合资料牌（Consolidated data plate）

图4－18　集装箱门端结构和角件

三、集装箱的分类

为适应不同种类货物运输需要，出现了不同类型的集装箱。按用途、结构和制造材料分类，集装箱可以分为多种类型。

（一）按用途分类

1. 普通标准集装箱（General Purpose Container，GP）。

又称通用干货集装箱（Dry Cargo Container，DC）或者杂货集装箱，适用范围很大，除需制冷、保温的货物与少数特殊货物（如液体、牲畜、植物等）外，只要在尺寸和重量方面适合用集装箱装运的货物（适箱货），均可用普通标准集装箱装运，因此它是目前最常用的集装箱，占集装箱总量的70%～80%。

这种集装箱通常为封闭式，在一端、两端或侧面设有箱门，集装箱的门均有水密性，可270度开启。有的通用集装箱，其侧壁可以全部打开，属于敞侧式集装箱，主要是便于在铁路运输中进行拆装箱作业（见图4-19）。

图4-19 普遍标准集装箱

2. 开顶集装箱（Open Top Container）。

又称敞顶集装箱，是一种没有刚性箱顶的集装箱，但有由可折叠式或可折式顶梁支撑的帆布、塑料布或涂塑布制成的顶篷，其他构件与通用集装箱类似。这种集装箱适于装载超高的大型货物和重货，如钢铁、木材、设备等，特别是像玻璃板等易碎的重货，利用吊车从顶部吊入箱内不易损坏，而且也便于在箱内固定。这种集装箱的技术参数和普通标准集装箱相同。开顶集装箱在集装箱类中属于需求增长较少的一种，主要原因是装载较重的货物时需要用到起重机，在没有月台、装卸设备的仓库无法进行装箱，另外不能叠放，无法船运也是限制其使用的原因（见图4-20）。

图4-20 开顶集装箱

3. 通风集装箱（Ventilated Container）。

通风集装箱的特点是在其侧壁或顶壁上设有若干供通风用的窗口，适用于装运有一定通风和防潮湿要求不需要冷冻的杂货，如水果、蔬菜等，有的箱型还装有人工通风系统。如果将通风窗口关闭，则可作为杂货箱用。低货值的需要呼吸作用的货物多以半开门 GP 柜进行短途运输（见图 4－21）。

图 4－21　通风集装箱

4. 台架式集装箱（Platform Based Container）。

也称为框架集装箱，这种集装箱的特点是没有箱顶和侧壁，甚至连端壁也去掉而只有底板和四个角柱。台架式集装箱可以从前后、左右及上方进行装卸作业，主要用于不适宜装入杂货集装箱或敞顶集装箱内的大件、超重件、轻泡货、重型机械、钢材、钢管、裸装设备等重量、大小和形状不一的货物。台架式集装箱不防水，怕水湿的货物不能装运，如一定要装运，必须用帆布遮盖、密封好（见图 4－22）。

图 4－22　台架式集装箱

5. 平台式集装箱（Plat－form Container）。

这种集装箱比台架式集装箱更简化而只保留了底板，也称为平板集装箱。其主要用于装卸长、重大件货物，如重型机械设备、钢材等。平台的长度和宽度与国际标准集装箱的箱底尺寸相同，可使用与其他集装箱相同的紧固件和起吊装置，不同的平台集装箱承载的重量不同。这种集装箱的采用，打破了过去一直认为集装箱必须有一定容积的概念。对于超尺寸（长、宽、高）货物，目前基本上不太分框架箱还是平板箱，但应当注意的是，平板箱的前后两个挡板或四柱式可以平放（与平板在同一个平面），而部分框架箱的两侧是无法放下的（见图 4－23）。

图 4－23 平台式集装箱

6. 保温集装箱（Keep Constant Temperature Container）。

保温集装箱是为了运输需要冷藏或保温的货物。所有箱壁都采用导热率低的材料隔热而制成的集装箱，又分为以下两种。

（1）冷藏集装箱（RF：Refrigerated Container，Reefer Container）。

它是以运输冷冻食品为主，能保持所定温度（－5℃以下，新产品可达－60℃）的保温集装箱。它专为运输如鱼、肉、新鲜水果、蔬菜等食品而特殊设计的，箱内顶部装有挂肉类、水果的钩子和轨道。目前国际上采用的冷藏集装箱基本上分两种：一种是集装箱内带有冷冻机的称为机械式冷藏集装箱；另一种箱内没有冷冻机而只有隔热结构，即在集装箱端壁上设有进气孔和出气孔，箱子装在舱中，由船舶的冷冻装置供应冷气，这种称为离合式冷藏集装箱（又称外置式或夹箍式冷藏集装箱），一般用于海洋运输的冷藏集装箱多为 20RF/40RF。冷藏箱多为白色或银色，而用于运输危险品的冷藏箱箱体颜色多为红色。

（2）隔热集装箱。

隔热集装箱是为载运水果、蔬菜等货物，防止温度上升过大，以保持货物鲜度而具有充分隔热结构的集装箱。其通常用干冰作制冷剂，保温时间为 72 小时左右。这种集装箱主要用于短途冷冻物制品的运输，如市内冷冻食品运输，也可用于水果、蔬菜等物品较长距离的装运（见图 4－24）。

图 4－24 机械式冷藏集装箱

7. 罐式集装箱（Tank Container/Liquid Bulk Container，TK）。

罐式集装箱又称贮罐式集装箱，也叫坦克柜，用以装运各种气体、液体和干燥粉体物料。它由箱体框架和罐体两部分组成，其中罐体为一承压容器，罐体上设有安全阀、紧急切断阀、球阀等阀件，并配置了液位计、压力表、温度计等计量检测仪表以确保运输使用过程中的安全。装货时，货物由液罐顶部的装货孔进入；卸货时，货物由排出孔靠重力作用自行流出或由顶部装货孔吸出。

罐式集装箱有单罐和多罐数种，这种箱的周边尺寸可按通用集装箱的尺寸制造，像通用集装箱一样装运而不与车辆连成整体，因而比罐式车更灵活机动。

需要注意的是，罐体的强度在设计时是按满载为条件的，所以在运输途中货物如呈半罐状态，可能对罐体有巨大的冲击力，造成危险，因此装货时应确保货物为满罐（见图 4－25）。

图 4－25　罐式集装箱

8. 动物集装箱（Pen Container or Live Stock Container）。

动物集装箱是一种专用的以装运活动物（如食用肉牛、羊、猪、鸡、鸭、鹅及马匹等）为主要功能的集装箱。为了避免阳光照射，箱顶采用胶合板或玻璃纤维加强塑料覆盖；另外，为了保证箱内有比较新鲜的空气，侧面和端面都有用铝丝网制成的气窗或采用栏网式、栅栏式或栅窗式结构，以加强通风；侧壁下方设有清扫口和排水口，并配有上下移动的拉门，以便清扫垃圾和冲洗动物排泄物；为方便喂食，这种集装箱还装有饲喂口。动物集装箱在船上一般装在甲板上，因为甲板上空气流通，也便于清扫和照顾（见图 4－26）。

图 4－26　动物集装箱

9. 汽车集装箱（Car Container）。

这种集装箱是专门装运小型汽车用的。其特点是在简易箱底上装一个钢制框架，通常没有箱壁（包括端壁和侧壁），为了防止汽车在箱内滑动，箱底专门设有绑扎设备和防滑钢板。

这种集装箱分为单层和双层两种。因为小轿车的高度为1.35~1.45米，如装在8英尺(2.438米)的标准集装箱内，只利用了其箱容的3/5，所以轿车是一种不经济的装箱货。为提高箱容利用率，有一种装双层的汽车集装箱，其高度有两种：一种为10.5ft（3.2米），另一种12.75ft（8.5ft的1.5倍），因此汽车集装箱一般不是国际标准集装箱（见图4－27）。

图4－27 汽车集装箱

10. 服装集装箱（Garment Container/Dress Hanger Container）。

也称挂衣箱，这种集装箱由普通标准集装箱改造而成，有单层和双层。它的特点是在箱内侧梁上有许多横杆，每根横杆上垂下来若干条皮带扣，尼龙带扣或绳，外衣、外套和高级时装等，利用衣架上的钩，可以直接挂在带扣或绳索上防止衣服皱褶。

这种服装装载法属于无包装运输，它不仅节约了包装材料和包装费用，而且减少了人工劳动，提高了服装的运输质量。为了保持箱内服装的干燥，箱内还挂有干燥剂。当然，为了防止一些虫害，还放置一些驱虫药等，但要符合国际环保和健康要求。将横杆上的绳扣收起，这类集装箱就能作为普通杂货集装箱使用（见图4－28）。

图4－28 服装集装箱

11. 散货集装箱（Solid Bulk Container）。

散货集装箱是一种密闭式集装箱，有玻璃钢制和钢制两种，用来装运粉状或粒状货物，如大豆、大米、各种饲料等。这种集装箱的顶部设有2~3个装货口，在箱门的下部设有卸货口。在装载粮食时，由于检疫的需要，有的散货集装箱的顶上还设有进行熏蒸用的附属装置。散货集装箱顶部的装货口应设水密性良好的盖，以防雨水侵入箱内。使用这种集装箱装运散货，一方面提高了装卸效率；另一方面提高了货运质量，减轻了粉尘对人体和环境的侵害（见图4－29）。

随着国际贸易的发展，商品结构不断变化，还有各种不同类型的专用或多用集装箱，

图 4 - 29　散货集装箱

如以货物种类命名的集装箱：平板玻璃专用集装箱、机械及部件专用集装箱、纤维及粉末材料集装箱、贵重金属专用集装箱、生皮集装箱等，因篇幅限制，本书不一一赘述。

（二）按箱体制造材料分

制造材料是指集装箱主体部件（侧板、端壁、箱顶等）材料，可分成四种。

1. 钢质集装箱。框架和箱壁板皆用钢材制成的集装箱，其优点是强度大、结构牢、焊接性和水密性好、价格低、易修理、不易损坏；钢质集装箱是目前采用最多的，尤其是通用大型集装箱绝大部分是钢制。其缺点是钢制集装箱自重大，降低了装卸量；防腐蚀性较差，每年一般要进行两次除锈涂漆，使用期限一般为 11 ~ 12 年。

2. 铝合金集装箱。这是用铝合金型材（一般是铝镁合金）和板材构成的集装箱，分两种：一种是钢架铝板；另一种仅框架两端用钢材，其余用铝材。铝合金集装箱的优点是自重轻、不生锈、外表美观、弹性好、不易变形；铝集装箱的缺点是焊接和耐磨性差、疲劳强度不足、受碰撞时易损坏，故角件、角柱及框架结构一般仍采用钢材。由于铝集装箱价格高，一般用来制造特种集装箱，如罐式集装箱、冷藏集装箱、航空集装箱，使用年限一般为 15 ~ 16 年。

3. 不锈钢集装箱。不锈钢是一种新的集装箱材料，其优点是强度高、不生锈、外表美观；在整个使用期内无须进行维修保养、使用率高；耐蚀性能好。其缺点是价格高，初始投资很大，一般都用作罐式集装箱。

4. 玻璃钢集装箱。玻璃钢集装箱是在钢制的集装箱框架上装上玻璃钢复合板构成的，玻璃钢复合板主要用作侧壁、端壁、箱顶板和箱底板。玻璃钢是纤维加强型塑料的一种，系由玻璃纤维和合成树脂混合在一起制成。玻璃钢集装箱隔热性、防腐性和耐化学性均较好，强度大、修理简便、易清洗，最适合作兽皮集装箱和动物集装箱用。由于玻璃钢复合板具有一定的厚度，能承受较大的外力，箱壁上一般不需要再加衬板，从而可以增加 7% ~10% 的内容积。其缺点是自重较大，造价较高，塑料老化和拧螺栓处的强度降低等问题还需要进一步研究解决。且由于玻璃钢生产过程中的环境污染问题和废弃物处理问题，受到国家产业政策的限制，因而这种集装箱国内用得不多。

四、集装箱标记和标准化

（一）集装箱的标记

为便于对集装箱在流通和使用中识别与管理，便于单据编制和信息传输，国际标准化组织制定了集装箱的代号和标志，即《集装箱的代号、识别和标记》（ISO6346—1981（E））。我国在借鉴 ISO 标准基础上也制定了国家标准《集装箱代码、识别和标记》（GB/T 1836—2017）。标准中明确集装箱标记分为必备标记和自选标记两大类，每一类标记中又分为识别标记和作业标记。

1. 必备标记。

（1）必备识别标记。即集装箱箱号（Container No.）按顺序由箱主代号、设备识别码、顺序号和核对数字共 11 位代码组成。

①箱主代号。集装箱所有者的代号，是集装箱所有人向国际集装箱局（简称 BIC）登记注册的代码，又称 BIC Code，用 3 个大写的拉丁字母表示。

②设备识别代码：用 1 个大写拉丁字母表示；设备识别代码 U 为常规集装箱，代码 J 为带有可拆卸设备的集装箱，代码 Z 为集装箱的拖车和底盘车。

③顺序号，又称箱号，由 6 位阿拉伯字母组成。在有效数字不足 6 位时，则在有效数字前用“0”补足 6 位，如“053842”。

④核对数字。核对数字是用来对箱主代号和顺序号记录是否准确的依据。它位于箱号后，以 1 位阿拉伯数字加 1 方框表示。如中国远洋运输（集团）公司的集装箱箱号 COSU0012342，即“COS”为中远集运的箱主代码，“U”为常规集装箱，“001234”为箱号，“2”为核对数字。

（2）必备作业标记。

①额定重量和自定重量标记。

额定重量（Max Gross）即集装箱自重与最大允许装载货物质量之和，自重即集装箱空箱质量（或空箱重量）（Tare），ISO 标准规定应以公斤（千克）和磅（lb）同时表示。

②空陆水联运集装箱标记。

即该集装箱适用于空运，并可与地面运输方式相互交接联运，因其设计强度较低，陆地堆码时只允许在箱上堆码两层，海上堆码时甲板上不准堆码，舱内堆码时箱上最多允许堆码一层。该标记为黑色，该位于侧壁和端壁的左上角，并规定标记的最小尺寸为：高 127 毫米，长 355 毫米，字母标记的字体高度至少为 76 毫米（见图 4－30）。

图 4－30 空陆水联运集装箱标记

③登箱顶触电警告标记。

装有登箱顶梯子的集装箱均标有此标记，标记为在黄色底上作黑色三角，三角内有黑色闪电箭头，一般设在罐式集装箱和位于登顶箱顶的扶梯处，以警告登梯者有触电危险。

④超高标记。

凡箱高超过2.6米（8.5ft）集装箱均应标出此标记，标记是在黄色底上标出黑色数字，周边围以黑色，标记设两个，在集装箱两侧右下角；在箱体每端和每侧角件间的顶梁及上侧梁上标打长度至少为300毫米的黄黑斜条形标记，以便在地面或高处能清晰识别（见图4－31）。

图4－31　集装箱超高标记

2. 自选标记。

（1）自选识别标记。

①国家和地区代号。

用3位或2位拉丁字母表示集装箱的登记国，如中国用CN或PRC；美国用US或USA。

②尺寸。

集装箱的尺寸（指外部尺寸）代码用两位字符表示，第一位表示箱长度（如“2”表示20ft箱，“4”表示40ft箱，“M”表示48ft箱等），第二位表示箱的宽度和高度（如“2”表示宽8ft，高8.5ft的箱）。

③类型代号（箱型代码）。

用两位阿拉伯数字组成，说明集装箱的类型。类型代码分成总代码和细代码两种。总代码用于在集装箱特性尚不明确或不需要明确的场合，细代码用于对集装箱特性要有具体标示的场合。当然，在新出厂集装箱上必须标注细代码。例如，“GP”是无通风设备的通用箱总代码，而“GO”是该类中一端或两端开门箱的细代码。ISO6346－1995文件中提供了集装箱尺寸和集装箱类型代码资料。

（2）自选作业标记。

①国际铁路联盟标记。

凡符合《国际铁路联盟条例》规定的集装箱，可以获得此标记。该标志是在欧洲铁路上运输集装箱的必要通行标志（见图4－32）。

②其他通行标记。

集装箱在运输过程中能顺利地通过或进入其他过境，箱上必须贴有按规定要求的各种通行标志，否则，必须办理烦琐证明手续，这会延长集装箱的周转时间。

集装箱上主要的通行标记有：

安全合格牌（CSC Plates）：符合国际集装箱安全公约（CSC）安全合格牌；

批准牌照（海关牌照）：用于运输海关加封货物的集装箱；

图 4－32　国际铁路联盟标记

防虫处理板（免疫牌）：集装箱所用裸露木材按照有关规定经过免疫处理者设置；

检验合格徽：经某船级社检验合格后的船级社徽记；

带有熏蒸设施的集装箱标记。

集装箱代号的标记位置分别在箱顶部、两侧、门端、封闭的等 5 个面上。标记中的字体应符合标准。

（二）集装箱的标准化

集装箱标准化，不仅能提高集装箱作为共同运输单元在海、陆、空运输中的通用性与互换性，促进多式联运的发展，同时给集装箱的运载工具和装卸机械提供了选型、设计和制造的依据，进而使集装箱运输成为相互衔接配套、专业化和高效率的运输系统。集装箱最大的成功在于其产品规格的标准化以及由此建立的一整套运输体系。以标准化尺寸为基础，逐步实现全球范围内的船舶、港口、航线、公路、中转站等相互配套的物流系统，堪称人类有史以来创造的伟大奇迹之一。

集装箱标准按其使用范围分为国际标准、国家标准、地区标准、公司标准。

1. 国际标准。

国际标准化组织的 104 技术委员会（ISO/TC104）是集装箱专业的技术委员会，该委员会自 1961 年成立以来，为确保集装箱运输的国际流通，组织制定了一系列技术基础标准。这些标准包括集装箱术语、集装箱类型、外部尺寸和额定值、集装箱角件的技术条件、集装箱的技术条件与试验方法、集装箱装卸与拴固、集装箱代码、识别和标记、船上配载集装箱的配载计划、数据传输、集装箱设备数据更换的通信代码、电子数据交换的信息格式、集装箱设备的自动识别等。

ISO/TC104 对国际标准集装箱做过多次补充、增减和修改，截至目前，国际标准集装箱共有 15 种规格，其宽度均一样（2 438 毫米）、长度有五种（13 716 毫米、12 192 毫米、9 125 毫米、6 058 毫米、2 991 毫米）、高度有三种（2 896 毫米、2 591 毫米、2 438 毫米），如表 4－2 所示。前使用的国际集装箱规格尺寸中，单箱总重量趋于增加，30. 48 吨的 20ft 箱制造量增多，对运输环节的设施设备和作业提出了更高的要求，也对公路运输模式产生了影响。此外，1EEE、1AAA 和 1BBB 是超高箱型，俗称高柜 HD，C、D 系列集装箱可叉装。

表 4-2　　ISO668：2013 标准集装箱尺寸

规格（ft）	箱型	长度（mm）		宽度（mm）		高度		最大总重量	
		mm	ft′in	mm	ft′in	mm	ft′in	kg	lb
45	1EEE	13 716	45′0	2 438	8′0	2 896	9′6	30 480	67 200
	1EE					2 591	8′6		
40	1AAA	12 192	40′0	2 438	8′0	2 896	9′6	30 480	67 200
	1AA					2 591	8′6		
	1A					2 438	8′0		
	1AX					<2 438	<8′0		
30	1BBB	9 125	29′11.25	2 438	8′0	2 896	9′6	25 400	56 000
	1BB					2 591	8′6		
	1B					2 438	8′0		
	1BX					<2 438	<8′0		
20	1CC	6 058	19′10.50	2 438	8′0	2 591	8′6	24 000	52 900
	1C					2 438	8′0		
	1CX					<2 438	<8′0		
10	1D	2 991	9′9.75	2 438	8′0	2 438	8′0	10 160	22 400
	1DX					<2 438	<8′0		

国际标准集装箱长度关系如下：

1A = 1B + i + 1D = 9 125 毫米 + 76 毫米 + 2 991 毫米 = 12 192 毫米；

1B = 1D + i + 1D + i + 1D = 3 × 2 991 毫米 + 2 × 76 毫米 = 9 125 毫米；

1C = 1D + i + 1D = 2 × 2 991 毫米 + 76 毫米 = 6 058 毫米。

国际标准集装箱长度尺寸关系如图 4-33 所示。

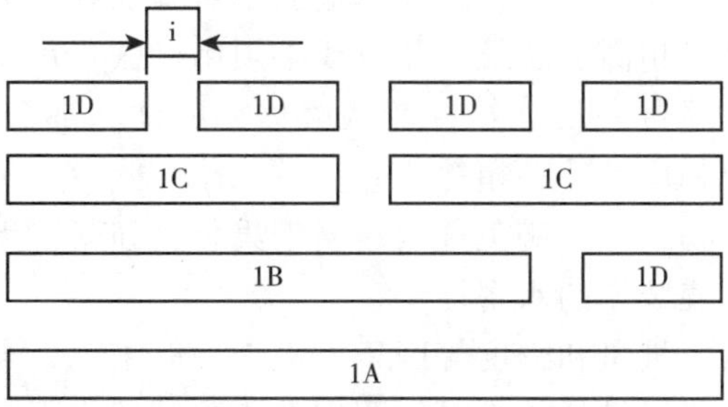

图 4-33　国际标准集装箱长度尺寸关系

为了便于计算集装箱数量，以 20ft 集装箱作为换算标准箱 TEU，并以此作为集装箱运载工具的载箱量、集装箱场站吞吐量等的计量单位。我国的换算方法完全按照集装箱长度与标准箱长度的比值将 10ft、20ft、30ft、40ft 和 45ft 的集装箱分别相当于 0.50TEU、1.00TEU、2.00TEU 和 2.25TEU。

2. 国家标准。

各国政府参照国际标准并考虑本国实际情况而制订的本国集装箱标准。我国现行国家标准《集装箱外部尺寸和额定质量 XGB/T 1413—2008）中集装箱各种型号的外部尺寸、极限偏差及额定质量，与 ISO 国际标准基本相同。

3. 地区标准。

地区集装箱标准，是由地区组织根据该地区的特殊情况制定的，根据此类标准建造的集装箱仅适用于该地区，如根据欧洲国际铁路联盟（VIC）所制定的集装箱标准而建造的集装箱。

4. 公司标准。

某些大型集装箱船公司，根据本公司的具体情况和条件而制定的集装箱船公司标准，这类集装箱主要在该公司运输范围内使用，如美国海陆公司的 35ft（10.668 米）集装箱。

此外，由于各国的运输条件等方面的不同，还有大量的非标准集装箱在流通。例如，非标准高度集装箱 9ft 和 9.5ft 集装箱，非标准宽度集装箱有 8.2ft 集装箱，我国铁道运输系统 1t、5t 和 10t 集装箱，尺寸及吨位远小于国际标准集装箱，在国内还有一定的保有量。

五、集装箱的选用

货物装箱前，首先应当选择合适的集装箱。结合货物性质、数量、经济性和运输条件等因素，集装箱的选用主要是对集装箱类型的选择、数量的确定。

（一）集装箱类型的选择

集装箱箱型种类的选择依据是货物的种类、性质、包装形式等特性以及运输要求。此外还要考虑其他因素，如运输线路上的外界条件和特殊要求、经济合理性问题等。

①货物特性。

不同类型的集装箱本身就是针对不同特性的货物而设计制造的。对运输没有特殊要求的普通干、散货物，可选择使用最普通的封闭式杂货箱；含水量较大的货物或不需要保温运输的鲜货等可选择使用通风式集装箱；在运输途中对温度有一定要求的货物可选择使用保温、冷藏、冷冻集装箱；超高、超长、超宽或必须用机械（吊车、叉车等）装箱的货物可选择使用开顶、台架、平台式集装箱；散装流体、粉体和部分细颗粒货物可选择罐式箱；牲畜、汽车等可选择相应的特种箱等。

必须用木材固定的货物，尽量避免选用玻璃钢集装箱和箱底无木制底板的金属底板集装箱，以免钉钉子后破坏集装箱的水密性。

从集装箱货物的数量、批量和密度等因素考虑。一般来说，当货物数量大时，尽量选用大规格箱；当某航线上货运批量较小时，配用的集装箱规格不宜过大；当货物密度较大时，选用规格不宜过大；轻泡货物应采用规格较大的集装箱。

②运输要求。

在货物运输全程中，可能涉及多种运输方式，目前海上运输各环节（装卸、船舶）可以满足各种规格集装箱货物运输需要，但内陆运输中可能存在道路、桥涵承载能力不足，装卸设备不能适应大型集装箱装卸需要，集装箱内陆货运站不能办理大型箱业务，库场运输工具不符合运输要求等问题。某些地区如欧洲对公路上运行的车辆或集装箱，有一定的技术条件要求。此外，集装箱在横穿大陆或通过个别山区地带时，有时其温湿度相差较大，对于温湿度敏感的货物，尽量选用绝热性能良好的集装箱，或采取措施保证货物不受损失。

③经济合理性要求。

由于集装箱运输中的包箱费率，对各种规格集装箱总重的规定（单位尺度平均值）有较大差别，对于特定数量的货物选择集装箱规格和数量时，在保证能装下这些货物的前提下，对集装箱的选择存在通过规格数量的不同组合使全程总费用最小的经济合理性问题。

此外，有些航线经常由于两港之间货源不平衡、货物种类不平衡而造成大量集装箱回空运输，降低了集装箱运输的经济效果。为了解决空箱回运的问题，在货源不平衡的航线上尽量采用折叠式集装箱，或者尽可能选用回程时也能装载另一种货物的集装箱，可大大降低空箱回运的损失。

（二）集装箱数量的确定

集装箱装箱量是一门较复杂的技术工作，科学的装箱方法可以降低运输成本。目前在计算集装箱装箱量上，有专门的集装箱装箱计算软件，对于不同规格的货物进行最科学的计算，以达到降低运输成本的目的。

集装箱需用量的确定是要在货物能装下的基础上，以充分利用箱内容积/承重为原则，根据货物体积和容积利用率计算出来的，其推算过程如下所述。

1. 明确集装箱的单位容重。

单位容重是指集装箱的最大载货重量与其容积之比。不同箱型由于结构不同、制造材料不同、生产厂家不同，在额定总重量相同的情况下，允许装载的货物净重和容积各不相同，再考虑到货物装载造成的容积损失，不同箱型在不同容积利用率下的单位容重差别也较大。即使同一厂家，不同时期生产的集装箱载货重量和箱内容积也会有所差别，因此，计算该单位容重前要明确集装箱的相关性能参数（见表 4－3）。

表 4－3　集装箱的单位容重

集装箱规格尺寸（ft）	最大载货重量		集装箱容积		容积利用率 100%		容积利用率 80%	
	kg	lb	m^3	ft^3	kg/m^3	lb/f^3	kg/m^3	lb/f^3
20ft 杂货箱	21 790	48 047	33.2	1 172	41.0	656.3	820.4	51.3
40ft 杂货箱	27 630	60 924	67.8	2 426	407.5	25.1	509.4	31.4
20ft 敞顶箱	21 480	47 363	28.4	1 005	756	47.1	954.4	58.9
20ft 台架式箱	21 230	46 812	28.5	1 007	974.43	46.5	931.1	58.1
40ft 杂货箱 HC	26 630	58 709	76.0	2 683	350.3	21.9	437.8	27.3

注：以上数据仅供参考，集装箱内可载重量等由承运人根据实际情况确定。

2. 计算货物密度，判定所装货物是重货还是轻货。

货物密度 = 货物的重量/货物体积。

轻货是指货物密度小于箱的单位容重，重货的货物密度则大于箱的单位容重。

3. 估算出货物所需集装箱数量。

若货物是重货，用货物总重量除以集装箱的最大载货重量，即估算出该批装箱货物所需集装箱的数量；若货物是轻货，用货物总体积除以集装箱的有效容积，也可求得该批货物所需集装箱的数量；若货物密度等于箱的单位容重，则无论按重量计或容积计，均可求得集装箱的需要量。

4. 对于暂不能判断是重物还是轻物的那些货物，则先按容积来计算，求出每个集装箱的最大可能装载件数，用件数乘以每件货物的重量，再与该集装箱的最大载货重量相比较，如果小于集装箱的最大载货重量，则可以该重量来除该批装箱货物的总重量求出需求的集装箱数。如果箱内所装件数的总重量大于集装箱的最大集装箱的最大载货重量，则以集装箱的最大载货重量来除该批装箱货物的总重量，求的所需要的集装箱数。

[**例 4－1**] 用纸板箱装广东凉茶，共 750 箱，体积为 117.3 立方米，重量为 20.33 吨，问容积利用率为 80% 时，需装多少个 20ft 杂货集装箱？

解：①箱容积率为 80% 时，20ft 的杂货集装箱单位容重为 820.4 千克/立方米。

②求货物密度：20 330 ÷ 117.3 = 173.3 千克/立方米。

货物密度小于箱的单位容重，故所装货物为轻货。

③集装箱有效容积 = 33.2 × 80% = 20.56 立方米。

所需集装箱数 = 117.3 ÷ 20.56 = 4.4。

即需要 5 个 20ft 杂货集装箱。

对于单位体积不同的货物以及需要拼箱的货物，装箱前可先在装箱图上进行规划。

在实践中，不同的货物，如袋装货、捆包货、木箱货、纸箱货、危险品、冷藏品，因其包装、装箱作业的方法和注意事项不同，加之受装箱人员业务水平的限制，即使是同一货物，不同的装箱人员，其集装箱利用率也可能会有所不同，这必然会影响集装箱使用量的计算。

[**例题 4－2**] 有一批纸箱包装的 T 恤，纸箱的尺寸（长 × 宽 × 高）为 58cm × 38cm × 42cm，假设某 40ft 集装箱的箱内尺寸是 11 800cm × 235cm × 238cm，试计算 40ft 集装箱可能装载的最大纸箱数。

解：不考虑载货重量限制条件下，箱内每个维度最大可能装箱数 = 集装箱尺寸/纸箱尺寸（去掉余数）；最大装箱数量 = 三个维度可装纸箱数量的乘积；装箱体积 = 装箱数量 × 每个纸箱的体积。

为了确定精确的装箱数量，应考虑纸箱在集装箱内的放置方法，顺装、侧装和侧立装的不同放置方法下，箱内可装载的最大纸箱数量不同。计算结果如表 4－4 所示。

表 4－4　不同放置方式下可装纸箱数量

	方法一：顺装			方法二：侧装			方法三：侧立装		
集装箱内尺寸（长×宽×高）（米）	11.8	2.35	2.38	11.8	2.35	2.38	11.8	2.35	2.38
纸箱布置方法（米）	0.58	0.38	0.42	0.38	0.58	0.42	0.42	0.58	0.38
可装纸箱数量	20	6	5	31	4	5	28	4	6
最大装箱数	600			620			672		
装箱体积（立方米）	55.54			57.39			62.20		

注：集装箱的实际装载量不仅取决于货物包装尺寸，而且取决于许多其他因素，如包装材料、装箱人员的能力和经验、装卸港所在国家对集装箱的限重要求等。

第四节 其他集装单元

除了集装箱、托盘集装方式外，还有若干种在特定领域或行业发挥作用的集装器具如航空集装器、集装袋、货捆等。

一、集装袋

集装袋又称柔性集装袋、吨袋、吨包、太空袋等，是一种柔性运输包装容器。一般多用聚丙烯、填充料等聚酯纤维纺织而成，表面涂覆 EVA 塑料、乳胶、聚丙烯、聚氯乙烯等材料，具有防潮、防尘、耐辐射、牢固安全的优点，而且在结构上具有足够的强度，可广泛用于化工、水泥、粮谷、矿产品等大宗粉状、粒状、块状散货的包装。

集装袋重量轻、可折叠，配以起重机或叉车，就可以实现集装单元化运输；与同样用途的金属容器相比，在返空、清洗、存放方面更有优势，是世界上工业散货、粉体包装运输的主要工具之一，在发达国家普遍使用，国内近年来也发展迅速。

（一）集装袋的特点

与普通包装容器及其他集装器具相比，集装袋具有以下特点：

1. 由于材料科学和制作工艺的发展，目前集装袋在结构上已具有足够的强度，能适应起吊运输工具的机械化操作，装卸效率高。

2. 有便于装卸的进、出料口以及吊带和吊环，能直接吊运或叉举，进行快速装卸，与其他各种包装袋相比，操作简便，可大量减少重复搬运的次数，提高装卸效率达 2 ~ 4 倍。

3. 集装袋原材料的阻隔性好，结构密封性也较好，防潮、不渗漏，水分、杂物、灰尘不易混入，对产品的保护作用好。集装袋储运产品的产品损耗，一般不超过 0.5%。

4. 集装袋轻便、柔软，还可以平整折叠，捆包运输到终端使用并在卸料后折叠放置，只须占用极小的仓储空间，而且普通 1 吨货物所用集装袋重只有 3.5 ~ 4.5 千克，因此，集装袋的使用比较方便和经济。

5. 集装袋原材料多具有耐热、耐寒、耐酸碱腐蚀，以及防虫、防光等性能，适用于性能特殊的产品储运，并能经受恶劣条件的考验。

6. 集装袋结构简单，易于制作，材料多样化，可以根据终端用户的特殊需求来定做，包括袋身和上下料口的尺寸，吊带的款式，基布的规格，是否须涂膜，是否须内袋等。也可以根据产品的特性来设计。

（二）集装袋的结构和分类

集装袋包括进料口、出料口、袋体及吊带等部分组成，如图 4 - 34 所示。

集装袋可按使用期、外形、材料、制袋方法及结构的不同进行分类。

1. 按袋形分类，有圆形和方形两种。

圆形集装袋的袋体呈圆筒形，上有装料口，部分底部有卸料口，有卸料口的集装袋装

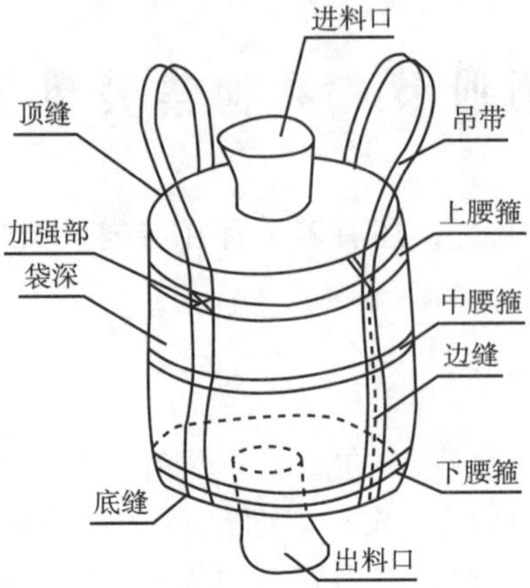

图 4-34 集装袋结构

料时系紧带将卸料口扎紧，装料后用系紧带将装料口扎紧；有卸料口德卸料时解开系紧带，物料即可自动流出。起吊集装袋时用钩子钩挂吊带即可。一次性使用的圆筒形集装袋强度比可重复使用的圆筒形集装袋低许多。

方形集装袋仅袋体为正方形，同容积的方形集装袋比圆筒形集装袋在高度上降低 20% 左右，提高了码垛的稳定性。

2. 根据起吊的位置不同可分为：侧吊式、底吊式和顶吊式和无吊带式。

侧吊式：一般有四根吊带缝在袋体两侧，可避免袋体局部受勒。

底吊式：吊带纵贯袋体且伸至袋底，载重由各带承受，不会在起吊时撕破袋体。

顶吊式：吊带缝在袋体上端的局部部位如进料口，易产生局部撕破或断线的现象，但此种结构简单且省料。

无吊带式只能配合叉车及托盘使用（见图 4-35）。

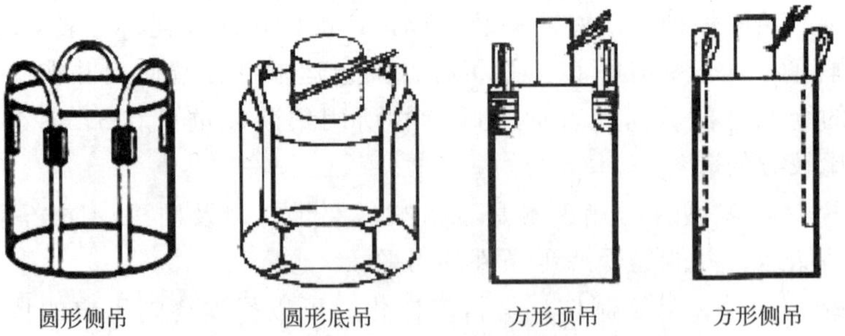

图 4-35 圆形和方形集装袋

3. 按制造材料分，主要有聚氯乙烯集装袋、橡胶集装袋和织布集装袋，还有各种皮革或用复合材料制成的各种集装袋等。

聚氯乙烯集装袋的基布是用锦纶、维纶或涤纶等强力合成纤维织成，在基布上涂聚氯乙烯。此种袋重量轻、制作容易、价格低。但其耐气候性差，遇热 70～80℃变软，-10℃以下急剧硬化，寿命为 3～5 年。

橡胶集装袋的基布也是用锦纶、维纶或涤纶等强力合成纤维织成基布，其上贴附具有优良耐候性、耐磨性的橡胶作为袋坯，经黏合后制成袋。此种集装袋耐热耐寒性良好，既可储运120℃高温的商品，又能在 -30℃的低温下使用，其寿命长达8年之久。

织布集装袋多用丙纶或维纶、锦纶或涤纶等织布制作，成本比聚氯乙烯集装袋低一半，此种集装袋耐候性较好，但阻气性稍差，寿命也可达到3年以上，特别适合作为出口包装的一次使用型集装袋。

（三）集装袋的规格

集装袋使用领域很广，在我国的使用范围也正在扩大，特别是一吨装、托盘形式（一只托盘装一个集装袋，或装四个）的集装袋，应用前景比较广阔。

集装袋的质量好、坏至关重要，美国和欧洲各国都对集装袋在抗紫外线、抗老化、安全系数等方面，制定了严格的要求。我国的集装袋标准执行的是GB/T10454—2000，该标准规定了集装袋的分类结构、规格尺寸、技术要求及检验要求等。

二、货捆

货捆是指用捆装工具将散件货物组成一个货物单元，使其在物流过程中保持不变，从而能与其他机械设备配合，实现装卸作业机械化的集装形式。许多条形和柱形的强度较高、无需防护的材料，如木材、钢材，或能进行捆扎组合的铝锭、钢锭、其他金属锭等，都可用各种材料制成的绳索、捆扎带、钢带，进行两端捆扎或四周捆扎，汇集成一个货物单元。

不同长度和形状的货物，捆绑方式略有不同。当货件长度小于6米时，采用两端捆扎方式，即离货件两端1.5米处用捆具绳索进行捆绑；当货物长度大于6米时，则需要采用三根捆绑，捆绑绳索距离货物端部为0.3～0.5米；钢板和带钢采用钢制包皮包装成捆，根据包装后的长度来确定捆绑道数和位置。

货捆可以用通用门式、桥式以及其他类型的起重机和叉车、侧式叉车、跨运车等进行装卸搬运作业。没有集装器具回空问题，因此开展货捆作业法投资少、效果显著，但实施机械化作业较困难，效率较低（见图4-36）。

图4-36　货捆

三、集装网袋

集装网袋也称为集装网兜、集装网、起重吊网，是一种用高强度合成纤维或人造纤维编织成的网，可以看作是集装袋的特殊结构形式。集装网比集装袋更轻，因而运输中的无效运输更小，价格较低，节省集装费用。集装网主要装运包装各种袋装货物、块状货物、粗杂物品，每网通常一次装运 500～1 500 千克，在装卸中采取吊装方式。集装网的缺点主要是对货物防护能力低于集装袋，因而应用范围有限，在某些情况下仅作为装卸搬运的辅助工具用（见图 4－37）。

图 4－37 集装网袋

四、塑料周转箱

塑料周转箱也称为物流箱，是采用注塑成型加工而成，用于商业短途运输或生产车间之间或生产厂家之间零部件流通使用的一种硬质包装容器。作为一种集装器具，货物按一定要求成组装在一个标准塑料周转箱内组合成为一个运输单元，可与多种物流容器和工位器具配合，利用叉车或升降机进行装卸搬运和堆存。

塑料周转箱有美观质轻、耐腐蚀、强度高、可堆叠、不吸潮、卫生性好、易清洗、易加工成型、有利于生产管理、节约费用、使用寿命长等优点；还可根据用户需求订作各种规格、尺寸，也可按照用户要求加一些特殊的设计，如铝合金包边、加盖，使周转箱具有防尘功能。因此很受市场欢迎，广泛用于机械、汽车、家电、轻工、电子、食品等行业。

塑料周转箱类型很多，按用途分类可分为阻燃周转箱、封闭式周转箱、零部件周转箱、食品饮料周转箱等。我国物流标准 GB/T 10454—2000 对食品、饮料塑料周转箱的分类、技术性能提出了明确规定（见表 4－5）。

表 4－5 食品塑料周转箱推荐尺寸 单位：mm

序号	长度	宽度	高度
1	475	335	在下列数值中任选
2	500	355	125
3	530	375	140
4	560	400	160
5	600	425	200
6	630	425	236
7	670	450	260

塑料周转箱按整体结构分有梯形、方形、折叠方形三大类。

1. 梯形系列周转箱。

梯形系列又包括孔格型、平板型、互换凹凸槽型等多种形式。孔格梯形周转箱用途广泛，盛装物品后可加金属梁支承，回转时套在一起，增加空箱回转时运输量，减少占用空间。缺点是承重堆放时斜度对箱体变形有影响，码垛不能太高。平板梯形型与孔格型特点类似，但由于不带孔格，箱体刚性增加，改进了因斜度而产生的堆放变形。互换凹凸槽类梯形塑料周转箱盛装物品后不须金属梁支承堆放，借助箱体两条凹凸槽互相交叉、码垛。缺点是堆放后的下层箱体常因刚性不足被向外压胀，损伤货物。

2. 直形系列周转箱。

直形系列包括孔格型、平板型、加盖密封型、滑轮型。孔格、平板直形塑料周转箱盛装物品后，能承受较高的积重压力，箱体底部有一套装固定台阶，防止滑动倒塌，缺点是空箱回转时占空间大，模具制作难度大。中间带隔层直形周转箱用于瓶装产品周转，装啤酒、汽水等饮料，对瓶子运转有保护作用，缺点是模具制作复杂，价格高。加盖直形塑料周转箱特点类似平板型密合性好，防尘，可长期储存物品。加滑轮直形塑料周转箱可推动，用于仓库内和工厂内周转货物，缺点是只能单独使用。

3. 折叠直形塑料周转箱。

这种周转箱轻巧方便，盛货时竖起折叠板加上固定圈再用，用后叠成平板形。优点是回转运输空间小，但堆放高度受到限制，制作组装麻烦（见图 4－38）。

图 4－38 梯形（左）、直形（中）、折叠形（右）塑料周转箱

【拓展阅读】

拓展阅读 4－1 "京东云箱"平台正式上线，京东物流发力智能共享托盘租赁市场

2019 年 9 月，"京东云箱"平台正式上线，京东物流云箱项目组在北京亦庄举行了该平台的首发仪式，并吸引了全国数十家知名的托盘供应商、制造商、租赁商参与。"京东云箱"是一个面向广大商家提供物流载具的线上交易平台，也是京东物流基于开放、共生的理念搭建的物联网交易信息服务平台，旨在搭建共享托盘池，向商家提供智能、经济、便捷的供应链解决方案。

众所周知，托盘是仓储和运输过程中的基础载具，但目前托盘行业存在标准化程度低，托盘使用成本高等一系列问题。为了推进物流标准化，今年3月，国家发展改革委联合24个部门和单位印发的《关于推动物流高质量发展促进形成强大国内市场的意见》指出要支持集装箱、托盘、笼车、周转箱等单元化装载器具循环共用以及托盘服务运营体系建设，鼓励和支持公共“托盘池”等共享模式。

“京东云箱”平台使用的标准化托盘搭载了集GS1、RFID、NFC于一体的智能芯片，通过物联网“芯片扫描、系统记录”的技术模式，使托盘从功能单一的物流载具变成了可追溯、易管理的“智能共享托盘”，让每一片智能托盘的每一个流转环节在系统中都一目了然，可视化让托盘管理变得简单高效。

“共享托盘”可在七大区内自由流通

“京东云箱”依托强大的物流基础设施，布局华北、华东、华南、西南、华中、东北和西北七个大区的仓储物流资源，搭建“智能共享托盘”运营管理全覆盖的平台，有需求的商家可以在任意一个“京东云箱”托盘运营网点起、退租托盘。京东物流的全国网络布局基本保证了托盘动态租赁时“随地租随地还”的需求，大大降低托盘带板运输过程中异地退板难、退板费高的问题，这是服务好托盘带板运输业务开展的硬实力。

“京东云箱”平台在发挥京东物流现有优势资源的同时，希望与广大企业伙伴一起，全面合作，共同推动供应链高效发展，积极为绿色物流助力，为履行社会责任而不懈努力。

资料来源：“京东云箱”平台正式上线，京东物流发力智能共享托盘租赁市场，京东物流，https：//baijiahao. baidu. com/s？id=1644288419505872842&wfr=spider&for=pc，2019-09-10.

【复习思考题】

1. 何谓集装单元化？
2. 集装单元化的类型有哪些？
3. 实现集装单元化要遵循的原则是什么？
4. 托盘的特点是什么？
5. 托盘有哪些结构形式？
6. 箱式托盘有哪些类型？其适用场合有哪些？
7. 托盘的尺寸标准有哪些？我国主要托盘标准尺寸有哪几种？
8. 什么是单元化物流？从技术设备应用的角度谈谈如何实现单元化物流？
9. 托盘货物的紧固方式有哪些？
10. 集装箱的定义有哪些变化？
11. 简述集装箱的基本构成部分。
12. 按用途分类的集装箱类型有哪些？
13. 集装箱箱体标识有哪些？各自作用是什么？
14. 集装箱的国际标准化尺寸有哪些？
15. 如何正确选用集装箱？
16. 简述集装袋的主要特点和用途。
17. 货捆主要用于哪些场合？
18. 周转箱有哪些常见类型？其适用场合是哪些？

第五章 装卸搬运技术与设备

装卸搬运是贯穿物流过程始末的最重要活动之一，因而是物流过程能否顺利进行的至关重要的影响因素。本章将全面、系统地介绍装卸搬运的概念及主要属性，以及常用技术装备的种类和技术特点，并分别介绍其适用的作业对象和作业场合、提高工作效率的技术措施和方法。

第一节 概 述

一、装卸搬运的概念

在国家标准《物流术语》（GB/T 18354—2001）中装卸搬运是两个不同的概念，装卸（loading and unloading）是指："物品在指定地点以人力或机械装入运输设备或卸下"；搬运（handling/carrying）是指："在同一场所内，对物品进行水平移动为主的物流作业"。可以看出，装卸是改变"物"的存放、支撑状态的活动，主要指物体上下垂直方向的移动。搬运是改变"物"的空间位置的活动，主要指物体横向或斜向的移动。而装卸搬运是指在同一地域范围内进行的，以改变物料存放（支撑）状态和空间位置为主要目的的活动，通常装卸搬运是合在一起用的，在运输、保管及流通加工之间起到桥梁作用。

二、装卸搬运的意义

1. 装卸搬运是物流过程中承上启下的、不可缺少的环节，对物流过程的顺利进行和降耗增效意义重大。物流过程的各环节和同一环节不同节点之间，都必须进行装卸搬运作业，正是装卸活动把物流各个阶段连接起来，使之成为连续的过程。在生产企业物流中，装卸搬运成为各生产工序间连接的纽带，它是从原材料、零部件、配套产品等装卸搬运开始到产品装卸搬运为止的连续作业过程。

2. 装卸搬运活动的作业量大、方式复杂、作业不均衡、对安全性的要求高，但它是物流活动中不可缺少的环节。

3. 装卸搬运在物流成本中占有重要地位。在物流活动中，装卸活动是不断出现和反复进行的。它出现的频率高于其他物流活动，而且每次装卸活动都要浪费很长时间，所以往往成为决定物流速度的关键。装卸活动所消耗的人力也很多，所以装卸费用在物流成本中所占的比重也较高。

4. 装卸搬运决定货物运输质量。在进行装卸操作时物流设备往往与货物有较为直接的接触，在作业过程中货物可能会受到震动、撞击、摩擦、不均匀受力等情况。因此，这是在物流过程中造成货物破损、散失、损耗、混合等损失的主要环节。例如，袋装水泥纸袋破损和水泥散失主要发生在装卸过程中，玻璃、玻璃制品、瓷器、煤炭等产品在装卸时最容易造成损失。

5. 装卸活动是影响物流效率、决定物流技术经济效益的重要环节。一般而言，货物的装卸需要花费较多时间。例如，火车货运如果运距低于500公里，装卸时间则超过实际运输时间。美国与日本之间的远洋船运，一个往返需25天，其中运输时间13天，装卸时间12天。

三、装卸搬运分类、特点及作业形式

（一）装卸搬运的分类

1. 按设备对象划分。

仓库装卸配合出库、入库、维护保养等活动进行，并且以堆垛、上架、取货等操作为主。其中铁路装卸是对火车车皮的装进及卸出，特点是一次作业就实现一车皮的装进或卸出，很少有像仓库装卸时出现的整装零卸或零装整卸的情况，港口装卸包括码头前沿的装船，也包括后方的支持性装卸运，有的港口装卸还采用小船在码头与大船之间“过驳”的办法，因而其装卸的流程较为复杂，往往经过几次的装卸及搬运作业才能最后实现船与陆地之间货物过渡的目的。

汽车装卸一般一次装卸批量不大，由于汽车的灵活性，可以少或根本减去搬运活动，而直接、单纯利用装卸作业达到车与物流设施之间货物过渡的目的。

2. 按机械种类划分。

（1）采用各种起重机械从货物上部起吊，依靠起吊装置的垂直移动实现装卸，并在吊车运行的范围内或回转的范围内实现搬运或依靠搬运车辆实现小搬运。由于吊起及放下属于垂直运动，这种装卸方式属于垂直装卸。

（2）采用叉车从货物底部托起货物，并依靠叉车的运动进行货物位移，搬运完全靠叉车本身，货物可不经中途落地直接放置到目的处。这种方式垂直运动不大而主要是水平运动，属于水平装卸方式。

（3）利用叉车或半挂车、汽车承载货物，连同车辆一起开上船，到达目的地后再从船上开下，称“滚上滚下”方式。利用叉车的滚上滚下方式，在船上卸货后，叉车必须离船，利用半挂车、平车或汽车，拖车将半挂车、平车拖拉至船上后，拖车开下离船而载货车辆连同货物一起运到目的地，然后原车开下或拖车上船拖拉半挂车、平车开下。“滚上滚下”方式需要有专门的船舶，对码头也有不同要求，这种专门的船舶称“滚装船”。

（4）“移上移下”方式。是在两车之间（如火车及汽车）进行靠接，然后利用各种方式，不使货物垂直运动，而靠水平移动从一个车辆上推移到另一车辆上，称为“移上移下”方式。“移上移下”方式需要使两种车辆水平靠接，因此，对站台或车辆货台需要进行改变，并配合移动工具实现这种装卸。

（5）散装散卸方式。这种方式将未包装的颗粒状、粉末状和液体货物，运用适当的工具和设备进行装卸。

3. 按作业特点划分。

（1）连续装卸：主要是通过运用连续输送机械，连续不断地进行货物的装卸作业，中间无停顿，货间无间隔。在装卸量较大、装卸对象固定、货物对象不易形成大包装的情况下适用采取这一方式。

(2) 间歇装卸：间歇装卸使用周期型作业设备，装卸成件货物或者单元化货物，该种装卸方式有较强的机动性，装卸地点可在较大范围内变动，主要适用于货流不固定的各种货物，尤其适于包装货物、大件货物，散粒货物也可采取此种方式。

(3) 其他分类方式：按被装物的主要运动形式分类，可分垂直装卸、水平装卸两种形式。按装卸搬运对象分类，可分成散装货物装卸、单件货物装卸、集装货物装卸等。

（二）装卸搬运的特点

1. 装卸搬运是附属性、伴生性的活动。

装卸搬运是物流每一项活动开始及结束时必然发生的活动，因为装卸搬运不是作业目的，仅仅是辅助作业，所以装卸搬运时常不受重视或被人忽视。例如，一般而言的“汽车运输”，就实际包含相随的装卸搬运，仓库中泛指的保管活动，也含有装卸搬运活动。

2. 装卸搬运是支持、保障性活动。

装卸搬运的附属性不能理解成被动的，实际上，装卸搬运对其他物流活动有一定的决定性。装卸搬运会影响其他物流活动的质量和速度，例如，装车不当会引起运输过程中的损失；卸放不当，会引起货物转换成下一步运动的困难。许多物流活动只有在有效的装卸搬运支持下，才能实现高水平。

3. 装卸搬运是衔接性的活动。

在任何其他物流活动互相过渡时，都是以装卸搬运来衔接的，因而，装卸搬运是物流各功能之间能否形成有机联系和紧密衔接的关键，而这又是一个系统的关键。建立一个有效的物流系统，关键看这一衔接是否有效。联合运输方式就是着力解决这种衔接而实现的。

（三）装卸搬运的作业形式

1. 按作业场所划分。

(1) 车间装卸搬运：指在车间内部工序间进行的各种装卸搬运活动。

(2) 站台装卸搬运：指在企业车间或仓库外的站台上进行的各种装卸搬运活动。

(3) 仓库装卸搬运：指在仓库、堆场、物流中心等处进行的装卸搬运活动。

2. 按作业方式划分。

(1) 垂直装卸法主要是使用各种起重机械，以改变货物的铅垂方向的位置为主要特征的方法，这种方法应用面最广。

(2) 水平装卸法是以改变货物水平方向的位置为主要特征的方法。

3. 按作业对象划分。

(1) 单件作业法是指单件、逐件装卸搬运的方法，这是以人力作业为主的作业方法。

(2) 集装作业法是指对货物先进行集装化操作，再对集装件进行装卸搬运的方法。

四、装卸搬运合理化的原则和组织实施

（一）装卸搬运的原则

1. 尽可能不进行或少进行装卸搬运作业，装卸作业本身并不产生价值。但是，如果

进行了不适当的装卸作业，就可能造成商品的破损，或使商品受到污染。因此，尽力排除无意义的作业，是理所当然的。尽量减少装卸次数，以及尽可能地缩短搬运距离等，所起的作用也是很大的。因为装卸作业不仅要花费人力和物力，增加费用，还会使流通速度放慢。如果多增加一次装卸，费用也就相应地增加一次，同时还增大了商品污损、破坏、丢失、消耗的机会。因此，装卸作业的经济原则就是“不进行装卸”。所以应当考虑如何才能减少装卸次数、缩短移动商品的距离的问题。

2. 提高搬运灵活性，在物流过程中，常须将暂时存放的物品再次搬运。从便于经常发生的搬运作业考虑，物品的堆放方法是很重要的，这种使于移动的程度，被称为“搬运灵活性”。衡量商品堆存形态的“搬运灵活性”，用灵活性指数表示。一般将灵活性指数分为五个等级，即，散堆于地面上为 0 级；装入箱内为 1 级；装在货盘或垫板上为 2 级；装在车台上为 3 级；装在输送带上为 4 级。

3. 提高装卸搬运作业的连续性，是指两处以上的装卸作业要配合好。进行装卸作业时，为了不使连续的各种作业中途停顿，能协调地进行，整理其作业流程是很必要的。因此，进行“流程分析”，对商品的流动进行分析，使经常相关的作业配合在一起，也是很必要的。例如，当把商品装到汽车或铁路货车上，或把商品送往仓库进行保管时，应当考虑合理取卸，或出库的方便。所以某一次的装卸作业、某一个装卸动作有必要考虑下一步的装卸而有计划地进行。要使一系列的装卸作业顺利进行，作业动作的顺序、作业动作的组合或装卸机械的选择及运用是很重要的。

4. 尽量采用单元化或者成组技术，就是把商品汇集成一定单位数量，然后再进行装卸，既可避免损坏、消耗、丢失又容易查点数量，而且最大的优点在于使装卸、搬运的单位加大，使机械装卸成为可能，以及使装卸、搬运的灵活性好等。这种方式是把商品装在托盘、集装箱和搬运器具中原封不动地装卸、搬运，进行输送、保管。

5. 装卸搬运的机械化、自动化、现代化，就是把人的体力劳动改为机械化劳动。在不得已的情况下，非依靠人力不可时，尽可能不要让搬运距离太远。关于“减轻人力装卸”问题，主要是在减轻体力劳动、缩短劳动时间、防止成本上升、劳动安全卫生等方面推进省力化、自动化。

6. 兼顾其他作业环节，在整个物流过程中，要从运输、储存、保管、包装与装卸的关系来考虑。装卸要适合运输、储存保管的规模，即，装卸要起着支持并提高运输、储存保管能力、效率的作用，而不是起阻碍的作用。对于商品的包装来说也是一样的，过去是以装卸为前提进行的包装要运进许多不必要的包装材料，采用集合包装，不仅可以减少包装材料，同时也省去了许多徒劳的运输。

（二）装卸搬运的合理化组织

装卸搬运合理化是指以尽可能少的人力和物力消耗，高质量、高效率地完成仓库的装卸搬运任务，保证供应任务的完成。装卸搬运合理化，是针对装卸搬运不合理而言的。合理与不合理是相对的，由于各方面客观条件的限制，一般不可能达到绝对合理。

1. 实施装卸搬运作业合理化的有效措施及对策。

（1）防止和消除装卸搬运中的无效作业。消除和防止无效作业对装卸作业的经济性和效率性的提高具有重要作用。本书从以下几个方面来防止、消除和减少装卸搬运中的无效作业：首先，应分析各项装卸搬运作业的必要性，尽可能取消、合并作业的环节和次数，消灭重复无效、可有可无的作业。例如，车辆不经换装直接过境、门到门的集装箱联运等都可以大幅度减少装卸环节和次数。其次，必须进行的作业也应该尽可能地做到作业路径最短和直行，消灭迂回和交叉，要按流水线形式组织装卸作业。最后，必须做到巧装满载。装卸搬运作业一般是运输和存储的前奏，运载工具满载和库容的充分利用是提高运输和存储效益和效率的主要因素，所以在装卸搬运时，要根据货物的轻重、大小、形状、物理化学性质以及货物的去向、存放期限等采用恰当的装卸方式，巧妙配装，使运载工具满载，库容得到充分利用，以提高运输、存储的效益和效率。

（2）实现装卸搬运作业的省力化。装卸搬运作业使物料发生垂直和水平位移，要尽力实现装卸搬运作业的省力化以提高效率，就要在作业中尽可能地消除重力给装卸搬运带来的不利影响。可以采取的方法很多，例如，在有条件的情况下可以利用重力进行装卸，可减少能量的消耗，减轻劳动强度；将设有动力的小型运输带斜放在卡车、货车或站台上进行装卸作业，使物料在倾斜的输送带上进行移动，这种装卸主要是依靠重力的水平分力完成的；在搬运作业中，可以不用手搬，而是物资放在1台车上，由器具承担物体的重量，人们只要克服滚动带来的阻力，使物料水平前移就可以，这是十分省力的办法。

（3）提高装卸搬运的灵活性。提高装卸搬运的灵活性是指提高装卸作业中物料装卸作业的容易程度。在堆放货物时，事先要考虑到物料装卸的方便性，可以把物料按照灵活性级别较高的状态堆放；尽量不要将物料杂乱地堆在地面上；可以将物料装箱或经捆扎后堆放；将箱子或被捆扎后的物料，使用枕木或其他衬垫后，便于叉车或其他机械作业；将物料放于台车上或用起重机吊钩钩住，处于即刻移动的状态。

（4）合理组织装卸搬运设备，充分提高作业的机械化水平。首先，要确定在一定时间段内的装卸搬运作业任务量，根据物流计划、经济合同、装卸次数、装卸车时限等，确定目标作业现场的具体装卸搬运任务量。装卸搬运作业任务量有事先已经确定的不变因素，也有可能临时发生变动，且变动较大的不确定因素。因此，如果要合理地运用装卸搬运设备，就必须把计划任务量与实际装卸搬运作业量两者之间的差距尽量控制和缩小到可以接受的最低水平内。同时，装卸搬运作业组织工作还要把装卸搬运作业货物对象的数量、质量、规格、品种等指标以及搬运距离等事项尽可能地做出详细的规划和安排。其次，应该根据装卸搬运设备的生产率和装卸搬运任务的大小等因素，确定装卸搬运设备需用的数量和各项技术指标，根据装卸搬运设备的生产率、装卸任务和需用设备数量等，编制装卸搬运作业进度计划。最后，根据装卸搬运的实际情况，下达装卸搬运进度计划，安排适当的劳动力和作业班次，统计和分析装卸作业取得的成果，评价装卸搬运作业的效率和经济效益的高低以及应该如何改进等。

（5）推广组合化装卸搬运法。在装卸搬运作业过程中，根据不同物料的种类、性质、形状、重量的不同来确定不同的装卸作业方式，采用不同的装卸搬运方法：普通包装的物料逐个进行装卸，可以采用分块处理方法；将颗粒状物资不加小包装而原样装卸，可以采用散装处理方法；将物料以托盘、集装箱、集装袋为单位进行组合后进行装卸，可以采用集装处理方法，对于包装的物料，尽可能采用集装处理方法，实现单元化装卸搬运，可以充分利用机械进行操作。采用组合化装卸搬运方法可以实现装卸单位大、作业效率高，大量节约装卸作业时间；能提高物料装卸搬运的灵活性；操作单元大小一致，易于实现标准化；不用手去触及各种物料，可达到保护物料的效果。

第二节 起重设备

一、起重机概述

（一）起重机概念

起重机是用来垂直升降货物或兼作货物的水平移动的机械。在物流领域，起重机可用于物的装卸、转载、搬运等作业。起重机是现代企业实现生产过程和物流作业机械化、自动化，改善物料搬运条件，减轻劳动强度，提高生产率必不可少的重要机械设备。在港口、车站、工厂、仓库、建筑工地等各个领域和部门中都得到了广泛的运用。

（二）起重机的构成

起重机由驱动装置、工作机构、取物装置、操纵控制系统和金属结构组成。通过对控制系统的操纵，驱动装置输入动力能量并转变为机械能，将作用力和运动速度传递给取物装置，取物装置把被搬运物品与起重机联系起来，通过工作机构单独或组合运动，完成物品搬运任务，可移动的金属结构将各组成部分连接成一个整体，并承载起重机的自重和起升载荷。

1. 驱动装置。驱动装置是用来驱动工作机构的动力设备，它是构成起重机械的重要组成部分，在很大程度上决定着起重机械的工作性能和构造特点，其自身质量和成本对于起重机的经济指标也起着重大的影响。起重机械采用的驱动方式包括电力驱动、内燃机驱动、液压驱动、气力驱动及其复合驱动。由于在工业生产中，电能获取方便且经济环保，因而电力驱动是起重机械最常用、最主要的驱动方式。

2. 工作机构。起升机构、运行机构、变幅机构和回转机构，被称为起重机的四大机构。起重机通过某一机构的单独运动或多机构的组合运动，达到搬运物料的目的。起升机构是用来进行物品升降的机构，是起重机最主要、最基本的机构。可以这样说，如果没有起升机构，也就不能称其为起重机。运行机构是用来实现水平搬运物品的机构，有大车运行机构和小车运行机构两类。大车运行机构通常仅用来调整起重机的工作位置。小车运行机构一般连接吊具，沿主梁上的轨道吊运货物。回转机构可使臂架绕着起重机的垂直轴线作回转运动，使起重机可以在环形空间内运移物品。变幅机构是通过改变臂架的长度和仰角来改变作业幅度的机构。变幅机构和回转机构是臂架起重机特有的工作机构。

3. 取物装置。根据被吊物品不同的种类、形态、体积大小，采用不同种类的取物装置，有吊钩、抓斗（粮食、矿石、化肥等散料抓取）、电磁吸盘（吊运导磁性物料）、起重吊梁（吊运长形物品）、集装箱吊具（专为集装箱设计的吊具）等。防止吊物坠落，保证作业人员的安全和物品不受损伤，是对取物装置的基本安全要求。

4. 操纵系统。控制操纵系统包括各种操纵器、显示器及相关元件和线路，是起重机人机交互的集中体现。通过电气液压系统，起重机司机可以控制起重机的运动，保证起重作业任务的顺利进行，防止事故发生。

5. 金属结构。金属结构是起重机的重要组成部分。它是整台起重机的骨架，将起重机各部分组合成一个有机的整体，并形成一定的作业空间，承受作用在起重机上的各种载荷和自重。金属结构的垮塌破坏，会给起重机带来极其严重甚至灾难性的后果。

（三）起重机的工作特点

综合起重机械的工作特点，从安全技术角度分析，可概括为以下几个方面：

1. 起重机具有庞大的钢结构和比较复杂的机构，通常能完成一个或几个运动。例如，桥式起重机能完成起升、大、小车行走三个运动；门座起重机能完成起升、变幅、旋转和大车运行四个运动，而且在作业过程中，常常是几个不同方向的运动同时操作，技术难度较大。

2. 多数起重机械，需要在较大的范围内工作，有的在轨道上行走（如桥吊、塔吊等）、有的在地面上行走（如汽车吊、履带吊等），活动空间大，一旦造成事故后果非常严重。

3. 起重设备所吊运的物品多种多样，载荷也经常处于变化状态，有的重达百吨或上千吨，有的物体长达几十米，形状也不规则，还有散料、热融状态、易燃易爆等危险物品等，使吊运过程复杂而危险。

4. 作业环境复杂，从厂矿企业到现代化港口、建筑工地、铁路枢纽等地都有起重机械工作。作业场所也常常会遇到高温、高压、易燃易爆、输电线路等危险因素，对设备和作业人员直接构成威胁。

5. 起重机械上暴露的、活动的零部件较多，而且常与吊运作业人员直接接触，存在许多偶发的危险因素。

6. 起重作业中常常需要多人配合，共同完成一个操作，要求指挥、司索等作业人员相互配合默契，动作协调一致，而且要有在紧急情况下妥善处理现场问题的应变能力。但多个作业人员之间的相互配合，又存在较大的难度。由于诸多危险因素的存在，决定了起重作业伤害事故较多。根据有关资料统计，我国每年起重伤害事故的因工死亡人数，占全部工业企业因工死亡总人数的15%左右。为了保证起重机械的安全运行，国家将其列为特种设备加以特殊管理，即加强对设计、制造部门的安全管理和起重机械作业人员的安全技术教育和培训。

二、起重机械的分类

（一）按综合特征分类

起重机械按其功能和构造特点，可分为以下几类：

1. 轻小型起重设备。轻小型起重设备，一般只有一个升降机构，它只能使重物作单一的升降运动。其特点是轻便、结构紧凑、动作简单。属于这一类的有千斤顶、滑车、手（气电）动葫芦等。

2. 桥架型起重机。桥式类型起重机包括起升机构、大、小车运行机构。依靠这些机构的配合动作，可使重物在一定的立方体空间内起升、下降和水平位移。桥式起重机、龙门起重机、装卸机、冶金桥式起重机等都属此类。

3. 臂架型起重机。臂架式类型起重机包括起升机构、变幅机构、旋转机构。依靠这些机构的配合动作，可使重物在一定的圆柱形空间内起重和搬运。臂架式起重机多装设在车辆上或其他形式的运输（移动）工具上，这样就构成了运行臂架式旋转起重机，如汽车式起重机、塔式起重机、门座式起重机等。

4. 升降机。升降机只有一个升降机构，但在升降机中，还有许多其他附属装置。其特点是重物或取物装置只能沿导轨升降。它包括：电梯、货梯等，如图 5－1 所示。

- 起重机
  - 轻小型起重机械
    - 千斤顶
    - 手板葫芦
    - 手拉葫芦
    - 电动葫芦
  - 桥式类型起重机
    - 悬挂梁式起重机
    - 通用桥式起重机
    - 龙门起重机
      - 轮胎龙门起重机
      - 轨道龙门起重机
    - 装卸桥
    - 绳索起重机
  - 臂架类起重机
    - 甲板起重机
    - 固定旋转臂式起重机
    - 流动起重机
      - 汽车起重机
      - 轮胎起重机
      - 履带起重机
    - 门座起重机
    - 浮式起重机
  - 堆垛类起重机降机

图 5－1　起重机按综合特征分类

（二）按取物装置分类

起重设备可以分为吊钩起重机、抓斗起重机、电磁起重机、吊钩抓斗起重机、吊钩电磁起重机、抓斗电磁起重机、吊钩抓斗电磁起重机、集装箱起重机等。

（三）按用途分类

起重设备可以分为通用吊钩起重机、堆垛起重机、装卸起重机、专用起重机、多用途起重机、其他用途起重机等。

（四）按使用场合分类

起重设备可分为港口起重机、船上起重机、货场起重机、仓库起重机、随车起重机、车间起重机、建筑起重机、其他场合起重机等。

（五）按起升机构分类

起重设备可分为起重小车式起重机、牵引式起重机等。

（六）按运行方式分类

起重设备可分为固定式起重机（如缆索起重机、固定塔式起重机等），拖运式起重机如拖运塔式起重机等；运行式起重机如汽车起重机、轮胎起重机、履带式起重机、桥式起重机、龙门起重机等。

三、起重机械的技术性能参数

（一）概念

起重机械的技术性能参数是表征起重机械主要性能特征的技术指标。

（二）作用

应正确选用起重机械的技术和经济依据。

（三）主要性能参数

1. 起重量和起重力矩。

（1）起重量和额定起重量。

起重量是指被起升重物的质量，单位是千克或吨。在实际应用中又分为额定起重量、最大起重量、总起重量、有效起重量等。

额定起重量是指起重机能吊起的最大物料质量，包括可分离吊具或属具质量。通常，当起重量超过 10 吨时设两个起升机构，即主起升机构和副起升机构，两者起重量之比约为 4：1。主起升机构的起重量大，用以起吊重的货物；副起升机构的起重量小，但速度较快，用以起吊较轻的货物或作辅助性工作，以提高工作效率。

按标准规定，桥式起重机的起重量系列采用的是 R10 优先数系，从 3.2 吨开始，按 1.25 公比递增为 4，5，6.3，8，10，12.5，16，20，25，32，40，50 吨……但目前国内的桥式起重机产品只是根据多年的生产惯例，从上述数列中选出一部分组成实际的起重量系列。最为常用的系列是 5 吨，10 吨，16 吨，20 吨，32 吨和 50 吨。

（2）起重力矩和额定起重力矩。

起重力矩：臂架类起重机的起重能力指标，以某一幅度的起重量和相应幅度的乘积表示，单位是吨 - 米。

额定起重力矩：当吊钩处于一定幅度时，起重机所能吊起物料的最大质量与相应幅度的乘积，包括可分离吊具或属具质量。起重机的额定起重力矩是固定不变的。

2. 跨度和幅度。

跨度和幅度是表征起重机作业范围的指标。

（1）跨度。门桥类起重机大车走行轨道中心线间的水平距离，单位为米。

（2）幅度。臂架类起重机回转中心线到钩口中心或取物装置中心线之间的水平距离，单位为米。幅度有固定幅度和可变幅度之分，大多数臂架类起重机的幅度都是可变的。对可变幅度的臂架类起重机而言，表征其作业范围的幅度指标有：

最大幅度，用 R_{max} 表示；

最小幅度，用 R_{min} 表示；

有效幅度，用 $R_{min} \sim R_{max}$ 表示。

3. 起升高度 H。

吊钩处于最高位置时，钩口中心与起重机工作场地地平面或大车运行轨面之间的最大垂直距离。

4. 工作速度。

（1）门桥类起重机的工作速度起升速度。

起升速度：吊钩或取物装置单位时间上升或下降的垂直距离，单位米/分或米/秒。

大车运行速度：起重机单位时间行走的距离，单位同起升速度。

小车运行速度：起重小车单位时间行走的距离，单位同大车。

（2）流动式（臂架）起重机的工作速度起升速度，同门桥类。

变幅速度：吊钩或取物装置从最大幅度到最小幅度沿水平方向移动的平均（线）速度，用米/分表示。

旋转速度：起重机旋转部分（上车）相对于固定部分（下车）的角速度，用转/分表示。

运行（行驶）速度：起重机的行走速度，用千米/小时表示。

5. 轨距和基距。

轨距：一般指有轨运行（包括臂架类如塔式起重机、门座起重机等）起重机运行轨道中心线之间的水平距离，有时也指起重小车运行轨道中心线之间的水平距离。单位是米。

基距：一般指起重机或起重小车运行轨道一侧两支撑点中心线之间的距离，单位是米。基距的表示与轮数有关，当一侧仅有两轮时，指轮距；当一侧的轮数大于二时（偶数），指横梁与最大均衡架铰轴之间的距离。

6. 轮压。

轮压包括起重机轮压或起重小车轮压，分别指起重机或起重小车的一只车轮对运行轨道（或地面）的压力，单位是牛或千牛。

最大工作轮压，指起重小车处于最不利的工作位置时，以及露天工作的起重机承受最大风压时所具有的轮压。

小车轮压的选择对起重机桥架或臂架结构的强度设计有直接的影响；起重机轮压是起重机的应用，尤其是场地或基础设计的重要参考依据。

7. 各类型起重机常用参数。

门桥类起重机常用参数有：额定起重量、起升高度、跨度、工作级别、运行速度等。

流动式起重机常用参数有：起升速度、幅度、起升高度、起重力矩等。

塔式起重机常用参数有：起重量、起升高度、运行速度、起重力矩、幅度等。

四、轻小型起重设备

（一）千斤顶

1. 千斤顶是指用刚性顶举件作为工作装置，通过顶部托座或底部托爪的小行程内顶升重物的轻小起重设备。千斤顶主要用于大型货物装卸时的辅助操作，其结构轻巧坚固、灵活可靠，一人即可携带和操作。

2. 分类：千斤顶按结构特征可分为齿条千斤顶、螺旋千斤顶和液压（油压）千斤顶三种。按其他分类标志可分为分离式千斤顶、卧式千斤顶、爪式千斤顶、同步千斤顶、油压千斤顶、电动千斤顶等。其中常用的千斤顶有螺旋千斤顶、液压千斤顶、电动千斤顶等。

（1）螺旋千斤顶。螺旋千斤顶的螺纹无自锁作用，装有制动器。放松制动器，重物即可自行快速下降，缩短返程时间，但这种千斤顶构造较复杂。螺旋千斤顶能长期支持重物，最大起重量已达 100 吨，应用较广。下部装上水平螺杆后，还能使重物做小距离横移。

（2）液压千斤顶。用于液压传动系统中作中间介质，起传递和转换能量作用，用时还起着液压系统内各部件问的润滑、防腐、冷却、冲洗等作用，如图 5－2 所示。

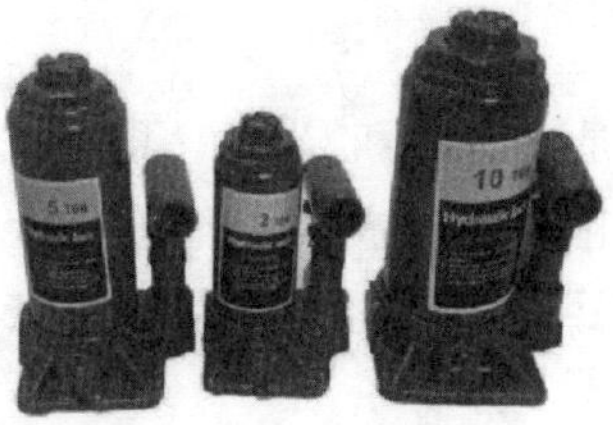

图 5－2　立式液压千斤顶

（3）电动千斤顶。千斤顶内部装有保压装置，防止超压，如果超压，千斤顶就会回不到一定位置，特殊结构对千斤顶能起到双重保护作用，千斤顶装上俯冲装置后，可实现低高度达到高行程的目的。

（二）电动葫芦

1. 电动葫芦是一种特种起重设备，安装在天车、龙门吊之上，电动葫芦具有体积小、自重轻、操作简单、使用方便等特点，用于工矿企业、仓储、码头等场所。电动葫芦一般安装在单梁起重机、桥式起重机、门式起重机、悬挂起重机上。稍加改造，还可以作卷扬机用。因此，它是提高劳动效率、改善劳动条件的必备机械，如图 5－3 所示。

图 5－3　电动葫芦

2. 电动葫芦主要分为：环链电动葫芦、钢丝绳电动葫芦（防爆葫芦）、防腐电动葫芦、双卷筒电动葫芦、卷扬机、微型电动葫芦、群吊电动葫芦、多功能提升机。

3. 应用领域：提升、牵移、装卸重物。具有结构紧凑、空间占位小、型号系列齐全、产品标准化程度高等优点，实际使用中有可靠的零备件供应，且维修方便。

五、桥式起重机

（一）桥式起重机的概念

桥式起重机由桥架和起重小车两大部分组成，桥架两端通过运行装置，直接支承在高架轨道上，沿轨道纵向运行；起重小车沿架设在桥架主梁上沿小车轨道横向运行。

（二）桥式起重机的构造

桥式起重机结构包括三个组成部分，分别是金属结构、机械部分和电器部分。

1. 金属结构。

桥式起重机的金属结构主要是由起重机桥架（即大车桥架）、小车架和驾驶室等三部分组成，是起重机承载结构并使起重机构成一个整体，金属结构是其主要受力部分，必须满足强度、刚度及稳定性的技术要求，才能确保起重机安全使用和正常运行。

（1）桥架及其结构、特点。

桥式起重机的桥架主要由主梁、端梁、栏杆、走台、小车轨道等组成。

①主梁。

主梁结构型式有箱型、偏轨箱型、四桁架，单腹板结构等形式，走台在主梁的外侧，用于安装及检修大车运行机构和放置某些电气设备，以及放置小车导电滑线等。

其分类有以下两种：

第一，桁架式主梁。根据主梁断面型式的不同，桁架式结构可分为四桁架式、三角形桁架式，其中以四桁架式应用较多，四桁架式的主梁系由主桁架、副桁架和上、下水平桁架组成。其结构如图 5－4 所示。

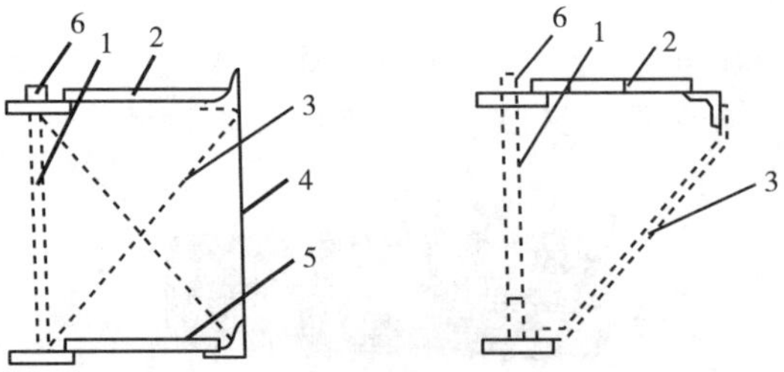

1. 主桁架；2. 上水平桁架；3. 斜撑；4. 副桁架；5. 下水平桁架；6. 小车轨道；

图 5－4　桁架梁结构示意图

桁架结构与板梁结构比较，具有重量较轻、用料省、刚度大、迎风面小等优点。对于大跨度、小起重量的起重机，采用桁架结构比较经济。

第二，箱型主梁。箱型桥架是由箱型主梁和箱型端梁组成，桥架采用整体钢板焊接，便于使用自动焊和半自动焊，具有设计简单、制造工艺性好、适于成批生产等优点，是应用最为广泛的一种结构型式。

箱型主梁由上下盖板和两块垂直腹板组成封闭的箱型截面，为了减轻重量做成等强度梁，则腹板的下边和下盖板应做成抛物线形。但为制造方便，通常腹板中部为矩形，两端做成梯形，同时使下盖板两端向上倾斜，如图 5－5 所示。

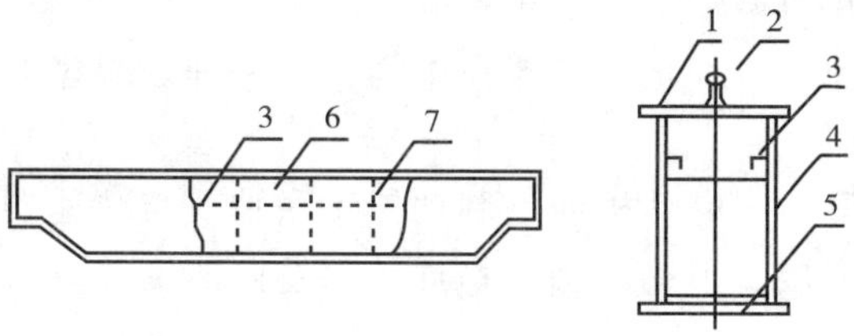

1. 上盖板止小车轨道；2. 小车轨道；3. 纵向拉筋；4. 腹板；5. 下盖板；6. 小筋板；7. 大筋板

图 5－5　箱型主梁结构示意图

②端梁。

端梁是由钢板拼焊成箱型结构，每根端梁制成可分式的两半，分别与主梁两端刚性焊接成组“I”形体，然后将两个“I”形体用连接板及剪切螺栓联接起来，而构成的框形桥架主体结构。端梁上安装有大车车轮组、防护栏杆和大车缓冲器等。

③走台。

在两主梁外侧有走台，传动走台侧安装有大车运行机构和电阻箱、控制屏等电气设备，导电走台侧则安装有电柱及小车滑触线或电缆支架、电缆及导电滑车等。走台应用防滑性能好的网纹钢板制造。

④防护栏杆。

为了安全，在端梁和两走台外侧均安有防护栏杆，防护栏杆高度不应小于 1 050 毫米，并应设有间距为 350 毫米的水平横杆。底部应设置高度不小于 70 毫米的围护板。

（2）小车架。

桥式起重机小车架是由钢板拼焊而成，在其上方也装有起升机构、小车运行机构、安全防护装置；如防护栏杆、卷扬的限位装置，小车运行的两个运行方向装有缓冲器及限位开关等。

（3）驾驶室。

驾驶室内主要装有大小车运行机构和起升机构的操纵系统和有关装置，如控制器、控制屏及照明开关箱；安全开关，如紧急开关、电铃开关等。对桥式起重机驾驶室有以下几点要求：驾驶室必须安全可靠，其与悬挂或支承部分的连接必须牢固；应设在无导电滑线一侧，不得不置于导电滑线一侧时，应设置防护措施；驾驶室应有良好的视野，便于操作和维修，在事故的情况下，便于驾驶人员能安全撤出；驾驶室的底板应铺设绝缘垫板；在高温、有尘、有毒等环境下工作的起重机，应采用封闭式驾驶室，露天工作的起重机，应设防风、防雨、防晒的驾驶室。

2. 机械部分。

桥式起重机机械传动部分主要有大车运行机构、小车运行机构、起升机构等。

①大车运行构。

大车运行机构由电动机、制动器、传动轴、联轴节、车轮等部件组成。

大车运行机构常见的驱动方式有：集中低速驱动、集中高速驱动和分别驱动。

分别驱动与集中驱动相比较，具有下列优点：由于省去传动轴，自重较轻，安装和维修方便，实践证明使用效果良好，目前我国生产的桥式起重机大部分采用分别驱动方式。

②小车运行机构。

小车运行机构主要是用来驱动小车，使其沿着主梁上的轨道运行，它包括电动机、制动器、联轴节、减速器和角型轴承箱及车轮等。

小车运行机构分两种：一种是减速器在中间，另一种是减速器在一侧。

③起升机构。

起升机构用以吊运重物。电动机通过制动轮、联轴节与减速器相连接。减速器的输出轴与缠绕钢丝绳的卷筒连接，吊钩及悬挂物件就随卷筒的旋转绕放钢丝绳上升和下降。

3. 电器部分。

它包括大车和小车集电器、保护盘、控制器、电阻器、电动机、照明设备、电气线路及各种安全保护装置等。

（三）桥式起重机应用形式

1. 按主梁的结构划分。

（1）单梁桥式起重机。

类别定义：具有一根主梁的桥式起重机。

主梁结构：单主梁，如图 5－6 和图 5－7 所示。

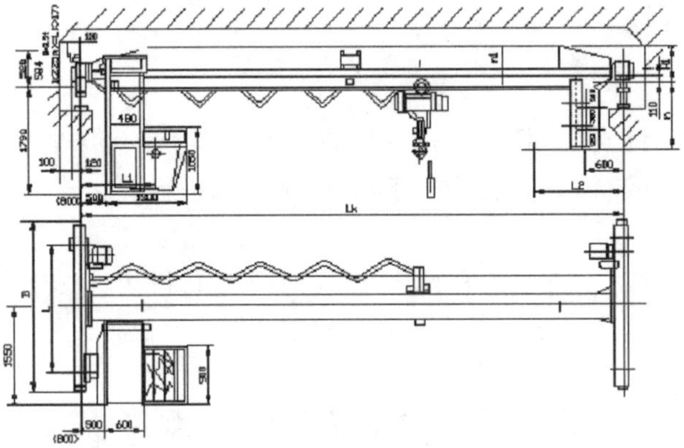

图 5－6 单梁桥式起重机结构

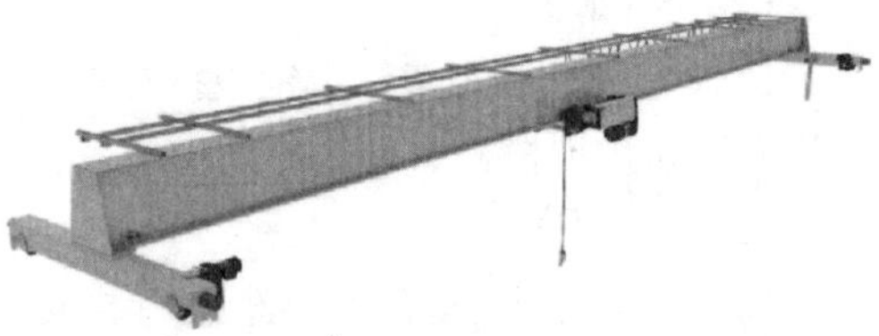

图 5－7 单梁式起重机实物

主梁承重方式：下承重，即起重小车或电动葫芦悬挂于主梁上，因重心低所以结构稳定可靠。

起升机构：单梁桥式起重机的起升机构有两种类型：一种是小车型，另一种是电动葫芦型。当前生产的电动葫芦的最大起重量是 16 吨，所以电动葫芦作为起升机构的单梁桥式起重机的最大起重量不会超过 16 吨。但对小车型桥式起重机而言，则不受此限制。由于电动葫芦的结构紧凑、性能可靠、使用维修方便，在选型时若起重量允许应当作为首选机型。另外，在选型时还应注意葫芦的种类。单梁起重机可配用的电动葫芦可分为三种：普通型，结构最简单，无特殊应用要求的都可选用；双钩型适合于调运长形物件；防爆型可用于储有易燃易爆物品的仓库。

控制形式：中、小跨度多采用地面控制的形式，大跨度则较多采用司机室控制，也有同时采用地面和司机室两种控制的形式。地面控制可一人操作，司机室控制具有良好的视野，适合调运大型物件。地面和司机室控制性显然具有更好的适应性，但结构较复杂、造价较高。

技术特点：这种起重机的重要技术特点是跨度的不同，即跨度变动范围大，而其他参数变动范围相对较小。

（2）双（主）梁桥式起重机。

类别定义：具有两根主梁的桥式起重机。

主梁结构：双主梁，如图5－8和图5－9所示。

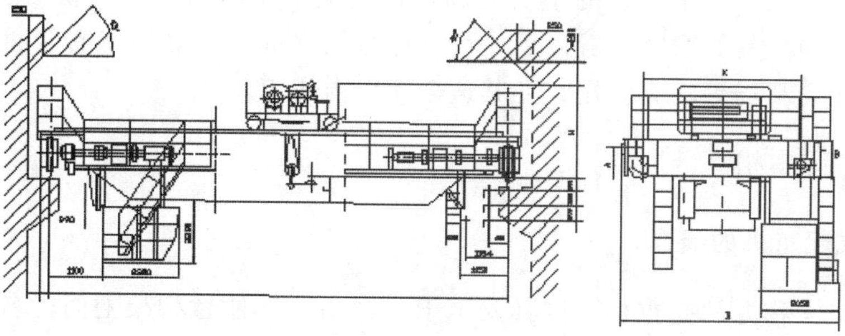

图5－8　双梁桥式起重机结构

图5－9　双梁桥式起重机实物

主梁承重方式：上承重。

起升机构：小车。

起重量：数吨到数百吨。

控制形式：小型，地面控制；中型，地面控制，司机室控制；大型，司机室控制。

技术特点：参数变动范围大（跨度、起重量和工作级别）。

2. 按配用的吊具划分。

（1）吊钩型桥式起重机，如图5－10所示。

（2）抓斗型桥式起重机，如图5－11所示。

图5－10　吊钩型桥式起重机

图5－11　抓斗型桥式起重机

（3）电磁盘桥式起重机。

（4）三用桥式起重机。

（四）应用领域

桥式起重机是长大笨重货物的主要装卸机械，也是库内箱、件装物资装卸设备之一。换装抓斗或集装箱吊具等取物装置以后，可以进行散堆货物或集装箱的装卸作业，因而在库房、露天货场、料场等均有使用，尤其适合库房内使用。

六、门式起重机

（一）门式起重机的概念

门式起重机又称龙门起重机，因其支承于一“门”形刚性构架上而得名。

（二）门式起重机的组成

门式起重机的组成部分包括金属结构、机械部分和电器部分。

门式起重机的金属结构外形像龙门架，它由主梁、左右两条支腿和下部横梁组成。支腿沿铺设在地面上的轨道由大车运行机构驱动运行。吊货的起重小车装有起升机构和小车运行机构，小车沿主梁上的小车轨道移动。为了在增加作业面积的同时降低主梁自重，用于装卸作业的门式起重机都将主梁两端外伸一定长度，称为悬臂。门式起重机的主梁和两条支腿都采用刚性连接，这样使结构的水平刚度增大，有利于大车走行。其结构如图 5－12 所示。

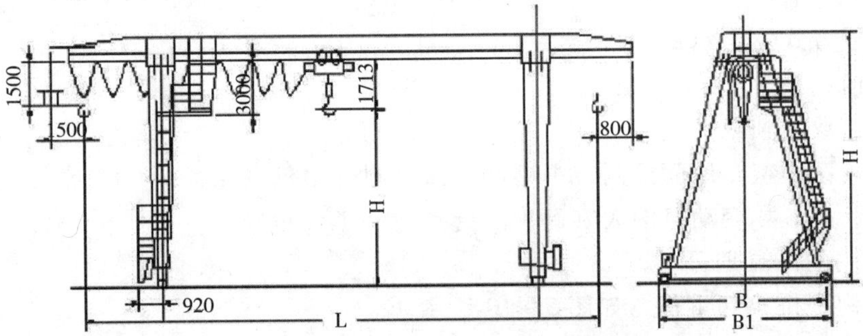

图 5－12 龙门式起重机结构

实用的门式起重机也有仅一端支撑于刚性支腿，另一端利用库房或厂房建筑物作支承或以柔性支腿的形式，如图 5－13 所示。这样不仅充分利用了场地条件，也会节约部分起重机制作费用。

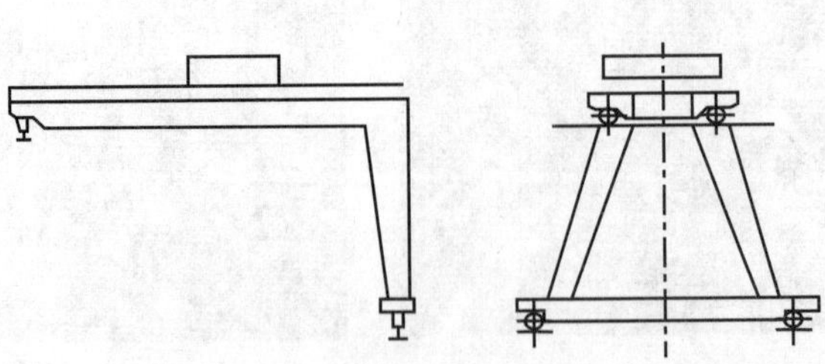

图 5－13 单支腿门式起重机

若将门式起重机支腿及以下部分去掉，剩余部分就是一台接近完整的桥式起重机，这就是说门式起重机除金属结构的门架部分之外，其余部分的结构以及工作原理、驱动与传动方式都与桥式起重机是很相似的。

（三）门式起重机的分类

门式起重机的类型很多，通常将其分为以下几类：

1. 按金属结构分类。

门式起重机和桥式起重机相同，其金属结构也可分为桁架式、箱梁式。两者的异同本章前一部分已述及，故不再赘述。

2. 按主梁数目分类。

与桥式起重机相通，门式起重机按主梁数目也可分为单梁型和双梁型。其中单梁型又可分为葫芦型和小车型，双梁一般为小车型。不过近年来一些小吨位双梁门式起重机也有采用小车葫芦型起升机构的，即将葫芦安装于小车之上。

3. 按支腿形状分类。

若为桁架型，门式起重机的支腿形式比较简单。对于箱梁型，一般可分为以下几类。

箱梁、单梁型门式起重机的支腿形式有：L 型（见图 5－14）、折线型（见图 5－15）、C 型（见图 5－16）等形式。

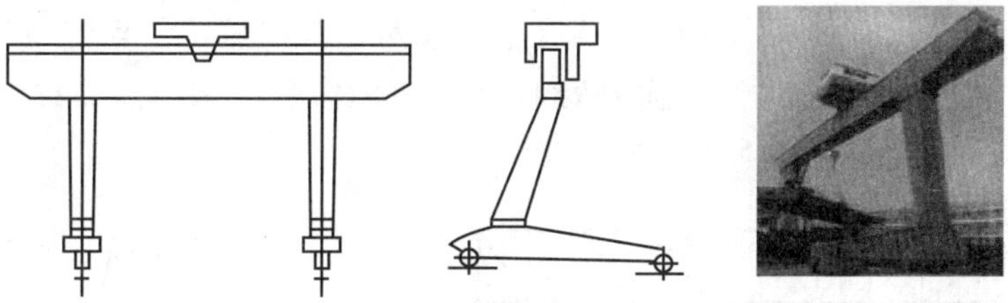

图 5－14　L 型结构简图和实物图

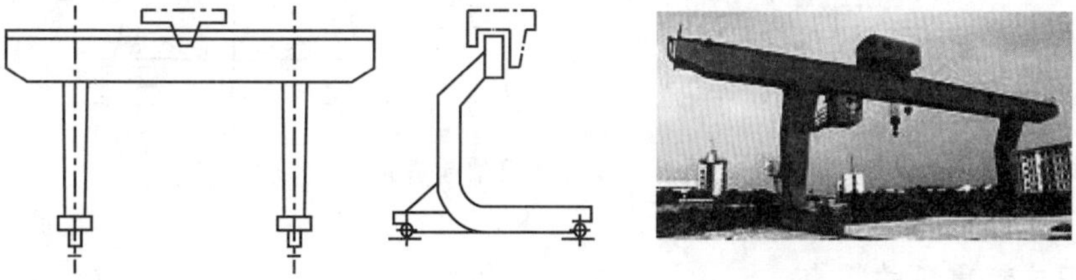

图 5－15　折线型结构简图和实物图

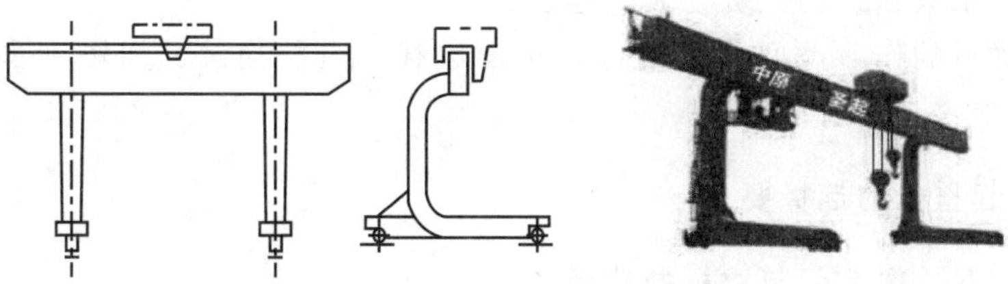

图 5－16　C 型结构简图和实物图

箱梁、双主梁型门式起重机的支腿形式有A型、O（或U）型两种，如图5－17和图5－18所示。

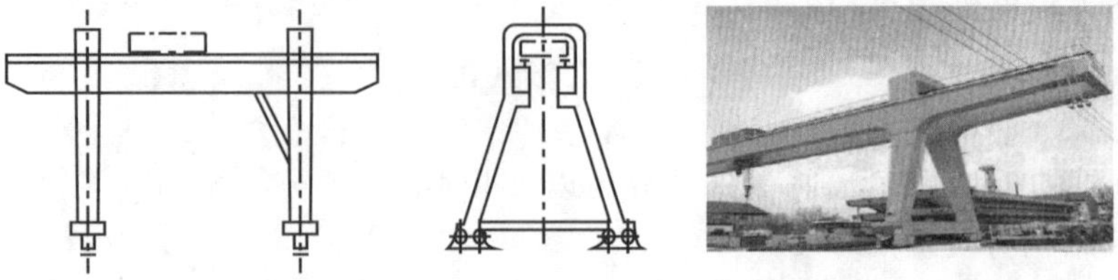

图5－17　A型结构简图和实物（局部）图

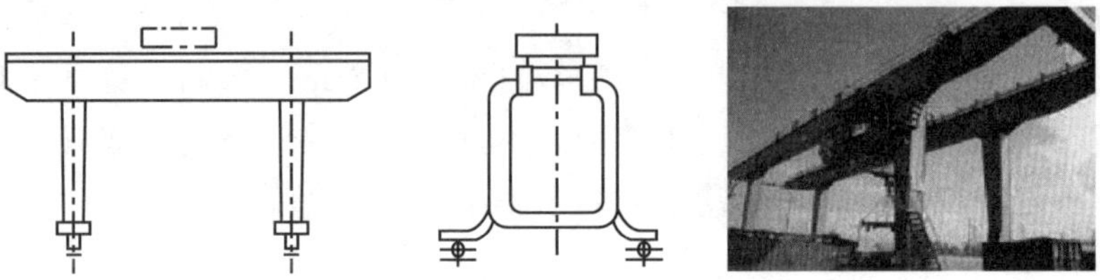

图5－18　O型结构简图和实物图

4. 按有无悬臂分类。

门式起重机按有无悬臂可分为：无悬臂门式起重机、单悬臂门式起重机、双悬臂门式起重机。其中，单、双悬臂指门架的一端有悬臂或两端都有悬臂。悬臂型门式起重机因支腿也类似“门”型，故称全门架，无悬臂起重机则称为半门架。前面提及的A型、U型均是全门架门式起重机，如图5－19所示。

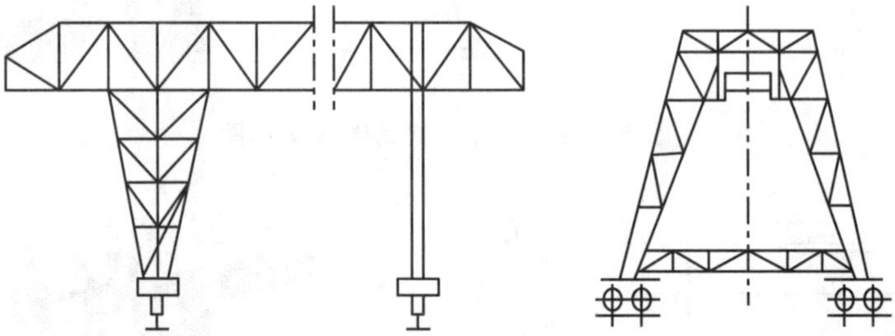

图5－19　全门架起重机

（四）门式起重机的特点

1. 与桥式起重机相比，货场面积可以得到较充分的利用；
2. 地面上无永久建筑物，货场改建容易；
3. 利用悬臂下的作业空间，可很容易实现运载工具的换装，加快了车船的周转和作业效率。

（五）龙门起重机的选择要点

1. 单主梁与双主梁龙门起重机的选择。

起重量在50吨以下，跨度在35米以下，无特殊使用要求宜选用单主梁式，16吨以下应首选单主梁葫芦式。

2. 跨度和悬臂长。

当门式起重机悬臂长和主梁长度比例合理时，载荷分布合理，主梁的自重（用钢量）最小。因此，根据等刚度和等强度理论，在判断门式起重机结构是否合理时应尽量符合“当起吊额定重量时、小车位于悬臂极限位置和位于跨中位置的主梁下挠度应尽量相等，或同时接近许用挠度值”。

（六）应用领域

1. 普通龙门起重机。

这种起重机多采用箱型式和桁架式结构，用途最广泛。其可以搬运各种成件物品和散状物料，起重量在 100 吨以下，跨度为 4～39 米。用抓斗的普通门式起重机工作级别较高。普通门式起重机主要是指吊钩、抓斗、电磁、葫芦式起重机，同时也包括半门式起重机。

2. 集装箱龙门起重机。

这种起重机用于集装箱码头。拖挂车将岸边集装箱桥式起重机从船上卸下的集装箱运到堆场或后方后，由集装箱龙门起重机堆码起来或直接装车运走，可加快集装箱运载桥或其他起重机的周转。其可堆放高 3～4 层、宽 6 排的集装箱的堆场，一般用轮胎式，也有用有轨式的。集装箱龙门起重机与集装箱跨车相比，它的跨度和门架两侧的高度都较大。为适应港口码头的运输需要，这种起重机的工作级别较高。起升速度为 8～10 米/分；跨度根据需要跨越的集装箱排数来决定，最大为 60 米左右相应于 20 英尺、30 英尺、40 英尺长集装箱的起重量分别约为 20 吨、25 吨和 30 吨。

七、流动式起重机

利用臂架的变幅（俯仰）和绕垂直轴线回转升降和搬移货物的起重机属于臂架起重机，汽车起重机、轮胎起重机和履带起重机均属于此类。但由于它们都具有自行式走行底盘，可移动和转场作业，因而又称为流动型臂架起重机。自行式起重机分上下两大部分：上部为起重作业部分，称为上车；下部为支承底盘，称为下车。

（一）汽车起重机

1. 汽车起重机的类别定义和特点。

汽车起重机是安装在通用的或专用的载货汽车底盘上的全旋转悬臂起重机，其车轮采用弹性悬挂，行驶性能接近于汽车。一般在车头设有司机室，此外，绝大多数还在转台（或转盘等）上设有起重司机室。汽车起重机行驶速度高，越野性能好，作业灵活，能迅速改变作业场地，特别适合于流动性大、不固定的作业场所。汽车起重机一般作业时都放下支腿，不能带负荷行驶，且不能配套双绳抓斗使用，因而其使用受到一定限制（见图 5－20 和图 5－21）。

2. 汽车起重机的组成及工作机构。

汽车起重机工作机构有起升机构、变幅机构、回转机构、行走机构。有的汽车起重机还有伸缩臂机构。这些工作机构的驱动装置一般是柴油机或汽油机。传动方式有机械传

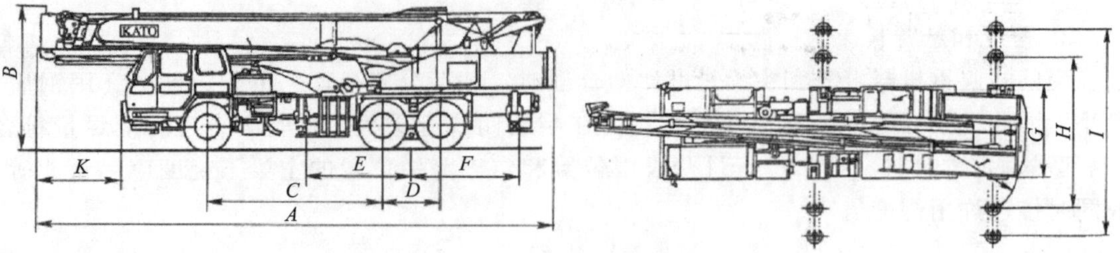

图 5－20　汽车起重机结构

图 5－21　汽车起重机实物

动、液压传动等。

（1）起升结构。

汽车起重机起升机构包括原动机（电动机或油泵）、制动装置、减速装置和卷绕系统。对于液压起重机原动机则由油泵驱动机构工作。

（2）变幅机构。

流动式起重机变幅可分为挠性变幅（钢丝绳滑轮组）和刚性变幅（油缸变幅），见图 5－22。目前绝大多数汽车起重机采用的都是刚性变幅，挠性变幅仅见于一些早期型号或专用型号。

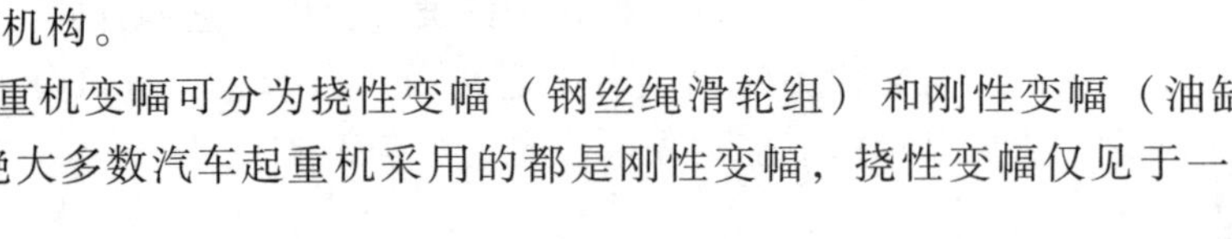

图 5－22　汽车起重机变幅机构

（3）回转机构。

回转机构由回转驱动装置和回转支承装置两部分组成。回转驱动装置包括原动机（电动机或油泵）、制动器、回转减速器、输出小齿轮。小齿轮与大齿圈相啮合，大齿圈与底盘连接。小齿轮在自转的同时沿大齿圈公转，带动起重机上车绕回转中心实现回转。回转机构的小齿轮与大齿圈的啮合方式，有内啮合和外啮合两种。

回转支承装置由内圈、外圈、螺栓和底盘板等构成。

（4）起重机支腿。

安装在起重机底盘的支承装置称为支腿机构，一般有四组，可分为机械式和液压式，目前多采用液压式。液压支腿包括一个水平油缸和一个垂直油缸，以及垂直油缸下端的支脚。支腿机构的工作由起重机下车的液压系统控制。在起重机进行作业前，必须先打好支腿，通过调整使起重机处于水平状态。保证起重机的作业稳定性。支腿使起重机的支承轮廓增大，提高起重机作业稳定性，在作业中，如果支腿失灵，则会发生倾覆事故。所以支腿机构的工作可靠性是非常重要的。在运行中支腿必须收紧，否则无法在道路上行驶。

支腿的常见形式有 W 型支腿、H 型支腿、X 型支腿和辐射型支腿等几种。W 型支腿是当支腿收起时，从起重机后方看呈“W”型。H 型支腿和 X 型支腿是当支腿全部伸出后，从起重机后方看呈“H”型和“X”型。辐射型支腿可根据作业的需要改变支腿伸出形式。H 型支腿应用较广，辐射型支腿多用于特大型起重机。其结构如图 5－23 所示。

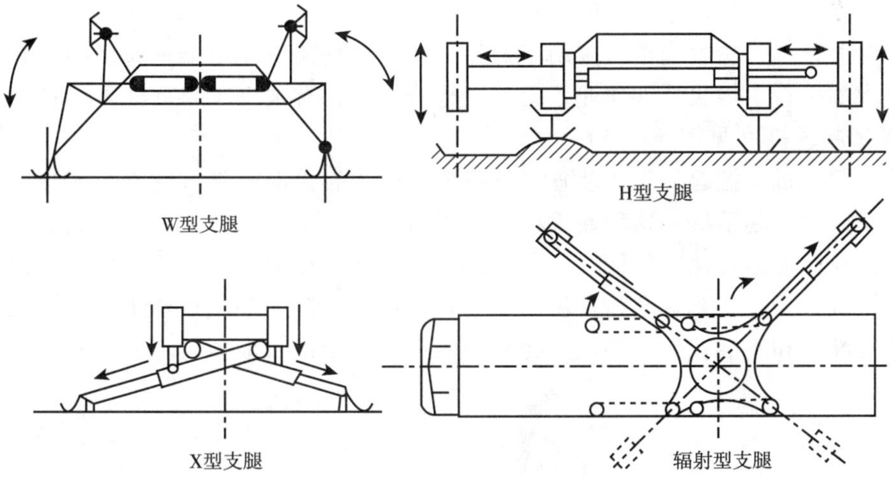

图 5－23　支腿常见形式

液压起重机支腿油路中的每个油缸都由一个电磁阀控制，每个垂直油缸安装一个液压锁，液压锁的功能是当起重机作业时，防止油缸自行回缩，造成起重机翻车事故，也防止起重机在行驶途中支腿外伸。

（二）轮胎起重机和履带起重机

轮胎起重机和履带起重机都属于流动型臂架起重机，其起升、变幅、旋转等机构的组成，工作原理也都与汽车起重机相似。

1. 轮胎起重机（见图 5－24）。

轮胎起重机是装在特制轮胎底盘上的全回转（可 360°回转）臂架起重机，它由动力装置（发动机）、传动装置（主离合器、减速器、换向机构等）、回转机构、行驶机构（专用轮胎底盘）、起升机构、变幅机构（吊钩和吊杆升降机构）、操作系统、工作装置

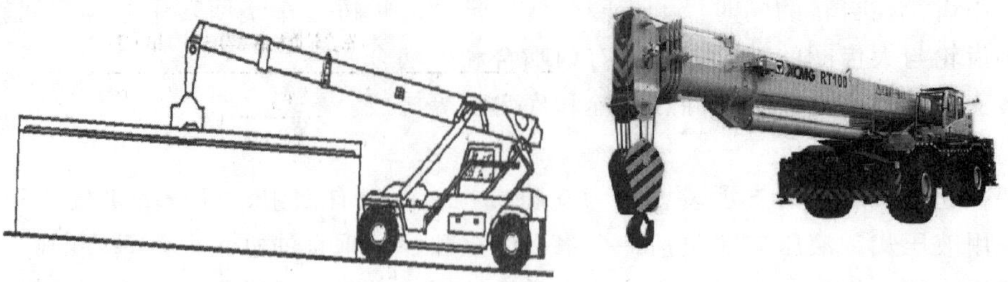

图 5－24 轮胎起重机

（吊杆、起重滑轮组等）和电器设备等组成。

轮胎起重机同汽车起重机的主要区别在于底盘不同。汽车起重机用通用或专用汽车底盘，轮胎起重机用专用底盘，其轴距和轮距配合适当，从而稳定性好，并能在平坦的地面上吊货行驶，但走行速度较低，所以适合于固定在一个货场内作业。

应用特点：型号规格多（吨位由数吨到数百吨）；轮胎减震，行驶速度低，不适合远距离转场作业；稳定性好，一定起重量范围可荷重运行；可配双索抓斗即变形属具；可在狭小的场地上作业；生产量小，价格较高。

由于以上特点，轮胎起重机多用于野外工地，在物流行业中能适应多种装卸作业，尤其适合散货如矿石、煤炭装卸作业，但由于造价较高，有被汽车起重机逐渐取代的趋势。

2. 履带起重机（见图 5－25）。

履带式起重机是把起重工作装置和设备装在履带底盘上，靠行走支撑轮在自身封闭的履带上滚动行驶的起重机。这种起重机可在路面不好的情况下作业，稳定性好，可不打开支腿进行作业，但运行速度较低（一般不超过 4～6 千米/小时），并且在行驶时会损坏路面；另外，维修操作也较复杂，在使用中受到一定的限制，多用于建筑施工工地。由于履带极高的耐磨性和不会扎伤、割裂，物流领域主要用于矿石堆场。

图 5－25 履带起重机

与轮胎起重机相似，但履带式底盘的通过性能优于轮胎底盘，可在条件恶劣的场地上作业，如泥泞、松软、碎石等；爬坡能力强，牵引性能好，能荷重行驶。履带起重机的另一特点是大型化，目前世界上最大的履带式起重机的起重量可达 3 000 吨。我国目前可生产的最大吨位是 600 吨（国产 QUY600 型履带起重机，其最大起重量 600 吨，主臂长度为

24～102 米)。但自身质量大，行驶速度低（1～5 千米/小时），且破坏公路路面，因而小吨位（100 吨以下）已被汽车起重机取代。

八、门座起重机

现代门座起重机广泛应用于港口、码头货物的机械化装卸，造船厂船舶的施工安装以及大型水电站工地的建坝工程中，是实现生产过程机械化不可缺少的重要设备。

（一）门座起重机的结构

门座起重机的构造大体可分为两大部分，即上部回转部分与下部非回转部分。其具体结构如图 5－26 所示。

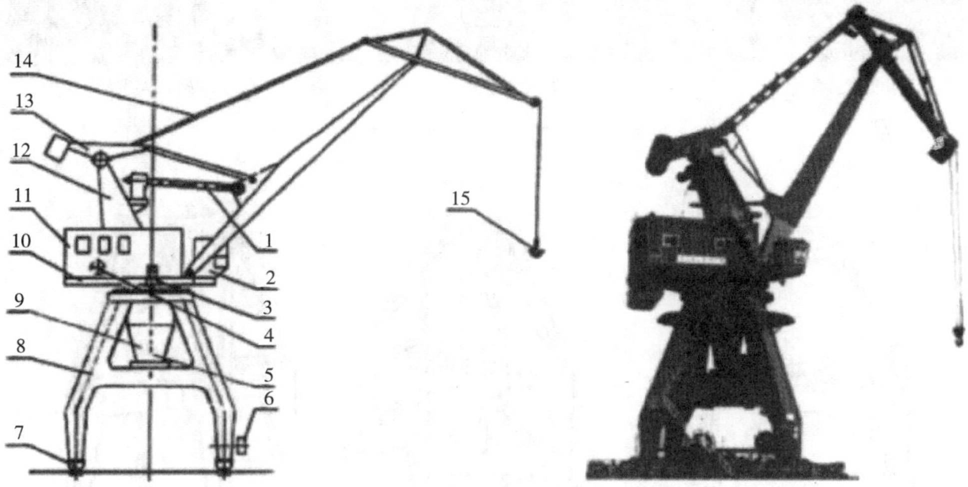

1. 变幅机构；2. 司机室；3. 回转机构；4. 起升机构；5. 电气系统；6. 电缆卷筒；7. 行走机构；8. 门架；9. 转柱；10. 回转平台；11. 机器房；12. 人字架；13. 平衡系统；14. 臂架系统；15. 吊钩

图 5－26　门座式起重机结构

1. 门座起重机的金属结构大体上可分为两大部分。

（1）上部回转部分包括臂架系统——单臂架或刚性拉杆组合臂架、象鼻架、人字架、回转平台、转柱，如图 5－27 所示。

（2）门架机构和台车。通常门架机构分为箱型刚架式门架、桁架式门架、交叉式门架、八杆式门架和圆筒形门架等，如图 5－28 所示。

2. 门座起重机主要机构。

（1）运行机构。

门座起重机的运行机构是有轨运行机构的典型形式。门座起重机大多数不是长期地固定工作于某一地点，故而有轨运行机构能充分地发挥其技术经济效果。为了避免起重机轨道对地面交通带来不便，港口和造船门座起重机轨道的轨面总是铺设得与地面一样平齐。

对于装有侧面下横梁的门架，运行机构的车轮或台车总是装设于下横梁的两端。如果门架没有下横梁，则运行机构的车轮或台车就布置在支腿下端。在上述两种情形下，如果起重机需要沿弧线轨道运行或者台车的长度太大，则应该使车轮或台车具有绕垂直轴线自

（a）实腹式象鼻架　（b）桁架式人字架　（c）刚架式人字架

图 5－27　门座起重机臂架结构形式

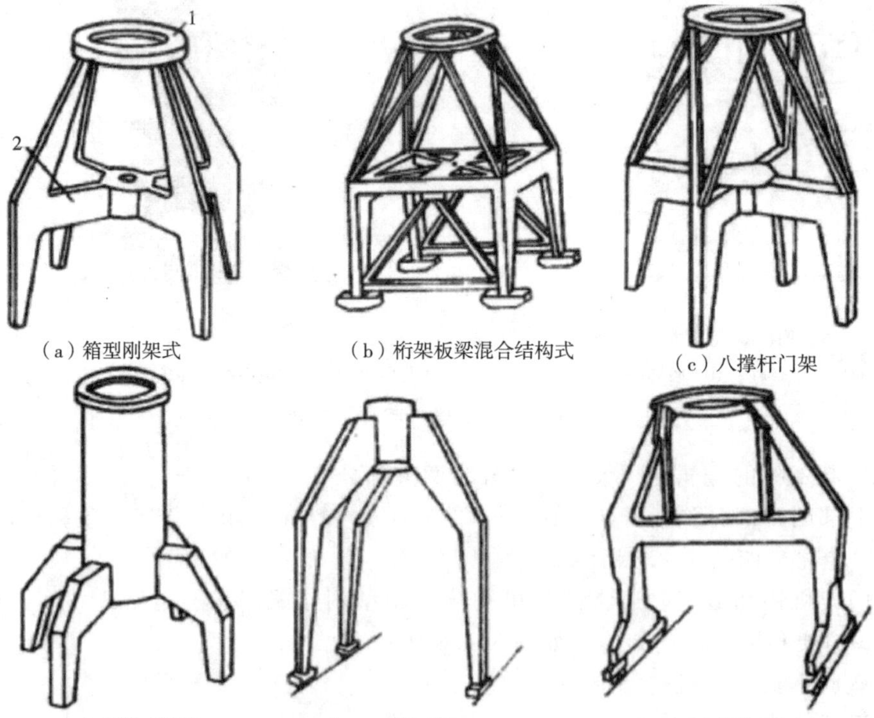

（a）箱型刚架式　（b）桁架板梁混合结构式　（c）八撑杆门架

（d）门筒式门架　（e）三腿门架　（f）两腿门架

图 5－28　门架结构形式

由转动的可能性。

（2）回转机构。

门座起重机在露天工作，承受着风载荷的作用，回转机构工作较频繁，为了提高工作效率，港口门座起重机甚至在臂架位于最大幅度时，回转转速也较大。立式电动机行星齿轮减速器传动系统传动效率较高，结构紧凑，目前是港口门座起重机回转机构传动的主要方式，即大齿轮固定在门架上，行星小齿轮及其驱动机构则装在起重机的回转部分上。为了避免回转机构起、制动过猛或者由于臂架触及障碍物而可能出现的机构过载、起重机和货物剧烈振动等现象，一般都装有摩擦式极限力矩联轴器。

（3）起升机构。

门座起重机起升机构通常由驱动装置、钢丝绳卷绕系统、取物装置和安全保护装置等组成。驱动装置包括电动机、联轴器、制动器、减速器、卷筒等部件。钢丝绳卷绕系统包括钢丝绳、卷筒、定滑轮组和动滑轮组等部件，取物装置有吊钩、吊环、抓斗、电磁吸盘、吊具、挂梁等多种形式。安全保护装置有超负荷限制器、起升高度限位器、下降深度限位器、超速保护装置等。

（4）变幅机构。

门座起重机依靠臂架携动实现变幅。变幅机构大多数情况下是工作性机构，即要求起重机在取物装置带载的情况下实现变幅。门座起重机的起重量是随幅度变化的。额定起重量是指最小幅度时的最大起重量，有时也用几个数分别表示几个幅度范围内的起重量。如20吨门座起重机的标注：20吨/16吨/13吨/10吨——9～20米/23米/27米/30米。意为在9～20米幅度内起重量为20吨，在9～23米幅度内起重量为16吨，在9～27米幅度内起重量为13吨，在9～30米幅度内起重量为10吨。

（二）门座起重机的分类

门座起重机根据结构类型的不同，可分为以下几种：

（1）以门架的结构类型为主要标志。

门座起重机可以分为全门座和半门座起重机。后者不具备完整的门架，它的两条运行轨道不在同一水平面上，一条铺设在地面上，另一条铺设在库房或特设的栈桥上。

（2）以起量臂的结构类型为主要标志。

门座起重机可分为四连杆组合臂架式门座起重机和单臂架式门座起重机两种。前者的最大优点是臂架下面的净空高度较大，因而在一定的起升高度要求下，起重机的总高度较低，但结构复杂、重量较大，而单臂则与上述相反。目前，国内大多采用四连杆组合臂架式起重机。

（3）以上部旋转部分相对下部运行部分旋转的支承装量的结构类型为主要标志。

门座起重机可分为转柱式门座起重机、定柱式门座起重机、转盘式门座起重机和大轴承式门座起重机。转盘式门座起重机结构复杂，加工制造困难，较少采用。转柱式和定柱式整体稳定性好，是目前常用的形式，其中转柱式应用最多；大轴承式结构新颖、构件少、重量轻，具有较好的发展前景。

（4）根据用途和使用场合的不同进行分类。

门座起重机可分为港口用门座起重机、造船用门座起重机和建筑用门座起重机3种。

九、其他起重机

（一）场桥

轮胎式集装箱门式起重机，俗称场桥，属于集装箱专用起重机械，是专门吊装、堆放集装箱的行走机构装有轮胎，不受轨道限制的移动式起重机。由门形支架、动力传动系统、起升机构、大车运行机构、小车运行机构及伸缩式吊具等组成。装有集装箱吊具的行走小车沿主梁轨道行走，进行集装箱装卸和堆码作业。轮胎式行走机构可使起重机在货场上行走，并可作90°直角转向，从一个货场转移到另一货场，作业灵活。但受轮胎承载力、整机跑偏等限制，通常跨距不超过23.47米（6列集装箱加1条车道），堆高不超过18.2米（堆5过6）。

场桥是大型专业化集装箱堆场的专用机械，装卸标准集装箱。它不仅适用于集装箱码头的堆场，同样也适用于集装箱专用堆场，如图5-29所示。

图5-29 场桥

轮胎式集装箱门式起重机在工作时，需要根据现场实际情况而进行起重作业，因此需要一套装置对一些参数综合监测判断，给出起重机正常工作、满载、超载等工作状态的指示并相应报警、提示、控制，以保证起重机械的正常工作。

场桥用柴油机交流发电机组供电，采用数字式变频调速，可在集装箱场地内作两个方向移动。配有能起吊20英尺，40英尺集装箱的伸缩吊具。场桥的吊具，多采用固定式导板。为减少吊具的摇摆，装有机械减摇装置；为了对箱方便，装有吊具小角度回转装置，为了能转换场地作业，设有0~90度的直角转向机构。场桥跨距已标准化，为23.47米（六行加走道）。如有特殊要求，也可定制非标跨距。场桥的起升高度：应保证起吊长40英尺高9′6的标准集装箱时，能顺利越过至少四层（或五到六层）标准集装箱场桥的支承机构由4轮、8轮或16轮的大型无内胎轮胎组成；轮数可根据场地对轮压的要求而设计。大车行走机构可以是四轮或两轮驱动。为防止场桥之间以及场桥与集装箱之间的相互碰撞，大车四角装有防碰装置。

场桥采用交流或直流调速系统，具有很好的调速和恒功率控制，能根据箱内重量不同自动调节升降速度。场桥一般设有超负荷保护。若是柴油动力则设有柴油机超速保护、水温过高和机油压力过低等报警装置；场桥需配风速指示仪、防台风锚定装置、紧急停止按钮以及各机构限位开关和信号指示等。有的场桥还可选配卫星自动定位系统（DGPS）、故障显示（ECMS）、与中控室联系系统（RCMS）。为方便大车转向和减少轮胎磨损，场桥一般会配装大车顶升装置及登机电梯等设备。

（二）岸桥

岸边集装箱起重机由前后两片门框和拉杆构成的门架和支承在门架上的桥架组成，行走小车沿着桥架上的轨道用专用吊具吊运集装箱，进行装卸船作业。门架可沿着与岸线平行的轨道行走，以便调整作业位置和对准箱位。为了便于船舶靠离码头，桥架伸出码头外面的部分可以俯仰。对于高速型岸边集装箱起重机，还装有吊具减摇装置，如图 5－30 所示。

图 5－30　岸桥

1. 岸边集装箱起重机的主要特点。

（1）起升机构。

岸边集装箱起重机起升机构的载荷变化很大。由于目前集装箱的载货量一般只有额定载货量的 50%～60%，如起重机的额定起重量按 30.5 吨设计，起吊 20ft 集装箱时，即使按最大总重量也只达到起重机额定起重量的 67%。为了提高装卸效率，要求起升速度随载荷的大小而变化，如起吊额定载荷的速度为一定，则要求起吊的载荷小于额定载荷时，起升速度应呈反比例增加，一般空载速度为重载速度的 2 倍甚至 2.5 倍。

（2）小车运行和减摇机构。

集装箱起重机的小车运行距离较长，运行速度也较高，当小车启动和制动时，货物会在小车运行方向上摇摆。小车运行速度越高，摇摆越严重，从而影响装卸效率和作业安全。因此，必须装设减摇装置。

（3）大车运行机构。

在装卸集装箱船时，由于需要经常移动大车对正船上的箱位，并不致碰撞邻近的集装箱或船舶的上层建筑，因而要求大车运行机构具有较好的调速、微动和制动性能，所以通常采用直流电动机驱动。

（4）驱动和供电方式。

为满足岸边集装箱起重机的工作要求，取得良好的调速性能，一般采用直流无级调速系统，各机构采用直流电动机驱动。直流电源的供电方式有三种：第一种是交流电动机—直流发电机方式，这种方式用得较多，它工作比较可靠，供电电压基本上不受电网电压波动的影响，比较稳定。缺点是机组自重大，价格高，噪声也较大。第二种是可控硅整流方式，它的电效率高，调速性能好，机组重量轻，占地面积小，维修方便，但要求电网容量较大，电压波动小。此外，对维修的技术水平要求高。第三种是柴油机—直流发电机的供电方式，它不受外界电源的影响，提高了集装箱起重机的机动性，特别适用于供电不方便的码头，并可节省供电设施的投资，但这种机组噪声很大，柴油机的维修也较复杂。

十、起重机的工作类型（也称工作级别、工作制度）

（一）概念

工作类型也称工作级别，是表明起重机工作繁重程度的参数，它关系到起重机金属结构、零部件、电动机和电气设备的选型，主要体现在繁忙程度和载荷变化程度两个方面。

（二）起重机的繁忙程度

对起重机整体来说，工作繁忙程度是指一年时间内起重机实际运转时数与总时数之比

（三）机构的繁忙程度

对机构来说，则是指某一机构在一年时间内运转时数与总时数之比。

在起重机的一个工作循环中，时间所占的百分比，称为该机构的负载持续率，用汉语拼音的两个字母加百分号（JC%）表示。

（四）载荷变化

在按额定起重量设计的门、桥式起重机实际作业中，起重机所起吊的载荷往往小于额定起重量，这种载荷的变化程度用起重量利用系数 K 表示：

$$K = Q_{均}/Q_{额} \quad (5-1)$$

其中，$Q_{均}$为起重机在全年实际起重量的平均值，$Q_{额}$为起重机的额定起重量。

（五）起重机工作类型分级

根据门、桥式起重机的工作繁忙程度和载荷变化程度，起重机的工作类型可以划分为轻级、中级、重级和特重级四种级别，在选用起重机以及检修起重机时，要密切注意各机构的工作类型。机构的工作类型不同，所需要的零部件也有所不同，配用的动力也不同。例如，额定起重量同为 15 吨的门式起重机的起升机构，中级的工作类型用 22 千瓦的电动机，而重级工作类型则要用 48 千瓦的电动机，其他零部件也有类似的区别。

（六）起重机工作类型的表示

起重机工作类型的表示分为三项：起重机工作类型、机构工作类型、金属结构工作类型。

（七）选择起重机时应注意的若干问题

工作速度较低的起重机，生产率相应也较低，但运行惯性小，所以驱动功率较小，启动、制动时的动载荷也较小，对结构的强度要求相对较低，因此有用钢量少、结构轻巧、造价低廉的特点。随着起重机工作速度的提高，运行惯性增大，启动和制动引起的动载荷增大，驱动功率增大、结构强度都会增大，用钢量剧增，导致购置成本、使用成本也相应增加。

1. 速度选择应考虑的因素。

选择起重机时，起重机的工作速度应与作业量、作业时限尽可能吻合。

起重机的工作性质和工作场合；起重机的起重量；起重机的工作行程；各机构工作速度的协调性。

2. 技术参数选择应考虑的因素。

额定起重量的选择考虑因素：拟购机型作业对象的最大单钩起重量；拟购机型作业对象平均单钩起重量工作速度的选择考虑因素；作业量、作业频繁程度、作业时限。在选用起重机以及检修起重机时，要密切注意各机构的工作类型。机构的工作类型不同，所需要的零部件也有所不同，配用的动力也不同。例如，额定起重量同为 15 吨的门式起重机的起升机构，中级的工作类型用 22（25%）千瓦，而重级工作类型则要用 48（40%）千瓦的电动机，其他零部件也有类似的区别。

3. 其他影响因素。

从现实作业条件看，起重机单位时间内的作业量并不绝对取决于起重机的技术能力，而更多地取决于作业现场的具体条件：现场组织和调度能力；作业人员的熟练程度；场地布局和工作行程；辅助机具的配套程度，如专用取物装置、专用属具、快装索具等；货物的种类，品种；品种少、批量大的货物通常生产率较高。

第三节　常用输送设备

一、输送机械的概念、特点、分类及主要技术性能参数

（一）输送机械的概念

输送机械，也称连续运输机械，是以连续的方式沿着一定的线路从装货点到卸货点均匀输送散装货物和小件成件包装货物的搬运设备。

（二）输送机械的特点

输送机械与起重机械相比，不同之处在于输送机械可以沿一定的线路不停地输送货物；其工作构件的装载和卸载都是在运动过程中进行的，无须停车和频繁地启动与制动；被输送的散货以连续形式分布于承载构件上，输送的成件货物也同样按一定的次序以连续的方式移动，基本也呈均布，一般不会形成集中载荷，所以结构都比较轻巧。具

体来说，输送机械有以下特点：①可采用较高的运动速度，且速度稳定；②具有较高的生产率；③在同样生产率下，自重轻，外形尺寸小，成本低，驱动功率小；④传动机械的零部件负荷较低而冲击小；⑤结构紧凑，制造和维修容易；⑥输送货物线路固定，动作单一，便于实现自动控制；⑦工作过程中负载均匀，所消耗的功率几乎不变；⑧只能按照一定的路线输送，每种机型只能用于一定类型的货物，一般不适于运输单件重量很大的物品，通用性差；⑨大多数连续输送机械不能自行取货，因而需要采用一定的供料设备。

（三）输送机械的分类

1. 按安装方式分类。

按照安装方式的不同，输送机械可分为固定式输送机械和移动式输送机械两大类。

固定式输送机械是指整个设备固定安装，安装后不能再移动。它主要用于固定输送场合，如专用码头、仓库中货物移动、工厂生产工序之间的输送、原料的接收和成品的发放等。移动式输送机械是指整个设备安装在车轮上，可以移动，具有机动性强、利用率高、能在现场灵活布置特点。这类设备输送量不太高，输送距离不长，适用于中小型通用仓库。

2. 按结构特征分类。

按照结构特点的不同，输送机械可分为具有挠性牵引构件的输送机械和无挠性牵引构件的输送机械。具有挠性构件的输送机械的工作特点是物料或货物在牵引构件的作用下，利用牵引构件的连续运动使货物向一定方向输送。牵引构件是往复循环的封闭系统，通常是一部分输送货物，另一部分牵引构件返回，常见的有带式输送机械、链式输送机械、斗式提升机、悬挂输送机械等。无挠性构件的输送机械的工作特点是利用工作构件的旋转运动或振动，使货物向一定方向运送，它的输送构件不具有往复循环形式，常见的有气力输送机械、螺旋输送机械、振动输送机械等。

此外，按照输送货物种类的不同，输送机械还可分为件货输送机械和散货输送机械；按照输送货物力的形式不同，输送机械可分为机械式、惯性式、气力式、液力式等几大类。

（四）输送机械的主要技术性能参数

1. 生产率。

生产率是指输送机械在单位时间内输送货物的质量，用 Q 表示，单位为吨/小时。它是反映输送机械工作性能的主要指标，它的大小取决于输送机械承载构件上每米长度所载物料的质量 q 和工作速度 v，所有的输送机械生产率均可用下式计算：

$$Q = 3.6qv \tag{5-2}$$

其中，q 为单位长度承载构件上货物或物料的质量（千克/米）；v 为输送速度（米/秒）。

生产率指连续输送机械在满足物料性能要求，以最大充填系数，在最有利输送布局和工艺路线条件下，在短时间内所能达到的最大生产率。

2. 输送速度。

指被运货物或物料沿输送方向的运行速度。输送机械的种类较多，不同机型的表示方式也不尽相同，可分别用带速、链速、主轴转速等表示。带速是指输送带或牵引带在被输送货物前进方向的运行速度；链速是指牵引链在被输送货物前进方向的运行速度；主轴转速是指传动滚筒转轴或传动链轮轴的旋转速度。

3. 充填系数。

指输送机械承载件被物料或货物填满程度的系数。

4. 输送长度。

指输送机械装载点与卸载点之间的展开距离。

5. 提升高度。

指货物或物料在垂直方向上的输送距离。

此外，还有安全系数、制动时间、启动时间、电动机功率、轴功率、最大动张力、最大静张力、预张力、拉索行程等性能参数。

二、带式输送机

（一）带式输送机械概念

1. 带式输送机的概念。

带式输送机，也称皮带输送机，是物流输送中使用最普遍、构造最典型的一种型式；它是用封闭无端的输送带连续输送货物的机械。

带式输送机中的输送带既是承载件，又是牵引件，所以要求输送带必须具有强度高、自重小、延伸率小、挠性与耐磨性好、寿命长的特点。目前，物流作业中常用的输送带主要有橡胶带、塑料带、钢带和金属丝带等，使用较多的是橡胶输送带。采用橡胶带的带式输送机一般称为胶带输送机，俗称皮带输送机，如图 5－31 所示。

图 5－31　带式输送机

（二）带式输送机结构及工作过程

1. 带式输送机的结构。

带式输送机是一种摩擦驱动以连续方式运输物料的机械。其主要结构如图 5－32 所示。

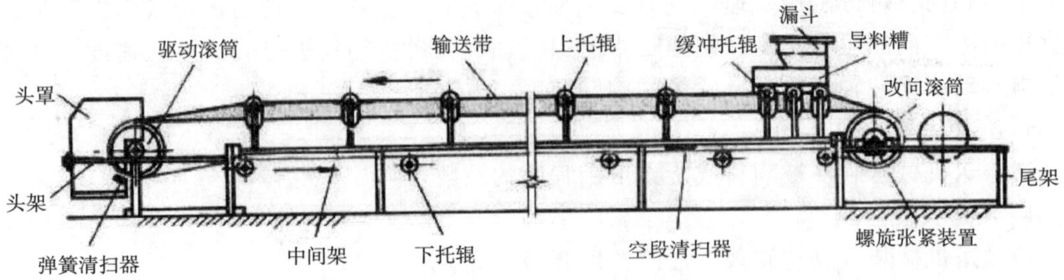

图 5－32 带式输送机的结构示意图

缓冲托辊安装在输送机受料段下方，减小落料时物料对输送带的冲击，以延长输送带使用寿命；导料槽能够将物料集中到输送带的中部，约束物料不往外撒落；改向滚筒改变输送带的运行方向或压紧输送带使其增大与传动滚筒包角；张紧装置防止皮带松弛，张紧皮带；空段清扫器是在皮带回程的途中将皮带上的粘性物质清理掉；回程托辊是支承回程段的挡边皮带，减少皮带运行阻力和裙边的磨损，并使皮带的悬垂度不超过一定限度，以保证皮带平稳运行，延长使用寿命。

2. 带式输送机的工作过程。

工作时无端输送带绕过驱动滚筒和张紧滚筒，利用输送带与驱动滚筒之间的摩擦力来驱使输送带运动，物料通过装载装置送到输送带上，随着输送带的运动被输送到卸载地点，通过卸载装置或端部滚筒，物料从输送带上卸出。如果要使货物在中间的任何位置卸出，则要另装卸载小车来完成。输送带经清扫装置和下支承托辊返回到进料处。

（三）带式输送机的特点

结构简单，基建投资少，营运费用低；输送线路可以呈水平、倾斜布置或在水平方向、垂直方向弯曲布置，受地形条件限制较小；工作平稳可靠；操作简单，安全，易实现自动控制。正是由于其优越的特点，使其应用场合遍及仓库、港口、车站、工厂、煤矿、矿山、建筑工地。但带式输送机不能自动取货，当货流变化时，需要重新布置输送线路，输送角度不大。

带式输送机便于联机作业，特别是大型库房，更能充分发挥其作用。库区地面平坦、有铁路专用线站台、库房面积在 800 平方米以上且库房比较集中的仓库，使用带式输送机系统从火车车厢、站台装卸、库区输送到库房内上下垛，可形成机械连续作业网。

库区无铁路专用线或库区专用线距库房较远的，可使用汽车或牵引拖车等作为输送工具，在库房门口与库房内的水平带式输送机系统连接，形成连续作业线。试验和实际应用结果显示，带式输送机比人力作业减轻劳动强度 60%，减少人工 40%，提高工作效率 3.5 倍，特别是在库房内使用半自动拆码垛机与其他机械联机作业效率更高，可减轻劳动强度 75%，减少人工 40%，提高工作效率 8 倍多。

（四）带式输送机的适用场合

主要用于在水平和倾斜（倾角不大）方向输送大量散粒物料或中小型车成件物品。

（五）带式输送机的选用和应用注意事项

1. 带式输送机的选用。

合理地选用带式输送机系统是提高物流作业效率的主要途径之一。各种带式输送机可联合使用组成带式输送机系统并以此获得更高的作业效率。合理选用带式输送机不仅能提高机械化程度，还可节省资金。选用时应考虑以下因素：库房面积大小及长度、库房距离火车站台的远近、仓库建筑的结构形式等。

库房门口一般用伸缩式输送机与水平输送机配套使用。伸缩式输送机的主要作用是为了库房门的开关方便而设计的，但结构复杂，与水平输送机相比价格要高得多。为了节省资金，若用移动或水平输送机与固定式水平输送机配套使用，也可达到同样的目的，但能节约部分资金。作业时，移动式输送机与水平输送机连接，不用时，拆开推走即可，但使用较麻烦。

如果是在二层楼库房作业，最好采用倾斜式输送机的作业形式，不宜采用垂直输送的作业方式。因为垂直输送机结构复杂、投资大、可靠性较差，还需要有转弯输送装置配套，作业线复杂，又不省人力。

2. 带式输送机的应用注意事项。

开机前应首先检查电器是否安全。

先空车运转 10 分钟，检查下面事项：一是输送带运行方向是否与上下垛输送机协调一致，是否与规定方向相符；二是输送带是否出现跑偏现象；三是电动滚筒及其他部件的声响是否正常；四是输送带两侧是否有障碍物。

启动：启动应以空车启动，待输送带达到正常速度时，方可开始投入负荷，注意尽可能不带负荷启动。

输送物品不得超过原规定的尺寸和重量。物品放在输送带上应轻放，避免猛摔猛打导致托轮变形、胶带扎破的现象发生。

停车前，应先让输送带上的货物卸空。掉在输送机两侧的物资，要及时清除，以免发生堵塞卡阻现象，甚至烧毁电动滚筒。

避免超载运行，尤其是距离长的输送机，可能导致电动滚筒、电动机烧毁。若较长时间不使用，调松胶带，入库保存。

三、辊子输送机

（一）基本构造和特点

辊子输送机是由一系列以一定间距排列的辊子组成的用于输送成件货物或托盘货物的输送机械，也称为辊子输送机，如图 5－33 所示。

与其他输送成件货物的输送机械相比，它的结构简单，运转可靠，布置灵活，输送平稳，使用方便、经济、节能，而且最突出的是它与生产过程和装卸搬运系统能很好地衔接和配置，并有功能的多样性，易于组成流水线作业，可并排组成大宽度的输送机械，以运送大型成件物品，其结构如图 5－34 所示。由于它具有这些特点，因而在仓库、港口、货场得到了广泛的应用。

动力式辊子输送机

无动力式辊子输送

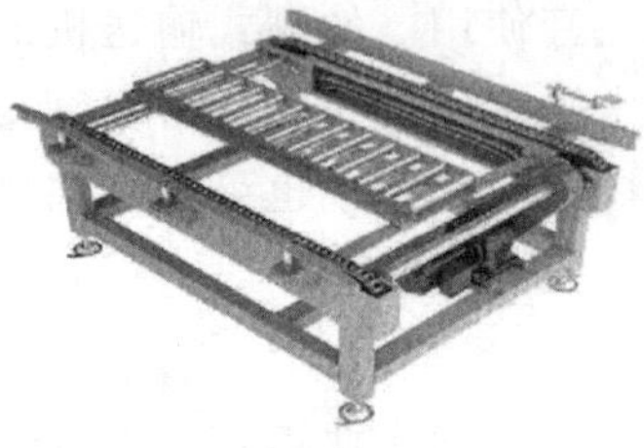

双链传动辊子输送机

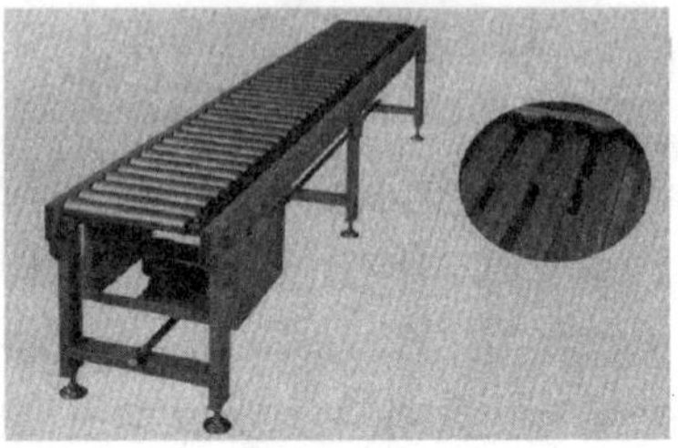

单链传动辊子输送机

图 5－33　辊子输送机

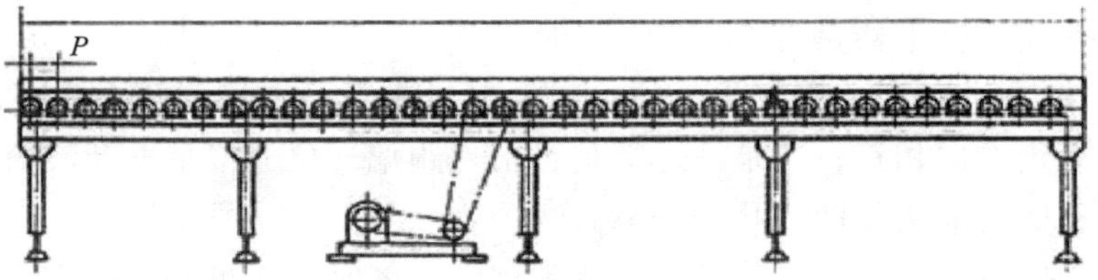

图 5－34　辊子输送机结构

为保证货物在辊子上移动时的稳定性，辊子输送机输送的货物和托盘的底部都必须有沿输送方向的连续支撑面。该支撑面至少应该接触四个辊子，即货物支撑面长度不小于辊子间距的四倍。如果货物的长度确定，则应注意选用合适的输送机，其辊子间距须小于货物支撑面长度的四分之一。

（二）辊子输送机的分类

辊子输送机的种类很多，常用的辊子输送机有以下几种。

1. 无动力式辊子输送机。

其自身无驱动装置，辊子转动呈被动状态，物品依靠人力、重力或外部推拉装置移动，有水平和倾斜两种布置形式。水平布置依靠人力或外部推拉装置移动物品，其中，人力推动用于物品重量较轻、输送距离短、工作不频繁的场合；外部推拉采用链条牵引、胶带牵引、液压气动装置推拉等方式，可以按要求的速度移动物品，便于控制运行状态，用于物品重量大、输送距离长、工作比较频繁的场合。倾斜布置依靠物品重力进行输送，结构简单，经济实用，但不易控制物品运行状态，物品之间易发生撞击，不宜输送易碎物品，适用于重力式高架仓库及工序间短距离输送。

无动力式辊子输送机的辊子有定轴式和转轴式两种，如图 5－35 所示。

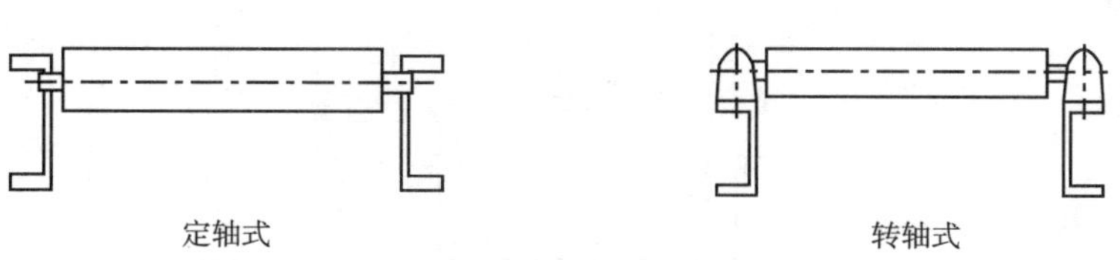

图 5－35 定轴式和转轴式辊子

2. 动力式辊子输送机。

其本身有动力装置，辊子转动呈主动状态，可以严格控制物品运行状态，按规定的速度精确、平稳、可靠地输送物品，便于实现输送过程的自动控制。链传动辊子输送机是最常用的动力式辊子输送机，它承载能力大，通用性好，布置方便，对环境适应性强，可在经常接触油、水及湿度较高的地方工作。但在多尘环境中工作时，链条容易磨损，高速运行时噪声较大。链传动辊子输送机按结构可分为单链传动型和双链传动型，如图 5－36 所示。

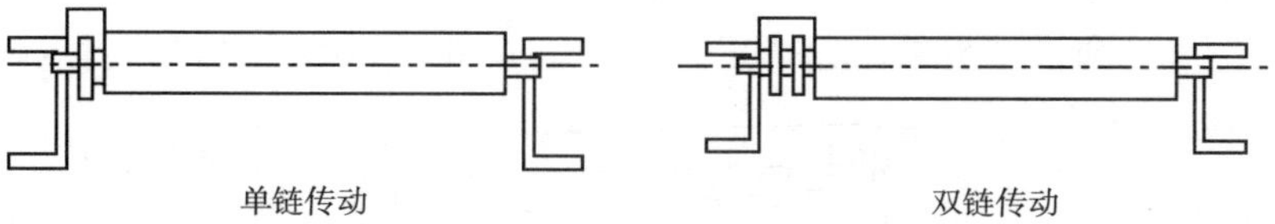

图 5－36 单链传动和双链传动

3. 限力式辊子输送机

限力式辊子输送机所用的辊子称为限力式辊子，它内部具有轴向摩擦环或径向摩擦环，当物品受阻停止或积存时，可使摩擦环打滑，如图 5－37 所示。它除具有一般动力式辊子输送机性能外，还允许在驱动装置照常运行的情况下，物品在辊子输送机上停止和积存，而运行阻力无明显增加，适用于辊子输送机线路中需要物品暂时停留和积存的区域，如多工位作业且各工位作业速度不易协调的场合。

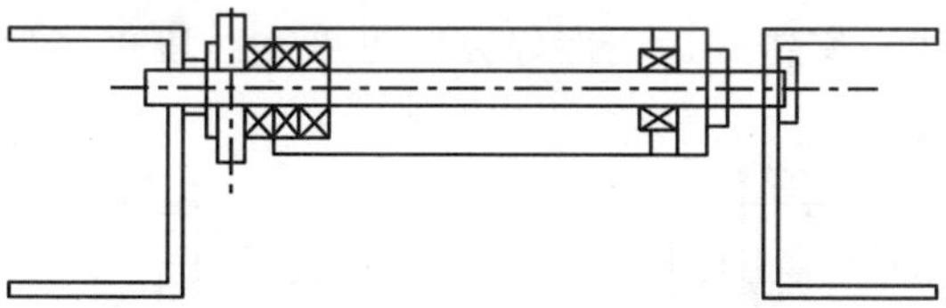

图 5－37 限力式辊子示意图

4. 超越式辊子输送机。

超越式辊子输送机所用的辊子带有超越式离合器，因而允许物件进入辊子输送机的速度与输送机械的运行速度不一致而不产生滑动，适用于与动力式辊子输送机配套使用来作为物件的承接区段，如图 5－38 所示。

5. 圆柱形辊子输送机。

圆柱形辊子输送机通用性好，可以输送具有平直底部的各类物品，允许物品的宽度在较大范围内变动。一般用于辊子输送机线路的直线段，如图 5－39 所示。

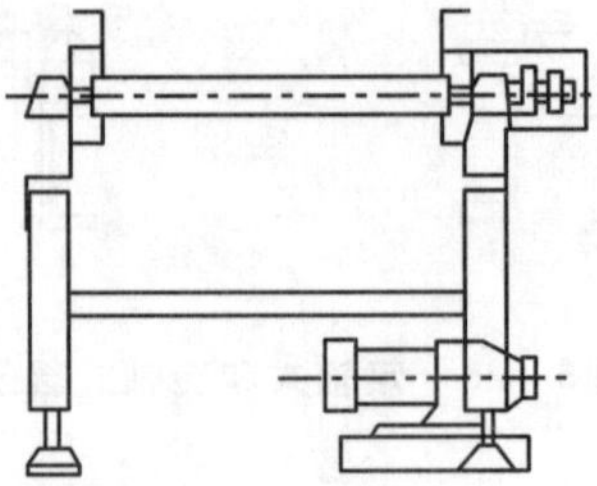

图 5－38　超越式辊子示意图

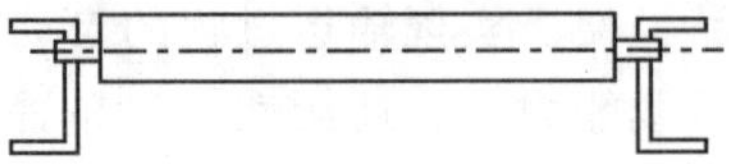

图 5－39　圆柱形辊子

6. 图锥形辊子输送机。

它用于圆弧段线路的输送，多与圆柱形辊子输送机直线段配套使用，可以避免物品在圈弧段运行发生滑动和错位现象，保持正常方位，如图 5－40 所示。

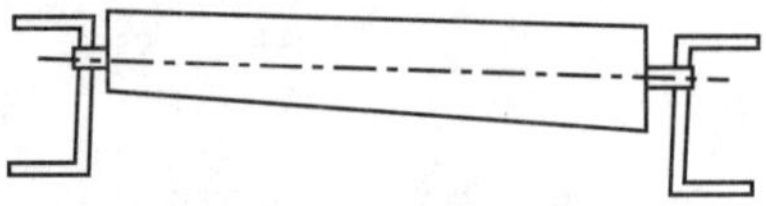

图 5－40　圆锥形辊子

7. 轮形辊子输送机。

轮形辊子输送机辊子自重轻，运行阻力小，其分为边辊和多辊两类。边辊输送机辊子沿机架两侧布置，输送机中间部位可以布置其他设备，如图 5－41 所示，适于输送底部刚度大的物品。辊子无轮缘的边辊输送机要求物件宽度大于轮间宽度时，必要时设置水平导向装置。有轮缘的边辊输送机具有导向作用，但对物品宽度尺寸有严格限制，多用于专用生产线中。多辊输送机结构轻便，可以作为辊子输送机直线段和圆弧段，如图 5－42 所示。其分直列式与交错式：交错式通用性好，既可做直线段也可做圆弧段；直列式多用于立体仓库多层货架的辊道。

图 5－41　边辊式输送机结构

图 5－42　多辊式输送机结构

（三）辊子输送机的使用与维护管理

（1）使用前应检查辊子是否运转灵活；各辊子载物面是否在同一平面；有驱动的辊子

其驱动连接是否可靠，传动链条或胶带有无磨损；驱动装置的电控装置各开关按钮和指示灯工作是否正常。(2) 使用中观察货物在辊子上移动是否平稳，速度是否均匀；各货物分叉区域的辊子运转是否平稳，分货和转移动作是否准确；货物放上辊子时不应有冲击，以防损伤辊子轴上的滚动轴承。(3) 使用后应定期对各辊子轴承加油，对传动链加油。

四、链条输送机

(一) 链条输送机的概念

链条输送机是以链条作为牵引和承载体输送物料，链条既可以采用普通的套筒滚子输送链，也可采用其他各种特种链条（如积放链、倍速链）。链条输送机的输送能力大，主要输送托盘、大型周转箱等。输送链条结构形式多样，并且有多种附件，易于实现积放输送，可用作装配生产线或作为物料的储存输送，如图 5－43 所示。

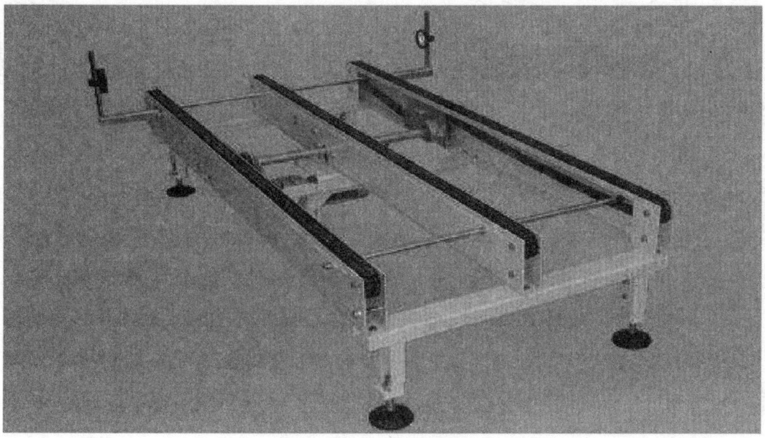

图 5－43　链条输送机

(二) 链条输送机的特点

(1) 连续式运转，链条必须有轨道支撑；(2) 除方形规则物外，其他货品必须以承载托板输送；(3) 输送速度慢；(4) 构造简单，维护容易；(5) 可应用于自动仓库前段及装配、包装等区域。输送链的材质有碳钢、不锈钢、PVC。

(三) 链条输送机的结构形式

水平直线输送、提升爬坡输送等形式和多层输送。

(四) 链条输送机的驱动方式

减速电机驱动。

(五) 链条输送机的调速方式

变频调速、无级变速。

（六）链条输送机机架材质

碳钢、不锈钢、铝型材。

（七）链条输送机的应用范围

电子、饮料、食品、包装、机械、电子、轻工、烟草、化工、医药、橡塑、汽摩、物流等行业。

（八）链条式输送机的结构

链条式输送机的结构如图 5－44 所示。

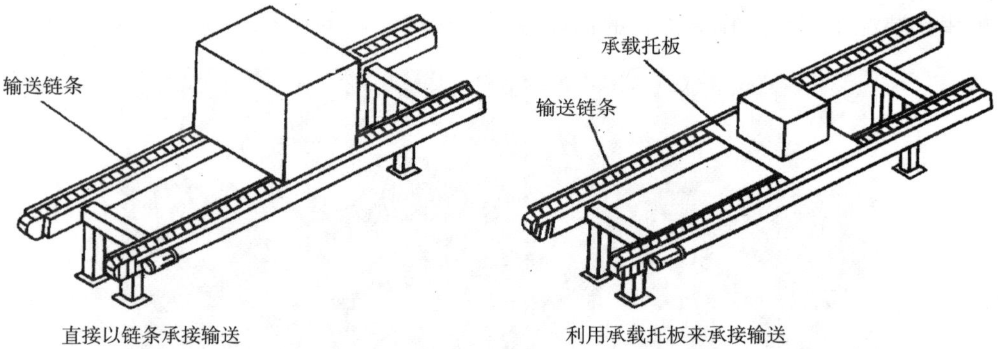

图 5－44　链条式输送机的结构示意图

五、螺旋输送机

（一）基本结构及工作原理

螺旋输送机是利用带有螺旋叶片的螺旋轴的旋转使物料产生沿螺旋面的相对运动，物料受到料槽或输送管壁的摩擦力作用不与螺旋一起旋转，从而将物料推移向前来实现物料输送的机械，如图 5－45 所示。

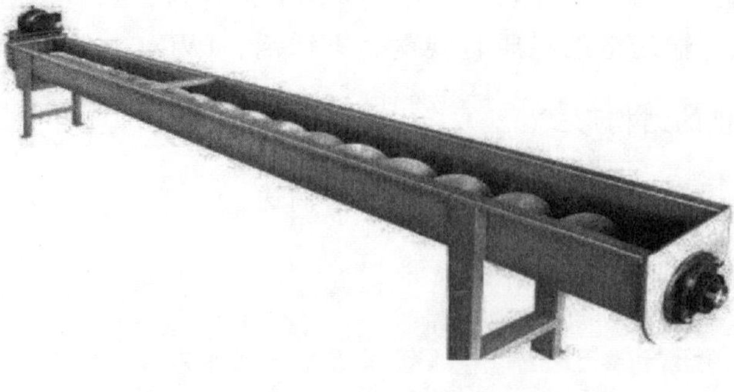

图 5－45　螺旋输送机

1. 基本结构。

如图 5－46 所示的是水平螺旋输送机的一般结构，它主要由螺旋体、轴承、料槽、进出料口和驱动装置等部分组成。刚性的螺旋体通过头、尾部和中间部位的轴承支承于料槽，形成可实现物料输送的转动构件，螺旋体的运转通过安装于头部的驱动装置实现，进出料口分别开设于料槽尾部上侧和头部下侧。

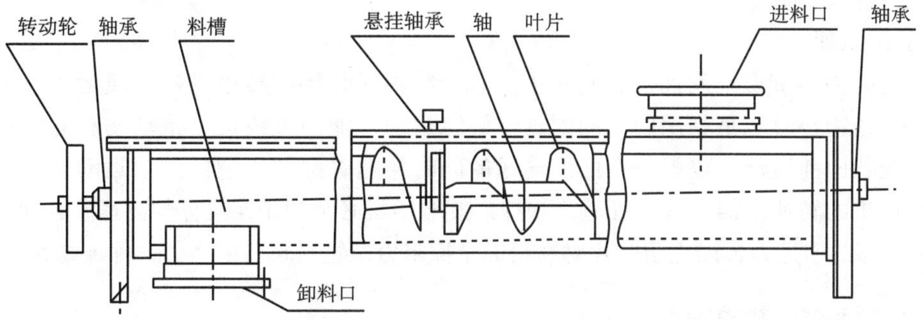

图 5－46　水平螺旋输送机

螺旋输送机在使用现场的安装情况如图 5－47 所示。

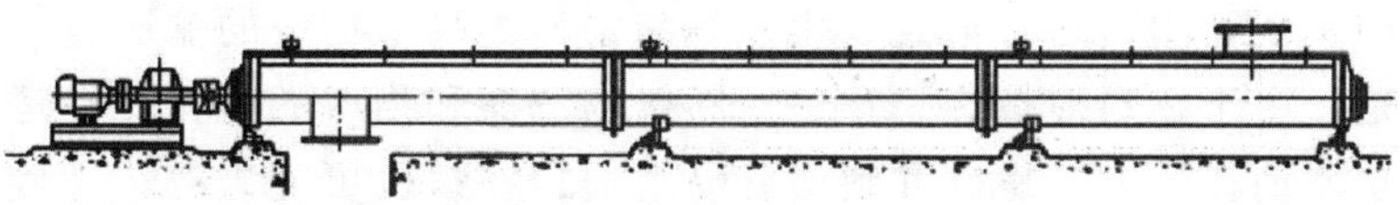
图 5－47　螺旋输送机总装图

（1）螺旋体。

螺旋体是螺旋输送机实现物料输送的主要构件，它由螺旋叶片和螺旋轴两部分构成。常用的叶片有满面式（实体式）和带式两种形式。按叶片在轴上的盘绕方向不同可分为右旋和左旋两种（逆时针盘绕为左旋，顺时针盘绕为右旋）。螺旋体输送物料方向由叶片旋向和轴的旋转方向决定，具体确定时，先确定叶片旋向，然后按左旋用右手、右旋用左手的原则，四指弯曲方向为轴旋转方向，大拇指伸直方向即为输送物料方向。同一螺旋体上如有两种旋向的叶片，可同时实现两个不同方向物料的输送。螺旋轴通常采用直径 30～70 毫米的空心钢管制成。

螺旋体的主要规格尺寸为叶片直径 D、轴直径 d 和螺距 s。螺旋叶片通常采用简易制造法，即用厚度 1.5～4.0 毫米薄钢板冲压或剪切成带缺口的圆环，将圆环拉制成一个螺距的叶片，然后将若干个单独的叶片经焊接或铆接于螺旋轴形成一个完整的螺旋叶片。

（2）轴承。

轴承是安装于机槽用于支承螺旋体的构件，按其安装位置和作用不同有头部轴承、尾部轴承和中间轴承。头部轴承主要由向心推力轴承、轴承座、轴承盖、油环等部分组成，它安装于头部卸料端，承受径向力和轴向力，所以其轴承应采用向心推力轴承；尾部轴承安装于尾部进料端，只承受径向力，采用向心球面轴承，结构较简单；对于螺旋轴在 3 米以上的螺旋输送机，为了避免螺旋轴发生弯曲，应安装中间轴承，中间轴承一般采用悬吊结构，且其横向尺寸应尽可能小，以免造成物料堵塞。

（3）料槽。

水平慢速螺旋输送机的料槽通常用 2～4 毫米厚的薄钢板制成。横断面两侧壁垂直，底部为半圆形，每节料槽的端部和侧壁上端均用角钢加固，以保证料槽的刚度，实现节与节间、顶部盖板与料槽的连接，料槽底部应设置铸铁件或角钢焊接件的支承脚。底部半圆的内径应比螺旋叶片直径大 4～8 毫米。垂直快速螺旋输送机料槽横断面为圆形，通常采用薄壁无缝钢管制成。

2. 工作原理。

螺旋叶片为螺旋形空间曲面，它是由一直线绕轴同时作旋转运动和直线运动形成的。螺旋输送机输送物料时就是利用固定的螺旋体旋转运动伴随的直线运动推动物料向前输送。物料呈螺旋线状向前运动，也就是在向前输送的同时伴随着圆周方向的翻滚运动。所以水平慢速螺旋输送机的转速不能太大，而垂直快速螺旋输送机必须利用螺旋体的高速旋转使物料与料槽间形成足够的摩擦力，以克服叶片对物料的摩擦阻力及物料自身的重力，保证物料向上输送。

（二）螺旋输送机的特点

螺旋输送机的优点是：结构简单、紧凑，没有空返分支，因而横断面尺寸小，可在多点装货和卸货；装、卸料点选取灵活，随处可取；工作可靠，易于维修，造价低；输送散货时能在料槽内实现密闭输送，适合扬尘、气味强烈、高温物料的输送。

它的缺点是：由于物料对螺旋、物料对料槽的摩擦和物料的搅拌，在运送过程中的阻力大，使单位功率消耗较大；螺旋和料槽容易磨损，物料也可能破碎；螺旋输送机对超载较敏感，易产生堵塞现象。因此，一般来说，螺旋输送机输送距离不长，生产率较低，适于输送摩擦性较小的物料，不宜输送黏性大、易结块及大块的物料。

螺旋输送机的输送量一般为 20～40 立方米/小时，最高可达 100 立方米/小时，广泛应用于各行业，主要用于输送各种粉状、粒状、小块状物料，所输送的散粒物料有谷物、豆类、面粉等粮食产品，水泥、粘土、沙子等建筑材料，盐类、碱类、化肥等化学品以及煤、焦炭、矿石等大宗散货。

六、气力输送装置

（一）气力输送装置的概念、组成、工作原理和用途

气力输送装置是采用风机使管道内形成气流来输送散粒物料的设备，主要由送风装置（抽气机、鼓风机或气压机）、输送管道及管件、供料器、接料器、卸料器、除尘器等组成。

气力输送的原理是将物料加到具有一定速度的空气气流中，构成悬浮的混合物，通过管道输送到目的地，然后将物料从气流中分离出来卸出。

气力输送装置主要用于输送粉状、粒状及块度不大于 20～30 毫米的小块物料，有时也输送成件物品。

（二）气力输送的特点

气力输送的优点是：可以改善劳动条件，提高生产效率，有利于实现自动化；可以减少货损，保证货物质量；结构简单，没有牵引构件；生产率较高，不受管路周围条件和气候的影响；输送管道能灵活布置，适应各种装卸工艺；有利于实现散装运输，节省包装费用，降低成本。

气力输送的缺点是：动力消耗较大，噪声大；被输送物料有一定的限制，不宜输送潮湿的、黏性的和易碎的物料；在输送磨损性大的物料时，管道等部件容易磨损。

当前气力输送装置的生产率最高可达 4 000 吨/小时，输送距离达 2 000 米，输送高度可达 100 米。

（三）气力输送装置的分类

1. 根据物料在管道内的流动状态和输送原理分类。

根据物料在管道内的流动状态和输送原理，气力输送装置可分为：

（1）悬浮输送。悬浮输送也称动压输送，是利用气流的动能进行输送。这种输送方法的混合比（浓度比）小，输送气流速度高，单位输送距离压力损失小，单位产量能耗大，管道系统磨损大，被输送的物料容易碎。

（2）推动输送。推动输送也称为静压输送，是利用气体的压力进行物料输送的。这种输送方法的混合比大，输送气流速度较低，单位输送距离压力损失大，但单位产量能耗较低，管道系统磨损小、被输送物料破碎少。

2. 根据设备的组合情况或压力差的形成分类。

物料和空气的混合物能在管路中运动而被输送的必要条件是：在管路两端形成一定的压力差。按压力差的不同，气力输送装置可分为吸送式（见图 5－48）、压送式（见图 5－49）、混合式（见图 5－50）和循环式（见图 5－51）四种。

图 5－48　吸送式风机除尘和分离装置

图 5－49　压送式风机和供料器

图 5-50　混合式气力输送装置

图 5-51　循环式气力输送装置

（1）吸送式气力输送装置。吸送式气力输送装置可以装配多根吸料管，同时从多处吸取物料，但输送距离不能过长。由于真空的吸力作用，供料装置简单方便，吸料点不会有粉尘飞扬，对环境污染小，但对管路系统密封性要求较高。此外，为了保证风机可靠工作和减少零件的磨损，进入风机的空气必须除尘，如图 5-52 所示。

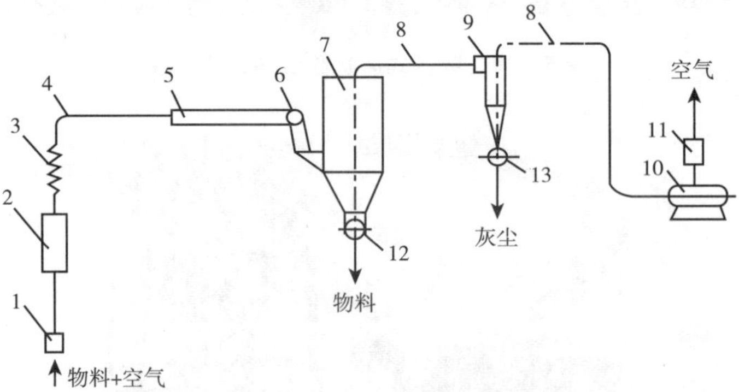

1. 吸嘴；2. 垂直伸缩管；3. 软管；4. 弯管；5. 水平伸缩管；6. 铰接弯管；7. 分离器；8. 风管；9. 除尘器；10. 风机；11. 消声器；12. 卸料器；13. 卸灰器

图 5-52　吸送式气力输送装置

（2）压送式气力输送装置。

压送式气力输送装置可实现长距离的输送，生产效率较高，并可由一个供应点向几个卸料点输送，风机工作条件较好，但它要把物料送入高于外界大气压力的管道中，所以供料器比较复杂，如图 5－53 所示。

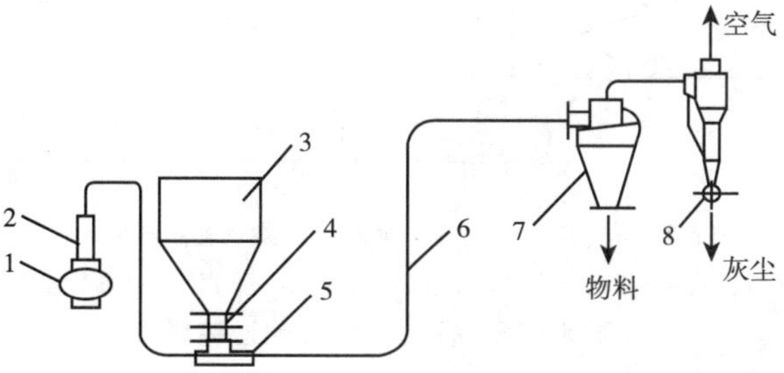

1. 风机；2. 消声器；3. 料斗；4. 供料器；5. 喷嘴；6. 输料管；7. 分离器；8. 除尘器

图 5－53　压送式气力输送装置

（3）混合式气力输送装置。

混合式气力输送装置综合了吸送式和压送式气力输送装置的优点：吸取物料方便且能较长距离输送；可以由几个地点吸取物料，同时向几个不同的目的地输送。但是，这种装置的结构比较复杂，如图 5－54 所示。

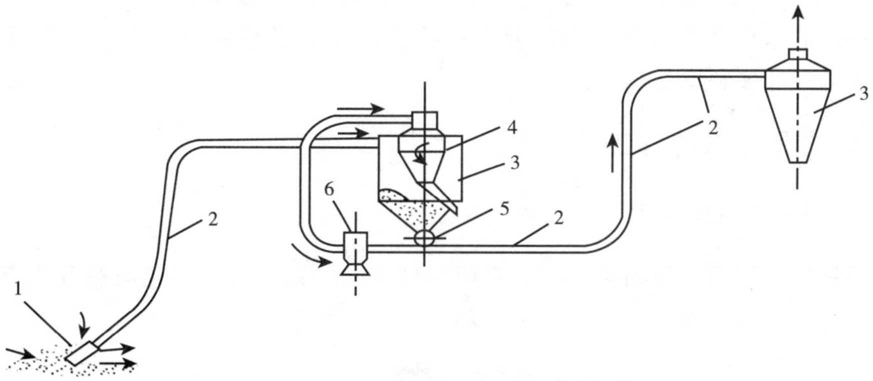

1. 吸嘴；2. 输料管；3. 分离器；4. 除尘器；5. 卸料器；6. 风机

图 5－54　混合式气力输送装置

（4）循环式气力输送装置。

循环式气力输送装置和前几种输送装置相比多了一根回风管，利用回风管形成气流的循环。循环式气力输送装置的优点较多：排入大气的含尘空气少，减少物料损失和大气污染；省去了尾气净化设备。缺点是：管路较复杂，且回风管中带有一定数量的物料易使风机磨损；最后，这种装置的输送量比较小，输送距离也不可能太长，如图 5－55 所示。

（四）气力输送装置的选用

气力输送装置的选用要点是针对不同物料，选择不同风速，其目的是既要保证物料在管道内成悬浮状态，不堵塞管道，又要尽可能多地输送物料，做到既经济又合理。

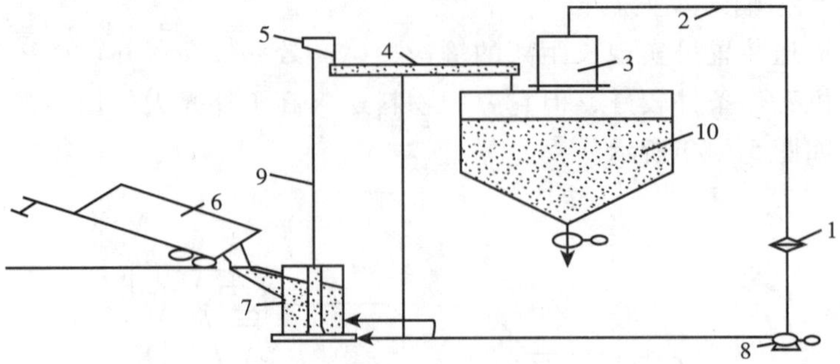

1. 过滤器；2. 回气管；3. 仓顶除尘器；4. 空气输送料槽；5. 膨胀仓
6. 给料货箱；7. 气力输送泵；8. 气源；9. 垂直输料管；10. 料仓

图 5－55 循环式气力输送装置

（五）气力输送装置的使用与维护管理

1. 使用前：应对设备性能特点作充分了解。

2. 使用中：系统工作压力值是否正常；送料装置运转是否顺畅；卸料口物料输出是否连续均衡；输送管内物料流对管壁的摩擦声是否均匀，无冲击和强震颤；除尘器排气口是否有烟尘。

3. 使用后：系统各部分不应存留所输送的物料；管道有无泄漏处，特别是各弯头是否磨损穿孔；清除除尘器出灰口内的灰尘；给鼓风机和供料器各润滑点加注相应的润滑油；关闭各电控开关和供电总开关。

七、斗式提升机（斗式输送机）

（一）斗式提升机概念

斗式提升机是利用均匀固接于无端牵引构件上的一系列料斗，竖向提升物料的连续输送机械。其分为环链、板链和皮带三种，如图 5－56 所示。

图 5－56 斗式提升机

（二）斗式提升机的应用范围和特点

1. 斗式提升机的应用范围。

斗式提升机用于垂直或倾斜时输送粉状、颗粒状及小块状物料。

2. 斗式提升机的特点。

斗式提升机（斗提机）的优点是：横断面上的外形尺寸较小，可使输送系统布置紧凑；提升高度大；有良好的密封性等。其缺点是：对过载的敏感性大；料斗和牵引构件易损坏。

斗提机提升物料的高度可达 80 米（如 TDG 型），一般常用范围小于 40 米。输送能力在 1 600 立方米/小时以下。一般情况下，多采用垂直式斗提机，当垂直式斗提机不能满足特殊工艺要求时，才采用倾斜式斗提机。由于倾斜式斗提机的牵引构件在垂度过大时需要增设支承牵引构件的装置，而使结构复杂，因此很少采用倾斜式斗提机。

（三）斗式提升机的原理

料斗把物料从下面的贮藏中舀起，随着输送带或链提升到顶部，绕过顶轮后向下翻转，将物料倾入接受槽内。

（四）斗式提升机的主要构成

它主要由牵引构件、料斗、机头、机筒、机座、驱动装置和张紧装置等部分组成。整个装置封闭在金属外壳内，一般传动滚筒和驱动装置放在提升机的上端。

（五）斗式提升机的分类

斗式提升机可按不同方法分类：

1. 按安装方式分类。

按安装方式分类斗式输送机机可分为垂直式、倾斜式、垂直水平式。

2. 按卸载特性分类。

斗式提升机在头部卸载，按卸载特性可分为离心式（见图 5－57a）、离心—重力式（见图 5－57b）、重力式（见图 5－57c）。

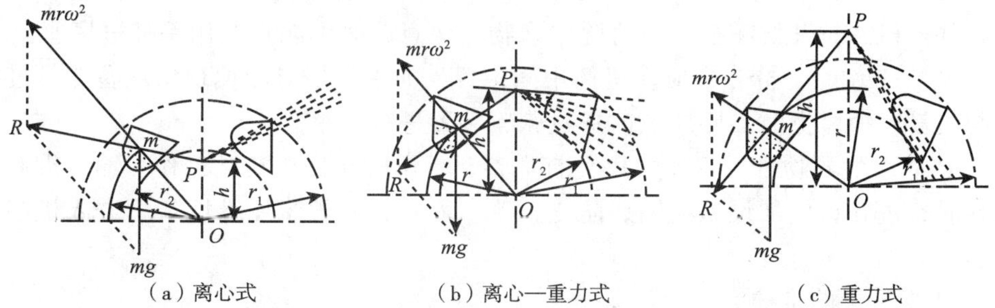

图 5－57　卸载形式

3. 按装载特性分类。

按装载特性分类斗式输送机可分为流入式（见图 5－58）和掏取式（见图 5－59）。

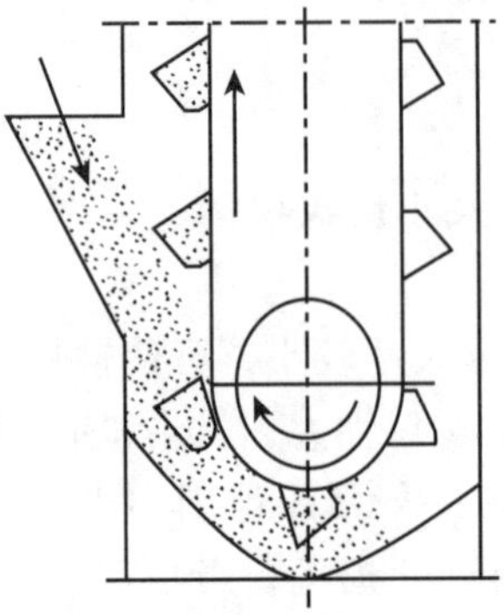

图 5－58 流入式装载

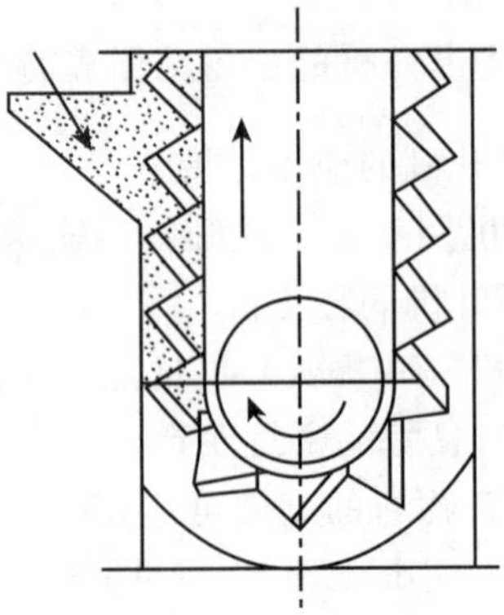

图 5－59 掏取式装载

流入式机物料直接流入料斗内。流入式用于输送大块状和磨琢性大的物料。其料斗的布置很密，以防止物料在料斗之间洒落，料斗的运行速度较低，一般不超过 1 米/秒。

（六）斗式提升机的应用

斗式提升机是一种具有特殊用途的设备，只有在其他标准型的输送机械不能满足要求时才被考虑采用。因为其输送速度慢，输送能力较低，基建投资要比其他提升机高，但维修费用通常较低。

斗式提升机最初是为发电厂设计的，后来推广到铁路装煤站用于煤的输送。斗式提升机的料斗在水平方向运行时像刮板一样刮铲物料，适用于输送非磨琢性的块状物料，不适用于输送煤渣、砂子、石头或其他类似的磨琢性物料。

（七）斗式提升机的使用与维护管理

1. 斗式提升机的使用。

（1）使用中应遵循“用前必检查，用中多观察，用后勤养护”的使用原则。

（2）操作时必须遵守“无载起动，空载停车”的原则。也就是先开机，待运转正常后，再给料；停车前应将机内的物料排空。

（3）工作时，进料应均匀，出料管应通畅，以免引起堵塞。如果发生堵塞，则应立即停止进料并停机，拉开机座插板，排除堵塞物。注意此时不能直接用手伸进底座。

（4）正常工作时，畚斗带应在机筒中间位置，如果发现有跑偏现象或畚斗带过松而引起畚斗与机筒碰撞摩擦时，则应及时通过张紧装置进行调整。

（5）严防大块异物进入机座，以免打坏畚斗，影响斗提机正常工作。输送没有经初清理的物料时，进料口应加设铁栅网，防止稻草、麦秆、绳子等纤维性杂质进入机座引起缠绕堵塞。

2. 斗式提升机的维护管理。

应定期检查提升机料斗带的张紧程度，料斗与料斗带的连接是否牢固，如发现松动、脱落、畚斗歪斜和破损现象，应及时检修或更换，以免发生更严重的后果。如果发生突然停机的情况，则应先将机座内积存的物料排出后再开机。

第四节　搬运车辆

在物流作业过程中，货物的装卸搬运除用到起重机、输送机械外，还大量地应用到各种搬运车辆。从国内现实情况看，装卸搬运作业使用的搬运车辆最主要的是各种型号的叉车、堆高机以及人力车辆等；除此之外，技术含量、自动化程度均较高的自动导向车，同时也是最能代表搬运自动化技术水平的一种导向车近年来也在物流行业快速发展。本节主要介绍物流作业中常用的搬运车辆类。

一、叉车

（一）叉车的概念

叉车是常见的工业搬运车，是对成件托盘货物进行装卸、堆垛及短距离运输作业轮式车辆。在国际上称其为工业车辆。其常用于仓储物流中大型物件的运输，通常情况下使用内燃机或者电力驱动。叉车是目前物流领域中应用最为广泛的装卸搬运设备，早期我国将其称为铲车，后来为区别于单斗装卸机而取消了此种叫法。

（二）叉车的结构

普通的叉车一般由以下几部分组成，包括动力系统、车身系统、电气系统、制动系统、起重系统、液压系统、操作系统和驱动系统，其各个系统如图 5－60 所示。

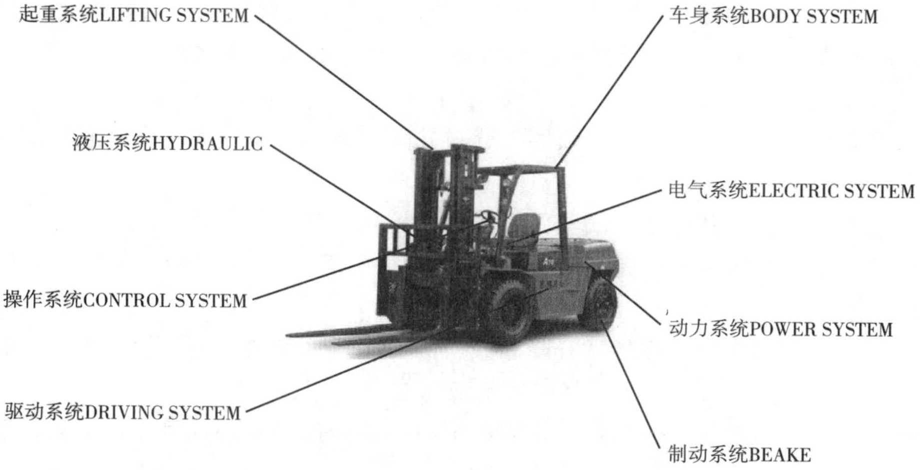

图 5－60　叉车各系统结构图

叉车有很多种类，但是它们的构造都基本相似，主要是由发动机、底盘、车身、起升机构、液压系统及电气传动设备等组成。其各组成部分如图 5－61 所示。

1. 发动机：是内燃型叉车的动力源。它将燃料燃烧产生的热能转化为机械能，进而

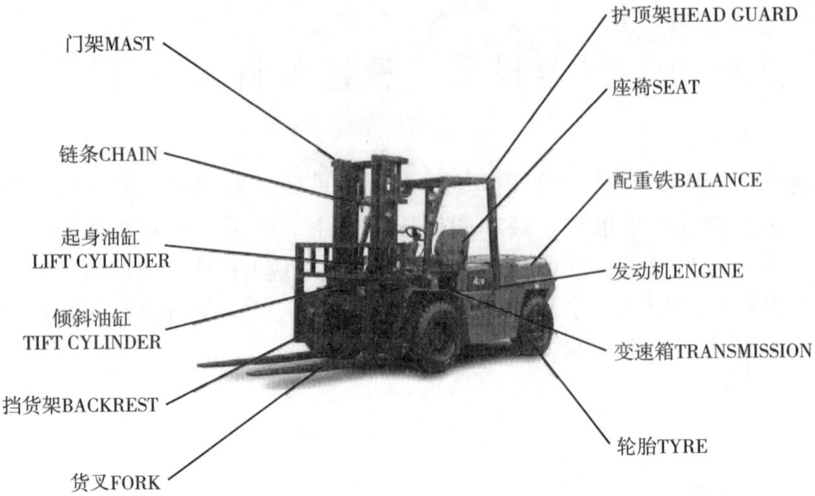

图 5－61 叉车各结构组成部分

通过发动机的飞轮旋转向外持续输出动力。

2. 底盘：底盘用来支承车身、接受发动机输出的动力，并且保证叉车的各个部分能正常运转和行驶。它包括传动装置、行驶装置、转向装置和制动装置等部分。

3. 车体：叉车的车体与车架是一个整体，由不同型钢组焊而成。车体位于叉车后部、与车型相对应的铸铁块为配重装置，其重量根据叉车额定起重量的大小而决定，在叉车载重时起到平衡作用，来保持叉车的稳定和安全。

4. 起升机构：起升装置主要由门架和货叉两部分组成。门架铰接在前桥支架车体上，由一套并列的钢框架和固定货叉的滑动支架组合而成。

货叉是两个弯曲 90°的钢叉，装在滑动支架上，是承载物料的装置。货叉的规格是根据叉车的最大载荷而设计的。货叉可以随着液压带动的链条上下移动。

5. 液压系统。

（1）升降系统液压缸，其柱塞顶端部分与升降门架装置紧紧固定在一起，从而控制货叉的上下移动。

（2）倾斜液压缸，其柱塞顶端与门架紧固，控制门架的前倾或后倾运动。

（3）液压泵，液压泵一般是齿轮泵，输出压力 6.37～15.7 兆帕，使升降液压缸和倾斜液压缸工作。

（4）液压分配阀作用是按货叉升降和倾斜的不同程度需要，通过操纵手柄控制升降或倾斜液压缸阀芯，将高压油输入升降或倾斜液压缸。

（5）安全阀，当系统压力超过一定限额值时，使液压油从回油管流回油箱，保证压力的稳定。

（6）节流阀，位于升降液压缸的管路中，是用来增大液压油的流动阻力，保证货叉安全缓慢下降。

6. 电气设备。

电气设备由电源、发动机、起动系统和点火系统以及叉车照明信号等用电设备组成。

（三）叉车的分类

1. 按照动力形式分类。

（1）内燃式叉车。

这类叉车是以柴油、汽油或者液化石油气作为燃料，由发动机提供动力。载重量通常为50吨以下。内燃式叉车机动性能好、功率大、用途广泛。根据所用燃料和工作原理的不同又可分为汽油机式叉车、柴油机式叉车和液化石油气式叉车。

汽油发动机叉车和柴油发动机叉车的主要区别是汽油发动机结构比较简单，造价相对较低。一般情况下，输出功率相同的汽油机比柴油机的造价要低25%左右，整车的造价低15%～20%；汽油机的噪声、振动、废气排放等都要优于柴油机。

（2）电动式叉车。

电动式叉车是以蓄电池或交流电为动力的叉车，一般是以蓄电池为动力的是直流叉车，以交流电为动力的叉车需要电缆供电，故称为交流拖缆叉车。与内燃式叉车相比，蓄电池式电动叉车的优点有结构简单、操作方便、起步平稳、污染小、噪声小等，所以比较适合在库内作业。缺点是蓄电池易受电池容量的限制，尤其是不能长时间连续作业且电量补充的时间很长，其次是驱动功率和起重量都比内燃式叉车要小，作业速度较低；车型系列不如内燃式叉车多。拖缆叉车虽然没有蓄电池叉车上的缺点，但作业活动范围十分有限，除此之外工作时间“拖缆”也很不方便，所以这类叉车使用很少。

（3）手动式叉车。

手动液压叉车主要是靠人力作为动力，起重量较小，不过购置费用、维修保养费比较低，操作相对灵活，维护也较方便，尤其是在一些小型配送企业、连锁企业应用都比较普及。

2. 按照用途分类。

按照使用用途进行分类叉车可分为通用叉车与专用叉车两种。

（1）通用叉车：适合各种工作场合和各种类型的货物和搬运或者装卸作业的叉车均属通用叉车。通用叉车造价较低，零配件供应充足，但不适合特定货物作业。

（2）专用叉车：根据具体作业对象的体积、重量、外形设计的叉车，如堆垛式叉车、集装箱叉车、箱内作业叉车。专用叉车在进行特定货物作业时的作业效率要高于通用叉车，但通用性比较差。

3. 按结构特征分类。

叉车按结构特征可分为平衡重式叉车、前移式叉车、插腿式叉车、侧式叉车四种。

4. 按走行底盘的支承形式分类。

（1）四点支承：采用四个车轮（组）支承车辆的重量的叉车。平衡重式、侧式叉车大多数采用这种支承方式。

（2）三点支承：采用三个车轮（组）支承车辆的重量，常见于插腿时叉车和前移式叉车，其他形式的叉车很少用这种支承形式，但近年来平衡重式叉车也出现了这种车型，选用时应注意。三点式叉车的结构和工作特点，结构紧凑，工作尺寸小，转弯半径小，操纵灵活；驾驶空间大，座椅、转向管柱前后位置均可调，操作者工作环境良好，适合在空间狭小的场合作业。

（四）常用叉车

1. 平衡重式叉车（见图 5－62）。

图 5－62 平衡重式叉车

（1）类别概念和结构特点：货叉位于车体的前部，为平衡货物重量产生的倾覆力矩，在车体后部装有平衡配重，故称平衡重式叉车。平衡重式叉车是出现最早、技术最成熟，也是应用最广的车型。

（2）工作特点：平衡重式叉车的行驶底盘结构合理，通过性能良好，能适合各种场地和路况；平衡重式叉车的货叉在车体纵向的位置是固定的，因此需要借助整车的移动完成货物的叉取（所以也称为直叉平衡重式叉车），对驾驶技术要求较高；平衡重式叉车的货叉只能做升降运动和小角度的俯仰，以实现货物的安全升降；门架和货叉位于车体（行驶方向）前部，工作时驾驶员的视野受限，在作业高度较高时更是如此。

（3）应用：平衡重式叉车由于没有支撑臂，就需要较长的轴距和平衡重来平衡载荷，这样叉车的重量和尺寸都较大，需要较大的作业空间。同时，货叉直接从前轮的前方叉取货物，对叉取货物的体积一般没有要求。它的动力较大，底盘较高，具有较强的地面适应能力和爬坡能力，适应在各种场合进行货物的堆垛和搬运以及装卸作业，尤其适合室外工作。

2. 插腿式叉车（见图 5－63）。

图 5－63 插腿式叉车

（1）类别定义及驱动方式：由外伸在车体前方的、带脚轮的支腿保持车体的稳定，货叉位于支腿的正上方，并可依靠门架做升降运动的叉车。此类叉车吨位较小，一般不超过2吨。插腿式叉车的驱动方式一般是电动，也有部分是手动的。

（2）操纵方式：插腿式叉车的操纵方式可分为步行操纵、站式操纵、坐式操纵三种。

（3）结构特点：插腿式叉车的结构独特，尺寸紧凑，工作稳定性好，小巧灵活，操控轻便，具有低噪声、无污染、故障率低等优点。

（4）作业特点和应用：插腿式叉车的作业特点是起重量小、车速低、结构简单、外形尺寸小，行走轮直径小，对地面要求较高，适用于通道狭窄的仓库和室内堆垛、搬运作业。

（5）变形机种：插腿式叉车去掉门架结构仅保留货叉，且货叉仅能微升降的插腿式叉车常称为“托盘搬运车”。

3. 前移式叉车（见图5－64）。

图5－64 前移式叉车

（1）类别定义：前移式叉车是指门架或货叉可以前后移动的叉车。因此又分为两类：门架前移式叉车和货叉前移式叉车。前移式叉车的货叉可沿叉车纵向前后移动。它有两条前伸的支腿，与插腿式叉车比较，前轮较大，支腿较高，作业时支腿不能插入货物的底部。前移式叉车与插腿式叉车一样，都是货物的重心落到车辆的支撑平面内，因此稳定性很好。但前移式叉车的吨位一般较小，基本上不超过3吨。

（2）分类：叉车按照工作部分的移动方式可以分为门架前移式叉车和货叉前移式叉车。

门架前移式叉车：货叉和门架一起移动，叉车驶近货垛时，门架可前伸的距离要受到外界空间对门架高度的限制，因此只能对货垛的前排货物进行作业。货叉前移式叉车：门架不动，货叉借助于伸缩机构单独前伸。如果地面上具有一定的空间允许插腿插入，叉车能够超越前排对后一排货物作业。

按操作方式分类：前移式叉车的操作方式可分为站立式、座椅式。一般而言，小吨位为站立式，吨位较大的为座椅式。

按适合的作业场所分类：前移式叉车按照作业场合可分为普通型、防爆型、冷藏型。普通型用于一般场合，防爆型用于储存易燃易爆危险品或类似的场合，冷藏型用于冷库的货物搬运。

按驱动形式分类：前移式叉车按动力可分为电动式和内燃式，其中大多数为电动式；内燃式驱动的较少，多见于大吨位。

（3）结构和工作特点。

利用门架或者货叉的前移叉取货物，运行时门架或货叉后移，使货物重心位于前、后轮之间，运行稳定。前移式叉车利用门架或货叉前移和车辆的自重保持车体在工作时重心相对稳定，不需要平衡配重，因而自重轻，同吨位的前移式叉车要比平衡重式叉车的自重要小得多。前移式叉车采用三点式支承的较多，因而具有转向灵活、操纵容易的特点，所需直角通道宽和堆垛通道宽较小，适用于车间、仓库内工作。但是，前移式叉车的支承轮、驱动轮因其结构上的原因直径较小，通过性能较差，所以对工作场地或道路的要求较高，这就决定了前移式叉车更适合在地面平整的库房内和货场上作业。

4. 侧式叉车（见图 5－65）。

图 5－65 侧式叉车

（1）类别定义：侧式叉车也称为侧面式叉车，指货架和门架位于车体侧面的叉车。

（2）分类：侧式叉车按动力不同分为：内燃型、电瓶型。侧式叉车按作业环境分为：室外工作型（充气轮胎）、室内工作型（实心轮胎）。

（3）工作特点：侧式叉车的承载方式、行驶系统的结构与汽车类似，另外部分车型还装有弹性悬挂系统，所以运行时车体重心稳定，安全可靠，车速要高于其他几种车型，尤其是装有弹性悬挂系统的侧式叉车的车速要明显高于其他叉车。

（4）适应与用途：侧式叉车适用于长、大物料的搬运和较长距离的搬运，尤其是可用于市内短途运输，但由于车体较长且货叉位于车体一侧，因而不适合在通道狭窄的货场上进行堆垛作业。

5. 高位拣选叉车（见图 5－66）。

（1）结构特点：升降机构上带有工作台，操作者可与升降机构一起上下运动，拣选储存在货架高层的货物。起升高度一般 4～6 米，最高可达 13 米，大大提高仓库空间利用率。为保证安全，操作台在起升时，只能微动运行。

图 5－66　高位拣选叉车

(2) 适用场合和作业：高位拣选叉车适用于多品种少量出入库的拣选式高层货架仓库。

6. 集装箱叉车（见图 5－67）。

图 5－67　集装箱叉车

(1) 结构特点：集装箱叉车的取货装置是集装箱吊具而不是货叉，属于专用叉车范畴。为适应各种规格的集装箱，集装箱叉车所配用的吊具是可以调节的，因而仅就集装箱作业而言，具有较高的通用性。

(2) 使用范围和用途：适应于吞吐量较小（小于年 3 万标准箱）的综合性集装箱码头和堆场进行装卸和搬运工作。但是在大型集装箱堆场，一般用于空集装箱堆垛等辅助性作业。

（五）叉车的特点

1. 功能多：叉车具有装卸和搬运的双重功能，可以将两种作业形式合二为一，提高作业效率。

2. 机动灵活：首先，除人力叉车外，其余叉车都是自行式车辆，因而具有很大的作业范围，有些车型甚至具有转场作业的能力；其次，叉车具有外形尺寸小、重量轻、转弯半径小、运行机动灵活的特点，可以在有限的作业区域内灵活调度，因此在物流的各个领域都有应用，如仓库、车站、码头和港口都要应用叉车来进行作业。

3. 通用性强：叉车可以实现“一车多用”，通过配合使用货叉、夹持器等辅助工具，可以实现不同种类、不同形状、不同几何尺寸货物的搬运装卸作业。特别是与托盘配合使用可以实现集装作业，大幅提高作业效率。

4. 车型系列、品种规格丰富：经过几十年的发展，叉车的型谱系列已很完善，目前我国已能生产各种型号、吨位和起升高度的叉车，为企业提供了丰富的选择范围。可以说，只要资金条件允许，企业就能选配与企业的作业环境、作业目的和货种相适应的叉车。

二、其他搬运车辆

（一）自动导引搬运车（Automated Guided Vehicle，AGV）

自动导引搬运车，是指装有自动导引装置，能够沿规定的路径行驶，在车体上还具有编程和停车选择装置、安全保护装置以及各种物料移载功能的搬运车辆。自动搬运车可集群使用组成自动搬运系统，即由若干辆车在计算机的交通管制下沿导行路径有条不紊地运行，并通过物流系统软件集成在物流系统、生产系统中（见图5－68）。

图5－68　自动导引搬运车

自动导引搬运车一般以电池为动力，目前也有用非接触能量传输系统CPS为动力的。自动导引搬运车装有非接触导航（导引）装置，可实现无人驾驶的运输作业。它的主要功能表现为能在计算机监控下，按路径规划和作业要求，精确地行走并停靠到指定地点，完成一系列作业功能。

自动导引搬运车以轮式移动为特征，较之步行、爬行或其他非轮式的移动机器人具有行动快捷、工作效率高、结构简单、可控性强、安全性好等优势。与物料输送中常用的其他设备相比，自动导引搬运车的活动区域无须铺设轨道、支座架等固定装置，不受场地、道路和空间的限制。因此，在自动化物流系统中，能实现高效、经济、灵活的无人化生产，充分地体现其自动性和柔性。

1. 导航导引方式。

AGV 之所以能够实现无人驾驶，导航和导引对其起到了至关重要的作用，随着技术的发展，能够用于 AGV 的导航/导引技术主要有以下几种。

（1）直接坐标（Cartesian Guidance）。

用定位块将 AGV 的行驶区域分成若干坐标小区域，通过对小区域的计数实现导引，一般有光电式（将坐标小区域以两种颜色划分，通过光电器件计数）和电磁式（将坐标小区域以金属块或磁块划分，通过电磁感应器件计数）两种形式，其优点是可以实现路径的修改，导引的可靠性好，对环境无特别要求。缺点是地面测量安装复杂，工作量大，导引精度和定位精度较低，且无法满足复杂路径的要求。

（2）电磁导引（Wire Guidance）。

电磁导引是较为传统的导引方式之一，仍被许多系统采用，它是在 AGV 的行驶路径上埋设金属线，并在金属线加载导引频率，通过对导引频率的识别来实现 AGV 的导引。其主要优点是引线隐蔽，不易污染和破损，导引原理简单而可靠，便于控制和通讯，不受声光干扰，制造成本较低。缺点是路径难以更改扩展，对复杂路径的局限性大。

自动导引车 AGV 使用磁导航，在 AGV 下方装有磁导航传感器，该传感器结构紧凑、使用简单、导航范围宽、导航精度高、灵敏度高、抗干扰性好，AGV 地标传感器使用同一系列的横向产品，安装尺寸更小，可与导航传感器使用相同的信号磁条（见图 5－69）。

图 5－69　传感器磁条

AGV 的地面磁导航系统是 AGV 在运行过程中所能达到的路径，主要由以下几部分构成：运行路径导航线、地标导航线和弯道导航线。采用磁导航的方法，运行路径导航线由长 500 毫米、宽 50 毫米、厚度为 1 毫米的磁性橡胶铺设而成，根据路径的具体要求可以进行适当的裁剪。地标导航线由长 150 毫米、宽 50 毫米、厚度为 1 毫米的磁性橡胶铺设而成，在地图上地标是各个站点的标志。弯道导航线由路径导航线和地标导航线构成。

（3）磁带导引（Magnetic Tape Guidance）。

与电磁导引相近，用在路面上贴磁带替代在地面下埋设金属线，通过磁感应信号实现导引，其灵活性比较好，改变或扩充路径较容易，磁带铺设简单易行，但此导引方式易受环路周围金属物质的干扰，磁带易受机械损伤，因此导引的可靠性受外界影响较大。

（4）光学导引（Optical Guidance）。

在 AGV 的行驶路径上涂漆或粘贴色带，通过对摄像机采入的色带图像信号进行简单处理而实现导引，其灵活性比较好，地面路线设置简单易行，但对色带的污染和机械磨损十分敏感，对环境要求过高，导引可靠性较差，精度较低。

（5）激光导航（Laser Navigation）。

AGV 的上部安装了激光扫描器，激光扫描器随 AGV 的行走，发出旋转的激光束。发出的激光束被沿 AGV 行驶路径铺设的多组反光板（全向反光板）直接反射回来，触发控制器记录旋转激光头遇到反光板时的角度。控制器根据这些角度值与实际的这组反光板的位置相匹配，计算出 AGV 的绝对坐标，基于这个原理就可以实现非常精确的激光导引（见图 5－70）。

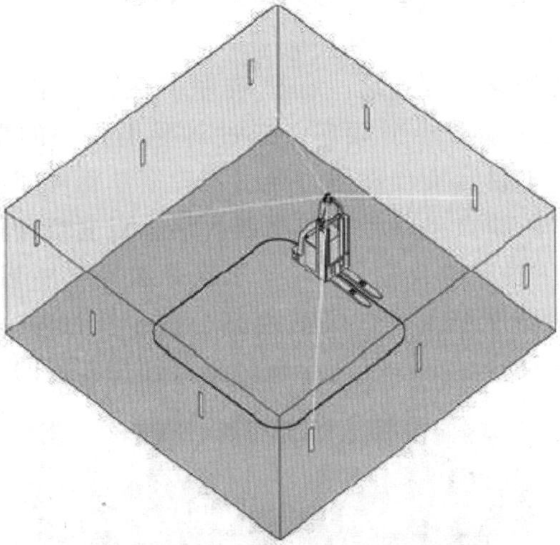

图 5－70 激光导引模拟示意图

此项技术最大的优点是：AGV 定位精确，地面无需其他定位设施，AGV 的行驶路径可灵活多变，能够适合多种现场环境，它是国外许多 AGV 生产厂家优先采用的先进导引方式。其缺点是：制造成本高，对环境要求较相对苛刻（外界光线、地面要求、能见度要求等），不适合室外（尤其是易受雨、雪、雾的影响）。

（6）惯性导航（Inertial Navigation）。

惯性导航是在 AGV 上安装陀螺仪，在行驶区域的地面上安装定位块，AGV 可通过对陀螺仪偏差信号（角速率）的计算及地面定位块信号的采集来确定自身的位置和航向，从而实现导引。

此项技术在军方较早运用，其主要优点是：技术先进，较之有线导引，地面处理工作量小，路径灵活性强。其缺点是：制造成本较高，导引的精度和可靠性与陀螺仪的制造精度及其后续信号处理密切相关。

（7）全球定位系统导航（GPS）。

通过卫星对非固定路面系统中的控制对象进行跟踪和制导，此项技术还在发展和完善中，通常用于室外远距离的跟踪和制导，其精度取决于卫星在空中的固定精度和数量，以及控制对象周围环境等因素。

2. 应用领域。

（1）仓储业。

仓储业是 AGV 最早应用的场所。1954 年，世界上首台 AGV 在美国的南加州的 Mercury Motor Freight 公司的仓库内投入运营，用于实现出入库货物的自动搬运。

（2）制造业。

AGV 在制造业的生产线中大显身手，高效、准确、灵活地完成物料的搬运任务。并且可由多台 AGV 组成柔性的物流搬运系统，搬运路线可以随着生产工艺流程的调整而及时调整，大大提高了生产的柔性。

近年来，作为 CIMS 的基础搬运工具，AGV 的应用深入机械加工、家电生产、微电子制造、卷烟等多个行业，生产加工领域成为 AGV 应用最广泛的领域。

（3）邮局、图书馆、港口码头和机场。

在邮局、图书馆、码头和机场等场合，物品的运送存在作业量变化大、动态性强、作业流程经常调整以及搬运作业过程单一等特点，AGV 的并行作业、自动化、智能化和柔性化的特性能够很好地满足上述场合的搬运要求。瑞典于 1983 年在大斯德哥尔摩邮局、日本于 1988 年在东京多摩邮局、中国在 1990 年于上海邮政枢纽开始使用 AGV，完成邮品的搬运工作。在荷兰鹿特丹港口，50 辆称为“yard tractors”的 AGV 完成集装箱从船边运送到几百码以外的仓库这一重复性工作。

（4）烟草、医药、食品、化工。

对于搬运作业有清洁、安全、无排放污染等特殊要求的烟草、医药、食品、化工等行业中，AGV 的应用也受到重视。在国内的许多卷烟企业，如青岛颐中集团、玉溪红塔集团、红河卷烟厂、淮阴卷烟厂都应用了激光引导式 AGV 完成托盘货物的搬运工作。

（5）危险场所和特种行业。

在军事上，以 AGV 的自动驾驶为基础集成其他探测和拆卸设备，可用于战场排雷和阵地侦察。在钢铁厂，AGV 用于炉料运送，减轻了工人的劳动强度。在核电站和利用核辐射进行保鲜储存的场所，AGV 用于物品的运送，避免了危险的辐射。在胶卷和胶片仓库，AGV 可以在黑暗的环境中，准确可靠地运送物料和半成品。

（二）牵引车

牵引车也是仓库物流企业常用的搬运设备，近年来，随着物流技术水平的不断进步，装备水平的不断提高，各种牵引车也不断被引入，物流技术过程应用日渐增多，尽管牵引车的功能很明确，也比较单一，但其种类繁多，造型各异，因此我们也应对此有一定的了解。

牵引车的概念和用途：牵引车是指具有牵引装置，专门用于牵引载货挂车进行水平搬运的车辆，牵引车主要用于仓库、站台与库房之间，或从仓库内到库房门口。装卸台之间的货物搬运牵引车，没有取货装置和载货平台，既不能装卸货物，也不能单独搬运货物。

牵引车的分类：根据动力大小，牵引车可分为普通牵引车和集装箱牵引车，普通牵引车可以拖挂平板车，用于装卸区内的水平搬运；集装箱牵引车，用于拖挂集装箱挂车，用于长距离搬运集装箱，当平板车或集装箱挂车被拖到指定的地点装卸货物后，牵引车就会甩开这些挂车，与其他的挂车结合。

搭载动力不同，牵引车可分为内燃牵引车和电动牵引车。电动牵引车启动方便、驾驶容易，很适合仓库使用；内燃牵引车动力强劲，车速高，牵引力大，适合各种场合使用，但用于库房内会污染库内环境。按有无路轨，牵引车可分为有轨牵引车与无轨牵引车；按操作方式不同，牵引车可分为人工驾驶车与无人驾驶车。

我国牵引车的发展起步较晚，发展较快，但也存在一些问题，如生产不规范、产品设计随意性大、生产规模小、设备简陋、质量不稳定等。在设备选用时应注意尽量选用生产历史长，企业规模大的定点企业的产品（见图 5 -71）。

图 5 -71　场地牵引车

（三）手动液压升降平台车

手动液压升降平台车是以手压和脚踏为动力，通过液压驱动使载重平台做升降运动的手推平台车，它可调整货物作业时的高度差，减轻操作人员的劳动强度，手动液压升降平台车有安全轮保护的固定小脚轮和位于两个旋转脚轮的制动器，是为了轮子装载和卸载时更加安全（见图 5 -72）。

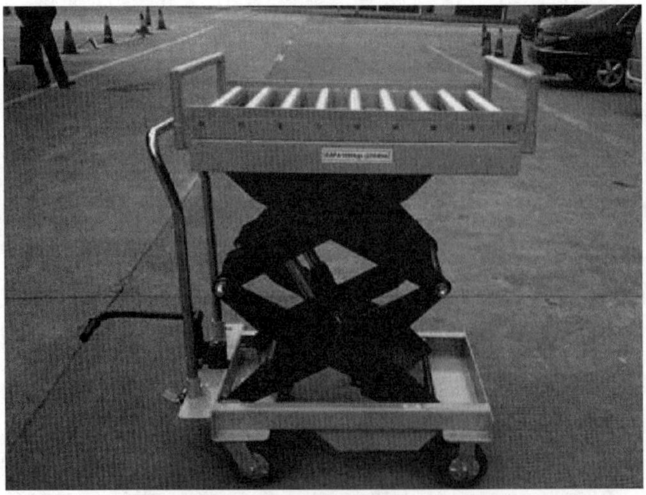

图 5 -72　手动液压升降平台车

（四）手动液压托盘搬运车

手动液压托盘搬运车是一种轻小型搬运设备，是物料搬运中不可缺少的辅助工具，它的取货部分的结构与插腿式叉车基本相同，也有两个货叉似的插腿，可插入托盘底部，插腿的前端有两个小直径的行走轮，用来支撑托盘货的重量。货叉可以通过手泵油缸抬起，使托盘或货箱离开地面，然后手动和电动驱动使之行走。这种托盘搬运车广泛用于仓库、商店、工厂、码头和车间内各工序间不需堆垛的搬运作业。手动液压托盘搬运车由舵柄、架体与机身、液压提升系统、车轮及承载滚轮组成（见图5－73）。

图5－73 手动液压托盘搬运车

舵柄可方便地操纵起升、下降和行走控制杆。

架体与机身：抗扭钢结构，货叉由高抗拉伸槽钢做成，叉尖做成圆形，插入托盘时使托盘免受损坏，导轮使货叉顺利插进托盘。

液压起升系统：坚固的起升系统能满足大多数的提升要求，并按标准要求镀锌。泵油缸装在重载保护座上，缸筒是镀铬的。控制阀和溢流阀确保操作安全并延长使用寿命。

车轮及承载滚轮：车轮运转灵活，并装有密封轴承，前后轮均有耐磨尼龙做成，滚动阻力很小，并由橡胶、聚氨酯或专用轮胎供选。

（五）手推堆高车

手推堆高车是利用人力推拉进行的简易式叉车。根据起升结构的不同，手推推高车分为手推液压式、手摇机械式和手推电动式三种，手推电动式也称为半自动堆高车，适用于工厂车间及仓库内对效率要求不高，不过需要有一定堆垛和装卸高度的场合。在实际使用过程中，手推堆高车也可用于装卸，但一般不同时用于搬运（见图5－74）。

（六）手推车

手推车是一种以人力为主，在路面上水平输送物料的搬运车。在物流作业过程中，人力车辆的作业也占有一定的比重，尤其在设施外的偶发的物流活动。难以实现机械化作业时手推车常会采用。此外，由于物流活动的复杂性和用户需要的多样性，常会人力作业来

图 5－74　手推堆高车

衔接，以补充机械化的工艺流程。

最古老的、最实用的手推车是二轮杠杆式的人力搬运车，它轻巧灵活，转向方便，但因靠体力装卸保持平衡和移动，所以仅适合装卸货物较轻、搬运距离较短的场合。

除二轮杠杆外，室外手推车还可按其他标志分类，根据手柄的不同，手推车可分为单手柄、双手柄、带挡板手柄、固定手柄式和折叠手柄式等；根据层数不同，手推车可分为单层、双层和三层等；根据车底部的不同，手推车可分为平地式和骨架式等。

手推车的特点是轻巧灵活、易操作、回转半径小，适于短距离搬运轻型物料，可广泛用于车间、仓库、超市、食堂、办公室等，是短距离、轻小物品运输的一种方便而经济的搬运工具。

在选择和使用手推车时，首先应考虑运件的形状及性质。当搬运多品种货物时，应考虑采用通用型的手推车；当搬运单一品种货运时，则应尽量选用专用手推车，以提高作业效率。其次还要考虑运输量及运距，由于手推车是以人力为动力的搬运工具，当运距较远时，载重量不宜太大。因此，货物的体积、放置方式、通道条件及路面状况等，在选择手推车时也要加以考虑。

如果条件允许，手推车可以自制（见图 5－75）。

图 5－75　手推车

【拓展阅读】

拓展阅读5-1

作为物流技术装备行业重要的组成部分之一，工业搬运车辆行业曾一度引领整个物流技术装备行业的发展，甚至是物流技术发展的风向标。纵观近几年，中国经济的持续健康发展和中国物流业的崛起为仓储业的发展提供了巨大的市场机遇。同时，应运而生的各种自动化物流装备技术的快速发展也对叉车应用带来了一定程度的冲击，甚至物流机器人的出现可以说取代了部分工业车辆的应用场景。

（一）洋山港自动化码头

巨大的集装箱被轻轻抓起又放下，无人驾驶的电动车辆来回运送。远程控制室里工作人员只要轻点鼠标，就能实现对码头装卸作业的操控——运营后的洋山四期工程，呈现的是这样一幅画面（见图5-76）。

图5-76 上海洋山港自动化码头

全自动化码头，是港口业发展的新趋势。洋山港则将以全球最大的规模和体量，成为全自动化码头的“集大成者”。洋山四期采用由上海振华重工自主设计制造的自动化装卸设备，其中，最引人注目的莫过于“搬运工”：它们既可以深入悬臂箱区作业，又可以在堆场中来回穿梭，既可以完成全天候不间断作业，又可以有效降低码头能耗。它们就是自动引导运输车AGV。通过“智能”大脑，AGV可以自定行车路线，有效规避碰撞。洋山四期的锂电池驱动AGV采用了当今最前沿的技术，除了无人驾驶、自动导航、路径优化、主动避障外，还支持自我故障诊断、自我电量监控等功能（见图5-77）。

（二）智慧搬运机器人

除了一些常规搬运车辆之外，智能化机器人逐渐加入了物流行业的大家庭，纵观当前的物流机器人市场，可谓硝烟弥漫。为了抢占市场份额，扩大行业影响力，在激烈的市场竞争中脱颖而出，物流机器人企业或者在原有产品上进行升级换代，或者自主研发新的产

图 5－77　洋山港自动化码头 AGV 系统

品和解决方案，在技术战场上展开了激烈的厮杀。

国内著名的物流关键技术设备与解决方案提供商，新松公司的叉车式移动机器人，可以选配多种属具，提升高度和货叉尺寸可根据现场需求定制，可灵活应用于各类物料搬运与堆垛工况，以及上下货架和输送机对接等工作场景；负载 1 500 千克，直线最大行驶速度 90 米/分，车体配有安全型的激光防碰传感器，在高度运行情况下依然保持高安全级别；控制系统整合交通管理系统、调度任务系统、外部系统接口、库位管理系统等多个功能模块，具有极强的拓展性（见图 5－78）。

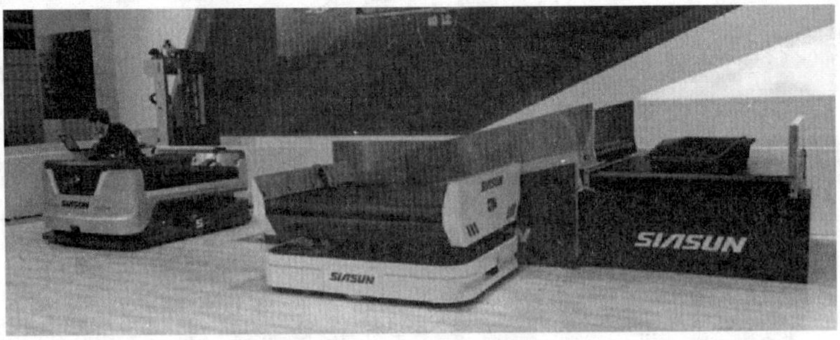

图 5－78　叉车式移动机器人 AGV

物流机器人的创新与发展更能体现物流业的发展势头，持续高速的技术创新是提升物流作业效率的有力保障。从最初的铲车到如今智能现代化机器人，无不体现着物流设备与器械的更新迭代是在不断创新与探索中发展的。近几年，随着工业 4.0 的提出及其影响力在全球范围内的扩大与深入，整个制造业迎来发展升级的重要阶段。物流作为实现工业 4.0 的基础，其改造升级无疑成为企业关注的焦点。工业 4.0 不只是提升机器的效率，更是提升过程管控数据的透明性、可加工性以及数据的分析利用，其中智能化物流，尤其是工厂内部物流的仓储、装卸、搬运作业是重要核心组成部分。

【复习思考题】

1. 什么是装卸搬运？常用的装卸搬运方法有哪些？
2. 简述装卸搬运在物流系统中的作用。
3. 简述门式起重设备的特点及应用场合。
4. 门、桥式起重机械由哪几部分组成？各部分的功用如何？
5. 如何选用门、桥式起重机械？其主要性能参数有哪些？
6. 汽车起重机和轮胎起重机的主要区别是什么？
7. 起重机常用的吊具有哪些？用途？
8. 简述螺旋输送机的基本结构和工作原理。
9. 简述带式输送机械的应用场合与特点。
10. 辊子输送机有哪些特点？它主要应用在哪些场合？
11. 叉车可分为哪几类？各有什么特点？
12. 叉车由哪几大部分组成？各部分起什么作用？
13. 什么是额定起重量和负荷中心距？它们之间有什么关系？
14. 叉车的性能技术参数是怎样分类的？
15. 叉车为什么要限定起重量？叉车超负荷工作有什么影响？
16. AGV 的导引方式都有哪些？

第六章　分拣和配送技术与设备

第一节　概　　述

一、分拣概述

（一）分拣的概念及概述

我国《物流术语》（GB/T18354—2006）中规定：拣选，是指按订单或出库单的要求，从储存场所拣出物品，并码放在指定场所的作业，物流业界习惯上将这种作业称为分拣。因此本书所谓的分拣，事实上就是物流术语中的拣选含义，但是应用更加广泛，实际上已经取代了分拣。

分拣是直接与配送相关联的，是配送中心非常重要的作业环节。在配送中心搬运成本中，分拣作业约占90%，与分拣作业相关的人力约占50%，分拣作业时间占整个配送作业的30%～40%，对于物流系统效率具有决定性的作用。

（二）分拣的分类

按作业手段不同，分拣可分为人工分拣、机械分拣和自动分拣三大类。

1. 人工分拣。

人工分拣基本上是靠人力或利用最简单的器具，把所需的货物分门别类地送到指定的地点。这种分拣方式劳动强度大，分拣效率最低。

人工分拣作业的具体形式可分为两种。

（1）订单别拣取。

即按照订单要求从多个货位为一个客户拣选式配货作业，是指分拣人员或分拣工具巡回于各个储存点并将分店所需货物取出，完成配货任务，货位相对固定。

订单别拣取作业的基本流程是：储物货位相对固定，而拣选人员或工具相对运动，所以又称作人到货前式工艺。这种方法类似人们进入果园，在一棵树上挑选成熟的果实后，再到另一棵树前摘取果实，所以又形象称其为摘果式或摘取式工艺。

该方法的特点是：

①作业方法简单，接到订单可以立即开始拣货，前置作业时间短。

②作业人员责任明确，易于安排人力。

③拣货后不用进行分类作业，适用于配送批量大的订单处理。

④商品品类多时，拣货行走路径加长，拣取效率低。

⑤拣货区域大时，搬运系统设计困难。

订单别拣取的处理弹性比较大，临时性的生产能力调整较为容易，适合订单大小差异较大、订单数量变化频繁时的商品拣选。同时，商品外形体积变化较大、差异较大的情况下宜采用订单别拣取方法。

（2）批量拣取。

即从一个货位拣出多个客户所需货物的作业方式。配货时分货人员从储存点集中取出各个客户共同需要的货物，然后巡回于各暂存货位之间，将货物按客户需求量放在指定位置，再取出下一种共同需求商品，如此反复直至客户需要的货物全部拣出为止。这种分拣方法的专业名称是“批量拣取”。

批量拣取作业的特点是客户货位固定，分货人员和工具相对运动，因此该方法又被形象地称为播种式分拣方法。

批量拣取是集中取出众多用户共同需要的货物，再将货物分放到事先规划好的配货货位上。这就需要若干用户有共同需求，并形成共同的批量之后，再对用户共同需求进行统计，同时规划好各用户的配货货位进行集中取出，分放配货的操作。所以这种工艺难度较大，计划性较强，组织不当且容易发生错误。

由于这种工艺计划性较强，若干用户的需求集中后才开始分货，直到最后一种共同需要的货物分放完毕，各用户需求的配货工作才算完成。之后，开始对各用户进行装车送达工作。这样有利于车辆的合理调配、合理使用配送路线，便于综合考虑、统筹安排、发挥规模效益。

批量拣取方式适合配送批量大的订单作业，可以缩短拣取货物的行走时间，但是该方法必须等订单累积到一定数量时才开始拣取，有一定的滞后时间。因此该方法适合订单变化小、订单稳定的情况以及外形规则、固定的商品出货。同时，需要进行流通加工的商品也适合批量拣取，再进行批量加工，然后分类配送，从而提高了拣货和加工效率。

（3）混合拣取。

为了克服订单别拣取和批量拣取的缺点，在拣取货物时，也可以将订单别拣取和批量拣取组合起来的复合拣取方法。复合拣取即根据订单的品种、数量及出库频率等，确定哪些订单适合订单别拣取，哪些订单适合批量拣取，从而采取不同的拣货方式。

2. 机械分拣。

机械分拣是人工分拣的改进，货物的识别和拣出仍以人工为主，但在货物的识别和拣出过程中分拣人员的作业位置是固定的，而用机械将待分拣货物输送至各分拣工位。这种分拣方式用得最多的是输送机，有链条式输送机、传送带、辊道输送机等，有的也叫“输送机分拣”。

3. 自动分拣。

自动分拣是利用自动分拣系统（automated sorting system）实现的。自动分拣系统由接受分拣指示信息的控制装置、计算机网络、把到达分拣位置的货物送到别处的搬运装置、在分拣位置把货物分送到分支装置、在分拣位置储存货物的储存装置等构成。随着分拣作业量不断增大，分拣要求越来越高，自动分拣已经成为物流系统中的重要组成部分，如图6-1所示。

图 6-1 自动分拣系统

(三) 分拣作业的基本过程

分拣作业是在拣货信息的主导下，通过行走和搬运拣取货物，再按照一定的形式将货物分类、集中。因此，分拣作业一般包括以下四个过程。

1. 拣货信息的产生。

拣货信息一般来源于配送中心的送货单或者客户的订单。因此有的拣货作业直接利用订单或者送货单作为人工拣货的依据，这种方式往往无法准确标示所拣货物的储位，从而延长了拣货的时间和拣货时的行走路径。所以一般情况下需要采取相应的方法将订单或者送货单等进行处理，转换成“拣货单”或者电子拣货信号，以供拣货人员或者自动拣货系统进行作业，从而提高拣货的速度和效率。

2. 行走和搬运。

拣货时，拣货作业人员或机器必须直接接触并拿取货物，因此在拣取货物时应缩短人员行走和货物的搬运距离，同时，拣货人员既可以搭载相应的运载工具以提高效率，也可以由自动储存分拣系统完成。

3. 拣取。

无论采取什么方式拣货，都必须采用人工方式或者读取条码电脑比对、确认被拣货物的规格、品名、数量等信息。拣货信息被确认后，拣取的过程可由人工或自动化设备完成。通常情况下，小体积、少批量、搬运重量在人力范围内且出货频率不高时，可以采用人工分拣；对于体积大、重量大可以利用升降叉车等搬运机械辅助作业；对于出货频率很高的可以采用自动分拣系统。

4. 分类和集中。

在接到多个客户订单后，可以形成批量拣取，然后再根据不同的客户或者送货路线进行集中，有些需要流通加工的商品还需要根据加工方法进行分类，加工完毕后按一定方式分类出货。多品种的分拣必须采取合适的方法提高作业的精确性。在物品体积小、重量轻的情况下，既可以采取人工分货或者机械辅助作业，也可以采用自动分拣机将拣取的货物进行分类集中。

（四）分拣作业系统规划

分拣作业系统的规划对于提高分拣效率具有至关重要的意义。由于分拣的指令来自客户的订单，因此，对于分拣作业系统规划时应从顾客订单资料的分析开始，包括拣货单位的确定、分拣方式与分拣方法的选用、拣货信息的传递、分拣设备的选用和布置等众多环节。

1. 拣货包装单位。

拣货单位是指在分拣作业时拣取货物的包装单位，通常为托盘、箱、单件和特殊货物四种。从供应商供货到进货入库存储，再到分拣出货，必须根据配送的包装要求，确定拣货包装单位，避免分拣及出货作业过程中对货物的拆装、重组，从而提高分拣效率。

（1）拣货单位的确定。

拣货包装单位主要有四种：

①托盘。由箱堆码在托盘上集合而成，经托盘装载后加固，拣货时以整托盘为拣取单位。

②箱。由单件装箱而成，拣货过程中以箱为拣取单位。

③单件。单件商品包装成独立单元，是拣货的最小单位。

④特殊物品。体积过大、形状特殊，或者在特殊情况下作业的货物，如冷冻食品等，拣货时以特定包装形式为准。

一般情况下，以何种包装单位拣货是从订单分析出来的结果。首先将拣选的货物根据商品的特性进行分类，再由历史订单统计资料结合客户对包装单位的要求，与客户协商后将订单上的单位合理化。历史订单统计资料主要是算出每一出货品种以托盘为单位的出货数量，以及从托盘上以箱为单位拣取出货的数量作为分拣包装单位设计的基础。将订货单位合理化，主要是避免过小的单位出现在订单中，并且避免出现作业误差。将合理化的商品资料进行归类整理，最终确定拣货单位。

（2）储存包装单位的确定。

拣货包装单位确定之后，接下来便是确定储存货物的包装单位，通常储存单位必须大于或等于拣货单位，确定储存单位的步骤如下：

①订出各项商品一次采购最大、最小批量及前置时间。

②预计顾客订单到达仓库后，多长时间将货物送交顾客，即预计送达天数。如果商品平均每天采购量与采购前置时间（或库存水准）的乘积小于上一级包装单位数量，则储存单位等于拣货单位；反之，则储存单位大于拣货单位。

③入库包装单位的确定。在储存包装单位确定后，货物入库包装单位最好能配合储存包装单位，有时可要求供应商配合。入库单位通常等于货物的最大储存单位。

2. 拣货作业系统的布置

提高物流效率的基本前提之一是货物的合理流动，即货物从进入储存系统开始到出库为止，必须尽可能使运行路线最短，使进货、储存、拣货和出货这一流动过程合理化，作业效率才能最高。而拣货作业是整个配送作业的核心部分，所以拣货作业系统的布置非常重要。

下面集中介绍常见的分拣系统布置方式：

1. 储存与拣货货架不分开的布置模式。

储存与拣货货架不分开，即直接从储存保管区的货架上拣取商品，不通过专门的拣货储架。

这种情况可以采取以下两种基本布置模式：

(1) 使用两面开放式的货架。

两面开放式货架，即货架的正面和背面呈开放式，两面均可以存货与取货，而且货物可以从一面存入，另一面取出，这种情况下可以采用如图 6-2 所示布置模式。

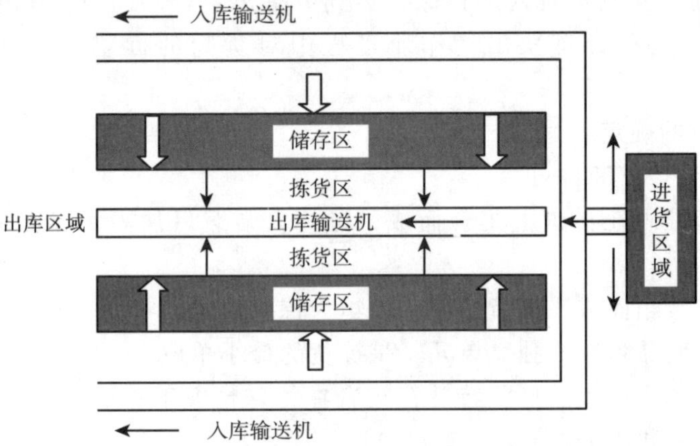

图 6-2 两面开放式货架货物流向布置

在这种方式中，进货—储存—拣货—出货作业中，货物呈单向流动：在进货验收区，将货物直接卸到入库输送机上，入库输送机自动将货物送到储存区；货物储存保管于双面敞开式货架上，仓库作业人员将需进入储位的货物从上货一侧补充到储存货位上，货物可按先进先出的原则流向拣货区一侧，使拣货区侧货品排列整齐，从而方便拣货，拣取的货物可以直接放置在出库输送机上将货物自动集中到出货区。

(2) 使用单面开放式货架。

单面开放式货架，即货架只有一面可以存取货，货物出库与入库必须在货架或货棚的同一面进行，由同一条输送机输送出入库货物，这种货架在布局时占用的空间相对较少，其布局模式可以如图 6-3 所示。

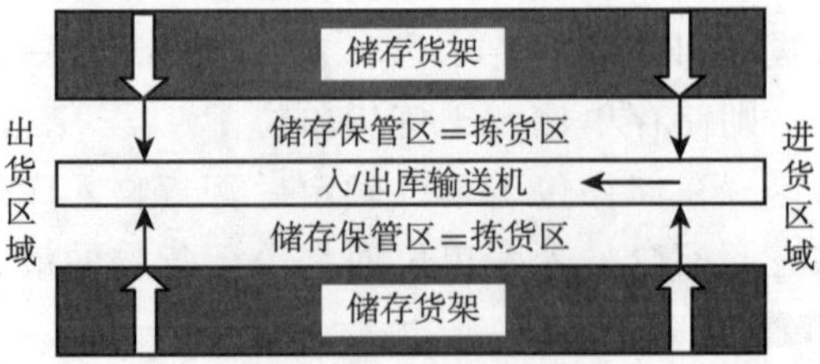

图 6-3 单面开放式货架货物流向布置

这种方式由于出库与入库输送机与输送道共用，因入库与出库作业的时机必须错开，以免造成混乱。因此这种布置模式不适合出入库太频繁的配送中心。

2. 储存与拣货分设在不同货架上的布置模式。

储存与拣货不在同一货架上，即货物入库后存储在储存保管区。拣货前，先由储存货方式通过补货，将货物补充到方便拣取的货架上，再从货架上拣取货物，这种方式适合进出货量差异大，或者出入库包装单位不同的货物，如以托盘或箱为单位储存，而以箱或单件拣取出货的货品，可以先通过补货拆装后补充到拣货区，再从拣货区拣取货物。

其布局模式如图 6－4 所示。

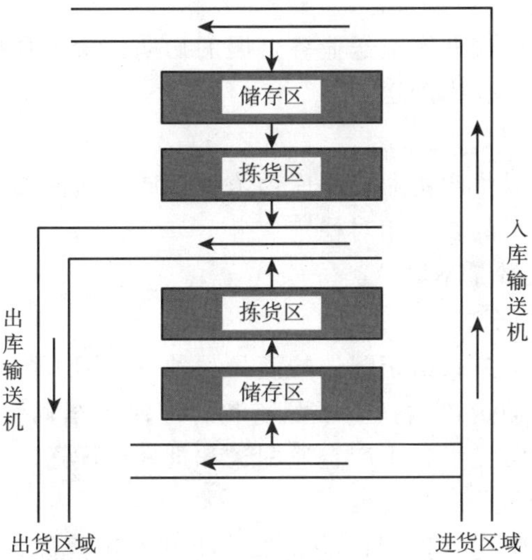

图 6－4　设置拣选区的货物流向布置

二、配送概述

（一）配送的概念

《物流术语》（GB/T 18354—2006）关于配送的定义是：在经济合理区域范围内，根据客户要求，对物品进行拣选、加工、包装、分割、组配等作业，并按时送达指定地点的物流活动。配送是物流的重要环节，也是直面用户的环节，是一种既包含集货、储存、拣货、配货、装货等一系列狭义物流活动，也包括输送、送达、验货等以送货上门为目的的商业活动，它是商流与物流紧密结合的综合的、特殊的物流活动。

同时，配送是以现代送货形式实现资源最终配置的经济活动。配送的资源配置是最终配置，是客户要求的配置。配送的实质上虽然是送货，但与一般的送货有很大区别，配送是“配”和“送”的有机结合，是指利用有效的分拣、配货等工作，使送货达到一定规模，从而利用规模优势取得较低的送货成本。此外，配送是一种固定形态，有确定组织和渠道，有专门的装备和运力，是高水平的送货形式。

（二）配送的类别

在长期的实践中，为满足不同的顾客需求，配送形成了以下几种不同的配送形式。

1. 按配送机构的不同分类。

按配送机构的不同，配送可分为配送中心配送、仓库配送、商业门店配送、生产制造企业配送等类别。

（1）配送中心配送。

配送中心配送是通过配送中心这一专门的配送组织机构来完成配送业务的。配送中心是从事配送业务且具有完善信息网络的场所和组织，应基本符合下列要求：①主要为特定的用户服务；②配送功能健全；③辐射范围小；④多品种、小批量、多批次、短周期；⑤主要为末端客户提供配送服务。

（2）仓库配送。

在物流服务社会化程度较低、配送业务发展的初期，大多数配送活动是以传统仓库为依托的，在此基础上形成了仓库配送。

（3）生产企业配送。

生产企业配送通常是以生产企业成品库为依托开展配送活动的，其客户对产品需求量较大，对品种、规格和质量的要求相对稳定。

2. 按配送商品种类及数量不同分类。

（1）少品种、大批量配送。

少品种、大批量配送的方式由于配送的商品品种少，因而配送机构内部组织、计划等管理工作较为简单，而且输送量大，易于配装和合理使用车辆，多数可以采取直送方式，配送成本较低。这种方式常见于为生产企业配送和批发商配送。

（2）多品种、少批量配送。

多品种、少批量式的配送是按用户的要求，将其所需要的多种商品通过集货、分拣、配货、流通加工等环节，少量而多次地配送给顾客。这种配送方式作业难度较大，技术要求高，尤其是分拣过程，若要实现机械化、自动化，其设备复杂，造价较高。

（3）配套（成套）配送。

配套（成套）配送是按顾客的要求，将其所需要的多种商品（配套产品）配备齐全后直接运送到生产企业、建设工地或其他顾客。

3. 按配送时间及数量分类。

（1）定时配送。

定时配送即按事先约定的时间间隔进行配送，每次配送的品种及数量可预先计划，也可以临时根据客户的需求调整。这种方式由于时间固定，双方均易于安排作业计划。但也可能由于配送品种和数量的临时性变化，增加管理和作业的难度。

（2）定量配送。

定量配送是按规定的批量在一个指定的时间范围内进行配送。定量配送由于配送品种和数量相对固定，备货工作相对简单，而且时间没有严格限制，因此，可以将不同客户所需的商品拼凑整车，并且对配送线路进行合理优化，以节约运力、降低配送成本。

（3）定时定量配送。

定时定量配送是按规定的时间、规定的商品品种和数量进行的配送。这种方式兼有定时配送和定量配送两种方式的特点，对配送企业的要求比较严格，管理和作业的难度较大。但是，由于其配送计划性强、准确度较高，因此，相对来说比较适合于生产和销售稳定、产品批量较大的生产制造企业或大型连锁商场的部分商品的配送。

(4) 即时配送。

即时配送是根据客户提出的时间要求和商品品种、数量要求及时地将商品送达指定的地点。即时配送可以满足用户的临时性急需，对配送速度、时间要求严格，因此，通常只有配送设施完备，具有较高管理和服务水平及作业组织能力和应变能力的专业化配送机构才能较广泛地开展即时配送业务。完善而稳定的即时配送服务可以使客户保持较低的库存水准，真正实现“准时制”生产和经营。

(5) 定时定路线配送。

定时定路线配送是通过对客户分布状况的分析，设计出合理的配送运输路线，根据运输路线安排到达站点的时刻表，按照时刻表沿着规定的运行路线进行配送。这种配送方式一般由客户事先提出商品需求计划，然后按规定的时间和在确定的站点接收商品，易于有计划地安排运送和接货工作，比较适应于消费集中的地区。

另外，还有其他的配送方式，如共同配送，指几个配送中心联合起来，共同制订计划，共同对某一地区用户进行配送，共同使用配送车辆；加工配送，指在配送中心按用户的要求进行必要的加工后，再进行配送。

（三）配送的构成要素

配送是根据客户的要求，在配送中心或其他物流结点进行商品配备，并以最合理的方式自交客户的过程。所以备货集货、分拣、流通加工、配装送货等是配送最基本的构成要素。

1. 备货集货。

备货集货是配送机构根据客户的要求或自身经营的需要从供应商处集中商品、储存商品的过程，是商品配送的前提和基础。备货集货工作通常包括制订进货计划、组织货源、进货验收、储存保管等基本业务，其目的是为配送商品提供货源保证。专业化流通机构组织配送时，备货集货工作可以由配送机构实施，包括订货、购货、结算以及进货验收、储存等活动，属于商流与物流的一体化实施的模式。这种情况多见于商业批发配送机构；也可以是配送机构只代理供应方或需求方商品的入库验收、储存等物流活动，而采购、结算等商流活动由供应方和需求方直接组织完成，也就是商流与物流分离的模式，这种情况多见于在传统储运业务基础上发展而来的配送机构。

2. 分拣。

配送不同于一般送货的特点之一是配送具有拣货、分类，按客户要求配货的过程，即根据客户的订货要求，将其所需要的商品尽可能迅速、准确地从其储位或其他区域拣取出来，需要简单加工的商品，拣出后还必须集中加工，然后按一定方式进行分类集中，等待配装送货。分拣配货是配送作业中非常重要的一环，直接影响配送作业效率和配送服务水平。

3. 流通加工。

为便利流通和消费、改善商品质量、促进商品销售，在配送活动中，有时需要根据用户要求或配送对象（商品）的特点，对商品进行套裁、打孔、简单组装、分装、贴标签等加工活动。这种在流通过程中作为生产加工的补充形式而对商品进行的简单粗加工，我们称为流通加工。流通加工在配送过程中是根据客户需求而进行的，并不具有完全的普遍性。

4. 配装送货。

在现实生活中，当单个客户配送数量不能达到车辆的有效载运负荷时，就存在如何集中不同客户的配送货物，进行搭配装载以充分利用运能、运力的问题。配装送货就是根据客户订单要求，经过科学配装，选择合理的运输路线送交客户的过程。在送货活动中需要从运输方式、运输路线、运输工具三个方面来全面计划、科学选择，以经济、合理、安全地将商品及时送达客户手中。

第二节　分拣技术与设备

一、数字分拣系统

（一）货架数字拣选系统

数字分拣系统是由带电子标签的普通货架或移动式货架、运送拣选物品的传送带、主控计算机和拣选人员组成。电子标签固定在货架的每一个货位上，显示各个货位的拣货品种和数量。传送带上有若干个容器，每个订单占用一个或多个容器。在拣货作业时，通过货架上的标签的指示灯或者显示器向拣选作业人员及时、明确地下达货架补货、取货的指示及具体的数量，并且有纠错报警功能。拣选员根据指示将订单的货物放置在运动传送带的容器内，容器到达终点，该订单配货完毕。这种模式货架多采用拣选式货架（如重力式货架或回转式货架等），以提高拣货效率。货架电子标签拣选系统的控制方式一般有两种：与传动带连动的方式和与传动带非连动的方式。

1. 信息显示与传动带连动的拣选方式。

这种系统一般设有能自动定量供应空箱的供应输送机，拣货传送带能够在每个拣选货位前暂时停止运行。拣选人员根据电子标签的显示，从货位上取出物品放入传送带上的拣货箱，作业结束，按下结束按钮，则传送带启动拣货箱将货物依次传给下一个拣选人员，第二轮的拣选指示又显示在电子标签上，依次重复进行。这种系统的信息显示与拣货传送带是连动的，拣选的品种以 60～200 种为宜，适用于客户数量多、单个客户订货量少，但总的发货量多的场合。

2. 信息显示与传动带非连动的拣选方式。

这种系统的拣选信息显示既可以分区显示，也可以全区显示。对于全区显示，首先显示第一个客户的物品信息，拣选人员按电子标签的指示拣选出相应的物品放在传动带上或小车上运出；其次，显示第二个客户的物品信息，并拣选出货物放在传动带上或小车上运出，依次进行。当客户不太多、需求量参差不齐时，可采用分区显示方式，以提高拣选效率。信息显示与传送带非连动的拣选方式速度比较快，适用于多品种（500～3 000 种）的场合。

（二）小车式数字显示拣选系统

小车式数字显示拣选系统主要由拣货小车和拣货货架组成，此系统不仅用于拣选作业，也可用于分货作业。拣货小车是系统中的关键设备，小车上设有显示屏、路线识别导引系统和无线传输装置等，如图6－5所示。

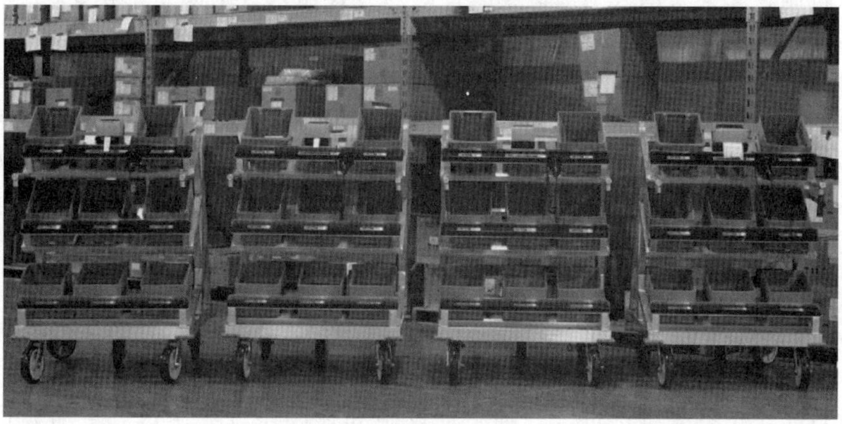

图6－5　拣货小车

小车式数字显示拣选系统的工作原理如下：

（1）配送中心的业务调度管理系统通过无线通信向拣选小车发出作业信息，包括需拣选的物品的种类以及存储货位、拣选数量等。同时，把拣选路线发送给小车的控制系统。

（2）拣选小车驾驶人员通过车上指令显示系统接收车辆行走路线指令，驾驶小车前进，小车控制系统通过路线数字传感器扫描行走路线上的路线数字编码，利用识别系统识别出路线编码，确定出车辆位置。

（3）小车控制系统比较小车行走路线与当前位置，规划车辆前进方向，并显示在小车的显示屏上，指导驾驶人员操作。

（4）当车辆到达拣选货位时，则显示停车指令，驾驶员停车，并根据显示屏上显示的货位编号及其拣选物品数量进行拣货作业，该货位拣选完成后，驾驶员发出拣选完成信号给配送中心的业务调度管理系统。

（5）小车的控制系统显示下一个拣选作业的前进方向，继续进行后续作业。

二、自动分拣系统

自动分拣系统是第二次世界大战后在美国、日本的物流中心广泛采用的一种分拣系统。该系统具有很高的分拣效率，是提高物流配送效率的关键因素，目前已经成为大中型物流中心不可缺少的一部分。

（一）自动分拣系统特点

1. 实现大批量连续高速分拣。

由于采用大生产中使用的流水线自动作业方式，自动分拣系统不受气候、时间、人力等限制，可以连续运行，单位时间分拣件数多、效率高，如京东亚洲一号单台分拣机的分拣效率最高可达27 000件/小时，昆山亚洲一号自动分拣系统的能力超过4万件/小时，已经远远超出了人工分拣效率。

2. 实现无差错分拣。

自动分拣系统分拣差错率的高低主要取决于所输入分拣信息的准确性，也取决于分拣信息的输入机制，如果采用人工键盘或语音识别方式输入，则误差率在3%左右；如果采用条形码扫描输入，若条形码未被污损，则出错率极低。

3. 实现分拣作业无人化。

分拣作业本身并不需要使用人员，基本能做到无人化。建立自动分拣系统的目的之一，就是减少人员的使用，减轻劳动强度，提高效率。自动分拣系统工作时，人员的使用仅局限于：送货车辆抵达自动分拣线的进货端时，由人工接货；由人工控制分拣系统的运行；分拣线末端由人工将分拣出来的货物进行集载、装车；自动分拣系统的经营、管理与维护等。

（二）自动分拣系统的组成

自动分拣系统由各类输送机、各种附加设施和控制系统等组成。自动分拣过程由合流、分拣信号输入、分拣和分流、分运四个阶段组成。货物到达分拣点以前，先要经过输送、信号设定、合流、主传送带等工作过程；到达分拣点时，通过对分拣过程进行控制，发出指令把货物传送到分拣机上，再由分拣机的瞬时动作将货物分拣到指定的滑道，使其分流。

1. 收货。

货物在进入分拣系统前，应在货物的外包装上贴上或打印上表明货物品种、规格、数量、货位、货主等的标签。当货物出库时，标签可以引导货物流向指定的输送机的分支上，以便集中发运。

这些分支输送机称为收货输送机，是自动分拣系统的重要组成部分之一。

2. 合流。

所谓合流，是指让到达汇合处的货物依次通过。在自动化分拣过程中，货物是由多条收货输送机接收并进入分拣系统的，因此必须要合流。经过合流逐步将各条输送线上输入的货物，合并于一条汇集输送机上，同时，将货物在输送机上的方位进行调整，以适应分拣信号输入和分拣的要求。

合流是由合流输送机实现，为保证分拣过程的顺利进行，合流输送机应具有自动停止和启动的功能。如果前端分拣信号输入装置偶然发生事故，或货物和货物连接在一起，或输送机上货物已经满载时，合流输送机就会自动停止，等恢复正常后再自行启动，所以合流输送机在自动分拣系统还担负着重要的缓冲作用。

3. 分拣信息输入。

为了把货物按要求分拣出来，并送到指定地点，一般需要对分拣过程进行控制。通常是把分拣的指示信息记载在货物或分拣机上。当货物到达时，货物接受激光扫描器对其条形码标签的扫描，将货物分拣信息输入计算机，把识别的信息与计算机下达的指令对照，向自动分拣机发出执行的信息，开动分支装置，使其分流。控制方式分为外部记忆和内部记忆两种方式。外部记忆是把分拣指示标贴在分拣货物上，工作时用识别装置进行区分，然后再进行相应的操作。内部记忆是在自动分拣机的货物入口处设置控制盘，利用控制盘，操作者在货物上输入分拣指示信息，当这个货物到达分拣位置时，分拣机接收到信息，开启分支装置。

4. 分拣和分流。

货物离开分拣信号输入装置后在分拣输送机上移动时，根据不同货物分拣信号所确定的移动时间，使货物行走到指定的分拣道口，由该处的分拣机构按照上述的移动时间自行启动，将货物排离主输送机，再进入分流滑道。大型分拣输送机，可以高速度地把货物分送到数十条输送分支上去。分拣机的控制系统采用程序逻辑控制合流、分拣信息输入、分拣和分流等全部作业，然而目前更普遍采用的是 PC 机或以若干个微处理机为基础的控制方式。

5. 分运。

分拣出的货物离开主输送机，再经滑道到达分拣系统的终端，这就是分运。分运所经过的滑道一般是无动力的，借货物的自重从主输送机上滑行下来。在各个滑道的终端，由操作人员将货物搬入容器或搬上车辆。

（三）常见的自动分拣机

1. 钢带式分拣机。

钢带式分拣机是利用输送钢带载运货物完成分拣工作的机械设备，按带的设置形式常分为平钢带式和斜钢带式两种类型。平钢带式分拣机如图 6－6 所示。

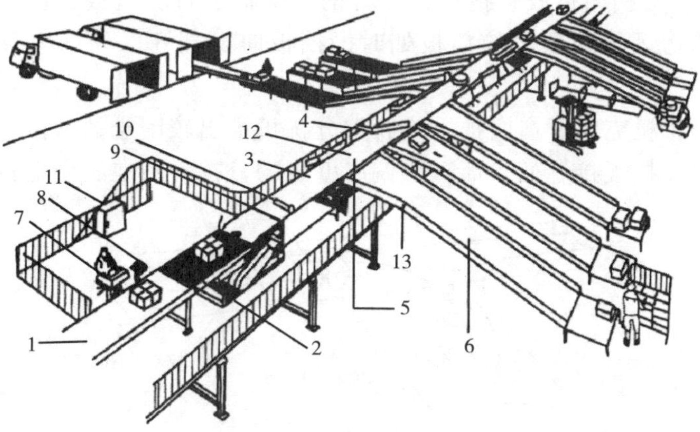

1. 编码带；2. 缓冲存储器；3. 平钢带；4. 导向接板；5. 过渡板；6. 滑槽；7. 编码键盘
8. 监视器；9. 货物检测器；10. 消磁、充磁装置；11. 控制柜；12. 信息读出装置

图 6－6　平钢带式分拣机简图

平钢带式分拣机的分拣过程如下：

（1）分拣人员阅读编码带上的货物地址，在编码键盘上按相应的地址键，携带有地址代码信息的货物即被输送至缓冲储存带上排队等待。

（2）当计算机发出上货信号时，货物即进入平钢带分拣机，其前沿挡住货物探测器时，探测器发出货到信号，计算机控制紧靠探测器的消磁、充磁装置，首先对钢带上的遗留信息进行消磁，再将该货物的地址代码信息以磁编码的形式记录在紧挨货物前沿的钢带上，成为自携地址信息，从而保持和货物同步运动的关系。

（3）在分拣机每一个小格滑槽的前面都设置了一个磁编码信息读出装置，用来阅读和货物同步运行的磁编码信息。当所读信息就是该格滑槽代码时，计算机就控制导向挡板，快速地运动到钢带上方，导向挡板和钢带运动方向呈 35 度左右的夹角，可以顺利地将货物导入滑槽，完成分拣任务。

平钢带分拣机的适用范围较大，除了易碎、超薄货物及木箱外，其余货物都能分拣，最大分拣重量可达 70 千克，最小分拣重量为 1 千克，最大分拣尺寸为 1 500 毫米 ×900 毫米 ×900 毫米，最小分拣尺寸为 50 毫米 ×150 毫米 ×50 毫米，分拣能力可达 5 000 箱/小时，甚至更高。

平钢带分拣机的主要优点是强度高，耐用性好，可靠性程度高，但设置较多的分拣滑道较困难，系统平面布局比较困难。另外，对货物冲击较大、运行费用较高、价格较高。

2. 胶带分拣机。

由于胶带（或塑料带、帆布带等）输送机具有结构简单、价格便宜、技术成熟等优点，采用以胶带输送机为主机的分拣机发展较快，品种较多。

（1）横向推出式胶带分拣机。其结构与钢带分拣机基本相同，只是用胶带输送机代替钢带输送机。由于分拣物与胶带的粘着力较大，因此对分拣物的质量和包装形式有一定的要求，使其应用受到较大限制。

（2）斜行胶带式分拣机。将胶带输送机向左侧或右侧倾斜，使胶带平面与水平面形成约 30 度，另用一条不动的钢壁板与胶带平面组成一个夹角约为 90 度的 V 形槽（见图 6－7）。分拣物在 V 形槽内被胶带拖动，沿着钢制壁板滑行。壁板上设置若干可以向下翻转的挡板。当分拣物运行到预定的挡板处时，挡板向下翻开，分拣物滑落到对应的滑槽中，达到分拣目的。

斜行胶带式分拣机克服了横向推出式胶带分拣机推出较困难的缺点，但表面有突出物的分拣物有可能卡在挡板接缝处，而重心偏向壁板的分拣物易在胶带上打滑而影响分拣。

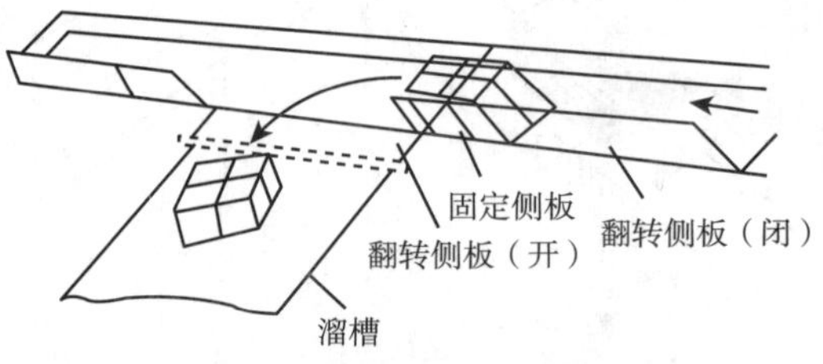

图 6－7 斜行胶带式分拣机

（3）斜置辊轮式胶带分拣机。在分拣口处，用托辊使胶带改向，形成一个下凹的 U 形槽。在 U 形槽内安装一排轴线可以向左右偏转 45 度的辊轮。平时辊轮轴线与胶带运行方向垂直，并处在输送平面以下，分拣物可以从 U 形槽上面越过。分拣时斜置辊轮轴线向左（或向右）偏转成 45 度，并上升至与输送平面一致，使分拣物被辊轮拖动从侧面脱离胶带输送机滑入分拣滑槽。这种分拣机不适合分拣体积较小的物品，因为太小的物品会卡在 U 形槽内或斜置辊轮中。由斜置辊轮分隔的各段胶带输送机也可以由多台独立驱动的短胶带输送机连成一线组成。这样虽增加了驱动装置（电动滚筒）的数目，但可减少胶带弯曲的次数，延长胶带使用寿命（见图 6－8）。

（4）转台式胶带分拣机。它由多段独立驱动的胶带输送机连成一线组成，处于分拣口处的短胶带输送机装在可以沿垂直轴旋转的转台上。当分拣物到达预定的分拣口时，转台连同短胶

图 6-8　斜置辊轮式胶带分拣机

带输送机向左（或向右）旋转 45 度，分拣物即可从侧面送出，滑入分拣滑槽（见图 6-9）。

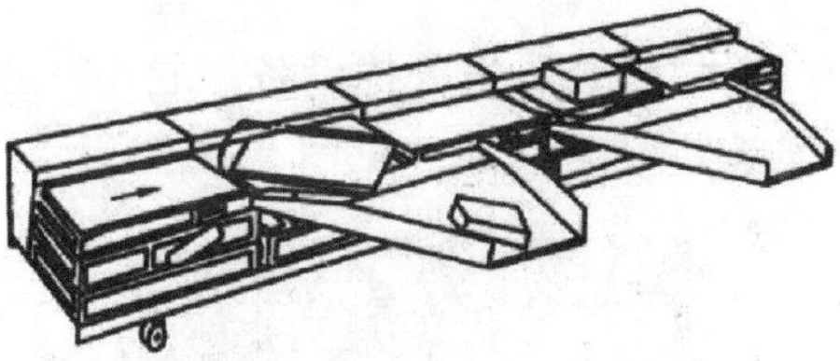

图 6-9　转台式胶带分拣机

3. 托盘式分拣机。

托盘式分拣机是一种应用十分广泛的机型，它主要由托盘小车、驱动装置、牵引装置等构成。其中，托盘小车的类型又多种多样，有平托盘小车、U 形托盘小车、交叉带式托盘小车等。

传统的平托盘小车和 U 形托盘小车利用盘面倾翻的方法依靠重力卸落货物，结构简单，但存在着上货位置不准、卸货时间过长的缺点，结果造成高速分拣不稳定以及格口过宽。

交叉带式托盘小车的特点是取消了传统的盘面倾翻、利用重力卸落货物的结构，而在车体上设置了一条可以双向运转的短传送带（称为交叉带），用它来承接从上货机输送来的货物，牵引运行到相应的格口，再由交叉带运转，将货物强制卸落到左侧或右侧的格口中。交叉带式分拣机如图 6-10 所示。

图 6-10　交叉带式分拣机示意图

交叉带式分拣机目前应用较为广泛，尤其是在电商、快递等物流领域。该系统主要有以下特点：

(1) 能够按照货物的质量、尺寸、位置等参数来确定托盘带承接货物的起动时间、运转速度的大小和变化规律，从而摆脱了货物质量、尺寸、摩擦系数的影响，能准确地将各种规格的货物承接到托盘中部位置，扩大了上机货物的规格范围，在业务量不大的中小型配送中心，可按不同的时间段落，处理多种货物，从而节省了设备的数量和场地。

(2) 卸落货物时，同样可以根据货物质量、尺寸及在托盘带上的位置，来确定托盘的起动时间、运转速度等，这样可以快速、准确、可靠地卸落货物，有效地提高分拣速度，具有明显的经济效益。

托盘分拣机的适用范围比较广泛，它对货物形状没有严格限制，箱类、袋类甚至超薄形的货物都能分拣，分拣能力可达上万件/小时。

4. 翻板分拣机。

翻板分拣机是用途较为广泛的板式传送分拣设备。它由一系列相互连接的翻板、导向杆、牵引装置、驱动装置、支承装置等组成（见图6-11）。

图6-11 翻板式分拣机

当货物进入分拣机时，光电传感器检测其尺寸，连同分拣人员按键的地址信息一并输入计算机中。当货物到达指定格口时，符合货物尺寸的翻板即受控倾翻，驱使货物滑入相应的格口中。每块翻板都可由倾翻导轨控制向两侧倾翻。每次有几块翻板翻转，取决于货物的长短，而且当货物翻落时，翻板也顺序翻转，使货物顺利地进入滑道，这样就能够充分地利用分拣机的长度尺寸，从而提高分拣效率。

翻板分拣机的适用范围大，可分拣箱类、袋类等货物。它的分拣能力可达几千件/小时。

5. 浮出式分拣机。

浮出式分拣机主要由两排旋转的滚轮组成，滚轮设置在传递带下面，每排由8~10个滚轮组成。滚轮的排数可设计成单排或双排，主要根据被分拣货物的重量来决定。滚轮接收到分拣信号后立即跳起，使两排滚轮的表面高出主传送带10mm，并根据信号要求向某侧倾斜，使原来保持直线运动的货物在一瞬间转向，实现分拣。

浮出式分拣机由于分拣滑道多，输送带长，不可能只有一条上料输送带，而一般有五条左右。主传送带的速度为100~120m/min，比输送带的速度要快得多。该分拣机对货物的冲击力较小，适合分拣底部平坦的纸箱、用托盘装的货物，不能分拣很长的货物和底部不平的货物。

浮出式分拣机适用于包装质量较高的纸制货箱，一般不允许在纸箱上使用包装带，分拣能力可达7 500箱/时。该分拣机的优点是可以在两侧分拣，冲击小，噪音低，运行费用低，耗电小，并可设置较多分拣滑道。但它对分拣货物包装形状的要求较高，对重物或轻薄货物不能分拣，同时，也不适用于木箱、软性包装货物的分拣。

6. 悬挂式分拣机。

悬挂式分拣机是用牵引链（或钢丝绳）作牵引件的分拣设备。按照有无支线，它可分为固定悬挂和推式悬挂两种机型。前者用于分拣、输送货物，它只有主输送线路，吊具和牵引链是连接在一起的；后者除主输送线外还备有储存支线，并有分拣、储存、输送货物等多种功能（见图 6－12）。

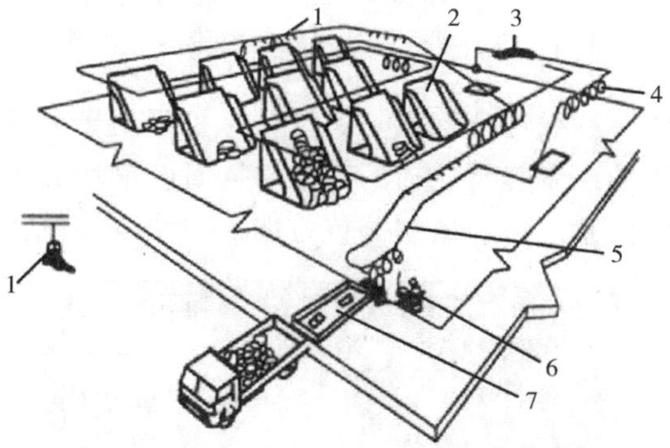

1. 吊挂小车；2. 格口；3. 张紧装置；4. 货物；5. 输送轨道；6. 编码台；7. 传送带

图 6－12　固定悬挂式分拣机示意图

固定悬挂式分拣机主要由吊挂小车、输送轨道、驱动装置、张紧装置、编码装置、夹钳等组成。分拣时，货物吊夹在吊挂小车的夹钳中，通过编码装置控制，由夹钳释放机构将货物卸落到指定的搬运小车或分拣滑道上。

推式悬挂机具有线路布置灵活、允许线路爬升等优点，较普遍用于货物分拣和储存业务中。

悬挂式分拣机具有悬挂在空中、利用空间进行作业的特点，它适合于分拣箱类、袋类货物，对包装物形状要求不高，分拣货物的重量较大，一般可达 100 千克以上，但该机需要专用场地。

7. 滚柱式分拣机。

滚柱式分拣机是对货物进行输送、存储与分路的分拣设备。按处理货物流程需要，滚柱式分拣机既可以布置成水平形式，也可以和提升机联合使用构成立体仓库，如滚柱式分拣机的每组滚柱（一般由 3、4 个滚柱组成，与货物宽度或长度相当）各自均具有独立的动力，可以根据货物的存放和分路要求，由计算机控制各组滚柱的转动或停止（见图 6－13）。货物输送过程中，在需要积放、分路的位置均设置了光电传感器进行检测。当货物输送到需分路的位置时，光电传感器给出检测信号，由计算机分析，控制货物下面的那组滚柱停止转动，并控制推送器动作，将货物推入相应路向的支线，实现货物的分拣工作。

滚柱式分拣机一般适用于包装良好、底面平整的箱装货物，其分拣能力较强，但结构较复杂，价格也较高。

8. 滑块分拣机。

滑块分拣机是一个高吞吐量、精准转向分类的高效分拣机，能够可靠地跟踪和轻柔地

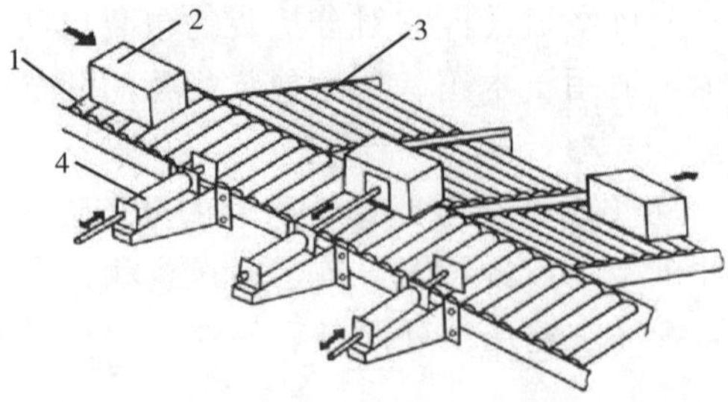

1. 滚柱机；2. 货物；3. 支线滚柱机；4. 推送器

图 6－13 滚柱式分栋机局部段落示意图

分出各种混合货物物品的一种线性分拣机。滑块分拣机可用于分拣多种产品规格大小、形状和重量，尤其对于脆弱的或者容易受损的产品。同时，滑块分拣机既可以实现单侧或者双侧分拣，也可以根据特殊系统设计定制分拣方向。滑块分拣机如图 6－14 所示。

图 6－14 滑块分拣机

滑块分拣机有以下特点：（1）可以处理广泛的产品尺寸、重量和形状，成本效益易于控制；（2）可以灵活地选择角度，以便于处理包裹；（3）分拣效率高，可以满足高吞吐量的需求；（4）设备运行作业噪声低。

滑块式分拣机可以平稳、轻柔、安静地运输产品，噪声水平等于或低于 60 分贝。并且采用有软质聚氨酯缓冲的滑块，在出货和进货皮带之间只有很小的间隙。模块化的组件设计是可以调整的，并且可以扩展或者重新配置以满足不断变化的客户要求。

以上几类分拣机，在运用时具体选择哪种类型，需要综合考虑以下因素才能决定：包括分拣货物的形状、体积、重量、数量，输送的路线及变动性，单位时间内的处理能力，分拣量，设备费用，占地面积，周围环境等。

第三节 配送技术

一、配送技术

为了使配送的作业准确、有效进行，需要分析影响配送的因素。影响配送的因素大致可分为动态因素和静态因素两种：（1）动态因素，主要包括车流量变化、道路施工、配送客户的变动、车辆变动等；(2）静态因素，主要包括配送客户的分布情况、道路交通、车辆运行限制等。同时，在配送时，各种因素相互影响，很容易造成送货不及时、配送路径选择不当等。因此需要对配送进行有效管理，然后通过一定的作业流程，进行合理的作业组织。配送作业的基本流程如图 6－15 所示。

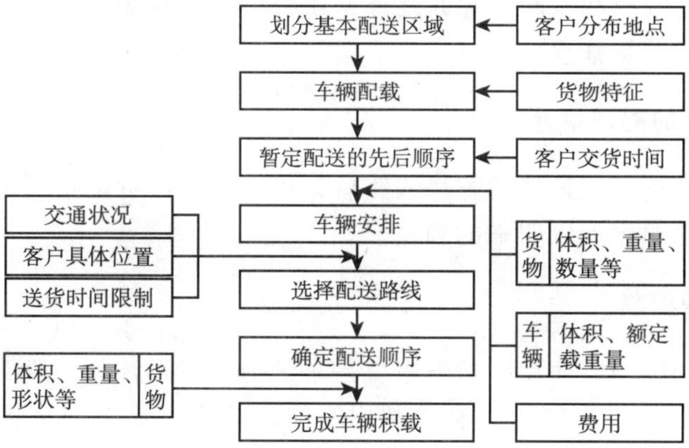

图 6－15　配送作业基本流程

（一）划分基本配送区域

为使整个配送有基本依据，应首先将客户所在地的具体位置作系统统计，并将其作区域上的整体划分，将每一客户包括在不同的基本配送区域之中，以作为下一步决策的基本参考，在此基础上再作弹性调整来安排配送。

（二）车辆配载

由于配送货物品种、特性各异，为提高配送效率、确保货物质量，首先，对货物进行分类。在接到订单后，将货物依特性进行分类，以分别采取不同的配送方式和运输工具；其次，配送货物也有轻重缓急之分，必须初步确定哪些货物可配于同一辆车，哪些货物不能配于同一辆车，以做好车辆的初步配装工作。

（三）暂定配送先后顺序

在考虑其他影响因素，做出确定的配送方案前，应先根据客户订单要求的送货时间将配送的先后作业次序作一概括的预订，为后面车辆积载做好准备工作。计划工作的目的是保证达到既定的目标，所以预先确定基本配送顺序可以既有效地保证送货时间，又可以尽可能地提高运作效率。

（四）车辆安排

车辆安排要解决的问题是安排什么类型、吨位的配送车辆进行最后的送货。无论自有车辆还是外雇车辆，都必须事先掌握有哪些车辆可供调派并符合要求，即这些车辆的容量和额定载重是否满足要求，其次安排车辆之前，必须分析订单上货物的信息，综合考虑各方面因素的影响，做出最合适的车辆安排。

（五）选择配送线路

确定了每辆车负责配送的客户后，如何以最快的速度完成对这些货物的配送，即如何选择配送距离段、配送时间短、配送成本低的线路，这需要根据客户的具体位置、沿途的交通情况等做出优先选择和判断。除此之外，还必须考虑有些客户或其所在地点环境对送货时间、车型等方面的特殊要求。

（六）确定最终的配送顺序

做好车辆安排及选择好最佳的配送线路后，依据各车负责配送的具体客户的先后，即可将客户的最终配送顺序加以明确的确定。

（七）完成车辆积载

在明确了客户的配送顺序后，接下来就是车辆的积载问题。一般而言，按照“后送先装”的顺序装车即可。但有时为了有效利用空间，可能还要考虑货物的性质（怕压、怕撞、怕湿）、形状、体积及重量等作出弹性调整。此外，对于货物的装卸方法也必须依照货物的性质、形状、重量、体积等来做具体决定。

二、配送路线优化

在配送运输线路设计中，需要根据不同客户群的特点和要求，选择不同的线路设计方法，最终达到节省时间、运距和降低配送运输成本的目的。

对于配送路线优化，主要包括以下几种方式。

（一）直送式配送运输

直送式配送运输是指由一个供应点对一个客户的专门送货。从物流优化角度看，直送式客户的基本条件是其需求量接近于或大于可用车辆的额定载重量，需要专门派一辆或多辆车一次或多次送货。货物配送追求的是多装快跑，选择最短配送线路，以节约时间、费用，提高配送效率。即直送问题的线路优化，主要是寻找物流网络中的最短线路问题，其中最常用的是位势法。

物流网络中节点 i 的位势记为 V_i，两相连节点 i、j 的位势增量定义为节点之间的距离 L_{ij}。其求解最短线路的步骤如下：

步骤 1：选择货物供应点 i 为初始节点，并令其位势值为 0，即 $V_i=0$；

步骤 2：计算与节点 i 直接相连的所有节点的位势值。设 j 为与节点 i 直接相连的节点，则节点 j 的位势值为：

$$V_j = V_i + L_{ij} \qquad (6-1)$$

步骤 3：从所得的所有位势值中选出最小者 V_j，此值即从初始节点 i 到该节点的最短距离，将其标在该节点旁的方框内，并用箭头标出该连线，以此表示从节点 i 到节点 j 的最短线路走法；

步骤 4：重复步骤 2 ~ 步骤 3，直到物流网络中所有节点的位势值均达到最小为止。

最终，各节点的位势值表示从初始节点到该节点的最短距离。带箭头的各条连线组成了从初始节点到其余节点的最短线路。分别以各点为初始节点，重复上述步骤，即可得到各节点之间的最短距离。

（二）分送式配送运输

分送式配送运输是指由一个供应配送点对多个客户的共同送货。这种配送运输模式要求同一条线路上所有客户的需求量总和不大于一辆车的额定载重量，其基本思路是由一辆车装载所有客户的货物，沿着一条精心选择的最佳线路依次将货物送到各个客户手中，既保证按时按量将客户所需要的货物及时送到，又节约了里程，节省了运费，缓解了交通压力，并减少对环境的污染。

解决这种模式的优化设计问题可以采用节约里程法。节约里程法的基本思想如下：如图 6－16 所示，假设 P 为配送中心，分别向客户 A 和 B 送货，P 到 A 和 B 的距离分别为 a、b，两个客户 A 和 B 之间的距离为 c。比较两种送货方案：一是配送中心 P 向客户 A、B 分别送货，总运输里程为 $2(a+b)$；二是配送中心 P 将客户 A、B 的货物装在同一辆车上，采用巡回送货方式同时向客户 A、B 送货，总运输里程为 $a+b+c$，第二种方案与第一种方案里程之差为 $a+b-c>0$，即第二种比第一种节省相应里程。

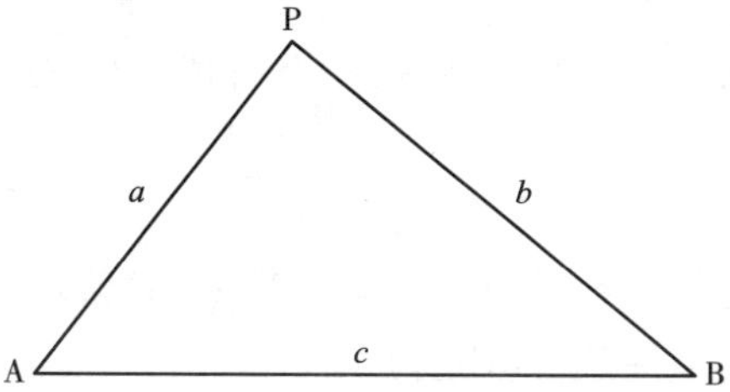

图 6－16　节约里程法

三、配送装载优化

配送服务的对象是众多的客户和各种不同的货物，为了降低配送运输成本，需要充分利用配送运输资源，对货物进行装车调配、优化处理，提高车辆在容积和载重量两个方面的装载效率，进而提高车辆运能运力的利用率。因此，在进行配送装载时，应集中不同客户的配送货物进行搭配装载以充分利用运能运力以提高配送效率。

对于配送时货物装载，应坚持以下原则：

1. 轻重搭配原则。车辆装货时，必须将重货置于底部，轻货置于上部，避免重货压坏轻货，并使货物重心下移，从而保证运输安全。

2. 大小搭配原则。货物包装的尺寸有大有小，为了充分利用车厢内的货物，可在同一层或上下层合理搭配不同尺寸的货物，以减少箱内空隙。

3. 货物性质搭配原则。拼装在一个车厢内的货物，其化学性质、物理属性不能互相抵触。

4. 到达同一地点的适合配装的货物应尽可能一次集载。集载时不允许超过车辆所允许的最大载重量且车厢内货物重量应分布均匀，同时还应防止车厢内货物之间相互碰撞和挤压。

5. 装载易滚动的卷状、桶状货物时，要垂直摆放，有要求除外。

6. 货与货之间，货与车之间应留有空隙并适当衬垫，防止运输过程中发生货损。

7. 装货完毕后，应在门端处采取适当的稳固措施，以防止开门卸货时，货物倾倒造成货损。

8. 尽量做到“后送先装”。

因此，在配送货物装载时，应坚持装载重量最优的原则。假设车辆的额定载重量为 G，可用于配送 n 种不同的货物，货物单位重量分别为 W_1、W_2、…、W_n。每一种货物分别对应于一个价值系数，用 P_1、P_2、…、P_n表示。设 x_k表示第 k 种货物的装入数量，则装货问题可表示为：

$$\max_X F(X) = \sum_{k=1}^{n} P_k x_k \tag{6-2}$$

$$\text{s.t.} \begin{cases} \sum_{k=1}^{n} W_k x_k \leqslant G \\ x_k \geqslant 0(k = 1,2,\cdots,n) \end{cases} \tag{6-3}$$

其中，$X = (x_1, x_2, \cdots, x_n)$。

动态规划方法具体步骤如下：

1. 把装入一种货物作为一个阶段，共有 n 个阶段。G_k表示第 k 阶段车辆能够装载的最大重量，则 $G_k = G$：

$$G_{k+1} = G_k - W_k X_k, k = 2,3,\cdots,n \tag{6-4}$$

2. 写出每个阶段的最优值函数。第 $k(k = 1,2,\cdots,n)$阶段的最优值函数为：

$$F_k(G_k) = \max_{0 \leqslant X_k \leqslant (G_k/W_k)} \{P_k X_k + F_{k+1}(G_{k+1})\} \tag{6-5}$$

其中，方括号表示向下取整。最后阶段的最优值函数为：

$$F_n(G_n) = \max_{0 \leqslant X_n \leqslant (G_n/W_n)} P_n X_n \tag{6-6}$$

3. 从最后阶段开始由后向前推进，计算每个阶段的最优值函数及最优装载量。

【拓展阅读】

拓展阅读 6-1 京东昆山无人分拣中心

京东昆山无人分拣中心于 2017 年 618 期间首次上线，其自动分拣系统分拣能力高达 4 万件/小时，整个分拣中心日分拣能力超过 100 万件，超过人工分拣效率的 10 倍，且准确率达到 99.99%。

昆山无人分拣中心作为京东物流众多无人化战略项目中的一个，聚焦整个转运环节的无人化，定位于通过机器替代人工，实现货物的快速、高效中转，同时解放人力，大幅降低现场运营异常，提高客户满意度。

该中心主要分为自动卸车区、到件缓存区、空笼存放区、倾倒区（将笼箱内货物倾倒放入输送线）、单件分离区、分拣区、空笼等候作业区、AGV 充电区、RFID 识别区、AGV 自发货区（装车区）等多个功能分区。

该中心内自动化系统设备主要分两期投入。首期投入的设备包括高速交叉带分拣机系统、输送系统、AGV、笼箱及自动防跌落卷帘、笼箱导轨，以及大量扫描、识读设备。二期投入设备主要为自动卸载设备、单件分离设备等。其中，25台AGV通过AGV调度系统完成自主搬运、自动避让、优先任务执行等工作并自动充电。整个无人分拣中心内的作业由京东自主研发的任务管控中枢DCS智能管控系统（相当于WCS系统）指挥管理，如实现高速交叉带分拣机的自动控制、AGV的搬运调度以及RFID信息处理等功能。

无人分拣中心的主要作业流程为：

（1）自动卸车。

京东物流车将昆山无人分拣中心周边地区所覆盖的13个仓内打包好的快递包裹（规格小于500mm×500mm×500mm，种类为非液体、易碎品外的全品类商品）以带笼箱运输的方式运抵昆山无人分拣中心站台，系统自动为AGV派发卸车任务。AGV将笼箱从车厢内叉取出来之后根据业务繁忙程度将笼箱直接运至倾倒区或者送至到件暂存区。

（2）自动供包。

利用自动倾倒设备将笼箱内的货物放置在输送线上，货物随输送线被送至单件分离区，空笼箱由AGV送至空笼存放区。

（3）自动分离。

输送线将包裹分流到三条皮带机，通过自动化单件分离设备将包裹进行分离，并让包裹在输送线上自动靠边。包裹在到达分拣系统输送线的过程中自动居中，并由测量光幕测量包裹体积、重量等信息，上传IPMS智能生产管理系统，同时SVDT可追踪视频监控系统可以实时查询追踪所有数据。

（4）自动扫描。

包裹随分拣系统输送线先经过底面扫描，后经过5面扫描装置，实现对包裹的六面扫描，保证面单信息被快速识别，并上传系统。

如果出现扫描异常件，系统则直接将其分配到异常件格口，落入笼箱后等待后续处理。

（5）自动分拣及落包。

系统根据包裹信息分配格口，同时控制交叉带分拣机使其落入相对应的笼箱。由于格口与地面有一定距离，为了防止包裹跌落在笼箱外，同时对高速滑落的包裹进行一定缓冲从而保护包裹，在笼箱上部装有防跌落卷帘，当笼箱满半时，防跌落卷帘自动升起。

（6）自动取货。

笼箱内的感应装置可以感应货物装载情况，当装满时，会自动发送信号给控制系统，控制系统中止该格口的落包作业，并调度AGV前来取货。与此同时，系统会给另外的AGV下达指令，将暂存在空笼等候作业区的笼箱送至该格口，系统同时恢复该格口的落包指令。期间，笼箱会持续从存放区补货到待作业区。

（7）自动装车。

AGV将装满货品的笼箱叉取至笼箱输送导轨上，导轨的电机提供动力将笼箱输送至AGV自发货区，同时导轨也能起到一定的笼箱缓存作用。发货站台上的AGV将笼箱从导轨上取下，经过RFID识别区，由系统识别是否有异常发货订单，如无异常，AGV直接将笼箱送至等候在月台的京东物流车。

京东物流车共有两种类型，一种在车厢里加装有笼箱输送导轨，AGV将笼箱放入导轨即完成装车作业；另一种未加装导轨，AGV 则需要开进车内放置笼箱。为了更好地保护笼箱内的商品，车厢内两侧壁还进行了特殊处理，便于进一步用绳带固定笼箱。

截至 2017 年 6 月 30 日，京东物流在全国范围内拥有 7 大物流中心，运营 335 个大型仓库，物流网络覆盖 2 691 个区县。目前“亚洲一号”从单体规模和处理能力上都已成为中国电商行业现代化运营中心的代表，并已扩展到上海、广州、武汉等八大城市，现有 9 个“亚洲一号”全部投入使用。未来五年，京东物流还将在全国 30 多个核心城市陆续建造“亚洲一号”，实现智能化仓储运营网络对全国七大区域的全面覆盖，为构建京东全国物流网络提供了强有力的支撑。

https：//www. sohu. com/a/201441393_649545. 京东物流昆山无人分拣中心详解。

【复习思考题】

1. 简述分拣的概念及其主要方法。
2. 结合某一货物，简述一下分拣的作业流程。
3. 结合货物分拣过程，阐述如何合理规划分拣系统。
4. 阐述一下常见的自动分拣机工作原理。
5. 简述配送的概念及其主要种类。
6. 简述配送的具体流程。
7. 结合具体案例，分析如何优化货物的配送路线。

第七章　包装技术与设备

我国包装行业用20多年的时间，走完了发达国家近40年来的发展路程，基本上改变了“一流产品，二流包装，三流价格”的局面。目前，包装行业已从一个分散落后的行业，发展成一个拥有一定现代技术装备、门类比较齐全的完整工业体系。

本章将阐述包装在物流中的地位、概念、功能及分类；简要介绍包装的技术和方法，并系统地介绍包装机械概念、分类、作用、组成、特点、技术经济指标，详细地阐述充填机械、灌装机械、封口机械、裹包机械、多功能包装机、贴标机、捆扎机、集装机械的基本知识以及设备选用、配置原则；并了解当前物流包装的发展的两大趋势：绿色和智慧包装技术及其应用。

第一节　概　　述

一、包装的概念和分类

（一）包装在物流中的地位

在社会再生产过程中，包装处于生产过程的末尾和物流过程的起点，既是生产的终点，又是物流的始点。

在现代物流发展之前，包装被看成生产的终点。因而一直是生产领域的活动，包装的设计往往主要从生产终结的要求出发，因而常常不能满足流通的要求。现代物流的研究认为，包装与物流的关系，比与生产的关系要密切得多；其作为物流活动起点的意义比其作为生产活动终点的意义要重要得多。所以包装应成为物流系统活动中的重要环节。

包装作为物流系统的七大功能之一，是物流活动中最基本的部分。在运输中，包装的结实程度、美观与否和标准性，决定着产品是够能以完美的使用价值达到用户满意。如果中途有散包、破损、溢泄、撞裂等现象发生，就说明包装不完善；如果包装规格尺寸不标准、不符合托盘、叉车作业要求，不能进行单元化运输和仓储，就说明包装设计考虑不周；如果为了节约，包装材料选用不当，装卸搬运过程中就可能发生问题；如果包装材料使用过多，包装过剩，则浪费资源，并且给回收带来不便；如果包装大小、形状不适合摆放、陈列，则会给消费者带来不便，则会影响销售效果。而且，包装还直接影响装卸、搬运、储存的质量和效率，影响到整个物流成本，所以包装在物流中的地位很重要。

（二）包装的概念

起初，人们利用天然材料包装商品，在经济和技术日新月异的今天，人们利用更多的人造物质作为包装材料，对包装的认识不断深化。并且人们随着物流技术的不断发展和应用以及人们对物流认识水平的提升，物流包装也提出了新的、更高的要求，如绿色物流的包装、包装材料的研制、包装算法的设计等。

具体来讲，包装包含两个含义：包装材料和包装技术。

作为名词用，是包装物，指能够容纳产品、抵抗外力、保护和宣传商品、促进销售的包装材料、容器和辅助物。

作为动词用，是包装时采用的操作技术，指产品包裹、捆扎、封缄等工艺操作过程。

依据中国国家标准《包装流通术语》（GB/T4122.1—2008）对包装的定义："所谓包装是指为在流通过程中保护商品、方便运输、促进销售，按照一定技术方法而采用的容器、材料和辅助物等的总体名称。也指为达到上述目的而采用容器、材料和辅助物的过程中施加一定技术方法等的操作活动。"

（三）包装的分类

包装的种类从不同角度可以有多种划分方法，例如，按包装功能，包装可以分为单体包装、内包装、外包装；按商品运输方式，包装可以分为运输包装、销售包装、集合包装；按包装容器形态，包装可以分为箱、袋、包、桶、罐、瓶、软管；按包装作业顺序，包装可以分为一次包装、二次包装、三次包装……；按包装容器性状，包装可以分为软包装、刚性包装、半刚性包装；按包装方法，包装可以分为防水、耐油、隔汽、防尘、特殊包装；按包装材料，包装可以分为纸、瓦楞纸板、塑料、金属、玻璃、陶瓷、木材、复合材料等；按内装物，包装可以分为食品包装、药品包装、电器包装……而且一些新的分类方法也会随着社会专业化分工的进一步深化应运而生。

按照包装在物流过程中的使用范围，包装通常被分为运输包装、商业包装两大种类。

1. 运输包装。

运输包装又称工业包装或外包装。其主要作用是在运输储存过程中，保障内装物的安全、方便储运和装卸，加速交接和点验等过程，保证走下生产线的合格产品在被消费之前，免受自然灾害和人为因素的不良影响。运输包装应在满足物流要求的基础上使包装费用越低越好。

2. 商业包装。

商业包装又称单体包装、销售包装或内包装，是直接接触商品并根据销售需要随商品进入零售网点和消费者或客户直接见面的包装。销售包装设计重点考虑的是包装的结构、造型和装潢。这种包装同时具有一定的保护性、方便性和促销性。当然，在有些情况下，有的包装既属于工业包装也是商业包装。例如，具有一定容装量、用于新鲜水果或鲜奶包装的瓦楞纸箱，在运输过程中属于工业包装，而在销售环节被陈列于超市的货架上后，内装物和包装箱将一同被出售，这时的瓦楞纸箱则是商业包装。

需要明确的是，集合包装概念本身在商品销售和物品运输两类环节中也是具有不同含义的。在商品销售环节中，集合包装的主要作用是促销和方便提携。例如，瓶装饮料集合成四瓶为一销售单元、听装食品集合成六听为一销售单元、若干数量糖果集合成为一便携式销售单元等，这些均属于商品销售环节中的集合包装概念。而在物品运输过程中，集合包装是将一定数量的包装件或产品，装入具有一定规格、强度、符合长期周转使用要求的大型包装容器内，形成一个合适搬运单元的包装技术。它包括集装箱、集装托盘、集装袋、滑片集装、框架集装和无托盘集装等多种形式。显然，后者即物品运输环节中的集合包装对物流质量和效益的影响更大。这种技术使部分产品的生产流水线一直延伸到集合包装工序，更好地满足了产品直接或快速进入物流作业的装卸、运输、储存等各个环节的需要，是对传统包装和运输方式的重大改革。故对于物流系统而言，集合包装有着举足轻重的作用。

二、包装的功能

包装是物流的起点。显然对任何种类包装来说，选择合适的包装材料、设计合理的包装结构和采用正确的包装技术方法都是实现物流优化的重要前提。在现代流通过程中与物流关系密切的包装主要功能包括兼具环保责任的保护功能、便利功能和标识功能。

（一）保护功能

保护功能即有效保证内装物在流通过程中的质量和数量水平，不被破坏，具体体现在以下方面：

1. 防止内装物破损变形。为了防止内装物的破损变形，包装必须能够承受装卸、运输、仓储等过程中的各种冲击、振动、颠簸、压缩、摩擦等外力的作用。

2. 防止内装物发生化学变化。即为了防止内装物发生受潮、发霉、变质、生锈等化学变化，包装制品必须能在一定程度上起到阻隔水分、光线以及流通环境中各种有害物质侵入的作用，避免外界不良因素的影响。

3. 防止内装物的渗漏或泄露。包装封闭不严，不但会使异物、鼠、虫及其他有害物质侵入，造成内装物腐败变质或遭到污染；同时也会导致内装物泄漏或渗出，造成重量或容量损失。危险化学品的泄露更可能导致严重的环境灾难。

（二）便利功能

便利功能即物品包装具有便利流通、方便消费的功能。在物流全部过程中，科学合理的包装会大大提高物流作业的效率和效果，具体体现在以下方面。

1. 便利运输。包装的规格、形状、重量与物品运输关系密切。包装尺寸与车辆、船、飞机等运输工具的箱、仓容积的吻合，可以方便运输，提高运输效率。

2. 便利装卸。包装的规格尺寸标准化后为集合包装提供了条件，从而能极大地提高装载效率。物品出、入库时，在包装的规格尺寸、重量、形态上适合仓库内的作业，便于各种装卸、搬运机械的使用，有利于提高装卸、搬运机械的生产效率。

3. 便利储存。从物品保管角度看，物品的包装为保管工作提供方便条件，便于维护物品本身原有使用价值。包装物的各种标志，使仓库的管理者易于识别、易于存放、易于盘点，有特殊要求的物品易于引起注意。从物品的验收角度看，易于开包、便于重新打包的包装方式为验收提供了方便性。包装的集合方法、定量性，对节约验收时间、加快验收速度也起到十分重要的作用。

（三）标识功能

标识功能即通过包装使印刷图文、贴标签等标识变得容易。形象鲜明的包装有利于促进商品的销售。在商品交易中促进物品销售的手段很多，其中包转的装潢设计占有重要地位，精美的包装能唤起人们的购买欲望。包装的外部形态是商品很好的宣传品，对客户的购买有刺激作用。标识功能使物品容易被识别，并创造商品形象，具有广告效力，起到促销作用。

三、包装机械的分类

包装机械指完成全部或部分包装过程的一类机器。包装过程包括充填、裹包、封口等主要包装工序，以及与其相关的前后工序，如清洗、干燥、杀菌、计量、成型、标记、紧固、多件集合、集装组装、拆卸及其他辅助工序。

包装机械的种类繁多，分类方法很多，从不同的侧面考虑可有不同的分类方法。

（一）按包装机械的自动化程度分类

1. 全自动包装机。即自动供送包装材料和内装物，并能自动完成其他包装工序的机器。

2. 半自动包装机。由人工供送包装材料和内装物，但能自动完成其他包装工序的机器。

（二）按包装产品的类型分类

1. 专用包装机。即专门用于包装某一种产品的机器。

2. 多用包装机。即通过调整或更换有关工作部件，可以包装两种或以上产品的机器。

3. 通用包装机。即在指定范围内适应于包装两种或两种以上不同类型产品的机器。

（三）按包装机械功能分类

1. 充填机械。即将精确数量的包装品装入各种容器内的机器。按计量方式不同可分为容积式充填机、称重式充填机、计数式充填机；按充填物的物理状态可分为粉料充填机、颗粒物料充填机、块状物料充填机、膏状物料充填机；按充填功能可分为制袋充填机、成型充填机、仅具有充填功能的充填机等。

2. 灌装机械。是将液体产品按预定的量充填到包装容器内的机器。按灌装方式不同可分为常压灌装机、负压力灌装机、等压灌装机等压力法灌装机；按包装容器的传送形式分为直线式灌装机、旋转式灌装机。

3. 裹包机械。是用挠性材料全部或局部裹包产品的机器。按裹包方式可分为全裹式裹包机、半裹式裹包机、缠绕式裹包机、拉伸式裹包机、贴体包装机、收缩包装机。

4. 封口机械。是将容器的开口部分封闭起来的机器。按其封口方式可分为无封口材料的封口机、有辅助封口材料的封口机。

5. 贴标机械。是在产品或包装件上加贴标签的机器。按自动化程度可分为半自动贴标机和全自动贴标机；按容器的运行方向可分为立式贴标机和卧式贴标机；按标签的种类可分为片式标签贴标机、卷筒状标签贴标机、热粘性标签贴标机和感压性标签贴标机及收缩筒形标签贴标机；按容器的运动形式可分为直通式贴标机和转盘式贴标机；按贴标机结构可分为龙门式贴标机、真空转鼓式贴标机、多标盒转鼓贴标机、拨杆贴标机、旋转形贴标机；按贴标工艺特征可分为压式贴标机、滚压式贴标机、搓滚式贴标机、刷抚式贴标机等。

6. 清洗机械。是清洗包装材料、包装件等，使其达到预期清洗程度的机器。按清洗方式不同可分为机械式、电解式、化学式、干式、湿式、超声波式、静电式；按使用的清洗剂不同可分为干式清洗机、湿式清洗机、机械式清洗机、电解式清洗机、电离式清洗机。

7. 干燥机械。是减少包装材料、包装件的水分，使其达到预期干燥程度的机器。按干燥方式可分为机械式干燥机、加热式干燥机、化学式干燥机。

8. 杀菌机械。是清除或杀死包装材料、产品或包装件上的微生物，使其降到允许范围内的机器。按杀菌方法可分为热杀菌法、冷杀菌法；按操作性质不同可分为间歇式杀菌机、连续式杀菌机；按操作原理特征不同可分为静止式、回转式、摇动式、水封式、静水压式、热流层式、喷淋式；按结构特征不同可分为隧道式、滚筒刮面式、螺旋泵式、板式和管式。

9. 捆扎机械。是通过捆扎或结扎封闭包装容器的机器。按自动化程度不同可分全自动捆扎机、半自动捆扎机、手提式捆扎机；按捆扎带材料不同可分为绳捆机、钢带捆扎机、塑料带捆扎机。

10. 集装机械。是将若干个产品或包装件集合包装而形成的一个销售或搬运单元的机器。

11. 多功能包装机械。是具有两种或两种以上功能的包装机。主要种类有充填封口机、成型充填封口机、定型充填封口机、真空包装机、真空充气包装机。

四、包装机械的组成、特点和技术经济指标

包装机械属于自动机范畴，随着新型包装机械不断涌现，它的种类越来越多，结构也越来越复杂，因此很难将它们的组成进行准确分类，一般根据包装机械的工作原理和结构性能共同点可将包装机械组成分为八部分，又称为包装机构组成的八大要素。

（一）包装材料的整理与供送系统

即将包装材料（包括挠性、半刚性、刚性包装材料和包装容器及辅助物）进行定长切断或整理排列，并逐个输送到预定工位的系统。例如，糖果包裹机中包装纸的供送、切断机构，有的封罐机的供送系统还可完成罐盖的定向、供送等工作。

（二）被包装物品的计量与供送系统

即将包装物品进行计量、整理、排列，并输送到预定工位的系统。有的还可完成被包装物品的定型、分割。例如，饮料灌装机的计量和液料供送系统。

（三）主传送系统

即将包装材料和被包装物品由一个包装工位顺序传送到下一个包装工位的系统。但是，单工位包装机没有传送系统。

全部包装工序在包装机上往往分散成几个工位来协同完成，所以必有专门的机构来传

送材料和被包装物品，直到把产品输出。主传送机构的形式一般决定了包装机的形式并影响其外形。

（四）包装执行机构

即直接完成包装操作的机构，包括完成裹包、灌装、封口、贴标、捆扎等操作的机构。

（五）成品输出机构

即把包装好的产品从包装机上卸下、定向排列并输出的机构。有的包装机械的成品输出是由主传送机构完成的或是靠包装产品的自重卸下的。

（六）动力机与传动系统

即机械工作的原动力，在现代包装机械中通常为电动机，也有使用燃动机或其他动力机。

（七）控制系统

即由各种手动装置和自动装置组成。在包装机中从动力的输出、传动机构的运转、包装执行机构的动作和相互配合以及包装产品的输出，都是由控制系统指令操纵的。它主要包括包装过程控制、包装质量控制、故障控制与安全控制等。

现代包装机械的控制方法除机械形式外，还有电动控制、气动控制、光电控制、电子控制和射流控制，可根据包装机械的自动化水平和包装作业的要求进行选择。

（八）机身

即用于安装、固定、支承包装机所有的零部件，并能够满足其相互运动和相互位置要求的部分。机身必须具有足够的强度、刚度和稳定性。

五、包装机械的特点

包装机多属于自动机，因此，它既具有一般自动机的共性，也具有其自身的特性，主要特点是：

第一，包装机械一般结构复杂，运动速度快，动作精度高。为满足性能要求，对零部件的刚度和表面质量等都有较高的要求。

第二，用于食品和药品的包装机要便于清洗，与食品和药品接触的部位要用不锈钢或经化学处理的无毒材料制成。

第三，进行包装作业时的工艺力一般都较小，所以包装机的电动机功率较小。

第四，包装机一般都采用无级变速装置，以便灵活调整包装速度、调节包装机的生产能力。由于影响包装质量的因素很多，如包装机的工作状态（机构的运动状态，工作环境的温度、湿度等）、包装材料和包装物的质量等。因此，为便于机器的调整，满足质量和生产能力的需要，往往把包装机设计成无级可调的，即采用无级变速装置，某些零件还设计成可以调整的。

第五，包装机械是特殊类型的专业机械，种类繁多，生产数量有限。为便于制造和维修，减少设备投资，包装机械一般具有通用性及多功能性。

第二节　包装技术与方法

物品种类繁多、性能与包装要求各有不同。因此，在包装设计与作业中，必须根据物品的类型、性能和形态选择相适应的包装技术和方法，从而以最适宜的包装方式保障物品在物流各环节中的安全性，使其能以最低消耗完好地送到顾客手中。包装技术与方法随着包装材料和包装机械的进步而不断发展，且用于不同领域的包装专业化程度也在不断提高，出现了绿色包装和智能包装技术。

目前用于物流系统的典型包装技术方法可以划分为两大类：一类主要面向运输仓储物流而展开，其主要方法涉及固定、缓冲、防潮、防锈、防霉等包装技术；另一类主要面向商业销售物流而展开，其主要方法涉及泡罩、贴体、收缩、拉伸、真空、充气、吸氧、防虫、灭菌等包装技术。前者研究重点在于能够以最低的物质资金消耗和人工成本来保证内装产品被安全地送达用户手中；而后者是使内装产品与包装制品共同形成一个销售单元，所以在强调其包装保护功能的同时还要兼顾其他包装功能。

一、固定缓冲包装方法

在装卸、运输和仓储过程中，为防止冲击、振动、堆码等外因对内装物造成机械性破坏，需要将内装物固定在容器内或货台上，以缓冲外力，实施这种保护的包装技术为固定缓冲包装。

（一）全面防振包装

全面防振包装即于内装物和外包装之间全都采用缓冲材料填满、以达到防振目的的包装方法。所用包装材料主要有聚苯乙烯泡沫塑料、纸浆模制品、现场发泡材料和其他一些丝状、薄片状、粒状缓冲材料等。

（二）部分防振包装

部分防振包装即对于整体性好或设有内包装容器的内装物，仅在内装物或内包装的拐角部位或局部地方采用缓冲材料进行衬垫。所用包装材料主要有泡沫塑料防振垫、充气型塑料薄膜防振垫和橡胶垫等。

（三）悬浮式防振包装

对于某些贵重易损的物品，为了有效地保证其在流通过程中不被损坏，选用刚性、强度较大的容器做外包装，然后用绳、带、弹簧等材料将内装物稳定地悬吊在包装容器内部，并保证在任何作业环节内装物不能与包装容器发生碰撞，这种包装即悬浮式防振包装方法。

除了上述防振包装有较强的防破损能力外，物流过程中有效的防破损保护方法还包括捆扎及裹紧、集装、采用高强度保护材料等方法。

二、防潮包装方法

在商品流通过程中，产品不可避免地要受到环境潮气侵袭，严重者将会导致内装物变质和失效。防潮包装就是为防止物品吸收湿气造成质量下降而采用的防护包装措施和方法。通常先采用防湿材料将物品密封起来，以隔绝外界湿气的侵入，再在包装容器中加入干燥剂，将内部残存的湿气和透过防湿材料进入的湿气驱除，使包装内部环境的相对湿度符合内装物的要求，从而起到保护作用。

适度的防潮包装方法要根据内装物的物性和形态、物流环境的气候条件、物流周期的长短来确定。根据防潮包装等级，有许多不同类型的防潮包装方法可供选用。实际应用中可结合内装物的产品性质、封合技术、机械设备、经济成本等多种因素，做出最终选择。

三、防锈包装方法

大气锈蚀是空气中的氧气、水蒸汽及其他有害气体等作用于金属表面引起电化学作用的结果。如果使金属表面与引起大气锈蚀的各种因素隔绝（即将金属表面保护起来），就可以达到防止金属大气锈蚀的目的。防锈包装就是根据这一原理将金属密封、包裹以防止锈蚀的。即所谓防锈包装是指为防止温度、湿度、氧气、二氧化碳、一氧化硫、盐分、尘埃等所导致的金属或合金类内装物变色和腐蚀而采取的防护措施和方法。

防锈包装技术过程包括清洗、干燥、防锈处理与包装等步骤。目前防锈包装技术的实施通常采用防锈油脂、气相防锈和可剥离性塑料的方法。

在选择确定合适的防锈包装时，要特别注意将制品的特点和防锈剂的特性结合在一起考虑。应根据金属或产品特点（组分、形状、结构和加工精度）、防锈保护要求和期限、处理的难易程度和方法、防锈材料去除的难易程度和方法、防锈处理包装的要求和经济性等方面做出综合分析。

四、防霉腐包装方法

在储运食品和其他有机碳水化合物物品时，物品表面可能生长霉菌。在流通过程中如遇潮湿和高温，霉菌生长繁殖极快，会从产品中吸收营养物质产生霉物，使其腐烂、变质。一些机械、电工、仪器、仪表产品表面长霉，不但影响其外观，还会导致机能故障，引发金属产品的腐蚀加快。防霉腐包装方法就是为了防止内装物霉烂造成变质、失效而采用的一系列防护措施和方法。

国家标准（GB/T4768—1995）中规定了防霉包装等级。实践中防霉包装等级要根据产品性质、用途、运输仓储环境和总成本核算来选择确定。

对于各种内装物可以有多样的防霉的方法。或者选用耐霉物料、防霉剂处理进行防霉，或者通过改变产品结构达到表面隔离而防霉。也可以通过包装结构和工艺的设计达到防霉目的，还可以考虑控制包装件储运物流小环境来防霉。目前的防霉包装技术方法大致可以分为两大类，一类为密封包装，另一类为非密封包装。

一般对于外观及性能要求高的产品可选用密封包装来防止其在运输、仓储、销售过程中霉变。例如，采用真空或充气包装、干燥封存包装以控制包装容器内的相对湿度等。而对经过有效防霉处理的产品或对长霉敏感性较低的产品可以采用非密封包装。例如，对易长霉的产品及零部件经有效防霉处理后，外包防霉纸，然后再包装。对机电产品的储运，可酌情在包装箱两端向上部开设通风窗或通风孔，以控制包装箱内的湿度。

五、防虫包装方法

商品在流通过程中，仓储环节的主要危害之一是仓库害虫对内装物的损害。防虫包装就是为保护内装物免受虫类侵害采取一定防护措施的包装。目的就是破坏害虫的正常生活条件，扼杀和抑制其生长繁殖．以防止害虫蛀食商品，并防止其新陈代谢排泄的脏物玷污商品。

通常采用在包装中放入有一定霉性和臭味的驱虫药物的方法，利用药物在包装中挥发气体杀灭和驱除各种害虫。常用驱虫剂有对位二氯化苯、樟脑精等。也可采用调节温度、电离辐射、微波、远红外线、真空、充气、脱氧等技术，使害虫无法生存，从而防止虫害。

六、保鲜保质包装方法

在物流过程中，为了保证内装物有足够长的货架寿命而采取的一系列保护措施和方法，即保鲜保质包装方法。

（一）充气包装

充气包装是采用二氧化碳或氮气等惰性气体置换包装容器中空气的一种包装技术方法，也称为气体置换包装。这种包装方法是基于好氧性微生物需氧代谢的特性，在密封的包装容器中改变气体的组成成分，降低氧气的浓度，抑制微生物的生理活动、酶的活性和鲜活商品的呼吸强度，达到防霉、防腐和保鲜的目的。

（二）真空包装

真空包装是将物品装入气密性容器后，在容器封口之前抽成真空，使密封后的容器内基本没有空气的一种包装方法。

一般的肉类商品、谷物加工商品以及某些容易氧化变质的商品都可以用真空包装。这种包装不但可以避免或减少脂肪氧化，而且抑制了某些霉菌和细菌的生长。同时，在对其进行加热杀菌时，由于容器内部气体已排除，因此加速了热量的传导，既提高了高温杀菌效率，也避免了加热杀菌时由于气体的膨胀而使包装容器破裂。

（三）收缩包装

收缩包装是用收缩薄膜裹包内装物，然后对薄膜进行适当加热处理，使薄膜收缩而紧贴于内装物品的包装技术方法。收缩薄膜是一种经过特殊拉伸和冷却处理的聚乙烯薄膜，由于薄膜在定向拉伸时产生残余收缩应力，这种应力受到一定热量后很快会消除，从而使其横向和纵向均发生急剧收缩，同时使薄膜的厚度增加。收缩率通常为 30% ~70%，收缩力在冷却阶段达到最大值，并能长期保持。

（四）拉伸包装

拉伸包装是由收缩包装发展而来的，依靠机械装置在常温下将被包装件用弹性薄膜围绕拉伸、紧裹，并在其末端进行封合的一种包装方法，于20世纪70年代开始采用。由于拉伸包装不需要进行加热，因此消耗的能源只有收缩包装的1/20，拉伸包装既可以捆包单件物品，也可用于托盘包装之类的集合包装。

（五）脱氧包装

脱氧包装继真空包装和充气包装之后出现的一种新型除氧包装方法，是在密封的包装容器中，使用能与氧气起化学作用的脱氧剂与之反应，从而除去包装容器中的氧气，以达到保护内装物的目的。

脱氧包装方法适用于那些对氧化特别敏感的物品，用于那些即使有微量氧气也会促使品质变坏的食品包装中。

（六）泡罩包装与贴体包装

泡罩包装与贴体包装同属于塑料薄片热成型充填包装。一般都有一张大卡片作为衬底，因此亦称为卡片包装。

这类包装是利用透明的泡罩、空穴、盘等塑料罩或塑料膜覆盖商品，可在运输与销售中避免尘埃、阻气、防潮，起到保护商品及延长保存期的作用，又有利于消费者直接观察内装物。泡罩包装和贴体包装方法极具特色，用途相当广泛。

七、危险品包装

危险品种类很多，按其主要危险性质，交通部门及公安消防部门规定分为九大类，即爆炸性物品、压缩气体和液化气体、易燃液体、遇水燃烧物品—易燃固体—自燃物品、氧化剂和有机过氧化物、毒害品、腐蚀性物品、放射性物品、其他危险品等，有些物品同时具有两种以上危险性能。对于这些危险品的物流过程，要分别采用特殊包装技术方法予以防护。

（一）防毒包装

防毒包装的主要措施是包装严密不漏、不透气。例如，重铬酸钾（红矾钾）和重铬酸钠（红矾钠）为红色带透明结晶，有毒，应用坚固铁桶包装，桶口要严密不漏，制桶的铁板厚度不能小于1.2mm。对有机农药一类的商品，应装入沥青麻袋，缝口严密不漏。例如，用塑料袋或沥青纸袋包装，外面应再用麻袋或布袋包装；再如，用作杀鼠剂的磷化锌有剧毒，应用塑料袋严封后再装入木箱中，箱内用油层牛皮纸、防潮纸或塑料薄膜衬垫，使其与外界隔绝。

（二）防蚀包装

对有腐蚀性的商品，要注意商品和包装容器的材质发生化学变化。金属类的包装容器，要在容器壁涂上涂料，防止腐蚀性商品对容器的腐蚀。例如，包装合成脂肪酸的铁桶内壁要涂有耐酸保护层，如果铁桶被腐蚀，不仅会包装破损，商品也会随之变质。再如，氢氟酸是无机酸性腐蚀物品，有剧毒，能腐蚀玻璃，不能用玻璃瓶作包装容器，而应装入金属桶或塑料桶，然后再装入木箱。甲酸易挥发，其气体有腐蚀性，应装入良好的耐酸坛、玻璃瓶或塑料桶中，严密封口，再装入坚固的木箱或金属桶中。

（三）防燃、爆包装

防燃、爆包装用于易燃、易爆商品，例如，有强烈氧化性的遇有微量不纯物或受热即急剧分解引起爆炸的产品。防爆炸包装的有效方法是采用塑料桶包装，然后将塑料桶装入铁桶或木箱中，每件净重不超过 50 千克，并应有自动放气的安全阀，当桶内达到一定气体压力时，能自动泄压。

第三节 常用包装机械

一、充填机械

（一）充填机械常用进给系统

充填机械的主要作用是将产品按预定量的多少充填到包装容器内的机器，由于充填物料的进给系统受物料物理状态、定量方式的影响较大，因此在此重点介绍一下充填机的进给系统。

1. 螺旋推进器。

螺旋推进器一般用于自由流动和非自由流动的粉末状、片状、小粒状和其他形状物料的均匀进给系统。通过改变螺距使物料密实并减少密度的变化，推进器的出口安装有一个分配头，把总的产品分流成多个支流。根据用途，推进器的驱动可以是间歇式或连续式的。

2. 重力流动系统。

重力流动方法是最简单的进料方法，用在自由流动的产品包装上，如咖啡、茶叶、大米、糖和盐等。通常采用大批进给和小量进给相结合的方式给料，以改进称量精确度。重力流动系统也可进给其他容积单元，如量器，如果这些量器在产品流下连续移动，那么它的充填就由产品流速和量器移动速度决定，也可以采用阀门、计时控制系统或产品位面敏感元件来控制它们。

3. 振动进料器。

振动进料系统用于自由流动和流动性较差的产品包装，以实现可控制的进给速度。这种装置能进给各种各样的产品。振动进料器的进料速度可采用改变振动频率或振幅的方法来控制。振动器的驱动可以采用电驱动、机械驱动或液压驱动。改变振动器的进料速率、进料时间、频率、振幅或振动盘的倾角可以改变充填量。有的振动器在振动盘的出口装有截流门，以防止产品达到充填量后继续滑落下去。随着产品和进给速率的不同，振动器可以是平盘形、管形、齿形或 V 形。

4. 输送带进料器。

输送带进料器用于进给自由流动、非自由流动、松散和黏性产品。输送带可以安装刮削器和洗涤系统。目前有各种各样材料和尺寸的输送带，可用来传送的产品非常广泛。输送带的材料多种多样，如用于矿物和磨料等化学物品输送的坚固多层结构的输送带；输送食品等的卫生输送带；用于医药工业的聚酯膜轻质输送带和玻璃纤维涂层输送带等。输送带可以在间歇或连续条件下工作，其控制系统类似推进器或振动器的控制系统。称量输送带系统用称量装置计量通过输送带的物料流量。最普通的装置是把输送带支撑在负载传感测重器上，或者把通过输送带的重量加起来，或者改变速率保持一个恒定的物料流量。

5. 螺旋进料器。

螺旋进料器有两种基本类型，分别为以恒定速度输送的卧式进料器和用来把产品从地面料斗送到充填系统的软管进料器。一些卧式装置设计成振动式的，以改善产品进给的连续性。

6. 振动料仓进料系统。

振动料仓进料系统通常由一个圆滑地连接到料仓上的相对较浅的斜角盘形件构成。振动系统安装在盘形件上，开动时从底部流孔产生一个均匀的产品流。容器的充填是容积式的，也可采用重量控制系统。振动料仓进料系统主要用于充填大型的容器，如大桶或大袋等。

7. 级联充填系统。

在这个系统中，产品以瀑布式进给到敞口容器中。容器在下落的产品流中随输送带移动并得到充填。容器以可变的某种角度倾斜并振动，使产品紧密排列。最终的充填由容器的速度、容器倾斜角度和振幅及振动频率决定。外溢的产品再循环回到最初的产品流中。这个系统能为自由流动和非自由流动产品提供较高的充填速度。

8. 真空充填系统。

真空充填系统有两种基本类型：一种类型是把容器抽成真空，产品通过一个小孔流入容器。这种装置是通过密封容器用的密封垫内的细密网筛把容器抽成真空状态的。为了使容器内的产品紧密堆积，这种装置取脉动式抽真空，真空度和脉冲次数决定最终的充填量。另一种类型是把产品充填到已抽成真空的旋转储料器中，然后再把它排放到轮下移动的容器或漏斗中。这种装置可用改变套筒式储料器深度的方法调整其容积。

（二）常见充填机械

1. 容积式充填机械。

根据物料容积计量的方式不同，容积式充填机可分为量杯式充填机、可调容量式充填机、气流式充填机、柱塞式充填机、螺杆式充填机、计量泵式充填机、插管式充填机、料位式充填机、定时充填机等。容积式充填机适合于干料或稠状流体物料的充填。它的特点是结构简单、计量速度快、造价低，但计量精度较低。因此，适用于价格比较便宜的物品的包装作业。

固定式量杯充填机，物料经供料斗 1 自由落入计量杯内，圆盘口上装有四个量杯和对应的活门底盖 4，当转盘主轴 8 带动圆盘 7 旋转时，刮板 10 将量杯 3 上面多余的物料刮去。当量杯转到卸料工位时，顶杆推开量杯的活门底盖 4，量杯中的物料在自重作用下充填到下方的容器中，如图 7－1 所示。

可调式量杯充填机的定量装置，量杯由上、下两部分组成，通过调节可以改变上、下量杯的相对位置，以便实现容积的微调。微调时，既可以手动，也可以自动。量杯式充填机适用于颗粒较小，且均匀的物料，计量范围一般在 200ml 以下为宜。在选用时应注意假

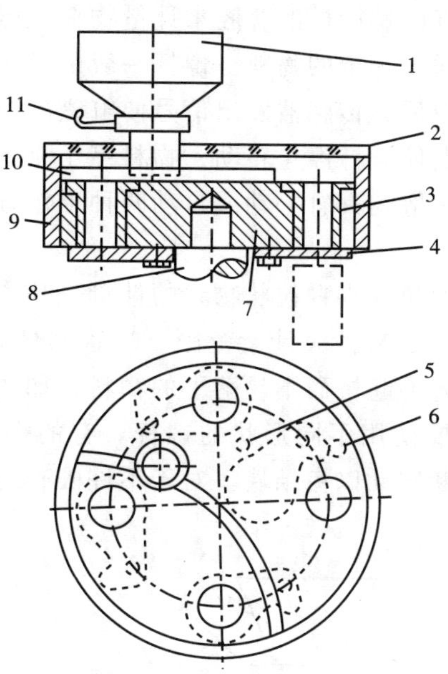

1. 料斗；2. 外罩；3. 量杯；4. 活门底盘；5. 闭合圆销；6. 开启圆销；
7. 圆盘；8. 转盘；9. 壳体；10. 刮板；11. 下料闸门

图 7－1　固定式量杯充填机

如量杯的容量调得不正确，料斗送料太慢或不稳定，料斗的装料面太低，进料管太小，物料流动不爽，进料管和量杯不同心等都会使量杯装不满。

若机器的运转速度过快，料斗落下物料的速度过快则会引起物料重复循环装料。量杯伸缩机构调节不当常会造成过量回流。如果容器与进料管不同心，节拍不准，容器太小或物料粘在料管中使送料滞后，就会引起物料的溢损，如图 7－2 所示。

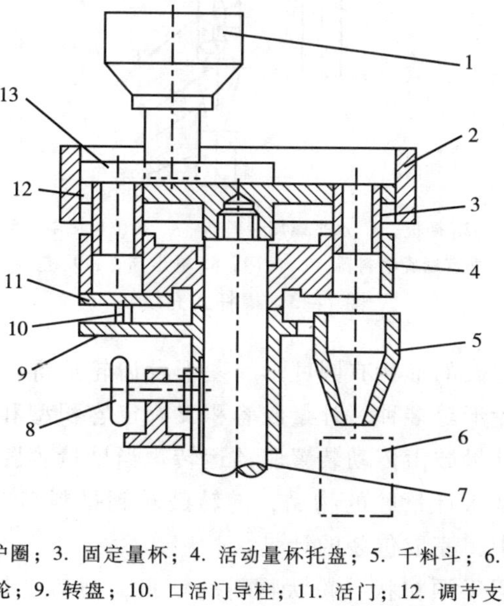

1. 料斗；2. 护圈；3. 固定量杯；4. 活动量杯托盘；5. 千料斗；6. 包装容器；
7. 转轴；8. 手轮；9. 转盘；10. 口活门导柱；11. 活门；12. 调节支架；13. 刮板

图 7－2　可调式量杯充填机

螺杆式充填机，利用螺杆的螺旋槽的容腔来计量物料。螺杆充填机的漏斗状料斗里有一个旋转的螺杆，它以恒速送出一定的物料。螺杆一般是竖直地装在漏斗中，送料管则向下直接对准容器。当容器到位后，传感器发出信号使电磁离合器合上，带动螺杆转动。料加好后，离合器脱开，制动器使螺杆停止转动，物料停止流下。充填的体积完全由螺杆的转动圈数决定。螺杆充填机一般均具有手动或自动两种工作方式，用户可根据习惯自行选择使用。

螺杆式充填机主要用于粉料或小颗粒状物料的计量。其主要优点是结构紧凑、无粉尘飞扬，还可通过改变螺杆的参数来扩大计量范围。尽管螺杆充填机适用的物料范围很广，但是它特别适用于在出料口容易起桥而不易落下的物料，如咖啡粉、蛋糕混合料、面粉等物料。流动性能不同的物料要使用不同形状的螺杆。有的螺杆充填机带有搅拌器或搅动片，它们使物料在料斗内不断转动以免结块。对于不许破碎的颗粒状物料不能选用该机器(如种子等)，如图 7－3 所示。

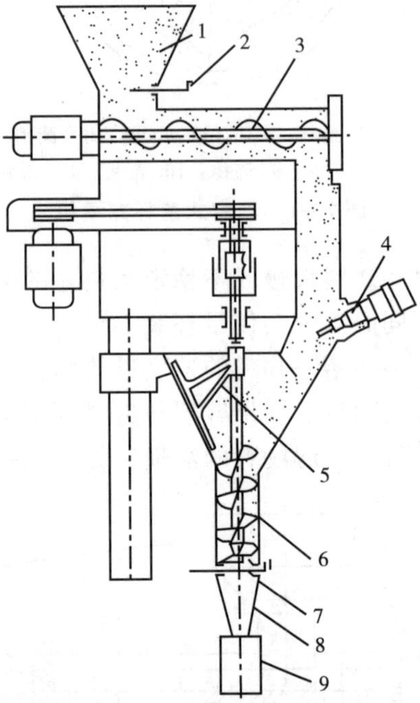

1. 料仓；2. 插板；3. 水平螺旋给料器；4. 料位检测器；5. 搅拌器；
6. 垂直螺旋给料器；7. 闸门；8. 输出导管；9. 包装容器

图 7－3　螺杆式充填机

计量泵式充填机，转鼓的形状有圆柱形、菱形及齿轮形等。计量腔在转鼓外缘。容腔形状有槽形、扇形和叶轮形等多种。计量腔容积又有定容积型和可调容积型两种。待包装物品存放于放料斗中，计量鼓由传动装置驱动运转。当计量容腔经过装料口时，被料斗中落送下来的物料充满。装入计量腔的物品，随转鼓转到排料口时，在重力的作用下排出，经导管装填入包装容器中，完成包装的计量。

计量泵式充填机适用于颗粒状、粉状物料的计量，适应于散堆密度稳定，流动性好，无结块的细粉粒物品，如茶叶末、精盐等小定量值的包装计量，如图 7－4 所示。

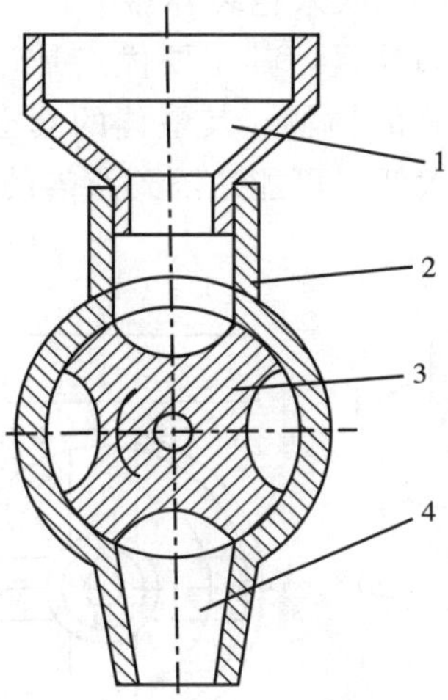

1. 进料斗；2. 转鼓机壳；3. 转鼓；4. 排料斗

图 7-4 计量泵式充填机

柱塞式充填机，柱塞推杆 7 向上移动时，由于物料自重或黏滞力，使进料活门 5 向下压缩弹簧 6，物料则从活门与柱塞顶盘之间的环隙进入柱塞下部缸体的内腔。当柱塞 4 向下移动时，活门 5 在弹簧的作用下关闭环隙，柱塞 4 下部的物料被柱塞压出并充填到容器中。柱塞式充填机适用范围较广，粉、粒料及黏稠类物料均可采用，但由于其工作速度较低，故不应用在要求较高速度的工作场合，如图 7-5 所示。

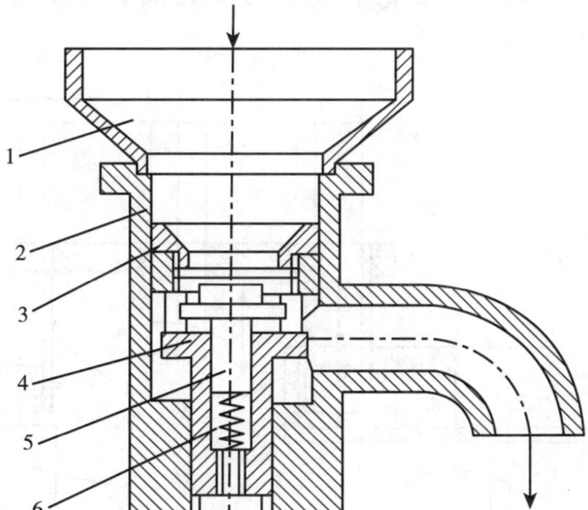

1. 料斗；2. 缸体；3. 柱塞顶盘；4. 柱塞；5. 活门；6. 弹簧；7. 柱塞推杆

图 7-5 柱塞式充填机

气流式充填装置的工作原理。工作时，充填轮作匀速间歇转动。当轮中量杯口与料斗接合时，配气阀与真空管接通，物料被吸入量杯。当量杯转到包装容器上方时，量杯中的物料被经过配气阀输送来的压缩空气吹入包装容器中。

气流式充填机主要用于粉料的计量。其主要优点是计量精度高，可减少物料的氧化。在选用该机器时应注意对不同形式的物料，其最佳的真空压力是不一样的。真空度过高，某些物料会被压成粉末；真空度太低，可能达不到所需的夯实效果，影响计量精度，如图7－6所示。

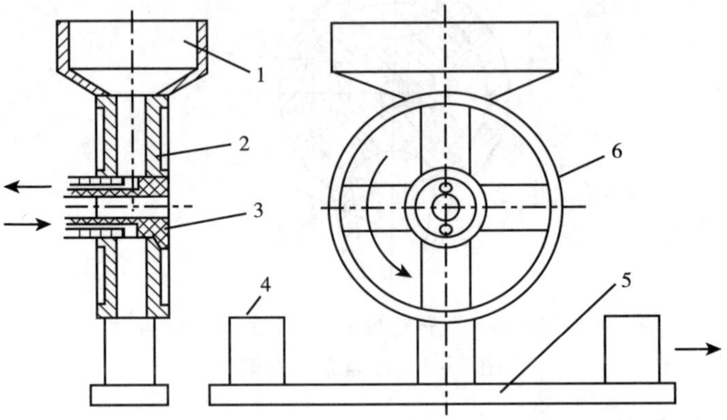

1. 料斗；2. 抽气座；3. 密封垫；4. 容器；5. 托瓶台；6. 充填轮

图7－6 气流式充填机原理示意图

插管式充填机的工作原理计量充填时，先将内径较小的插管1插入具有一定粉层高度的储料槽4中，由于粉末之间及粉末与管壁之间都有附着力，因此当插管1被提起时粉末不会脱落下去。当插管转到卸粉工位时，由顶杆2将插管1中粉末推入容器3中，如图7－7所示。

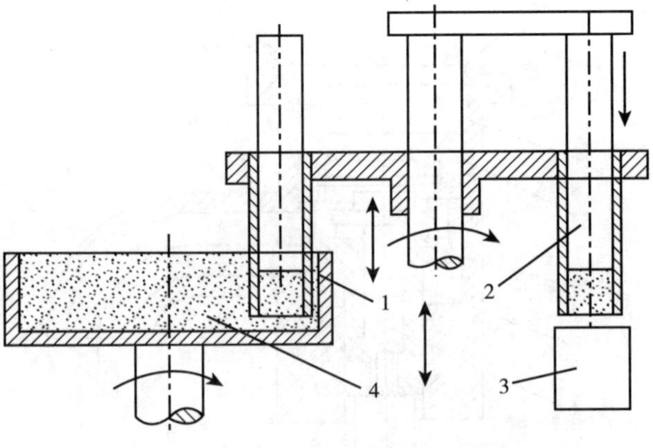

1. 插管；2. 顶杆；3. 容器；4. 储料槽

图7－7 插管式充填机原理示意图

2. 称重式充填机。

称重式充填机是将产品按预定质量充填到包装容器内的机器。由于容积式充填机计量精度不高，对一些流动性差、比重变化较大或易结块物料的包装，往往效果就显得更差。因此，人们对计量精度要求较高的各类物料的包装，就采用称重式充填机。

单秤斗称重充填机，其工作原理是将物料倒入料斗 5 中，物料通过细供料斗 7 及粗供料斗 9 送入秤斗 11 中，荷重传感器 10 检测称斗中被送入的物料。当物料已达到预定计量的 80% ~90% 时，粗供料斗停止供料，此时细供料斗还继续供料；当称斗中的物料已达到预定计量时，细供料斗停止供料，此时可通过操作开斗电机 8 使称斗打开，物料将被排除出，如图 7 –8 所示。

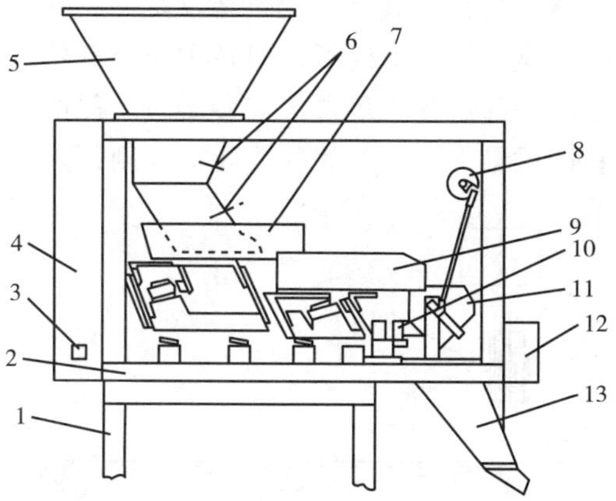

1. 支架；2. 框架；3. 电源开关；4. 电器箱；5. 料斗；6. 闸板；7. 细供料斗；8. 开斗电机；9. 粗供料斗；10. 荷重传感器；11. 秤斗；12. 操作盘；13. 出料斗

图 7 –8　单秤斗称重式充填机

无秤斗称重充填机直接将包装容器作为秤斗，因而省去了开斗机构。其工作原理同单秤斗称重充填机。无秤斗称重充填机主要用于易结块或黏滞性强的产品的包装，不适于包装容器质量较大或质量变化较大的场合。选用时要考虑产品是否适用和选用何种称重范围及精度规格。

多秤斗称重充填机一般是由 1 个储料斗、多台供料器、多套称重系统、多个秤斗、多套开斗机构、1 个漏斗等构成，其工作原理与单秤斗称重充填机基本相同，所不同的是由于采用了多套称重系统，因而工作效率可以成倍提高。

单秤斗充填机和多秤斗充填机由于其工作原理完全相同，因此适宜范围也基本相同。主要用于流动性较好，颗粒均匀的物料的称重充填，一般不适宜片、块状物料。由于采用三级振动技术使该机型也能很好地解决如薯片、条等大片块状物料的称重充填。由于速度的不同，单秤斗称重充填机速度较慢，只适宜于单独使用人工接袋封口，而不宜与包装机联合工作。多秤斗称重充填机由于速度较快，单独使用时人工难以跟上生产节拍，故更多地与包装机联合工作。多秤斗电子组合式称重充填机是最先进的称重式计量充填机。它的不同机型适宜于范围极其广泛的物料的计量充填，其对颗粒不均匀及形状不规则物料的计量尤其适用，此机代表了称重式计量充填机的发展方向。

组合式称重充填机又称电子组合秤。工作时首先由控制单元使料斗和称重斗都装满物料，接着传感器测出称重斗内的物料质量，以电信号的形式送到组合控制单元进行组合。如果是 n 个称重机，可能的组合模式有 2n –1 种，从中选出最佳组合，在斗驱动单元控制下，只有参与最佳组合的称重斗闸门被开启，将其物料倒入收集漏斗中。驱动单元使对应的料斗闸门打开，把物料加到称重斗中，并控制振动加料器给空料斗再次加料。料斗的开闭采用步进电机驱动、控制。

连续式称重充填机主要用于测量输送过程中散料的流量，并对散料流量进行积分，求得被输送物料的总质量。输送连续物料流量的最佳工具是皮带输送机，所以在连续式称重充填机中最典型的就是重力式电子皮带秤。该机由称重检测装置、电子调节系统、物料输送装置、等分截取装置等构成，工作时物料加入料斗 1 内，通过闸门 3 落到胶带 4 上，再经过胶带连续送到秤斗 8 内，然后落到配料转盘上。配料转盘是一种具有等分格子的圆盘。圆盘按给定的转速作等速回转运动，盘中的每个格子在回转中所截获物料的质量相同。当物料转到卸料工位时，物料就从格子的底部经漏斗落入包装容器内。称重过程中胶带 4 上物料的厚度由闸门 3 控制，胶带上物料的质量由其下部的称重装置检测，如图 7－9 所示。

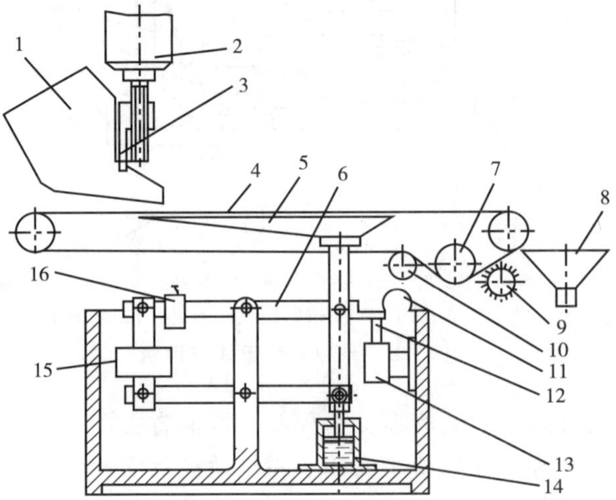

1. 料斗；2. 电动机；3. 闸门；4. 胶带；5. 秤盘；6. 主秤杆；7. 张紧轮；8. 秤斗；9. 刷轮；10. 导轮；11. 弹簧；12. 变压器铁芯；13. 传感器；14. 阻尼器；15. 砝码；16. 配重

图 7－9 连续式称重充填机

连续式称重充填机可用于粒度均匀、小颗粒状物料的计量。计量范围一般在 500g 以下。选用时应充分注意到其速度高而精度低的特点。

3. 计数充填机。

计数定量的方法分为两大类：一类是被包装物品具有一定规则的整齐排列，计数机常见的有长度、容积、堆积等几种计数型式；另一类是从混乱的被包装物品的集合体中直接取出一定个数，常用的有转盘、转鼓、推板等型式，主要用于颗粒状、块状物品的计数。

（1）长度计数机，常用于饼干包装、云片糕包装、茶叶装盒后的第 2 次大包装等。计量时，排列有序的物品经输送机构送到计量机构中，当行进物品的前端触到计量腔的挡板 5 时，挡板上的微动开关 4 动作，横向推板 3 将一定数量的物品送到包装台上进行包装。

长度计数机主要用于长度固定的一些产品的计数充填，主要用在食品、化工流通中。其选用原则是被包装物品的长度，如图 7－10 所示。

（2）容积计数机，工作时物品自料斗 1 下落到定容箱 3 内，形成有规则的排列。当定容箱 3 充满时，即达到了预定的计量数时，料斗 1 与定容箱 3 之间的闸门 2 关闭，同时定容箱 3 底门打开，物品就进入包装盒。包装完毕后，定容箱底门关闭，进料闸门又打开，

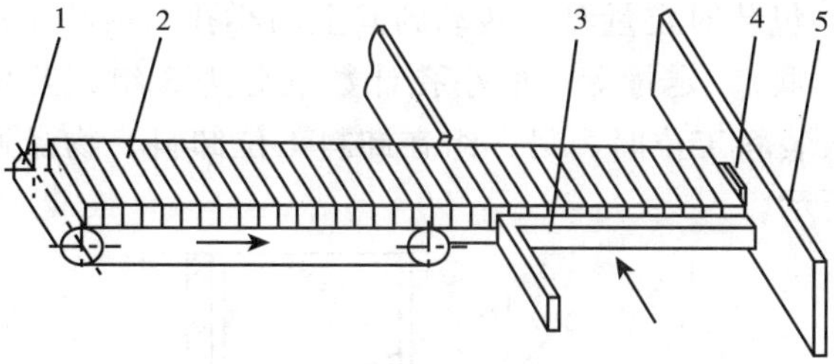

1. 输送带；2. 被包装物品；3. 横向推板；4. 微动开关；5. 挡板

图 7－10　长度计数机示意图

如此周而复始。

容积计数机通常用于一定等径、等长类物品的包装。容积计数机结构简单，但计量精度较差，主要用于低价格及计数允许偏差较大的场合，如钢珠等，其选用原则是被包装物品能够形成规则的排列，如图 7－11 所示。

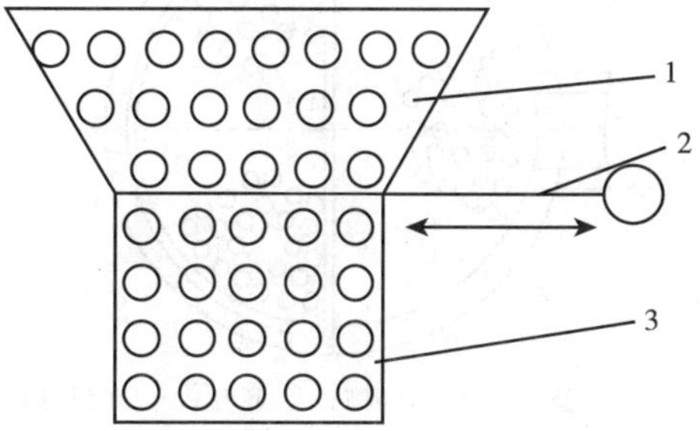

1. 料斗；2. 闸门；3. 定容箱

图 7－11　容积计数机示意图

（3）堆积计数机，包装时，计量托体与上下推头协同动作，完成取量及大包装工作。首先托体 1 作间歇运动，每移动一格，则从料斗 2 中落送一包至托体 1 中，托体移动 4 次后完成一大包的计量充填。这种机构主要用于几种不同品种的组合包装。

堆积计数机在流通中主要用于粮食、化工产品、水泥等大袋计数，如图 7－12 所示。

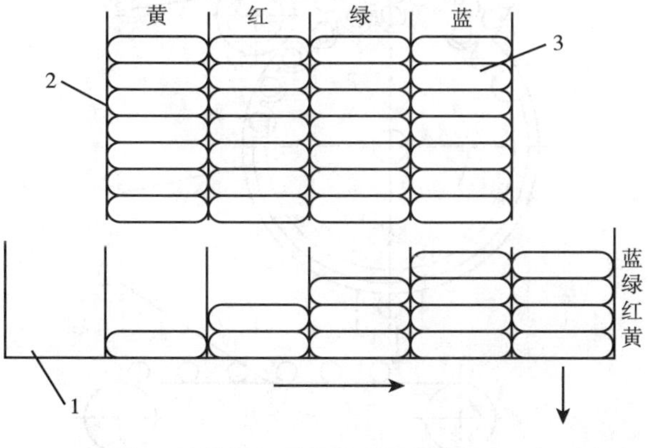

1. 托体；2. 料斗；3. 被包装物品

图 7－12　堆积计数机示意图

(4) 转盘计数机，包装时定量盘 2 转动到其上的小孔与料斗 1 底部接通，料斗中的物料落入小孔中（每孔一颗）。定量盘上的小孔计数额分为 3 组，互成 120 度方位。当定量盘上的小孔有两组进入装料工位时，另一组在卸料工位卸料，物品通过卸料槽 3 充入包装容器中，如图 7－13 所示。

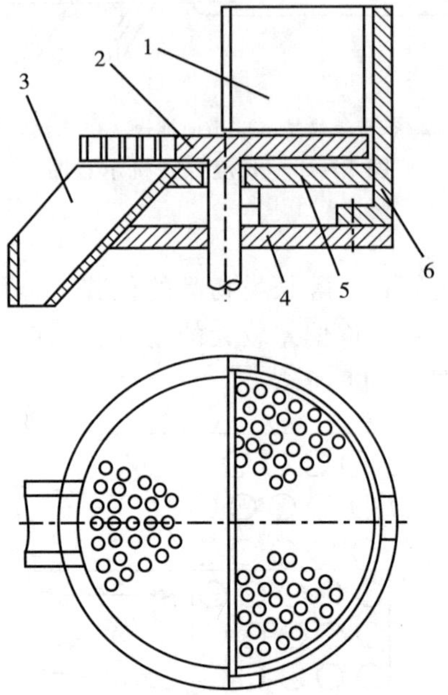

1. 料斗；2. 定量盘；3. 卸料槽；4. 底盘；5. 卸料盘；6. 支架

图 7－13　转盘式计数机示意图

(5) 转鼓式计数机，转鼓运动时，各组计量孔眼在料斗中搓动。物品靠自重充填入孔眼。当充满物品的孔眼转到出料口时，物料靠自重落入包装容器中。这类计数机主要用于小颗粒物品的计数，如图 7－14 所示。

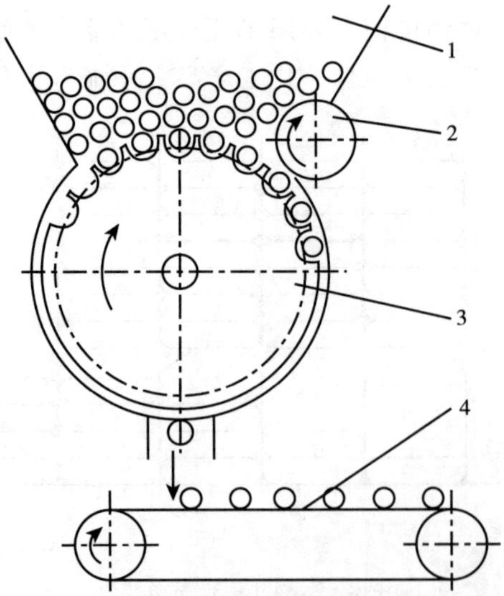

1. 料斗；2. 拨轮；3. 计数转鼓；4. 输送带

图 7－14　转鼓式计数机示意图

(6) 推板式计数机，开始工作时推板 1 自右向左移动，孔眼逐个通过料箱供料口，一旦孔口对正，物料就落入推板 1 孔眼中。继续向左推移推板，弹簧 2 受到越来越大的压力，当弹簧弹力足以克服漏板 4 的摩擦阻力时，推板、漏板及弹簧一起左移，直到被挡块 5 挡住。此时漏板孔恰好正对供料槽孔。推板再向左移，就会出现三孔对齐的状态。于是推板孔眼中的物品各自落入包装容器中，如图 7－15 所示。

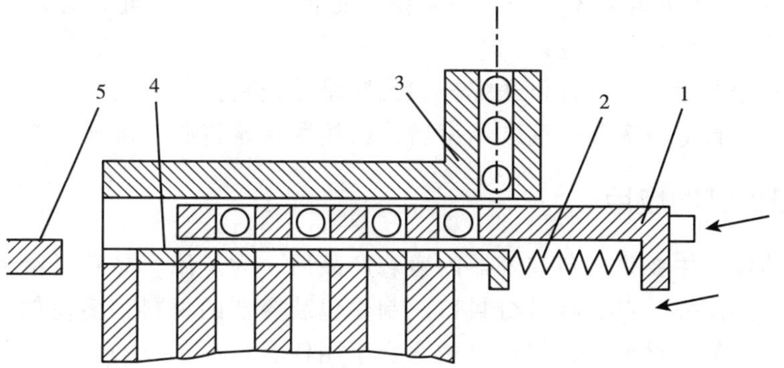

1. 推板；2. 弹簧；3. 供料槽体；4. 漏板；5. 挡板

图 7－15　推板式计数机示意图

二、灌装机械的运用

灌装机的主要作用是将定量的液体物料充填入包装容器内。该类型机不仅可以使黏度较低的物料，依靠自重以一定速度流动，如酒类、油类、果汁、牛奶、饮料、酱油、醋、药水等，也可以使某些黏稠物料，依靠压力以一定速度流动，如酱类、牙膏、洗发膏、药膏等。这种物料的包装容器常用玻璃瓶、金属罐、塑料瓶、塑料袋、复合纸盒、复合纸袋等。

(一) 灌装机的基本组成

灌装机的类型繁多，但其结构主要由包装容器的供送装置、灌装物料的供送装置、灌装阀等三部分组成。

包装容器的供送装置的作用主要是将容器间隔地送至灌装工位，待灌装后，再将瓶子送出灌装机。

灌装物料的供送装置的作用主要是将物料提供给灌装阀，再灌装入包装容器。常压供料装置是在常压下利用物料的重力向处于低位的灌装阀流送，物料装在处于高位的储液箱中，这种供料装置主要用于低黏度、流动性好的物料，如牛奶、墨水、酱油、醋等；对于中等黏度，流动性不好的物料，如果酱、牙膏、洗发膏等，它们在重力作用下难以自流，这就必须施加机械压力使其流动，利用活塞或柱塞的往复运动来压送液料。真空供料装置需要先将包装容器（如瓶子）抽真空，然后进行灌装。

灌装机的供瓶部分是将瓶子间隔地送至灌装工位，待灌装后压力供料装置。灌装阀的作用主要是根据灌装工艺要求切断或沟通液室、气室盒待灌容器之间物料流通的通道，是灌装机控制灌装的关键部件。

灌装阀的作用是根据灌装工艺要求切断或沟通液室、气室和待灌容器之间液料流通的通道。显然，灌装阀是灌装机进行灌装的关键部件。不同的灌装方式采用不同的灌装阀，相应地有常压灌装阀、压力灌装阀、真空灌装阀、等压灌装阀。

（二）常见的灌装机

GD-60 等压灌装机组总体结构，主要由环形液室、拨瓶星轮、分件供送螺杆、中心进液管、进气管、灌装阀等组成。

工作时，洗净的瓶子由分件供送螺杆和拨瓶星轮送到托瓶台上，瓶子上升后瓶口与灌装阀紧密接触，进行等压灌装，灌装结束后，由拨瓶星轮将瓶子送到压盖机上。

三、封口机械的应用

封口机械的作用主要是在包装容器内盛装产品后，为了使产品得以密封保存，保持产品质量，避免产品流失，对容器进行封口。制作包装容器的材料很多，如纸类、塑料、玻璃、陶瓷、金属、复合材料等，封口机械适合于用任意材料制成的包装容器的封口，容器内可以盛装任意物品，但由于包装容器的形态及物理性能各不相同，因此，所采用的封口形式及封口装置也不一样。

（一）封口机的分类

按照封口方式的不同，封口机可分为以下几种类型。

1. 热压式封口机：即采用加热加压的方式封闭包装容器的机器，所使用的加热元件有加热板、加热环带、加热辊等。

2. 熔焊式封口机：即通过加热使包装容器封口处熔融而将包装容器封闭的机器，常用的加热方式有超声波、电磁感应和热辐射等。

3. 合式封口机：即使用缝线缝合包装容器的机器，多用于麻袋、布袋、复合编织袋等的封口。

4. 边式封口机：即用滚轮将金属盖与包装容器开口处相互卷曲勾合以封闭包装容器的机器。卷边式封口机又称封罐机，是罐头食品生产过程中的重要机械设备之一。

5. 滚压式封口机：即指用滚轮滚压金属盖使之变形以封闭包装容器的机器。

6. 旋合式封口机：即指通过旋转封口器材以封闭包装容器的机器。封口器材通常是带有螺纹的瓶盖或带有向内卷曲的盖爪的罐盖，以旋拧的方式旋紧在带有螺纹的瓶口或罐口上。

7. 结扎式封口机：即使用线绳等结扎材料封闭包装容器的机器。

（二）常见封口机

1. 手压封口机。

手压式封口机是常用且简单的封口机，其封合方法一般采用热板加压封合或脉冲电加热、封合。这类封口机多为袖珍形，造型美观，重量轻，占地小，适于放在桌上或柜台上使用。它由手柄、压臂、电热带、指示灯、定时旋钮等元件组成。该机不用电源开关，使用时只要把交流电源线插头插入插座，根据封接材料的热封性能和厚度，调节定时器旋钮，确定加热时间，然后将塑料袋口放在封接面上，按下手柄，指示灯亮，电路自动控制加热时间，时间到后指示灯熄灭，电源被自动切断，1s ~ 2s 后放开手柄，即完成塑料袋的封口，如图 7 – 16 所示。

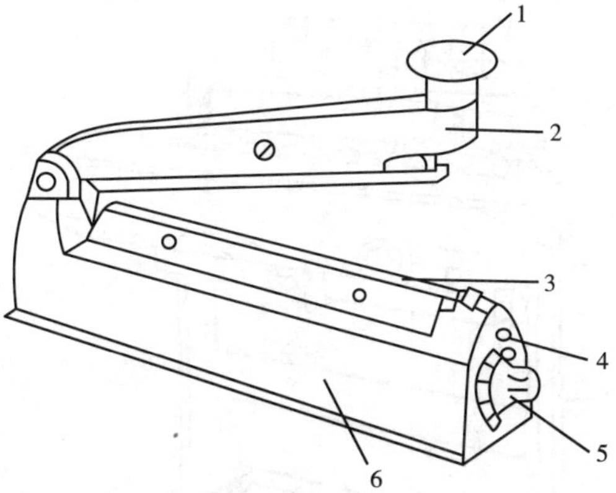

1. 手柄；2. 压臂；3. 电热带；4. 指示灯；5. 定时旋钮；6. 外壳

图 7 – 16　手压式封口机

2. 脚踏式封口机。

脚踏式封口机由踏板、拉杆、工作台面、上封板、下封板、控制板、立柱、底座等部分组成，脚踏式封口机与手压式封口机的热封原理基本相同，其显著的不同之处是采用脚踏的方式拉下压板。操作时双手握袋，轻踩踏板，瞬间通电完成封口，既方便，封口效果又好。该类封口机可采用双面加热，以减小热板接触面与薄膜封接面间的温差，提高封接速度和封口质量。有的还配有印字装置，在封口的同时可以打印出生产日期、重量、价格等。有些脚踏式封口机的工作台面可以任意倾斜，以适应封接包装液体或粉状物料的塑料袋，如图 7 – 17 所示。

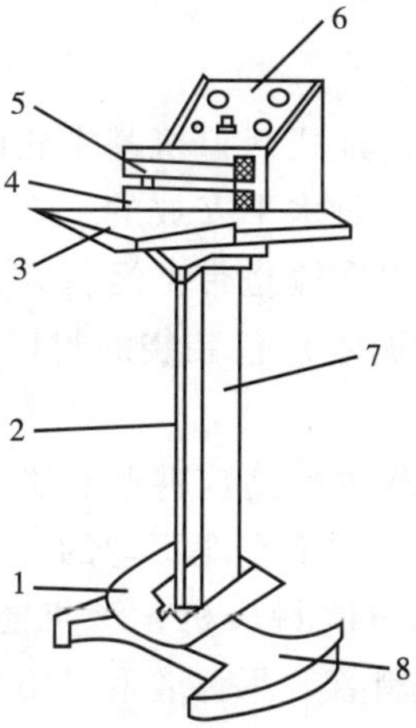

1. 踏板；2. 拉杆；3. 工作台面；4. 下封板；5. 上封板；6. 控制板；7. 立柱；8. 底座

图 7 – 17　脚踏式封口机

3. 落地式自动封口机。

落地式自动封口机主要由环带式热压封口器、传送装置、电气控制装置和落地支架等几部分组成。环带式热压封口器是完成塑料薄膜袋封口的主要部件，它的全部元件安装在一个箱形结构的框架上，整个装置固定在落地支架的后部，如图 7－18 所示。

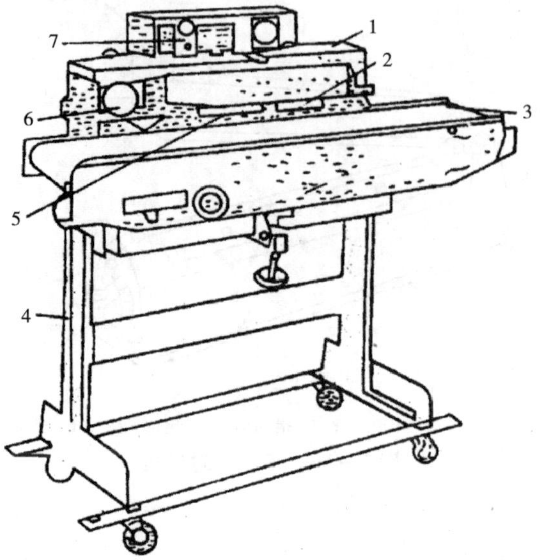

1. 环带式热压封口器；2. 加热块；3. 传送装置；4. 落地支架；
5. 冷却块；6. 滚花压字轮；7. 电气控制装置

图 7－18 落地式自动封口机

4. 卧式自动封口机。

卧式自动封口机的工作原理及结构形式与落地式封口机基本相同，不同之处是卧式封口机没有落地支架。卧式封口机体积较小，可放在桌上、柜台上或其他工作台上使用。其主要用于包装体积小的干燥物品。

5. 立式自动封口机。

立式自动封口机的工作原理与落地式封口机基本相同。其主要区别是在落地式自动封口机中，环带式热压封口器的带轮轴是水平安放的，而在立式自动封口机中，其带轮轴则是垂直安放的，这样可使包装袋直立在输送带上运行并进行封口，因此这种封口机可以用于内装物不能平放的（如液体、黏稠体）包装袋的封口。

6. 超声波封口机。

超声波封口机是一种投资费用较大，适应薄膜种类较多的热封设备。其常用于封焊塑料软管、铝塑复合管等较厚的材料，对于厚度不匀的材料也能取得较好的封口效果。塑料软管超声波封口机是常见的一种超声波封口机，该机能对直径 20mm～50mm 的塑料圆筒状软管（如牙膏管、化妆品管、饮料管、果酱管和药膏管等）进行超声波封口。软管超声波封口机主要由加料斗、超声波封头、回转台、箱体、超声波发生器等部件组成。回转台有 8 个工位：工位 1 灌装；工位 2 封尾；工位 3 切尾；工位 4 出管；其余各工位为插管。工作时工位 8 转台逆时针间歇回转，当塑料软管进入工位 1 时，红外线检测器发出信号，进行灌装；灌装后进入工位 2，经红外线检测后发出信号，封尾夹头闭合，即超声波发生，进行封尾；工位 3 将封合好的软管尾部裁切整齐，并使软管的长度一致；工位 4 将封合好的软管卸出，如图 7－19 所示。

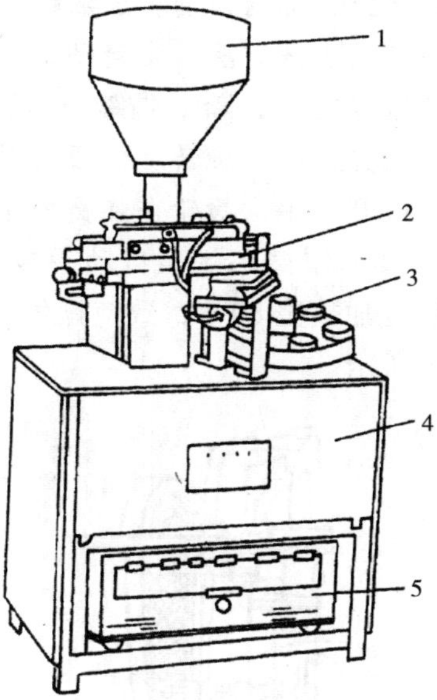

1. 加料斗；2. 超声波封头；3. 八工位回转台；4. 箱体；5. 超声波发生器

图 7－19　软管超声波封口机

7. 自动缝合机。

自动缝合机的外形主要由缝纫机头、线挑、机头支架、备用支架、输送带、脚踏开关等部件组成。某些自动缝合机在机头支架 4 上相对安装两个机头，一旦发生故障，转动支架即可更换机头，以免延误生产。在备用支架 5 的上方，安装一台称重装置，即可得到一个完整的称重兼封口设备。输送带的高度可以调整，以适应不同高度的袋子。

自动缝合机可用于缝合较重的包装袋，输送带的速度可调，能与各种包装生产线匹配，完成封口工作，如图 7－20 所示。

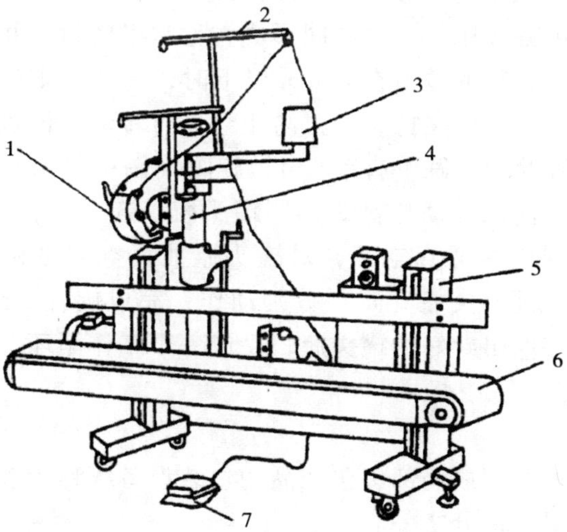

1. 缝纫机头；2. 线挑；3. 缝纫线；4. 机头支架；5. 备用支架；6. 输送带；7. 脚踏开关

图 7－20　自动缝合机

8. 半自动手扳热排封口机。

半自动手扳热排封口机首先热排，即封口前，加热罐头瓶及内容物，使瓶内空气密度减小，趁热封口，冷却后形成真空的工艺方法。半自动手扳热排封口机工作时，将已装罐加盖的罐头瓶置于旋转压头与托罐盘之间；踏下脚踏板，通过拉杆（链条）、转臂使压轮与压头一起下降，压头紧压罐头瓶并带动它旋转；手扳把手通过偏心作用使滚轮径向接触瓶盖完成头道、二道封口工序；放开把手，滚轮在弹簧力作用下离开瓶盖复位；松开脚踏板，压头上升复位；完成一次封口工作循环。半自动手扳热排封口机结构简单，价格便宜，但封口前需要将罐头中心温度加热至80℃，致使操作环境条件恶劣，破瓶率较高，真空度波动范围较大，如图7－21所示。

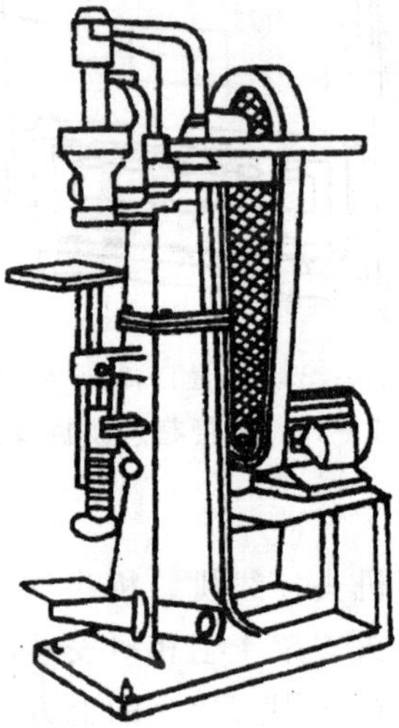

图7－21 半自动手扳热排封口机

9. 半自动旋合式封口机。

该机能对带瓶肩的罐头瓶进行真空封口。对瓶身与瓶口直径相差10mm以上的罐头瓶，封口时的密封容积由罐头瓶与机器共同形成，称为半密封，并靠摩擦力防止封口时罐头瓶旋转；当瓶身与瓶口直径的差值在10mm以下时，封口时则将罐头瓶置于机器的密封容积之中，称为全密封，并需要夹持瓶身，防止封口时转动。该机工作时将已灌装加盖的罐头瓶置于托盘2上的导筒内，踩下脚踏板4，旋阀（图中未示）打开，送进气缸3与真空管路接通，由真空气缸活塞推动托盘2连同罐头瓶一起上升，与机头1形成密封容积，此时真空气阀打开使密封腔接通真空源，对罐头瓶抽真空，并利用真空负压驱使夹盖气筒、旋盖气筒（全密封式还有夹瓶气筒）分别动作，完成旋合式封口，随即放松脚踏板，各部件自动复位，由人工取出封好的罐头瓶，完成一个工作循环，如图7－22所示。

四、裹包机械

用挠性包装材料进行全部或局部裹包产品的包装设备统称为裹包机械。裹包机械是包装机械行业中最重要的组成部分之一。

裹包机械适合于对块状，并具有一定刚度的物品进行包装。有些粉体和散粒体物品经过浅盘、盒等预包装后，可按块状物品进行包装。块状物品形状各异，有方形、圆柱形、

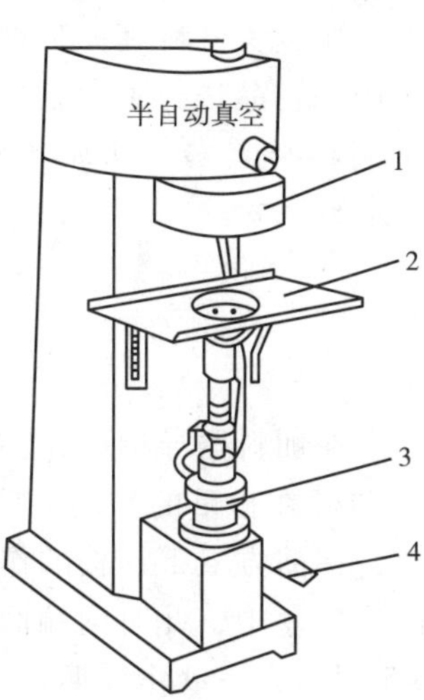

1. 封罐机头；2. 托盘；3. 送进气缸；4. 脚踏板

图 7-22 半自动旋合式封口机

球形等，可以是单件物品，也可以是若干件物品的集合。如糖果、香皂、方便面为单件裹包，旅行饼干、火柴等排列组合后则为集合裹包。另外，香烟盒、茶叶盒等外表也可进行裹包包装。用于裹包的挠性材料有多种，常用的有纸、玻璃纸、单层塑料薄膜及复合材料等。由于新型透明裹包材料（玻璃纸等）的出现，使许多新型裹包机及相关机械得到了发展，这些新型机械具有高速、高效，对包装物品尺寸的变化有较大的适应性等特点。

（一）裹包机械的分类及特点

裹包机械种类繁多，功能结构各异，按包装成品的形态可分为全裹包机和半裹包机。按裹包方式则可分为折叠式裹包机、接缝式裹包机、覆盖式裹包机、扭结式裹包机、拉伸式裹包机、缠绕式裹包机、贴体包装机、收缩包装机等。目前主要是按包装方式来分类，各类裹包机的特点如下。

折叠式裹包机是用挠性包装材料裹包产品，将末端伸出的包装材料按一定的工艺方式进行折叠封闭。通常为长方体物品的裹包，包装后外观规整，视觉效果好。

接缝式裹包机是用挠性包装材料裹包产品，将末端伸出的裹包材料按同面粘接的方式进行加热加压封闭、分切。接缝式裹包机通常是不间断地连续动作，工作效率较高。

覆盖式裹包机则用两张挠性包装材料覆盖在产品的两个相对面上，采用热封或粘合的方法进行封口。

缠绕式裹包机用成卷的挠性包装材料对产品进行多圈缠绕裹包。

拉伸式裹包机则使用拉伸薄膜，在一定张力下对产品进行裹包，常用于把集积在托盘上的产品连同托盘或浅盘一起裹包。

贴体裹包机将产品置于底板上，用覆盖产品的塑料薄片在加热和抽真空作用下紧贴产品，并与底板封合，使包装物品有较强的立体感。

收缩包装机用热收缩薄膜对产品进行裹包封闭，然后再进行加热，使薄膜收缩后裹紧产品，收缩包装机可再分为烘道式、烘箱式、柜式、枪式等多种。

裹包机械的共同特点是用薄型挠性包装材料（如玻璃纸、塑料膜、黏膜、各类复合膜拉伸膜、收缩膜等）将一个或多个固态物品进行裹包，广泛用于食品、烟草、药品、日用化工品、音像制品等产品的包裹。其种类繁多，功能各异，因而裹包机械的结构较为复杂，其调整、维修需要一定的技术水平。

（二）常见裹包机

1. 折叠式裹包机。

转塔折叠式裹包机，包装物堆放在加料器导槽中，供料推进器（链条型）将最底部的包装物品（包件）推送出去，其余包件在自重的作用下填补到下一位置。被推出的包件在推进过程中与切下的包装材料相遇，在前方上下挡板的作用下，包装材料成框形包在包件的三个平面上，一起被送入转塔的回转盒中，此时两端面的一角边被折叠。

转塔由间歇机构驱动，每转 45 度。为一动作周期，当转塔转动到 90 度铅垂位置作间歇停顿时，由两折叠爪完成长侧边的折叠和加热定型，下一动作周期转到 135 度位置，进行加热粘合，至此，长侧边的折叠塔接粘合已经完成。转塔转到 180 度时，转塔再次停顿，此时包件已调头，两卸料杆将包件从转塔中卸出，由排料推进器送往端侧面折叠装置进行侧面折叠热封。首先折叠两端面的另一短角边，随着包件被推进，包件端面的上边被折叠，接着下边也被折叠，至此折叠全部完成。其后是侧面热封，转向叠放，最后由输送带送出，从而完成整个包装过程。

提升折叠式裹包机，包装物置于供料输送带上被推进，碰到行程开关后，提升机构动作，将包件提升。在提升过程中，横跨于上方的包装膜被切下，而覆盖在包件上，在继续上升的过程中由于通道的作用使包装膜折叠左右两侧面，上升到位后，折叠架从右向左移动，折叠右底侧的包装膜端部，同时折叠前后靠右侧的两边，并继续向前推进，利用前面的挡板折叠左底侧的另一端部，将包件全部推于平移通道后折叠架返回。在下一个包件完成上述动作后，前一包件被后一包件向前推进作前后两侧面上端折叠，再下一动作折叠前后两侧面的下端，至此折叠全部完成。随后进行两端面及底面的加热封口，最后送出，从而完成整个包装过程。折叠式裹包机通常采用无级调速。

折叠式裹包机折叠裹包的对象是长方体物品。折叠式裹包机类型很多，且适应性较广，折叠式裹包机选用时，首先应根据包装物品的大小及所需包装材料来选择包装规格，适用材料可满足要求的、选用包装工艺（即折叠、封口等）与所需要求一致或相近的、进出包装物与上下工序能基本配套相接的、包装速度能满足要求的机型。

2. 接缝式裹包机。

典型接缝式裹包机，进料填充部分由等间距推料器构成的封闭链环组成，工作时作匀速直线运动，将被包装物品按包装周期，规律地送入成型器，完成裹包动作。供膜成型部分由薄膜安装架、输送辊筒组一、日期打印系统、成型器组成。片状包装薄膜随主机下膜辊筒、牵引轮作匀速运动，通过输送辊筒组，完成定点日期打印，同时自动调节包装材料在分切卷筒时产生内应力所造成的张力不均，进入成型器后实现对物品的裹包成型。机架结构是包装机的主体，是根据不同规格、型号包装机的具体要求而设计的框架。主机各部分通过机架组合成完整的机械设备，同时也是主机动力传动系统的支承基体。动力传动系统是包装机主电机的动力和运动向各执行部件、运动部件传递动力的机械传动系统，主要由皮带轮、凸轮、链轮副、齿轮副、差动机构、机械无级调速机构等机械零部件组成。动作执行部分包括纵向封口机构和横向封口机构，该部分是包装机的核心，其工作质量的好坏是衡量接缝式裹包机性能质量最主要的依据。成品输出部分包括输出平皮带和排包毛刷，输出皮带的线速度一般为主机包装线速度的1.5～2倍。电气控制部分是包装机运行的控制系统，其功能强弱是包装机自动化程度的重要标志。电气控制部分包括控制面板（或控制屏幕）、主电机控制系统、纵横向封口温度控制系统光电跟踪控制系统及各种显示、保护控制系统。

接缝式裹包机适合于各类固定形状物品的单件或多件的连续枕形包装。根据不同的包装要求，可进行普通包装、带托盘包装、无托盘集合包装等。所用的包装材料可以是各类复合膜，也可以是PE、PVC等热收缩单膜。目前接缝式裹包机已广泛应用于流通中不同物品的包装。在选用时关键要根据自身产品的包装特征来选取适用的包装机，还要考虑包装生产能力、尺寸规格、企业环境条件以及性能价格比。

五、贴标机械的运用

（一）贴标机的组成

贴标机的主要作用是采用粘结剂将标签贴在包装件或产品上。贴标机基本由供标装置、取标装置、打印装置、涂胶装置及连锁装置等几部分组成。

供标装置的作用主要是在贴标过程中，将标签纸按一定的工艺要求进行供送。它通常由标仓和推标装置所组成。常见的供标装置有几种形式：①滑车式，标盒设计成倾斜的，推标时，倾斜角和滑车的重量决定了对标签叠层的推动力。②重锤式，标盒是水平的，推标压力决定重锤重量，补充标签时需停机，多适用于立式贴标机。③杠杆式，其标盒竖立，从顶面供标，供标力决定于平衡重锤的大小，随着标纸的减少，推标盘自动上升，适用于卧式贴标机。④弹簧式，推标压力为弹簧的弹力，它是变化的，当标签叠层较厚时，压力就大，反之则小。弹簧可采用盘形弹簧，补充标签时也需停机，适用于立式贴标机。

取标装置根据取标方式不同有真空式、摩擦式、尖爪式等不同形式。

打印装置主要作用是在贴标过程中在标签上打印产品批号、出厂日期、有效日期等数码，根据打印的方式不同有滚印式和打击式两种。

涂胶装置有多种多样，其作用主要是将适量的粘结剂涂抹在标签的背面或取标执行机构上。它主要包括上胶、涂胶和胶量调节等装置，通常有盘式、辊式、泵式、滚子式等不同形式。联锁装置设置的主要目的是保证贴标效能和工作的可靠性，可实现“无标不打印”“无标不涂胶”，一般有机械式和电气式两种。

（二）常见贴标机

JDZ48C－A型直线式真空贴标机是以一台利用真空手段取送标志，机电控制的多功能半自动贴标机械。它广泛用在圆柱形容器的贴标工序中。该机采用电光开关、干簧管开关作为信号输出开关，可以自动取标、自动打印、自动贴标、自动计数。设置有容器输送控制装置、无级调速装置、机构间互锁装置，做到了无瓶不送标、无标不打印、无标不涂胶。整机结构紧凑，占地小，动作灵活，反应速度快，安全可靠，噪声小，无尘埃污染。

JDZ48C－A 型直线式真空贴标机主要由输瓶带、螺旋进瓶器、标签盒、涂胶装置、贴标转鼓、取标转鼓、印码机构、烫平装置、传动装置、电动机、机架。取标及传标工作皆由真空转鼓完成，瓶子在贴标工作过程中始终沿直线运动。

贴标机首先分两条线工作：其一，瓶子的输送，瓶子由链板输送到贴标机贴标位置；其二，标签的传送和加工，标签盒由曲柄连杆机构驱动的扇形摆动和由凸轮控制的前后移动的复合运动，当它摆到扇形轨道的中点时，正好前移到最远点与取标转鼓相切，由于取标转鼓内部抽成真空，真空度可以到 56kPa 以上，使取标块形成负压，从相切的标签盒中吸附一张标签，然后逆时针旋转，与印码机构上的号码辊相切着反向旋转，把出厂日期等印上。取标转鼓继续旋转，当它上面的取标块与贴标块相切时，取标转鼓与真空管路断开，释放标签，贴标转鼓则与真空管路接通，靠负压作用将标签吸附到贴标块上。当贴标转鼓顺时针转到其上的标签与涂胶装置的涂胶辊相切时，涂胶辊逆时针转动，把胶水涂到标签上。贴标转鼓再转，当其上的标签与变距螺杆送来的瓶子相切时，贴标转鼓与真空管路断开，标签被粘贴到瓶子上。瓶子再由套筒滚子链输送到滚压烫平装置上，将标签抹平、滚实，完成贴标的整个操作，最后，由链板输送出机外装箱。光电头发出信号使计数装置记数。在进瓶螺杆的首端装有一个光电控制开关，当无瓶时，发信号使电磁铁动作，制止标签盒的前后移动，使取标转鼓与标不涂胶，则将出现连锁动作，从而完善了整个机器的工作。

六、捆扎机械的应用

捆扎机械是利用带状或绳状捆扎材料将一个或多个包件紧扎在一起的机器，属于外包装设备。利用机器捆扎替代传统的手工捆扎，不仅可以加固包件，减少体积，便于装卸保管，确保运输安全，更重要的是可大大降低捆扎劳动强度，提高工效，因此是实现包装机械化、自动化必不可少的设备。

（一）捆扎机械的分类

按捆扎材料、自动化程度、传动形式、包件性质、接头接合方式和接合位置的不同，捆扎机械可演变成种类繁多的各式各样不同形式的设备。按捆扎材料，可分为塑料带、钢带、聚酯带、纸带捆扎机和塑料绳捆扎机；按自动化程度，可分为全自动、自动、半自动捆扎机和手提式捆扎工具；按包件类型，可分为普通式、压力式、水产式、建材用、环状物捆扎机；按接头接合形式，可分为热熔搭接式、高频振荡式、超声波式、热钉式、打结式和摩擦焊接式捆扎机；按接合位置，可分为底封式、侧封式一、顶封式、轨道开闭式和水平轨道式捆扎机。

目前我国生产的捆扎机基本上采用塑料带作为捆扎材料，利用热熔搭接的方法使紧贴包件表面的塑料带两端加压粘合，从而达到捆紧包件的目的。其分为机械传动和液压传动两大类，带端粘合位置一般为底封式或侧封式，分别有全自动、自动、半自动捆扎机。

（二）捆扎机的组成

由于包装件的大小、形状、捆扎要求不一样，捆扎机类型较多，但各种类型捆扎机的结构基本相似，主要由导轨与机架、送带、紧带机构、封接装置、控制系统组成，如图

7－23 所示。

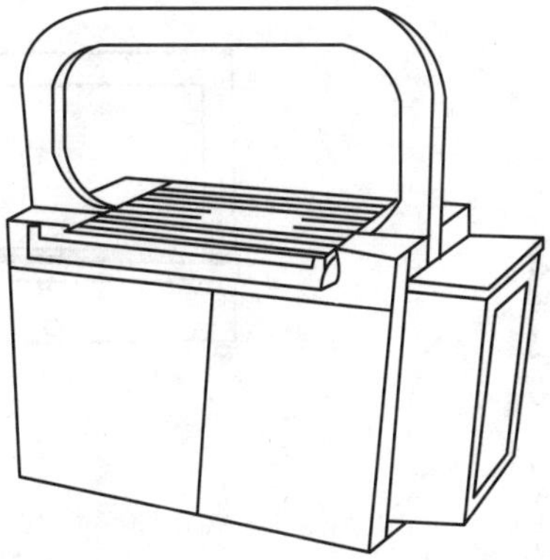

图 7－23　基本型捆扎机

1. 机架与导轨。

机架一般用角钢焊接而成，外面用钢板覆面，送带导轨位于机架上部，它由一条导槽和一些可以开启的叶片组成。带子的端部沿导槽滑动送进，因此，导槽内壁应光洁圆滑，以利于带子顺利滑动。导槽为活动式封闭结构，有让带子脱出的叶片，送带时可引导带子环绕物品一圈，退带时叶片被拉出的带子推开，再随后复位。

2. 送带机构。

送带机构包括带盘、预送轮、储带箱、送带轮等。它将带子自带盘中引送到导轨导槽内。一般分两步进行：先把带子由带盘送到储带箱，称为预送带，然后再送到工作部位，称为送带，两者交替进行。

3. 收带紧带机构。

收带由送带轮反转快速完成，由离合器控制使送带轮反转，使带子自导槽中拉出捆在包装件上，并产生一定的收紧力。而紧带则把带子进一步抽紧，使其紧捆住包装件。紧带机构一般包括紧带器和紧带调节器两部分。

4. 封接装置。

带子抽紧后，需将其接头固定。对于塑料带，一般利用热熔接方式进行封接。

5. 粹制系统。

基本型捆扎机的控制系统多用机械式，即由分配轴发出指令，由凸轮控制各执行机构，按工作循环要求依次进行动作。这种控制系统的动作可靠，结构较简单，应用广泛。

（三）常见捆扎机

1. 常用的机械式自动捆扎机，如图 7－24 所示。

（1）普通型捆扎机。该机是应用最为广泛的通用型自动捆扎设备，适宜于包件尺寸在 800mm × 800mm 以下的各类包件捆扎，多为单机使用。如需与生产线配套使用时，则工作平台须设计成带自动输送包件的自动传输装置，就能自动完成包件输送、捆扎等一系列动作，称为全自动捆扎机。这种机型的捆扎机结构紧凑，适应性强，送退带轨道机构置于工

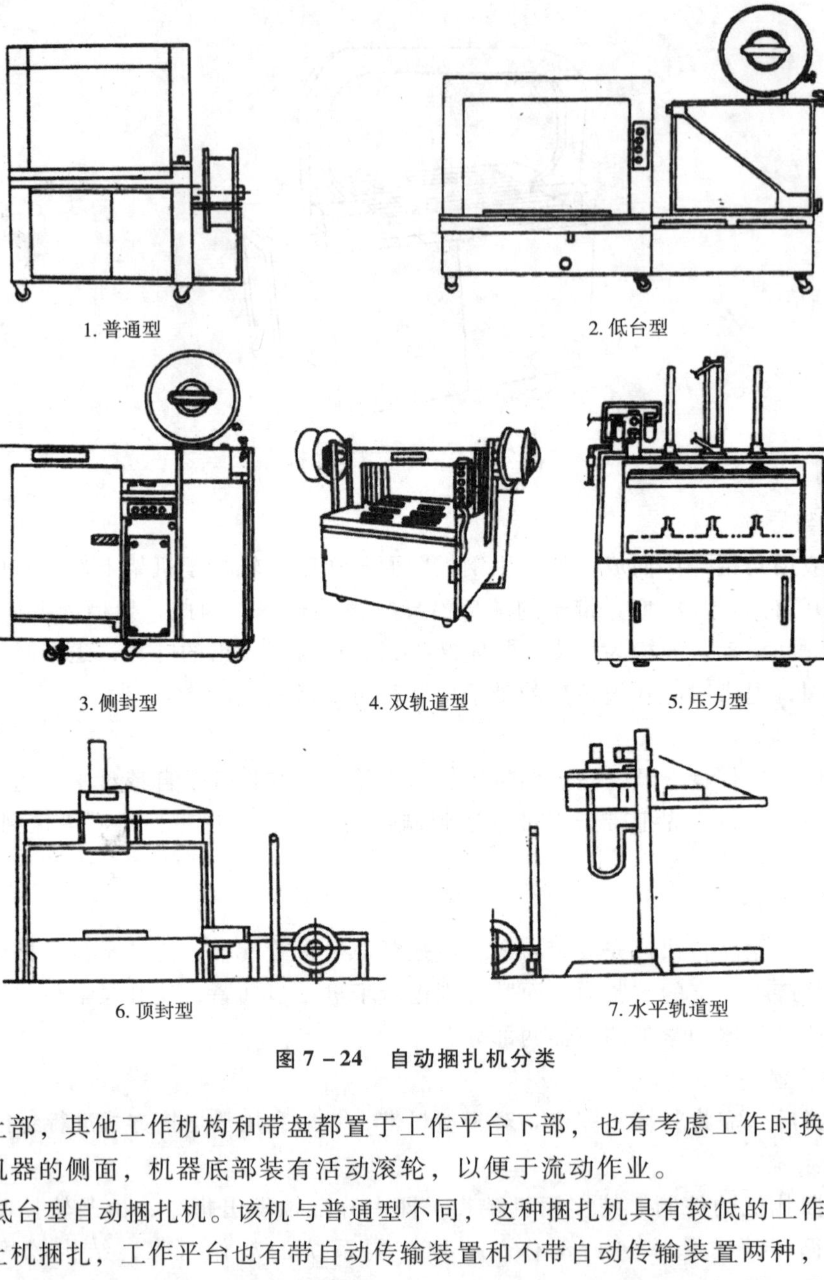

图 7－24　自动捆扎机分类

作平台的上部，其他工作机构和带盘都置于工作平台下部，也有考虑工作时换带方便，将带盘置于机器的侧面，机器底部装有活动滚轮，以便于流动作业。

（2）低台型自动捆扎机。该机与普通型不同，这种捆扎机具有较低的工作平台，便于大型包件上机捆扎，工作平台也有带自动传输装置和不带自动传输装置两种，其带盘和储带箱均置于机器的侧面，以方便带盘的装卸，该机适宜于大型包件的捆扎，最大捆扎尺寸（高×宽）可达 2 000mm×2 000mm。

（3）侧封型自动捆扎机。该机为适应带托盘包件和特大包件的捆扎，考虑到托盘结构的特点和尽可能降低工作台面，将机器的传动机构和封缄机构配置在轨道的侧面，使捆扎带的烫合接头处于包件的侧面而不是普通型捆扎机的包件底面，保证捆扎的有效性，这犹如将低台型捆扎机转动 90 度，就成了侧封型自动捆扎机，其基本结构与普通型和低台型相同。

（4）双轨道型捆扎机。该机可谓高效率型机器。将两套相同的轨道机构（送退带机构或封缄机构等）配置在同一台机器的工作平台上，使之在同一捆扎周期内同时捆扎两道，通过同步捆扎，达到提高工效、减少机器占地面积的目的。

（5）压力型捆扎机。该机适用于比重较小而体积较大的包件，如棉毛纤维制品，为减少包件体积，通过轨道顶部的预压装置，将置于工作平台的包件先进行压紧，然后再进行捆扎，根据包件的不同要求，压紧力可以调节，最大压紧力可达 2 000 千克。

（6）顶封型自动捆扎机。该机是为了适应带托盘包件和特大型包件的捆扎，将机器的传动机构和封缄机构配置在轨道的顶部，当捆扎时，封缄机构连同轨道顶部上轨道一起下移与包件顶面接触，然后退带拉紧，切烫粘合，完成捆扎动作。而侧封式捆扎则往往由于包件通过工作平台传输系统至捆扎位置时，其侧面难免与侧置的封缄机构有一距离而影响捆紧程度，对于较轻包件还可以用人工将包件推向封缄机构使之贴近，但对于重包、大包就无法推动。

（7）水平轨道型自动捆扎机。上述几种捆扎机械都是在上下高度方向对各类包件进行捆扎，其捆扎带的接头或在底部，或在侧面，或在顶部，而对于需要在不同高度处在水平方向对包件进行捆扎时就无能为力了。如由不同大小的包件堆垛在一起的大型集装包件，除需要在上下方向捆扎外，在水平方向也要进行加固捆扎，这就需要水平轨道式自动捆扎机，这种机器的封缄机构和水平轨道一起可以上下移动并自动定位，工作时封缄机构的烫合部件能自动伸出贴在包件表面，以确保足够的捆紧力。

2. 常用的机械式半自动捆扎机，如图 7－25 所示。

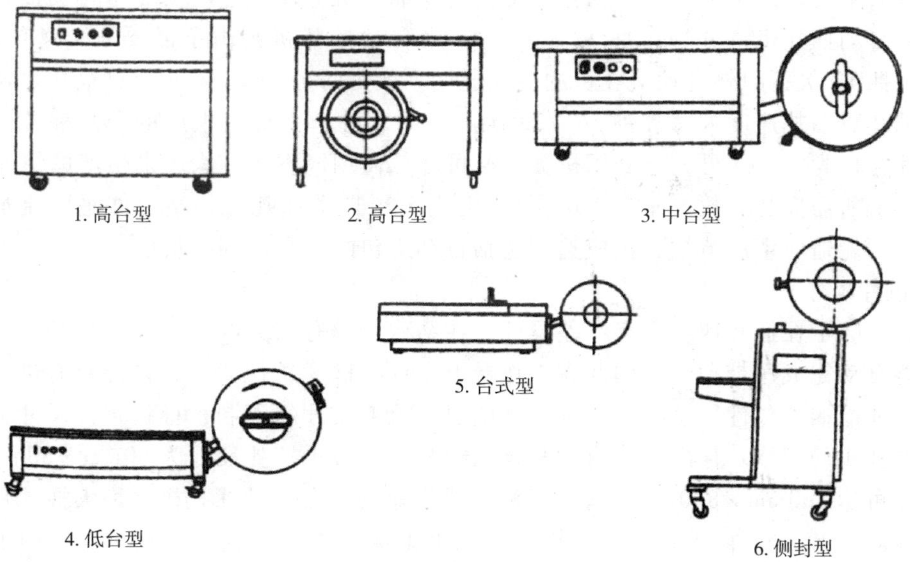

图 7－25　半自动捆扎机分类

（1）高台型半自动捆扎机。该机的工作台面高度在 700～900mm，工作时包件置于工作台面，塑料捆扎带端粘合位置在包件底部，即底封式，机器所有工作机构都置于机架上部，下部为带盘及制动机构。机架四周有封闭式和敞开式两种。封闭式机架的两侧面有门，以方便带盘的装换和维修，其外观比较庄重美观；机架敞开式比较简易、直观，从外形看就像桌子，装换带盘和维修更为方便。目前，国内外生产的多为机架封闭式，操作时以站立工作为宜，适于体积和重量都较大的包件捆扎。

（2）中台型半自动捆扎机。该机的工作台面高度在400～500mm，适宜体积大而重量不大的包件捆扎，操作时可站立或坐着工作。带盘机构置于机器右侧，装换带盘非常方便，但机器的占地面积较大。

（3）低台型半自动捆扎机。该机与中台型相同，只是工作台面更低，一般在350mm以下，适宜于体积和重量都较小的包件捆扎。因工作台面过低，操作时须坐着工作。

（4）台式型半自动捆扎机。该机属微型捆扎设备，可放在桌面上或支架上工作，故也称为桌上型，采用带宽为5～6mm的捆扎带，适宜小型包件，如邮政、印刷、书刊、商业等行业的包件捆扎。

（5）侧封型半自动捆扎机。该机与上述四种半自动捆扎机不同的是：侧置型的捆扎机带端粘合位置在包件侧面，相对于机器来讲，其封缄机构、传动机构等均配置在包件的侧面位置。当捆扎带粉尘的、易腐蚀的或瓶装液体等包件时，可防止包件渗漏而损坏机器零部件。

（四）捆扎机械的选用

捆扎机械品种多样，在选用时一般主要考虑以下因素。

1. 包件批量。

为了尽可能提高机器的利用率，降低使用成本，首先应根据包件数量和所需捆扎的包件捆扎道数来确定选用机器的自动化程度。自动捆扎机的捆扎速度要比半自动捆扎机快得多，国产自动捆扎机每分钟可捆12～30次，半自动捆扎机则由于需要人工送包件捆扎，每分钟可捆12次；国外自动捆扎机的捆扎速度一般为每分钟24～34次，最快可达62次，半自动捆扎机捆扎速度为每分钟14～33次。因此，对于小批量生产的产品捆扎，以选用半自动捆扎机为宜，既可充分利用机器，又可降低使用成本，在大中批生产的情况下（一般推荐每班所需捆扎次数大于2 000次），则应选用自动捆扎机，当包件是以流水线形式生产时，为能适应生产节拍，则应选用包括自动送包的全自动捆扎机。

2. 包件尺寸。

捆扎机除了在捆扎速度上存在差异外，在结构上也有很大的区别。全自动和自动捆扎机由于能自动完成送带动作，因此在工作台上设计有框形送带轨道，包件只有进入送带轨道下部，才能捆扎包件，这样，包件大小就要受轨道尺寸的限制，根据包件尺寸大小来确定选用捆扎机的规格。标准型全自动和自动捆扎机，最小捆扎尺寸为50mm×80mm，最大捆扎尺寸可达800mm×800mm，适用于流水线作业的低台自动捆扎机，最大捆扎尺寸已达1 800mm×1 000mm。而半自动捆扎机是利用手工穿带进行捆扎的，在机器结构上不存在送带轨道，最大捆扎尺寸可不受限制。捆扎机的主要作用是为了防止物品的散落和丢失，便于运输和保管，用捆扎带捆扎包装件，完成捆扎作业。捆扎机应用范围十分广泛，几乎应用于所有行业的产品包装中。

3. 维修能力。

机器设备在工作过程中必然存在维修、保养和更换易损件等问题，由于全自动和自动捆扎机的控制系统和结构都比较复杂，要求使用者有一定的维修技术能力，以确保机器能在正常状况下工作。反之，半自动捆扎机的结构较为简单，操作方便，对使用者的要求相应就低。

4. 捆扎材料。

目前我国生产的各类捆扎机均属中小型包件捆扎用机，品种比较单一，基本上都是选用宽度为10～3.5mm的聚丙烯塑料带（pp带）作为捆扎用带。对于体积较小、重量较轻的包件，也有选用宽度为30mm的中空聚乙烯塑料筒绳作为捆扎用带的塑料绳捆扎机。以上两种捆扎机的使用已较为普遍，适应性较强，并已具有大批量生产的能力。对于沉重大件的捆扎，则可选用钢带捆扎，但目前钢带自动捆扎机在我国未能批量生产，故只能选用手提式钢带捆扎工具。

第四节　物流包装技术发展趋势

一、绿色包装技术

截至2019年5月，据国家邮政局统计，过去8年间，中国快递包裹量一直以年50%的增速增长着。到2025年，全年包裹数量有可能突破3 650亿件，物流市场规模也将突破万亿元。在如此庞大的数量面前，环保物流的实施是迫在眉睫。随着时代的发展，环境保护问题越来越受到重视，现代物流在对商品的包装上要充分考虑包装材料的可回收、易降解性，要充分考虑“环境友好”使包装在生产及使用过程中不会对人体造成危害，且要符合节约资源的宗旨，只有从节约现有资源的渠道开展环境保护，才能真正地从源头上进行环境的保护。绿色包装是实行绿色物流的前提条件。

（一）绿色包装概念

绿色包装（green package）起源于1987年联合国环境与发展委员会发表的《我们共同的未来》中，到1992年6月联合国环境与发展大会通过了《里约环境宣言》《21世纪议程》，全世界范围内掀起了一个以保护生态环境为核心的绿色浪潮。能够循环复用、再生利用或降解腐化，且在产品的整个生命周期中对人体及环境不造成公害的适度包装，称为绿色包装。绿色包装最重要的含义是保护环境，同时兼具资源再生的意义。简而言之，第一，包装减量化；第二，包装应易于重复使用或易于回收再生。

国际上对绿色包装概括为“4R1D”：实行包装减量化（reduce），即包装在满足保护、方便、销售等功能的条件下，应尽量减少用量；包装应易于重复利用（reuse）；易于回收再生（recycle），包装废弃物可以降解腐化（degradable），这是现阶段发展绿色包装材料最切实可行的一步，是一种最积极的废弃物回收处理办法。目前使用的聚酯饮料瓶、奶瓶、玻璃制的啤酒瓶都能重复利用多次。无法重复利用的就尽可能地分解，融化重新成型；包装材料对人体和生物应无毒无害，包装制品从原材料采集、材料加工、制造产品，产品使用、废弃物回收再生，直到最终处理的生命全过程均不应对人体及环境造成公害。前面四点应是绿色包装必须具备的要求。通常绿色包装由两个要素：绿色包装设计和绿色包装材料。下面主要对绿色包装材料进行介绍。

（二）常用绿色包装材料

日常生活中常用的绿色包装材料主要有塑料类、纸和纸板类、金属类及玻璃和竹木类天然材料。

1. 绿色包装塑料。

（1）生物降解塑料。

生物降解塑料指在自然界条件下（如土壤、沙土、海水等），或特定条件下（如堆肥化条件、厌氧消化条件或水性培养液等），由微生物作用（如细菌、霉菌、真菌和藻类等）引起降解，并最终完全降解变成二氧化碳、水、甲烷、矿化无机盐和新生物质的塑料。理想的生物降解塑料是一种具有优良的使用性能、废弃后可被环境微生物完全分解、最终被无机化的高分子材料。

生物降解塑料由于具有良好的降解性，主要用作食物软硬包装材料，这也是现阶段最大的应用领域。生物降解塑料主要应用形式是包装薄膜、袋和一次性塑料餐具。相比传统塑料包装材料，新型降解材料成本稍高。但是随着环保意识的增强，人们愿意为保护环境而使用价格稍高的新型降解材料，环保意识的增强给生物降解新材料行业带来了巨大的发展机遇。

（2）光降解塑料。

光降解塑料是指在阳光中紫外线和添加的诱发剂的作用下可发生光化学反应，大分子链逐步裂解成小分子最终分解成二氧化碳和水的塑料。若失去光照或光照强度不够，则停止降解或降解速度很慢。光降解材料主要应用在食品、饮料瓶、购物袋等短期应用的领域。光降解塑料应用范围不广，仅应用在光照充足的环境中。另外，相当部分的光解材料不能被完全分解，生产过程中添加的光引发剂多是有毒物质，对人体及环境也会产生危害。

（3）双降解塑料。

双降解塑料是添加了生物降解剂和诱发光化学反应的可控光降解的光敏剂，具有光和生物双重降解功能，可完全降解的塑料。双降解塑料是目前绿色包装材料的开发热点之一，制备方法是在通用高分子材料（如 PE）中同时添加光敏剂、自动氧化剂等和作为微生物培养基的生物降解助剂。该类材料将逐渐代替光降解和生物降解两类材料的用途。

2. 绿色包装纸材料。

纸浆模塑是一种废纸再生利用的新技术。它以废纸为原料，在模塑机上由特殊的模具塑造出一定形状的纸制品。它具有四大优势：原料为废纸，包括板纸、废纸箱纸、废白边纸等，来源广泛；其制作过程由制浆、吸附成型、干燥定型等工序完成，对环境基本无害；可以回收再生利用；体积比发泡塑料小，可重叠，交通运输方便。纸浆模塑制品是用于包容和限制被包装物的固体容器，服务于商品的流通储运等环节，即主要应用于商品的运输包装。

纸浆模塑，除作餐盒、餐具外，更多做工业缓冲包装，发展十分迅速。其包括蛋盒、蛋托、水果托、花盆、一次性医用便盆等，如图 7－26 所示。它是以废纸为原料、添加部分防潮剂（硫酸铝）或者防水剂，然后根据不同的用途制成各种形状的模型制品，用来作为鸡蛋、水果、精密器件、易破易碎的玻璃、陶瓷制品、工艺品等的包装，有良好的缓冲保护性能。

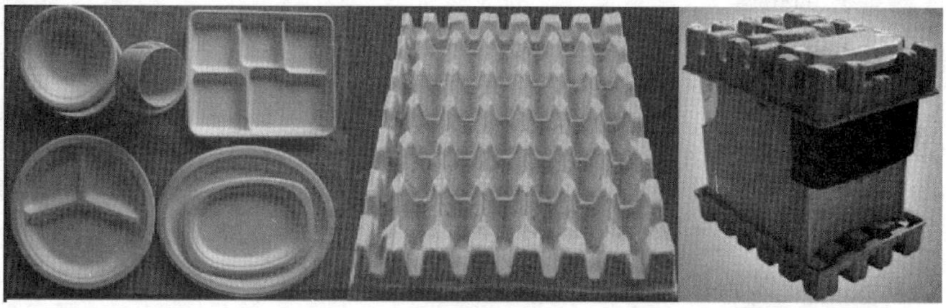

1. 餐具　　2. 蛋托　　3. 精密仪器包装

图 7－26　几种常用模塑包装

纸浆模塑制品是近几年迅猛的新型包装材料，是木材的优良替代品。纸浆模塑制品采用“原料打浆—配料—模压成型—烘干—定型”的制造工艺。由于在模压成型后，工件上留有大量的水分（55%～60%），最终制品的含水率为12%～14%，因此，在工件的烘干过程中要脱去约占工件重量一般的水分，这部分水分全部要靠吸收热量变成水蒸汽脱去。由于烘干过程发生了相变，能耗非常大，纸浆模塑制品加工成为高能耗产品。

3. 金属包装材料。

金属属包装是指用金属薄板制造的薄壁包装容器。它广泛应用于食品包装、医药品包装、日用品包装、仪器仪表包装，工业品包装、军火包装等方面（见图 7－27），比一般包装抗压能力更好，方便运输，不易破损，其中用于食品包装的数量最大。金属材料回收、处理易，环境污染较小；优良的力学性能和阻隔性能，综合保护性能好；外观美观；易自动化生产。

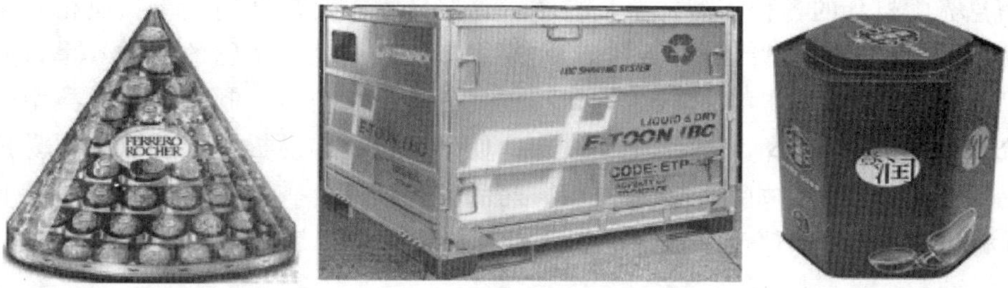

1. 巧克力　　2. 贵重机械　　3. 茶叶

图 7－27　几种常见的金属包装

4. 玻璃包装材料。

玻璃包装材料是指用于制造玻璃容器，满足玻璃产品包装要求所使用的材料。越来越多的装饰倾向于玻璃包装，除酒瓶之外，对于饮料、化妆品等。玻璃包装材料具有多方面的优点：

（1）玻璃包装材料具有良好的阻隔性能，可以很好地阻止氧气等气体对内装物的侵袭，同时可以阻止内装物的可挥发性成分向大气中挥发；

（2）玻璃包装材料可以反复多次使用，可以降低包装成本；

（3）玻璃包装材料能够较容易地进行颜色和透明度的改变；

（4）玻璃包装材料安全卫生、有良好的耐腐蚀能力和耐酸蚀能力，适合酸性物质

（如果蔬汁饮料等）的包装。

二、智能化包装技术

物流信息化发展和管理的一个基础条件就是包装的智能化。在物流活动过程中，信息的传递大部分是包装来携带的。也就是说，如果包装上信息量不足或错误，将会直接影响物流管理中活动的进行。随着物流信息化程度提高，包装上除了标明内装物的数量、重量、品名、生产厂家、保质期及搬运储存所需条件等信息外，还应粘贴商品条形码、流通条码等，以便实现电子数据交换。智能化的信息包装是形成物流信息化管理的有利媒介。

目前，智能包装技术在世界各国的应用还刚刚开始，有些技术还处于实验和研究阶段。国际流行的智能包装，按照其技术的特点可分为：防伪包装、功能材料型智能包装，功能结构型智能包装，信息型智能包装等。

（一）防伪包装技术

防伪包装技术是以产品包装为载体，用于保护商品使其难以被伪造的一类特殊技术。防伪包装技术是指在商品包装过程中对制作假冒伪劣商品的行为能起到一定遏制作用的一系列技术手段，是一种借助于包装的各种技术要素，防止商品在流通与转移过程中被人为地、有意识地窃换和假冒的技术与方法。利用包装技术防伪是目前大多数生产厂家采用的主要防伪措施。从总体来看，防伪包装技术集中于以下几个方面：光学防伪技术、油墨防伪技术（化学防伪）、防伪标识、特种材料与工艺、包装结构。

1. 光学防伪技术。

目前光学领域防伪的主要技术手段是利用薄膜干涉效应的多层介质膜结构、光栅结构和利用信息光学概念的各种类型的全息技术。这些技术主要是利用光与物质相互作用时产生的散射、反射、透射、吸收和衍射等基本规律，以获得某种特殊的视觉效果，从而达到识别产品真假的目的。如拆封拉线，拆封拉线是一种包装辅料，制作在薄膜类型的包装膜上，在光滑的薄膜包装上，突出一个小线头，使薄膜包装容易拆封，所以也叫易拉线。许多的产品需要用到拉线，如香烟、口香糖、药品、化妆品、香水、食品等许多行业，如图 7 – 28 所示。易拉线可以使产品密封、容易打开包装，又能起到防伪的作用。

1. 香烟　　2. 香水　　3. 身份证上的长城图案

图 7 – 28　几种常见的光防伪包装

2. 油墨防伪技术。

油墨防伪技术又称为化学防伪，通过印刷工艺步骤，使印品获得具有携带特殊功能的机密信息，如光致变色、热致变色及荧光油墨等。褪色机理有两个：一是使用遇褪色灵就能褪色的颜料，如一些盐基性染料等；二是使用遇到褪色灵或其他一些化学物质就能变色的连结料如联苯酚等。两种方法都能得到比较满意的效果。

在防伪油墨中加入荧光材料，其防伪包装的效果会更好。如紫外荧光油墨印刷后在印刷底材上看不到任何痕迹，在紫外灯下能显示出所需要的颜色、文字、图案。有红、黄、蓝、草绿等10多种颜色，如图7－29所示。因表面看不到任何印刷过的痕迹，故也叫无色荧光油墨和隐形油墨。现在市场上大多产品防伪都使用该类作为防伪手段。为了克服紫外荧光防伪时需要检测设备缺陷，出现了日光变色油墨，在印刷后不需要检测仪器，原本无色在太阳光或长波紫外光的照射下呈现颜色，撤离光源后能还原为无色，变化过程可逆。其合成工艺复杂，具有很大技术难度，标记在日光或验钞器照射下2～5秒后由无色（浅色）变为绿色、红色、紫色或蓝色，如图7－30所示。

颜色	紫外灯下效果
无→红	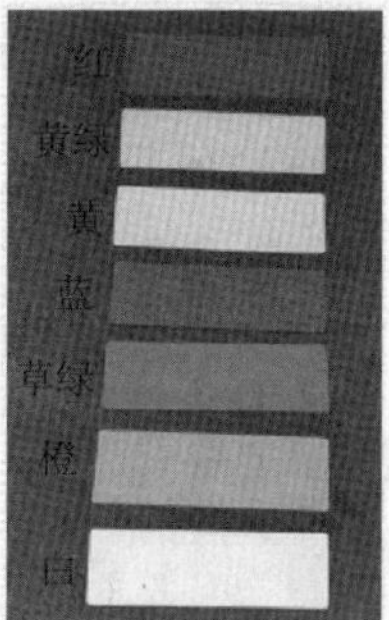
无→蓝	
无→黄绿	
无→草绿	
无→黄	
无→橙	
无→白	
无→黑	

图7－29　紫外荧光油墨防伪色变图

图7－30　日光油墨防伪色变图

3. 隐形标识系统。

隐形标识系统包括使用特殊机能的防伪油墨印刷的标志、计算机形成的图案和食品中添加生物抗体3大类。隐形防伪在保持表面画面原貌的基础上，充分运用数码科技，把防伪信息隐藏在各种视觉画面中防伪标识、图像可通过特制的检验片显示，如滴水消失标签、数码防伪标签、RFID防伪标签等。

（1）滴水消失标签是利用增加印刷油墨和的制版工艺来实现，将文字或者图案隐藏，只能借用水滴，水滴和油墨相互发生反应达到效果，如图7－31所示。滴水油墨——该墨的表面颜色为白色，遇水后变成透明，水干后又恢复为白色，遇水变色油墨（湿敏油墨）分可逆消色和不可逆湿敏扩散两种。主要应用于保健品、药品包装、食品包装、汽配、医药、电器、音像制品、数码产品等行业。

（2）数码防伪标签就是指入网的产品设置的编码，这一编码储存在中心数据库中，同时在建立起电话（手机或网络）查询鉴别网络。其特征：需拨打电话或上互联网，输入商品上的编码，即可知道产品的真伪，如图7－32所示；应用：适应各行各业，主流防伪应用产品，价格便宜，防伪查询方便。

（3）RFID防伪标签是将微芯片嵌入产品当中，利用智能电子标签来标识各种物品，这种标签根据RFID无线射频标识原理而生产，标签与读写器通过无线射频信号交换信息，

图 7－31 滴水消失标签

图 7－32 数码防伪标签

与传统条形码技术相比，RFID 可以节省更多的时间和人力、物力，降低生产成本，提高工作效率，正被越来越多的人认为是条形码技术的取代者，如图 7－33 所示。已经被广泛地运用到医疗、图书馆、商场、高端白酒以及防伪溯源等。

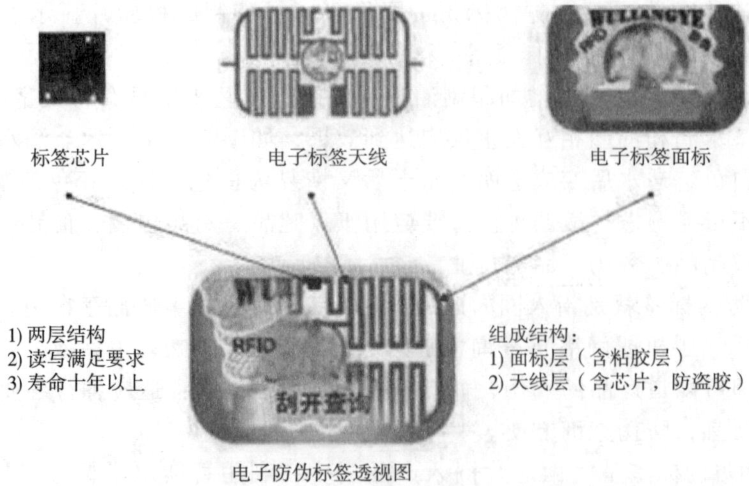

图 7－33 RFID 防伪标签

4. 特殊包装结构。

一次性使用的包装容器一旦被开启即自行报废，且不能重复使用，以防止“真瓶装假酒”一类的伪造，有时也把这种防伪方式称为破坏性防伪包装。此外，食品饮料中大量使用防窃式包装也具有一定的防伪功能，可以防止偷换与掺假。还有的是将容器设计得比较复杂，使人难以假冒，或在容器结构方面和制造工艺方面加入自己公司的技术秘诀。

（二）功能材料型智能包装

材料智能型包装是指通过应用新型智能包装材料，改善和增加包装的功能，以达到和完成特定包装的目的。目前，研制的材料型智能包装，通常采用光电、温敏、湿敏、气敏等功能材料，对环境因素具有“识别”和“判断”功能的包装。包装材料复合制成，它可以识别和显示包装微空间的温度、湿度、压力以及密封的程度、时间等一些重要参数。这是一种很有发展前途的功能包装，对于需要长期贮存的包装产品尤为重要。

1. 变色材料包装。

变色材料包装是指在包装上应用变色材料，如光敏变色材料、温敏变色材料、电敏变色材料、气敏变色材料等，使包装在受到光、电、温度、压力、溶剂以及化学环境等特定外界激发源作用时，通过颜色的变化来作出反馈，可以实现包装的图案显示、信息记录、警示提醒、美化装饰、防伪安全、互动娱乐等功能。如图 7－34 所示北京大学发明的判断牛奶保质期职能变色标签。根据北大研究员的设计，当标签为红色或橙红色时，表明产品 100% 新鲜；但随着时间的推移，标签会逐渐变成橙色、黄色，当达到绿色、蓝色、紫色时，也就意味着 100% 变质。

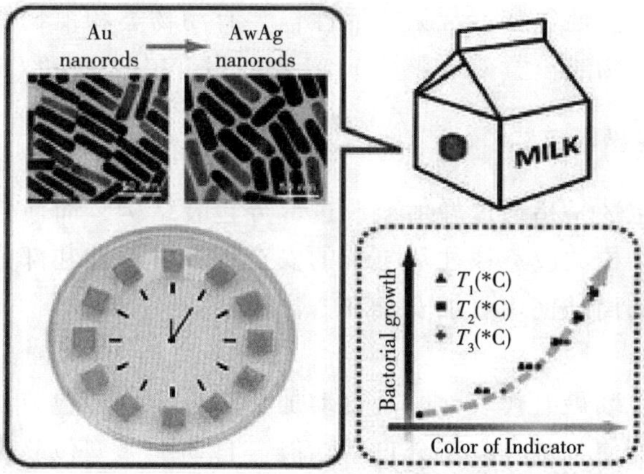

图 7－34　智能变色标签

2. 发光材料包装。

发光材料包装是指在包装上应用发光材料，如光致发光材料、力致发光材料、化学发光材料、电致发光材料等，能够以某种方式吸收能量，并以发光的形式表现出来，进而通过包装本体颜色以及与环境光的颜色进行叠加后的第三方色彩去实现包装视觉的传达，形成一种动态色彩的多样性表达。在实际应用中，发光材料主要的应用形式有发光油墨、发光涂料、发光陶瓷、发光玻璃、发光塑料、发光纤维、发光薄膜等，使包装可以实现安全警示、多维展示、防伪以及互动娱乐等功能。如图 7－35 所示的一款利用荧光油墨进行防伪的香水包装设计，该香水瓶的外包装运用了荧光油墨材料，在没有环境光、自然光等外部光源时，香水外包装呈原本的银色，但香水包装一旦接触到光线，颜色就会转换为酒红色，并显示出香水的 LOGO，既可达到防伪的效果，又充分展现了香水品牌独特的韵味和特性。

1.　　2.　　3.

图 7－35　智能发光香水包装

3. 活性材料包装。

活性材料是指在材料中加入一些活性组分，并在特定的条件下，如环境的温度、PH 值、湿度等，可以有计划地吸收或释放特定的气体或物质，在包装中加以应用能够用于改变食品的包装环境（氧气与二氧化碳的浓度、温度、湿度和微生物等）以延长贮存期、改善食品安全性和感官特性，同时保持食品品质不变。这类应用活性材料的包装可以称为活性材料包装，也可称为活性包装。常见的活性包装有动物类和植物鲜花类的包装，如肉类包装、鲜鱼类包装、动物雏苗（鸡、鸭等）包装、菜苗包装、果（树）苗包装等。

（三）功能结构型智能包装

功能结构型智能包装是指通过增加或改进部分包装结构，而使包装具有某些特殊功能和智能型特点。功能结构的改进往往从包装的安全性、可靠性和部分自动功能入手，这种结构上的变化使包装的商品使用更加安全和方便简洁。

1. 自动加热包装。

功能结构型智能包装最有代表性的是自动加热和自动冷却包装。这两种包装都是增加了包装的部分结构，而使包装具有部分自动功能。自动加热型包装是一种多层、无缝的容器，以注塑成形方法制成，容器内层分成多个间隔，容许产品自我加热。它的加热原理是：当使用者拿下容器上的箔，并按压容器底部时，容器内的水及石灰石便会产生化学反应释放热能加热产品。自动冷却型包装内置一个冷凝器、一个蒸发格及一包以盐做成的干燥剂，冷却时由催化作用所产生的蒸汽及液体会贮藏于包装的底部。这技术也可应用于普通容器，它能在几分钟内将容器内物品的温度降低至 17℃。这两种智能自动型包装适合野外作业人士使用，如边防巡逻、地质调查、野外施工等。

2. 安全包装。

通过有目的地改变包装的结构，还可以大大提高包装商品的安全性。包装的安全性主要是针对未成年儿童和智力低下及障碍人士开发的。儿童安全包装比普通包装结构更复杂、成本也要高，但有数据显示，这种包装显著降低了包装物对儿童的伤害，保障了儿童安全。目前市场上的儿童安全包装，主要结构特点大约有以下几种：(1) 压扭盖：这是一个复合式的瓶盖，由同时进行的按压和扭转两个动作来完成。(2) 掀开盖：这也是较流行的儿童防护盖。使用时要求盖与瓶上的记号（箭头）对准，然后在瓶子凸缘缺口处掀开瓶盖的凸耳，将包装打开。(3) 泡罩式包装：为防止儿童打开普通的泡罩包装，要求从角上撕开背面粘贴纸，或用力把内装物从背面压出。(4) 迷宫式盖：这是种依靠智力技巧开启的包装形式。(5) 拉拔盖：瓶盖密封由外盖下部带有 2 个向内凸的舌头（高 1 ~ 2 毫米，长 2 ~ 3 毫米）和内塞组成。需要增加一定的力作拉拔动作以克服内塞与瓶口间的摩擦力，这些动作儿童难以完成。

3. 显窃启包装。

包装结构的改变可以用来提高包装的可靠性，起到智能防伪的作用。这类包装又称为“显窃启包装”，它们只有通过打开或破坏一个显示物或障碍物才能取出内部产品的一种包装。这个显示物或障碍物一旦破损就给后来的消费者提供可见的证据——说明原产品包装已被人干扰过（见美国食品和药品管理局于 1982 年 11 月 5 日在《联邦注册》中的 21CFR211 - 132 定义）。这类包装最典型的结构是可破坏盖，原称防盗盖。这种金属或塑料盖可对密封的被破坏提供可见的痕迹，它被大量用于 OTC 药品、饮料、食品等包装。目前主要有 2 种形式可破坏显偷换盖：一种为断开式或撕拉式，另一种是真空式。也可辅以内封物（见瓶口内封闭）以达到显窃启目的。

（四）信息型智能包装

信息型智能包装技术主要是指以反映包装内容物及其内在品质和运输、销售过程信息为主的新型技术。其主要是以计算机和通信技术为核心，结合机械、光学、化学等一系列学科，共同完成对商品信息进行存储、对食品质量安全指示、对商品流通实时监测的过程的智能化包装技术。这项技术包括两个方面：一方面，商品在仓储、运输、销售期间，周围环境对其内在质量影响的信息记录与表现；另一方面，商品生产信息和销售分布信息的记录。记录和反映这些信息的技术涉及化学、微生物、动力学和电子技术。信息型智能包装技术是最有发展活力和前景的包装技术之一。常见的信息型智能包装技术有条形码、RFID 技术、TTI 标签等。

1. 条形码。

条形码在商品包装和物流管理中的应用已经过了 20 多年的发展，其技术已是非常成熟，在全球范围内，每天需要运用到条码扫描的次数不计其数，其应用范围涉及各个领域和行业，其中银行、医疗、零售、物流、仓储、电子信息科技等领域的应用更为普及。因其快速的信息获取，推动了各行业在人工操作环节工作效率的大幅提升，如图 7 - 36 所示。

随着消费市场和零售业的飞速扩大和发展，也促进了条码标签业务的增长，电子标签和条形码被应用到越来越多的行业。例如，在物流业，物流中货物的分类、库位的分配和查询、进出库的信息、进出库盘点、产品查询等，在我们需要用人力去做这些事时，不仅浪费时间、物力、财力，还常常伴随着非常大的出错率。而条码技术对物流业的优势也是

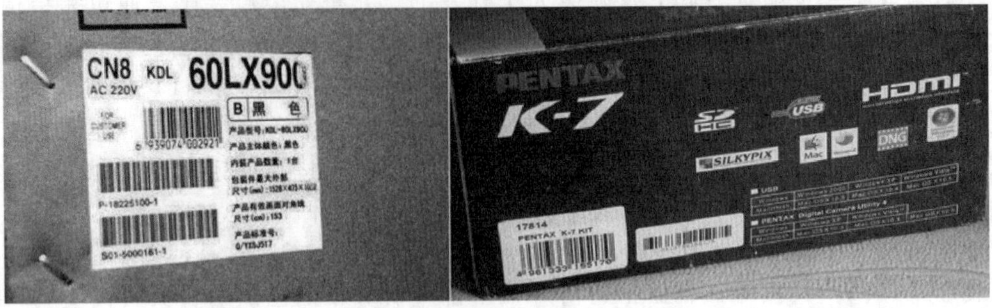

图 7－36　条形码商品包装

显而易见的，其精确的管理、实用的功能满足了大部分的现代化仓库管理的需求。操作方便、维护简单，并且大大降低了人为出错率，在现代物流业急速发展的今天，无疑是给从业人员提供了极大的帮助，降低了从业难度。

2. RFID。

RFID 标签具有无线识别的功能，其通讯过程无须在识别系统与特定目标之间建立机械或光学接触，所以它具有特定的防盗作用。我们将商品包装贴上 RFID 标签后，在商场出入口处放置无线识别设备，当带有 RFID 标签的商品经过识别设备时，其自动识别，产生感应电流，从而激发报警器，提醒销售人员有未缴费商品经过，从而达到防盗的目的。同样，RFID 标签因其具有高存储量、不可复制性及极高的安全性，我们可以用来作为防伪标签。在 RFID 标签中写入程式或数字信息，当读取信息后，将信息上传至总服务器，与主机内的信息相匹配，从而辨别真伪。

现代物流已普遍实现条码的信息获取形式，但是其在人员上仍有一定的需求。一件货物的调配，仍然需要扫描、分类、装车等一系列有“人”来完成的工作，条形码的使用对物流业已经做出了相当的帮助，利用 RFID 技术可以实现物流的全自动流水线式的工作形式，从而彻底将“人”从烦琐的工作中解脱出来。

3. TTI 标签。

时间温度标签的应用非常广泛，其技术的发展已经日趋成熟。TTI 在国外大多被用于易腐产品包装、冷链运输和高温杀菌的监测。TTI 标签的使用，使我们对商品的品质有了更为直接的了解，通过标签指示器上的感应变化，对照标准，我们可以知悉食品是否变质，这对我们消费者来说不仅是一种保护，还是对我们消费者权益的保障。我们提倡应用 TTI 标签，以便我们对商品能有更加直观的了解，使我们对商品的选择更具有公平性。

电子式 TTI 标签等指示器通常应用于自适应包装过程，实现对商品储运过程中环境的调节，以达到延长货架期的目的。在自适应包装中，需要调节或适应的食品环境参数，包括温度、湿度、压力、气体成分等。通过 TTI 标签的识别，模拟食品所需的环境参数，自动调节食品在储藏与转移中的环境变化，使包装中的环境能最大限度地实现食品的储存与保质，如图 7－37 所示。

信息型智能包装技术是智能包装中较为现代化的一类，其大部分功能是通过计算机与网络实现的，可以说信息型智能包装的科技含量更高，发展前景更为广阔。现代社会是建立在数字信息基础之上的，互联网的发展使我们的生活生产都离不开计算机，物联网的出

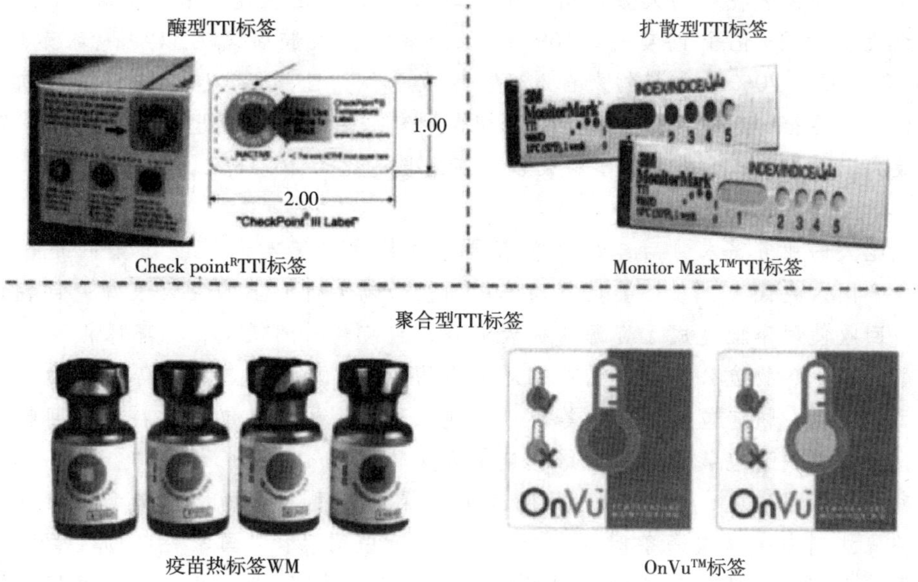

图 7-37 几种典型的 TTI 标签

现将是继计算机、互联网之后信息产业的又一重大里程碑，被称为世界信息产业的第三次浪潮，届时，信息型智能包装将会有更广阔的市场前景。

【拓展阅读】

随着电商网购的快速普及，快递包装业近年来实现了超过 50% 的高速年均增长。近日，2017 中国快递“最后一公里”峰会发布了《2017 中国快递领域绿色包装发展现状及趋势报告》(以下简称《报告》)，称由快递拉动的下游包装材料产业去年已达 500 亿元规模。不过，快递包装中出现的过度包装、污染严重也受到关注。为此，国家相继出台了相关政策，各大快递巨头也纷纷加大绿色环保技术和业态的推广和应用，也为下游包装产业带来新的挑战与市场空间。

一、快递包装耗材业爆发

近年来，随着电子商务的发展和我国网上购物普及率的提高，催生了网购物流业务的快速崛起。加上顺丰、中通、圆通、申通、韵达等纷纷上市，快递业进入发展新阶段。来自国家邮政局的数据显示，2016 年我国快递行业延续强劲增长态势，业务量累计完成 312.8 亿件，同比增长 51.3%；业务收入近 4 000 亿元，同比增长 43.5%。近十年时间，全国快递量增长了二十几倍，快递年均增长超过 50%，规模已稳居世界第一。在消费碎片化、农村网购渗透率提升以及跨境电商的快速发展下，预计未来 3 年快递行业仍将保持 30% 以上的高速增长。

这也带动了快递包装业的兴起。《报告》称，根据快递企业、供应商企业提供的数据，各式包装物在快递企业营收成本中的占比在 12% ~15%。以此推算，由快递拉动的下游包装材料产业，2016 年总体规模已经达到 500 亿元以上。在地域分布上，快递包装生产供应商的分布仍以华东、华南等经济和快递服务较发达的地区最为集中，其中广东、浙江、江苏集中程度最高。

这背后，是包装耗材的大量使用。整个2015年，中国快递业包装物至少消耗了30多亿条编织袋、99.22亿个包装箱、169.85亿米胶带，仅胶带就可以绕地球赤道425圈。《报告》称，超过70%的包装物来自电商卖家或平台。目前，我国快递应用的包装物主要有塑料袋、包装箱和编织袋等，作为辅助包装材料胶带的需求量也较大。其中，以包装箱的用量最大，占比为33.06%；塑料袋包装使用量占比为26.18%。

二、亟待向绿色环保转型

如此庞大的业务需求背后，却存在着严重的快递包裹材料浪费污染问题。今年两会上，不少全国人大代表、政协委员就痛陈中国快递包装行业上的巨大浪费：包装过度，大材小用，回收使用率低造成了资源的极大浪费，包装耗材的低碳化、环保化亟待加强。

据悉，限于各物流公司及网购商家对成本的控制，塑料袋、胶带等大多为难以降解的塑料制品。同时，快递包装填充物等垃圾随处可见，大量快递包装材料难以回收利用和循环使用，也使得快递包装业急需向绿色包装方向转型。

国家在政策推进上，也体现出对快递包装绿色转型发展的必然趋势和要求。今年7月，国务院法制办在《快递条例（征求意见稿）》中明确："国家将鼓励经营快递业务的企业和寄件人使用可降解、可重复利用的环保包装材料。"去年8月，国家邮政局也出台了《推进快递业绿色包装工作实施方案》，要求加快包装绿色发展，鼓励包装减量化处理，探索可循环使用等。

《报告》称，事实上，通过对比2015年快递包装的发展概况，结合调研中快递企业、电商卖家以及供应商的综合反馈，2016年快递包装已经在绿色化、减量化、可循环等方面有了明显变化。譬如，减量化成效显著：快递电子运单占比大幅提升，达到70%；胶带、塑料袋消耗量明显减少，分别减少约18%和31%。可重复使用是不小高端包装的"标配"，末端回收体系建设初见成效。

三、快递巨头的"低碳秀"

随着国家对绿色发展理念的高度重视，快递业绿色包装领域面临着巨大市场"缺口"。很多企业瞄准这一商机，提前介入和布局，比如进行可降解原材料的研发生产和试用。而对于快递巨头来说，除了比拼仓储机器人、无人机等智能科技，可二次使用的文件封、免胶带纸箱、氧化生物双降解包装袋等"绿色包装"成为吸睛亮点。

以京东为例，通过在不影响快件包装效果和美观度的前提下，将胶带的宽度由53mm缩窄至45mm，让京东在2016年减少了至少1亿米的胶带使用。2016年中秋节后，京东针对月饼的过度包装问题产生的大量礼盒推出了"纸箱回收，绿色环保"活动，京东还采取京豆激励等方式对积极参与纸箱回收计划的用户提供回馈。

去年6月，菜鸟网络也联合阿里各平台，推出绿色专区，试点运行可降解快递袋和拉链式快递纸箱（无胶带纸箱）。日前，苏宁也在北京投放了约1万个环保塑料快递箱。相比快递纸箱，塑料快递箱虽然造价更高，但可循环使用约2 000次，据苏宁物流介绍，一个环保快递箱循环使用17次就能收回成本。

《报告》认为，快递包装"绿色化"的发展，对电商商家、物流企业运营成本增加影响大，消费者包装回收分类也意识薄弱。鉴于此，要以政府政策为推动，以电商、快递企业为主体，全产业链共同努力，推动快递包装物可降解材料的利用和快递包装多次回收再利用模式的发展。这其中，下游厂商谁能推出具有一定成本优势的绿色环保产品，谁就能抢占市场先机。

资料来源：中国包装网 http：//www. pachn. cn/content/details_20_1942. html.

结合材料，谈谈你对包装作用及重要性的认知，以及我国物流包装的发展新技术及趋势。

【复习思考题】

1. 理解包装的概念。
2. 包装的类型有哪些?
3. 结合现实实例阐述包装的功能。
4. 功能型包装的具体形式。
5. 防伪包装的日常应用。
6. 什么是包装机械?
7. 包装机械有哪些类型及其作用?
8. 包装机械的技术经济指标有哪些?
9. 各类包装机械的适用作业对象和内容?
10. 绿色包装技术的内涵。
11. 结合当前物流包装的实践，阐述常用的绿色包装应用。
12. 谈谈当前的智慧包装技术及应用。

第八章　物流信息技术与设备

信息化是物流现代化的重要标志。随着科学和经济的发展，新技术、新设备、新方法不断引进和应用于物流过程，但就其作用而言，都没有信息技术重要。现代信息技术有助于企业市场反应速度，扩展了其物流服务范围，提高了物流运作效率，从而更好地满足了顾客的各种服务需求，为企业打造核心竞争力奠定了坚实的基础。

第一节　概　　述

一、物流与信息

现代物流更多的是从系统科学的角度出发，通过探究物流过程中各个要素之间的相互影响关系，以达到物流系统的整体优化。而信息技术的发展则对物流过程中的运输、包装、装卸搬运、流通加工、配送、存储等环节产生了深远影响，对于物流系统内部的各个子系统间的统筹优化整合，对于物流八项原则（最适合的运输工具、最便利的联合运输、最短的运输距离、最合理的包装、最少的仓储、最短的时间、最快的信息、最佳的服务）的落实，都有重要作用，能有力地推动物流系统整体运行成本的降低。

信息技术的发展对物流具有显著的影响，具体如下。

（一）信息化提高运输效率

信息化，智能化已经成为21世纪现代化交通运输体系新的发展方向，信息化、智能化交通已经被列入我国交通行业的“十五”规划之中，信息化将成为我国交通运输业在21世纪实现跨越式发展的主要推动力。采用现代网络技术，将信息技术引入交通运输业当中，利用信息技术来处理业务，极大地提高了运输过程中信息处理和传递的及时性、经济性、准确性，从而有效避免了由于信息传输不通畅或者信息无规律性所造成的大量损失。例如，在信息充分的情况下，运输流将会很容易地选择最为合适的交通路线，盲目运输、迂回运输、空载等现象将会大大地减少，现有的运输设备将会发挥更高的效能，从而大大提高运输质量。此外，增加信息化的投入，在现有的道路条件下增大行车密度，减少车辆的行驶时间，优化道路运行状况。

（二）信息化精准管理库存

库存控制问题是当代物流研究的重要课题，而有效的库存管理需要通畅的信息流作为支撑。从宏观上来讲，当一个国家的利率下跌时，该国的资金机会成本会减少，这必然使人们保存更多的存货，库存增多，而当利率上涨时，存货会减少。从微观上来讲，许多大型公司建立起自己的信息网络系统和信息管理系统，可以通过高效率的信息系统提供及时、准确的订单数据，可以大大减少不确定性给订货提前期、货物运输、需求变化等带来的不利影响；保证公司各部门之间合作的高度协调性、配合度；实现企业快速响应商场需求的目的，同时在一定程度上降低库存，企业的库存周转率会大大提高。

（三）信息化提高物流运作质量

信息技术在物流中的广泛应用，增加了物流的透明度，现代大多数企业在内部建立自己的信息网络系统以作为支撑，并借助于网络技术进行协调，以促进各个物流环节的优化整合，大大降低物流系统的运作成本，提高了物流的服务水平。采用现代化信息技术，可以将整个销售、生产以及发货环节都整合为一体，形成跨时区、跨国界的无缝信息流；借助于互联网等网络技术，使供应链上下游之间实现信息共享，顾客与供应商、经销商之间在各自运营过程中达成密切合作，并逐步实现供应链的整体优化；借助于信息网络，可以帮助企业及时对物流运作做出动态决策，当组织内部的物流计划出现偏差错误时，供应链中的相关组织人员可以对此做出判断并做出相应的反应，并及时地将情况的变化通知给其他组织。因此，对物流方案进行动态决策可以大大提高物流的服务水平，提高顾客的满意度。

二、物流信息

物流信息（logistics information）是反映各种物流活动内容的知识、资料、图像、数据、文件的总称。物流信息伴随着物流活动的发生而产生，一般是指从产品生产到消费这一物流活动中产生的信息流，与物流过程中的运输、仓储、装卸搬运等相关职能要素有机结合，是整个物流活动完整运行过程中不可或缺的组成部分。在整个物流系统中，物流信息是一个特殊的存在，它既如同其他物流职能一样，是物流系统中的一部分，但又不同于一般的物流职能。物流信息总是伴随着其他物流职能的运动而不断产生、变化，又不断地对其他物流职能以及整个物流系统起到支持和保障的作用。

从物流信息的来源上来看，一部分直接来自物流活动本身；另一部分则来自产品交易市场。因此，物流信息所包含的内容和对应的功能可以从狭义、广义两个角度来考察。

（一）狭义的物流信息

狭义上的物流信息是指直接产生于物流活动，如在物流运输、仓储、装卸搬运、流通加工和配送等各个环节产生的信息流；狭义上的物流信息是与物流活动的管理与决策有关的信息，在物流活动的管理与决策中，如在物流活动中的运输工具的选择、运输路线的确定、仓储设备的有效利用、最佳库存量的确定、服务水平的提高等，都需要详细、准确的物流信息作为支撑和管理的工具。

（二）广义的物流信息

广义上的物流信息不仅是指与物流活动有关的信息，而且还包括与其他的物流流通活动有关的信息，如商品交易信息和产品供应市场的信息等。商品交易信息是指买卖双方在交易过程中产生的有关信息，如销售和购买信息、订货和接受订货信息、发出货款和收到货款信息等。市场信息是指与市场活动有关的信息，如消费者的需求信息、竞争者或竞争性商品的信息、促销活动信息等。在现代的经营管理活动中，物流信息与商品交易信息、市场信息相辅相成，有着密切的联系。广义的物流信息不仅能起连接整合供应链上下游的作用，而且能在利用现代信息技术的基础上对整个供应链的活动起到整体优化的作用。具体来说，就是利用物流信息对供应链上下游组织之间开展的计划、协调、客户服务和控制等活动进行更为有效的管理。

三、物流信息技术简介

（一）信息技术

信息技术（information technology，IT）泛指能拓展人的信息处理能力的技术。具体来说，信息技术是指利用电子计算机和现代通信手段可以替代或辅助人们实现对信息的获取、传递、存储、处理、显示、分配等相关的技术。信息技术与传统的工业技术不同，它是一门主要生产信息数据的技术，它是人类科技进步发展过程中的阶段性产物。美国信息技术协会把信息技术定义为："对于一个以计算机为基础的信息系统的研究、设计、开发、实现、维护或是应用。"

总之，现代信息技术是主要用于管理和处理信息所采用的各种技术的总称，是描述以计算机为基础的信息系统的技术。其主要包括传感技术、计算机技术、微电子技术以及电子通信技术。几十年来，对信息技术以及整个高新科技领域的发展影响最大的是微电子技术和光电子技术。现在，个人计算机（personal computer，PC）已具有一定的普及程度，计算机技术正朝着向高性能、网络化和智能化的方向发展。计算机的智能化体现在多模式的人机交互以及信息的处理与应用上，通过高速互联网连接构成的集群计算机系统，在很大程度上提高了数据信息的处理传输速度。同样地，在实际应用中的信息技术也有很多，例如，企业管理的自动化、办公自动化、家庭自动化、以半导体制造工艺为主要技术特征的基础元器件的发展等，它们不仅是信息技术开发的根本目的，而且进一步促进了以计算机技术、通信网络技术为平台的数字信息技术的广泛应用。

（二）物流信息技术概述

国家标准《物流术语》（GB/T18354—2006）指出："物流信息技术是运用于物流各环节中的信息技术。根据物流的功能及特点，物流信息技术包括计算机技术、网络技术、信息分类编码技术、条码技术、射频识别技术、电子数据交换技术、全球定位系统（GPS）、地理信息系统（GIS）等。"物流信息技术是现代信息技术在物流各个业务环节中的综合应用，是现代物流不同于传统物流最根本的标志所在，也是物流技术中发展最为快速的领域，尤其是伴随着计算机网络技术的应用使物流信息技术目前达到了较高的应用水平。随着物流信息技术的不断发展，产生了一系列新的物流理念和物流经营模式，推动了物流行业的技术变革，使更多的企业可以借助信息技术来支持它的战略目标并选择适应公司发展的经营业务，来进一步地提高供应链上下游的活动效率，从而增强企业的经营决策能力。

（三）现代物流信息技术的应用

物流信息技术主要包括计算机技术、通信网络技术、条码及射频技术、自动化仓库管理技术、智能标签技术、电子数据交换、数据库技术、数据挖掘技术、地理信息系统、全球卫星定位系统等。在这些信息技术的支撑下，形成了以移动通信管理、资源管理、监控调度管理、自动化仓库管理、客户服务管理、财务处理等多种业务集成的一体化现代物流信息系统。这些信息技术在我国的物流运作中已经有了一定的实际应用，但总体水平有待提高，应用范围有限，信息资源共享程度不高，物流运作成本较高。一些专门针对物流活动特点设计的物流配送管理系统，综合运用了地理信息系统、全球定位系统以及配送优化调度技术、动态监控技术、智能交通技术、仓库优化配置技术，对物流配送过程数据进行全面的管理和分析挖掘，优化了物流配送流程和运作体系结构，实现了客户资源管理、配送调度优化、配送作业监控、库存及财务管理、企业绩效管理等多项功能。

第二节　条形码技术与设备

条形码（bar code），也可称为条码，是将宽度不等的多个空白和黑条，按照一定的编码规则进行排列，用以表达一组信息的图形标识符，如图 8－1 所示。常见的条形码是由反射率相差很大的白条（简称空）和黑条（简称条）排成的平行线图案。

6 9 0 1 2 3 4 5 6 7 8 9 2

图 8－1　现代条形码

条形码可以标出物品的生产国、制造厂家、商品名称、生产日期、图书分类号、邮件起止地点、类别、日期等许多信息，因而在商品流通、图书管理、邮政管理、银行系统等许多领域都得到广泛的应用。

一、条形码的起源

诺姆·伍德兰和伯纳德·西尔沃的想法是采用克芒德和杨所设计的垂直的“黑条”和“空白”，并使之弯曲成环状，非常类似于弓箭的靶子，也被称作“公牛眼”代码。这样扫描器通过扫描图形的中心，就能做到对条形码符号的解码，而不用考虑条形码符号方向朝向的问题。虽然这是一种可以完美避免由于传统条形码上下颠倒而无法被机器读取问题的解决方法，但是由于当时工艺还没有达到印制出这种条形码的能力，这种“公牛眼”条码未能成为此后世界上通用的商品条码。

1959 年，以吉拉德·费伊塞尔（Girard Fessel）为代表的几名发明家申请了一项专利，代表着可以清晰地描述数字 0~9，每个数字由七段平行条组成的条码的出现。这种条形码不仅难以被机器识别，人工读取也非常不方便，没有得到实际的推广，但是却促进了条形码后续的发展。不久之后，E. F. 布宁克（E. F. Brinker）申请了另一项专利，该专利是将条形码标识在有轨电车上。20 世纪 60 年代后期西尔沃尼亚（Sylvania）发明的一个系统，被北美铁路系统采纳。从此，条形码标识开始应用于有轨电车和铁路系统中，这也为条形码技术的早期应用奠定了基础。

二、条形码的发展历史

条形码真正得到实际应用与发展的时间是在 20 世纪 70 年代左右。1966 年，条形码技术开始被小规模地应用于商业领域。1974 年，美国克罗格连锁超市的辛辛那提分店第一次使用了条形码来帮助销售商品，从而实现了零售结算的自动化，随即带来了传统零售业的巨大变革，标志着条形码技术进入了一个全新的发展阶段。

20 世纪 80~90 年代之后，随着计算机科技及信息技术的日益发展，条形码从最初仅仅为了解决商品的身份识别和零售 POS 结算的问题，逐渐发展为用于仓储、生产制造、物流、贸易交易、位置定位等领域的编码标识管理技术。

随着条码标识体系的不断完善，条码符号从最初仅仅用于零售业领域的 UPC 条码，渐渐发展到可用于非零售渠道销售、运输或储存的 ITF14 条码，发展到能够代表批号、位置、生产日期、生产地点等更多附加的丰富信息的 UCC/EAN-128 条码、RFID 电子标签等，而其数据载体也随着时间的推进不断丰富起来。

据统计到目前为止，共存在 40 多种条形码码制，而其相应的自动识别设备和印刷技术也得到了充分的发展。

从 20 世纪 80 年代中期开始，我国一些高等院校、科研部门及一些出口企业，把条形码技术的研究和推广应用逐步提到议事日程。一些行业如图书、邮电、物资管理部门和外贸部门已开始使用条形码技术。

现在世界上几乎所有的国家和地区都已大规模地使用条形码技术。同时，条形码技术也正在快速推广，其应用领域越来越广泛，并逐步渗透许多技术领域，引发了世界流通领域的大变革。

三、条形码技术与特点

条形码技术是实现 EDI、电子商务、POS 系统的技术基础，是至今为止最为实用、经济的现代自动识别技术，是企业物流管理的有效手段，不仅改变了物流数据的采集模式，提高了物料存取信息的及时性、准确性和可靠性，还能有效地提升企业的供应链管理控制能力。

条形码技术，同时也是物流管理现代化的重要技术手段之一。条形码技术包括条形码的编码技术、条形码标识符号的设计、条形码快速识别技术和计算机管理技术，是实现计算机管理和电子数据交换不可少的前端采集技术。

条形码技术具有以下几个方面的优点。

1. 信息采集的速度很快。

与传统的人工使用键盘输入相比，条形码技术的输入速度是其五倍，并且还能实现即时的数据输入。

2. 可靠性很高。

据统计，人工键盘输入数据的差错率大概为三百分之一，利用光学字符识别技术的差错率约为万分之一，而采用条形码技术输入信息的误码率低于百万分之一。

3. 采集的信息量大。

利用传统的一维条形码一次便可以采集几十位字符的信息，并且条形码技术还具有一定的自动纠错能力。

4. 识别准确自由度大。

条形码技术的识别装置与条形码标签相对位置的自由度较于光学字符识别技术（OCR）来说要大很多。由于条形码通常只会在一维的方向上表达信息，而且同一个条形码上所表示的信息完全相同并且是连续的，这样即使条形码标签出现了部分欠缺的情况，仍可以根据剩下的正常部分来输入正确的信息。

5. 灵活实用。

条形码标识不仅可以作为一种识别手段单独进行使用，还可以与其相关的识别设备组成一个条形码技术系统进行使用，从而实现自动化识别手段。同时，条形码技术可以与其他控制设备连接起来实现自动化管理。条形码标签的制作容易。条形码标签可以直接印刷，所以被称作“可印刷的计算机语言”。

另外，条形码标签的制作比较容易，制作的材料和设备没有特殊要求，识别设备的操作很容易，人员不需要进行特殊的培训便可上岗使用。

四、条形码识别原理和扫描器

条形码符号是由反射率不同的“黑条”“空白”按照一定的编码规则组合起来的一种信息符号。由于条形码符号中的“黑条”“空白”对光线具有不同的反射率，从而使扫描器在扫描时能接受到强弱不同的反射光信号，相应地产生电位高低不同的电脉冲。而决定电位高低不同的电脉冲信号长短的则是条形码符号中“黑条”“空白”的宽度。扫描器在接收到的光信号之后需要经过光电转换成电信号并通过放大电路进行信号放大。由于扫描光点具有一定的尺寸，条码印刷时可能产生的边缘模糊以及一些其他不可控的原因，经过电路放大的条形码电信号是一种平滑的起伏信号，而这种信号则被称为“模拟电信号”。“模拟电信号”需要经过整形变成通常的“数字信号”。根据不同的码制对应的编码规则，译码器便可以成功识读，将“数字信号”译成数字、字符等信息。

对于一维条形码扫描器，如激光型或影像型扫描器，都是通过从某个角度将光束发射到条形码标签上，随后接收其反射回来的光线，从而读取条形码的信息。因此，在读取条形码的信息时，条形码要与扫描器发出的光线保持一个倾斜的角度。这样，整个光束就会产生漫反射，将模拟波形转换成为数字波形。如果扫描器发出的光线与条形码进行的是垂直照射，就会导致一部分模拟波形过高，从而不能正常地转换成数字波形，最终无法读取条形码标签的信息。

条形码扫描器利用光电元件将检测到的光信号转换成电信号，再将电信号通过模拟数字转换器转化为数字信号传输到计算机中处理。而构成条形码扫描器的元件一般是由光源、扫描模组、光学透镜、模拟数字转换电路，以及塑料或金属外壳等。每一种条形码扫描器都会对环境光源有一定的要求，如果环境光源超出最大的容错范围，条形码扫描器将不能正常运作。当条形码印刷在金属层或镀银层等表面时，扫描器的光束会被高亮度的表面反射。如果金属反射的光线进入条形码扫描器的光接收元件，将影响扫描器读取的稳定性。因此，在有金属层的货物上使用条形码时，需要对金属表面进行覆盖或者涂抹黑色的涂料。

五、常用条形码的组成

条形码又被称为条形码符号，是由一组规则排列的“黑条”和“空白”及字符组成的平行线条图形，是用来表示一定信息的代码。常见的条形码由四个部分组成。

1. 静区。

静区指的是条形码左右两端外侧与“空白”区域的反射率相同的限定区域，是没有打印任何符号的白色区域，作用仅仅是用来提示条形码阅读器开始扫描。

2. 起始符。

起始符指的是条形码标识的第一位字符，起始符代表了一个条形码符号的开始，阅读器在确认了此字符的存在后就会开始处理扫描脉冲。

3. 数据符。

数据符指的是所有位于起始符之后的字符，数据符的作用是用来记录一个条形码所代表的数据值，其结构是不同于起始符的，且允许双向扫描。

4. 终止符。

终止符指的是条形码符号的最后一个字符，其代表着一个条形码的结束，阅读器在确认了该字符后就会停止工作。

六、码制分类

现在常用的码制有 UPC 条形码、EAN 条形码、Code 39 条形码、Code 128 条形码、Code 93 条形码、25 条形码、交叉 25 条形码、库德巴条形码等等。

1. UPC 条形码，在美国和加拿大大量应用的统一的产品代码，只能用来表示数字。现在拥有 A、B、C、D、E 五个版本：版本 A 有 12 位数字，版本 E 有 7 位数字，最后一位为校验位。UPC 条形码的宽为 1.5 英寸，高为 1 英寸，而且在使用时要求背景清晰。现在主要用于医药、仓储、工业等部门。

2. EAN 条形码，国际通用的符号体系，EAN 条形码是一种长度固定且无含意的条形码，所表达的信息全部为数字，主要应用于商品标识。

3. Code 39 条形码和 Code 128 条形码，这两种条形码是目前国内企业内部的自定义码制，可以根据企业内部不同的需求自行确定条形码的长度以及其要代表的信息。Code 39 条形码和 Code 128 条形码编码的信息不仅可以是数字，也可以根据需求包含字母。现在主要的应用领域是工业生产线领域、图书管理领域等。例如，可以用其表示产品的序列号、图书编号、文档编号等。

4. Code 93 码，一种类似于 Code 39 码的条形码，它的密度较 Code 39 条形码来说更高，同样也适用于工业制造领域。

5. 交叉 25 条形码，也被称为穿插 25 码，只能表示数字 0 ~ 9，但长度是可变的。交叉 25 条形码呈连续性，所有“黑条”与“空白”都表示代码。第一个数字由“黑条”开始，第二个数字由“空白”组成，以此类推。现在应用于仓库、机场、商品批发、生产包装识别等领域中。这种条形码的识读率很高，可使用于固定扫描器进行可靠扫描。

6. 库德巴条形码，也被称为“血库用码”。库德巴条形码是一种非连续性的条形码，每个字符表示方法为四条三空，条形码的长度可变，空白区域比窄条区域宽 10 倍，并且没有校验位。可以表示字符 $ 、+ 、 - ，数字 0 至 9，还有只能用作表示起始符和终止符的 a、b、c、d 四个字符。现在主要应用于血站的献血员管理和血库管理，也可作物料管理、图书馆、机场包裹发送中。

七、常用的条形码识读设备

常见的条形码识读设备主要有光笔扫描器、CCD 扫描器、激光扫描器三种。

1. 光笔扫描器。

光笔扫描器是最先出现的一种手持接触式条形码识读器，也是最为经济的一种条形码识读器，如图 8 - 2 所示。使用时，操作者需要将光笔接触到条形码表面，当光笔发出的光点从左到右划过条形码时，在“空”部分光线被反射，“条”的部分光线将被吸收。电信号经过光电转换、放大、整形送至译码器。光笔扫描器的优点是成本低、耗电低、耐用，适合数据采集，可读较长的条形码符号；其缺点是光笔对条形码有一定的破坏性。

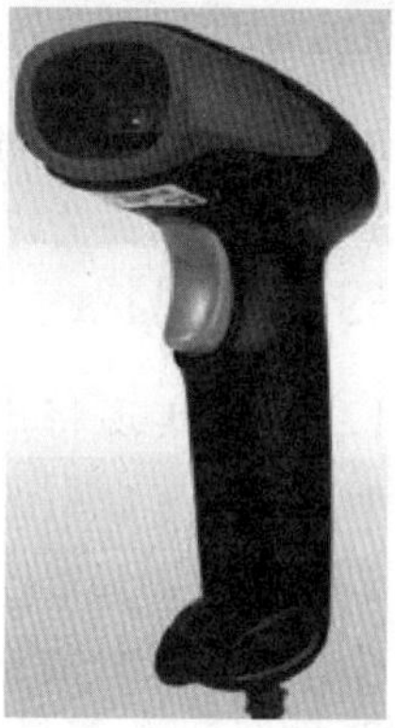

图 8 - 2 光笔扫描器

2. CCD 扫描器。

CCD 扫描器主要采用固定光束，通常是发光二极管的泛光源来照明整个条形码，将条形码符号反射到光敏元件阵列上，经光电转换，辨识出条形码符号。新型的 CCD 扫描器不仅可以识别一维条形码和行排式二维条形码，还可以识别矩阵式二维条形码，如图 8 - 3 所示。

图 8－3 CCD 扫描器

3. 激光扫描器。

激光扫描器是以激光为光源的扫描器，由于扫描的光照较强，可以做到远距离进行扫描并且保证较高精度的扫描结果，因此被广泛应用。激光扫描器可以分为手持式扫描器和卧式扫描器，如图 8－4 所示。

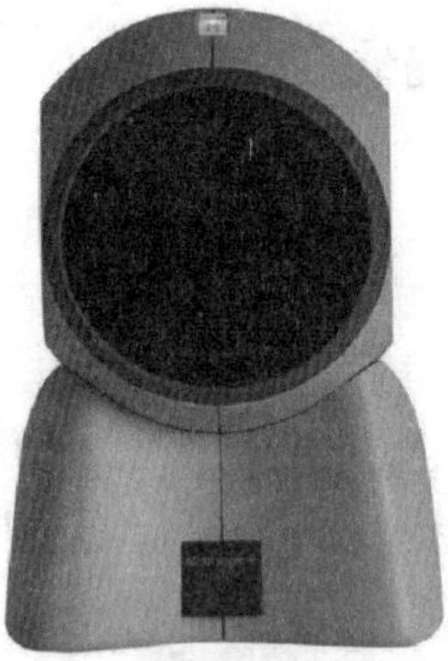

图 8－4 激光扫描器

八、条形码技术在物流领域的运用现状

条形码在物流行业中的广泛应用，能够实现将产品的生命周期的各个阶段的所有信息、物流过程上下游企业之间的信息传递的“无缝”对接，从而进一步降低物流成本，提升企业的作业效率。

1. 采购。

企业在采购时，需要仔细核对产品的品种和数量，这部分工作可以全部由数据条形码采集器来完成。通过将物料进行编码，并且打印条形码标签，不仅便于物料的跟踪管理，同时也有助于合理的物料库存准备，提高生产线的生产效率，便于企业资金的合理运用。对采购的生产物料按照行业及企业的规则建立统一的物料编码，从而杜绝因物料的无序而导致的混乱与损失。

条形码易操作、易维护，可以应对不同的场合进行作业。对于一些不方便使用计算机的室外场合，通过使用条形码采集器，可以直接在室外的操作现场将条形码信息保存在采集器中，然后再传输到计算机上。且条形码采集器的外形轻便，操作简单方便，不需要安装任何配置软件系统，因此极大地提高了系统的使用性和实用性。图 8－5 为条形码技术用于室外钢材现货市场。

图 8－5　条形码技术应用于钢材市场

2. 仓储。

在条形码技术普及的今天，只需要在工厂里安装计算机网络系统，配备条形码技术所需的设备来进行实时的数据输入就能进行仓储管理，如图 8－6 所示。

图 8－6　条形码技术应用于仓储管理

（1）入库。

货物检验完毕之后，叉车司机或搬运工只需要扫描准备入库的物料箱上的条形码标签即可完成信息录入。

（2）在库管理。

如果在库货物的条形码标签出现破损，可参照同类货物或依据其所储存的位置重新制作标签，进行补贴。在货物需要进行移位时，可以用条形码识别器进行识读，自动将数据收集起来，采集到的数据会自动上传至计算机终端的货物管理系统进行管理。按照规定标准，定期通过条码识读器对仓库分类货物或零散货物进行盘点。

在货物发放的过程中，可能会出现需要零散领取的情况，可以采用两种方式来解决：第一种方法是重新进行打包，用系统重新生成新的一维码标签，将零散的货物作为一个整体包裹进行处理；第二种方法是用系统设置一个专门的零散货物库来存储零散货物的信息，记录包括货物的品名、位置、数量、入库时间等信息，方便统一管理。

（3）出库。

货物出库时，工人使用条形码识读器对将要出库货物的包装上的条形码标签进行扫描识读，将货物的信息上传给计算机系统，计算机根据货物的编号、品名、规格等自动生成出库明细。如果出现标签破损或丢失的情况则按照上述的程序进行人工补贴。出库的货物经过反复核对确认无误后，再继续进行出库登账处理，最后更新货物的库存明细。

条码技术应用于库存管理，省去了手写票据和送到机房进行计算机输入的步骤，大大地提高了工作的效率，同时也解决了库存信息滞后的问题，提高了货物交货时间的准确性。另外，条形码技术还解决了人工书写的票据信息不准确的问题，提高了服务的质量、尽可能地消除了货物处理中的人工操作，减少无意义的劳动。

3. 流水线生产。

条形码生产线物流管理属于产品条形码的基础应用，利用条形码技术可以建立产品识别码。自从条形码技术的普及之后，零件种类、产品编号、订单号等信息都可以被条形码所表达，可以随时在产品所需的零件或装配的生产线上打印出条形码标签并粘贴。

在生产中可以应用产品识别码来监控生产，采集生产测试的数据，采集生产质量检查的数据，进行产品的完工检查，建立产品档案，安排生产计划，监控生产及产品流向，提高产品的下线合格率。根据企业规则和行业规则制定产品识别码格式，确定产品识别码的编码规则，保证产品有其唯一的标识。当生产批次计划审核后建立产品档案，通过产品标识条形码在生产线上对产品生产进行实时跟踪，采集产品部件的检验数据作为产品的信息。通过产品标识码在生产线上所采集的质量检测数据和产品质量的标准相比较来判定产品是否合格，从而控制产品在生产线上的流向及是否建立产品档案。当产成品下线时，质检人员在检验产成品是否合格之后，使用数据采集器扫入产成品的条形码、生产线的条形码并按照工序扫入工人的条形码，打印合格证。

4. 配送、运输。

配送前，员工将对商品的条形码进行扫描，以此确保所发出商品的准确性，再通过互联网传输信息，大大地提高了信息的传递速度和精准性，从而做到实时的物流跟踪，实现仓库的进货、储存、发货、运输中的装卸自动化管理，而整个配送环节所产生的信息也能及时地反馈到管理系统中。

在分拣运输领域，包括航空运输、铁路运输、邮政通讯等许多行业中都存在货物的分拣、搬运等问题。由于需要在很短的时间内准确无误地将大批量的货物装到指定的车厢或航班上，同时如果一个生产厂家生产了上百种的产品，并需要将其进行分类，送到不同的目的地，那么要完成分拣工作就必须扩大场地，增加工作人员。不仅增加了巨额的成本，还常常会出现不可避免的人工错误。现在，解决这些问题的办法就是应用条形码物流标识技术，使包裹或产品可以自动分拣到不同的运输设备上面。而需要人工的地方只是将预先已经打印好的条码标签贴在需要配送的物品上，并在每个分拣点配备一台条码扫描器就可以了，简化整体的工作工序并大幅度减少成本。

第三节　射频识别技术与设备

一、射频识别技术的基本概念

根据《GB/T 29261.3—2012 信息技术自动识别和数据采集技术词汇第 3 部分：射频识别》中所定义：射频识别是在频谱的射频部分，利用电磁耦合或感应耦合，通过各种调制和编码方案，与射频标签交互通信唯一读取射频标签身份的技术。

射频识别（RFID）也称为电子标签、电子芯片的感应卡、非接触式智能卡、电子条码。它是一种非接触式的自动识别技术，它通过射频信号自动识别目标对象并获取相关数据，识别过程中不需要人工干预，在各种环境下都可以工作。

二、射频识别技术的工作原理和特点

（一）工作原理

在工作时，阅读器通过磁场会持续发出特殊射频信号，电子标签进入天线磁场后，用产生的感应电流所获得的能量发送存储在芯片中的产品信息（无源标签），或者主动发送某一频率的信号（有源标签），接着阅读器读取信息并解码，进而送至中央信息系统进行有关数据处理，如图 8－7 所示。

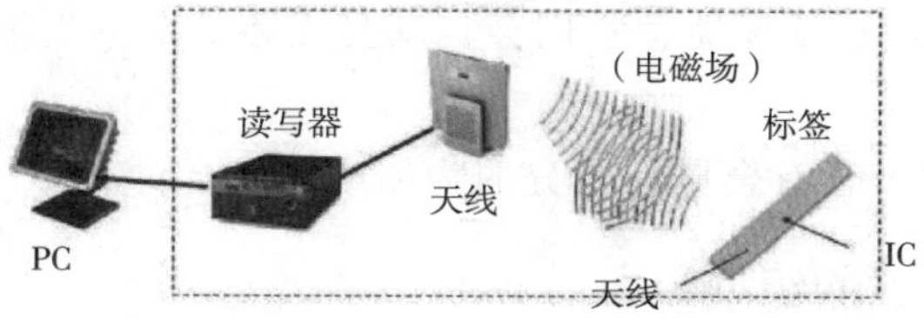

图 8－7　RFID 的工作原理

有两种类型的射频信号耦合发生在阅读器和电子标签之间：第一，电感耦合：变压器模型，通过空间中的高频交变磁场实现耦合，是基于电磁感应定律。电感耦合模式通常适用于在中低频段工作的 RFID 系统。第二，电磁反向散射耦合。雷达原理模型，根据空间电磁波传播规律，发射出的电磁波在击中目标后被反射，同时将信息传回目标。电磁反向散射耦合通常适用于高频和基于微波的远程 RFID 系统。

（二）RFID 的优点

RFID 技术最大的优点是通过无线方式通信的方式，在不用露出电触点的情况下可以高速识读射频标签，实现中远距离工作。具体如下：

1. 大批量，由读写器快速自动读取。在信息采集中，只要带着 RFID 超高频读写器在产品周围走走，就可以快速获取所有条码信息，接着把读写器中的数据全部传送到计算机系统，并且在收集信息的过程中，无须主动对齐条码，就可以快速读取标签信息。

2. 穿透性，无障碍阅读。RFID 技术可以穿透非金属或非材料，如纸张、木材和塑料，并实现穿透性通信。但是条形码读取器必须靠近而且不能有物体阻挡，才能够辨读条形码。

3. 抗污染能力和耐久性。RFID 对水、油和化学药品等物质具有很强抵抗性，但传统条形码的载体是纸张，因此容易受到污染。此外，条形码是直接贴在箱子或者塑料袋上面，特别容易受到折损；RFID 卷标是将数据存在芯片中，因此可以免受污损。

4. 可重复使用。可以随意对标签内容进行删除、添加、修改，信息的更新更加方便。条形码只要使用之后，就没有办法进行修改。

5. 体积小型化、形状多样化。RFID 在读取上不受尺寸大小的约束，不需要为了扫描的精确被设计成固定的尺寸。现在 RFID 标签一直朝着体积更小化发展，可适应不同的产品。

6. 数据容量大：数据容量最大的二维条形码（PDF417），最多也只能存储 2 725 个数字；若包含字母，存储量则会更少；RFID 标签则可以根据用户的需要扩充到数十 K。

（三）RFID 技术的缺点

1. 成本太高，RFID 发射器、读取机、编码器、天线等设备成本太高。

2. 技术标准不统一，数据格式定义标准不统一是制约 RFID 发展的首要因素。每个 RFID 标签中的识别码具有唯一性，因此 RFID 产品通用需要产品数据格式统一且互相兼容。RFID 技术尚未成为统一的标准，市场上多种标准并存，使公司各种产品的 RFID 标签不兼容，造成 RFID 技术上的一些混乱。

3. 一旦 RFID 标签接近阅读器，它们会自动且无条件地发送消息。但是无法确定阅读器是否合法。

4. 技术成熟度不够，含有金属和水分的物体或环境会对 RFID 产生影响。

三、射频识别系统的组成

（一）RFID 系统的基本组成

一个基本的 RFID 系统主要由电子标签、阅读器、天线这三部分组成。当然，RFID 系统在实际应用时，还需要计算机等其他硬件设备以及软件的支持，具体如图 8－8 所示。

（二）RFID 软件系统构造

RFID 系统中的软件组件主要用于数据信息的管理、储存以及对 RFID 标签的读写控制，是 RFID 硬件以外的部分。说到底 RFID 系统是服务应用程序的，读写器与应用系统之间的接口通常由软件组件来完成。

RFID 软件组件具体如下：

1. 边沿接口系统。

边缘接口系统在控制器的帮助下，完成了 RFID 系统软硬件的连接，实现了与 RFID

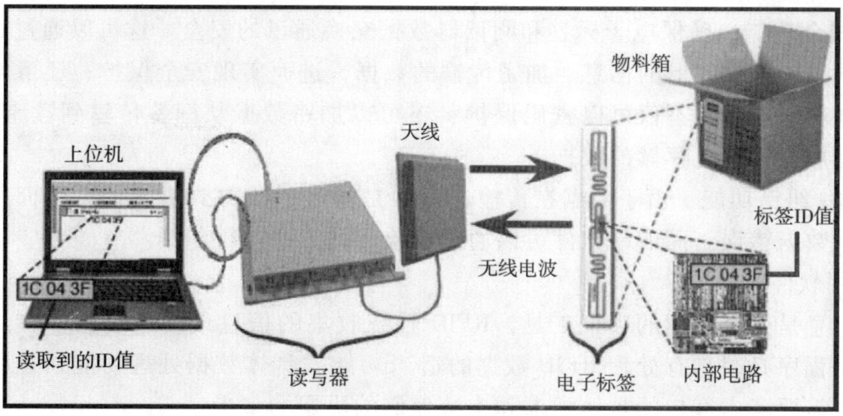

图 8-8　RFID 系统

软硬件的通信。边沿接口系统的主要任务是从读写器中读取数据、控制读写器的行为，并激励外部传感器和执行器工作。此外，边沿接口系统还具有以下功能：(1) 过滤重复数据在不同读写器中；(2) 允许设置基于事件模式触发的外部执行机构；(3) 提供智能功能，选择发送到软件系统；(4) 远程管理功能。

2. 中间件。

RFID 系统中间件是介于读写器和应用程序之间的独立软件，它可以连接到多个 RFID 读取器和后端软件应用程序系统。应用程序使用中间件提供的通用应用程序接口 (API)，连接到读取器并读取 RFID 标记数据。也就是说，中间件掩盖了不同读取器和应用程序后端软件之间的差异，降低了许多端口设计和维护的复杂性。使用 RFID 中间件主要有 3 个主要目的：第一，应用层和设备接口的分离；第二，处理读取器和传感器收集的原始数据，大大减少所需处理的信息；第三，提供应用层接口用于管理读写器和查看 RFID 观测数据。同时大多数中间件又由读写器适配器、事件管理器和应用程序接口 3 个组件组成，具体如下：

(1) 读写器适配器：读写器适配器的作用是提供读写器接口。假若每个应用程序都编写适应于不同类型读写器的 API 程序，那将是非常麻烦的事情。读写器适配器程序提供一种抽象的应用接口，来消除不同读写器与 API 之间的差别。

(2) 事件管理器：读写器从电子标签中读取大量未经处理和重复的数据，并将其分解和过滤。事件管理器根据规则获取指定的数据。过滤有两种类型：第一类是基于读写器的过滤，第二类是标签过滤和基于数据的过滤。提供这种过滤的组件是事件管理器。

(3) 应用程序接口：提供标准的服务接口。面向服务的接口，即应用层接口，可以为 RFID 数据收集提供应用程序层语义。

3. 企业应用接口。

企业应用接口是一个前端操作软件，主要为 RFID 设备操作人员服务。企业应用接口最重要的功能是保障读写器和标签之间正常通讯。企业应用接口基本功能：

(1) 读/写功能：读功能就是从电子标签中读取数据，写功能就是将数据写入电子标签。

(2) 防碰撞功能：大多数时候，用读写器去扫描时，会有大量的电子标签同时进入要求被识别和传输数据。这时，就需要前端软件具有防碰撞功能。

（3）安全功能：确保电子标签和阅读器数据交换通讯的安全。这可以通过在前端软件设计密码限制读取标签上的信息、加密传输的数据，进而实现安全保护；还可以与硬盘结合实现安全功能。标签不仅可以密码保护，还可以加密数据从标签传输到读卡器的过程，而不仅仅是加密标签上存储的数据。

（4）检/纠错功能：由于数据在传输过程中是通过无线方式进行的，因而很容易受到干扰，造成数据错误。而前端软件可以通过校检和的方法进行纠错。

4. 应用软件。

由于信息是生产决策的决策工具，RFID 系统收集的信息最终通过软件应用程序进行传输，应用程序必须具有处理 RFID 数据的适当功能。具体数据处理功能在进行结构和功能设计时，需要考虑客户的具体需求和支持他们的决定的多少。

软件也是系统的数据中心，它与读取器一起完成数据的传输，将读写器经过中间件转化后的数据，传送给后台企业管理系统。在那里，应用软件储存和处理与电子标签管理有关的信息、发行和采集的电子标签。

通常来说，后端应用软件具有以下功能：

（1）RFID 系统管理：系统配置和信息以及系统用户的权限。

（2）电子标签管理：数据库管理每个物品的序列号和准确的序列号，以及所有电子标签芯片上记录的名称、型号和详细信息。

（3）数据分析与存储：对整个系统的数据进行统计分析，编制相关报表，对收集的数据进行管理。

（三）RFID 系统硬件组成

1. 电子标签。

它由芯片和内置天线组成。芯片里面储存有一定格式的电子信息，作为被扫描物体的一个信息载体；内置天线被用来与射频天线进行信息交换。它的作用是用于标记和识别物品，使物品电子信息化。具体组成如下：

（1）天线：接收由读写器传送的信号并返回所要求的数据。

（2）AC/DC 电路：通过读卡器传输的射频信号转换成直流电，能量由大电容存储，再由电压控制电路存储，保证稳定的电源供应。

（3）解调电路：去除载波以取出真正的调制信号。

（4）逻辑控制电路：由译码器传送的信号和根据译码器的要求把数据返回给译码器。

（5）内存：作为系统工作和存储识别数据的场所。

（6）调制电路：将逻辑控制电路发送的数据装入天线，在调制电路中发送给阅读器。

2. 读写天线。

标签与阅读器之间传输数据的发射、接收装置。在实际运用中，阅读器可以连接一个或多个天线，但每次使用时只能激活一个天线。天线的形状和大小会随着工作频率和功能的不同而不同。RFID 系统的工作频率从低频到微波，范围很广，这使天线与标签芯片之间的匹配问题变得很复杂。

天线是一种以电磁波的形式接收或辐射尖端无线电信号的装置。它们是电路和空间之间的接口装置，用来转换传导波和自由空间波的能量。在 RFID 系统中，天线分为两大类：电子标签天线和读写器天线，分别执行接收和发射能量的功能。

RFID 系统读写器天线的特点是：（1）足够小，可以附在任何物品上；（2）具有全向或半球覆盖的指向性；（3）能够向贴标芯片提供尽可能高的信号；（4）天线的极化与读卡器的询问信号兼容，不考虑物品的方向；（5）价格便宜。

3. 读写器。

由于标签是非接触性的，因此必须借助读写器进行读取或读/写电子标签的信息内容。它的作用是控制射频模块对标签发射读取信号，并接受标签的应答，对标签信息进行解码，按照空口协议与标签进行交互，同时将获取到的标签信息传给主机以供处理。

读写器是一种捕获和处理 RFID 标签数据的设备，它既可以是单独的，也可以集成到其他系统中。读写器的硬件部分通常由以下组件组成：收发机、微处理器、存储器、外部传感器/执行器、报警输入/退出接口、通信接口和电源，如图 8－9 所示。

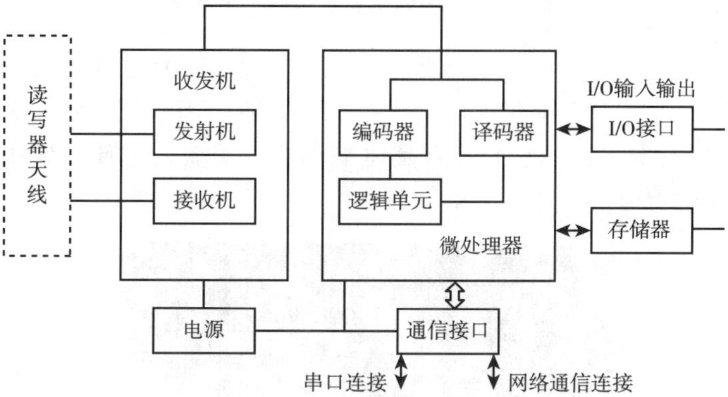

图 8－9　读写器的硬件组成

RFID 读写器从射频频率上可划分为超高频读写器、高频阅读器、低频阅读器双频读写器、2.4G 微波段 RFID 读卡器、5.8G 微波段 RFID 读卡器等。相对比较常见的应用主要为超高频读写器，接下来主要介绍超高频读写器。

（1）分体式固定 RFID 读写器：设备如图 8－10 所示，它的主要特点是 RFID 读写模块和读写天线分体，可以根据不同的应用场景需求，配置不同的读写器模块和天线，可广泛应用于资产管理、图书管理、服装管理、银行印章管理等领域。

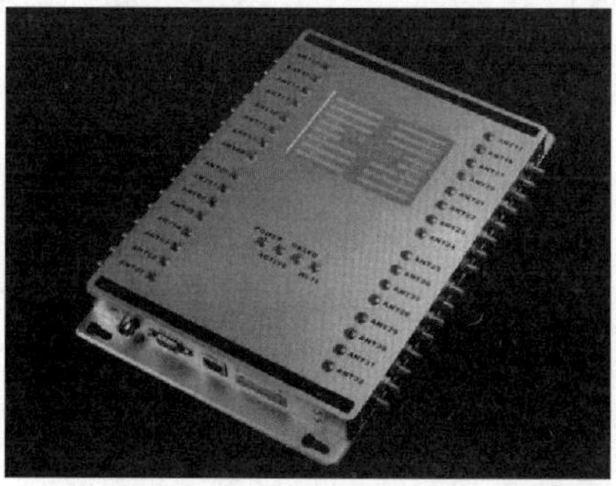

图 8－10　分体式固定 RFID 读写器

（2）一体式固定 RFID 读写器：一体式的最大特点就是 RFID 读写模块和天线组装成一体机，具有抗干扰能力强、防护性能优良和安装使用方便、性价比高等特点。它主要可应用于停车场管理、仓库物资进出监管和识别管理、机场行李包裹识别管理、智能制造等领域，如图 8－11 所示。

图 8－11 一体式固定 RFID 读写器

（3）桌面 RFID 读写器：桌面发卡器主要的功能就是发卡与 RFID 标签数据的初始化，可以对标签进行读卡、写卡、授权、格式化等操作，适用于仓储、物流、服装、生产线管理等各种领域 RFID 发卡之用。它的特点是体积小巧，美观，方便放置于桌面上，又称为桌面式 RFID 读写器，如图 8－12 所示。

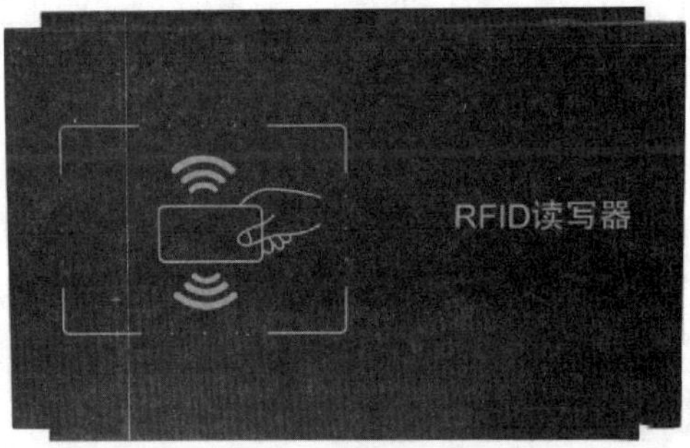

图 8－12 桌面 RFID 读写器

（4）便携式手持读写器：便携式手持读写器最大的特点就是可移动及便携性，操作系统主要是安卓系统，分为带手柄和不带手柄两类，读取距离在 0～8 米内，可拓展条码、指纹、身份证识别等功能。适应在室内外恶劣环境下移动数据采集，主要应用于物资盘点、资产管理、图书管理、信息录入等，如图 8－13 所示。

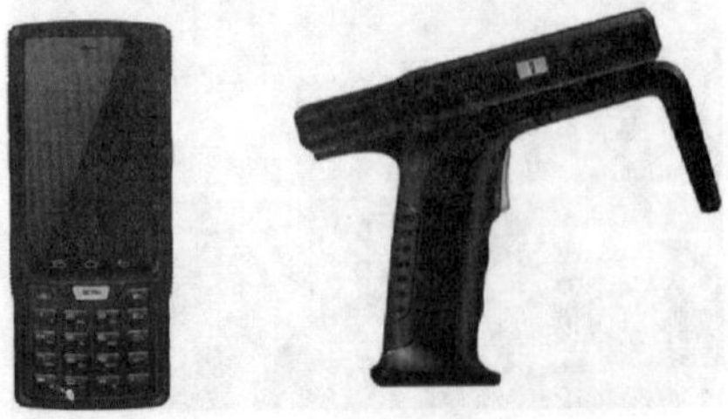

图 8－13 便携式手持读写器

（5）AGV 小车读写器：AGV 是无人搬运车的英文缩写，指的是装备有电磁或光学等自动导引装置，能够沿规定的导引路线行驶，在工业应用中不需要驾驶员的搬运车，如图 8－14 所示。

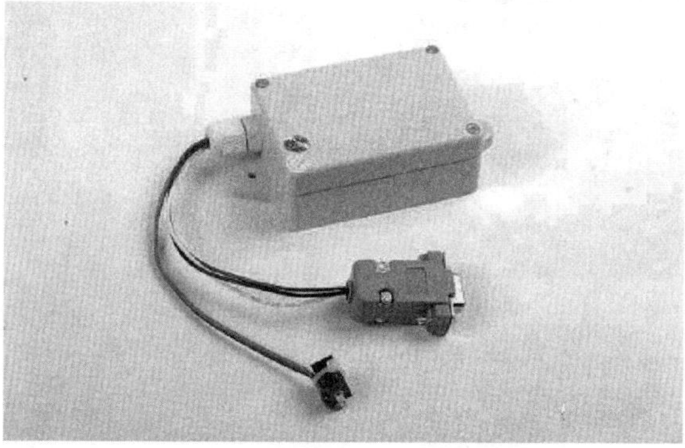

图 8－14　AGV 小车读写器

（6）工业嵌入式读写器：工业嵌入式读写器的特点是在不同的工作设备当中采用嵌入式的超高频读写模块，作为数据采集的 I/O 模块，并与工业控制主机相连，实现设备的不同功能应用。现在越来越多的工业物联网、智能制造、自动化设备采用这种模式，最常见的就是 RFID 打印机。

4. 传感器。

传感器是对被测信息进行感知，将检测过程中感知到的信息按一定的规律性转化为电信号或其他形式的信息检测装置，以满足传输、处理、存储、显示、记录和信息控制的需要。这是实现自动检测和控制的第一步。

5. 控制器。

控制器是读写器芯片正常工作的控制中心。它的主要功能是：（1）与应用系统软件的通信；（2）运行应用系统软件发送的操作指令；（3）控制与标签的沟通过程；（4）编码和解码基本频带信号；（5）防撞算法的实现；（6）对读写器与标签之间传输的数据进行加密、解密；（7）确保阅读器与电子标签之间的认证；（8）控制其他户外设备，如键盘、显示屏设备。

（四）电子标签分类

1. 按有无电池电源。

（1）有源电子标签：内置电池，不同标签使用不同形状和数量的电池。它的外观如图 8－15 所示。

优点：作用距离远，有源 RFID 标签与 RFID 读写器之间的距离可以达到几十米，甚至可以达到上百米。

缺点：体积大、成本高，使用时间受到电池寿命的限制，厂商理想指标为 7～10 年，但因每卡每天使用的次数及环境不同，实际寿命差别很大，最短的是能用几个月。

（2）无源 RFID 标签：无源 RFID 标签内不含电池，它的电能从 RFID 读写器获取。当无源 RFID 标签靠近 RFID 读写器时，无源 RFID 标签的天线将接收到的电磁波能量转化成电能，激活 RFID 标签中的芯片，并将 RFID 芯片中的数据发送出来。它的外观如图 8－16 所示。

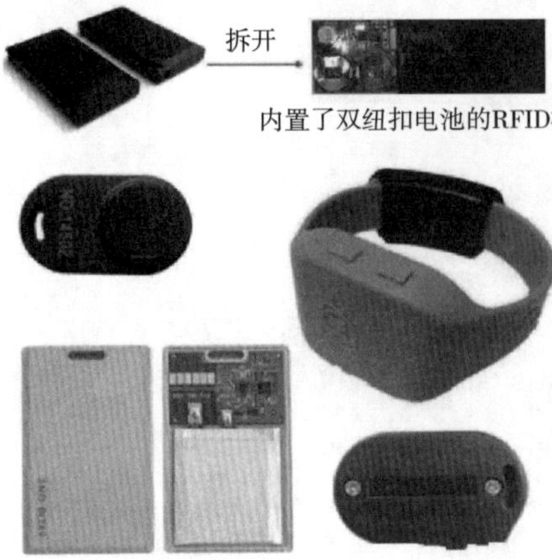

图 8－15 有源电子标签

图 8－16 无源电子标签

优点：体积小、重量轻、成本低、寿命保证 10 年以上，免维护，可以制作成薄片或挂扣等不同形状，应用于不同的环境。

缺点：由于没有内部电源，因此无源 RFID 标签与 RFID 读写器之间的距离受到限制，通常在几十厘米以内，一般要求功率较大的 RFID 读写器。

2. 发送信号时机。

（1）主动式 RFID 标签：主动式 RFID 标签依靠自身安置的电池等能量源主动向外发送数据。

（2）被动式 RFID 标签：被动式 RFID 标签从接收到的 RFID 读写器发送的电磁波中获取能量，激活后才能向外发送数据，从而 RFID 能够读取到数据信号。

（3）半主动式 RFID 标签：半主动式 RFID 标签自身的电池等能量源只提供给 RFID 标签中的电路使用，并不主动向外发送数据信号，当它接收到 RFID 读写器发送的电磁波激活之后，才向外发送数据信号。

3. 数据读写类型。

（1）只读式 RFID 标签：只读式 RFID 标签的内容只可读出不可写入。只读式 RFID 标签又可以进一步分为：只读标签、一次性编程只读标签与可重复编程只读标签。只读标签的内容在标签出厂时已经被写入，在读写器识别过程中只能读出不能写入；一次性编程只读标签的内容不是在出厂之前写入，而是在使用前通过编程写入，在读写器识别过程中只能读出不能写入。可重复编程只读标签的内容经过擦除后，可以重新编程写入，但是在读写器识别过程中只能读出不能写入。

（2）读写式 RFID 标签：读写式 RFID 标签的内容在识别过程中既可以被读写器读出，也可以被读写器写入。有些标签有 2 个或 2 个以上的内存块，读写器可以分别对不同的内存块编程写入内容。

4. 信号频率波段。

（1）低频 RFID 标签：低频标签典型的工作频率为 125kHz～134.2kHz。读写距离一般小于 1 米。

（2）中高频 RFID 标签：中高频标签常见的工作频率为 13.56MHz，其工作原理与低频标签基本相同，为无源标签。读写距离一般小于 1 米。

（3）高频和微波 RFID 标签：高频与微波段 RFID 标签通常简称为“微波标签”，典型的超高频工作频率为 860MHz～928MHz，微波段工作频率为 2.45GHz～5.8GHz。

5. 封装类型样式。

（1）贴纸式 RFID 标签：如图 8－17 所示，贴纸式 RFID 标签一般由面层、芯片与天线电路层、胶层与底层组成。贴纸式 RFID 标签价格便宜，具有可粘贴功能，能够直接粘贴在被标识的物体上，表面往往可以打印文字，通常被应用于工厂包装箱标签、资产标签、服装和物品的吊牌等。

（2）塑料 RFID 标签：如图 8－18 所示，塑料封装 RFID 标签采用特定的工艺与塑料基材（ABS、PVC 等），将芯片与天线封装成不同外形的标签。

图 8－17　贴纸式 RFID 标签

图 8－18　塑料 RFID 标签

（3）玻璃 RFID 标签：如图 8－19 所示，玻璃封装 RFID 标签将芯片与天线封装在不同形状的玻璃容器内，形成玻璃封装的 RFID 标签。

（4）抗金属 RFID 标签：如图 8－20 所示，抗金属 RFID 标签，就是在 RFID 电子标签的基础上加了一层抗金属材料，这层材料可以避免标签贴在金属物体上面之后失效的情况发生。

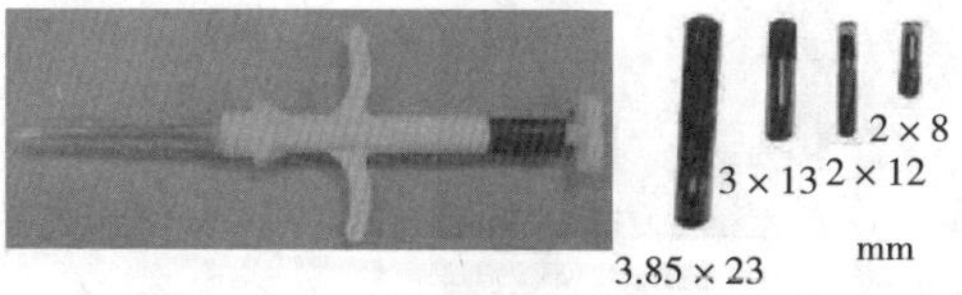

图 8－19　玻璃 RFID 标签

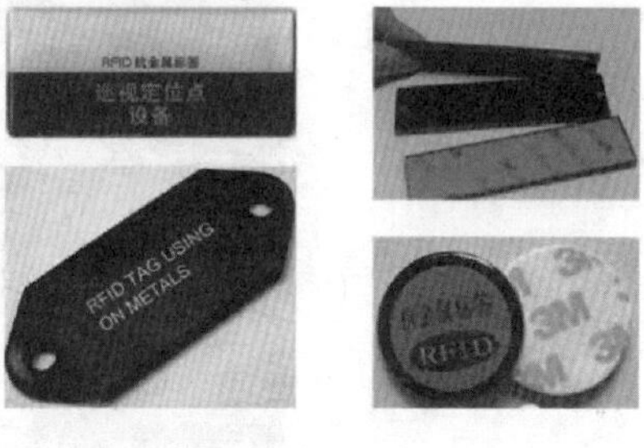

图 8－20　抗金属 RFID 标签

四、射频识别技术的应用

（一）射频识别技术的发展历史

20 世纪 60 年代后期，出现了稍微简单一些的商业 RFID 系统，主要用于仓库、图书馆物品安全性监视。这些早期的商用 RFID 系统称为 1bit 标记系统，相对容易构建、部署和维护。之后三十年，RFID 技术和产品研发都有了很大的发展。20 世纪 90 年代，公路收费系统在大西洋沿岸被广泛使用，并提供了更完善的访问控制功能，结合了支付功能，成为集成 RFID 应用的开端。

RFID 沿用的是雷达的概念，并发展成了充满生机的新技术，即 RFID 技术。射频识别 RFID 的理论依据是在 20 世纪 50 年代由哈里·斯托斯曼发布的标题为《利用反射功率进行通讯》一文中所提出。在此之后，无线电技术的理论与应用研究是科学发展的重要成果之一。

（二）RFID 技术在物流领域的应用

当仓库物流和射频识别技术相结合，可以收集多个商品信息在没有直接接触的情况下，从而大大提高了货物的效率统计，库存可视化，极大地提高了仓库库存的准确性，有效地解决了仓库短缺问题，并协助企业在采购和销售业务。仓库分布和库位标签分别如图 8－21 和图 8－22 所示。

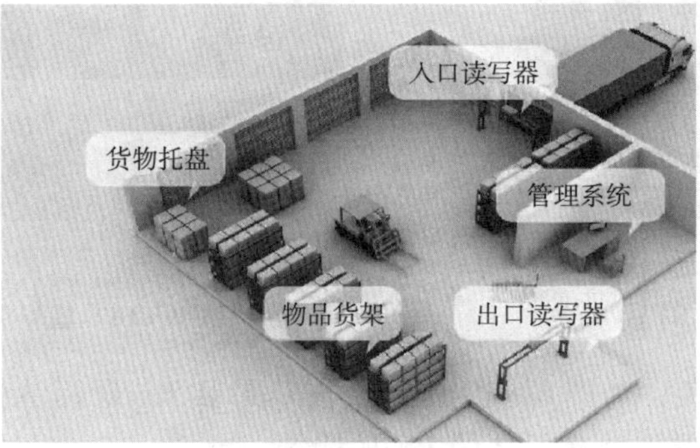

图 8－21 仓库分布

图 8－22 库位标签

（1）库存盘点：传统手动盘点库存方法允许每小时盘点 200 单位产品，由于射频识别技术的应用可每小时增加到14 000单位，从而大大提高了仓库库存盘点的效率。因此，商店可以开展经常性盘点库存或几个固定的RFID阅读器安装仓库，管理其库存商品。RFID技术能够做到精准库存，帮助消费者找到需要的商品，那么更多的商品可以全价卖出而不是等待折扣出售，这样就提高了利润，减少了商品损失。仓库盘点如图8-23所示。

图8-23 仓库盘点

（2）调拨和移库：要进行调拨移库运输的货物在通过通道时，由通道旁边的阅读器标识。读写器记录标签上的当前信息，并将其发送到后台中心。后台中心根据通道识别标签的先后顺序，确定是入库、出库还是调拨。它还可以操作手持机进行货物的移动。仓库管理员发现货物位置错误，可以人工放置。同时，标签信息可以通过手持机修改并发送到服务器。这种叉车如图8-24所示。

图8-24 安装有RFID的叉车

（3）发卡贴标：用电子标签对新取得的物品进行标记。标签唯一的ID号或用户的数据可以用来作为商品识别代码，用于记录的数据信息，如商品的名称、它们所属的仓库、货物的属性等。当不同通道的读写器识别标签时，所有商品信息能够被自动获取。

（4）入库：在货物进入仓库之前，工人在包装盒上放置一个RFID电子标签，也可以在货物打好托盘后，往包装盒上贴上托盘签。包装好的产品通过一个由RFID阅读器和天线组成的通道由装卸工具带着入库。RFID设备自动获取入库的数量并将其保存在系统中。如贴上托盘标签，并通过读写器在托盘标签上写入每个托盘货物信息，同时关联订单数据，并使用计算机仓库管理系统计算库位，库存指令通过网络系统发送给仓库客户端，叉车司机将其放置在所需的位置。仓库完成后，系统更新库存信息，标记每批货物的位置信息。具体流程如图8-25所示。

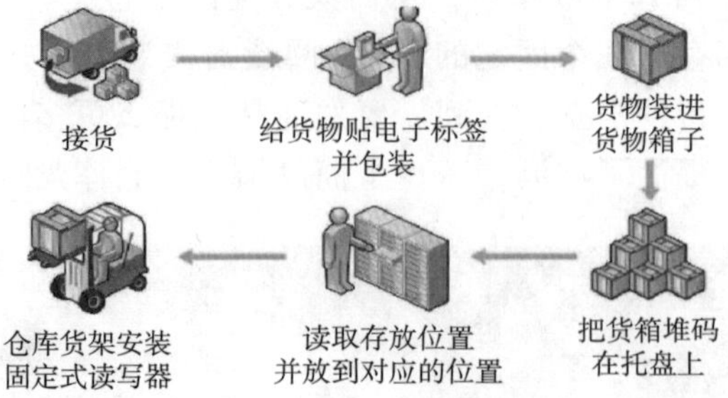

图 8－25 入库流程图

（5）出库：物流服务发货人必须按照销售要求的生成送货单：即按照送货优先顺序，查看出库货物的储存仓位和库存数量；如有客户的指定批号，就指定批号查询；并生成提货仓位、相应的托盘货物和装载车辆。领货人应将送货清单交给仓库管理员，管理员应核对资料，并安排叉车司机将相应的产品送到保管员处。叉车从出口取货。出口 RFID 阅读器读取托盘上的托盘标签以获取输出信息，并检查发货产品和输出列表中所列产品的批号和存储位置是否正确。出库完毕后，存储终端要求管理员确认输出数据，并在数据库中自动更新。出库流程如图 8－26 所示。

图 8－26 出库流程

第四节 EDI 技术与设备

一、EDI 的基本概念

（一）电子数据交换（EDI）的定义

“按照协议，对具有一定结构特征的标准信息，经数据通讯网络，在计算机系统之间进行自动的交换和处理”。我们可以将这一定义分为三个层次理解：一是 EDI 是两个或多个计算机应用系统之间的通信；二是统一的报文标准，即计算机之间传输的信息遵循一定的语法规则与国际标准；三是数据自动投递和传输处理而不需要人工介入。EDI 的落脚点是交换，它的主要目标是以最少的人工介入，实现贸易循环，特别是自动处理双重文件，从而避免了人操作的繁重劳动和错误率，改善公司内部缓慢、复杂的信息传递和降低昂贵的管理费用。可见 EDI 是一种技术，或者说是一种方法、手段。EDI 更侧重于自动化，它放弃了传统贸易伙伴之间传递的各种人工制单，它以节约成本、提高工作效率为主要目的。

（二）EDI 系统的基本组成

1. 硬件：指所有类型的计算机及有关的物理设备。

2. 电信网络：一切现存的电话交换网、分组数据交换网、电话线路均可作为传输媒介，在电信线路不能连接到接收计算机的情况下，通过软盘或磁带的传递也可看作与电信网络作用的等效。

3. 通信软件和翻译软件：通信软件使电文能在计算机间发送和接收；翻译软件使电文能被编码（发送端）和解码（接收端）为一种两个计算机都能理解的格式。

根据 EDI 的定义，EDI 系统模型显示了 EDI 的三个方面：EDI 是一种数据的电子传播方法。因此 EDI 系统必须包括通信网络；EDI 信息可自动处理，这要求通信网络要与商业伙伴的计算机相连接，同时要有一定的软件系统来支持，如图 8－27 所示。EDI 要为不同的计算机系统所识别，这就要求有公认的标准格式，这三个方面可概括为以下三点：数据通讯是 EDI 的基础；计算机应用是 EDI 的条件；数据标准化是 EDI 的特征。

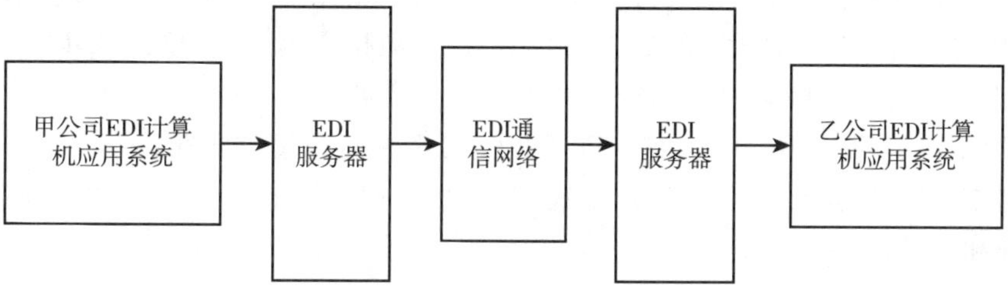

图 8－27　EDI 系统模型

一个完善的 EDI 系统应包括：一个确信使用方便的系统，使网络中的数据可以较容易地为经过授权的使用人所调用；一个控制使用的系统，使网络内一些受限制的数据只能为特殊的经过授权的个人使用；一个确保数据完整的系统，使数据免于因意外或人为的修改而破坏。

二、发展历程

20 世纪 60 年代末到 70 年代，电子数据交换（EDI）概念出现之前，美国一些大型跨国公司之间，已经开始用专有的数据格式传输数据、完成工作调度等管理工作。随着各个公司对外贸易伙伴的指数增长，转换专有格式的费用就变得十分昂贵，于是一些公司开始制定 EDI 数据格式标准和报文标准。1975 年，美国运输数据协调委员会（TDCC）制定了电子交换数据（EDI）运输标准。1977～1982 年，美国食品杂货业制定了统一的 EDI 通信标准（UCS），银行业、保险业和汽车工业也随后制定了各自的行业标准。

多个行业标准的共存，限制了 EDI 的发展。于是 1978 年开始美国标准协会（ANSI）制定美国国家标准（该标准的编号为 ANSI X. 12）。20 世纪 70 年代初，欧洲开始实行电子数据交换（EDI）通信标准化。1972年，瑞典通过了DAKOM标准；1974年，法国采用了GENCOD语言；1977年，德国采用SEDAS发货通知标准；1979年，英国采用了TRADCOMS标准。1983年，当ANSI X.12总标准即将实施时，英国国家贸易促进团体（SITPRO）和英国标准化协会提出制定欧洲甚至国际性标准，并向联合国欧洲经济委员会（UN/ECE）递交了贸易数据交换标准（TDT）。联合国欧洲经济委员会（UN/ECE）对欧洲标准和美国标准进行了合并研究，建立了UN/EDI-FACT（联合国用于行政管理、商业和运输业的电子数据交换标准）标准体系。过去20年里，EDI在国际范围内得到了广泛的应用，这是因为采用EDI方式进行交易可带来可观的经济效益和极高的工作效率，并可达到较高的商业安全保密性。

从EDI发展的历程来看，EDI的关键是标准化，即数据格式的结构化和EDI报文的标准化。

三、EDI标准体系

（一）开放式EDI系统

随着电子数据交换（EDI）参与者的增加以及EDI应用范围的扩大，国际标准化组织提出了一个“开放电子数据交换概念模型”，避免在发展初期出现孤立的特定电子数据交换“岛屿”。开放式EDI指的是“使用公用的、非专用的标准，以跨时域、商域、信息技术系统和数据类型的互操作性为目的自治参与方之间的电子数据交换。”开放式EDI的标准包括：

1. 满足开放式EDI概念模型的开放式EDI专用标准；

2. 为EDI制定的EDI专用标准，包括文件格式标准和通信标准；

3. 为消息处理制定的，可用于开放式EDI的非EDI标准，包括开放系统互联标准消息处理系统和电话本系统标准等。

（二）EDI专用标准

EDI标准从功能上分，可分为文件格式标准和通信标准。

1. EDI文件格式标准。

EDI为了实现商业文件、单证的互通和自动处理，因此文件结构、格式、语法规则等方面的标准化是实现EDI的关键。EDI文件格式标准也称为电子文件标准，它主要解决各种文学类型格式、数据元素编码和语法规则等。

现在国际上比较流行的文件格式标准有两类：ANSIX.12标准，主要在北美地区使用：EDI-FACT标准（行政管理、商业和运输EDI标准），主要在欧洲使用。自20世纪80年代以来，所有国家对EDI-FACT越来越感兴趣，绝大多数应用EDI的国家都已认可这一标准，作为国际电子数据交换标准实施。

2. EDI通信标准。

为实现电子数据交换（EDI）业务，必须建立一个高效安全的数据通信网络作为支撑环境，同时为保证EDI业务的互通，必须制定一个统一的通信标准。消息处理系统（MHS）为EDI的实现提供了最适合的通信环境，EDI利用了MHS所遵循的U-TX.400系列建议，同时还拥有自身专用的标准X.435/F.435建议。

四、EDI的实现过程

当今的EDI通信网络，是建立在MHS数据通信平台上的信箱系统，其通信机制是信箱间信息的存贮和转发。通信流程中各功能模块说明如下。

（一）生成EDI平面文件（mapping）

EDI平面文件是将用户的应用文件（如单证、票据）或数据库中的数据通过应用系统映射（mapping）成一种标准的中间文件。其中，平面文件是一种普通的文本文件，作用在于生成EDI电子单证。

（二）翻译生成EDI标准格式文件

平面文件是通过翻译软件生成EDI标准格式文件，即EDI电子单证或称电子单证票据。它是EDI用户之间进行贸易和业务往来的依据，具有法律效力。它是根据EDI标准的要求，将平面文件中的目录项加上特定的分隔符、控制符和其他信息生成的一种包括控制符、代码和单证信息在内的只有计算机才能阅读的ASCII码文件。

（三）通信

用户通过计算机通信网络进入EDI信箱系统，并将EDI电子单证投递到另一用户的信箱中。根据X.400（或X.435）通信协议的规定要求，信箱系统自动完成投递和转接，为电子单证加上信封、信头、信尾、投送地址、安全要求及其他辅助信息。

（四）EDI文件的接收和处理接收和处理过程是发送过程的反向过程

用户必须首先通过通信网络访问EDI信箱系统，打开自己的信箱，在验证格式、翻译、映射之后接收其计算机中的匹配并将其退回到应用文件中，最后编辑、处理和恢复应用文件。

（五）用户如何与EDI系统联系

用户可以使用指令要求EDI系统完成某些工作，如查看单证的状态、提取单证、查看已建立的贸易关系等。

在EDI系统中的每个用户都有一个“收件信箱”和“发件信箱”，前者用于存放用户的单证，后者用于存放单证的状态信息。单证有三种状态：（1）有效单证，已收；（2）已在收件人的信箱中；（3）已被收方用户提取。这三种状态都有不同的参数与之对应。用户如何知道这些信息呢？用户可以在自己的终端上输入相关指令，EDI系统接到指令后，将“发件信箱”内的状态信息制成状态信息报告，再放入用户自己的“收件信箱”中，这样用户就可以把这份报告提取到自己的终端上。

以同样的方式，用户可以查看已建立的贸易关系、提取单证、删除已建立的贸易关系或“收件信箱”中的某些内容。

（六）实现EDI的三项核心技术

计算机的综合应用水平、通信网络和标准化是实现EDI的三项核心技术。

1. 通信网络。

通信网络是实现 EDI 的基础。为了实现 EDI，可以利用各种成熟的通信技术，包括公共电话网、专用网、X25 分组交换网、DDN 网及现在广泛使用的 Internet 网等。其通信方式可以是点对点、增值网络或消息处理系统（MHS）。

通信网络的三种类型有：

（1）传统的中央处理器与终端的联接方式，包括微机间的联接方式。

（2）局域网可以使 PC 机通过通信线路分享信息源的方式。大多数局域网间以及更大的系统之间均可以相通。

（3）外部电话网方式，它包括通常使用的电话网、增值网（VAN），以及其他公用通信服务。

上述三种类型都容易受到侵害，因为一般情况下进入系统很容易，而系统却不易发现这种侵入。

因此，EDI 的安全系统中的保护，就是要像关上一扇门，而又不锁死，这样就使那些经过授权使用数据，并且实际工作中也能保证需要使用数据的工作人员不受阻碍。

2. 计算机的综合应用水平（电子数据处理 EDP）。

计算机的综合应用是实现 ED1 的前提条件。从实现电子数据交换（EDI）角度来看，计算机的综合应用水平首先应当是贸易部门和企业管理计算机化，也就是说建立一个管理信息系统（MIS），使 EDI 有可靠的数据来源，从而通过 MIS 来收集、传递、存储和加工处理企业的生产、经营等管理信息。

3. 标准化是 EDI 的关键。

标准化是 EDI 的基本特征。EDI 用户需要按照国际通用的报文格式发送信息，而消息接收又必须按照国际规定的语法规则对消息进行处理。制定 EDI 使用的数据项和格式的标准是实现 EDI 的关键，它既要符合国际标准，又要适合本国国情还要考虑贸易链中各个行业的特点。

五、EDI 的运作方式

EDI 的运作有两个基本的方式：一是不通过增值网络进行服务而是由两个企业之间签订协议和有关安排来实施的点对点的 EDI 系统运作；二是通过 EDI 数据交换到清算所中介机构来传输实现更多的点对点的数据交换，这样能更好地克服数据传输所产生的流是费用等问题，还能把供应链中各个角色有机地连接在一起，这就是所谓的传输中介。

EDI 工作流程如图 8－28 所示。

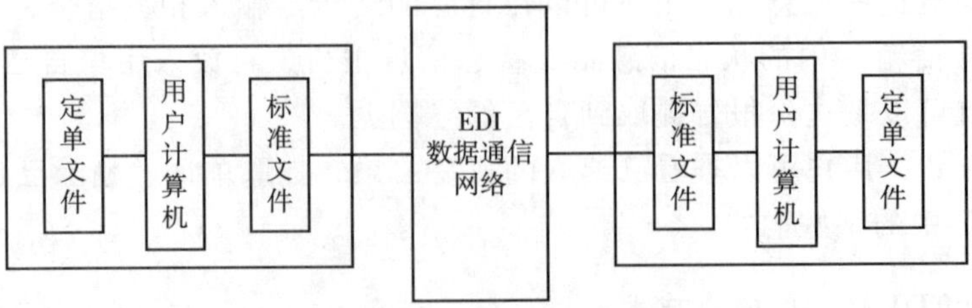

图 8－28 EDI 工作流程

六、EDI 系统的安全措施

（一）存储控制

在一个计算机化的系统中，密码代替了签名。因为在任何给定系统中，总有些你不能看或者你可以看但不能改变的数据。有些数据是允许你添加或者可以修改的。这是任何计算机都具有的基本的安全措施，在 EDI 或其他需要签名的实用领域可以使用辨别码，就像发出口令一样，它能提供多个要求的授权。如果这个授权的执行者在电子传送中加入适当的密码，那么，就与执行者在纸张文件上的签名一样。

（二）保持信息追踪

保障 EDI 安全最重要的组成部分是一旦发出数据，系统就跟踪数据以确保被收到。实际上，EDI 几乎比任何其他通信方式都能提供更多种传递数据，这个系统不仅能查证信息是否收到，而且也能与发出的信息进行比较。几乎每一种形式的数据通信都包括一些错误检查协议，其典型的方式是：

1. 发送者通信软件集合数据，并通过电话线将其传输过去；
2. 接受者的软件确认收到，并与原始数据对比；
3. 接受者的系统发出收到确认信息 ACK 或未收到信号 NAK；
4. 如果发送者系统不能检测到 ACK，它将再次发出数据；
5. 如果系统检测了太多的 NAK，它将结束传递；
6. 如果接受系统不能发回接收确认，它应送回个报警号给发送者，而接受方应该将错误信号从系统中删除并等待重新发送；
7. 一旦系统接收了全部没有错误的传输信息，接收方应检查内容的完整性、精确性和正确性。

（三）密封信封

那些能发 ACKS、NAKs 和类似信息的密码是建立在基本通信协议中的，电子信封还有另外的保护措施。接收者可以通过以下两种方法检查：

1. 相同的口令应该出现在头部和尾部之间，接收者的软件应当检查这些口令；
2. 应检查尾部的项目数同群组内的实际项目是否一致。

任何一方不符都表明没有接收到完整的传输文件，则应当重复进行这一过程，包括每一个内部交换单元、功能组和处理部分。由于在现实生活中，我们要确保只有有相应权限的人才能看到敏感数据，要确保信息在传输的过程中不会被篡改、截取，这就需要各个环节的安全系统运转起来。数据加密是肯定可以被破解的，但我们所想要的是一个特定时期的安全，也就是说，密文的破解应该是足够困难，在现实上绝对无法破解密文是不存在的。但是，只要破译的时间超过密文的有效期，加密就是有效的。保障了数据的安全，也就保障了 EDI 系统，因而使贸易双方有一个安全、值得信赖的业务活动环境，从而使电子商务健康、快速发展。

七、EDI的优点

EDI技术自问世以来，因其技术先进大大减少贸易文件及文件处理成本，因而受到世界各国普遍重视，发展迅速。具体优点以下几个方面。

（一）节省资本和提高效率

由于商业伙伴之间电子文件的传输是自动的，而且不存在重复的工作，因此发送文件可能需要几秒钟时间，发票可以在短时间内通过表决处理。例如，物流中采用EDI实现了数据的标准化，使计算机识别和处理自动化，从而提高了周期性交易的效率，降低了货物采购、生产和运输之间的库存成本。

（二）提高管理和服务质量

将EDI技术与企业内部的仓储管理系统、自动补货系统、订单处理系统等企业MIS系统集成使用之后，可以实现商业单证快递交换和自动处理，简化采购程序，减低营运资金及存货量，改善现金流动情况也使企业可以更快地对客户需求进行响应。

（三）减少纸张浪费和重复性的工作

随着经济的快速发展，贸易伙伴之间的各种文件、单证日益剧增。同时，在这些文件、单证中有很多内容都是重复性的，需要人工重复输入，造成人力、物力和财力资源的严重浪费。采用俗称无纸化贸易的EDI技术优势明显有效减少纸张的浪费和重复性的工作。

（四）满足业务发展的需要

目前，许多国际和国内的大型制造商、零售企业、船运公司等对于贸易伙伴都有使用EDI技术的需求。当这些企业评价一个新的贸易伙伴时，其是否具有EDI的能力，是一个重要指标。某些国际著名的企业甚至减少和取消给那些没有EDI能力的供应商的订单。因此采用EDI是企业提高竞争能力的重要手段之一。

八、EDI业务应用领域

（一）商业贸易领域

在商业贸易领域，采用电子数据交换（EDI）技术，可以有机地将不同制造商、供应商、批发商和零售商等商业贸易之间各自的生产管理、原料需求销售管理、库存管理、商业POS系统结合起来，从而使这些企业大幅度提高效率，并创造出更高的利润。

（二）运输业领域

在运输行业，传统运输单证处理的长度和效率低下问题已可使用EDI技术来解决，这些服务将海运公司各自的应用系统连接起来。通过采用集装箱运输电子数据交换业务，将船运、空运、陆路运输等企业之间各自的应用系统联系在一起从而解决传统车证运输过程中的处理时间长、效率低等问题。

（三）通关自动化

在外贸领域，通过采用电子数据交换（EDI）技术，可以将海关、商检、卫检等口岸监管部门与外贸公司、来料加工企业、报关公司等相关部门和企业紧密地联系起来，从而避免企业多次往返多个外贸管理部门进行申报、审批等。

（四）在集装箱运输领域的应用

集装箱运输是当今世界航运史上最常用的运输方式，而 EDI 技术是国际贸易、结算通关、数据处理等方面的最佳信息传递方式。因此，目前国际航运界已广泛地应用了这一科技成果。航运企业大多数业务需要填制大量的卡片，而采用 EDI 技术则减少了加工速度，提高了员工的精确性和功能多样性。

在集装箱管理方面，通过使用 EDI 很容易获得关于世界各地集装箱数量的信息，该技术能够在接收到关于集装箱运营的所有信息后记录所有关于集装箱的标准数据。特别是操作和维修，使用这些信息可以优化功率分布。此外，EDI 还可以计算成本、净利润、旋转率、总收入和利益分析，从而能够对托运人、集装箱或距离进行评估。

第五节　GPS 技术与设备

一、GPS 概述

全球定位系统（Global Positioning System，GPS），是一种利用卫星对用户位置进行确定的无线系统。GPS 系统的前身是 1958 年美军研制的“子午仪”卫星定位系统（Transit），在此基础上，20 世纪 70 年代美国海陆空三军联合研制出新一代空间卫星导航 GPS 定位系统。GPS 是当今世界航天航空技术、无线电通信技术和计算机技术的综合结晶，利用该系统，用户可以在全球范围内实现全天候、连续、实时的三维导航定位和测速，并且能够进行高精度的时间传递和精密定位。

（一）GPS 的构成

GPS 主要由空间卫星系统、地面监控系统、用户接收系统三个独立的部分组成，具体构成如图 8-29 所示。

1. GPS 空间卫星系统。

空间卫星系统由 21 颗工作卫星和 3 颗在轨备用卫星组成。卫星分布在 6 个倾角为 55°的轨道上，轨道平面间距 60°。在每一轨道平面内，各卫星升交角距差 90°，任意轨道上的卫星比西边相邻轨道上的相应卫星超前 30°。空间系统的每颗卫星每 12 小时沿近圆形轨道绕地球一周，由星载高精度原子钟控制无线电发射机在“低噪声窗口”附近发射 L1、L2 两种载波，向全球的用户接收系统连续地播发 GPS 导航信号。

2. 地面监控系统。

地面控制段主要是收集在轨卫星运行数据，计算导航信息，诊断系统状态，调度卫

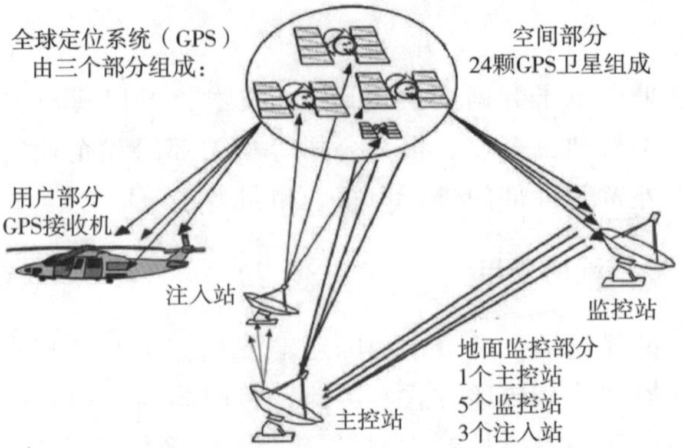

图 8-29 GPS 系统的构成

星。卫星上的各种仪器设备是否正常工作，以及卫星是否沿着预定轨道运行，都要由地面设备进行监测和控制。地面监控系统另一重要作用是保持各颗卫星处于同一时间标准，即GPS 时间系统，这就需要地面站监测各颗卫星的星载原子钟信息，求出钟差，然后由地面注入站发给卫星，卫星再由导航电文发给用户设备。

3. 用户接收系统。

用户接收系统由 GPS 接收机、数据处理软件及相应的用户设备如计算机气象仪器等所组成。它的作用是接收 GPS 卫星所发出的信号、利用这些信号进行导航定位等工作。

（1）GPS 接收机。

GPS 卫星接收机是 GPS 用户接收系统的中心设备，主要功能是能够捕获到按一定卫星截止角所选择的待测卫星，并跟踪这些卫星的运行。当接收机捕获到跟踪的卫星信号后，即可测量出接收天线至卫星的伪距离和距离的变化率，解调出卫星轨道参数等数据。根据这些数据，接收机中的微处理计算机就可按定位解算方法进行定位计算，计算出用户所在地理位置的经纬度、高度、速度、时间等信息。

GPS 接收机的基本结构是天线单元和接收单元两部分，天线单元的主要作用是：当 GPS 卫星从地平线上升起时，能捕获、跟踪卫星，接收放大 GPS 信号。接收单元的主要作用是：记录 GPS 信号并对信号进行解调和滤波处理，还原出 GPS 卫星发送的导航电文，求解出信号在卫星间的传播时间和载波相位差，实时地获得导航定位数据或采用测后处理的方式，获得定位、测速、定时等数据。

GPS 接收机根据使用功能不同，分为导航型和测地型。导航型接收机主要用于运动载体的导航，能够给出载体实时的位置和速度。根据运用领域的不同又可分为车载型（车辆导航）、航海型（船舶导航）、航空型（飞机导航）、星载型（卫星导航）。测地型接收机主要用于精密测量，定位精度高，分为单频接收机和双频接收机，单频接收机适用于短程（<15 千米）的精密定位，双频接收机可用于长达几千公里的精密定位。

（2）GPS 数据处理软件。

GPS 数据处理软件的主要功能是对接收机获取的卫星测量记录数据进行粗加工、预处理，并对处理结果进行平差计算、坐标转换及分析综合处理。解得测站的三维坐标，测体的坐标、运动速度、方向及精确时刻。

（二）GPS 的主要特点

（1）全球、全天候作业，GPS 观测可在一天 24 小时内的任何时间进行，并且对全球范围进行工作。

（2）定位精度高，GPS 相对定位精度在 50 千米以内可达 10 ~ 6 米，100 ~ 500 千米可达 10 ~ 7 米，1 000 千米可达 10 ~ 9 米。在 300 ~ 1 500 米工程精密定位中，1 小时以上观测的平面位置误差小于 1 毫米。

（3）功能多，应用广，可用于测量、导航，精密工程的变形监测还可用于测速、测时。

（4）观测时间短，20 千米以内相对静态定位，仅需 15 ~ 20 分钟；快速静态相对定位测量时，当每个流动站与基准站相距在 15 千米以内时，流动站观测时间只需 1 ~ 2 分钟，然后可随时定位，每站观测只需几秒钟。

（5）可提供三维坐标，GPS 可同时精确测定测站点的三维坐标（平面 + 大地高）。通过局部大地水准面精化，GPS 水准可满足四等水准测量的精度。

（6）实时导航。

（7）抗干扰性能好、保密性强。

二、GPS 的定位原理

GPS 卫星的分布网使在全球任何地方、任何时间都可接收到 4 颗以上的卫星信号，这就提供了在时间上连续的全球导航能力。并且每颗 GPS 工作卫星都连续不断地发出用于导航定位的信号，这些信号将被用户利用进行工作。各个卫星不断地将自身参数、测距码发往地面，用户使用 GPS 接收机接受相应的信号，并按照一定的准则解算出接收天线处的位置和速度等，从而实现对物体的定位追踪。GPS 卫星分布如图 8 - 30 所示。

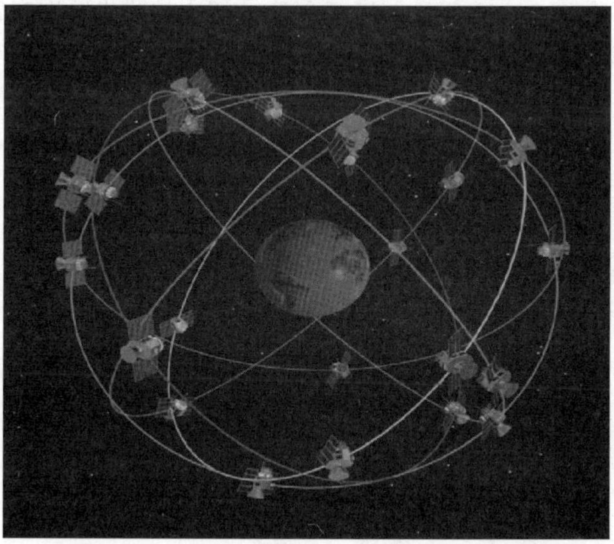

图 8 - 30　GPS 卫星分布

（一）绝对定位原理

利用 GPS 进行绝对定位的基本原理如图 8－31 所示，GPS 卫星与用户接收机天线之间的几何距离观测量为基础，并根据卫星的瞬时坐标（X_S，Y_S，Z_S），以确定用户接收机天线所对应的点位，即观测站的位置。

设接收机天线的相位中心坐标为（X，Y，Z），则 $\rho=\sqrt{(Xs-X)^2+(Ys-Y)^2+(Zs-Z)^2}$。

卫星的瞬时坐标（X_S，Y_S，Z_S）可根据导航电文获得，所以公式中只有 X、Y、Z 三个未知量，只要同时接收 3 颗 GPS 卫星，就能解出测站点坐标（X，Y，Z）。可以看出，GPS 单点定位的实质就是空间距离的后方交会。

图 8－31　GPS 绝对定位

（二）相对定位原理

GPS 相对定位，亦称差分 GPS 定位，是目前 GPS 定位中精度最高的一种定位方法。其基本定位原理为：如图 8－32 所示，用两台 GPS 用户接收机分别安置在基线的两端，并同步观测相同的 GPS 卫星，以确定基线端点（测站点）在 WGS－84 坐标系中的相对位置或称基线向量。

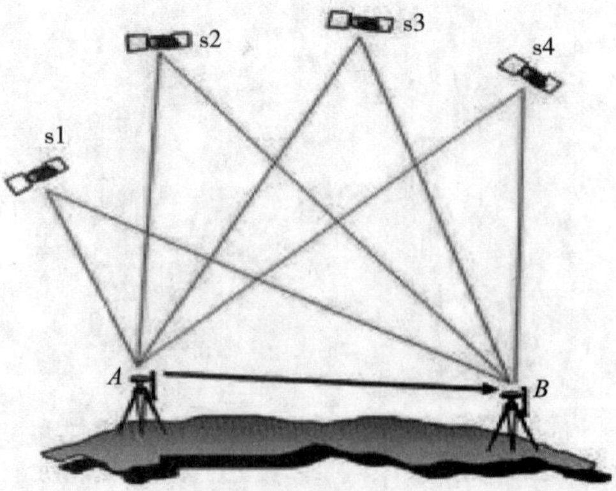

图 8－32　GPS 相对定位

三、GPS 技术的应用

（一）在物流领域的应用

1. 物流配送。

GPS 对车辆的状态信息（包括位置、速度、车厢内温度等）以及客户的位置信息快速、准确地反映给物流系统，由特定区域的配送中心统一合理地对该区域内所有车辆做出快速调度。这样便大幅度提高了物流车辆的利用率，减少了空载车辆的数量和空载的时间，从而减少物流公司的运营成本，提高物流公司的效率和市场竞争能力，同时增强物流配送的适应能力和应变能力。

2. 动态调度。

运输企业可进行车辆待命计划管理。操作人员通过在途信息的反馈，车辆未返回车队前即做好待命计划，提前下达运输任务，减少等待时间，加快车辆周转，以提高重载率，减少空车时间和空车距离，充分利用运输工具的运能，提前预设车辆信息及精确的抵达时间，用户根据具体情况合理安排回程配货，为运输车辆排解后顾之忧。

3. 货物跟踪。

通过 GPS 和电子地图系统，可以实时了解车辆位置和货物状况（车厢内温度、空载或重载），真正实现在线监控，避免以往在货物发出后难以知情的被动局面，提高货物的安全性。货主可以主动、随时了解到货物的运动状态信息以及货物运达目的地的整个过程，增强物流企业和货主之间的相互信任。

4. 车辆优选。

查出在锁定范围内可供调用的车辆，根据系统预先设定的条件判断车辆中哪些是可调用的。在系统提供可调用的车辆的同时，将根据最优化原则，在可能被调用的车辆中选择一辆最合适的车辆。

5. 路线优选。

地理分析功能可以快速地为驾驶人员选择合理的物流路线，以及这条路线的一些信息，所有可供调度的车辆不用区分本地或是异地都可以统一调度。

6. 报警援救。

在物流运输过程中有可能发生一些意外的情况。当发生故障和一些意外的情况时，GPS 系统可以及时地反映发生事故的地点，调度中心会尽可能地采取相应的措施。它不仅为运输企业提供信息支持，并且对整合货物运输资源、加强区域之间的合作具有重要意义。增加运输的安全和应变能力 GPS 系统的投入使用，过去制约运输公司发展的一系列问题将迎刃而解，为物流公司降低运输成本、加强车辆安全管理、推动货物运输有效运转发挥了重要作用。此外，GPS 系统的网络设备还能容纳上千车辆同时使用，跟踪区域遍及全国。物流企业导入 GPS 系统，是物流行业以信息化带动产业化发展的重要一环。

（二）当前存在的问题

1. 物流信息化水平较低。

信息化是现代化物流的基础，与世界发达国家相比，我国物流信息化的程度差距明显，物流作业环节和流通环节都缺少必要的行业标准和行业规范，导致物流效率普遍不高。

2. 自有技术不成熟。

我国在 GPS 应用水平和产业化水平与发达国家还有很大差距，虽然中国也有自己的卫星定位，但只能定位自己国家和附近的地区，而且还没到民用化阶段。现在 GPS 模块和几乎所有的 GPS 设备所需的大规模集成电路芯片都要从国外进口，当汽车行驶到地下隧道、高层楼群等遮掩物而捕捉不到 GPS 卫星信号而存在接收信息盲区。

3. 生产厂家缺乏经验积累。

GPS 车辆应用产品是集 GPS 技术、GIS、通信技术和计算机网络技术为一体的高科技产品，而应用于汽车上的产品，更需要其在技术上、质量上适用于汽车的恶劣环境。20 世纪 90 年代中后期，GPS 车辆应用系统，尤其是车辆监控系统领域，只是一些技术、资金、人才实力并不很强的中小型公司，以小作坊式形式进行产品的设计规划、研究开发、生产制造。系统集成、施工服务，其生产周期长、产品质量差、总装车量低。

4. 商家应用推广不力。

由于 GPS 应用在国内发展较慢，真正开发卖点的力度不够，规范化和规模化问题长期不能解决，造成消费者就对 GPS 产品认识不足，因此要加强针对 GPS 产品的销售推广。如果消费者对 GPS 产品的需求增加，就能相应地促进 GPS 技术水平的提升。

（三）GPS 与 GIS 的融合

1. GIS 的概述。

GIS 全称地理信息系统（Geographic Information System，GIS）在计算机软件、硬件支持下，对空间数据进行采集、处理、分析、模拟和显示，为地理研究、综合评价和管理、分析、决策而建立的计算机应用系统。GIS 是一种重要的空间信息系统，是在计算机硬件、软件系统支持下，对整个或部分地球表层（包括大气层）地理分布数据进行采集、处理、分析、描述和显示的技术系统。

GIS 可以在地图中进行定位与导航、可以在地图中标注出各类地理信息（如建筑及名称、公交站、店铺信息），甚至地形、地貌。GIS 的数据来源于现有的地图、以计算机图形图像文件形式存放的影像资料和表格资料及绘图软件（如 Auto CAD）绘制图形等。随着空间技术发展，遥感和 GPS 也成为 GIS 的重要数据来源。GPS 不能离开 GIS，必须与 GIS 结合，GIS 与 GPS 相结合则能产生巨大的能量。

2. GIS 在物流领域的应用。

GIS 在物流中的应用主要体现在对物流过程的控制与管理上。GIS 是一个能够获取、存储、管理、查询、模拟和分析地理信息的计算机系统，是一种能够处理和分析大量地理数据的通用地理信息技术。它按照地理特征的关联，将多方面的数据以不同层次联系构成现实模型，在此模型上使用空间查询和空间分析进行管理，并通过空间信息模拟和分析软件包进行空间信息的加工、再生，为空间辅助决策的分析打下基础。由于物流对地理空间有较大的依赖性，采用 GIS 技术建立企业的物流管理系统可以实现企业物流的可视化、实时动态管理。

GIS 应用于物流分析，主要是指利用 GIS 强大的地理数据功能来完善物流分析技术。

GPS 在物流领域的应用可以实时监控车辆等移动目标的位置，根据道路交通状况向移动目标发出实时调度指令。而 GIS、GPS 和无线通信技术的有效结合，再辅以车辆路线模型、最短路径模型、网络物流模型、分配集合模型和设施定位模型等，能够建立功能强大的物流信息系统，使物流变得实时并且成本最优。GIS 技术的应用能在对货物运输路径、仓库地址的选择等方面提供巨大技术支持。

随着互联网的发展和通信技术的进步，跨平台、组件化的 GIS（地理信息系统）和 GPS（全球定位系统）技术的逐步成熟，基于 GIS/GPS 的应用将构造具有竞争力的透明物流企业。GIS 应用于物流分析，是指利用 GIS 强大的地理数据功能来完善物流分析技术。GPS 在物流领域应可以实时监控车辆等移动目标的位置，根据道路交通状况向移动目标发出实时调度指令。而 GIS、GPS 和无线通信技术的有效结合，再辅以车辆路线模型、短路径模型、网络物流模型、分配集合模型和设施定位模型等，能够建立功能强大的物流信息系统，使物流变得实时并且成本最优。

3. GIS/GPS 在物流企业应用的优势。

（1）GIS/GPS 的应用，必将提升物流企业的信息化程度，使企业日常运作数字化，包括企业拥有的物流设备或者客户的任何一笔货物都能用精确的数字来描述，仅提高企业运作效率，同时提升企业形象，能够争取更多的客户。

（2）GIS/GPS 和无线通信的结合，使流动在不同地方的运输设备变得透明而且可以控制。结合物流企业的决策模型库的支持，根据物流企业的实际仓储情况，且由 GPS 获取的实时道路信息，可以计算出最佳物流路径，给运输设备导航，减少运行时间，降低运行费用。利用 GPS 和 GIS 技术可以对车辆进行实时定位、跟踪、报警、通信等，能够满足掌握车辆基本信息对车辆进行远程管理的需要，有效避免车辆的空载现象，同时客户也能通过互联网技术，了解自己货物在运输过程中的细节情况。例如，在草原牧场收集牛奶的车辆在途中发生故障，传统物流企业往往不能及时找到故障车辆而使整车的奶坏掉，损失惨重。而 GIS/GPS 能够方便地解决这个问题。此外，GIS/GPS 还能够有效地监控司机的行为。

（3）通过对物流运作的协调，促进协同商务发展，让物流企业向第四方物流角色转换。由于物流企业能够实时地获取每部车辆的具体位置、载货信息，故物流企业能用系统的观念运作企业的业务，降低空载率。物流企业通过无线通信、GIS/GPS 能够精确地获取运输车辆的信息，再通过 Internet 让企业内部和客户访问，从而把整个企业的操作，业务变得透明，为协同商务打下基础。

【拓展阅读】

L 汽车有限公司是全球财富 500 强企业中最大的汽车零部件供应商之一，主要生产汽车座椅等产品。公司计划实现 675 台/天，年产量 20 万套，产量较两年前接近翻番。同时，客户要求保证 14 天安全库存的进口件原材料需要全部存放在厂内现有库房内。由于厂内空间有限，只能通过增加国产件到货频次来降低国产件库存空间。这就要求公司的物流效率要大幅提高。

传统物流模式制约发展

L 公司现有一条流水生产线，在现行的以条码为主导技术下的物流系统中，对零件识别方式全部为纸质条码扫描。入厂物流、生产物流和出厂物流三个环节密切相关。

在入厂物流中收货员根据随货送到的收货单与实物进行核对，如确认无误后，按照ASN（一种编码格式）数据打印公司内部条码单贴于货物表面，物流人员对货物根据经验送入约定库位，并将库位信息输入便携扫描器。在生产时，配料人员根据线旁物料安全库存要求进行配料。对于JIT（准时生产）件，按照经验找到库位取料后配送到线旁。对于需要排序的JIS（排序生产）件，配料员利用ERP（企业资源计划）系统按计划生产顺序打印配料单，并根据配料单上的既定顺序进行配料。出厂时快速、准确地找到订单要求制成品，完成发货后还需要在系统做出库记录，以避免系统库存虚高。

虽然公司这种物流系统较早期粗放式物流有了较大的改善，并且在现代物流中占据主动地位，但它的弊端是显而易见的，在多年的运行中公司发现以下问题经常发生：

1. 零件系统库存与实物不匹配：经常发生电脑系统中有库存，但实物在仓库内找不到；

2. 配料速度慢：由于仓库员工“三班倒”，配料员无法第一时间找到料，造成生产风险；

3. 收货速度慢：收货员需要根据送货人提供的纸质单据进行核对并录入系统，工作劳动强度大，且易发生人为疏忽；

4. 物料无法做到先进先出：由于条码不提供物料生产日期，配料员经常就近取料，易造成物料待滞时间长后无法满足质量标准，同样也无法追溯来料信息；

5. 信息流滞后于物流：计划员无法实时跟踪物料状态，造成决策滞后。

引入RFID技术彻底革新物流

针对出现的种种问题，L公司决定在供应链上引入RFID技术：与供应商联络建立RFID技术标准，使来料携带统一标准的电子标签；在公司内部添加RFID设备，统筹规划RFID网络建设以及相关硬件；在公司统一的QAD系统（一种ERP系统）中加入RFID相应的软件模块，使其与生产信息流融合；同时，对公司员工进行培训。

引入RFID后，公司根据厂内的物流模式重新构筑物流业务流程如下：

1. 入厂物流。

新的物流管理系统要求所有供应商必须在标包内携带统一规格的RFID标签，并由IT部统一分配供应商、零件、到货批次唯一识别码及编码方式。公司在收货口设置RFID读写器，当货物进入厂房大门，自动读取RFID标签信息，首先与物料计划员在系统内设置的ASN信息的比对，如有差异，当即联系计划员核实零件差异原因；无差异直接收入系统。由于仓库内已布置一定数量读写器，可以无缝识别，所以货物不需要按指定库位存放，叉车可以根据就近、从速原则把货物存放在立体货架。这样的设置省去了传统收货员点货验货的操作，极大地节省了收货时间，减少了供应商送货车的等待时间，提高了收货口的周转速率。

2. 生产物流。

根据公司自主研发的JIS系统，配料员预先把客户的需要顺序导入系统，根据生产线生产节奏提前配料。其中原材料分为安全带、气囊、头枕等JIT件，也有蒙皮、发泡、机构骨架等排序件。对于非排序件配料员根据生产线旁看板和生产线旁最大、最小库存量确定是否需要补料。在确定配料时，大件如机构、骨架会按班次拉动直接放置指定位置，配料员去选取即可。对于非排序配料件，配料员优先去小件超市选取。需要说明的是，工厂收货先不拆标包直接放置高层货架，当小件超市的库存小于最小安全库存时，配料员持便携读写器输入零件号，就可以连接终端，根据RFID读写信息，找到所需零件整包装在高层货架的位置。在零件到小件超市前都是根据RFID作为唯一识别信息，而一旦零件标包拆散，就根据内置的条码进行识别，包括后续的生产线扫描上线。所以说拆包是RFID到条码的区分点。由于在终端选取整包零件时可以看到入厂时间等信息，同时解决了困扰公司多年的FIFO（First in first out，先进先出）问题。

3. 出厂物流。

发运时，发货员需要通过扫描包装单上的条码进行装箱校验（确保座椅装在正确的周转车上）和装车校验（确保座椅安装客户的需要和顺序装进发运车）。通过RFID信息技术的应用，成品座椅在下线时都会粘贴一个便携RFID标签，这样通过遍布在厂内的阅读器，可以准确地识别成品座椅信息、位置，当需要装车时，发运员可以根据便携阅读器直接找到座椅的位置。通过安放在发运门口的阅读器，准确读取每一个被移出厂房进入发货车的座椅，从而自动完成装箱校验和装车校验，极大地节省了发运时间。

基于RFID的物流系统能够识别和跟踪每一个目标，可以对物料流动情况进行实时、准确地采集和跟踪；同时，可以对数据进行分析整理并反馈给管理人员来监控生产状况和物流流动，以实现对整个生产过程的可视化监控与管理。

L公司通过对物流系统现状和业务流程的分析，重组厂内物流信息系统，目前实际生产中遇到的大部分问题都被解决。

通过以上分析可以看到，将RFID技术引入物流管理系统中，可以使传统模式下的种种问题迎刃而解，更好地优化物流工作流程，提升工作效率。在自动化大物流时代，RFID技术将为企业更进一步占据现代高效信息化管理高地，扩大利润赢取空间发挥重要作用。

【复习思考题】

1. 什么是物流信息技术？
2. 简述信息技术对物流的影响。
3. 常见的条形码识读设备主要有哪些？
4. 简述常用条形码的组成。
5. 简述RFID的工作原理、特点及组成。
6. 电子标签按能量获取方式可分为几类？各有什么特点？
7. 简述EDI系统的工作流程。
8. EDI标准从功能上可分为哪几类？
9. EDI的三项核心技术为哪些？
10. 简述GPS系统的组成。
11. 简述GPS的定位原理和特点。

第九章　流通加工技术与设备

流通加工是在流通领域中对生产的辅助性加工，是现代社会化分工、专业化生产的新形式，也是物流过程中不可缺少的核心服务。从某种意义上讲，流通加工不仅是生产过程的延续，也是生产本身或生产工艺在流通领域的延续。流通加工不仅增加运输、仓储、配送等活动的附加价值，同时也提高了物流过程本身的社会价值。

本章将概括介绍流通加工及流通加工设备的概念、分类和特点，并以典型流通设备为例，较详细地介绍剪板机、切割设备、冷链设备和商品混凝土搅拌运输车的组成和工作原理及其特点和运用。

第一节　概　　述

一、流通加工的概念

国家标准《物流术语》关于流通加工的定义是："物品在从生产地到使用地的过程中，根据需要施加包装、分割、计量、分拣、刷标志、拴标签、组装等简单作业的总称。"从概念中可以看出，流通加工一般不是改变其形态，而是保持流通对象的已有形态。

从作业内容来看，流通加工与生产加工在加工方法、加工组织、生产管理方面并无显著区别，但在加工对象、加工程度等方面两者的主要差别体现在以下几点：

1. 流通加工的对象是进入流通过程的商品，具有商品的属性，以此来区别多环节生产加工中的一环。而生产加工对象不是最终产品，而是原材料、零配件、半成品。

2. 流通加工大多是简单加工而不是复杂加工。一般来说，如果必须进行复杂加工才能形成人们所需的商品，那么这种复杂加工应专设生产加工过程，生产过程理应完成大部分加工活动，流通加工对生产加工则是一种辅助及补充。

3. 从价值观点看。生产加工目的在于创造价值与使用价值，而流通加工则在于完善其使用价值并在不做大的改变的情况下提高价值。

4. 流通加工的组织者是从事流通工作的人，能紧密结合流通的需要进行加工活动，一般由流通企业完成。而生产加工则由生产企业完成。

5. 商品生产是为交换、为消费而生产的，而流通加工主要为增加商品附加价值、满足客户需求和促进销售。但是流通加工也有时候是以自身流通为目的，纯粹是为流通创造条件，这种为流通所进行的加工与直接为消费进行的加工在目的上有着显著的差别。

二、流通加工作用

流通加工是对生产加工的辅助和补充，是连接生产和消费的"桥梁和纽带"。流通加工的主要作用为：

1. 提高原材料和设备的利用率。利用流通加工环节进行集中下料，将生产厂直接运来的简单规格产品，按用户的要求进行下料，提高了原材料和专门设备利用率。

2. 可以满足用户的多样化需求。流通加工可使用量小、缺乏初级加工能力的用户或临时需要的用户省去初级加工设备的投资及人力，方便了用户。

3. 提高物流效率，方便物流。有一些产品本身的形态使之难以进行物流操作。进行流通加工，可以使物流各环节易于操作，这种加工往往改变“物”的物理状态但不改变其化学特性。同时通过采取改装、冷冻、保鲜、涂油等措施可以保护商品在运输、储存、搬运、包装等过程中不受损失。

4. 衔接不同运输方式使物流合理化。在运输干线及支线的结点，设置流通加工环节，可以有效解决大批量、低成本、长距离干线运输和多品种、少批量、多批次末端运输之间的衔接问题。在流通加工点与大生产企业之间形成定点、直达、大批量的远距离运输的渠道，又以流通加工中心为核心，组织对多用户的配送。也可以在流通加工中心将运输包装改为销售包装，从而有效衔接不同目的的运输方式。这样可以充分发挥各种运输工具的最高效率，加快运送速度，节省运力运费。

5. 改变功能，提高收益。在流通过程中对产品的某些特征进行简单加工，可以明显提高产品销售的经济效益。

因此，在物流领域中，流通加工可以成为高附加值的活动，这种高附加价值的形成，主要着眼于满足用户的需要，提高服务功能而取得的，是贯彻物流战略思想的表现，是一种低投入、高产出的加工形式。

三、流通加工的类型

为了充分体现流通加工对物流服务功能的增强，流通加工的种类很多，大体可分为以下十种形式。

1. 为了弥补生产领域加工不足的深加工。有许多产品在生产领域的加工只能到一定程度，这是由于存在许多因素限制了生产领域不能完全实现终极的加工，例如，钢铁厂的大规模生产只能按标准规定的规格生产，以使产品有较强的通用性，使生产能有较高的效率和效益；木材如果在产地完成成材制成木制品的话，就会造成运输的极大困难，所以原木生产领域只能加工到原木、板方才这个程度，进一步的下料、切裁、处理等加工则由流通加工完成。这种流通加工实际是生产的延续，是生产加工的深化，对弥补生产领域加工不足有重要意义。

2. 为满足用户需要的多样化进行的服务性加工。从需求角度看，需求存在着多样性和变化两个特点，为满足这些要求，经常是用户自己设置加工环节，如生产消费型用户的再生产往往从原材料初级处理开始。就用户来讲，现代生产的要求，是生产型用户能够尽可能减少流程，尽量集中力量从事较复杂的技术性较强的作业，而不愿意将大量初级加工包揽下来，这种初级加工带有服务性，由流通加工来完成，生产型用户便可以缩短自己的生产流程，使生产技术密集程度提高。对一般消费者而言，则可省去烦琐的预处置工作，集中精力从事较高级直接满足需求的劳动。

3. 为保护产品所进行的加工。在物流过程中，直到用户投入使用前都存在对产品的保护问题，防止产品在运输、储存、装卸、搬运、包装等过程中遭到损失，使其价值顺利实现。与前两种加工不同，这种加工并不改变进入流通领域的“物”的外型及性质。这种加工主要采取稳固、改换包装、冷冻、保鲜、涂油等方式。

4. 为提高物流效率、方便运输的加工。有一些产品本身形态使之难以进行物流操作，如鲜鱼的装卸—储存困难、过大设备搬运—装卸困难；气体物运输—装卸困难等。进行流通加工，可以使物流各环节易于操作，如鲜鱼冷冻、过大设备解体、气体液化等，这种加工往往改变“物”的物理状态，但并不改变其化学特性并最终仍能恢复原物理状态。

5. 为促进销售的流通加工。流通加工可以从若干方面起到促进销售的作用，如将过大包装或散装物分装成适合一次销售的小包装的分装加工；将原以保护产品的为主的运输包装改换成以促进销售为主要目的销售包装，以起到吸引消费者、指导消费的作用；将零配件组装成用具、车辆以便于直接销售；将蔬菜、肉类、鱼类洗净切块以满足消费者要求等。这种流通加工可能是不改变“物”的本体，只是进行简单改装加工，也有许多是组装、分块等深加工。

6. 为提高加工效率的流通加工。许多生产企业的初级加工由于数量有限加工效率不高，也难以投入先进科学技术。流通加工以集中加工形式，解决了单个企业加工效率不高的弊病。以一家流通加工企业代替了若干生产企业的初级加工，促使生产水平明显的提高。

7. 为提高原材料利用率的流通加工。流通加工利用其综合性强、用户多等特点，可以实行合理规划、合理套裁、集中下料的办法，这就能有效提高原材料利用率，减少损失浪费。例如，为了综合利用，流通中将货物分解，分类处理。猪肉和牛肉等在食品中心进行加工，将肉、骨分离，其中肉占65%左右，向零售店输送时就能大大提高输送效率，骨头则推往饲料加工厂，制成骨粉加以利用。

8. 衔接不同运输方式，使物流合理化的流通加工。在干线运输及支线运输的节点，设置流通加工环节，可以有效解决大批量、低成本、长距离干线运输与多品种、少批量、多批次末端运输和集货运输之间的衔接问题，在流通加工点与大生产企业之间形成大批量、定点运输的渠道，又以流通加工中心为核心，组织对用户的配送，也可在流通加工点将运输包装转换为销售包装，从而有效衔接不同目的地的运输方式。

9. 以提高经济效益，追求企业利润为主的流通加工。流通加工的一系列优点，可以形成一种“利润中心”的经营形态，这种类型的流通加工是经营的一环，在满足生产和消费要求基础上取得利润，同时在市场和利润引导下使流通加工在各个领域能有效地发展。

10. 生产—流通一体化的流通加工形式。依靠生产企业与流通企业的联合，或者生产企业涉足流通，或者流通企业涉足生产，形成对生产与流通加工的合理分工、合理规划、合理组织，统筹进行生产与流通加工的安排，这就是生产—流通一体化的流通加工形式。这种形式可以促使产品结构及产业结构的调整，充分发挥企业集团的经济技术优势，是目前流通加工领域的新形式。例如，煤炭的配煤加工，水泥的熟料运输、就地粉磨加工，水产品去头、尾、鳞加工，蔬菜清洗、去皮、分切加工等。这些流通加工对生产方式提出了变革要求，是生产流通一体化的新技术。

四、流通加工的合理化

流通加工合理化是指实现流通加工的最优配置，即，对是否设置流通加工环节、设置的地点、加工类型的选择、技术装备的选取等做出合理的选择，从而实现对资源、设备的合理利用，提高流通加工的效率。

（一）不合理的流通加工

不合理的流通加工主要有四种类型。

1. 地点设置不合理。地点设置合理与否是决定整个流通加工环节是否的关键。对于物流配送而言，为了更好地衔接商品的大批量生产与多样化需求的流通加工环节，其地点应设置在需求地或者距需求地较近的地区，从而有利于利用干线运输与支线运输。

2. 流通加工方式选择不当。在加工方式上，流通加工必须与生产加工进行合理的分工。因此，对于流通加工，必须确定其流通加工对象、工艺、技术和程度，避免由流通加工来替代生产加工环节。

3. 流通加工作用不明显。流通加工必须以提高产品附加值或者提高产品生产、运输效率，不能因为流通加工的存在明显增加作业环节和作业成本，否则不可行。

4. 流通加工成本过高。流通加工的一个重要优势就是它有较大的投入产出比，因而能有效地起到补充、完善的作用，否则不可行。

（二）流通加工合理化的方法

要实现流通加工的合理化，主要从以下几个方面加以考虑。

1. 流通加工与合理运输相结合。流通加工能够有效衔接干线运输和支线运输，促进两种运输形式的合理化。根据运输合理的要求进行适当的流通加工，可以提高货物的运输效率和运输装载水平。

2. 流通加工与配套相结合。在对有使用联系的物品成套发送给用户（俗称“配套”）时，该类商品往往有多个生产厂家，因此使用流通加工时，可以对该类商品进行组装等，从而缩短配套耗时，提高配套的效率和准确率。

3. 流通加工与配送相结合。流通加工可设置在配送点中，这样流通加工既可以按配送的需要进行加工，又可以作为配送作业流程中分货、拣货、配货的重要一环，将加工后的产品直接转至配送作业，这样就可以减少中间环节，提高配送的服务水平。

4. 流通加工与节约相结合。对于流通加工而言，节约能源、节约设备、节约人力、节约成本是其重要途径，也是判断其是否合理的主要因素。

5. 流通加工和商流相结合。流通加工可以起到促进销售的作用，从而实现商流合理化，如流通加工可以简单改变包装从而促进销售等。

总之，对于流通加工合理与否，主要是考察其能否提高企业或社会的效益，若该流通加工方式可以明显减少物流中的环节、节省时间、提高物流效率，那么该流通加工就是合理的，反之则为不合理。

五、流通加工设备

流通加工设备是完成流通加工任务的专用机械设备。流通加工设备通过对流通中的商品进行加工，改变或完善商品的原有形态来实现生产与消费的“桥梁”和“纽带”作用，并使商品在流通过程中的价值增值。

其主要优势表现在：

1. 可以提高原材料利用率。利用流通加工机械对流通对象进行集中下料，可将生产厂直接运来的简单规格产品，按使用部门的要求进行下料。集中下料可以优材优用、小树大用、合理套裁，有很好的技术经济效果。

2. 可以进行初级加工，方便用户。某些用量小或只是临时需要的使用单位，缺乏进行高效率初级加工的能力，依靠流通加工点的机械设备进行流通加工，可使使用单位省去初级加工的设备投资及人力投资，从而搞活了供应，方便了用户。

3. 提高加工效率。由于建立集中加工点，可以采用效率高、技术先进、加工量大的专门机具和设备。这样做既提高了加工质量，也提高了设备利用率，还提高了加工效率，其结果是降低了加工费用及原材料成本。

4. 充分发挥各种输送手段的最高效率。流通加工环节将实物的流通分成两个阶段。一般说来，由于流通加工环节设置在消费地，因此，从生产厂到流通加工的第一阶段输送距离较长，而从流通加工到消费环节的第二阶段距离较短。第一阶段是在数量有限的生产厂与流通加工点之间进行定点、直达、大批量的远距离输送，因此，可以采用船舶、火车等进行大量输运的运输手段。第二阶段则是利用汽车和其他小型车辆来输送流通加工后的多规格、小批量、多用户产品，这样可以充分发挥各种输送手段的最高效率，加快输送速度，节省运力运费。

5. 改变功能，提高收益。在流通过程中进行一些改变产品某些功能的简单加工，其目的除上述几点外，还在于提高产品销售的经济效益。

因此，在物流领域中，流通加工可以成为高附加价值的活动。这种高附加价值的形成，主要着眼于满足用户需要、提高服务功能，这是贯彻物流战略思想的表现，是一种低投入、高产出的加工形式。

六、流通加工设备的分类

流通加工设备种类繁多，按照不同的标准，可分成不同的种类。

（一）按流通加工形式分类

按照流通加工形式，流通加工设备可分为剪切加工设备、集中开木下料设备、配煤加工设备、冷冻加工设备、分选加工设备、精制加工设备、分装加工设备、组装加工设备等。

1. 剪切加工设备。剪切加工设备是进行下料加工或将大规格的钢板裁小或裁成毛坯的设备。例如，用剪板机进行下料加工，用切割设备将大规格的钢板裁小或裁成毛坯等。

2. 集中开木下料设备。集中开木下料设备是在流通加工中将原木材锯裁成各种锯材，同时将碎木、碎屑集中起来加工成各种规格的板材，还可以进行打眼、凿孔等初级加工的设备。

3. 配煤加工设备。配煤加工设备是将各种煤及一些其他发热物质，按不同的配方进行掺配加工，生产出各种不同发热量燃料的设备。例如，无锡燃料公司开展的动力配煤加工等。

4. 冷冻加工设备。冷冻加工设备是为了解决鲜肉、鲜鱼或药品等在流通过程中保鲜及搬运装卸问题，采用的低温冷冻方法的加工设备。

5. 分选加工设备。分选加工设备是根据农副产品的规格、质量离散较大的情况，为了获得一定规格的产品而采取的分选加工的设备。

6. 精制加工设备。精制加工设备是主要用于农牧副渔等产品的切分、洗净、分装等简单加工的设备。

7. 分装加工设备。分装加工设备是为了便于销售，在销售地按照所要求的销售起点进行新包装、大包装改小、散装改小包装、运输包装该销售包装等加工的设备。

8. 组装加工设备。组装加工设备是采用半成品包装出厂，在消费地由流通部门所设置的流通加工点进行拆箱组装的加工设备。

（二）根据流通加工的对象分类

根据加工对象的不同，流通加工设备可分为金属加工设备、水泥加工设备、玻璃加工设备、木材加工设备、煤炭加工机械、食品加工设备、组装产品的流通加工设备、生产延续的流通加工设备及通用加工设备等。

1. 金属加工设备。某些金属材料的长度、规格不完全适用于用户，若采用单独剪板下料方式，设备闲置时间长、人力消耗大，而采用集中剪板、集中下料方式，可以避免单独剪板下料的一些弱点，提高材料利用率。

在流通中进行加工的金属材料主要有钢铁、铜材、铝材、合金等。金属加工设备是对上述金属进行剪切、折弯、下料、切削加工的机械。它主要分为成型设备和切割加工设备等。其中，成型设备又包括锻压机械、液压机、冲压设备、剪折弯设备、专用设备。

2. 水泥加工设备。水泥加工设备主要包括混凝土搅拌机械、混凝土搅拌站、混凝土输送车、混凝土输送泵、车泵等。

混凝土搅拌机械是水泥加工中常用设备之一，它是制备混凝土，将水泥、骨料、砂和水均匀搅拌的专用机械。

混凝土搅拌机械改变了以粉状水泥供给用户、由用户在建筑工地现制现拌混凝土的方法，而将粉状水泥输送到使用地区的流通加工点（称为集中搅拌混凝土工厂或称商品混凝土工厂），在那里搅拌成商品混凝土，然后供给各个工地或小型构件厂使用，这是水泥流通加工的一种重要方式，它有优于直接供应或购买水泥在工地现制混凝土的技术经济效果，因此受到许多国家的重视。这种流通加工形式的诸多优点，具体体现在：

（1）这种流通加工方式，把水泥的使用从小规模的分散形态改变为大规模的集中加工形态。因此，可以充分应用现代管理科学技术组织现代化的大生产，发挥现代设备和现代化管理方法的优势，大幅度地提高生产效率和混凝土质量。

（2）与分散搅拌比较，相等的生产能力，集中搅拌的设备在吨位、设备投资、管理费用、人力及电力消耗等方面，都能大幅度降低。由于生产量大，可以采取措施回收使用废水，防止各分散搅拌点排放洗机废水造成的污染，有利于环境保护。由于设备固定不动，还可以避免因经常拆建所造成的设备损坏，延长设备的寿命。

（3）采用集中搅拌的流通加工方式，可以使水泥的物流更加合理。这是因为在搅拌站（厂）与水泥厂（或水泥库）之间可以形成固定的供应渠道，这些渠道的数目大大少于分散使用水泥的渠道数目，在这些有限的供应渠道之间，容易采用高效率、大批量的输送形态，有利于提高水泥的散装率。在集中搅拌场所内还可以附设熟料粉碎设备，直接使用熟料实现熟料粉碎和拌制商品混凝土两种流通加工形式的结合。

另外，采用集中搅拌混凝土的方式，也有利于新技术的推广应用，大大简化了工地材料的管理、节约施工用地等。

3. 玻璃加工设备。在流通中，用于玻璃的加工设备主要是指对玻璃进行切割等加工的专用机械，包括各种各样的切割机。在流通中对玻璃进行精加工还需清洗机、磨边机。

平板玻璃的“集中套裁、开片供应”是重要的流通加工方式，这种方式是在城镇中设立若干个玻璃套裁中心，按用户提供的图纸统一套裁开片，向用户供应成品，用户可以将其直接安装到采光面上。在此基础上也可以逐渐形成从工厂到套裁中心的稳定、高效率、大规模的平板玻璃“干线输送”，以及从套裁中心到用户的小批量、多户头的“二次输送”的现代物资流通模式。这种方式的好处是：

(1) 提高玻璃利用率。平板玻璃的利用率可由不实行套裁时的62% ~65%提高到90%以上。

(2) 可以促进平板玻璃包装方式的改革。从工厂向套裁中心运输平板玻璃，如果形成固定渠道便可以搞大规模集装，这样，不但节约了大量包装用木材，而且可防止流通中的大量破损。

(3) 提高生产效率。套裁中心按用户需要进行裁制，有利于玻璃生产厂简化规格，搞单品种大批量生产。这不但能提高工厂生产率，而且可以简化工厂切裁、包装等工序，使工厂能集中力量解决生产问题。

(4) 降低废品率。现场切裁玻璃劳动强度大，废料也难于处理，搞集中套裁可以广泛采用专用设备进行裁制，废玻璃相对数量少并且易于集中处理。

4. 木材加工设备。木材是容重轻的物资，在运输时占有相当大的容积，往往使车船满装但不能满载，同时，装车、捆扎也比较困难，需要利用机械设备对木材进行磨制、压缩、锯裁等加工，这类设备主要有两类，即磨制、压缩木屑机械和集中开木下料机械。

5. 煤炭加工机械。煤炭加工机械是对煤炭进行加工的机械，主要包括除矸加工机械、管道输送煤浆加工机械、配煤加工机械等。

6. 食品流通加工设备。食品流通加工设备，依据流通加工项目可分为冷冻加工设备、分选加工设备、精制加工设备和分装加工设备。(1) 冷冻加工设备是为了解决一些商品需要低温保质保鲜的问题，主要是生鲜食品，如鲜肉、鲜鱼等在流通中的保鲜及搬运装卸问题。低温加工问题设备也可用于某些液体商品、药品等的流通加工。(2) 分选加工设备主要用于按照一定规格、质量标准对一些农副产品进行分选加工，如果类、瓜类、谷物、棉毛原料等产品。这是由于农副产品规格、质量离散情况较大，为高效地获得一定规格、质量的产品，需要采用一些设备对其进行分选加工。(3) 精制加工设备主要用于去除食品无用部分后，再进行切分、洗净等加工。这种加工不但可以使产品进行分类销售，大大方便了购买者，而且还可以对加工的淘汰物进行综合利用。例如，鱼类的精制加工所剔除的鱼鳞可以制成高级黏合剂，头、尾可以制成鱼粉，某些内脏可以制药或制成饲料等。这类加工通常设在产地。(4) 分装加工设备主要用于将运输包装改为销售包装。许多生鲜食品零售起点较小，而为了保证高效运输出厂，包装体积则较大，也有一些是采用集装运输方式运达销售地区，为了便于销售，在销售地区需要按所要求的零售起点进行新的包装，即大包装改小、散装改小包装、运输包装改销售包装等。这种分装加工可方便销售和消费，并起到一定的促销作用。

7. 组装产品的流通加工设备。很多产品是不易进行包装的，即使采用防护包装，其成本也很高，故对一些组装技术不高的产品，如自行车之类的产品，其组装可以在流通加工中完成，以降低储运费用。

8. 生产延续的流通加工设备。一些产品因其自身特性要求，需要较宽阔的仓储场地或设施，而在生产场地建设这些设施是不经济的，因此可将部分生产领域的作业延伸到仓储环节完成。这样做既提高了仓储面积、容积利用率，又节约了生产场地。例如，时装的检验、分类等作业，可以在时装仓库专用悬轨体系中完成相关作业，一举几得。

9. 其他通用加工机械。通用加工机械主要包括：裹包集包设备，如裹包机、装盒机等；外包装配合设备，如钉箱机、裹包机、打带机；印贴条码标签设备，如网印设备、喷印设备、条形码打印机；拆箱设备，如拆箱机、拆柜工具；称重设备，如称重机、地磅等。

第二节　剪切技术与设备

一、剪板机

剪板机是在各种板材的流通加工中应用比较广泛的一种剪切设备，它能剪切各种厚度的钢板材料。常用的剪板机分为平剪、滚剪及震动剪三种类型。平剪是使用最多的。剪切厚度小于 10mm 的剪板机多为机械传动，大于 10mm 的为液压传动。一般用脚踏或按钮操纵进行单次或连续剪切金属。

剪板加工通常是在固定地点设置剪板机，以进行下料加工或设置各种切割设备将大规格钢板裁小或切裁成毛坯，这样做降低了销售起点，方便了用户。

（一）剪板机的作用

剪板机就是在固定地点的剪板加工中，将大规格钢板裁小或切裁成毛坯。在我国，已经存在这种流通加工形式。

热连轧钢板和钢带、热轧厚钢板等板材最大，交货长度常可达 7 ~ 12 米，有的是成卷交货，对于使用钢板的用户来说，大、中型企业由于消耗批量大，可设专门的剪板及下料加工设备，按生产需要进行剪板、下料加工。但是，对于使用量不大的企业和多数中小企业来讲，单独设置剪板下料设备，有设备闲置时间长、人员浪费大、不容易采用先进方法等缺点，在流通过程中进行钢板的剪板及下料加工，可以有效地解决上述弊病。

使用剪板机对板材进行剪板、下料的流通加工有以下优点：

1. 可以选择加工方式，较之气焊切割，其加工后钢材的晶相组织变化较少，可保证钢材的原状态，有利于进行高质量加工。

2. 加工精度高，可减少废料、边角料，也可减少再加工的切削量，既提高了再加工效率，又有利于减少消耗。

3. 使用户简化生产环节，提高生产水平。

（二）剪板机的组成结构

剪板机在流通领域可用于板料或卷料的剪裁，其工作过程主要是板料在剪板机的上、下刀刃作用下受剪产生分离变形。一般剪切时下刀固定不动，上刀向下运动。

1. 剪板机的基本结构。

普通剪板机一般由机身、传动系统、刀架、压料器、前挡料架、后挡料架、托料装置、刀片间隙调整装置、灯光对线装置、润滑装置、电气控制装置等部件组成。

（1）机身。机身一般由左右立柱、工作台、横梁等组成。机身分为铸件组合结构和整体焊接结构。

（2）传动系统。剪板机的传动系统有机械传动系统和液压传动系统之分，主要为剪板机提供机械动力。

（3）刀架。刀架是剪板机的重要部件，目前多采用钢板结构的刀架。

（4）压料器。在剪板机上刀片的前面设有压料器，使板料在整个剪切过程中始终被压紧在工作台面上。压料器有机械传动和液压传动等形式，在小规格剪板机中，以机械传动或液压传动使用最多。

（5）刀片间隙调整装置。为适应剪切不同厚度板料的要求，剪板机需要根据板厚调节刀片的间隙，刀片间隙过大或过小都会损坏刀片和影响板料剪切断面质量，因此，要求刀片调整装置操作方便，刚性好。

（6）挡料装置。为了控制剪切板料尺寸和提高定位效率，剪板机设有挡料装置。挡料装置有手动和机动两种，手动挡料装置用于小型剪板机，机动挡料装置多用于大中型剪板机。

（7）光线对线装置。当剪板机不使用后挡料装置时或者剪切时，剪刃需要与事先划好的刻线对准时，应使用光线对线装置，以保证剪切的尺寸精度，但有些剪板机上没有光线对线装置。

（8）托料器。在剪板机工作台上设有托料器，其作用是将板料托起，使板料在工作台上移动轻快。

2. 剪板机的技术参数。

剪板机主参数以剪切厚度和剪切板料宽度来表示。

（1）剪切厚度。剪板机剪切厚度主要受剪板机构件强度的限制，最终取决于剪切力。影响剪切力的因素很多，如刃口间隙、刃口锋利程度、剪切角大小（对平刀剪切为板宽）、剪切速度、剪切温度、剪切面的宽度等，而最主要的还是被剪材料的强度。

（2）剪切板料宽度。剪切板料宽度是指沿着剪板机剪刃方向，一次剪切完成板料的最大尺寸，它参照钢板宽度和使用厂家的要求制定（可剪板宽度小于剪刃长度），这种剪切方式称为横切方式。纵切方式为多次接触剪切，只要条料宽度小于剪板机的凹口—喉口，剪切尺寸就不受限制。

（3）剪切角度。为了减少剪切板料的弯曲和扭曲，一般都采用较小的剪切角度，这样剪切力可能增大些，对剪板机受力部件的强度、刚度也会带来一些影响，但提高了剪切质量。

（4）喉口深度。采用纵切方式对剪板机的喉口深度有一定的要求，目前剪板机趋向于较小的喉口深度，这样可提高机架的刚度，但使整机质量下降。

（5）行程次数。行程次数直接关系到生产效率，随着生产的发展及各种上下料装置的出现，要求剪板机有较高的行程次数。对于机械传动的小型剪板机，一般每分钟可达50次以上。

（三）常见剪板机

剪板机属于直线剪切类型，按其工艺用途的不同，可分为多用途剪板机和专用剪板机；按其传动方式的不同，可分为机械传动式剪板机和液压传动式剪板机；按其上刀片相对下刀片位置的不同，可分为平刃剪板机和斜刃剪板机；按其刀架运动方式的不同，可分为直线式剪板机和摆动式剪板机。

1. 圆盘剪切机。

圆盘剪板机是利用两个圆盘状剪刀，按其两剪刀轴线相互位置不同及与板料的夹角不同分为直滚剪、圆盘剪和斜滚剪。直滚剪主要用于将板料裁成条料，或由板边向内剪裁圆形坯料；圆盘剪主要用于剪裁条料、圆形坯料和环形坯料。

2. 多功能剪板机。

多功能剪板机通常包括床身、悬臂梁、电机、皮带、点轮传动系统，床身上水平安装三根传动轴，悬臂梁上对应安装三根传动轴，采用两个相对转动的滚子为进给器，两个相对转动的圆柱体为剪切刀，两个相对转动、有一定形状、凹凸配合的圆轮为挤压器来实现剪切、挤压一定形状，并一次完成。它主要用于加工薄板，可以提高工效，广泛应用于薄板加工业。

多功能剪板机有板料折弯剪切机和板材型材剪切机两种。

板料折弯剪切机（见图9－1）在同一台剪切机上可以完成两种工艺，剪切机下部进行板料剪切，上部进行折弯；也有的剪切机前部进行剪切，后部进行板料折弯。滑块置于机器中部，由三只油缸驱动滑块上下运动，滑块向上进行折弯，向下进行剪切。机架是用厚钢板焊成的整体结构，与一般折弯机相比，具有更高精度稳定性。折弯时，滑块上下停留的位置和行程量可任意调节；剪切时，滑块行程与折弯时行程无关，剪切时行程一般保持恒定。另外，它在中间油缸内设置了一只伺服阀，可以任意控制滑块上升的最高位置，满足“自由折弯”时达到各种不同弯曲角度。采用具有充分刚性的同步轴结构，保证了滑块相对于横梁的平行运动。采用计算机控制，使弯折和剪切工作的转换，只需转动开关就可自动完成各项准备工作，无须更换模具。

板材型材剪切机在剪板机刀架上，一边装有剪切板材的刀片，另一边装有剪切型材的刀片。

图9－1　板料折弯剪切机

3. 摆式剪板机。

摆式剪板机（见图9－2）又可分为直剪式和直、斜两用式，直、斜两用式主要用于剪切30度焊接坡口断面。摆式剪板机的刀架在剪切时围绕一固定点作摆动运动，剪切断面的表面粗糙度数值较小，尺寸精度高，而且切口与板料平面垂直。摆式结构主要用于板厚大于6mm，板宽不大于4mm的剪板机。

图9－2 摆式剪切机

4. 振动剪板机。

振动剪板机又称冲型剪切机（见图9－3），其工作原理是通过曲柄连杆机构带动刀杆作高速往复运动，行程次数由每分钟数百次到数千次不等。

图9－3 振动剪切机

振动剪切机是一种万能板料加工设备，它在进行剪切下料时，先在板料上划线，然后刀杆上的上冲头能沿着划线或样板对被加工的板料进行逐步剪切。此外，振动剪切机还能进行冲孔、落料、冲口、冲槽、压肋、朗边、折弯和锁口等工序的操作，用途相当广泛，适用于短金件的中小批量的初单件生产，被加工的板料厚度一般小于10mm。振动剪切机具有体积小、质量轻、容易制造、工艺适应性广、工具简单等优点，但是生产率较低，工作时要人工操作，振动和噪声大，加工精度不高。

振动剪板机广泛应用在各种薄板加工业上，它不仅可以加工碳钢、不锈钢、铜、铝等各种金属板板件，也可以加工硬纸板、硬橡皮、塑料等各种非金属板件。振动剪切机可一机多用，既可直线切割，也可以曲线切割，还可以冲孔和切槽。

5. 机械剪板机。

机械剪板机（见图9－4）结构简单，操作维修简便，价格低廉，广泛应用于冶金、轻工、汽车、电机电器、仪表、五金等行业。

图9－4　机械剪切机

机械剪板机的机床为机械下传动，结构合理，重心低，运动平稳；刀架为钢板焊接结构，刚性与强度好，剪切精度高；采用转键离合器，控制刀架运行，动作灵敏可靠，使用寿命长。

二、切割设备

切割机是常用的流通加工设备之一，其种类也是异常繁多，按切割方式分类有：等离子切割机、高压水切割机、CNC火焰切割机、激光切割机、电火花线切割机等；按切割的材质分类有：金属板材管材切割机、玻璃切割机、石材切割机、布匹切割机、半导体切割机等。

（一）金属切割机

金属切割机主要包括三种。

1. 机械式缩小仿型电火花切割机。

它将“相似菱形的对角线之长与边长成比例”的几何定理应用于电火花切割机床，在床面上设置一个稳定的双层缩放尺机构，在缩放尺上设置一个运丝系统，在工作台与床面之间设置初始进给系统，可解决电火花线切割机床不便制作工艺品冲模的问题。本机利用仿形缩小的原理可将工件加工部位比靠模缩小2倍、3倍和5倍。

2. 固定式钢管切割机。

钢管切割机包括割具总成部分、回转机构、驱动机构、固定机架部分、升降机构和重锤机构，主要用于钢管切割。升降机构安装在固定机架底部；驱动机构安装在固定机架部分一侧；回转机构安装在固定机架部分中部并连接驱动机构；割具总成分安装在回转机构上；重锤机构和割具总成部分配合安装并配合工作。驱动机构转动带动回转机构转动，再带动割具总成围绕被切割钢管回转，完成切割任务。

3. 便携式火焰切割机。

一种用于钢管切割的便携式火焰切割机，主要由机体、链条、切割装置组成，采用链条传动，以紧张的链条作为导向轨道，并使机体固定在被切割的钢管上；通过蜗轮、蜗杆的传动，带动链轮转动，使机体沿着链条在钢管外管壁旋转，机体上配有切割装置，随着机体运行，实现钢管切割。此类火焰切割机运行平稳，体积小，携带方便，切割质量高，可切割直径273毫米以上任何管径的钢管，切割管口粗糙度为25～12.5，直线度偏差最大为1毫米。

（二）玻璃切割机

1. 玻璃自动切割机。

玻璃自动切割机由切桌、切割桥、电脑控制箱、掰手台、供电柜等主要部件组成。切桌由支架、桌面、输送带、转动装置、气垫装置等构成。支架是用来支持桌面的，它由型钢柱、型钢梁等构成，其外侧一般整面封以钢板，做成柜式12支座。桌面由层合板做成，有数条（一般为3～6条）输送带纵向排列于上，自切桌的首端至末端，桌面纵向外沿各固定一金属齿条，齿条与输送带、输送带与输送带之间的外露的桌面均铺以毛毡。桌面开有许多小孔，孔与气垫风箱相连，输送带的上表面平时略低于毡面，输送玻璃片时通过抬起装置将其抬起，使其上表面略高于毡面，输送带的传动装置及抬起装置均装于桌面下。气垫装置由风箱、风管、风机等构成，风箱装于桌面下，与桌面小孔相连，并通过风管与风机相通。切割玻璃片前，玻璃片要准确地停在切桌的一定位置上，当需要调整玻璃片的位置时，起动风机，打开风管闸板，使风机向风箱吹风，风箱的空气从小孔溢出，形成气垫，将玻璃片托起，以便于调整玻璃片的位置及避免玻璃表面擦伤。切割玻璃时关闭风管闸板，玻璃片落在桌面上。

切割桥是横跨于切桌上空的金属结构桥，它支承于切桌纵向外侧的金属导轨上，桥纵向运动的传动机构由编程器、编程电机、齿轮组成。从控制柜传输来的控制脉冲传到编程器，由编程器换算为编程电机的转动转数，编程电机的曲轴带动小齿轮，后者的齿数、齿距是固定的，控制编程电机的转数就可控制切割桥纵向的运动距离。此传动机构共有两套，每边各一套，同步运转。切割玻璃的切割头装于切割桥侧面的导轨上，导轨轨面经过精密加工，切割桥也有类似的固定齿条，用类似的传动方式控制切割头的横向运动。切割玻璃的刀轮是用硬质合金钢制成，它装于一旋转轴上，该轴装于一气缸活塞杆端部，钢及气缸均装于切割头上。另外有一套调节装置调节旋转轴，使通过刀轮刃口的垂直面总与设定的切割线的方向一致。刀轮施于玻璃表面的压力，则由装于旋转轴上部的小型气缸调节。

控制柜是集中安装自动控制装置的操作柜，有不同自控水平的控制柜，采用数控者，只需将玻璃原片的规格、所需半成品玻璃片的规格、形状、数量等数据，通过磁盘、穿孔带或人工键盘输入控制柜台，切割机即可按所输入的数据经过微机优化后，自动组合在各块玻璃原片内切出那些半成品，最后切出所需数量的各种形状、规格的半成品。

掰板台为一气垫台，其构造与上述气垫装置的结构相同。此台纵向有一块、横向有1～3块顶板，已经切出刀痕的玻璃片由切桌上的输送带自切桌送人掰板台，此时气垫将玻璃片托起，人工手扶玻璃片，将其移至顶板上适当位置，然后停止送风。玻璃片落在台面上，人工脚踏顶板机构，使顶板升出台面，玻璃即自刀痕处断开。作第二次掰断时，先将气垫送风闸板打开，台面产生气垫，由人工再将玻璃片移至适当位置，停止送风后用顶板将玻璃掰断，如此反复进行，直至全部掰断，再将所切成的半成品取出，将所切下的玻

璃边清除干净，掰板工作即告结束。

供电柜是本机拖动电力连接电源之处。

玻璃切割机根据其结构及自控水平有许多类型，切割玻璃的形状、规格、尺寸公差、切裁效率及操作劳动强度各不相同。上述数控玻璃自动切割机是当今最先进的切割机之一，适合于大规模生产使用。其主要技术性能参数有切出玻璃的形状、玻璃原片规格、玻璃厚度、切割尺寸公差、数据输入方式等。

2. 翻转式玻璃切割机。

翻转式玻璃切割机由切桌、切割桥、液压翻转装置、控制柜、供电柜等主要部件组成。切桌的桌面、气垫装置与上述有关内容基本相同，支架由型钢柱、型钢架构成，其外侧不封钢板。桌面设有输送带，纵向设有1块，横向设有两块册断玻璃用的顶板，这些顶板用气动装置控制其升降动作。桌面纵向一侧有支承玻璃片的挡辊。切割桥由金属结构桥和切割头组成，有1个切割头和两个切割头两种切割桥。横向、纵向切割分别使用不同的切割头，有1个横向切割头，安装在切割桥的导轨上，它只能进行横向切割；另有9个纵向切割头，安装在切割桥另一导轨上。切割桥导轨一侧装有精细刻度的标尺，导轨上有滑块，切割头装在滑块上，其位置由人工依据切裁的尺寸对照标尺精确定位。此两种切割头的硬质合金钢刀轮均装在一小型气缸的活塞杆上，工作时向气缸供压缩空气，刀轮向下并以一定压力压在玻璃上。纵向切割头一般不需全部工作，需要工作时其洪气支管的调节阀事先打开。此种切割桥采用按钮人工操作。液压翻转装置由一组液压缸组成。切桌的一侧支架与固定于地面的钢结构铰接，设有一组液压缸，其活塞杆端部与切桌的型钢梁铰接，当活塞杆处于拉回状态时，切桌面成水平状态。当液压缸反向供液，活塞杆推出时，切桌面翻转80度。此种玻璃切割机只能切出矩形的玻璃。大规格的玻璃原片，通常采用吊车一真空吸盘组合装置装片。

3. 靠模切割机。

靠模切割机由气垫切割台、气箱、风机柜、电气柜、进料辊、模板、模板架、切割臂、切割头等组成。气箱、风机柜、电气柜用型钢及钢板组合成一箱体，箱体型钢架的四角下面各有一调节螺栓。气箱在箱体的上部，下部是电气根和风机柜，各部分由钢板隔开。电气柜是本机的供电枢。风机柜内安装风机，有送风管。吸风管与气箱及与通向车间的短管相接，管上装有换向阀。进料辊是套有橡胶圈的辊子。用轴承座装于风箱三个侧面的上沿，装卸玻璃片时，先将玻璃靠在辊上，避免玻璃表面被切割台边缘擦伤。气垫切割台装在气箱的顶部，由钻有许多小孔的铝板、毛毡、定位块及定位杆组成。小孔与气箱相连，当风机向气箱送风时，台面形成气垫；当拨动换向阀使风机从气箱抽气时，台面形成负压场，把玻璃片吸牢在切割台面上。在台面上横向有定位块，纵向有定位杆，用来将玻璃原片在台面上定位。模板由多层胶合板制成，中间按所需切割的玻璃尺寸加上余量后楼空。并用模板架固定在气垫切割台台面的上方。模板架有两块定位架，装在切割台纵向的操作侧，可移定位架装于气箱横向外侧上沿的滑轨上，而模板架装在这两个定位架上，并有锁紧装置锁紧，切割玻璃时模板不摆动。切割臂由两段铝型材工作臂铰接而成。气箱型钢架非操作侧装有一支座，切割臂的一端装于此支座的立轴上，处于模板的上方，可在模板的上方绕支座上的立轴及铰接轴摆动。支座下面有两只调节螺栓，调整两螺栓，可使切割臂在水平面上摆动。臂的另一端装切割头，切割头由手柄、按钮盒、挡轮、挡套、刀轮座、刀轮、切割液管子及阀门等组成。

4. 水平式夹层玻璃自动切割机。

现代建筑使用的夹层玻璃是采用自动化、大批量方式生产的，产品的规格大，往往需要按订单的尺寸进行切割加工，然后供用户使用，国外目前有多种夹层玻璃自动切割机，水平式夹层玻璃自动切割机是其中的一种。水平式夹层玻璃自动切割机由切割机及册断两大部分组成。前者的切桌、切割桥、电脑控制箱等部件的结构与玻璃自动切割机很相似。本机的特点是有两个切割桥，分别安装在切桌的上、下方。两个切割头同时同方向在同一垂直面上对夹层玻璃的上下表面进行切割，两条刀痕处在同一垂直面上；夹层玻璃的册断有冷册及热册两种工艺，前者的册断装置装在切桌的中部，切出刀痕的夹层玻璃在刀痕两边用夹板夹紧，然后液压装置将玻璃在切痕处折断，台上装有拉伸装置，用此拉伸装置将玻璃在断裂处拉开，中间的 PVB 膜即被折断，夹层玻璃一分为二，即使是厚玻璃及膜片，边缘也都是平滑的，尺寸精确。此种夹层玻璃自动切割机能切割 4mm 厚膜片，总厚度达 28mm 的夹层玻璃，但只能切割双层玻璃，且只能直线切割，操作时往往使用起重设备将大块的夹层玻璃装上切桌，在选用设备时，需考虑配备起重设备。

5. 水平式无齿锯切割机。

水平式无齿锯切割机由金刚砂砂轮片、传动装置、固定式悬臂梁、移动式载物架、导轨、导向板、工作台、机架、水喷头及控制台等组成。工作台、固定式悬臂架与机架连成一体，构成一坚固的钢结构。工作台上装有导轨及导向板，移动式载物架装于导轨上。金刚砂砂轮的传动装置装在固定式悬臂梁上，金刚砂砂轮装在其传动装置的轴上。传动装置由变速电机驱动，所需切割的夹层玻璃平放在移动式载物架上，导向板定位后，夹层玻璃的一边紧靠导向板，启动传动装置，先用低速运转，徐徐推动移动式载物架，即可将夹层玻璃切割成预定的尺寸。如在移动式载物架上先装上具有一定角度的垫板，再将夹层玻璃放在垫板上，则夹层玻璃的切口是垫板倾角为补角的斜切口。水喷头装在固定式悬臂梁的一侧，与水管相连，切割玻璃时，用自来水经喷嘴喷于金刚砂砂轮片与玻璃相接触处，以冷却砂轮片及防止玻璃粉尘飞扬。该机用于切割多层夹层玻璃，适用于切割规格较小的产品，能切厚度大的产品。

6. 玻璃异型切割机。

随着玻璃材质用途的多样化，需要切割一些异型材质，图 9－5 为球面玻璃异型切割机，图 9－6 为玻璃非直线型切割机，它们都是比较常见的玻璃异型切割机。

图 9－5 球面玻璃异型切割机

图 9－6 玻璃非直线型切割机

第三节　混凝土加工技术与设备

建筑业的发展，决定了商品混凝土使用量的不断增加。目前，世界各先进工业国家商品混凝土的普及率已达到80%左右。生产商品混凝土的设备主要包括：混凝土原材料的运输和预处理设备、混凝土配料和搅拌设备、混凝土运输及布料设备等。其中核心设备是混凝土搅拌站（楼）、混凝土搅拌运输车和混凝土泵。混凝土搅拌站（楼）进行商品混凝土的自动化生产，商品混凝土搅拌运输车则负责将商品混凝土从混凝土搅拌楼（站）输送到施工现场，并且在输送过程中，保证混凝土拌合物不发生分层离析与初凝。商品混凝土搅拌运输车主要适合于市政、公路、机场工程、大型建筑物基础及特殊混凝土工程的机械化施工，是商品混凝土生产和使用中不可缺少的一种重要设备。

一、混凝土搅拌运输车的组成和工作原理

混凝土搅拌运输车（见图9－7）由载重汽车底盘和混凝土搅拌运输专用装置组成。

图9－7　混凝土搅拌运输车

混凝土搅拌运输专用装置主要包括取力装置、液压系统、减速机、拌筒、操纵机构、清洗系统等。其工作原理是：通过取力装置将汽车底盘的动力取出，并驱动液压系统驱动搅拌装置，对混凝土进行搅拌。

（一）取力装置

取力装置的作用是通过操纵取力开关将发动机动力取出，经液压系统驱动拌筒，拌筒在进料和运输过程中正向旋转，以利于进料和对混凝土进行搅拌，在出料时反向旋转，在工作终结后切断与发动机的动力连接。

（二）液压系统

将经取力装置取出的发动机动力转化为液压能，再经马达输出为机械能，为拌筒转动提供直接动力。

（三）减速机

减速机的作用是将液压系统中马达输出的转速减速后传给拌筒。

（四）搅拌装置

搅拌装置主要包括拌筒和装、卸料机构。

1. 拌筒。拌筒是商品混凝土搅拌运输车的主要专用设备，其结构形状直接影响混凝土的运输和搅拌质量，以及进料和出料速度。拌筒支承在不同平面的三个支点上，拌筒轴线对车架（水平线）倾斜一角度，常为16～20度。

拌筒的工作过程是：当拌筒顺时针方向回转时，筒壁和叶片使拌合物在不断提升与向下翻落的过程中，同时沿螺旋叶片的螺旋方向（向筒底）运动，而拌筒底部的拌合物，受端壁作用又向上作翻滚运动，从而使拌合物受到较强烈的搅拌。当拌筒逆时针回转时，螺旋方向向上，螺旋叶片推压混凝土拌合物向上运动，并由料口卸出。为了便于进料和均匀出料，在料口内装有一导向管，拌合物由导向管内壁进入拌筒，并沿导向管外壁卸出。

拌筒内一般装有两条螺旋叶片，叶片是拌筒的主要部件。在传统的拌筒结构设计中，叶片都采用等螺矩的阿基米德螺旋线。这种阿基米德螺旋型（见图9－8）的叶片与拌筒各部分的交角，随拌筒各部分直径的不同而有所变化。从图中可以看出，叶片与拌筒轴线的夹角是不相同的：在拌筒的中间部分，下滑角a（即叶片与轴线的夹角）较大，混凝土就易于从叶片上滑下；在拌筒出料口处的下滑角俘较小，混凝土就不易从叶片上滑下而淤积在叶片表面，这种结构形状的叶片会使拌筒出料困难。

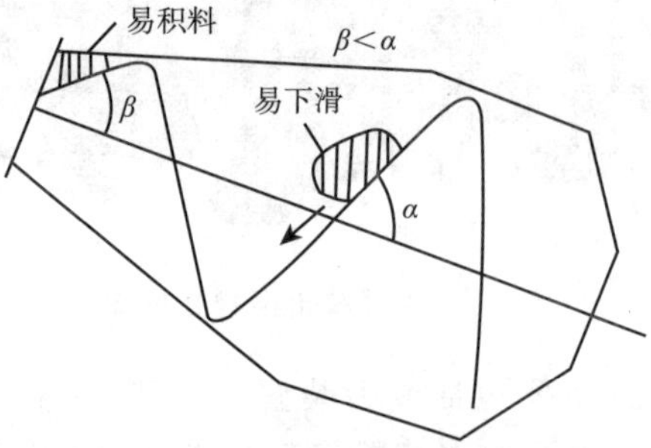

图9－8 阿基米德螺旋型的叶片

为了改善拌筒的出料性能，拌筒的叶片出现了对数螺旋型。对数螺旋型使叶片在拌筒各部分的交角保持不变，也就是使混凝土在拌筒中部的下滑角a与拌筒出料口处的下滑角β一样，这样就改善了拌筒的出料性能。近年来，为了加快在输送低坍落度混凝土时的出料速度，使拌筒内的料卸得干净，又对叶片作了进一步的改进：把拌筒底部的叶片的下滑角改为60度，这样就能保证叶片对混凝土进行充分的搅拌；同时，把拌筒出料口处的叶片下滑角度增大至75度，这样就可以确保混凝土的出料既快又干净。

2. 装料与卸料机构。装料与卸料机构装在拌筒料口的一端。商品混凝土搅拌运输车的进料斗的斗壁上缘用销轴铰接在支架上。进料斗底部的进料口与进料导向管口相贴合，以防止进料时混凝土外溢，进料斗还可以绕铰轴向上翻转，露出拌筒的料口，以便清洗拌筒。在拌筒料口两侧的支架上，装有固定卸料槽，其下又装有一活动卸料槽。活动卸料槽可以通过调节杆改变倾斜角，因此，它可以适应不同卸料位置的要求。

二、混凝土搅拌运输车的输送方式

由于搅拌楼（站）至施工现场距离远近的不同和材料供应条件的各异，混凝土搅拌运输车的输送方式又可分为以下几种：

1. 湿料搅拌输送。即拌筒内装载的是已经预制好的混凝土，适用于10千米以内的运输。在输送途中，拌筒以1～3r/min的转速作低速转动，对混凝土进行搅动。其目的是防止混凝土在途中产生初凝和离析。但是，预制混凝土在1.5h后即开始凝结，因此，预制混凝土从运送到浇灌的时间不能超过1.5h。国内常见的混凝土搅拌运输车均为湿料输送。

2. 半干料搅拌输送。即将按预先配比称量好的砂、石、水泥和水装入拌筒内，在行驶途中或施工现场完成搅拌作业。一般来说，拌筒动70～100周后就能完成搅拌作业。如果运输的距离较长，拌筒转动的总周数超过100周时，就应将拌筒调到较低的转速继续进行转动。在运输半干料时，加入拌筒的混凝土配料不能超过拌筒几何容积的67%。

3. 干料搅拌输送。干料搅拌运输是将沙、石和水泥在干的状态下装入拌筒，运输车在运输途中对干料进行搅拌，在到达施工现场时，从运输车的水箱内将水加入拌筒，完成最终的搅拌，这种方式适用于运距在10千米以上的混凝土运输。在干料运输时，装料容量一般不超过拌筒几何容积的63%。

三、混凝土搅拌运输车的经济技术指标作业成本

（一）经济技术指标

混凝土搅拌运输车的发动机除了给车辆本身提供动力外，还承担着驱动混凝土拌筒转动的任务。从一开始工作起，混凝土拌筒就不能停止运转，要一直到全天工作完毕、彻底洗净后方可停机。因此，尽管预拌混凝土的运距一般都不长，但商品混凝土搅拌运输车的发动机始终都在运转，在使用和管理商品混凝土搅拌运输车时，应注意以下经济技术指标：

1. 工作工时（简称工时）。车辆的油料消耗、机件磨损、驾驶员的体力消耗都与工时直接相关，但与车辆运行的里程关系不大。

2. 装运车数（简称车数）。商品混凝土搅拌运输车每次装运混凝土的数量和品种都在不断变化，每次装运经常也不是满车，但无论是否满车，车辆消耗的区别并不大，同时有时会以车数来向顾客结算，因此车数也是一个重要指标。

3. 混凝土运量（简称运量）。尽管这一指标与消耗的不成固定的比例关系，但它体现了商品混凝土搅拌运输车创造的效益，并比较直观地反映了商品混凝土搅拌运输车的使用时间，同时往往以此作为向顾客结算的依据，因此必须认真纪录。

（二）成本核算

1. 收入。混凝土搅拌运输车一般按运量作为计算收入的依据。可与用车单位事先约定，也可以按车数计算收入。除特殊情况外，一般无论距离远近，运价都是一样的；但如果运距较长，或道路有特殊情况，则应事先与用户做好约定，适当增加运费。

2. 成本。成本主要包括：（1）油料。如前所述，混凝土搅拌运输车油料消耗与车辆行驶路程关系不大，而主要与工时、车数或运量关系密切。为了加强管理，单车和车队的

油料消耗应当认真考核。通过这一考核，可以计算出单车及车队单位工时和单位运量的油料消耗。经过一定时间的积累，可以总结出一些规律，以便及时发现不正常情况，采取措施及时解决。(2) 折旧。按车辆行驶里程折旧的方法对混凝土搅拌运输车完全不适用。按国家有关规定，这类设备的折旧年限为4年。(3) 修理费和轮胎费用。轮胎的寿命因路况和气候条件不同有所差别，一般为20 000 ~ 40 000m^3（混凝土运量，下同）要进行一次大修，60 000 ~ 80 000m^3要有一次更新。发动机和底盘按常规修理，为了统一起见，其使用寿命也可用运量为计算依据。这些费用应预先分摊到每月的生产成本中去。(4) 养路费、运管费和税金。国家和地方制定了一系列优惠政策，对商品混凝土搅拌运输车应缴纳的费用可以有一定程度的减免。使用时应查阅有关文件，熟悉国家的相关政策，以便在经营时用足政策，减少亏损，促进发展。

四、混凝土搅拌运输车保养维护

在日常维护方面，混凝土搅拌运输车除应按常规对汽车发动机、底盘等部位进行维护外，还必须做好以下维护工作。

（一）混凝土拌筒及进、出料口清洗

主要内容包括：

1. 每次装料前用水冲洗进料口，使进料口在装料时保持湿润；
2. 在装料的同时向随车自带的清洗用水水箱中注满水；
3. 装料后冲洗进料口，洗净进料口附近残留的混凝土；
4. 到工地卸料后，冲洗出料槽，然后向商品混凝土搅拌运输车的拌筒内加清洗用水30 ~ 40L，在车辆回程时保持拌筒顺时针慢速转动；
5. 下次装料前切记放掉商品混凝土搅拌运输车拌筒内的污水；
6. 每天收工时彻底清洗拌筒及进出料口周围，保证不能粘有水泥及混凝土结块。

（二）驱动装置维护

驱动装置的作用是驱动混凝土拌筒转动，它由取力机构、万向轴、液压泵、液压马达、操纵阀、液压油箱及冷却装置组成。如果这部分因故障停止工作，混凝土拌筒将不能转动，会导致车内拌筒报废。为保证驱动装置完好可靠，应做好以下维护工作：

1. 万向传动部分是故障多发部位，应按时加注润滑脂，并经常检查变形及磨损情况，及时修理更换。

2. 保证液压油清洁。液压油要按使用手册要求定期更换。检查时一旦发现液压油中混入水或泥沙，就要立即停机清洗液压系统，更换液压油。

3. 保证液压油冷却装置有效。要定时清理液压油散热器，避免散热器被水泥堵塞，检查散热器电动风扇运转是否正常，防止液压油温度超标。

第四节　其他流通加工技术与设备

本节介绍几种常见物流作业活动过程中的流通加工技术与设备。

一、钢板套裁剪板

制造业所需的各种钢板、铁皮等材料交货长度可达 7 ~ 12 米，有的甚至成卷交货。对于生产量不大的中小企业，单独设置剪板设备很不合算，设备长时间闲置，增加了生产成本，如果企业用简单的方法切割钢板，如电弧、乙炔气体高温切割，则效率低，割口宽，浪费材料，金属的晶相结构也会破坏。

剪板加工是在固定地点设置剪板机进行下料、加工，或设置种种切割设备将大规格的钢板根据用户需要切成小规格钢板，或切成毛坯，从而降低销售起点，为用户提供便利。根据用户的要求对钢板剪板及下料进行流通加工时，可以选择不同的加工方式，使加工后钢板的晶体组织很少发生变化，保证原来的交货状态，有利于高质量加工；而且加工精度高、有效减少废料、边角料，减少再加工的切削量，既提高了再加工效率，又利于减少消耗。同时集中加工可保证批量加工与生产的连续性，可以采用先进设备，大幅度提高效率并降低成本。

除了钢板的流通加工外，还有薄板的切割、型钢的熔断、厚钢板的切割、线材切断等集中下料加工等。为此，有些地方建设了专门的钢材流通中心，不仅从事钢材的保管，而且进行大规模的设备投资，使其具有强大的流通加工能力。如汽车、冰箱等生产制造企业每天需要大量的钢板，除了大型汽车制造企业外，一般规模的生产企业如果自己单独加工剪切，则难以解决因用料高峰和低谷的差异所引起的设备忙闲不均和人员浪费问题。同时专业钢板剪切加工企业能够利用专业剪切设备，按照用户设计的规格、尺寸和形状进行套裁、加工，精度高、速度快，便于生产企业提高自身利润。

目前，对于钢板套裁剪切的技术和设备主要有以下几类：

1. 气割。气割是利用可燃气体与助燃气体（氧气）混合燃烧的火焰热能将工作切割处预热到一定温度后喷出高速切割氧流，利用切割氧流把熔化状态的金属氧化物吹掉而实现切割的方法。目前，气割主要使用的可燃气体为乙炔、石油气和天然气。

2. 激光切割。由于激光具有亮度高、方向性好、单色性好和相干性好等特点，使其能够用于切割钢板。激光切割就是将激光束的能量转变为热能实现切割的方法。激光切割的特点主要有：（1）可切割软、硬、脆和易碎和合成材料等；（2）切割速度快；（3）可多方位操作，易实现数控切割；（5）切口和热影响区较小；（6）工具无磨损；（7）切割时噪声小、污染小；（8）切割边缘的垂直度好。

3. 水射流切割。水射流切割的原理是利用水的巨大动量对材料产生的冲蚀、剪切作用和磨料的微细加工效应，将工件割开并形成良好的切割面。水射流切割的特点：（1）无热作用，工件不会受热表型，材料利用率高，加工精度高；（2）具有多方面的切割力，各方面都有切削作用；（3）加工区温度低；（4）没有引起火花的危险，可加工非金属易燃材料。

二、木材的流通加工

木材是一种重要的工业原料，又是可再生资源，用途广泛，有两种主要的木材流通加工方法：

1. 磨制木屑压缩输送。木材的重量轻，尤其是原木的形状不规则，装车、船不方便，运输工具的利用率低。对一些材质较差的木材，可以在木材产地建流通加工中心，将劣质木材就地磨制成木屑，再压制成容积较大的规则形状，运输至需要压缩木屑为原料的木板加工企业，这种加工形式可以降低一半左右的运费。

2. 集中下料。在流通加工点将原木锯成各种规格的木板、木方，凿孔、开槽、刨平，再送到用户手中，由用户根据自己的需要组合成各种家具，建筑单元免去各用户各自锯木的低效率和对木材边角余料的浪费，同时还可以将碎木、刨花、锯末集中加工成预制板或作为造纸原料，最大限度地节约了木材。统计资料显示，原始的木材分散加工，平均利用率不到50%，平均出材率不到40%，实行流通加工中心集中下料，可以使木材出材率提高到72%左右，经济效益非常显著。

三、煤炭的流通加工

煤炭是工业生产的主要燃料，主要有以下三种流通加工形式：

1. 煤炭除矸加工。地下开采出来的煤炭或多或少都混有一些燃烧值相对较低的煤块，称为煤矸石。在燃料燃烧值要求较高的工业企业，不允许煤炭中含煤矸石，要在烧煤之前将煤矸石拣出去，但这时煤矸石也经历了与煤炭一样的过程。因此，应在煤矿附近建立一座煤炭分拣流通加工中心，拣出煤矸石，只将纯煤投入物流系统，以节约流通费用。

为了去除煤中的矸石，需要进行选煤。选煤是利用煤炭与其他矿物质的不同物理和化学性质，在选煤厂常用的选煤方法可以分为重力选煤、浮游选煤和特殊选煤。

（1）重力选煤。重力选煤是依据煤和矸石的密度差别来实现煤与矸石分选的方法。由于煤的密度比矸石较小，因而可以借助重力将不同的煤和矸石分开。其主要包括跳汰选煤、重介质选煤。跳汰选煤是在垂直脉动的介质（水或空气）中按颗粒密度差别进行选煤的过程。重介质选煤是指在密度大于 $1g/cm^3$ 的介质中，按颗粒密度的差异进行选煤的方法。

（2）浮游选煤。浮游选煤是根据物料表面物理化学性质的差异，使煤和矸石分离的一种方法。浮游方法主要是为了从大量煤泥中选出精煤，提高精煤产率，从而增加企业的经济收益。浮游方法是在固液气三相界面上互相作用下进行的，并发生在固液、固气、液气两相界面与三相界面处，因此是一个复杂的过程，在整个过程中起主导作用的是煤和矸石表面润湿性的差异。

（3）特殊选煤。特殊选煤主要是利用煤与矸石的导电率、导磁率等不同，把煤和矸石分开，主要是静电分选、摩擦分选等。

2. 煤浆加工。煤炭的运输量很大，如果采用传统的车、船运输工具运输，装卸及运输损失大，污染环境严重。如果在煤矿附近将煤炭掺水再磨成煤浆，就可以像液体一样用管道运输。这种方式能够连续快速地输送煤炭，避免了环境污染和散失浪费。在水力采煤的煤矿中利用这一种流通加工形式更为方便，采煤的同时就可以顺便将煤水混和磨成煤浆。

3. 配煤加工。发电企业用煤发电时，并不是希望煤的燃烧值越高越好、煤越纯越好，而是需要有合适燃烧值的煤。所以可以在煤炭发电企业相对集中的地区设立配煤加工中心，将各种质量的煤及煤矸石等其他发热物质按不同配方混合，配成各种发热量的燃料，既满足了不同类型发电企业的需要，又避免了浪费，便于控制生产过程和产品质量。

四、生鲜果蔬的流通加工

新鲜的水果和蔬菜是人们生活中必不可少的重要食品，其能为人体提供多种营养物质，特别是微量元素、维生素和矿物营养、纤维素等，对于增强人体健康和提高疾病的抵抗能力具有重要的意义。我国的水果蔬菜种类繁多，而且总产量居世界首位。据统计，2018 年我国水果产量达到 25 688.35 万吨，蔬菜产量达到 70 347 万吨。虽然我国的水果和蔬菜产量较高，但采后损失严重，主要原因在于水果和蔬菜易腐烂变质。

因此，对水果和蔬菜进行处理是采后减损和防止变质的重要措施。在果蔬采收以后，果蔬会产生一系列的变化，如果果蔬细胞的新陈代谢、乙烯的生成、果蔬水分的流失等都会影响果蔬的质量，因此有必要对其进行流通加工，减缓果蔬的腐败变质。

对于果蔬的流通加工，主要分为以下几个环节。

1. 果蔬的预冷。果蔬的预冷是指将刚采收的新鲜果蔬在运输、储藏或加工以前迅速除去田间热的过程。一般而言，刚采收的果蔬温度较高，果蔬呼吸作用比较旺盛，品质变化也比较快，有利于病菌的生长。因此，尽快将采收后的果蔬冷却到规定的温度，可以最大限度地保持果蔬的品质。

果蔬预冷的方法主要有自然降温预冷、真空预冷、水预冷和空气预冷等。

2. 果蔬的分级和包装。对果蔬进行分级和包装是商业性果蔬在流通过程中常见的加工手段。

对果蔬分级主要是根据果蔬产品的大小、重量、色泽、形状、成熟度、营养价值、病虫害、损伤等情况，按照国家或者企业的标准分为若干等级。

一般而言，对于果蔬的分级方法有手工分级和机械分级。手工分级主要依靠人的视觉和简单的分级器具如分级板、比色卡等，将产品分为若干等级，往往效率低、误差大；机械分级常与挑选、洗涤、打蜡、干燥、装箱等连成一体，其优点是分选精度大、工作效率高。

3. 包装。包装是指以适当的材料对果蔬产品采取保护措施。利用包装可以使果蔬在流通过程中保持良好的稳定性，从而提高商品的完好率和卫生质量。

对于果蔬而言，包装前须经过整修，做到新鲜、清洁、无机械损伤、无病虫害等。同时，果蔬也必须进行愈伤、涂膜、脱涩等。

对于果蔬等生鲜食品的流通加工形式主要有以下几种。

1. 冷冻加工。食用鲜肉、鲜水产品、速冻食品（如水饺、馄饨、包子、元宵）以及医疗用生物制剂等商品，在常温下极易变质丧失使用价值，又不便于装卸运输。采用低温冷冻加工，抑制商品的生化反应过程及微生物的活动，同时使商品中的水分冷冻固化，方便储运。

2. 分选加工。水果、蔬菜、谷物、棉毛原料等货物个体规格和质量在生产过程中比较难于控制，混合装运既不利于装卸和运输，又降低了货物的价值。如果用人工或机械方式将不同规格不同质量的产品分选，则可提高商品的价值，提高装运效率。

3. 精制加工。许多农副产品本身包含一部分无用物，如烂菜叶、菜根、鱼骨鱼鳞、果皮果核等。这些无用的废弃物加重了物流的负担，给销售者和消费者都带来麻烦。精制加工则是在商品的产地或是批发地附近建立加工点，去除产品的无用部分，同时进行切分、洗净、分装等加工。这样做既方便了消费者，降低了物流成本，又可以综合利用淘汰物，避免了资源浪费。

4. 分装加工。许多生鲜食品零售点较小而为了保证高效输送，出厂包装则较大，也有一些采用集装运输方式运达销售地区。这样为了便于销售，在销售地区按要求对零售点进行新的包装，即大包装改小、散装改小包装、运输包装改销售包装。这种方式称为分装加工。

【拓展阅读】

绿色发展是木材流通加工产业转型关键

改革开放以来，经过40多年的发展，我国木材加工行业已经取得长足发展，2018年销售规模已达1 999.35亿元，规模以上企业数量达1 580家。在此背景下，锯材、木片、人造板、木制品等细分市场也有显著发展。

锯材是指伐倒木经打枝和剥皮后的原木或原条，按一定的规格要求加工后的成材。近年来伴随我国经济的快速发展及人民生活水平的日益提高，我国木材生产中的锯材制造取得了长足进步，大量中小型木材加工企业有生产锯材。不过，锯材市场管理水平处于比较低下的状态，基本处于各自经营、各自为政的状态，对我国锯材发展未起到积极促进作用。同时，中小型企业因资金匮乏，所拥有的机械设备既落伍又陈旧，各项技术指标大多数都不合格，拖累市场进一步发展。

木片加工指利用森林采伐、造材、加工等剩余物和定向培育的木材，经削（刨）片机加工成一定规格的产品生产活动。我国木片加工市场主要呈现出以下几个特点：一是近年来木片市场销售规模扩张速度较快，年增长率在10%左右；二是木片加工行业企业数量较多，全国有千余家生产企业，但是主营业务收入在2 000万元以上的企业数量较少，且数量基本保持稳定；三是木片生产原材料供应不足，对国际进口市场依赖度较高。

人造板是以木材或其他非木材植物为原料，经一定机械加工分离成各种单元材料后，施加或不施加胶粘剂和其他添加剂胶合而成的板材或模压制品。发展人造板工业有利于缓解中国木材供需矛盾，是节约木材资源的重要途径。目前，中国人造板产品产量占全球人造板总产量的50%~60%。2017年，中国人造板总产量已达29 486万立方米，但受政策、市场等影响，同比上年减少1.85%，为近二十年来首次下降。从具体产品来看，2017年，胶合板产量小幅下降，达17 195万立方米，但仍占全部人造板产量比重的58.3%，保持人造板第一大板种的地位；纤维板产量6 297万立方米，占比21.3%，其次于胶合板；刨花板产量增长4.8%，达2 778万立方米，占比9.4%。

木制品是以木材原材料的，经过加工制作所形成的产品，主要包括家具木制品、办公木制品、工艺木制品、园艺木制品、生活木制品等。据中国木材与木制品流通协会信息中心统计，2017年木制品行业产值达212万亿元，同比增长6.04%。具体产品方面，以家具木制品中的地板为例，2017年，全国木地板总销量为4.15亿平方米，同比增长4.64%。其中强化木地板销售2.15亿平方米，同比增长2%；实木复合地板销售115亿平方米，同比增长9.95%；实木地板销售0.48亿平方米，同比增长9.11%。

木材加工产业是林业产业的支柱之一，对于有效缓解木材供需矛盾、维护木材安全、循环高效利用木材、吸纳农村富余劳动力等方面具有重要作用。但随着原材料、劳动力等成本的上升，以及国际贸易壁垒和环保标准提高等因素影响，木材加工产业的转型升级已迫在眉睫。

木材加工产业绿色发展是形势所迫，更是大势所趋。对于企业而言，不仅应确保原材料来源可持续，还应保证生产过程中的清洁绿色，对现有资源进行高附加值利用。木材加工产业转型升级的三个关键，首先是紧抓龙头企业，带动产业升级；其次是打造产业集群，最大限度发挥潜力；最后是打造品牌，提高市场竞争力。

【复习思考题】

1. 简述流通加工设备在流通中的地位和作用。
2. 以果蔬的流通加工为例，思考其带来的经济效益和社会效益。
3. 简述常见的剪板机的组成结构、主要技术参数及操作注意事项。
4. 如何理解冷链设备的概念以及其在流通加工设备中的特殊地位的？
5. 结合某一产品，简述流通加工的流程。

第十章　物流专项技术与设备

社会化程度的不断提高促使物流系统内部分工日益细化，物流专项技术也逐渐引起业界的重视。何谓物流专项技术？目前尚无定论，但从人们频频言及以及其所指，可看出物流专项技术的大致含义，即某特定物流领域中所采用的特定的作业方法、作业设备、设施和工艺以及它们的组合，如冷链物流等。进而观之，此概念亦可推及特定的货物领域，即某特定货物或货物种类的物流过程中所采用的特定的作业方法、作业设备等，如煤炭物流，散装水泥物流等。

物流专项技术最重要的特征无疑是“专”，专用于特定货物、特定作业甚至特定的工艺，如散货装船技术。因此，专项技术都具有很高的生产率，但应用范围却非常有限。专项技术之所以“专”，有时也是出于安全、卫生、环境保护的目的，其采用的设备无论是从设计要求、材料选用、制造精度均非通用设备可类比，故而应用门槛很高。因此，系统地了解和研究物流专项技术，其意义日益重要。

第一节　冷链物流技术与设备

随着人们收入水平和生活质量的不断提高，人们对冷链生鲜的需求越来越高，对食品药品的安全问题也越来越关注。据 2018 年冷链物流统计数据，我国冷链物流需求总量达到 1.8 亿吨，冷链物流总额突破 5 万亿元，增幅超过 20%。果蔬、肉类和水产品冷链运输率由 2015 年的 20%、30% 和 36% 提高到当前的 35%、57%、69%，增幅超过 50%。在迅猛发展的背后，我国冷链物流行业呈现出以下几个发展特点：业务规模快速增长、周期性、季节性变化明显；社会化程度高，市场细分专业性强；区域发展不均衡，经济强区形成冷链物流发展高地；新型流通业态异军突起，短距离区域配送业务快速增长；冷链物流服务网络不断延伸，中心城市集聚辐射效应显著增强；枢纽城市中心度不断提高，内陆城市的中转服务功能逐步加强。

冷链物流（cold chain logistics）泛指冷藏冷冻类食品在生产、贮藏运输、销售，到消费前的各个环节中始终处于规定的低温环境下，以保证食品质量、减少食品损耗的一项系统工程。它是随着科学技术的进步、制冷技术的发展而建立起来的，是以冷冻工艺学为基础、以制冷技术为手段的低温物流过程。冷链物流基础设施主要包括冷库或低温物流中心、生鲜食品加工中心、冷藏运输车、超市陈列柜等。本节主要介绍制冷原理及制冷系统、冷链运输设备与技术、冷冻冷藏设备和分拣设备与技术等，以及冷链物流环节如何进行设备选型。

一、制冷原理与制冷系统

（一）制冷的基本概念

制冷是指用天然或人工的方法降低或维持某一空间或某一物质的温度，使其低于周围环境温度的过程。热力学第二定律指出热不可能自发地、不付代价地从低温物体传递到高温物体。完成制冷过程必须消耗能量，能量的形式可以是机械能、电能、热能、太阳能以及其他形式的能量。制冷主要有天然制冷和人工制冷两种技术。

（二）制冷原理

1. 天然冷却。

利用天然冰或深井水冷却物体，但其制冷量和可能达到的制冷温度往往不能满足生产需求。天然冷却是一种传热过程，常用的制冷方法如采集和存储天然冰、深井水空调等。人工制冷是利用制冷设备加入能量，使热量从低温物体向高温物体转移的一种方法，属于热力学过程的单元操作，如冰盐制冷、压缩式制冷、电磁制冷等。

2. 冰盐制冷。

用冰制冷只能得到0℃以上的温度，为了得到更低的温度，可在冰中加盐。冰盐是指冰和盐溶液的混合物。冰盐制冷是利用冰盐融化过程吸热。冰盐混合物是一种有效的起寒剂。当盐掺在碎冰里，盐就会发生溶解而发生吸热作用，使冰融化。冰盐混合在一起，在同一时间发生两种作用：一种是会大大加速冰的融化速度，冰融化时又要吸收大量热量；另一种是盐的溶解也要吸收热量。因此，在短时间能吸收大量热量，从而使冰盐混合物温度迅速下降。冰盐混合物的结冰点是由掺入盐的百分数决定的。如图 10－1 所示，当 NaCl 的浓度为 23.3% 时，混合物的冰点是 252K （－21℃）；当浓度为 0 时，及混合物为水时，其冰点为 273K（0℃），如图 10－1 所示。

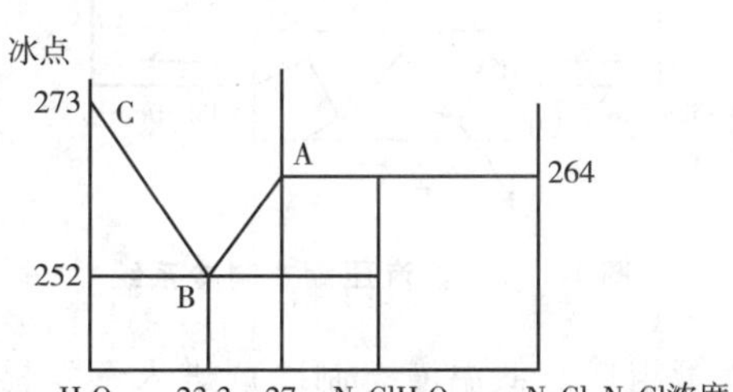

图 10－1　结冰点与 NaCl 浓度关系

3. 蒸汽压缩制冷。

逆卡诺循环是理想制冷循环，工作原理如图 10－2 所示。首先，工质在 T_0 下从冷源（即被冷却物体），吸取热量 q_0，并进行等温膨胀（4→1）；其次，通过绝热压缩（1→2），使其温度由 T_0 升高至 T_k；再在 T_k 温度下进行等温压缩（2→3），并向环境介质释放能量 qk；最后，进行绝热膨胀（3→4），使其温度由 T_k 将至 T_0，使工质回到初始状态 4。

蒸汽压缩式制冷是利用低沸点的液态工质（如氟利昂等制冷剂）沸腾汽化时，从制冷空间介质中吸热来实现制冷的。这种制冷方法利用制冷剂的液—气集态变化过程，实现定

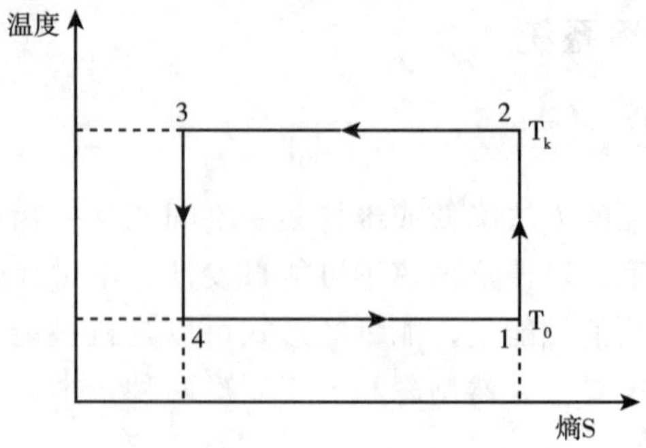

图 10-2 逆卡诺循环过程

温吸热和放热，使制冷循环较为接近逆卡诺循环，从而可提高制冷系数。蒸汽压缩式制冷技术现已广泛应用于房间空调器的制冷技术中。

（三）蒸汽制冷系统

蒸发器、压缩机、冷凝器和节流装置是蒸汽压缩式制冷系统四个必不可少的基本部件，如图 10-3 所示。

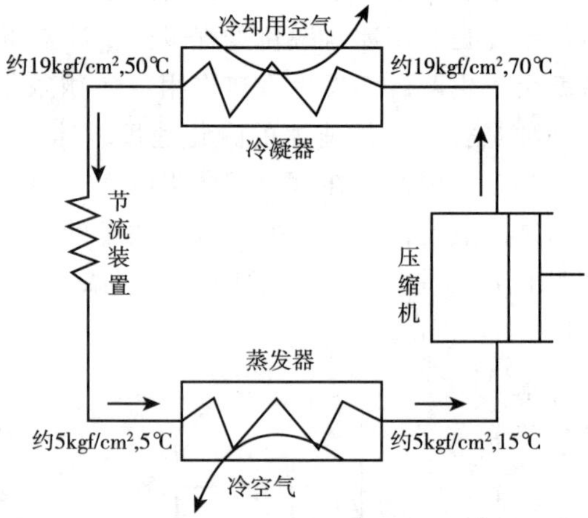

图 10-3 蒸汽压缩式制冷系统

蒸发器由一组或几组盘管组成。低温液态制冷剂进入蒸发器盘管流动时，通过管壁吸收盘管周围介质（空气或水）的热量沸腾汽化（工程上常称为蒸发），使盘管周围的介质温度降低或保持一定的低温状态，从而达到制冷的目的。可见，蒸发器是让低温液态制冷剂和需要制冷的介质交换热量的换热器。制冷剂在蒸发器盘管内沸腾汽化时保持温度和压力不变，相应的温度和压力称为蒸发温度和蒸发压力，分别用 t_0 和 p_0 表示。蒸发温度随蒸发压力的增大而升高，它们有确定的对应关系，对给定的制冷剂，利用它的饱和蒸汽表或压焓图，从已知的 t_0 可查出应的 p_0，反之亦然。通过控制或调节蒸发压力也就可控制或调节蒸发温度，由于蒸发温度通常都很低，因而对应的蒸发压力也不高。相对于冷凝器，制冷剂在蒸发器中处于低温低压状态。制冷剂在蒸发器中沸腾汽化时从制冷空间介质吸收的热量，就是制冷系统的制冷量。

为了让制冷剂能被反复使用，需将从蒸发器流出的制冷剂蒸汽冷凝还原为液态，冷凝器就是让气态制冷剂向环境介质放热冷凝液化的换热器。制冷剂蒸汽在冷凝器中冷凝液化时也保持温度和压力不变，相应的温度和压力称为冷凝温度和冷凝压力，分别用 t_k 和 p_k 表示。冷凝温度随冷凝压力的增大而升高，它们也有确定的对应关系，这种对应关系也可在制冷剂的饱和蒸汽表或压焓图中查取。制冷剂在冷凝器向冷却介质排放的热量，称为冷凝器的热负荷。

用空气或常温的水来使制冷剂蒸汽冷凝，冷凝温度就高于蒸发温度，对应的冷凝压力也就要求高于蒸发压力。压缩机的作用就是将从蒸发器流出的低压制冷剂蒸汽压缩，使蒸汽的压力提高到与冷凝温度对应的冷凝压力，从而保证制冷剂蒸汽能在常温下被冷凝液化。制冷剂蒸汽经压缩机压缩后，温度也升高了。因此，相对于蒸发器，冷凝器中的制冷剂处于高温高压状态。一般压缩机是由电动机带动来压缩蒸汽作功的，因此，压缩机的作用实质上是消耗外功，迫使制冷剂将从制冷空间（低温热源）吸收的热量排放给环境（相对制冷空间为高温热源）。这与热力学第二定律的要求是一致的。

冷凝器冷凝得到的液态制冷剂的温度和压力为冷凝温度和冷凝压力，要高于蒸发温度和蒸发压力，在进入蒸发器前需使它降压降温。为此，让冷凝液先流经节流阀或毛细管绝热节流，将压力和温度降至需要的蒸发压力和蒸发温度后再进入蒸发器蒸发制冷。液态制冷剂在节流过程中，因吸收摩擦热将有少量汽化为蒸汽（称为闪发气体），因此，节流装置出口的制冷剂是干度很低的低温低压湿蒸汽。

综上所述，让制冷剂不断经历蒸发（沸腾汽化）→压缩（升压升温）→冷凝（液化）节流（降压降温）→再蒸发的循环（称为蒸汽压缩制冷循环）。

二、冷链设备

冷链设备就是将生鲜、易腐物品在低温冷藏条件下由产地、捕捞地送至零售卖场、家庭而采用的运输、储存设备的总和。运用冷链设备进行生鲜物品的运输、储存，可以有效控制物品在物流过程中的温度，在保持物品鲜度的同时，还可减少因物品鲜度下降、变色、变质、腐烂等带来的损耗，降低经营成本。

冷链设备主要用于食品工业、医学界及免疫系统。常用冷链设施设备有冷库、冷藏车及一些保冷容器（如冷藏箱、保冷背包）等。

（一）冷库及其选型

冷库一般是指用各种设备制冷并能人为控制和保持稳定低温的设施。它的基本组成部分是制冷系统、电控装置、有一定隔热性能的库房、附属性建筑物等。制冷系统主要包括各种制冷设备，它是冷库的心脏，通过其制造冷量来保证库房内的冷源供应；电控装置是冷库的大脑，它指挥制冷系统保证冷量供应；而具有一定隔热性能的库房，是贮藏保鲜物品的场所，它的作用是保持稳定的低温环境。库房良好的隔热保温结构，可以最大限度地减少制冷设备制造的冷量向库外泄露，反过来说，就是尽量减少库外热量向库内泄漏，这也是冷库与一般房屋的主要不同之处。

1. 冷库类型。

我国的冷库种类较多，分类方法如下：

(1) 按库房容积大小分类：大型、中型和小型。在我国，一般把公称容积大于20 000立方米 的冷库称为大型库，公称容积5 000～20 000 立方米的冷库称为中型库，公称容积小于5 000 立方米的冷库称为小型库。

(2) 按制冷机使用的制冷剂不同分类：使用氨制冷剂的氨机库和使用氟制冷剂的氟机库。果蔬贮藏库一般使用氨制冷剂的氨机库，氨机库又可分为压缩式和吸收式两种。由于环保问题，氨机应用受限，另外氨机虽然一次性投资较低，但后期的运行和维护成本较高。

(3) 按冷库的温度高低可分为：高温冷库设计冷藏温度 -2～8℃；中温冷库冷藏设计温度 -10～-23℃；低温冷库冷藏设计温度 -23～-30℃。果蔬保鲜库一般是高温库，水产、肉食类保鲜库是低温库。

(4) 按冷库内热交换形式分类：排管冷库和冷风机冷库。果品蔬菜保鲜一般用排管冷库，冷风机冷库极易导致果蔬失水减重，品质下降，一般不用。

(5) 按库房的建筑方式可分为：土建冷库、装配冷库和土建装配复合式冷库。土建冷库一般是夹层墙保温结构，占地面积大，施工周期长，早期的冷库就是这种方式。装配式冷库是预制保温板装配式的库房，与传统的土建冷库相比，具有保温隔热和防潮防水性能好、阻燃性强、抗压强度高、抗震性能好、建设工期短、可拆卸等优点，但投资较大。土建装配复合式冷库是土建冷库和装配冷库的结合，库房的承重和外围结构是土建的形式，保温结构采用聚氨酯喷涂发泡或聚苯乙烯泡沫板装配的形式。

2. 货架选型。

与常温库相比，货架应用在冷库中时，通常需要考虑如下环节：

(1) 选择合适的货架钢材材质，要选择在低温环境下具有良好的低温韧性和延展性，避免发生脆性破坏的钢材。

(2) 选择合适的货架表面处理方式：环氧聚酯静电粉末喷涂是最常见的货架表面处理方式。对于防腐防锈要求不是很严苛的冷库，适用性非常好，经济实用。如果客户对防腐防锈要求比较高而且对成本不太敏感，可以采用热镀锌的表面处理方式。

(3) 其他方面的考虑：例如，冷库中货架系统焊缝焊条的选择，需要对应焊接母材材质与焊接工艺要求，并确保焊缝焊接质量。考虑冷库中结霜的特性，计算货架选型时应适当考虑其增重，并考虑客户制冷、除霜工艺对结构喷涂层的抗腐蚀要求等。

在货架类型选型中，考虑到冷库空间“寸土寸金”为客户用足每一立方米，达到最大的仓库利用率，可以选择：(1) 仓库利用率最高的库架合一自动化冷库；(2) 高密度存储的穿梭式货架系统；(3) 传统高密度存储的驶入式货架系统；(4) 后推式货架系统与重力式货架系统；(5) 横梁式货架等。这主要根据实际需求选择，没有最好，只有最合适。

(二) 冷藏车

冷藏车是在有保温层的封闭式车厢上装有强制冷却装置（即制冷机）的汽车。冷藏车能在长时间运输中使车厢内货物保持一定温度，适用于要求可控低温条件货物的长途运输。我国的冷藏车是20 世纪 80 年代初期发展起来的，比发达国家晚了近 30 年，但发展速度很快，已成为国家冷链工程的主导运输工具。

1. 冷藏车的技术参数。

为了保证低温运输要求，国家制定了冷藏汽车的性能标准，主要参数如下：

（1）车厢的主要技术指标。它主要包括：①车厢总传热系数。总传热系数是体现车厢保温性能的技术参数，单位是 $W/m^2 \cdot ℃$。其意义为车厢内外温差为1℃时车厢表面积每平方米传递热量的瓦数，该值越小越好。国家标准规定，保温汽车和冷藏车车厢的总传热系数不能大于 $0.6W/m^2 \cdot ℃$。②车厢漏气倍数。它是表示车厢密封性能的技术参数，单位为 h^{-1}，其意义为车厢在每小时内漏气量为本车厢容积的倍数值，其值也是越小越好。对于冷藏车车厢漏气倍数，国家规定为：总传热面积大于40平方米的车厢，其漏气倍数 $\leqslant 3h^{-1}$；车厢总传热面积为20～40平方米，其漏气倍数 $\leqslant 3.8h^{-1}$；车厢总传热面积小于20平方米，漏气倍数 $\leqslant 5.3h^{-1}$。

（2）制冷机的主要性能参数。制冷机的主要性能参数是表示制冷能力的制冷量，以W为单位。由于在不同温度下制冷量是变化的，国际上对汽车制冷机通常给出两个温度的制冷量，即 0^0F（近似－18℃）和 35^0F（近似＋2℃）温度下的制冷量。制冷量和经济性是互相制约的。因此，制冷量大小的选择是从保持食品品质的需要和经济性两个方面考虑的。

（3）冷藏汽车综合性能指标。车厢内温度可调范围及最低能达到的温度，是反映车厢和制冷机配合后的综合性能。在车厢容积不变的条件下，制冷机的制冷量、车厢的总传热系数及漏气倍数等都能影响车厢的降温性能。

国家标准要求在30℃环境温度下，车厢内温度可调范围分为6个档次，见表10－1。其中最高可调温度为＋12℃，最低可调温度为－20℃。

表10－1　　车厢调温范围

A	B	C	D	E
12～0	12～10	－20～12	≤2	≤－10

2. 冷藏运输车类型。

冷链运输装备包括冷链运输卡车、货车、船舶与飞机。轮船与飞机冷链运输一般采用冷链集装器具，因此该部分重点关注公路冷链运输应用的冷链运输车辆。冷藏车特指具有隔热结构车厢，且可以使车厢内温度达到0摄氏度以下的专用汽车，按照制冷方式不同，我国冷藏专用车辆目前大致可分为机械、冷板、LN2及干冰几个制冷方式。

（1）机械冷藏车。

机械冷藏车专门配备一套机械制冷装置提供冷量，是目前主流冷藏车形式。制冷系统由压缩机、冷凝器、膨胀阀、蒸发器组成，工作原理为蒸汽压缩制冷，压缩机经传动机构由汽车发动机驱动。目前，机械冷藏车主要在制冷机组方面开展新技术的研发，采用中冷器的螺杆压缩机技术在移动装置上的应用，节流阀采用恒压膨胀阀等技术，大大提高了机械冷藏车性能。

（2）冷板冷藏车。

冷板冷藏车是利用冷板内的相变材料相变蓄冷，为车厢提供冷量，有整体式和分式之分。所谓整体式即动力装置，制冷装置和蓄冷板均置于车上，可自主启动制冷机组为蓄冷板

“充冷”。分体式则需要在发车前利用地面动力源启动制冷机组为蓄冷板充冷。目前对冷板冷藏车的研究主要集中在冷板放热时间的影响因素、冷板换热性及冻结特性研究等方面。

（3）其他种类。

LN2 冷藏车和干冰冷藏车都是利用物质相变热吸热的原理，需要定期加注相变公质。目前我国冷藏车以机械冷藏车为主要形式，其他形式冷藏车市场占有量小。

目前我国冷藏车以机械冷藏车为主要形式，其他形式冷藏车市场占有量小，研究主要朝着厢体绝热性能优化，新制冷方式研究和新厢体结构研制三大方向发展。“十一五”规划中明确提出要“发展循环经济”“加快建设资源节约型、环境友好型社会”。因此大力发展节能、环保型冷藏车，改善我国冷藏运输业现状，减少易腐货物在运途中的浪费应该得到更多的关注。以 LNG 为冷媒和动力的 LNG 冷藏车正是一种在总结各种冷藏技术基础上发展起来的顺应趋势的理想车型。

3. 冷藏车选型。

根据新国标 GB29753—2013《道路运输、食品与生物制品冷藏车安全要求及试验方法》，当室外温度 30 摄氏度时，按车厢平均温度可把冷藏车划成八个种类（A－H），分别对应不同类型的货物运输。这也是我国首次在生产标准方面按厢内平均温度对冷藏车进行分类。根据温度要求选择不同冷藏车类型，是目前选择车型的主要方法。

（1）易腐食品冷藏车（A－F 类）A 类冷藏车：平均温度 0～12 摄氏度；

（2）B 类冷藏车：平均温度 10～12 摄氏度；

（3）C 类冷藏车：平均温度 12～20 摄氏度；

（4）D 类冷藏车：平均温度小于或等于 0 摄氏度；E 类冷藏车：平均温度小于或等于－10 摄氏度；F 类冷藏车：平均温度小于或等于－20 摄氏度。

（5）生物制品冷藏车（G、H 类）：G 类冷藏车：平均温度 2～8 摄氏度；H 类冷藏车：平均温度小于或等于－20 摄氏度（虽然 H 类冷藏车温度要求和 F 类一致，但生物制品运输车还需要经过药监局的 GSP 认证，所以两者是存在差异的）。生物制品主要用于医疗领域，因此可以说是在冷链运输当中要求最严格的。不仅需要性能出色的运输车辆，而且运输该类货物的车辆还需要符合药监局新版 GSP 认证，对货物摆放位置、温度检测设备、管理流程等环节都有着相当严格的标准。G 类冷藏车运输物品有疫苗、激素、血液、胰岛素等；H 类冷藏车运输的物品有骨髓、干细胞、血浆等。

（6）蔬菜水果（A－F 类均有涉及）：蔬果运输是易腐食品当中最复杂、最考验驾驶员的。因为货物类型非常丰富，对所需温度、湿度不一，且很多产品还容易受温度波动影响。另外，果蔬采摘后依然会呼吸并产生热量，因此非常考验冷藏车的保温、制冷效果和驾驶员的经验。

（7）冷藏食品（D、E、F 类均有涉及）：冷藏食品运输相对比较简单，对温控要求相对没有蔬果产品、货物不结冰的情况下运输温度越低越好即可。其主要货物有豆制品、禽蛋类、巧克力、水产、罐头和冷鲜肉等，根据类型不同，D、E 和 F 类冷藏车都是有所涉及的。

（8）冷冻食品（F 类）：冷冻食品是易腐食品运输当中最简单的，因为这类货物有相对较长的质保期，同时也不需要严格控制温度，只要保证厢内平均温度在 20 摄氏度以下即可。主要运输的货物有冻肉制品、雪糕和饺子等各类速冻食品。此外，F 类冷藏车也是目前最热销的。

（三）冷藏箱

冷藏箱是一种应用广泛的冷链设备，可以在宾馆、医院、汽车、船舶、家庭卧室、客厅等环境中灵活使用。根据制冷机制的不同，冷藏箱有压缩式冷藏箱、半导体式冷藏箱和吸收式冷藏箱三种类型。

1. 压缩式冷藏箱。

压缩式冷藏箱是最常见的种类。它通过压缩机制冷，具有制冷速度较快、耗能较低、品种齐全、制冰能力强等优点，适合家庭使用。目前市场上出售的压缩式冷藏箱的容积有46升、50升、60升、80升、100升以上等各种型号。但压缩式冷藏箱由于具有噪音大、体积大、对能源要求严格（只能用交流电）等缺点，不适宜在宾馆、医院、汽车、船舶等特殊环境中应用。

2. 半导体式冷藏箱。

半导体式冷藏箱是利用半导体冷冻晶片进行核心制冷的冷藏箱。它重量轻，既可制冷又可制热，无氟利昂，成本较低。容积有6升、12升、16升和18升及以上等多种，可应用在汽车、船舶等特殊环境中。但由于其制冷、制热效果不理想，又有耗能大、使用寿命短的缺陷，目前在市场上还不多见。

3. 吸收式冷藏箱。

吸收式冷藏箱采用吸收式制冷技术，以氨作制冷剂，水作吸收剂，氢或氦作扩散剂，利用热虹吸原理，使制冷系统连续运行，从而达到制冷效果。吸收式冷藏箱具有无运动部件、无噪音、无氟利昂、寿命长、可按需要应用多种能源等优点，适合宾馆、医院、汽车、船舶、家庭卧室等环境和出外旅游时使用。

根据外形特征的不同，冷藏箱还可分为手提冷藏箱、背带冷藏箱和柜式冷藏箱三种类型。

（1）手提冷藏箱。手提冷藏箱（见图10－4）的一般温度范围从5℃到65℃，冬天可以加热到65℃，夏天可以制冷到5℃；净重不超过5千克，体积小，可手提携带；使用简单；寿命长，维修方便；宜于室内外使用，能随意放置。

（2）背带冷藏箱。背带冷藏箱（见图10－5）的制冷温度可以达到5℃，设计成背包形式，使用简单，寿命长，维修方便，体积轻，宜于室内外使用。

（3）柜式冷藏箱。柜式冷藏箱（见图10－6）的制冷温度一般可以达到5℃，宜于室内外使用，净重在7千克左右。

图10－4 手提冷藏箱

图10－5 背带冷藏箱

图10－6 柜式冷藏箱

（四）冷库叉车的选型

冷链物流中心内部的搬运设备主要有各型叉车，如高位货架库内的前移式叉车、步行式叉车、电动托盘车、油压托盘车，以及自动仓库内的堆垛机等。一般情况下，这些搬运设备需要是耐低温的专用型设备。因为冷链的特殊性，运用电动叉车必须考虑到其在低温环境下的工作性能。在低温环境下运用电动叉车，通常要思考到以下几个方面：

1. 低温环境对电瓶容量的影响：电瓶容量的标定是以20℃的环境温度和标准气压为基准的。环境温度越低，电瓶实际可运用的容量越小。通常来说，在－20℃的低温环境下，叉车电瓶的实践容量只有其标定容量的80%。因而，在常温环境下能够满意运用时间请求的电动叉车，在低温环境里也许达不到运用时间请求。电瓶容量需求适当加大。

2. 温差对电动叉车的影响：许多状况下，电动叉车需要在低温与常温环境下替换工作。叉车这种状况下很容易产生冷凝水，从而对电器元件形成损害。叉车的规划和保护有必要思考到这一点，否则电动叉车也许会毛病频发，无法正常运用。

3. 湿度对车体的影响：低温冷库里通常湿度比较大。叉车的一些部件、结构件等很容易诱发锈蚀的状况，这就需求电动叉车必须做好有关的防护保护。

4. 冷库叉车防滑的要求：冷库里地上也较湿滑乃至会有结冰的状况。在这种状况下，叉车必须求具有良好的防滑功能。

5. 低温环境对液压体系的影响：常温下运用的液压油和液压高压软管在低温下简单变稠变脆，不适宜在低温下运用。因而冷库用的电动叉车必须用专用的液压油和高压软管，防止机器故障和安全事故。

（五）冷链物流中分拣设备选型

越来越多的自动分拣系统与拣选设备应用于冷链物流中心。很多冷链物流中心自动化程度要求非常高，甚至是全封闭式运营，这就要求冷链物流中心中的物流设备的防水防尘等级需达到IP65，且能在－30℃，做到在安全、可靠且环保的条件下无故障长期运行。

1. 各温区之间的温度差容易造成霜、雾、湿气、湿滑等现象，对机械部件及电子检测器件的工作效率及准确度造成一定的影响。根据不同的温度区域，对机械部件采用不同的材质或工艺处理，避免低温冷脆现象，保证设备运行的可靠性。

2. 低温环境对元器件及设备部件的选材也有着特殊要求。低温物流中心一般采用RF、电子标签辅助拣选系统等拣选设备，会用到很多数据终端设备。这些专为严酷的冷链环境而打造的移动数据终端，非常适合高强度分拣扫描，采用了内部加热系统和屏幕除冰技术以及特制电池组，能够优化产品操作生命周期和操作员进出冷冻环境的可用性，能够在零下30℃的低温环境下正常运行。

3. 从物流技术发展趋势来看，基本上朝着无人化、高效率、高周转率、节能、环保等方向实现技术水平的提升。冷链物流系统的高效运作，不仅离不开硬件设备的支撑，在软件系统及整个物流方案规划上，也需要有特别的设计。在系统布局规划方面，需要充分了解并考虑整条冷链的输送作业流程、库内货物的储存方式、订单处理方式、订单的数据信息处理形式，并结合冷库的土建、人员配备、消防联动等环境基础，配置合适的输送分拣设备，为客户规划一套便捷、有效、节能、可靠的自动化物流解决方案。

（六）冷链物流保温集装箱

用于冷链物流领域的集装箱主要有冷藏集装箱、隔热集装箱与通风集装箱。

三、冷链运输的新技术与新趋势

冷藏车厢体结构向合理化方向发展，各种新材料应用：随着公路建设的飞速发展，加速发展重型车的势头会进一步加强，这就是要求提高厢体的强度和刚度，特别注重减轻自重，增加载重后的尺寸稳定性和耐冲击性，确保整车的可靠性和安全性。因此，在厢体的结构上，各生产厂家都应形成自己的独立开发能力，以适应这种需要。冷藏车逐渐向技术含量高的方面发展：目前中国冷藏保温车按照吨位构成，还是中型车较多。随着公路的建设和发展，重型车、半挂车将成为长途、调拨性公路冷藏运输的主要工具而得到快速发展；轻型冷藏和微型保温车则作为短途、分配性运输的主要工具而得到快速发展。在冷藏保温汽车功能方面，市场越来越要求高技术含量、高附加值的产品。制冷装置、制热装置、液压举升装置、厢体隔仓装置、侧拉门装置、计量测量装置等，以及各种厢体的车身结构器材，都有广泛的市场前景。

物联网技术在物流环节的有效渗入，它将使冷链物流得到更加有效的监控，提高疫苗等生物制品以及鲜花、蔬菜等农产品在运输环节的质量保障。而且在冷链运输中，往往是炎热的夏日，在太阳的烘烤下，非常容易造成冷藏车厢内温度的快速升高，从而需要频频制冷，增加制冷能源消耗。但是，我们知道热量本身就是一种能源，能否利用太阳能能源作为冷藏车制冷的辅助能源，利用太阳能带动制冷系统是一个值得研究的课题，太阳能制冷，既可以降低车外温度，减少制冷能源消耗，又可以把太阳能转变成制冷的能源，实现循环经济，实现节能降耗。

第二节　航空物流技术与设备

机场货运站是航空物流的节点，它既是各航空公司的生产中心，也是现代航空物流园区的最重要组成部分。机场货运站作为机场的地面货运生产中心，承担了空运货物在装机前或卸机后的中转站功能，因此，机场货运站的规划与运作效率，是决定航空物流时效的重要一环。

作为现代物流的重要节点内容之一，机场货运站近年来得到了国内外各大航空公司和机场的重视。在我国的各大枢纽机场改扩建工程中，机场货运站的改扩建就是其中重要的一项。

一、机场货运站概述

在航空物流服务中，航空公司是承运人，飞机是运输工具，而机场货运站就是承运人与托运人、收货人进行货物交接、运费结算的场所，是航空物流的重要节点。作为连接货物与运输工具飞机的通道，机场货运站为空运货物提供了从陆侧到空侧的转换服务。

以国内普通货物的航空运输为例，货物从收运到装机需要 1 天，国内航线距离一般不超过 4 小时，货物到达目的站后经过分拣、发提货通知，到货主提货需要 2 天。由此可以看出，航空货运 90% 以上的时间花在地面处理。要进一步提高航空物流的效率，机场货运站的作业效率尤为重要。

1. 机场货运站的功能。

机场货运站的功能主要有以下几个方面。

（1）存储。

由于机场的到港货物不能被马上提走，出港货物很难到达机场后即刻装机，因此，机场货运站应具备一定的存储能力，利用存储设施和设备来协调机场空侧和陆侧货流量不平衡的问题。

（2）货物处理。

对于出港货物，机场货运站揽收的出港货物通常会有很多发往不同目的地的小件，因此，机场货运站必须能够按目的地对货物进行分拣，然后再根据货物类型将其转换成集装货物（打板）以方便运输。

对于进港货物，机场货运站要完成拆箱、分拣等作业，以便货主提货。

此外，机场货运站还需要进行称重、测量、标签、包装、码放等物流作业。

（3）搬运装卸。

装卸搬运包括出港货物从货运站装上飞机以及进港货物从飞机转到货运站的过程中，采用人力或机械手段完成的一系列作业。

（4）办理货运手续和货运文件。

托运、提货、出库、装机、卸货、入库等作业都需要在机场货运站办理相关手续和文件。常用的货运文件有：货物托运书、航空货运单、货邮舱单、装机单、贵重物品交接单、特种货物机长通知单、货物分批发运单、中转舱单等。

2. 机场货运站的类型。

（1）按隶属关系。

按照隶属关系划分，机场货运站可分为航空公司货运站和中性货运站。

①航空公司货运站：航空公司货运站是航空公司的自建货运站，既可以仅为其自身货运业务提供服务，也可对其他承运人提供货运操作服务。目前，大部分航空公司的自建货运站是属于后者。

②中性货运站：中性货运站也称公共货运站，类似于机场的候机楼，既不属于任何航空公司，也不属于任何货运代理人，而是航空公司、货运代理人等共同使用的一个公共服务平台，提供中性和专业的货运操作服务。中性货运站是介于航空货运销售和货物承运之间的，集经营性和服务性于一体的企业性经济实体。近年来，中性货运站作为一种新型而有效的组织形式，已被广泛采纳。

（2）按所操作货物的类型。

按照所操作货物的类型划分，机场货运站可分为两类：

①以集装货物和散货操作为主的货站：此类货站是机场货运站的传统模式，目前国内外绝大部分的机场货运站是这种类型。此类机场货运站按照不同航空承运人的各类机型要求，对其客机腹舱或全货机提供仓储及机坪操作服务。

②以快件包裹操作为主的货站：此类货站通常是经营航空快件业务的航空公司的自营货运站，为其公司的自属航空器提供货运操作服务，如 UPS 和 FedEx 的机场货运站。目前

顺丰航空在杭州机场的基地也属于此类型货站。此类机场货运站操作的货物多以 45 千克以下的小件包裹为主，其货运站设计、设施设备、操作流程均是以小件包裹能在货运站中快速运作而服务的，与以集装货物和散货操作为主的机场货运站有很大不同。随着电子商务的迅速发展，越来越多的机场也开始设置面向快件包裹的中性货运站。

3. 机场货运站的影响因素。

不同机场的机场货运站规模、设施水平差异很大，影响机场货运站大小和设备复杂程度的因素有很多，总结起来主要有以下几个方面。

（1）货物种类。

机场货运站设计要考虑货物的集装化程度、各类货物的比例。

机场货运站收到的出港货物可以分为两大类：一类是大宗的小件托运物（散货），这些货物经分拣、装箱或打板后再装上飞机；另一类是已装入集装器的货物（集装货），这些货物在机场货运站内作业简单。这两类货物的比例对货运站的设计和设备使用有很大影响。

随着航空物流技术和设备的不断发展，航空货物运输从散货到集装货再到多式联运，机场货运站的货物处理方式发生了巨大变化，这是机场货运站规划设计时必须考虑的因素。从现实来看，散货在空运中不可能完全消失，机场货运站所处理货物的集装化程度对货运站选择设备的机械化和自动化程度有决定意义。

此外，航空运输货物的种类对机场货运站的设施和设备配置也会产生重要影响。不同的货物对机场货运站的设施设备要求不同。例如，鲜活易腐物品要求有冷藏或冷冻室，危险品要求有危险品仓库，活体动物要求有饲养设施等。

航空运输货物主要有以下几种分类形式：

①根据货物本身的特点，空运货物可划分为普通货物和特种货物两大类。其中，特种货物包括：

生物制品；

活体动物；

骨灰灵柩；

鲜活易腐；

贵重物品；

危险品，等。

②特种货物中的危险品又可分为九类：

爆炸品；

气体；

易燃液体；

易燃固体、自燃物质、遇水释放易燃气体的固体；

氧化剂和有机过氧化物；

毒性物质和感染性物质；

放射性物质；

腐蚀性物质；

杂项危险品。

③根据运输时间的要求，航空运输货物可以分为紧急货物、期限货物和计划性货物。

紧急货物是对运输时间、速度要求很高的货物，如血清、血浆等；

期限货物是有一定的时效性和运输时限要求的货物，如鲜花；

计划性货物相对于紧急货物和期限货物而言，对发运速度没有很高的要求。

（2）货流特点。

货运量和货流峰值是机场货运站设计的重要依据。货运量的大小决定了机场货运站的规模和收益，货流峰值则对机场货运站的货物转运、仓储能力提出了进一步的要求。设计机场货运站时，一定要对影响机场货流的各个因素进行详细调查与预测，以保证建成的机场货运站规模和设施设备与实际货流匹配。

机场空侧、陆侧货流量的大致均衡保证了机场货运站的正常运营。空侧货流峰值与飞机的到达和出发时刻是相关的，而陆侧货流峰值则与收货人的提货时间、托运人的发货时间有关，一般情况下，这两个时间很难吻合。当空侧、陆侧的流量峰值不在同一时间发生时，可以利用机场货运站的仓储能力进行调节，起到缓冲作用。

虽然机场货运站的仓储能力在一定程度上能缓解空侧和陆侧货流的冲突，但是鉴于机场货运站的中转性，必须对货物的存储时间进行约束。货运站可对超期存储货物处以罚金来保证库容的有效利用，促使托运人准时交货、提货人尽快提货。

（3）货运飞机和地面运输设备特性。

不同的运货方式、不同的机型对机场货运站的设施设备要求是不同的。因此，在机场货运站设计中，必须考虑飞机运货方式是以全货机为主，还是以客货混装为主，并考虑具体的载运机型。

当以客货混装方式为主，装卸货的操作一般都在客机坪进行。因此，机场货运站应尽可能靠近客机坪，且装卸货与飞机乘客上下飞机、飞机地面服务同时进行。为了缩短装卸货时间，保证航班正点离港，必须配置合理的设备。

当以全货机方式为主，机场货运站主要为货机服务，为避免与客机坪作业相互干扰，可以专设远离客机坪的货机坪，并使货机坪临近库房，以方便运输。

空运货物必须通过地面运输设备才能实现装卸和转移，地面运输设备的型式有很多，常见的有可升降平台车、叉车、吊车、传送带等。地面运输设备的特定在很大程度上决定了货运站的货物处理能力。因此，机场货运站必须具备数量充足且型式合适（与飞机、货物相匹配）的地面运输设备才能做好货物的机坪处理。

（4）机械化程度。

机场货运站的机械化程度不能一概而论，必须与其实际情况相符合。一般来说，只有货流量较大的机场采用高度机械化的形式才是经济的。

机场货运站的机械化程度可以分为三种类型。

①低机械化程度：货物的地面运输大多靠无动力的滚动装置和人工完成。货流量较小，且劳动力价格低廉的机场可采用低机械化程度的货运站方案。

②中机械化程度：货物采用可自由移动和升降的设备（如铲车、叉车）来转移、码放。这些设备既能处理散货，也能运输集装箱。这是目前大多数具有一般货流量或较高货流量机场的货运站采用的方案。

③高机械化程度：货运站的货仓采用固定的立体机械化货架，利用传输装置 TV 实现集装箱在货架上的水平货位移动，或利用可升降传输装置 ETV 实现集装箱在立体货架上

水平、垂直两个方向的货位移动。TV 和 ETV 系统的使用，有效利用了货仓空间，减少了货运站的占地面积，同时提高了货运站对集装货物的处理能力。此方案适合集装货物，且货流量较大的机场货运站。图 10－7 为 TV 系统，图 10－8 为 ETV 系统。

图 10－7　TV 系统

图 10－8　ETV 系统

二、机场货运设备

机场的操作设施大小及能力因机场的大小和货流量情况而不同，而且超大、超重货物还需要特殊的装卸设备。这里只介绍几种常见的普通设备。

1. 机场货运设备的构成。

随着飞机设计和制造的发展，以及航空货邮吞吐量的迅猛增加，航空货物集装化和装卸平台化也成为一种趋势。因此，机场货运设施发生了很大的改变，现代化的货运设备极大减轻了货运操作中的人员劳动强度，更显著提高了机场的货物处理能力。

现代机场货运设备主要由以下系统或设备组成。

（1）货运控制系统。

主要包括货运调度管理系统和货运计算机中心。

（2）货运仓储系统。

①货场。

②仓库：库区通常采用的设备有：

立体货架；

货物自动分拣设备；

货物存、取、传输设备，如码垛机、传送带、升降平台、滚棒等；

货物拆、装设备；

特种货物仓库。

（3）货运地面设备。

①升降平台车；

②集装箱/板运输车；

③行李、货物拖车；

④叉车、铲车。

（4）集装器具。

①集装板；

②集装棚；

③集装箱。

航空集装器将在后面详细介绍，接下来主要列举机场货运的地面设备。

2. 机场货运地面设备。

地面设备主要用于货物的装卸、搬运和库区与飞机之间的运输，包含装卸设备和车辆等。它们都是为了便于机场货物操作而设计的，如有些飞机需要运输和装卸散货的设备，有些则需要装卸集装器的升降设备等。

（1）散装拖斗车，用于散货的设备，如图 10－9 所示。

图 10－9　散装拖斗车

（2）传送带车，用于散货的设备，如图 10－10 所示。

图 10－10　传送带车

（3）集装箱拖车，用于集装货物的设备，如图 10－11 所示。

图 10－11　集装箱拖车

（4）升降平台车，用于集装货物的设备，如图 10－12 所示。

图 10－12　升降平台车

（5）集装板托架，用于集装货物的设备，如图 10－13 所示。

图 10－13　集装板托架

（6）集装箱托盘，用于集装货物的设备，如图 10－14 所示。

图 10－14　集装箱托盘

（7）分解/组合台：对 ULD 进行分解、组合作业及称重，如图 10－15 所示。

三、航空集装器

直到 20 世纪 60 年代中期，所有的空运货物依然是采用散装的形式运输。随着大型飞机的引入，继续采用散装方式运输会花费很多时间。为了与航空运输快速远距的特性相匹配，人们意识到将小件货物集中成为大件货物，以此改进装卸方式，从而提高装卸效率的必要性。于是，集装器应运而生。

图 10－15　分解/组合台

集装器（Unit Load Devices，ULD）是指在飞机上使用的，用来装载货物、邮件和行李的专用设备。为了装卸集装器，飞机的机舱地板还要安装合适的滚轴传输设备和锁定系统，飞机的集装器与货舱内部的装载及锁定系统直接作用。因此，设计和制造这些设备时，要求其尺寸精确并标准化，使其真正成为飞机的可移动部件。

1. 航空集装器的分类。

（1）按注册与非注册。

①注册的飞机集装器。注册的飞机集装器是指国家政府有关部门授权生产的，适宜于飞机安全载运的，在其使用过程中不会对飞机的内部结构造成损坏的集装器，如图 10－16 所示。

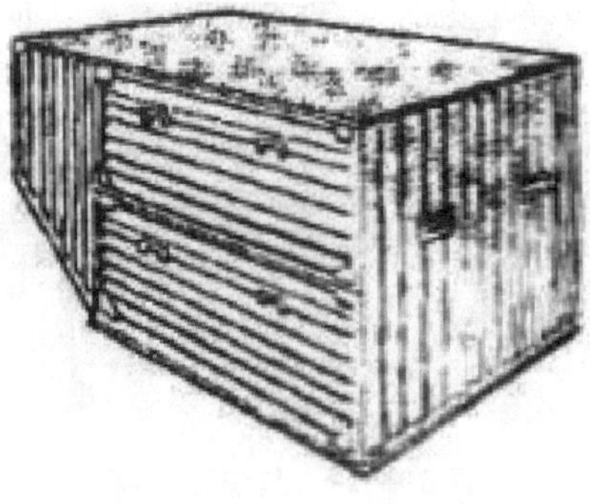

图 10－16　注册的飞机集装器

②非注册的飞机集装器。非注册的飞机集装器是指未经有关部门授权生产的，未取得适航证书的集装器，非注册的集装器不能看成是飞机的一部分。这类集装器与飞机不匹配，一般不允许装入飞机的主舱，但这类集装器适于地面操作，仅适合于某些特定机型的特定货舱，如图 10－17 所示。

（2）按集装器种类。

集装器按种类划分，可将集装器划分为集装板、集装棚和集装箱。

图 10－17　非注册的飞机集装箱

①集装板。集装板是具有标准尺寸的，四边带有卡锁轨或网带卡锁眼，带有中间夹层的硬铝合金制成的平板，以便货物在其上码放；网套是用来把货物固定在集装板上，网套的固定是靠专门的卡锁装置来限定。集装板的识别代号以字母“P”打头，如图 10－18 所示。

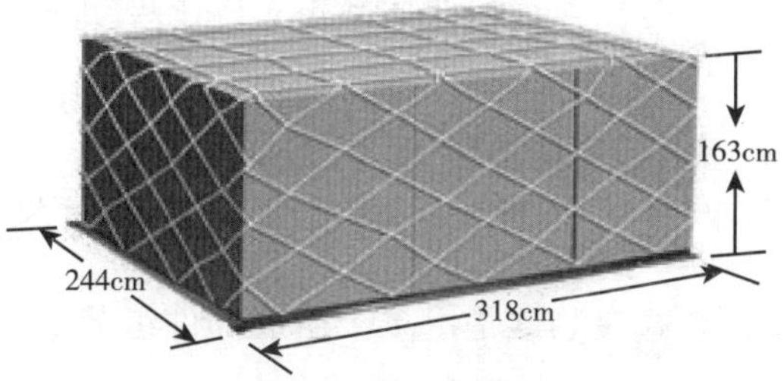

图 10－18　集装板加网套

②集装棚。非结构性集装棚：为充分利用机内空间，同时保护飞机内壁，除了集装板和网套以外，可在货物与网套之间增加一个非结构性的轻金属罩棚，就构成非机构性集装棚，如图 10－19 所示。

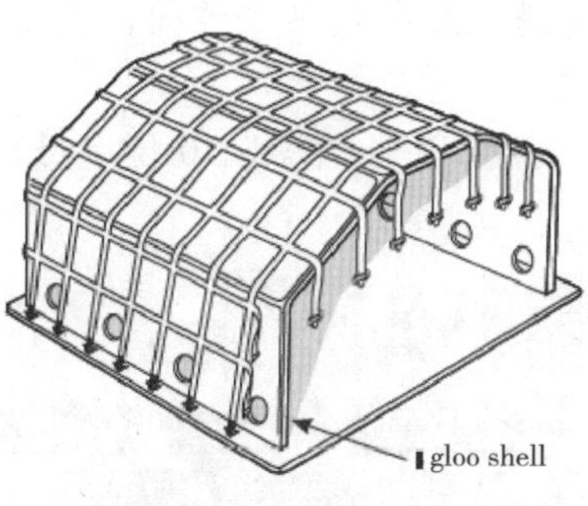

图 10－19　非结构性集装棚

结构性集装棚：结构性集装棚具有固定在底板上的外壳，形成一个完整的箱，不需网套固定，如图 10－20 所示。

③集装箱。集装箱与结构性集装棚类似，它可分为以下几种类型。

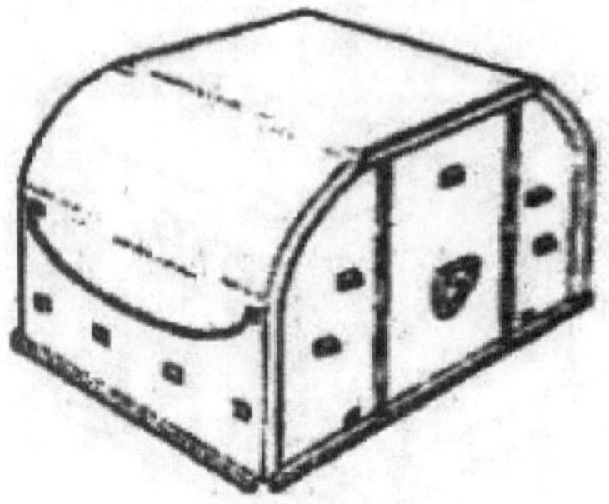

图 10－20　结构性集装棚

空陆联运集装箱：20ft 或 40ft 集装箱，高与宽均为 8ft。此类集装箱可装在宽体飞机和客货混用机的主舱内，是非航空专用集装箱，主要用于与其他运输方式的联运。

主货舱集装箱：高度在 163 厘米以上，只能装在全货机和客货两用机的主货舱内。

下货舱集装箱：只能装在宽体飞机下货舱内，有全型和半型两种，高度不能超过 163 厘米。

此外，还有一些特殊用途的集装箱，如保温箱、汽车运输设备，以及用于运载活体动物的专用集装器，如马厩。

(3) 按结构特点。

根据以上对集装器种类及使用的分类，结合集装器使用的结构特点，可将集装器划分为两种类型。

①部件组合式。部件组合式集装器是由多个组成部件组装而成，包括飞机集装板加网套、飞机集装板加网套再加非结构性集装棚。

②整体结构式。整体结构式集装器可以不需要其他部件而单独使用，包括下货舱集装箱、主货舱集装箱和结构性集装棚。

2. 航空集装器的识别。

集装器识别代码是国际航协（IATA）规定的标识集装器的种类、规格和所属人的代码。集装箱的识别代码一般标识在集装箱的两个侧面，集装板的识别代码一般标识在集装板四个角的边框上。

根据国际航协的规定，集装器的识别代码由 10 位字母和数字组成，如图 10－21 所示的集装箱“AKE71427CZ”。

图 10－21　集装箱代码

集装器识别代码由三部分组成：

第一部分：由三个字母标识集装器的类型代码，表示集装器的种类、底板尺寸及装载轮廓。

第二部分：由五位数字标识集装器编号，表示该集装器的具体编号。

第三部分：由两位字母表示集装器的所有人，表示该集装器的归属，通常是航空公司的二字代码。

集装器识别代码的具体位置及含义如表 10 - 2 所示。

表 10 - 2　识别代码及含义

所处位置	代码类型	所代表含义
1	字母	集装器的类别
2	字母	集装器底板的尺寸
3	字母	集装器的外形与适配性
4 - 8	数字	集装器的序号
9、10	字母	集装器的所有人或注册人

集装器类别代码对照如表 10 - 3 所示。

表 10 - 3　集装器类别代码

字母代码	集装器类别	字母代码	集装器类别
A	注册的飞机集装箱	D	非注册的飞机集装箱
F	非注册的飞机集装板	G	非注册集装网套
J	保温的非结构集装棚	M	保温的非注册飞机集装箱
N	注册的飞机集装板网套	P	注册的飞机集装板
R	注册的保温集装箱	U	非结构集装棚
H	马厩	V	汽车运输设备
X、Y、Z	供航空公司内部使用		

几种常用集装器地板尺寸代码对照如表 10 - 4 所示。

表 10 - 4　集装器地板尺寸代码

字母代码	集装器底板尺寸	
	cm	in
A	224 × 318	88 × 125
B	224 × 274	88 × 108
E	224 × 135	88 × 53
F	244 × 299	96 × 117
G	244 × 606	96 × 238
H	244 × 913	96 × 359

续表

字母代码	集装器底板尺寸	
	cm	in
J	244 × 1219	96 × 480
K	153 × 156	60 × 62
L	153 × 318	60 × 125
M	244 × 318	96 × 125
N	156 × 244	62 × 96
P	120 × 153	47 × 60
Q	153 × 244	60 × 96

集装器外形与适配性对照如表 10 - 5 所示。

表 10 - 5　　集装器外形与适配性对照

字母代码	含义
E	适用于 B747、A310、DC10 等下货舱无叉眼装置的半型集装箱
4	集装棚
A	适用于 B747F 上舱集装箱
N	适用于 B747、A310、DC10 等下货舱有叉眼装置的半型集装箱
P	适用于 B747M 上舱及 DC10、B747、A310 下舱的集装板

根据以上的介绍，集装器识别代码 AKE71427CZ 代表的含义如下：

（1）首字母 A 是集装器的种类，注册的飞机集装器；

（2）第二位字母 K 表示集装器的底板尺寸，153 × 156 厘米；

（3）第三位字母 E 表示集装器的外形以及与飞机的适配性，适用于 B747、A310、DC10 下货舱无叉眼装置的半型集装箱；

（4）该集装器序号是 71427；

（5）该集装器所有人是中国南方航空公司。

3. 常见航空集装板及规格。

（1）PAG 集装板（见图 10 - 22 和表 10 - 6）。

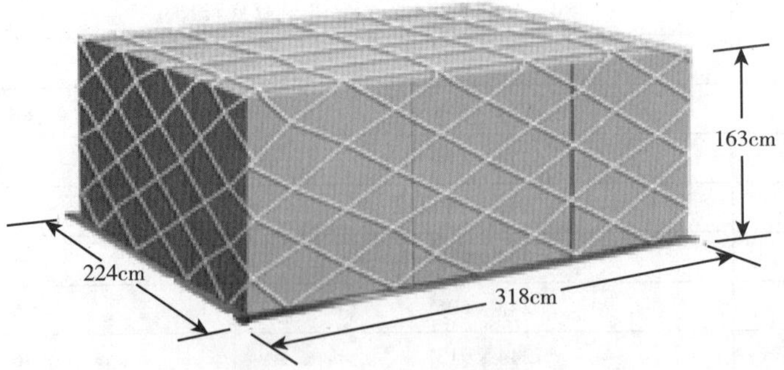

图 10 - 22　PAG 集装板

表 10－6　**PAG 集装板规格**

规格尺寸	318cm×224cm×163cm
净重	120kg
最大毛重	6 033kg
适用机型	B747、B747F、B767、B777、A330、A340 等机型下货舱 B747F、B747Combi 主货舱、下货舱

（2）PRA 集装板（见图 10－23 和表 10－7）。

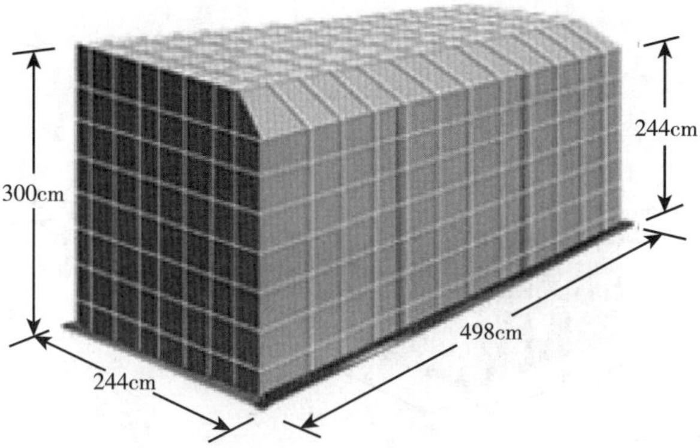

图 10－23　PRA 集装板

表 10－7　**PRA 集装板规格**

规格尺寸	498cm×224cm×300cm
净重	400kg
最大毛重	11 340kg
适用机型	B747F、B747Combi 主货舱

（3）PMC 集装板（见图 10－24 和表 10－8）。

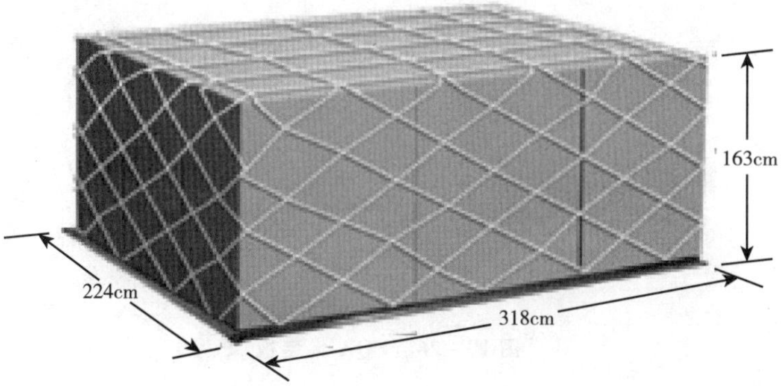

图 10－24　PMC 集装板

表 10-8 PMC 集装板规格

规格尺寸	318cm×244cm×163cm
净重	135kg
最大毛重	6 804kg
适用机型	B747、B747F、B767、B777、A330、A340 等机型下货舱 B747F、B747Combi 主货舱、下货舱

（4）PGA 集装板（见图 10-25 和表 10-9）。

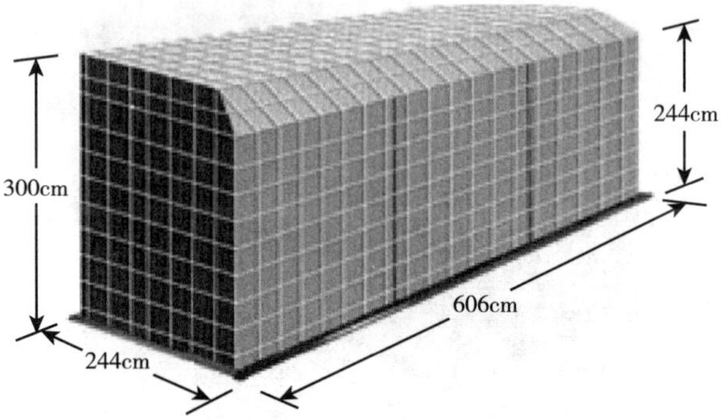

图 10-25 PGA 集装板

表 10-9 PGA 集装板规格

规格尺寸	606cm×244cm×300cm
净重	500kg
最大毛重	13 608kg
适用机型	B747F、B747Combi 主货舱

（5）FQA 集装板（见图 10-26 和表 10-10）。

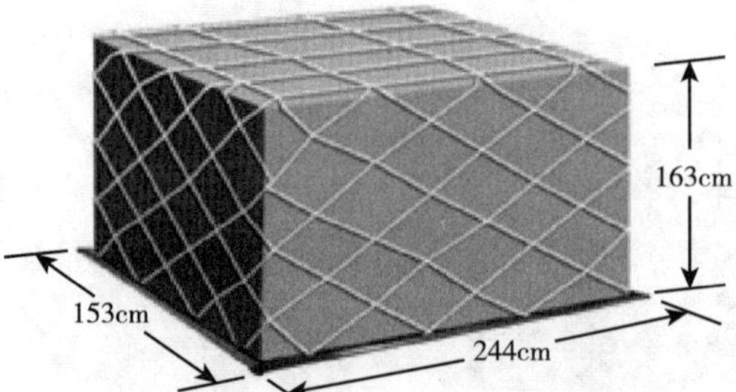

图 10-26 FQA 集装板

表 10－10　　FQA 集装板规格

规格尺寸	244cm×153cm×163cm
净重	60kg
最大毛重	2 449kg
适用机型	B767 后下货舱专用

（6）PLA 集装板（见图 10－27 和表 10－11）。

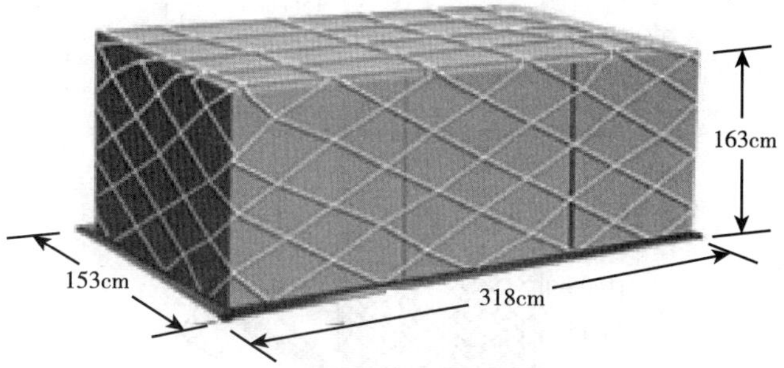

图 10－27　PLA 集装板

表 10－11　　PLA 集装板规格

规格尺寸	318cm×153cm×163cm
净重	68kg
最大毛重	3 175kg
适用机型	B747、B747F、B747Combi、B777、A330、A340 等机型下货舱

4. 常见航空集装箱及规格。

（1）AKE 集装箱（见图 10－28 和表 10－12）。

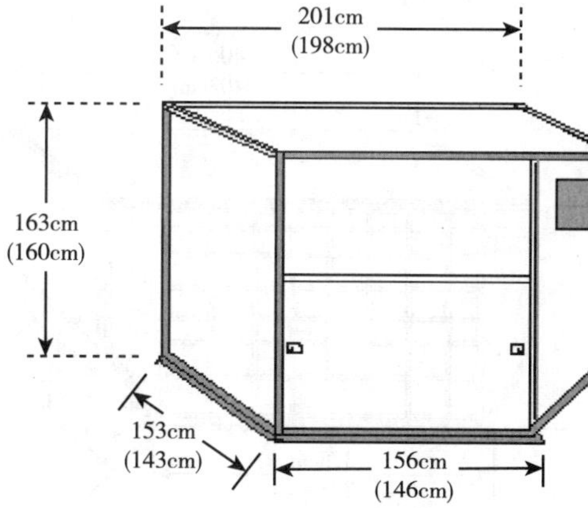

图 10－28　AKE 集装箱

表 10 - 12 **AKE 集装箱规格**

规格尺寸	156cm × 153cm × 163cm
可用容积	4. 3m³
净重	73kg（布门）/100kg（金属门）
最大毛重	1 588kg
适用机型	所有宽体飞机下货舱

（2）DPE 集装箱（见图 10 - 29 和表 10 - 13）。

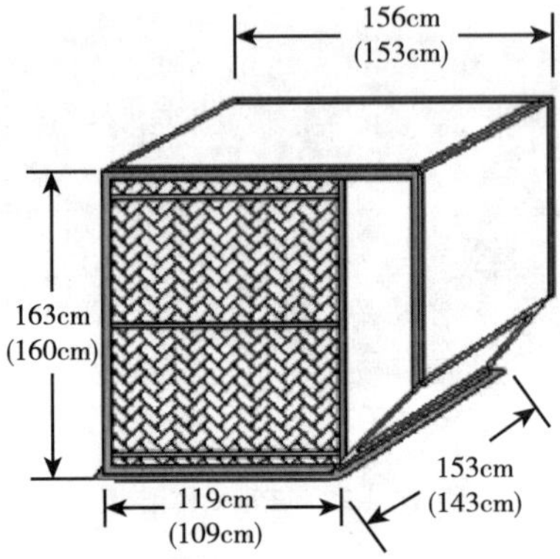

图 10 - 29 DPE 集装箱

表 10 - 13 **DPE 集装箱规格**

规格尺寸	119cm × 153cm × 163cm
可用容积	3. 4m³
净重	100kg
最大毛重	1 225kg
适用机型	B767 下货舱，B747、B777 下货舱有条件装载

（3）ALF 集装箱（见图 10 - 30 和表 10 - 14）。

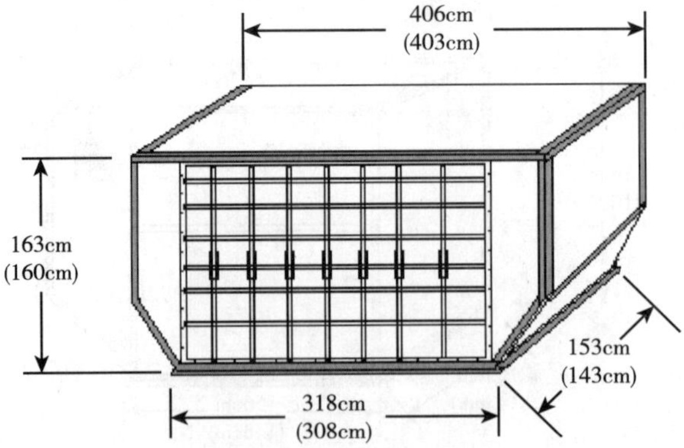

图 10 - 30 ALF 集装箱

表 10－14　**ALF 集装箱规格**

规格尺寸	318cm × 153cm × 163cm
可用容积	8.9m³
净重	160kg
最大毛重	3 175kg
适用机型	除 B767 外所有宽体飞机下货舱

（4）DQF 集装箱（见图 10－31 和表 10－15）。

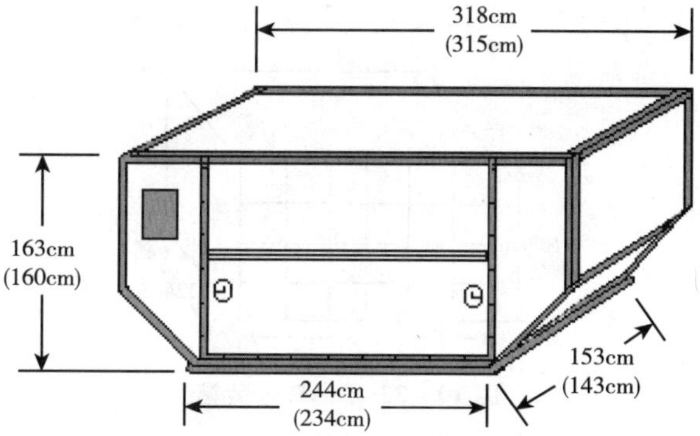

图 10－31　DQF 集装箱

表 10－15　**DQF 集装箱规格**

规格尺寸	244cm × 153cm × 163cm
可用容积	7.2m³
净重	125kg
最大毛重	2 449kg
适用机型	B767 下货舱专用

（5）AMA 集装箱（见图 10－32 和表 10－16）。

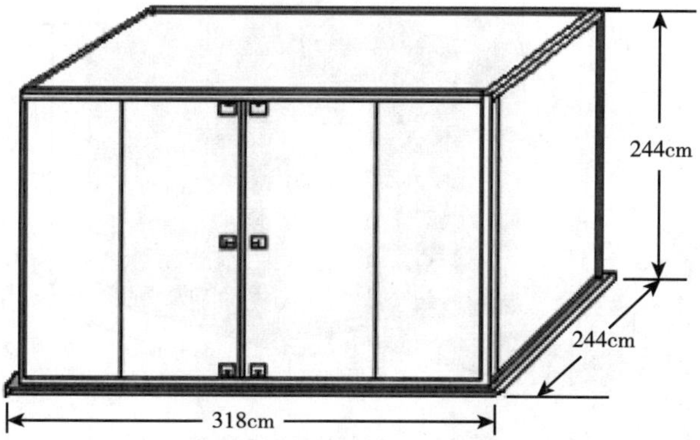

图 10－32　AMA 集装箱

表 10－16　AMA 集装箱规格

规格尺寸	318cm×244cm×244cm
可用容积	17.5m^3
净重	379kg
最大毛重	6 804kg
适用机型	B747F、B747Combi、MD－11 主货舱

（6）AAP 集装箱（见图 10－33 和表 10－17）。

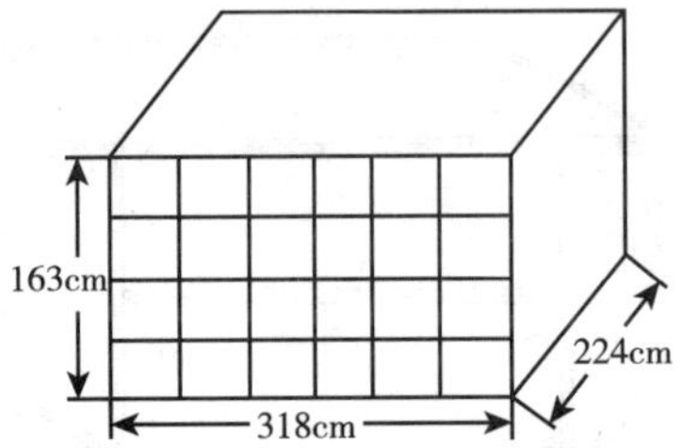

图 10－33　AAP 集装箱

表 10－17　AAP 集装箱规格

规格尺寸	318cm×224cm×163cm
可用容积	10.5m^3
净重	200kg
最大毛重	4 626kg
适用机型	除 B737QC 外所有宽体飞机和货机

（7）HMC 集装箱（见图 10－34 和表 10－18）。

图 10－34　HMC 集装箱

表 10-18　HMC 集装箱规格

规格尺寸	318cm×244cm×235cm
可用容积	可装 $3m^3$
净重	805kg
最大毛重	3 800kg
适用机型	B747F、B747Combi 主货舱

四、航空货物的装载

1. 集装货物的装载。

(1) 集装货物装载的一般要求。

①检查集装器和所有待装货物，设计货物组装方案。

②一般情况下，大货、重货装在集装板上；体积较小、重量较轻的货物装在集装箱内。

③体积或重量较大的货物放在最下层，并尽量向集装器中间集中码放，轻泡货物、精密易碎货物放最上层。做到合理码放，大不压小、重不压轻。

④同一卸机站的货物应装在同一集装器上，一票货物应尽可能集中装在一个集装器上，联程中转的货物应集中装在一个集装器上。

⑤危险物品或形状特异可能危害飞机安全的货物，应将其固定，可用填充物将集装器塞满或使用绳、带捆绑，以防损坏设备、飞机，造成事故。

⑥如果集装箱所装货物体积不超过集装箱容积的2/3，且单件货物重量超过150千克时，应对货物捆绑固定。

⑦装在集装板上的小件货物，其他货物的中间或予以固定，防止其从网套及网眼中滑落。

(2) 打板。

行业内将航空集装器统称为“板”。打板就是把需要装进飞机货舱的货物先按照一定的规则装到集装器上。

打板实际包含装箱这个动作，就是将货物按照一定的配载原则码放在集装器上，蒙上网罩或关上箱门，再由计划平衡的人员根据板、箱的重量划平衡，把板、箱号标注在配载单上，装卸工根据配载单把事先打好的板或箱按顺序装到机舱的指定位置。

如果货代公司可以自己打板的话，通常是与航空公司签署了包板协议，与航空公司按板结算，这样可以根据货物的重泡自己决定如何配货，这样可以实现重泡搭配效益最大化，从而获得最大的利润空间。

包板运输是集装运输的一种方式，是与航空公司签订销售代理合同的货运代理公司，向航空公司承诺，在其某个航线的每个航班上，保证交付一个或几个“板”的货物。航空公司给其与散货相比较低的集装货物运价，使其在航空货运市场上取得价格优势。

2. 集装器的装载限制。

(1) 重量限制。

集装器的结构极限决定了可承受的最大重量。飞机底板的承受极限就是集装器的最大毛重。每个集装箱上都标有它的最大毛重，整个集装箱的重量不得超过这一重量限制。

如果承运人发现某集装箱或集装板超过了最大允许载重，必须尽快处理使其重量降至标准之内。

(2) 体积限制

集装箱的底板尺寸和外形轮廓尺寸是固定的，将货物限定在集装箱体之内，集装箱的底板和外形轮廓尺寸就是集装货物的整体外形轮廓尺寸，如图 10 – 35 所示。因此，集装箱内部所装货物的体积限制是固定的。

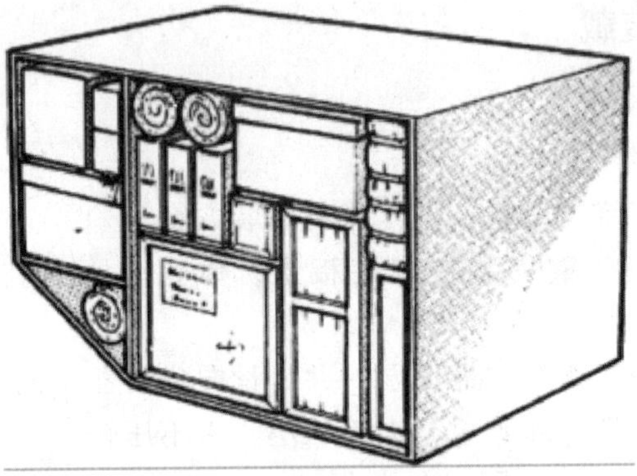

图 10 – 35 集装箱货物轮廓

由于一个集装板的底座适合于若干种机型的货舱使用，因此集装板上所载货物的形状要与所承运的飞机货舱内部形状相适应。各种机型货舱的最大允许横截面都会在相关手册中公布，需要时可以查阅。

为了控制集装板上所装货物的体积和形状，可以使用一个与飞机货舱横截面的轮廓一样的模架来限制板上所装货物，如图 10 – 36 所示。用这种方法打板既不会超过允许尺寸，又能装入指定飞机的货舱。

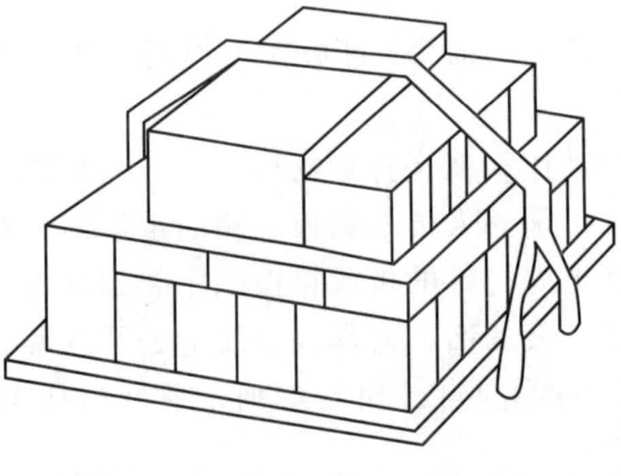

图 10 – 36 集装板装货限制模架

(3) 集装器底板承受力限制。

集装器底板单位面积所能承受的压力是由该设备类型决定的。集装器的底板和单位面积的压力不得超过该额定负荷。当出现超限的情形时应为此货物加垫板，使其重量分散在集装器的底板上。

（4）集装器内货物的限制。

有些货物满足前面所规定的集装条件限制，但仍然不能装在集装箱内运输。这些货物包括：

①危险品：由托运人或代理人装好的集装箱内不能含有危险品（干冰除外）和运输条件上受到严格限制的货物。

②活体动物：由于热血动物和某些冷血动物的运输需要氧气，而集装棚或完全封闭的集装箱不能满足这一特殊要求，因而这样的动物不能用集装箱运输。而某些冷血动物（如热带鱼）则可以用集装箱运输，因为它们不需要额外的氧气供应。

3. 飞机的装载限制。

（1）重量限制。

由于飞机的结构限制，飞机制造商规定了每一货舱可装载货物的最大重量限额。任何情况下，所装载的货物重量都不可以超过此限额。具体限额可查阅相关手册。

不同航空公司和机场的人力状况和运输设备不同，对每件货物最大重量的规定也不同。一般来说，宽体飞机载运的货物，每件货物重量一般不超过250千克。

（2）体积限制。

飞机容积是有限的，货舱的尺寸决定可装运货物的体积，因此体积也是航空运输货物的限定条件之一。

实际装载时，体积限制与重量限制应结合起来考虑。由于轻泡货物装载容易出现容积满载，而高密度货容易出现重量满载。因此，把轻泡货和高密度货物混装在一起，可增加货舱利用率。

在运输活体动物时，不能满负荷装载，需要在活体动物周围预留一定的空间。

（3）舱门限制。

要将货物装进货舱，必须经过飞机舱门。因此确定货物的最大尺寸，既要考虑货舱的内部容积，还要考虑货舱的舱门尺寸，同时还要考虑舱门与舱壁的相对位置，以及舱门开在货舱的哪一侧。

飞机制造商提供的飞机装载尺寸表可以帮助判断货物能否顺利通过飞机的货舱门装入货舱。表10－19为B747－400的后下货舱的装载尺寸。

表10－19　　B747－400的后下货舱装载尺寸

HEIGHT (cm)	WIDTH（cm）									
	25	51	76	102	127	152	178	203	229	254
	LENGTH（cm）									
119	241	241	241	241	241	241	241	203	185	170
109	290	290	290	290	290	290	290	203	185	170
99	338	338	338	338	338	338	338	203	185	170
91	376	376	376	376	376	376	376	203	185	170
81	422	422	422	422	422	422	406	203	185	170
10－71	457	457	457	457	457	457	406	203	185	170

(4) 机舱地板承受力限制。

每一种机型的机舱地板的每平方米可承受的最大重量在设计时就已经确定。如果超过这个额定负荷，可能导致机舱地板损坏，甚至导致飞机自身结构的破坏。因此，装机时一定不能超过机舱地板的额定最大负荷。如果超过额定最大负荷，就要给货物加一块合适的垫板，以减少每平方米地板所承受的压力。

常用波音系列、空客系列飞机机舱地板的最大承受力如表 10－20 所示。

表 10－20　常用飞机机舱地板最大承受力

机型	主货舱	前、后下集货舱	散货舱
波音系列	1 952kg/m^2 488kg/m^2（B747F 的 T 区）	976kg/m^2	732kg/m^2
空客系列	1 050kg/m^2	1 050kg/m^2	732kg/m^2

通过计算货物作用于飞机机舱地板单位面积上的载荷，将得出的数据与飞机机舱地板承受力进行比较，以确定是否需要对货物进行额外垫板。

地板承受力的计算如下：

地板承受力＝货物重量/货物接地面积

货物的接地面积是指货物底部与飞机货舱地板接触部分的面积。

有些货物有枕木，这些货物的重量是通过枕木作用于机舱地板的。因此，计算此类货物的地板承受力要根据枕木的底部面积大小来计算。

如计算的地板承受力超过飞机机舱地板的最大承受力，应利用垫板分散货物重量。垫板应具有相当的强度或硬度来完成货物运输中的重量转移。垫板一般 2～5 厘米厚，具体取决于垫板上货物的重量，且垫板边长不得小于货物包装的任何一边的长度。

垫板面积的计算如下，计算时必须考虑垫板的重量：

$$最小垫板面积=\frac{货物质量+垫板重量}{适用机型的机舱地板最大承受力}$$

[**例**] 一件货物重量为 900 千克，尺寸为 150 厘米×60 厘米×50 厘米。是否可以装入 B747 的下货舱的集货舱？如果不可以，怎么办？

该货物装机后，机舱地板每平方米承受的重量为：

$$地板承受力=\frac{900\ 千克}{1.5\ 米\times 0.6\ 米}=1\ 000\ 千克/平方米$$

B747 下货舱集货舱的地板最大承受力是 976 千克/平方米，1 000 千克/平方米＞976 千克/平方米，因此该货物不能放入 B747F 的下货舱的集货舱。

可以加一块 2～5 厘米厚的垫板，垫板的重量为 10 千克。

$$最小垫板面积=\frac{(900+10)\ 千克}{976\ 千克/平方米}=0.94\ 平方米$$

故，该货物至少加一块 0.94 平方米的垫板才能运输。

4. 常见飞机的装载数据。

(1) 飞机货舱装载数据。

不同飞机机型能装载的集装箱、集装板的数量是不一样的，了解一些常见飞机机型的装载数据对航空货物装载具有现实的指导意义。表 10－21 列举了部分常见飞机机型的装载数据。

表 10－21 部分飞机机型装载数据

机型	舱门尺寸 cm（高×宽）	最大装载量（集装箱板数/散货舱容积 m^3/散装限载 kg）	地板承受力（kg/m^2）
B747－200F	主货舱前门（鼻门）249×264	29PAP/PMC 或 12PGE＋4PMC	1 952
	主货舱侧门 305×340		
	前下货舱门 168×264	5PMC 或 18AKE	976
	后下货舱门 168×264	4PMC 或 14AKE	
	散装舱 119×112	15.8m^3/6 749kg	732
B747－400Combi	主货舱 305×340	7PMC 或 5PMC＋1PGE	1 952
	前下货舱 168×264	5PMC	976
	后下货舱 168×264	16AKE 或 4PMC 或 4PAP＋4AKE	
	散装舱 119×112	12.3m^3/4 408kg	732
B747－200Combi	主货舱 305×340	6PMC 或 4PMC＋1PGE	1 952
	前下货舱 168×264	5PMC	976
	后下货舱 168×264	14AKE 或 4PMC 或 4PMC＋2AKE	
	散装舱 119×112	22.6m^3/6 749kg	732
B747－SP	前下货舱 173×264	3PAP	976
	后下货舱 173×264	10AKE 或 3PAP＋2AKE	
	散装舱	9.6m^3/2 948kg	732
B767－200	前下货舱 175×340	3PMC	976
	后下货舱 175×187	10DPE	
	散装舱 119×97	12m^3/2 925kg	732
B767－300	前下货舱 175×340	4PMC	976
	后下货舱 175×187	14DPE	
	散装舱 119×97	12m^3/2 925kg	732
B777－200	前下货舱 170×270	6PMC 或 18AKE	976
	后下货舱 170×270	4PMC 或 14AKE	
	散装舱 114×97	17m^3/4 082kg	732
A300－600R	前下货舱 178×270	4PMC 或 12AKE	732
	后下货舱 175×170	10AKE	
	散装舱 95×95	14.7m^3/ 2770kg	

（2）集装货物适用机型。

集装货物标准外形轮廓和尺寸如图 10－37 所示。

集装货物轮廓与适用机型如表 10－22 所示。

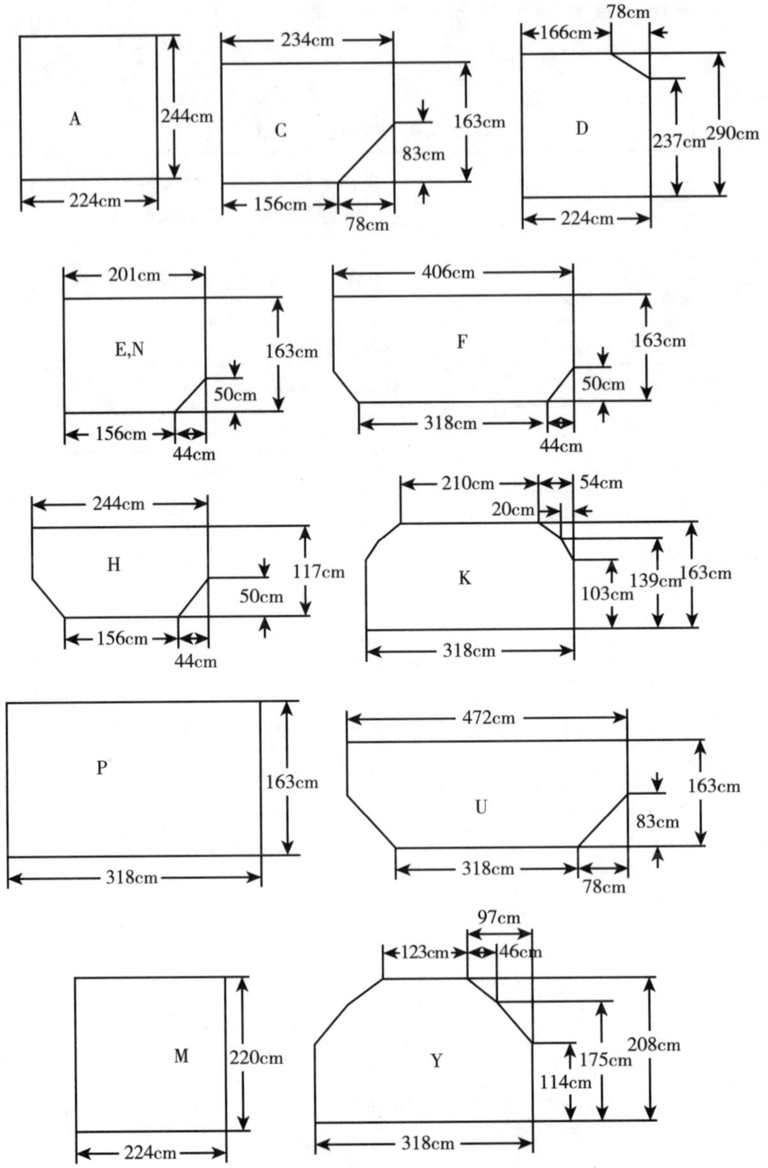

图 10－37　集装货物标准外形轮廓和尺寸

表 10－22　　集装货物轮廓与适应机型及货舱对照

飞机机型或货舱	集装货物轮廓										
	A	C	D	EN	F	H	K	M	P	U	Y
B747F 主货舱	●		●				●	●	●		●
B747 下货舱		●		●	●		●		●	●	
B767 下货舱					●		○		○		
B777 下货舱		●		●	●		●		●		
A330/340 下货舱		●		●	●	●	●		●		

续表

飞机机型或货舱	集装货物轮廓										
	A	C	D	EN	F	H	K	M	P	U	Y
A300－600C/F 主货舱	●							●	●		●
A300 下货舱		●		●	●	●	●		●		
MD－11F 主货舱	●										
MD－11F 下货舱	●	●		●	●		●		●	●	●
DC10 主货舱	●						●	●	●	●	
DC10 下货舱				●	●		●		●		

虽然某些集装货物的外形轮廓适合某些机型的货舱结构，但是这些机型可能缺少必要的限定装置来固定这类集装货物，此时，应与承运人核对飞机上的有关设备是否允许装载该集装货物。

●表示该外形轮廓适用于该机型或该机型的某货舱。

○表示该外形结构适用于该机型大货舱门的货舱内。

第三节　快递物流技术与设备

快递物流是近几年快速发展起来的物流形式，对于保障人们的生活、企业的生产等方面具有重要的作用。快递物流作为生产力水平提高和商品经济快速发展的产物，是融合交通运输业、仓储业、货代业、高新技术产业的信息产业的一种复合型服务产业，正逐渐成为推动国民经济发展的重要动力。

近年来，我国快递物流企业凭借较低的服务价格和运营成本、相对发达的网络布局等获得了快速发展。2018 年，我国快递服务企业业务收入累计完成 6 038.4 亿元，业务量累计完成 507.1 亿件，其中同城业务量为 114.1 亿件、异地业务量累计完成 381.9 亿元、国际/港澳台业务量累计完成 11.1 亿件，对促进经济发展发挥了重要作用。尤其是随着电子商务的发展，快递物流更是发展迅速，已成为人们生活的一部分。

目前，对于快递物流的含义尚无明确定论。根据物流术语（GB/T18354—2006），其将快递定义为“承运人将文件或货物从发件人所在地通过承运人自身或代理的网络送达收件人手中的一种快速的运输服务方式。”

一、快递物流基本特征

（一）反应快速化和流程简单化

快递物流作为新兴产业，依靠物联网、大数据、云计算、射频技术等新型信息技术，发展迅速，规模不断扩大。随着市场经济的快速发展和现代化生活节奏的不断加快，对快递物流服务的效率和质量的要求也不断提高，这就要求快递物流反应速度加快。因此，快递物流服务通过生产商、运输商、零售商共同参与实现整个快递物流活动的运转，使各个业务流程的时间间隔缩短，配送速度也越来越快，流程越来越简单、周转次数越来越多。

（二）服务功能集成化和运作模式系列化

现代快递物流是把快递物流的基本流程与供应链的基本流程相融合，主要包括快递物流渠道与商品流渠道的集成、快递物流运作方式的集成与融合、快递物流各个功能模块的融合、快递物流业务流程内部之间的集成、实现快递物流流通环节、生产环节和制造环节的集成，从而形成系统化的快递物流服务链。快递物流服务的系统化有利于提高快递物流企业的竞争力，如市场信息的调查和前景预测、机械设备的采购等，从而全面提高快递物流的服务系统。

（三）作业规范化和目标系统化

快递物流的快速发展和不断壮大离不开标准化管理和规范化作业，在统一规范和标准下能够最大限度地提升快递物流作业的运作效率。快递物流通过基本作业的规范化、运作流程的系列化、管理范式的标准化等使复杂的业务简单易操作。同时，把快递物流业务流程的运作当作是一个系统工程来对待，能够使快递物流业务活动得到改善、提高，从而追求快递物流整体活动的最优化，最重要的是，要把快递物流的整个目标进行层层分解，细分成一个个子目标，共同组成一个系统化的目标体系，从而减少实现总目标的阻力。

（四）手段现代化和信息电子化

快递物流通过利用先进的科学技术和使用先进的机械设备，通过标准化的管理来优化经营管理理念和方式，从而成为快递物流发展的重要动力。通过采用 GPS、GIS、无人仓、机器人等技术实现快递物流作业的机械化、自动化和信息化，能够对快递物流全过程进行把握和监测，从而克服了快递物流作业过程中出现库存积压、配送时间长、库存不均衡等风险，进一步加强供应商、运输商、物流商、零售商等的协调和配合，实现快递物流全过程的控制和管理。

（五）组织网络化和经营市场化

快递物流是由一个个快递物流网点组成的，通过网络系统实现各个网点物流活动的一致性和系统性，将分散的快递物流个体集中起来，最大限度地保证整个网络拥有最优的库存总水平来满足现代化生产和客户的需求，从而降低快递物流成本、提高其效益。整合快递物流网络可以采用多元化的快递物流市场销售策略，实现快速发展。

二、现代快递物流技术设备

（一）快递物流运输新技术

随着新技术和新能源技术的发展，快递物流运输设备也发生了较大变化，其中新能源物流车即是其中一种。随着国家对环保等日益重视，纯电动、新能源成为快递物流运输的主力，各个快递物流企业纷纷宣布将其物流车更换为新能源物流车，如菜鸟网络推出 ACE 计划，打造 100 万辆搭载“智慧大脑”的新能源物流车，京东在 2017 年推出“五年计划”将使用几十万辆新能源物流车（见图 10－38）。

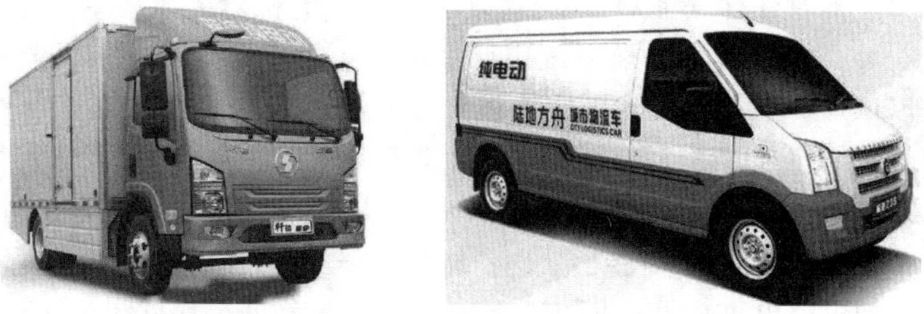

图 10－38　新能源物流车

（二）快递物流储存新技术

随着快递物流尤其是电子商务的发展，我国快递量增加迅速，对储存技术和设备提出了更高的要求。下面，主要介绍无人仓储存技术。

随着机器人、自动化、信息系统等技术全方位的创新与提升，储存作业更加流程化、专业化和精细化，各类智能设备更便捷地投入各作业环节中，设备的作业效率大大提高，使储存作业所需人工越来越少，因此无人仓随之出现。

无人仓是一个包含多个子系统的复杂工程，需要构成部件密切配合、高效协同，从而实现入库、存储、拣选、出库等仓库作业流程的无人化操作。根据京东物流提出的建设标准，无人仓必须达到以下条件，即“三极”“五自”和“一优”条件，“三极”为极高技术水平、极致产品能力、极强协作能力；“五自”为自感知、自适应、自决策、自诊断、自修复；“一优”为成本、效率、体验的最优。

根据无人仓的运行条件，除了具备自主识别货物、追踪货物流动、自主指挥设备执行生产任务、无须人工干预等条件外，最为重要的还要有一个“智慧大脑”，从而能够对储存过程中的海量数据进行分析，精准预测储存情况，自主决策后协调智能设备的运转，同时利用任务执行反馈的信息及时调整路线等，形成对作业的闭环控制。

无人仓的构成包括硬件和软件两方面。其中，硬件包括储存、搬运、拣选、包装等环节有各类自动化物流设备，主要有自动化立体库、AGV、穿梭车、类 kiva 机器人、无人叉车、分拣机以及自动称重复核机、自动包装机、自动贴标机等。软件主要包括仓库控制系统 WCS 和仓库管理系统 WMS，其中 WMS 能够时刻协调存储、调拨货物、拣选、包装等各个业务环节，并根据不同仓库节点的业务繁忙程度动态调整业务的波次和业务执行顺序，把需要做的动作指令发送给 WCS，使整个仓库高效运行，同时 WMS 记录着货物出入库的所有信息流、数据流，知晓货物的位置和状态，确保库存准确。WCS 则主要接收 WMS 的指令，调度仓库设备完成业务动作，同时对接仓库各种设备以便其能够计算出最优执行动作。WCS 的另一个功能是时刻对现场设备的运行状态进行监控，出现问题立即报警提示维护人员。

下面对无人仓关键设备进行详细介绍。

1. 穿梭车。穿梭车是一种智能机器人，可以通过编程实现取货、运送、放置等任务，并可与 WMS 系统进行通讯，并结合 RFID、条码等识别技术实现自动化识别、存取等功能。

2. 类 Kiva 机器人。Kiva 机器人最早由亚马逊在其自有仓库中投入使用，能够提高工人分拣量、降低劳动强度和提高分拣效率，极大地提高了企业的经济效益。随着机器人技术的发展，许多厂商推出了类似产品。总体而言，该类机器人主要有以下几部分组成：(1) 导航系统，Kiva 机器人的导航系统由两个摄像头组成，其中一个摄像头读取放在货架下的条形码以识别货架，另一个摄像头被放置在机器人的底部用来查看地板上的条形码。同时，结合其他导航传感器（如编码器、加速度传感器和速率陀螺仪）等获取需要的位置信息。(2) 举重装置，Kiva 机器人的举重装置由一个螺旋柱构成，当托举重物时，旋转柱旋转、并将货架从地面举起 3～5 厘米。(3) 电力系统，Kiva 机器人的电力系统由铅酸电池提供，当电池电量过低，机器人会自动地移动到充电站充电。(4) 碰撞检测系统，用红外传感器和触碰式保险杠自动感应前方障碍物，使机器人停止移动。(5) 驱动系统，Kiva 机器人的驱动装置由两个无刷直流电机控制独立的橡胶轮子。

随着技术的发展，目前类 Kiva 机器人最大承重量可达 2 500～3 000 千克，最大运行速度为 3m/s，极大地提高了货物处理效率（见图 10－39）。

图 10－39 类 Kiva 机器人

3. 分拣 AGV。AGV 是装有电磁或光学等牵引装置，沿指定路线自动前行的运输车，一般通过电脑控制其行进路线。AGV 分拣机器人能连续大批量地分拣货物，相对于交叉分拣机拥有更低的分拣误差率。在整个分拣过程中，AGV 分拣作业可基本实现无人化。

采用 AGV 机器人分拣系统，可以随着分拣作业量的增加和减少，通过增减 AGV 的数量以匹配产能需求，具有较大的柔性。当分拣中心搬迁或者内部布局调整时，可以快速实现，并且几乎没有新增费用，经济性优势明显。同时，AGV 机器人分拣实现了小件快递和集包包裹的无人分拣、搬运作业，效率可达人工作业的 4 倍以上，全场机器人可 24 小时高效稳定运转。

分拣 AGV 按照载具的类型不同，分为翻板（盖）式和移载式（皮带、滚筒等）两种类型，翻板（盖）式通常针对 10 千克以下的包裹，移载式可分拣包裹的重量更大。两种不同的分拣 AGV 如图 10－40 所示。

a. 翻板式分拣 AGV

b. 皮带式分拣 AGV

图 10－40 分拣 AGV

4. 其他设备。除了以上设备外，无人仓还有其他设备，如无人叉车、自动称重机、全自动贴标机、自动分拣机、输送机等（见图 10－41），各个设备协调一致，共同组成无人仓设备系统，保障了无人仓的高效运转。

a. 无人叉车　　b. 自动称重机

图 10－41　无人仓相关设备

无人仓虽然工作效率较高，但其投入较大、对员工素质要求较高等，因此，无人仓主要应用在劳动密集型且生产波动比较明显的电商物流、劳动强度比较大或劳动环境恶劣的物流领域、用地成本相对较高的企业、作业流程标准化程度较高或者管理精细化要求比较高的行业，从而可以最大限度地发挥无人仓的效率。

但是无人仓的发展还存在一定的制约因素，如商品条码不统一、入库环节效率低下、电商企业 SKU 品类繁多、包装规格不统一，同时无人仓柔性还需提高等。

随着电子商务的快速发展，无人仓在高效率、省人力和降成本等方面都显示出了巨大的优势，是仓储领域一个很好的发展方向。

（三）快递物流配送新技术

物流技术的快速发展和人们对于便捷、安全、高效配送服务的要求，使快递物流配送技术发展迅猛。目前，对于快递物流配送新技术主要包括无人配送和快递柜配送。

1. 快递柜配送模式。快递柜配送模式是指快递员将快件统一存放进快递柜，而收件人在个人方便的时间凭取件码输入即可取件的方式。快递柜是一个基于物联网、能够对快递进行快速识别、暂存、监控和管理的设备，能够实现快递的智能化集中存取、指定地点存取、24 小时存取、远程监控等功能，从而改善快递的投送效率及用户邮件的存取体验。

目前，快递柜配送模式盈利方式主要有以下几种：（1）面向快递公司收费，智能快递柜是为了方便快递公司配送所开发的，因此每个件会向快递公司收取不等的使用费用；（2）面向用户收取超时费用；（3）对接第三方收取广告费；由于快递柜多安装在社区门口、物业办公室等位置，人流量较大，因此可在快递柜上投放广告获取部分费用；（4）面向本地商家服务收取使用费用，目前快递柜面向本地服务正在渗透，如社区物流、社区电商、社区金融、社区传媒等，逐步拓展生鲜自提、智能干洗收衣、废物回收柜、代缴水电煤、话费充值、代缴物业费等便民服务的模式，通过提供相应服务来获取部分费用，目前这些的盈利方式正在不断探索和试验。

快递柜自 2010 年诞生以来，得到快速发展，目前菜鸟、顺丰、京东等多家企业进入快递柜领域，极大地方便了人们取件，在较大程度上解决了快递物流“最后一公里”问题。但仍面临着一些问题，如取件码延后、快递员投递意愿较低、投资较大、盈利模式单一、应用场景特定等，急需进一步优化和改善（见图 10－42）。

图 10－42　智能快递柜

2. 无人配送模式。随着智能化技术与物流业的深度融合，无人配送技术逐渐发展成熟，已经从实验阶段走向了场景应用。无人配送是指在物流配送环节，通过运用一些智能化的设备进行分拣、装卸和保管等作业，并按照顾客的要求将货物送达到指定地点的物流活动。就目前而言，无人配送主要包括无人车配送和无人机配送两种类型。

（1）无人车配送。

由于无人车不仅可以适应城市楼宇等复杂的空间，也可以在居民社区、校园等封闭和半封闭环境内运行，因此受到普遍关注，如菜鸟、京东、苏宁等电商和物流企业纷纷加大对无人车的研发。图 10－43 为两种无人配送车，a 为京东研发的无人配送车，承载重量为 80 千克，运行速度为 2 米/秒。b 为苏宁研发的"卧龙"无人配送车。

a. 京东研发的无人配送车　　b. 苏宁"卧龙"无人配送车

图 10－43　无人配送车

虽然不同类型的无人配送车配送过程有所不同，但基本过程类似。以苏宁"卧龙"无人配送车为例，其配送流程如下：（1）接单。当苏宁小店接收到来自附近消费者的订单，店员会迅速根据订单信息完成取货，并交给无人配送车。（2）送货。无人配送车通过物联网技术实时更新配送信息，包括地址、运送路线等。装好货物后的无人配送车便出发送货，无人配送车通过头顶安装的摄像头和激光制导雷达避让障碍物，具体而言激光雷达就好比是它的眼睛，会事先扫描出一张小区全景的三维地图，在地图上标注每个建筑物的详细位置。（3）自主定位。有了这张三维地图，结合 GPS 导航信息，无人配送车可以利用搭载人工智能芯片自主分析出目前所在的位置以及目的地方位。(4) 自主规划路径及避障。借助激光雷达和视觉实时识别技术，规避周围的行人、车辆和障碍物，从而规划出最优运行路径。同时，它会发出语音提醒过往的行人和车辆，甚至还会给其他配送车让路，并自行加减速。如发生故障可在第一时间联系工作人员处理。(5) 货物送达。抵达消费者家门口后，无人配送车便通过短信将含有商品取件码的链接发送给消费者，消费者通过取件码即可打开无人配送车车身取出货物。

虽然无人配送车为解决“最后一公里”问题提供了可行的思路，目前仍面临一些问题，如研发成本较高、配送稳定性有待进一步加强、无人配送政策尚未落地等。但是随着社会经济和技术的发展，无人车配送是未来的发展趋势，能够极大地解决物流配送“最后一公里”难题，切实提高物流配送效率。

(2) 无人机配送。

无人机配送是指通过利用无线电遥控设备和自备的程序控制装置操纵的无人驾驶的低空飞行器运载包裹，按照顾客的要求自动送达目的地的过程。虽然无人机配送在应用空间等方面无法与无人车相媲美，但其扩大了无人配送的范围，尤其是对于偏远地区的配送更具有优势。京东和顺丰配送无人机如图 10－44 所示。

a. 京东配送无人机

b. 顺丰配送无人机

图 10－44 配送无人机

对于无人机配送，其流程为：客户进行快递的发货时，首先将快递打包成一个包裹，再将包裹放到区域快递柜中，快递柜在收到顾客的物件后会及时向调配站发送一个收取物件的信息，再由调度系统调度合适的无人机，并给无人机发送任务指令，无人机接收到指令后就会飞到目的地，无人机着陆并自动将包裹装载，进行配送。当包裹被无人机送达目的快递柜后，快递柜会向接收快递人发送领件短信。货物在发往到其他地区时，调配站在接收到信息后会将信息传送到无人机，无人机将物件送到邻近区域的收取物件的站点，再由站点按照不同收货地点进行分拣，再通过空运送往收货站点。

对于无人机快递系统，其核心模块包括以下几个：(1) 快递无人机。无人机配有 GPS 自控导航系统、iGPS 接收器、各种传感器以及无线信号发收装置、黑匣子等，可以及时与调度中心和快递柜进行数据传输。(2) 自助快递柜，主要用于用户投放快递、引导无人机降落和放置快递等。(3) 快递盒，主要用于封装快递，便于无人机携带，以及对快件的身份识别。(4) 快递集散分点，主要负责不同区域间快递的集散功能，承担无人机的安检、维修工作，同时也具备无人机临时停放，快速充电，异常快递仓库等功能。(5) 快递集散基地，主要用于异地快递的分类等。(6) 区域调度中心，主要负责本区域所有快递的接收与投放，同时对无人机进行调度。

目前，无人机配送仍存在几个关键技术点：(1) 无人机数据链系统，主要是指对无人机的遥控、遥测、跟踪定位和传感器传输，是一个多模式的智能通信系统，能够感知无人机工作区域的环境特征，并根据环境特征和通信要求，实时动态调整通信系统工作参数，实现对无人机控制的可靠性；(2) 无人机飞行控制导航系统，主要负责无人机完成起飞、空中飞行、执行任务和返场回收等工作，是无人机的核心技术；(3) 无人机自主控制技术，主要包括对无人机飞行三维环境特征的提取、态势的评估等，从而实现路径规划和协同控制。

虽然无人机配送在国内外配送已有成功先例，在我国西安、宿迁等区域无人机配送已实现常态化，但仍存在较多的问题，如无人机续航能力不足（一般为 20 ~ 25 千米）、配送承载重量较低（一般为 5 ~ 10 千克）、无人机调度系统定制化难度大、政策监管体系不完善等问题，但随着 5G 等信息技术的发展、高性能电池及快速充电等技术的广泛应用，无人机配送在偏远地区、封闭管理等区域的优势正在凸显，日益受到人们关注，无人机配送业务会逐渐成为趋势，从而提高物流配送效率、方便人们的生活。

随着社会经济的发展和人们观念的转变，以智能快递柜、无人车、无人机配送为代表的无接触式配送方式正逐渐成为人们收发快递的重要组成部分，在方便人们生活、提高物流配送效率的同时，为解决快递“最后一公里”提供新的思路和方法。同时，以车货匹配信息平台、区块链等为代表的物流信息技术为解决快递物流提供了可靠和安全保障。

第四节 大宗商品物流技术与设备

我国国家标准《大宗商品电子交易管理规范》（GB/T 18769—2002）大宗商品（Bulk Stock）的定义是：可进入流通领域，但非零售环节，具有商品属性，用于工农业生产与消费使用的大批量买卖的物资商品。在金融投资市场，大宗商品则是指同质化、可交易、被广泛作为工业基础原材料的商品，其市场价格变化会直接影响到整个经济体系。由于大宗商品这种既具自然商品属性，又具金融属性的特征，造成它不但对生产制造领域产生极大的影响，而且对整个国家的经济安全有重大影响。

作为大宗商品领域的一项重要元素，在国民经济发展中具有重要作用的大宗商品物流同样可以分为运输、仓储、加工、装卸、搬运等环节。各环节所利用的技术设备会影响大宗商品的流通效率、商品损耗和物流成本，从而影响最终消费品的价格。

一、大宗商品物流特征

大宗商品按照生产领域不同，可分为三大类：能源和化工产品、基础原材料和农副产品。具体分类如表 10 – 23 所示。

表 10 – 23 大宗商品类别及其代表性货物

类别	代表性货物
能源和化工产品	煤炭、原油和各种成品油及石油液化气、天然气、丙烷、天然橡胶等
基础原材料	钢铁、铜、铝、铅、锌及其矿石、木材、水泥及其他建材等
农副产品	玉米、大豆、小麦、稻谷、燕麦、大麦、活猪、活牛、活羊、大豆粉、大豆油、棉花、羊毛、糖、菜籽油等

大宗商品按照货物基本储运属性分类，又可分为散货和件杂货两种，其中散货分为液体散货和干散货。液体散货包括成品油、原油、液态化学品、液化燃气等；干散货包括各种初级产品、原材料，主要有煤炭、金属矿石、粮食等；件杂货则是指单件运输和储存的货物，包括五金、钢材、生铁、机械设备、木材、橡胶、石料等。

目前，大宗商品物流已成为我国物流的主要组成部分，煤炭、矿石、钢铁、粮食、矿建材料等大宗商品物流更是消耗我国物流运力的主力。大宗商品物流活动呈以下重要特征。

（一）物流数量大

从物流总量上看，我国已成为大宗商品的消费大国，众多品种大宗商品如大豆、铁矿石、镍、锌、白银、精炼铅、玉米、煤炭等需求量逐年上升，物流规模大。从单次物流活动组织来看，为达到运输规模经济要求，大宗商品每批次运输数量大，因此采用的运输方式主要是运输能力非常大的水路和铁路运输，如石油、煤炭及农产品类的大宗干散货运输；液体和气体的管道运输；在其他方式运力有限的区域，公路运输也占有较大比例；航空运输在这个领域基本可以忽略。

（二）以长距离运输为主

我国疆域辽阔，各种大宗商品资源在地域分布上都具有不同程度的不平衡性，以能源资源为例，煤炭资源主要集中在西部地区；石油、天然气资源集中在东北、华北和西北；我国经济发展速度最快、对能源需求最大的地区却主要集中在华南和东南地区，由此决定了我国能源型大宗商品物流运输长运距的基本特征。

（三）大宗商品装卸搬运作业量大，作业过程会造成环境污染

大宗商品无论是能源产品、原材料还是农产品在生产量和运输量上都表现出大规模、大批量的特征，导致各个物流节点装卸搬运量相应都十分巨大，装卸作业效率低下可能导致各节点设施的拥塞从而导致物流系统的瘫痪，制约国民经济系统的正常运转。此外，许多大宗货物属于散堆装货物或化学危险品，如不加以严格防护，其物流作业极易造成对周边环境的粉尘污染及对水体或土壤的污染。此外，农产品多为鲜活易腐货物，冷链物流的滞后在造成大量农副产品质量下降和经济损失的同时，也会对环境产生一定不良的影响。

（四）时效性要求低、重载化需求高，以联合运输为主

大宗商品虽然需要经过长距离运输、耗时较长，但是需方企业可通过合理安排采购计划和建立一定数量的储备，缓冲供应和运输时间波动，运输的时效性要求反而不算太高。所以大宗商品物流的最大特征是批量大，因此如何实现货运重载化对于大宗商品物流极为迫切，对于重载载运工具开发的要求也就更高。由于这些特征，大宗商品更多地采用联合运输的方式，主要依托在铁路运输、水路运输海洋运输，并实现与公路、管道运输方式的有机衔接。

二、大宗商品物流基本功能

按照物流活动基本功能分类，大宗商品物流可以分为大宗商品包装、仓储、装卸搬运、运输、配送、流通加工与信息处理等几个主要方面。由于商品的金融属性，近年来也

发展出了新兴的大宗商品物流金融功能。

（一）大宗商品运输

大宗商品运输都是大批量、长距离的，甚至是从国外运来的，因此主要涉及的运输是水路运输和铁路运输。液体、气体类的商品可用管道运输，末端物流部分采用汽车整车运输，而航空运输极少涉及。例如，长江沿线的冶金、能源、机械等大型企业的原材料运输80%都是由水路运输来完成，我国规模以上港口的货物吞吐量中90%左右的是大宗商品。如果没有顺畅的运输体系，大宗商品只能在生产地销售。由于生产与消费的波动性，尤其是气候等原因带来的生产波动，很容易造成供需不平衡，引发商品价格的大幅波动。如果有快捷的运输体系，就可以使大宗商品实现全球范围内的配置，稳定商品价格。

（二）大宗商品仓储

大宗商品产业链较长，仓储时间相应也较长。大宗商品的基本仓储功能包括存储、库存控制、在库商品管理。与普通商品不同是，由于大宗商品具有相关的金融属性，大宗商品物资的所有权转让次数较多，但往往仓储位置不发生变化，特别是大宗商品交易平台的出现使这种现象更明显，这样可以大大节省物流费用。

大宗商品仓储近年来出现了金融仓储、交易所指定交割仓库管理等新型业务功能。“金融仓储”是指金融仓储企业作为第三方为银行业开展仓储金融业务提供仓储保管、监管、咨询等系列服务活动。简而言之，就是银行抵质押品的仓储保管监管业务。交割仓库是指经交易所指定的为期货合约履行实物交割的地点。

除了基于正常的商业和工业需求而进行的大宗商品储存外，也有一些基于国家经济安全需要的战略物资储备，如石油、棉花、粮食等。大宗商品的战略储备体系能够起到保证能源和原材料的稳定供应和平抑价格的作用。在国际商品价格高企时，国家可以抛售商品储备中的原材料来压制国内价格。在其价格低位，又可以在国际市场上寻找合适的买入时机，随时补充国内的战略储备。

（三）大宗商品装卸搬运

产业链长也引起大宗商品中途装卸搬运的次数增多，占整体物流成本的比例较大，以我国为例，大宗商品铁路运输的始发和到达的装卸作业费占运费的20%左右，船运占40%左右。装卸环节还很容易造成货物破损、散失、损耗、混合等损失。因此，装卸活动是大宗商品物流过程中影响物流效率、决定物流技术经济效果的重要环节。

大宗商品由于运输数量大，因此液体、气体类商品如石油、成品油、天然气等多用管道运输或灌装，装卸搬运也是同样由管道来完成；固体类商品主要采用集装化和散装化装卸搬运，如金属类的大宗商品，多数是以货捆和托盘的形式装载在集装箱里，石油化工的塑料原料多由集装袋包装装载在集装箱里；煤炭、矿石、建材、水泥等大宗商品则多采用散装的作业方法，装卸搬运可连续进行，也可间断进行。

（四）大宗商品包装

大宗商品包装主要用于保护产品和方便储运，属于工业包装，不具备促进销售的功能，其包装管理的目标是在满足物流要求的基础上，包装费用越低越好。集合包装是大宗商品包装中常用的一种形式，特别是集装箱和集装袋的应用很普遍。

（五）大宗商品配送与流通加工

大宗商品行业的配送与配载以大批量物资流动为主，与零担物流的末端配送环节相比，其配送系统简单得多。

大宗商品流通加工的主要目的是便于物流操作、减少货损，提高物流效率。如将造纸用的木材磨成木片，可以极大提高运输工具的装载效率；石油气的液化加工，使很难输送的气态物转变为容易输送的液态物，可以提高物流效率；为衔接不同运输方式，散装水泥中转仓库把散装水泥装袋、将大规模散装水泥转化为小规模散装水泥的流通加工，就衔接了水泥厂大批量运输和工地小批量装运的需要。

（六）大宗商品物流信息管理

由于大宗商品物流是跨部门、跨行业、跨地域的以现代管理科技和信息技术为支持的社会化、专业化、现代化的综合性物流服务，其物流信息具有数量大、分布广、动态性强、种类多的特征。因此，在大宗商品物流管理过程中会涉及很多的物流信息技术：条码、射频（RFID）、电子数据交换（EDI）、全球定位系统（GPS）、地理信息系统（GIS）以及物联网技术等。

建立功能完善的商品交易平台是降低流通时间和减少交易成本的重要举措，但由于大宗物流体系的分散性和随机性，大宗商品领域平台的市场的占有率和实际效益还远没有达到理想的状态。人工智能、大数据、云计算等技术与概念，更是受限于数据规模和技术实力而鲜有企业真正投入资源研发和在实际业务中广泛应用。

（七）大宗商品物流金融功能

大宗商品对质押融资等物流金融服务有比较多的需求。物流金融服务是指在面向物流业的运营过程之中，通过开发和应用各种金融产品，有效地组织和调剂物流领域中货币资金的运动。这些资金运动包括发生在物流过程中的各种存款、贷款、投资、信托、租赁、抵押、贴现、保险、有价证券发行与交易，以及金融机构所办理的各类涉及物流业的中间业务等。

三、典型大宗商品物流技术设备

在大宗商品的运输、包装及流通加工物流活动中，所应用的技术设备与零担物流没有明显差异，这已在本书前述章节详细介绍，本节主要叙述大宗商品储存及装卸搬运环节的典型技术设备。

（一）散货筒仓

1. 筒仓的分类。

筒仓是一种用来储存矿石、谷物粮食、水泥砂石等散料的仓储构筑物，是生产企业用来调节与贮存用料的一种附属设施。按应用领域分农业筒仓和工业筒仓两大类。农业筒仓用来贮存粮食、饲料等粒状和粉状物料；工业筒仓用以贮存焦炭、水泥、食盐、食糖等散装物料，如图 10－45 所示。

图 10－45 粮食筒仓（左） 煤筒仓（右）

筒仓按平面形状可分为正方形、矩形、多边形和圆形等。圆形筒仓的仓壁受力合理，用料经济，所以应用最广。当储存的物料品种单一或储量较小时，用独立仓或单列布置。当储存的物料品种较多或储量大时，则布置成群仓。筒仓之间的空间称星仓，亦可供利用。

按建筑材料可分为砖石、木材、钢筋混凝土或钢板筒仓，小型筒仓也可用塑料制造。砖石材料具有取材方便、造价低廉、施工简便等特点，因此应用广泛。高度较大的砖石筒仓，配置环向钢筋或每隔一定高度设置钢筋混凝土圈梁，以承受环向拉力。砖石筒仓的直径多在 6 米以下，高度不超过 20 米。钢筋混凝土用于容量较大的筒仓，其直径在群仓中可达 12 米，在独立仓中可达 18 米以上，其高度根据提升设备的能力和经济效益而定，用气流输送入仓的水泥筒仓可达 50 米。钢板仓具有板薄、造价低、结构轻的特点，可成批生产，易于更换，所有的构件都经过镀锌和热处理，使钢板使用寿命延长，波纹钢板可增加强度和刚度，不易变形，其通风性差（见图 10－45）。

筒仓按设计尺寸还可分为深仓和浅仓，当 H/D≥1.5 时（H 为仓深，D 为圆仓内径或矩形仓短边长或正多边形仓的内接圆直径）称深仓，小于 1.5 时称浅仓。深仓应考虑物料与仓壁的摩擦作用，浅仓则可忽略（见图 10－46）。

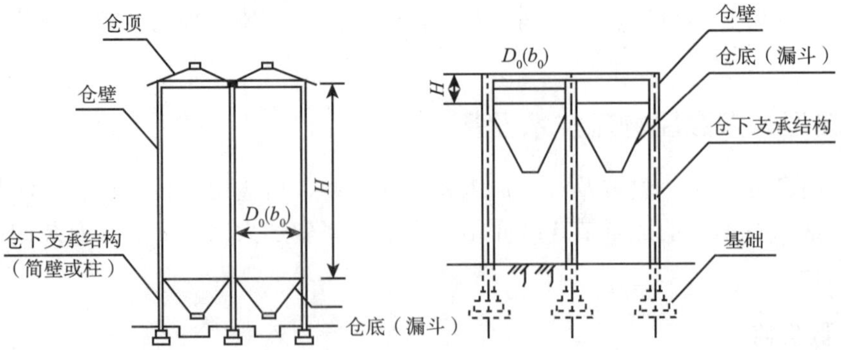

图 10－46 深仓（左）与浅仓（右）

筒仓按仓底结构可分为漏斗形和平板形。仓底结构既承受物料的重量又具有卸料功能，因此通常采用漏斗形。平板仓底虽构造简单，但需填坡，既耗料又增重，只适用于小型筒仓。

2. 筒仓的结构。

筒仓的结构组成一般包括仓上建筑物、仓顶、仓壁、仓底、仓下支承结构和建筑基础几个部分，如图 9－47 所示。

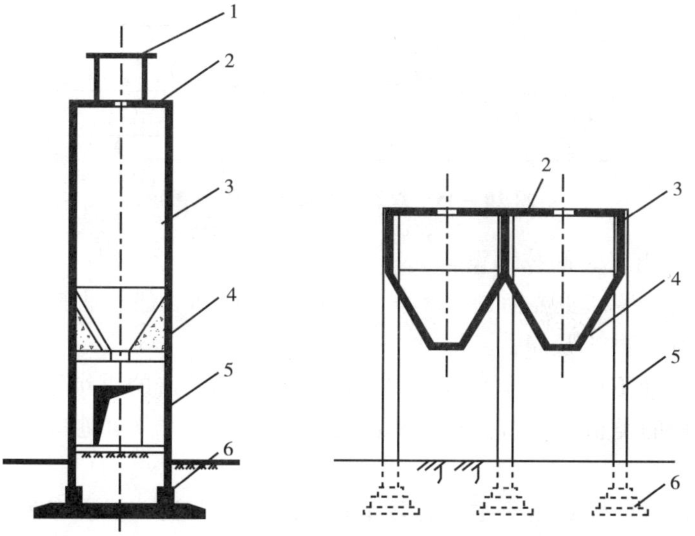

1. 仓上建筑物；2. 仓顶；3. 仓壁；4. 仓底；5. 仓下支撑结构（筒壁或柱）；6. 基础

图 10－47 筒仓结构示意图 深仓（左）浅仓（右）

仓上建筑物是存在仓顶上方的建筑物，通常有单层或者多层厂房，仓顶上方并不只有送料设备以及除尘设备等；仓上建筑宜采用钢结构，其围护结构应选用轻质材料。钢筋混凝土结构仓上建筑可用于钢筋混凝土筒仓和砌体筒仓，其围护结构宜选用轻质材料。仓顶部有皮带机，配备仓顶布料设备，可把散料卸入仓内。当钢筋混凝土筒仓结构直径小于 15 米时，通常采用梁板结构作为仓顶；而当直径超过 15 米时，则通常采用钢筋混凝土正截锥壳以及正截球壳等形式作为仓顶。

仓壁的厚度受筒仓的高度、直径等因素决定，保证能够承受贮料的水平压力；仓底需要承受贮料的垂直压力，因此需要达到卸料畅通、荷载传递明确、结构受力合理、造型简单、填料较少等要求，粮食筒仓仓底设有皮带机，可将散粮送入灌包系统或运到散粮出港皮带机，或转运到翻仓皮带机完成翻仓作业。

仓下支承结构对筒仓整体结构的稳定会产生较大影响，因此，仓下支承结构根据专业工艺所要求的运输方式、漏斗数量以及斗口之间的距离来确定，通常有筒壁支承、柱子支承、筒壁与内柱共同支承等结构形式。

独立筒仓通常采用扩展基础、环板基础、圆形板基础、壳体基础等形式；当筒仓对基础的载荷要求较高时，通常会采用桩基础来提升土体的承载能力。

（二）煤炭和矿石装卸技术设备

在世界货物海运量中，散货年运输量占世界年总海运运输量的 14% 左右，是仅次于石油运输量、居世界货物海运量第二位的货类。在散货运输量中，煤炭和矿石的运量又约占了90%，水路运输的码头港口因而成为煤炭和矿石类物料的集中装卸作业场所。

按港口物料的流向，煤炭和矿石装卸系统可分为：陆运进港、水运出港的煤炭和矿石出口装卸；水运进港、陆运出港的煤炭和矿石进口装卸（见图 10－48）。

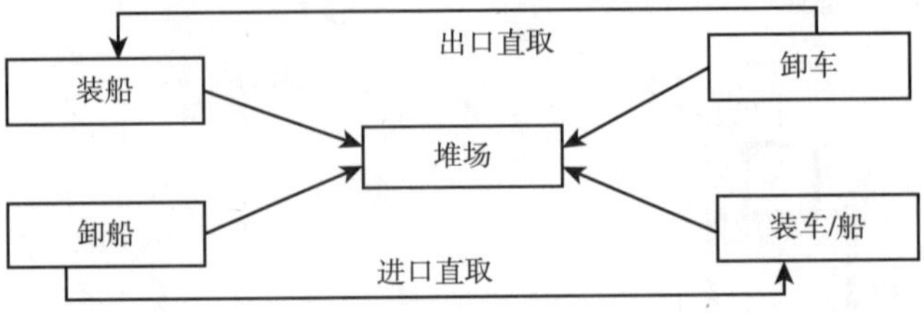

图 10－48 煤炭和矿石装卸作业系统

1. 煤炭和矿石出口装卸技术设备。

煤炭、矿石出口装卸主要由卸火车作业、堆场作业和装船作业三个工艺环节组成。

（1）卸火车作业技术设备。

在港口卸火车（下简称卸车）作业是指将火车运抵港口的煤炭、矿石从车上卸下的作业环节。铁路车辆的类型与构造、车辆到港的运行组织形式，对港口装卸工艺及技术设备配置有着重要的影响。

装运煤炭、矿石的铁路车辆主要有敞车和自卸车两大类，根据车型不同，卸车设备主要有翻车机、螺旋卸车机、链斗卸车机和底开门自卸车等。

①翻车机。翻车机是一种翻卸敞车效率最高的专用卸车机械。翻车机卸车作业过程：当车辆进入翻车机后，翻转 160～180 度，将物料翻卸到翻车机房下的漏斗中，漏斗下设有板式给料机或皮带给料机、振动给料机，把已卸下的物料均匀地转送给翻车机下的输出皮带机，通过皮带输送机系统将物料送入堆场，或送去装船。翻车机的卸车效率通常为 30～40 厢/时，一次可翻一节车厢，也可一次翻二节车厢或三节车厢，最高一次性可翻卸 8 节车厢。对于采用旋转车钩的车厢，可采用不解体的方式卸车，卸车效率更高。

翻车机主要有转子式和侧倾式两种型式。转子式翻车机由一个设置在若干组支承滚轮上的转子构成。当车辆被送入转子内的平台以后，通过压车机构压紧车辆，并和转子一同旋转，将散货卸出。转子式翻车机翻转角度一般为 165～180 度卸车彻底，虽然翻车时对车底部压力大，车辆容易损坏，但因重量较轻、耗电量小、生产率较高，故应用比较广泛。侧倾式翻车机主要由偏心回转平台、压紧装置和回转驱动装置等组成。如图 10－49 所示。当车厢被送进旋转平台后，压紧装置压紧车体，回转平台转动将散货卸到侧面的漏斗内。这种翻车时对车底部压力较小，有利于保护车辆，而且地下构筑物基础浅，土建投资省。但其结构复杂，整机质量较大，由于偏心布置，翻转轴线位于车辆侧面，提升高度大，工作线速度较高，耗电多，其翻转角较小，因而货物不易卸干净。其适用于卸车量不太大，所装货物黏性不大的场合。

②螺旋卸车机。螺旋卸车机是接卸具有侧开门铁路敞车的专用卸车机械。它由水平卸料螺旋、螺旋传动机构、螺旋摆动机构、提升机构、行走机构和机架等组成。螺旋卸车机的基本方法是将螺旋插入物料中，由螺旋斜面从敞车的侧边门推出。螺旋卸车机按支承结构型式可进一步分为桥式螺旋卸车机、门式螺旋卸车机和悬臂式螺旋卸车机（见图 10－50）。

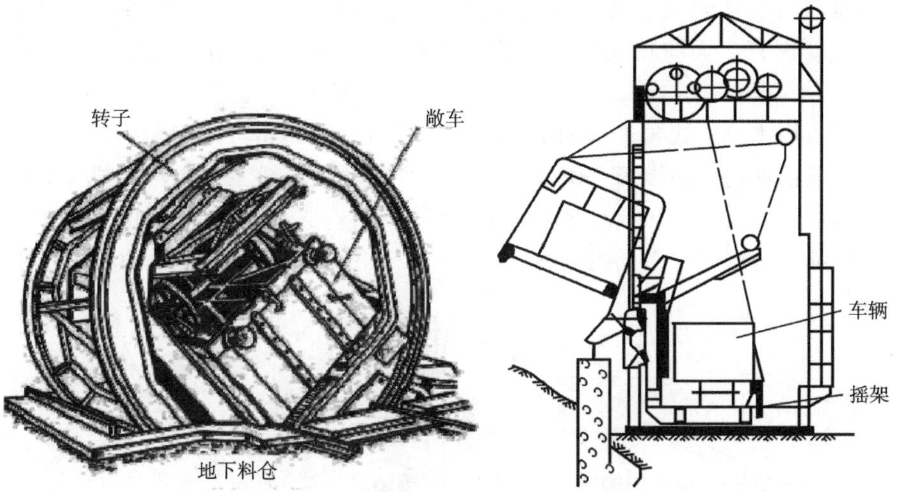

图 10－49 转子式翻车机与侧倾式翻车机

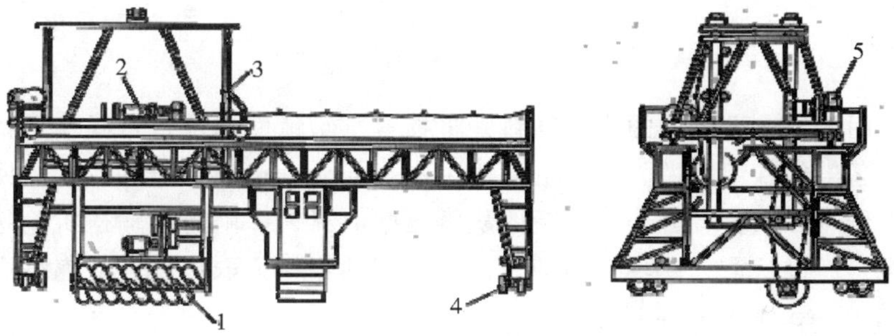

1. 螺旋传动机构；2. 螺旋升降机构；3. 小车；4. 大车行走机构；5. 小车行走机构

图 10－50 门式螺旋卸车机

与翻车机卸车相比，螺旋卸车机具有结构简单、投资少、效率高、对车辆的适应性好等优势。在维修保养方面，螺旋卸车机也较翻车机简单，对车辆的损坏率也较翻车机低。但螺旋卸车机对货种的适应性不如翻车机好。防尘方面，翻车机布置紧凑，容易解决，而螺旋卸车机作业面大，还需要清舱作业，所以扬尘性大，且较难解决防尘问题。在卸车自动化程度方面，螺旋卸车机也不如翻车机，相比之下，螺旋卸车机的卸车效率较低，特别是在物料的湿度大时，卸车的效率就更低。在使用方面，根据使用经验，当年卸车量超过400 万吨时，翻车机卸车的经济性较螺旋卸车机好。这是因为：当卸车量增加时，螺旋卸车机的工作线数也要增加，整个工艺布置就显得复杂，同时也扩大了环境污染面，增加了清扫车箱的工作量，螺旋卸车机的缺点才越发显现出来。

③链斗式卸车机。链斗卸车机是利用斗式提升机和皮带输送机联合作业的一种卸车机械，主要是靠斗式提升机的链斗舀取车内散装物料，提升到一定高度，倾倒在水平皮带机上，再通过俯仰及旋转皮带机卸至料场上。该设备主要用于露天库场，堆卸煤、砂、矿粉等散装物料。

（2）堆场作业技术设备。

煤炭和矿石堆场机械是指用来完成物料的进、出场合和堆料作业的专用机械，按照功能不同可分堆料机、取料机、堆取料机三大类。物料品种、特性和堆存量是决定选用堆场机械设备的主要因素，而应用的机械设备也会影响物料进、出场和堆存形式，两者要相互适应。

堆料机是指用来完成物料进场和堆料作业的机械。由卸船机或卸车机卸下的散货通常用带式输送机运送至堆场，在堆场上由堆料机进行堆料。堆料机主要由堆料机体和尾车两大部分组成，堆料机体上有悬臂带式输送机、俯仰机构、整机运行机构，有的堆料机还设有回转机构。尾车实际上是堆场水平固定式带式输送机（主皮带机）的卸料车（见图 10－51）。

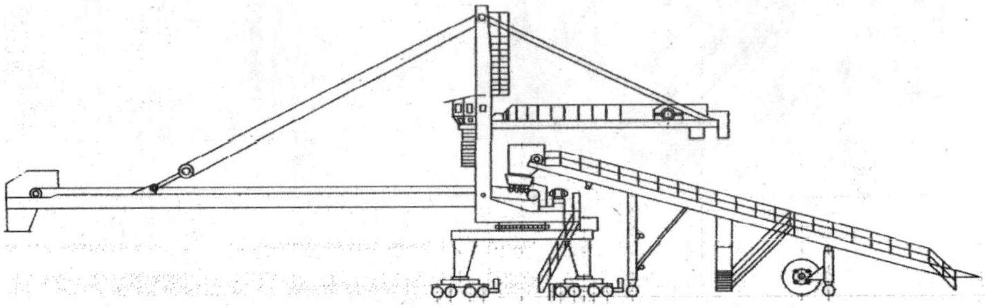

图 10－51 堆料机结构示意图

取料机是用于挖取堆场上的散粒物料并将物料供给地面或坑道带式输送机，从而将散粒物料从堆场运出的专用机械。取料机主要由取料部分、运料部分和行走、回转、俯仰等机构组成。工作时，取料装置连续不断地从料堆中取料，并由运料输送机输送到地面或坑道带式输送机。通过行走、回转、俯仰等机构协同动作保证取料装置能连续高效地从料堆上取料（见图 10－52）。

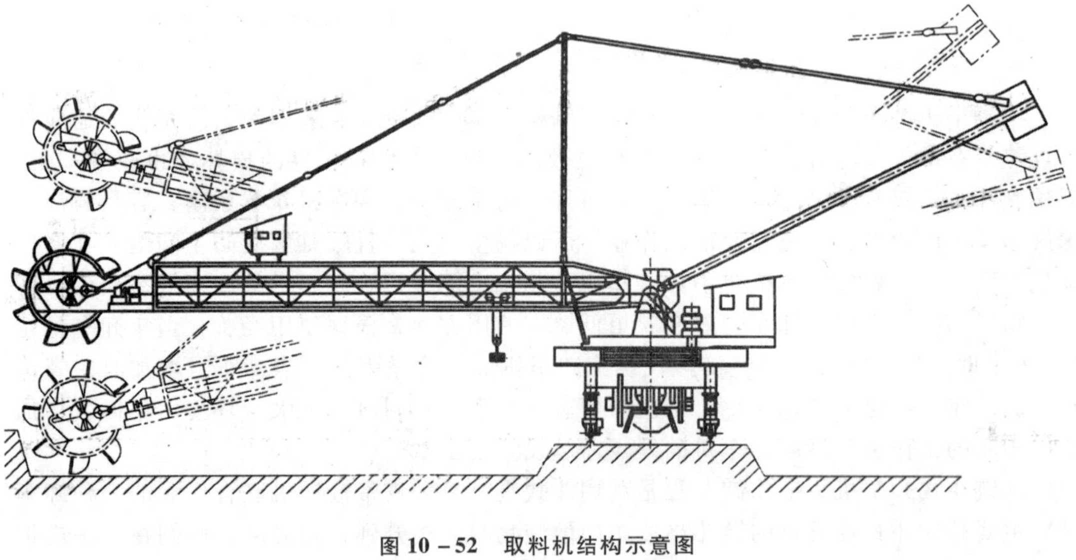

图 10－52 取料机结构示意图

堆取料机是一种配合堆场地面固定皮带机输送机系统，既能堆料又能取料的专用机械。斗轮堆取料机是利用斗轮连续取料，用斗轮堆料机上的带式输送机连续堆料的有轨式装卸机械。与堆料、取料分开的两台设备比较，堆取料机系统的整个散货装卸机械化系统机种少，工艺布置简单，其设备价格和运转费用低，在堆场上占地面积小，堆场的利用率高（见图 10－53）。

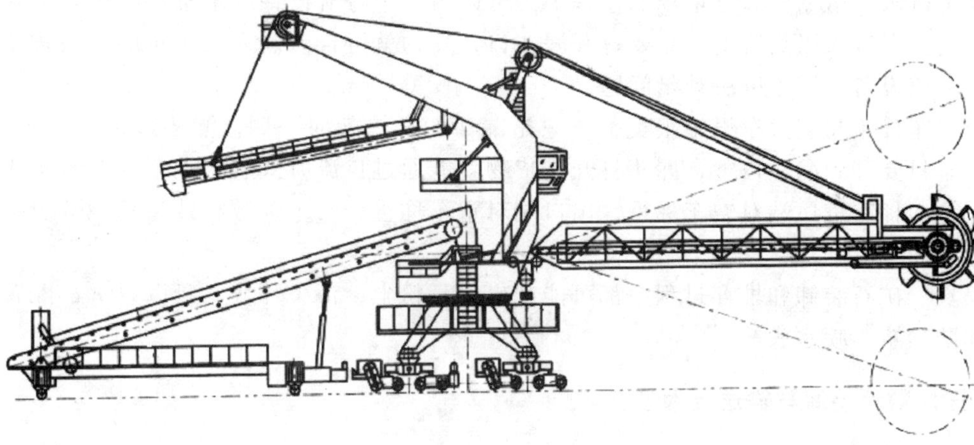

图 10－53 堆取料机

（3）煤炭和矿石装船技术设备。

现代散货装船机械均是以皮带机为主体形成的，根据其结构形式和装船工艺，可分为固定式装船机和移动式装船机两大类。

固定式装船机不能沿码头岸线移动，为了适应装船的需要，扩大物料的抛撒面，这类机型的悬臂可作旋转、俯仰和伸缩的动作，所以这种装船机也称为悬臂转动式皮带装船机；有的装船机的悬臂还可作摆动，因而也有称为摆动式装船机。

移动式装船机是一种整机可沿泊位前沿轨道全长行走的装船机械，对码头结构强度要求高。由于灵活、机动、工作面大、对船型变化的适应性强的优点，其是最常用的一种装船机型。

2. 煤炭和矿石进口装卸技术设备。

煤炭、矿石进口装卸工艺主要由煤炭、矿石卸船作业、堆场作业、装车（驳）作业三个环节组成，其中煤炭和矿石进口堆场作业与技术设备和出口堆场作业相同。

（1）卸船作业技术设备。

煤炭、矿石卸船机械按机械工作特点分，可分为间歇型卸船机和连续型卸船机两类；从卸船方式分又可以分为船舶自卸和非自卸。间歇型散货卸船机主要有船吊、带斗门机、装卸桥等，其特点是利用抓斗抓取物料卸船，因为抓斗卸船的工作循环周期中有一个空返回程，因此称为间歇型卸船机，间歇性散货卸船机除可用作煤炭、矿石卸船外，还可作为其他如散粮、散盐、沙等散装货卸船之用。

连续式卸船机主要包括链斗式和斗轮机两种，这两种卸船机是由垂直提升的斗式提升机和水平输送的皮带机两大部件组成，其工作过程是物料由链斗提升机提取，卸到回转转盘附近的料槽内，由臂架皮带机送进大车中的中心料斗，再经过下面的双料斗直接卸到汽车或火车内，或者流到皮带机小车上，经坑道皮带机转库场存放。

（2）装车作业技术设备。

煤炭和矿石卸船码头卸下的货物，经过火车、卡车运出港区，这就需要配置相应的装车设施。铁路车辆装车设施通常为一排开口向下的水泥漏斗，置于铁路轨道上方。水泥漏斗一般与码头堆场的高架皮带机并列，或建于高架皮带机的下层，煤炭和矿石从码头前沿高架皮带机水平运输到后方堆场的过程中，可以由一个旁流设备皮带机系统将其装入水泥漏斗。当火车进入码头轨道，只要打开漏斗口，货物就可自流装入火车车厢，装货轨道下可设置轨道设备，用于解决计量问题。

装卡车设施与装火车设施很类似，只是漏斗的开口朝向一侧，漏斗口下建卡车通道。装货卡车只要开到漏斗口下，漏斗打开，货物就能通过自流方式装入卡车。在卡车通道的两端配备地秤，进口端对空车称重，出口端对重车称重，两个读数相减，就能解决卡车装货的计量问题。

煤炭、矿石装卸和堆存过程中都可能产生大量粉尘，污染环境，所以码头都配置除尘设施如防尘罩、喷水头等。

（三）散粮装卸与输送技术设备

散粮主要包括小麦、大麦、玉米、谷类、高粱、豆类、油料等。粮食运输主要有袋装粮食和散装粮食两种形式。

2007 年国家发改委发布的《粮食现代物流发展规划》，以实现粮食散储、散运、散装、散卸的“四散化”为目标，实现粮食物流现代化，并提出 2015 年散粮运输比例达到 55% 的目标。2017 年发改委再次发布《粮食物流业“十三五”发展规划》，重新提出更切实可行的目标：原粮跨省散运比例 2020 年达到 50% 。但是至 2018 年，散粮跨省运输比例仅占 25% ，差距甚大。目前大多数仍采用传统的包粮运输方式，即采用麻袋、塑料编织袋包装成袋运输。在储存环节拆包散储，到中转和运输环节又转为包装形态，这样多次搬倒转运的包粮在装卸、运输过程中漏洒以及包装物的遗留造成的损失率高达 5% 以上，整个储运环节，损失损耗大约在 75 亿公斤以上。因此积极发展散粮运输，是我国粮食物流业降耗增效的重要手段。

1. 散粮船舶装卸机械。

散粮船舶装卸机械包括装船机和卸船机。其中散粮卸船机械可分为间歇型卸船机和连续型卸船机两大类。间歇型散粮卸船机是指各类抓斗卸船机，如船吊抓斗、门机抓斗、桥式抓斗卸船机等；连续型散粮卸船机有吸粮机、夹皮带卸船机、链斗式卸船机、螺旋式卸船机等。

散粮装船可选用专用的固定式或移动式装船机，如气垫带式散粮装船机、布勒散粮装船机、凯亚散粮装船机等。还可利用散粮流散性强的特点，采用皮带输送机—自流管系统，将皮带输送机作为输料和供料机械，将筒仓中的散粮运到装船点，自流管为装船装置。

（1）吸粮机。

吸粮机又称散粮气力卸船机，是连续型散粮卸船机的常见机型。吸粮机主要由吸嘴、输送管、分离器、除尘器、卸料器、风机、金属结构和电气系统等组成，如图 10 – 54 所示。

气力式卸船机大致卸船过程：首先利用风机（真空泵）产生负压，在吸嘴处形成一定速度的负压气流，将物料与一定量的空气混合后经过液压吸臂上的输送管送到分离器内，待物料从空气中分离卸料后进入输送机械或正压输送设备内，然后再由输送机械（带式输送机、空气斜槽、管状输送机等）或正压输送设备输送到陆域物料库（仓）内存储。吸粮机转动臂上的水平和垂直套接的吸管通常可自由升降，并能插进料堆中，将船舱内所有敞开部分打扫干净。

气力式卸船机卸船能力一般在 1 000 吨/小时以下，较适用于内河散货码头或 10 000 吨级以下的码头，用于万吨级以上船型时需要与螺旋卸船机等设备进行各方面分析比较确定（见图 10－54）。

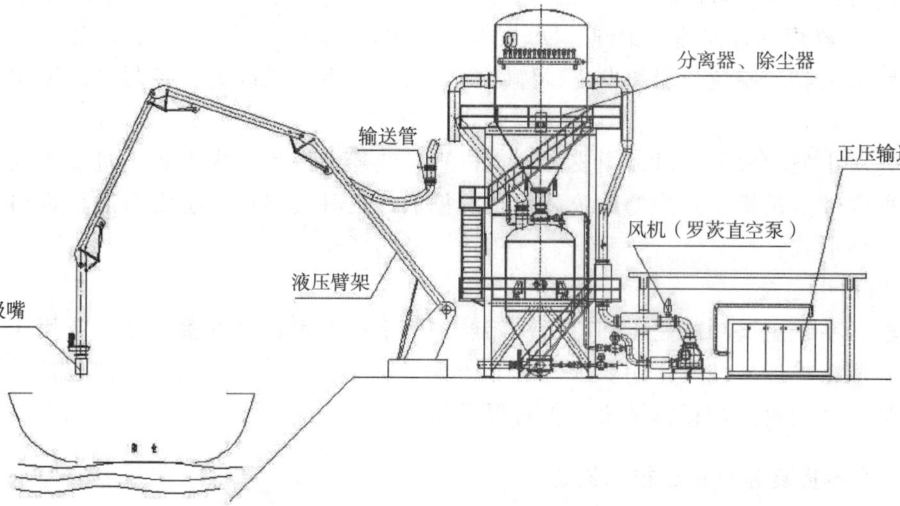

图 10－54　吸粮机

（2）埋刮板式卸船机。

埋刮板卸船机适用于散货船，尤其是巨型散粮船的连续卸船作业。它以埋刮板输送机作垂直输送的卸船机。其主要由垂直吊臂、旋转塔、喂料器、驱动机构等组成。作业时，先将装有喂料器的垂直吊臂插入船舱的粮堆中。散粮在喂料器的作用下从垂直吊臂下端开口处流入箱体内，在垂直吊臂中的刮板循环链条推动下，随着链条刮板向上提升，从吊臂顶部卸出落入壁架内的水平输送机上，再转载输送到码头的预定接料装置（见图 10－55）。

图 10－55　埋刮板输送机

(3) 带式输送机 + 自流管装船系统。

带式输送机 + 自流管装船系统利用散粮的流散性特点，以带式输送机作物输料和供料机械，将散粮从筒仓运到装船点，自流管是装船装置。

在远离岸线的凸堤码头上，沿码头线布置高架皮带输送机廊道，带式输送机上一般有卸料小车，将粮食卸到自流管上。自流管固定布置，一般间隔为 15 ~ 20 米，倾角不小于 33 ~ 36 度。自流管具有伸缩、俯仰、回转的功能，以改变散粮的落料点。不工作时，自流管可顺着码头回收，避免与船舶发生碰撞。每一自流管有一操纵室，控制自流输送管的落地位置。

此外，对小型的驳船还可以用皮带输送机直接装船。以固定皮带输送机或流动皮带输送机或两种皮带输送机相结合的系统装船是常见的，这种装船形式也常为散粮进口码头水上输运的一种形式。

2. 散粮输送系统。

散粮输送系统主要功能是将卸船机从船舱中卸下的散粮转运到粮仓储存或用于散粮装船的输送。散粮输送机按其使用要求，可分为水平及倾斜和垂直两类，具体包括皮带输送机、气垫带式输送机、刮板输送机、垂直提升机。

（四）液体货装卸与输送技术设备

液体散货主要是指原油、成品油、液化石油气、液化天然气等存于储罐且用管道装卸和输送的货物。这些货物品种多，需求量大，存在产地与加工地、加工地与消费地的差异，从而形成了很大的货运量。

液体散货码头上的装卸设备主要为输油臂（也称为装载臂），也有的采用输油软管。输油臂一般固定安装在码头前沿的岸边，是用以连接船舶和码头，支撑物料输送管线的主要装卸装置，通常有手动和机械驱动（包括电动、液压驱动）两种方式。随着船舶向大型化发展，港口输油臂的通径和长度也不断增加。青岛港在建的 30 万吨级油码头，采用了 DN500 输油臂，单台装卸效率高达 7 000 立方米/小时，内外臂长度 21 米，是我国港口迄今为止采用的最大型输油臂。另外，根据港口多用途泊位或连片式码头的设备布置要求，移动式输油臂也在港口得到应用，不仅提高了设备使用的灵活性，也有利于码头总体布置。此外，近年来建设的大型油气、化工码头输油系统都配带了紧急脱离装置（ERS），可与码头快速脱缆装置联合动作，为船舶紧急情况下与码头快速脱离提供了可能。

鹤管也是液体化工原料装卸过程中所使用的专用装卸设备，可以灵活、安全地将码头储运管道与火车罐车、汽车槽车相连接，将码头储运管道中的液体化工原料装入火车和汽车。鹤管由立柱、旋转接头、刚性管道及弯头等部分组成，可伸缩，根据使用场合不同，又可分为汽车装卸鹤管、火车装卸鹤管、油桶装卸鹤管等（见图 10 - 56）。

液体散货的输送系统包括管道、机泵及附加设备等。液体散货输送管道的材质通常以碳钢和不锈钢为主，材质选取的依据是所输送物料的特性、压力、温度等因素。随着材料技术的发展，非金属输油管道在港口得到应用，如 PVC 管、钢塑复合管、玻璃钢管等，这类管道具有重量轻、摩阻小、耐腐蚀等优点，但又带来如管道防静电、防火等新问题。

液体散货输送的起点或中间，需要配置机泵来进行必要的加压。输送液体化工原料的机泵一般为离心泵、往复泵、齿轮泵和螺杆泵等，具体采用哪一种机泵，主要依据所输送

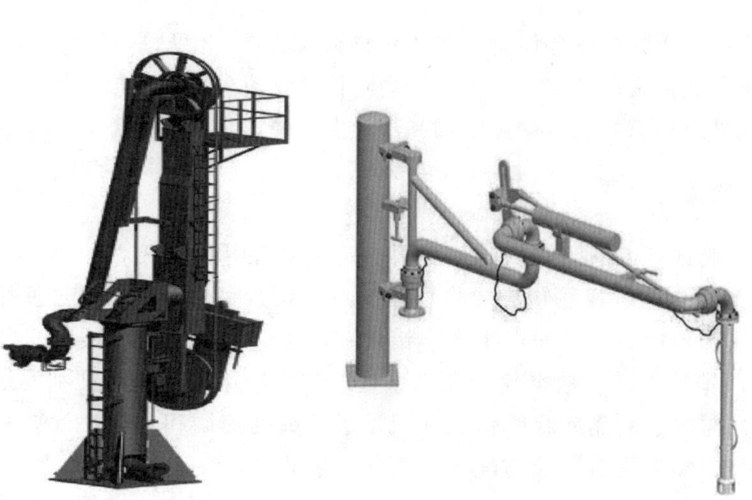

图 10-56　输油臂（左）鹤管（右）

物料的黏度而定，同时还应综合考虑与储罐、管线、火车槽车、汽车槽车、船舶等设备能力的综合协调平衡，油港输油通常采用的是离心泵。为防止液体输送过程中流量过大、流速过快，还需要配置必要的卸压回流系统。

第五节　智慧物流技术与设备

随着新一轮信息科技革命深入发展，互联网与物流深度融合，以人工智能、物联网、云技术、大数据和区块链等技术在物流行业应用广泛，物流信息化发展水平快速提升，智慧物流正在深刻改变行业发展格局。

一、智慧物流

智慧物流的概念最早于 2009 年 12 月由中国物流技术协会信息中心、华夏物联网、《物流技术与应用》编辑部联合提出。智慧物流通过人工智能、物联网、大数据等新兴技术，提高物流系统分析、决策和执行能力，该理念的出现符合现代物流业自动化、网络化、可视化、实时化、跟踪与智能控制的发展趋势，是未来物流发展的方向。

（一）智慧物流的概念

智慧，是生命所具有的基于生理和心理器官的一种高级创造思维能力，包含对事物的感知、记忆、理解、分析、判断等所有能力。在日常生活中，智慧表现为更好地解决问题的能力。从这种意义上说，所谓智慧物流是指利用物联网、大数据、云计算和人工智能等技术，实时收集、判断、处理信息并做出最优决策，以实现物流系统自组织、自学习、自修复等生命特征，并使系统中各组成单元进行高质量、高效率、低成本的协同运作，也是高度集成的现代化技术体系。

智慧物流本质上是依赖信息的实时性、充分性，来模拟人工做出最优决策，从而为客户创造更多价值和提供更好的服务体验。在传统物流模式下，信息不充分、滞后，只能依赖经验进行决策。智慧物流发展到一定程度，就会对传统物流模式产生颠覆性的革新。其将对物流产业的商业模式、运营模式、产业结构和产业发展模式、产生生态等产生巨大的影响。

（二）智慧物流的功能

智慧物流一般具有识别感知、优化决策、定位追溯等功能。

（1）识别感知功能。智慧物流要将物品信息进行数字化处理，通过使用射频识别、卫星定位技术快速识别物品，进而在生产、销售、流通领域实现物流环节的自动化管理。

（2）优化决策功能。将数据挖掘和信息处理技术应用于物流管理和配送系统，通过对物流数据、客户需求、商品库存等信息和数据进行数据挖掘和分析，计算并决策最佳仓储位置与配送路径，实现物流存储与配送决策的智能化。

（3）定位追溯功能。通过射频识别、卫星定位技术，可实时获取车辆及物流配送过程各环节的数据和信息，了解货物的位置和状态等配送信息，对货物进行定位和追踪管理，为客户与管理者提供实时的物流运行状态的信息反馈，并可对物品产地等相关生产和流通信息进行追溯，当物品出现问题时，便于追根溯源。

（三）智慧物流的发展现状

随着物流基础设施的不断改善，行业结构进一步优化，物联网、大数据、云计算、人工智能等先进技术在物流领域广泛应用，物流智能化水平显著提高，各类新模式、新业态蓬勃发展，且与制造、商贸、金融等产业跨界融合不断深化，变革与创新成为行业发展的重要动力之源。因此，通过发展智慧物流来推动中国经济高质量发展是大势所趋。

当前，智慧物流在行业发展已深入人心，物流互联网全面连接物流资源，推动物流“在线化”发展。

（1）菜鸟启动物流物联网战略，推动物流数据化转型。物流大数据加快应用，顺丰联合多家公司成立供应链大数据平台，深度挖掘行业数据价值。

（2）物流无人技术逐步推广，部分城市开展无人驾驶货车道路测试，“无人机、无人车、无人仓、无人配送、无人码头”等创新应用走在世界前列。

（3）“语音助手、单证识别、深度学习”等人工智能技术已在物流领域得到应用，同时区块链技术在物流行业中的应用也开始启动。

（4）物流企业“数字化”转型提速。流程可视化、操作自动化和决策智能化水平成为重点。“互联网＋”物流促进“协同化”模式创新。以中国外运为代表的物流企业开启智慧物流战略，以全面数字化转型为基础开展运营模式、商业模式、组织模式的全方位重构，推出“运易通”等一批社会化物流平台，推动产业智慧化转型之路。

二、智慧物流相关技术

（一）大数据

1. 大数据的概念。

大数据这个概念早在1980年就由美国的 Alvin Toffler 提出，因为作为一个未来学家，所提出的仅仅是概念性的理论，所以在信息资源并不是那么丰富的当时没有受到应有的关注。麦肯锡公司于2011年发布了一份大数据调研报告，题目是《大数据：下一个创新、竞争和生产力的前沿》。这份大数据调研报告显示出大数据慢慢受到人们的关注，其将大数据定义为一种超出传统数据库软件采集、储存、管理和分析能力的数据集。之后在2012年出版的《大数据时代》中给出大数据的一种特性，指出大数据注重全面性和整体性，而不是在小规模数据上分析利用。

关于大数据的经典定义可以归纳为4个V：海量的数据规模（volume）、快速的数据流转和动态数据体系（velocity）、多样的数据类型（variety）和巨大的数据价值（value）。

2. 物流大数据。

物流的大数据，即运输、仓储、搬运装卸、包装及流通加工等物流环节中涉及的数据、信息等。通过大数据分析以提高运输与配送效率、减少物流成本、更有效地满足客户服务要求。物流大数据将所有货物流通的数据、物流快递公司、供求双方有效结合，形成一个巨大的即时信息平台，从而实现快速、高效、经济的物流。

物流大数据总体可以划分为三类：

第一，微观层面，包括运输、仓储、配送、包装、流通加工登记处数据的分类；

第二，中观层面，供应链、采购物流、生产物流数据分类；

第三，宏观层面，基于商品管理，把商品分成不同的类型做数据分析。

3. 大数据与智慧物流。

智慧物流就是以大数据处理技术为基础，利用软件系统把人和设备更好地结合起来，不断提升智能化水平，让人和设备能够发挥各自的优势，达到系统最佳的状态，并且不断自我进化。在"互联网+"的大环境下，智慧物流成为业界一致追求，智慧物流的基础就是大数据相关的技术。以大数据为基础的智慧物流，在效率、成本、用户体验等方面具有极大的优势，也从根本上改变了物流运行的模式。

针对物流行业的特性，大数据应用主要体现在车货匹配、运输路线优化、库存预测、设备修理预测、供应链协同管理等方面。

（1）车货匹配。

通过对车辆运力进行大数据分析，公共运力的标准化和专业运力的个性化需求之间可以产生良好的匹配，同时，结合企业的信息系统也会全面整合与优化。通过对货主、司机和任务的精准画像，可实现智能化定价、为司机智能推荐任务和根据任务要求指派配送司机等。

从客户方面来说，大数据应用会根据任务要求，如车型、配送公里数、配送预计时长、附加服务等自动计算运力价格并匹配最符合要求的司机，司机接到任务后会按照客户的要求进行高质量的服务。在司机方面，大数据应用可以根据司机的个人情况、服务质量、空闲时间为他自动匹配合适的任务，并进行智能化定价。基于大数据实现车货高效匹配，不仅能减少空驶带来的损耗，还能减少污染（见图10-57）。

（2）运输路线优化。

通过运用大数据，物流运输效率将得到大幅提高，大数据为物流企业间搭建起沟通的桥梁，物流车辆行车路径也将被最短化、最优化定制。例如，美国UPS公司使用大数据优化送货路线，配送人员不需要自己思考配送路径是否最优。UPS采用大数据系统可实时分

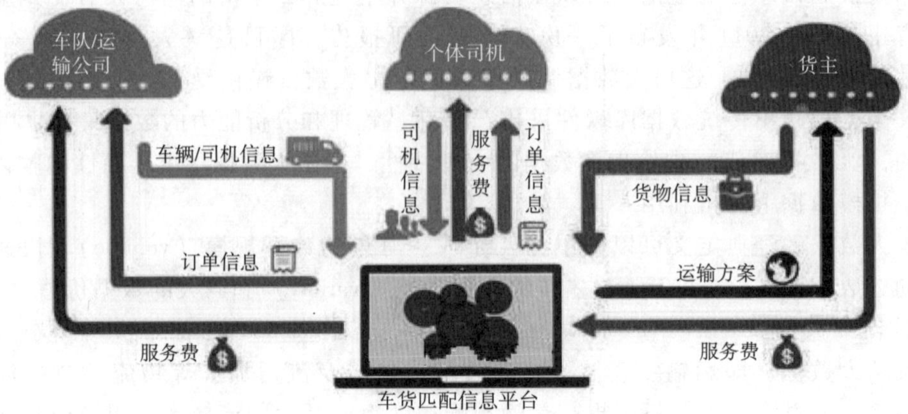

图 10－57 车货匹配流图

析 20 万种可能路线，3 秒找出最佳路径。UPS 通过大数据分析，规定卡车不能左转，所以 UPS 的司机会宁愿绕个圈，也不往左转。根据往年的数据显示，因为执行尽量避免左转的政策，UPS 货车在行驶路程减少 2.04 亿公里的前提下，多送出了 350 000 件包裹。

（3）库存预测。

互联网技术和商业模式的改变带来了从生产者直接到顾客的供应渠道的改变。这样的改变，从时间和空间两个维度都为物流业创造新价值奠定了很好的基础。大数据技术可优化库存结构和降低库存存储成本。

运用大数据分析商品品类，系统会自动分解用来促销和用来引流的商品；同时，系统会自动根据以往的销售数据进行建模和分析，以此判断当前商品的安全库存，并及时给出预警，而不再是根据往年的销售情况来预测当前的库存状况。总之，使用大数据技术可以降低库存存货，从而提高资金利用率。

（4）设备修理预测。

美国 UPS 公司从 2000 年就开始使用预测性分析来检测自己全美 60 000 辆车规模的车队，这样就能及时地进行防御性的修理。如果车在路上抛锚，损失会非常大，因为那样就需要再派一辆车，会造成延误和再装载的负担，并消耗大量的人力、物力。以前，UPS 每两三年就会对车辆的零件进行定时更换，但这种方法不太有效，因为有的零件并不需要更换。通过监测车辆的各个部位，UPS 如今只需要更换需要更换的零件，从而节省了好几百万美元。

（5）供应链协同管理。

随着供应链变得越来越复杂，使用大数据技术可以迅速高效地发挥数据的最大价值，集成企业所有的计划和决策业务，包括需求预测、库存计划、资源配置、设备管理、渠道优化、生产作业计划、物料需求与采购计划等，这将彻底变革企业市场边界、业务组合、商业模式和运作模式等。

良好的供应商关系是消灭供应商与制造商间不信任成本的关键。双方库存与需求信息的交互，将降低由于缺货造成的生产损失。通过将资源数据、交易数据、供应商数据、质量数据等存储起来用于跟踪和分析供应链在执行过程中的效率、成本，能够控制产品质量；通过数学模型、优化和模拟技术综合平衡订单、产能、调度、库存和成本间的关系，找到优化解决方案，能够保证生产过程的有序与匀速，最终达到最佳的物料供应分解和生产订单的拆分。

（二）人工智能

1. 人工智能的概念。

人工智能（Artificial Intelligence，AI）是计算机科学领域的一个分支。它在过去的30年里得到了快速的发展，并在许多领域得到了广泛的应用，取得了丰硕的成果。随着时间的推移，人工智能逐渐成为一个独立的分支，成为一个理论与实践相结合的系统。人工智能是研究、开发用于模拟、延伸和扩展人的智能的理论、方法、技术及应用系统的一门新的技术科学。它企图了解智能的实质，并生产出一种新的能以人类智能相似的方式做出反应的智能机器，该领域的研究包括机器人认知、语言识别、图像识别、自然语言处理和专家系统等。自人工智能诞生以来，其理论和技术日益成熟，应用领域也在不断扩大。

人工智能的发展经历了很长时间的历史积淀，早在1950年，阿兰·图灵就提出了图灵测试机，大意是将人和机器放在一个小黑屋里与屋外的人对话，如果屋外的人分不清对话者是人类还是机器，那么这台机器就拥有像人一样的智能。随后，在1956年的达特茅斯会议上，“人工智能”的概念被首次提出。在之后的十余年内，研究者疯狂涌入，取得了一系列瞩目的成就。总体来说，人工智能技术的发展分为三个阶段，分别是人工智能起步期、专家系统推广期以及深度学习期。

2. 人工智能在物流领域的应用。

近年来，伴随着人工智能技术的发展，给传统物流行业注入了新鲜的活力，并提供了巨大的机遇。以智能优化算法、计算机视觉为代表的人工智能技术已经应用到了物流业的很多方面，正在并且已经影响了传统的物流作业方式和物流作业流程，也是促进物流行业向前发展的有力推力。在技术赋能下，物流领域的应用逐渐体现其技术优势，无人仓、无人车、无人机等各类基于人工智能的机器将进一步提升整个行业的发展效能，推动中国物流行业实现“跨越式”发展，为装卸、分拣、码垛等环节提供全面的自动化。在不远的将来，以AI和机器人为核心，在物品存储、自动搬运、智能拣选、自动分拣、智能包裹等物流应用场合，利用大数据分析、推荐算法等匹配度优化出最优路径，实现物流订单动态拆分和整合，实时匹配关联度分析、机器人路径优化、自主避撞、拥堵智能控制、物品货架路线和动态布局优化等，将彻底改变传统的物流模式，同时也推动着智慧物流新物流模式的发展及应用。

人工智能在物流领域最新应用有以下几个方面。

（1）无人物流驾驶体系。

无人物流驾驶体系在仓储领域的应用即为无人仓，它可实现物流仓储环节中入库、存储、拣选、出库等出库作业流程的无人自动化的操作，需要自主识别货物、追踪货物流动自主执行生产任务。在2016年以阿里和京东为代表的电商企业宣布各自的无人仓的项目落地并投入使用。无人车在物流领域呈现为无人货车及无人自动配送两种形态，通过搭配先进的车载传感器、控制器、执行器等装置并融合现代通信与网络技术，可实现安全高效、舒适，并最终可实现替代人来操作。无人货车可进行大容量的干线运输通常里程较长并长时间保持高速行驶。而无人配送可进行小容量的末端配送，在城市环境下进行低速行驶，无人机在物流领域的应用包括安全巡检、库存检查以及物流配送，其中前者短期内创造附加值更高。在安全质检与库存检查中无人机作为空中移动的传感器节点可对物流流程进行动态监控，并将数据回传到后台系统以进行管理和优化，使用机器学习和深度学习打造无人物流驾驶体系。中国物流业面临着干线运输司机短缺问题，无人驾驶技术可以提高物流效率，降低交通运输过程中的安全事故，克服“人为因素”所带来的诸多不足。商用车无人驾驶技术将在港口等特殊场景率先使用，在高速公路干线得到普及，并与车联网车路协同等技术结合，推动整个公路运输体系智能化。

（2）图像/视频识别技术。

图像/视频识别与理解技术，结合 GIS、多媒体压缩和数据库技术，有效地建立了可视化仓库管理、订单管理、车辆管理系统。智能仓库管理系统、监控设备基于图像/视频识别和分析技术收集视频、图像和其他数据信息在主控制中心，以促进各级决策者获得前端仓库的异常情况，从而实现及时的决策、指挥调度、调查和收集证据。智能订单管理和车辆管理系统、图像/视频识别和分析技术可以有效地实现订单跟踪管理，减少伤亡和损失货物在运输和其他问题的过程中，以使生产计划和调度，并确保及时、安全的货物到达目的地。

（3）语音识别技术。

使用语音识别技术优化智能客服系统。语音识别是包含特征提取技术、模型训练技术以及模式匹配准则在内的智能科技，是让机器通过识别与理解，把语音信息转变为相应的文本符号。在物流领域，语音识别已成为电话信道上最为重要的应用之一。基于语音识别技术的客服，可实现客户语音的可视化和智能分析，辅助人工座席去迅速完成词条和关键字识别，并进行关键知识库与知识点的搜索匹配，从而提高物流行业客服座席的工作效率、服务质量与电话接通率。

（4）智能化场院管理。

智能化场院管理、仓库作业。为实现垛口、车辆、物理格口的自动协同，进场车辆调度引导、智能停靠。在智能仓库作业环境中，对搬运机器人、分拣机器人与货架穿梭车进行有序操作与协作，能够极大提升仓库操作的处理速度、拣取精度和存储密度。企业通过人工智能技术可测算百万 SKU 商品的体积数据和包装箱尺寸，利用深度学习算法技术，由系统智能地计算并推荐耗材和打包排序，从而合理安排箱型和商品摆放方案；通过对商品数量、体积等基础数据分析，对各环节如包装、运输车辆等进行智能调度。

（三）云技术

1. 云技术的概念。

“云”第一次出现在大众视野当中是在谷歌集团在 2006 年推出“Google 101 计划”之后，出现了“云”的概念和理论。随后，云技术逐渐发展。与传统 IT 相比，运营商在需扩容的情况下，会选择增加 Web 服务器、数据库服务器、存储系统的数量或容量，其次还需要采购设备遵循一系列的流程，这样整个流程的时间是非常长的。而云技术的出现打破了企业以往的发展模式，把应用软件的作用发挥得淋漓尽致。微软云、阿里云、华为云等公司也相应地有各自的云计划。云技术作为信息技术的新代表，将成为主要的发展方向。

云技术是指在广域网或局域网内将硬件、软件、网络等系列资源统一起来，实现数据计算、储存、处理和共享的一种托管技术。它可将用户所有的数据和服务甚至是各类软件都放在网络云这个大数据处理中心中，用户只需要一个上网的终端即可。云技术可以将诸如个人电脑手机电视等各种各样的互联网终端连接在一起。人们只需要输入简单的指令，就可以获取大量的信息和服务。

2. 云技术在物流领域的应用。

随着当今云技术的发展，物流云的概念应运产生。物流云是一种生态需求的载体，需要行业内所有合作伙伴齐心协力，利用物流云的平台和场所，整合贸易商、物流合作伙伴，共同打造生态物流和智能物流产业的解决方案。物流云是一个发展平台，物流云应支撑物流业生态，促进生态繁荣。通过生态内部的数据流，实现物流产业向智能生态平台的转变。下面是云技术在物流领域的具体应用。

（1）运送车路径优化。

配送是物流系统中一个重要的环节，因此其配送路径问题的研究具有非常重要的意义。当前一些云供应商利用云计算大数据分析的优势，通过对道路信息合理建模，运用最短路径优化算法，通过合理安排车辆的配送路线和行车时间，找出配送时间最短、成本最低的配送路径方案，从而降低配送成本。并且通过 GPS 定位系统，可以对配送车辆实时监控，面对一些突发事件，能够快速规划最优路径以引导配送车辆，该优势能有效提高服务效率，降低了冷链物流配送成本，节约配送时间。

（2）优化库存。

库存主要受到需求量和订货量的影响，实现对库存的有效管理即应该对采购的成本、物品数量、物品的存储费用以及物品的订货量进行有效控制，从而尽可能实现物资在采购、运输、生产、销售、配送等多个经营环节中都处于周转状态。通过云计算开发的信息系统软件，可以及时将生鲜产品的信息录入，方便企业查询，修改，在线交易等。物流企业在接收到产品的订单信息后，根据云平台存储的库存数据对订单进行处理，若显示库存充足，则通知仓储部发货，若显示库存量处于警戒边缘，则及时进行补货，确保客户的服务质量。另外，云计算技术可实时对产品的存储环境条件进行有效监控，保证产品的质量安全。云平台的库存数据及时更新，及时对出入库产品进行统计，优化了库存决策，并降低了库存管理的成本。

（3）车辆调度优化。

物流配送车辆优化调度可以运用运筹学与组合优化方法进行分析。该问题一般可定义为：根据配送对象的不同，选择不同的配送起点，进而择优选择行车路线，在车辆通过目标路线时满足多个约束条件（如行驶路程限制、交发货时间、货物需求量、发送量、时间限制、车辆容量限制等），达到一定的目标（如成本最低、时间最少、行驶路程最短、使用车辆数量相对较低等）。基于云计算可以整合物流企业总部与运输企业子公司之间的资源，外加大数据分析的优势，使物流企业总部可以依据整体化原则实现对车辆的高效调度，物流企业子公司依据灵活性原则现场及时调度车辆，汽车物流行业的车辆调度效率大大提高，进而有效解决车辆调度的难题。

（4）物流配送中心选址决策优化。

物流配送体系的不完善在一定程度上受物流基础设施的影响，通过云计算收集大量地理数据、气候数据、消费者消费行为数据等，并对其地区的经济环境、交通设施、经济发展水平情况进行智能分析，采用定性结合定量的分析法，以实现产品运输成本、配送点固定成本以及损耗成本最小化为目标，建立物流配送中心、物流园区、仓储等基础设施。

（四）区块链

1. 区块链的概念。

区块链是分布式数据存储、点对点传输、共识机制、加密算法等计算机技术的新型应用模式。区块链是以比特币为代表的数字加密货币体系的核心支撑技术，区块链技术的核心优势是去中心化，能够通过运用数据加密、时间戳、分布式共识和经济激励等手段，在节点无需互相信任的分布式系统中实现基于去中心化信用的点对点交易、协调与协作，从而为解决中心化机构普遍存在的高成本、低效率和数据存储不安全等问题提供了解决方案。

区块链是分布式数据存储、点对点传输、共识机制、加密算法等计算机技术在互联网时代的创新应用模式。区块链是一种去中心化的数据库，它包含一张被称为区块的列表，有着持续增长并且排列整齐的记录。每个区块都包含一个时间戳和一个与前中区块的链接：设计区块链使数据不可篡改，一旦记录下来，在一个区块中的数据将不可逆。目前，区块链的应用已延伸到物联网智能制造、供应链管理、数字资产交易等多个领域。

2. 区块链在物流领域的应用。

（1）供应链管理。

一个由物流、资金流、信息流组成的链被称为供应链，各种信息分散保存在供应链的各关节系统中，然后通过各个系统反馈整合与分类各种信息。但是如果在信息流通过程中缺乏透明度，将导致整个链条上的各个系统都难以确定相关信息且存在问题，使供应链效率不尽如人意。而实际工作中，供应链信息流阻滞不畅、物流效率低下、资金流问题等情况时有发生。

区块链技术对于供应链管理具有极大的优势。首先，区块链的链式结构是一种能储存信息的时间序列数据，这与供应链中产品流转的形式异曲同工。其次，供应链上信息更新相对低频，回避了目前区块链技术在处理性能方面的短板。对于企业而言，可实时查看商品状态，帮助企业优化生产运营和管理，提升效益。

区块链上的每一次交易信息（交易双方、交易时间、交易内容等）都会被记录在一个区块上，并且在链上各节点的分布式账本上进行储存，这就保证了信息的完整性、可靠性、高透明度。区块链的这些特点，使其在供应链当中的应用有很多优势。

（2）调度车队。

拥有自建车队的企业，当拥有的车队达到一定数量时，车队的调度就变得越发重要。传统的物流行业并不能实现最优车队调度方法，也就是说，车队真实价值低于其预期价值，内部调度会白白浪费不少的资源。但是区块链可以完成最优化的车队调度方案，因为车队每一台车的相关信息都会被随时更新显示在链上，加之具有智能合约，利用机器学习将物流任务交付给最合适的司机，从而大大减少人工调度员的需求量，并且还可以降低物流供应商的成本，对于顾客来讲他们将拥有更加完美的体验感。

（3）物流商品资产化。

区块链技术可以将信息化的商品资产化、价值化，意味着物流公司需要有更高的质量保证，因为区块链技术上所记载的资产是不可以更改伪造的，这代表所运输的货物商品具有唯一所有权。区块链让物流链上面的所有信息都变得可以追溯，这就是物流商品的资产化。除此之外，通过智能合约的节点进行商品删选，在确保不运输违禁物品的同时给予消费者隐私保护，提高消费者对物流公司的信任感，促进了社会和谐。

（4）国际物流。

国际物流运输因运输距离更远、运输时间更长，结构更为繁杂，涉及部门更多，导致效率不容易提高。例如，从非洲运输冷冻食物欧洲，要经过 30 个以上的组织进行多达 200 次的交流，管理成本以及进出口贸易文件甚至达到了运输所需成本的 20%，其复杂烦琐程度不言而喻。为解决这一问题，相关部门可使用区块链技术，将多个组织链条关联起来，将收到的信息在第一时间内被区块链所记录，并向客户、海关、银行展示，以此提高供应链信息的透明度，增强物流信息的可信度，并实现无纸办公，帮助海关部门实施全面管理，提高物流效率。

【复习思考题】

1. 常用冷库的类型有哪些？
2. 冷库的货架选型依据。
3. 冷藏车的选型方法。
4. 冷链物流中分拣设备选型。
5. 结合我国发展实际，谈谈冷链运输的新技术与新趋势。
6. 机场货运设备有哪些？
7. 简述航空集装器的类型。
8. 快递物流的基本特征有哪些？
9. 当前快递物流领域有哪些现代化技术设备？
10. 大宗商品主要包括哪些类型？
11. 大宗商品物流的特征是什么？

参考文献

[1] 魏国辰．物流机械设备的运用与管理［M］．中国物资出版社，2002.

[2] 孙家庆，张赫．集装箱与多式联运［M］．中国人民大学出版社，2013.

[3] 刘昌祺，金跃跃．仓储系统设施设备选择及设计［M］．机械工业出版社，2010.

[4] 王进，王潇潇．物流设施设备应用与管理［M］．人民邮电出版社，2015.

[5] 詹继兵，吴汪友．物流设备应用与管理［M］．电子工业出版社，2013.

[6] 蒋亮．物流设施与设备［M］．清华大学出版社，2018.

[7] 白世贞，刘莉．现代仓储物流技术与装备［M］．中国物资出版社，2007.

[8] 翟政凯．现代自动化立体物流技术研究与实现［D］．沈阳理工大学 2004.

[9] 朱宝昌．整体式立体仓库的技术特点及发展前景［J］．物流技术与应用，2002（04）：55－58.

[10] 李明，沈长鹏．主动式密集仓储技术的创新应用［J］．物流技术与应用，2013（09）：116－118.

[11] 赵皎云．密集存储系统及其市场需求分析［J］．物流技术与应用，2018（09）：108－114.

[12] 陈芳等．子母车式密集存储系统的研究与应用［J］．制造业自动化，2019（04）：152－155.

[13] 尹军琪．单元化物流的内涵与外延［OL］．http：//www. chinawuliu. com. cn，2018. 08. 06.

[14] 吴清一，靳伟．中国托盘手册第 2 版［M］．中国财富出版社，2014.

[15] 王继祥．单元化物流思想发展与演进［J］．物流技术与应用，2018（03）.

[16] 靳伟编著．中国单元化物流全书［M］．中国财富出版社，2017.

[17] 王晓雷．托盘的采购与使用［M］．中国物流与采购联合会托盘专业委员会.

[18] 纪寿元，卫振林，陈佳娟．集装单元化运输与装备［M］．中国物资出版社，2010.

[19] 中国物品编码中心，中国标准出版社第四编辑室．物流标准汇编—物流技术卷—集装单元器具分册［M］．中国标准出版社，2010.

[20] 中国物流与采购联合会冷链物流专业委员会．中国冷链物流发展报告 2018［R］．中国财富出版社，2018.

[21] 叶健恒．冷链物流管理（第 2 版）［M］．北京师范大学出版社，2018.

[22] 专用汽车网．冷藏运输车 A 至 H 八个种类分别代表什么［OL］．https：//www. chinaspcar. com/ good/lcc/13132. html，2020. 5. 15.

[23] 青岛海丰达物流设备有限公司．冷链物流技术与设备的选择［OL］．https：//www. kaifen gda. com，2020. 5. 15.

[24] 杨茅甄．散货港口管理实务［M］．上海人民出版社，2010.06.

[25] 王雪姣．大宗商品物流［M］．浙江大学出版社，2013.12.

[26] 吴桥著．浙江港口大宗商品物流中心建设研究［M］．浙江大学出版社，2015.03.

[27] 李想．传统大宗商品物流企业的未来发展方向分析［J］．中国物流与采购，2019（10）．

[28] 潘海涛．液体散货码头装卸工艺综述［J］．水运工程，2006（10）．

[29] 肖瑞萍．国际航空货物运输［M］．科学出版社，2011.

[30] 朱金福等编著．航空运输规划［M］．西北工业大学出版社，2009.

[31] 吴龙奇．油墨技术在防伪包装方面的应用［J］．中国包装报，1998（6）：40－41.

[32] 柯胜海，庞传远．材料智能型包装的分类及设计应用［J］．包装工程，2018（21）：6－10.

[33] 武军，李和平．光_生物双降解塑料的降解机理与加工制备［J］．绿色包装，2000（9）：44－45.

[34] 宋昭峥，赵密福．可降解塑料生产技术［J］．精细石油化工进展，2005（3）：13－20.

[35] 刘东，王建华．信息型智能包装技术及其应用［J］．市场动态，2014（6）：47－51.

[36] 李志浩．信息型智能包装技术及应用实践探微［J］．科学与技术，2015（10）：100－101.

[37] 温强．TTI智能标签接力冷链“最后一公里”［J］．标签技术，2017（1）：56－59.

[38] 王成林．装卸搬运技术［M］．中国财富出版社．2012.12.

[39] 周伟兴．装卸搬运车辆［M］．人民交通出版社．2006.01.

[40] 罗毅，王清娟．物流装卸搬运设备与技术［M］．机械工业出版社，2008.02.

[41] 于燕萍，王剑．物流装卸搬运实务［M］，北京师范出版社 2018.10.

[42] 刘小玲，刘海东．物流装卸搬运设备与技术［M］．浙江大学出版社，2018.05.

[43] 翁丽贞．物流信息技术［M］．化学工业出版社，2020.05.

[44] 王道平，霍玮．现代物流信息技术［M］．北京大学出版社，2019.12.

[45] 谢雪梅．物流信息技术应用［M］．北京理工大学出版社，2010.08.

[46] 唐四元，马静．现代物流技术与装备（第三版）［M］．清华大学出版社，2018.

[47] 张亚辉，王庆，房大然．流通加工技术［M］．上海：上海交通大学出版社，2009.

[48] 金跃跃，刘昌祺，刘康．现代化智能物流装备与技术［M］．化学工业出版社，2020.

[49] 傅莉萍．物流技术与装备［M］．清华大学出版社，2016.

[50] 程国全．物流技术与装备［M］．高等教育出版社，2013.

[51] 苏宁物流．苏宁物流5G卧龙无人车苏州上岗送出第一单［EB/OL］．http：//www.chinawuliu.com.cn/zixun/202002/17/493386.shtml.

[52] 周晓光，杨萌柯，方亮．物流配送路径优化与物流跟踪实训［M］．北京大学出版社，2017.